TEORIA GERAL DA ADMINISTRAÇÃO

Dados Internacionais de Catalogação na Publicação (CIP)
(Câmara Brasileira do Livro, SP, Brasil)

Motta, Fernando C. Prestes
  Teoria geral da administração / Fernando C. Prestes Motta, Isabella F. F. Gouveia de Vasconcelos. - 4. ed. ampl. - São Paulo : Cengage Learning, 2024.

  1. reimpr. da 4 ed. de 2022.
  Inclui bibliografia
  ISBN 978-65-55583-25-0

  1. Administração I. Vasconcelos, Isabella F. F. Gouveia de. II. Título.

21-55265   CDD-658

Índice para catálogo sistemático:
1. Administração 658
Aline Graziele Benitez - Bibliotecária - CRB-1/3129

TEORIA GERAL DA ADMINISTRAÇÃO

Fernando C. Prestes Motta
Isabella Francisca Freitas Gouveia de Vasconcelos

4ª edição ampliada

Austrália • Brasil • Canadá • México • Cingapura • Reino Unido • Estados Unidos

Teoria Geral da Administração
4ª edição ampliada

Fernando C. Prestes Motta e
Isabella Francisca Freitas Gouveia de Vasconcelos

Gerente editorial: Noelma Brocanelli

Editora de desenvolvimento: Gisela Carnicelli

Supervisora de produção gráfica:
  Fabiana Alencar Albuquerque

Revisão: Fábio Gonçalves, Joana Figueiredo
  e Luicy Caetano de Oliveira

Projeto gráfico e diagramação: PC Editorial Ltda.

Ilustrações: Rodrigo Crissiuma Figueiredo Ayabe,
  Design Makers

Capa: Raquel Braik Pedreira

Imagem de capa: Galushko Sergey/Shutterstock

Triagem e pesquisa iconográfica:
  Josiane Camacho Laurentino e Tempo Composto

© 2022, 2006, 2002 Cengage Learning Edições Ltda

Todos os direitos reservados. Nenhuma parte deste livro poderá ser reproduzida, sejam quais forem os meios empregados, sem a permissão, por escrito, da Editora. Aos infratores aplicam-se as sanções previstas nos artigos 102, 104, 106 e 107 da Lei nº 9.610, de 19 de fevereiro de 1998.

Esta editora empenhou-se em contatar os responsáveis pelos direitos autorais de todas as imagens e de outros materiais utilizados neste livro. Se porventura for constatada a omissão involuntária na identificação de algum deles, dispomo-nos a efetuar, futuramente, os possíveis acertos.

A editora não se responsabiliza pelo funcionamento dos links contidos neste livro que possam estar suspensos.

Para informações sobre nossos produtos, entre em contato pelo telefone
+55 11 3665-9900

Para permissão de uso de material desta obra, envie seu pedido para
direitosautorais@cengage.com

© 2022 Cengage Learning. Todos os direitos reservados.

ISBN-13: 978-65-5558-325-0
ISBN-10: 65-5558-325-8

Cengage Learning
WeWork
Rua Cerro Corá, 2175 – Alto da Lapa
São Paulo – SP – CEP 05061-450
Tel.: (11) 3665-9900

Para suas soluções de curso e aprendizado, visite
www.cengage.com.br

Impresso no Brasil.
Printed in Brazil.
1. reimpressão – 2024

À Cristina e à Carolina, com amor.
Fernando C. Prestes Motta

Dedico com muito amor esta edição do livro
ao meu querido filho, Flávio Victor,
elo permanente entre eu e o pai dele,
Flávio Carvalho de Vasconcelos.
Isabella Francisca Freitas Gouveia de Vasconcelos

Sumário

Prefácio à 4ª edição ampliada, xiii

Prefácio à 3ª edição revista, xv

Prefácio à 2ª edição, xvi

Sobre os autores, xviii

Introdução, xix

Parte I Os pilares do pensamento administrativo: as escolas de administração, 1

Introdução, 3

    1.1 O pensamento administrativo como fruto do processo de modernização da sociedade, 3

    1.2 O processo de modernização e consolidação das estruturas burocráticas, 3

    1.3 Conclusão: a modernização e o surgimento do pensamento administrativo, 11

    2.1 Introdução à Escola Clássica de Administração: uma breve revisão histórica do contexto socioeconômico da modernidade, 12

    2.2 A emergência da sociedade industrial, 12

Capítulo 1
A Escola Clássica de Administração e o Movimento da Administração Científica, 23

    1.1 Introdução, 23

    1.2 Origens, 23

    1.3 Ideias centrais do movimento, 25

    1.4 O Movimento da Administração Científica e a organização, 30

    1.5 Administração como ciência, 31

    1.6 Pontos importantes da Escola de Administração Clássica, 33

    1.7 Críticas, 36

Capítulo 2
A Escola de Relações Humanas, 41

    2.1 Introdução, 41

    2.2 Origens, 41

    2.3 Origens mediatas da Escola de Relações Humanas e características do contexto da época, 44

    2.4 As grandes figuras da Escola de Relações Humanas, 46

    2.5 Ideias centrais da Escola de Relações Humanas, 52

    2.6 A Escola de Relações Humanas e a organização, 54

    2.7 Considerações finais, 55

    2.8 Críticas, 55

Capítulo 3
Teorias sobre motivação e liderança: da administração de recursos humanos à gestão de pessoas, 61

- 3.1 Introdução, 61
- 3.2 As teorias de motivação e liderança e o conceito de *homo complexus*, 62
- 3.3 A consolidação do conceito do *homo complexus* e as diversas teorias derivadas desse conceito, 67
- 3.4 A administração de recursos humanos e a reforma das estruturas organizacionais, 74
- 3.5 Toyotismo, gerência participativa e liderança: novas formas de organização do trabalho, 77
- 3.6 Uma breve introdução ao fenômeno liderança, 82
- 3.7 Críticas ao modelo do *homo complexus*, 90

Capítulo 4
Os processos decisórios nas organizações e o modelo Carnegie (racionalidade limitada), 93

- 4.1 Introdução, 93
- 4.2 O modelo decisório racional da economia clássica, 94
- 4.3 O modelo da racionalidade limitada, 95
- 4.4 Pesquisas sobre as condições organizacionais e sociais do processo decisório, 99
- 4.5 Pesquisas sobre a estruturação do campo cognitivo dos indivíduos, 103
- 4.6 Organizações vistas como anarquias organizadas: o *garbage can model*, 110
- 4.7 Autoridade e aceitação, 113
- 4.8 A organização, 114
- 4.9 As críticas, 115

Capítulo 5
O estruturalismo e a teoria da burocracia, 119

- 5.1 Introdução, 119
- 5.2 Origens, 119
- 5.3 As grandes figuras do estruturalismo, 125
- 5.4 Ideias centrais, 149
- 5.5 Críticas, 156

Capítulo 6
A teoria dos sistemas abertos e a perspectiva sociotécnica das organizações, 163

- 6.1 Introdução, 163
- 6.2 Origens, 164
- 6.3 As grandes figuras, 174
- 6.4 Três modelos conceituais: a organização como sistemas sociotécnicos, 178
- 6.5 Ideias centrais: o homem funcional, 181
- 6.6 A teoria geral dos sistemas e a organização, 186

6.7 Os papéis e os diversos subsistemas organizacionais, 189
6.8 O trabalho de Eric Trist e Fred Emery e a adaptação das organizações ao meio ambiente de negócios, 190
6.9 Críticas, 197
6.10 Críticas ao determinismo parsoniano, 198

Capítulo 7
O sistema e a contingência: teoria das organizações e tecnologia, 209

7.1 Introdução e origens, 209
7.2 Grandes figuras, 210
7.3 Sistemas mecânicos e orgânicos: os trabalhos de Burns e Stalker, 217
7.4 Lawrence e Lorsch e o paradoxo a gerir: integração e diferenciação dos sistemas organizacionais, 221
7.5 O grupo de Aston e as diversas dimensões da burocracia, 222
7.6 Tecnologia e teoria organizacional: estudos e modelos recentes, 233
7.7 Considerações finais, 238

Parte II Enfoques explicativos e transversais, 241

Introdução, 243

Capítulo 8
Enfoque prescritivo: o desenvolvimento organizacional, 245

8.1 Introdução, 245
8.2 O campo das alterações estruturais, 253
8.3 O campo das alterações comportamentais, 263
8.4 Considerações finais, 267

Capítulo 9
Uma visão transversal da teoria geral da administração: a evolução dos conceitos relacionados ao "homem", à "organização" e ao "meio ambiente", 269

9.1 A evolução do conceito do homem, 269
9.2 A evolução dos conceitos sobre a "organização", 277
9.3 Uma evolução dos conceitos sobre o meio ambiente, 280

Parte III Enfoques teóricos pós-contingenciais, 287

Capítulo 10
A cultura organizacional, 289

10.1 Introdução, 290
10.2 Conceitualizando a cultura organizacional segundo Schein, 292
10.3 A cultura oficial e as subculturas da organização, 294
10.4 As diferenças entre a cultura oficial e a cultura informal, 296
10.5 O papel da liderança na mudança cultural, 297
10.6 A descrição da cultura organizacional por meio de uma análise quantitativa, 300

10.7 A cultura organizacional como fator de produtividade, 303
10.8 A organização como fenômeno cultural, 306
10.9 A mudança dos padrões culturais, 309
10.10 A organização: esfera cultural e simbólica, 315
10.11 Cultura organizacional e poder, 316

Capítulo 11
A aprendizagem organizacional, 319

11.1 Introdução, 320
11.2 O modelo industrial e o modelo pós-industrial, 322
11.3 A aprendizagem e o modelo industrial, 324
11.4 O modelo pós-industrial (informacional) e o "homem que aprende", 326
11.5 Uma breve revisão do conceito aprendizagem, 328
11.6 Detalhando o conceito de aprendizagem organizacional, 331
11.7 Mudança sistêmica e aprendizagem organizacional, 336
11.8 Identidade individual e organizacional: uma visão evolutiva, 337
11.9 Organizações em aprendizagem (*learning organizations*), 338
11.10 Homogeneidade ou diversidade cultural? Dois modelos de gestão de pessoas, 340

Capítulo 12
O poder nas organizações, 345

12.1 Introdução, 346
12.2 O contexto de análise: o poder, a organização e a ação social, 346
12.3 Aprofundando conceitos básicos: o modelo político e estratégico de ação social, 347
12.4 A cooperação e o poder nas organizações, 350
12.5 Organização, política e cultura, 354
12.6 Atitudes e poder, 356
12.7 Comentários finais, 359

Capítulo 13
Teorias ambientais, 361

13.1 Introdução, 362
13.2 Teoria da ecologia populacional (*population ecology*), 363
13.3 A perspectiva das organizações em rede (*network organizations*), 366
13.4 A teoria da dependência de recursos (*resource dependence theory*), 370
13.5 A teoria dos custos de transação, 374
13.6 O neoinstitucionalismo (*the new institutionalism*), 380
13.7 A escola do design: o modelo SWOT e sua comparação com a teoria dos recursos da firma (*resource based view*), 393
13.8 Uma breve visão da teoria do posicionamento estratégico de Michel Porter, 406

Capítulo 14
Psicanálise organizacional e psicodinâmica, pós-modernidade e tendências futuras, 413

- 14.1 Introdução, 414
- 14.2 O paradigma de estudos da psicanálise organizacional e a pesquisa, 414
- 14.3 O paradigma psicodinâmico e a organização burocrática, 415
- 14.4 Os estudos pioneiros de Melanie Klein e de Eliot Jaques, 417
- 14.5 Os trabalhos de Elliot Jaques, 420
- 14.6 A burocracia como mecanismo de defesa contra a ansiedade e o medo nas organizações, 422
- 14.7 O "metamodelo" transformacional de gestão de pessoas e a psicodinâmica organizacional, 423
- 14.8 A título de ilustração: um estudo de caso em uma empresa de informática francesa, 425
- 14.9 O panóptico como forma de controle organizacional e vigilância, 431
- 14.10 Paradigma pós-moderno, estudos críticos, pessoalização e confiança como forma de regulação social nas organizações?, 433
- 14.11 Considerações finais, 436

Capítulo 15
Filosofia, ética, responsabilidade social de empresa e sustentabilidade, 441

- 15.1 A sociedade pós-industrial e a globalização: cenário de fundo para os movimentos ambientalistas, 441
- 15.2 Os movimentos ambientalistas, 442
- 15.3 Descrição do modelo das organizações inovadoras sustentáveis, 447
- 15.4 Ética e filosofia como base da sustentabilidade: Habermas e a teoria da ação comunicativa, 449
- 15.5 A emergência do conceito de responsabilidade social de empresa, 456
- 15.6 A necessidade de preservar o meio ambiente e evitar o aquecimento global, 459
- 15.7 Pesquisas sobre meio ambiente e análise crítica, 465

Capítulo 16
Identidade social, mudança organizacional, organizações pós-burocráticas e resiliência, 469

- 16.1 O paradigma do interacionismo simbólico, 469
- 16.2 Identidade, valores e comportamento, 470
- 16.3 As políticas de gestão de recursos humanos e a identidade social, 480
- 16.4 A mudança organizacional e a gestão de pessoas, 485
- 16.5 O estudo da mudança organizacional, 485
- 16.6 Fases da mudança organizacional, 496
- 16.7 Paradoxos, 502
- 16.8 Facilitadores da mudança, 502

Capítulo 17
Os paradoxos da mudança e a inovação, 509

Parte I, 509

Introdução, 509

17.1 O contexto teórico do tema paradoxos: mudança e transformação como temas emergentes – formulação do problema de pesquisa, 509
17.2 O contexto socioeconômico das organizações atuais e a crescente contradição entre discurso e prática empresarial, 513
17.3 A primeira corrente de crítica à burocracia e o conceito de paradoxos organizacionais, 516
17.4 A crítica da burocracia e a teoria da racionalidade limitada, 519
17.5 A segunda corrente: a psicodinâmica e os efeitos dos paradoxos – conflitos e estresse no sistema organizacional, 525
17.6 Corrente construtivista, o interacionismo simbólico e as pesquisas sobre o tema paradoxos organizacionais, 529
17.7 Metodologia de pesquisa etnográfica e paradoxos, 534

Parte II, 553

17.8 Modernismo, modernismo crítico (estudos organizacionais críticos) e pós--modernismo: convergências e divergências, 553
17.9 Pensamento crítico no Brasil: *Insights* de Guerreiro Ramos, Tragtenberg Fernando Prestes Motta - Sugestões para aprofundamento em pesquisa, 558
17.10 Outros autores de sociologia das organizações, 566
17.11 Os diversos mundos sociais e as formas de legitimação dos atores sociais em busca de reconhecimento social, 567
17.12 Aprofundando a teoria de Pierre Bourdieu: Textos e leituras, 572
17.13 Correntes de epistemologia nos estudos em administração no Brasil, 573

Capítulo 18
A transformação digital e as organizações resilientes, 581

18.1 Introdução, 581
18.2 Histórico: as inovações radicais, 581
18.3 Retrospectiva histórica do conceito resiliência: definições e conceituação, 592
18.4 A evolução do conceito de resiliência organizacional, 595
18.5 Organização inovadora resiliente, 598
18.6 Como implementar a mudança? Agentes de mudança, 598
18.7 A tomada de decisões na era digital e a complexidade, 612
18.8 A criação e evolução da internet até os computadores quânticos, 613
18.9 Rupturas tecnológicas na sociedade digital, 623
Estudo de caso, 630
Estudo de caso 1 – Transformações estratégicas e reconfiguração das competências organizacionais: Aplicação do conceito de resiliência em estudos organizacionais por meio do modelo das organizações pós--burocráticas, 631
Estudo de caso 2 – Exemplo de organização que visa implementar estruturas pós--burocráticas e uma comunicação mais franca e transparente, 640
18.10 O efeito da inteligência artificial e das novas tecnologias na criação de novos empregos, 657

Prefácio à 4ª edição ampliada

> *Valeu a pena? Tudo vale a pena se a alma não é pequena. Quem quer passar além do Bojador tem que passar além da dor. Deus ao mar o perigo e o abismo deu, mas nele é que espelhou o céu.*
> Fernando Pessoa (Mar Português. In: *Mensagem*, 1934)

Esta edição foi preparada em tempos difíceis de pandemia, que nos fazem questionar nossos paradigmas atuais e refletir sobre as questões fundamentais. Por esta razão, também expressarei aqui com mais tranquilidade vários agradecimentos.

Agradecimentos

Agradeço, com amizade, a confiança de Cristina Prestes Motta e Carolina, que autorizaram a atualização deste livro, que busca dar continuidade à obra do insubstituível Prof. Dr. Fernando Cláudio Prestes Motta, um dos fundadores de nosso campo de estudos e um dos professores mais importantes de nossa academia, exemplo profissional permanente a quem agradeço *in memoriam*.

Também me lembro com saudade de meu pai e melhor amigo Nis Rasmusson SKov, que perdi este ano, o qual teria gostado, com certeza, de ler este livro atualizado, nesta edição.

Com saudade, também *in memoriam*, me lembro com carinho de Esther, Débora e Diva, queridas tias-avós e avó materna, por seu exemplo de vida e insubstituível amizade.

Ainda restam alguns agradecimentos.

Ao Prof. Dr. Georges Xavier Trépo, professor titular emérito da École des Hautes Études Commerciales (HEC), França, que me orientou no doutorado na HEC/França, agradeço seu exemplo profissional e sua amizade de mais de 20 anos, bem como a de sua esposa Beatrice Trépo.

Ao Prof. Dr. Yvon Pesqueux, professor titular do Conservatoire National d'Arts et Métiers (CNAM), Paris, coautor com quem muito aprendi, especialmente sobre o trabalho de Habermas, expresso meu agradecimento pela amizade de mais de 20 anos e meu reconhecimento profissional.

O trabalho acadêmico do Prof. Dr. Charles Heckscher, professor titular da Rutgers, The State University of New Jersey, com quem estudei em pós-doutorado, em especial, sobre pós-burocracia, tendo em vista o seu conhecimento profundo sobre Max Weber, entre outros autores, também inspirou várias partes desta nova edição, e a ele agradeço sua amizade de mais de 20 anos, seu exemplo intelectual e profissional.

Do ponto de vista pessoal, agradeço muito ao Dr. Frédéric Lefrere, meu noivo, com reconhecimento e muito amor, em mais de 20 anos de interações pessoais.

Um agradecimento especial e meu reconhecimento ao Prof. Dr. Flávio Carvalho de Vasconcelos, diretor da FGV-EBAPE- Rio, e meu reconhecimento aos colegas professores, alunos, funcionários e amigos da Escola Brasileira de Administração Pública e de Empresas (FGV-Ebape) da Fundação Getulio Vargas, Rio de Janeiro, com quem tenho convivido nos últimos anos, tendo realizado seminários de pesquisa nacionais e internacionais, debates acadêmicos, cursos e orientações que muito me realizaram do ponto de vista pessoal e profissionalmente, tendo em vista também o meu trabalho como editora-chefe da revista científica *Qualis A2 Cadernos EBAPE.BR* até dezembro de 2019.

Por influência do meu antigo orientador de Doutorado em Administração na EAESP/FGV, o respeitadíssimo professor Dr. Izidoro Blikstein, professor titular na Faculdade de Letras e Ciências Humanas da Universidade de São Paulo (USP), e também professor titular em Administração na EAESP-FGV, Escola de Administração de Empresas de São Paulo, da Fundação Getulio Vargas, o qual é especialista em comunicação e semiótica e há muito tempo, na década de 1990, me explicou a importância de retomar as ideias em uma obra muito grande como esta, com mais de 690 páginas. Tive a preocupação de retomar algumas vezes alguns parágrafos e ideias para reforçar a sua importância e fazer um link entre os diversos capítulos. Desta forma, algumas ideias e argumentos considerados fundamentais foram citados mais de uma vez e retomados nesta obra para salientar a importância dos mesmos e facilitar o entendimento do leitor.

Por fim, aos alunos de mestrado e doutorado que orientei, aos inúmeros alunos de graduação a quem ensinei, e também aos colegas professores com quem interagi, agradeço pelo aprendizado que tive com vocês em mais de vinte anos de carreira como professora e pesquisadora na graduação, no mestrado e doutorado em administração de empresas.

Quero expressar também meus agradecimentos sinceros a Noelma Brocanelli e Gisela Carnicelli, da Cengage, pelo seu apoio, pelo trabalho competente e por sua paciência para viabilizar o aperfeiçoamento deste livro em sua nova edição, superando as dificuldades dos tempos atuais.

Isabella Francisca Freitas Gouveia de Vasconcelos

Prefácio à 3ª edição revista

O nosso destino é irreversível e algemado no tempo.
Tempo é a substância da qual somos feitos.
O tempo é um rio que nos leva
É um tigre que nos devora
É um fogo que nos consome.
(Jorge Luiz Borges, *New refutation of time*, 1964; adaptado)

É dura a tarefa solicitada à coautora neste prefácio à 3ª edição revista de *Teoria geral da administração*: relembrar oficialmente aos leitores, aos colegas acadêmicos, aos alunos e interessados na área de Administração que Fernando C. Prestes Motta não se encontra mais entre nós desde 2003.

Fernando C. Prestes Motta foi o autor da primeira versão deste livro, atualizada e ampliada mais tarde com minha colaboração, e agora revista.

A 1ª edição de *Teoria geral da administração*, de 1974, faz parte da história acadêmica de inúmeros profissionais da área de Administração, inclusive da minha. De fato, em meu mestrado na FGV/Eaesp, em 1989, tive a oportunidade de estudar com este livro e de ter Motta como professor, orientador de mestrado e, mais que isso, como um exemplo profissional que ensinou a mim e a muitos profissionais da área a importância social da pesquisa e da expansão do conhecimento.

Fernando Motta foi homenageado inúmeras vezes pela Academia. Gostaria, no entanto, de destacar a homenagem prestada a ele em 2002, por ocasião do lançamento da 2ª edição deste livro, na FGV/Eaesp. Nessa ocasião, colegas, professores, acadêmicos importantes da área, alunos de graduação, mestrado e doutorado, ex-orientandos, ex-alunos e profissionais de Administração, e com a presença da família de Fernando, em especial sua esposa Cristina Motta e sua filha Carolina, tiveram a oportunidade de se reunir para exprimir a Fernando Motta o quanto ele era importante para todos, tanto do ponto de vista pessoal quanto profissional.

Fernando Motta estará sempre presente entre nós, por meio de seus diversos livros, artigos, de sua excepcional produção acadêmica, e na memória de todos aqueles que puderam ter o privilégio de conviver com ele.

ISABELLA FRANCISCA FREITAS GOUVEIA DE VASCONCELOS

Prefácio à 2ª edição

O objetivo deste trabalho não é o de cobrir todo o campo da teoria geral da administração ou da teoria das organizações, como é frequentemente chamada. Ao contrário, nosso objetivo não vai além de pretender dotar os estudantes e os profissionais de Administração de uma visão ao mesmo tempo global e introdutória do campo.

O estudo da evolução de uma teoria, das suas expressões diversas e variadas, de acordo com as influências que recebe a todo momento, não só da realidade em mudança, mas igualmente dos demais campos do conhecimento, é uma experiência fascinante. Esperamos ter a oportunidade de aprofundá-la a fim de poder transmitir mais amplamente ao leitor aquilo que nossas experiências de magistério e de pesquisa nos proporcionaram.

Escrevemos agora um novo livro a quatro mãos com base no antigo – *Teoria geral da administração* – escrito por Fernando C. Prestes Motta nos anos 1970. Consideramos este um novo livro, com novos conceitos e revisões teóricas importantes, além de uma parte inédita dedicada às novas teorias organizacionais.

A fim de compreendermos melhor a origem deste livro, vamos apresentar brevemente o histórico da edição original de *Teoria geral da administração*.

O primeiro livro foi escrito por Fernando C. Prestes Motta a partir de sua experiência de magistério e pesquisa na Escola de Administração de Empresas de São Paulo, da Fundação Getulio Vargas, e de seus estudos sobre análise organizacional em cursos realizados na França e nos Estados Unidos. Tendo sido atualizado uma vez, após vinte reimpressões, incorporando algumas das principais teorias das décadas de 1980 e 1990, este livro fez enorme sucesso e formou muitos pesquisadores, professores e profissionais do campo de estudos de teoria organizacional.

Em 2000, Fernando C. Prestes Motta decidiu iniciar um novo projeto de atualização completa e revisão de seu livro anterior, escrevendo este novo livro. Convidou para este projeto a coautora Isabella F. Gouveia de Vasconcelos, mestre em administração pela FGV/Eaesp, com doutorado em administração pela École des Hautes Études Commerciales (HEC), Paris, onde desenvolveu estudos ligados à sociologia organizacional, ao poder, à cultura e à identidade. Esse conjunto de conhecimentos em comum nos permitiu interagir de forma bastante rica na construção de um livro que procura apresentar ao leitor uma visão não convencional, ao mesmo tempo crítica e didática, das novas teorias em administração.

Apresentados rapidamente o histórico dos autores e a origem deste projeto, vamos aos agradecimentos. Fernando C. Prestes Motta gostaria de relembrar aqui seus agradecimentos àqueles que o ajudaram de várias formas a realizar seu primeiro livro: professores Robert Cajado Nicol e Carlos José Malferrari, Antônio Scagliuzzi Neto, César Menezes, Alberto Fromer, Cássio Dreyffus e Pedro R. Celidônio Gomes dos Reis.

Tendo em vista a realização do novo projeto, gostaríamos de agradecer a Luis Hernan Contreras Pinochet, mestrando da Pontifícia Universidade Católica do Paraná, por seu auxílio na revisão dos originais do livro, bem como a Veridiana e Rodrigo, pelo seu empenho profissional.

São Paulo, 17 de abril de 2002.

FERNANDO C. PRESTES MOTTA

ISABELLA FRANCISCA FREITAS GOUVEIA DE VASCONCELOS

Sobre os autores

FERNANDO CLAUDIO PRESTES MOTTA foi professor titular na FGV/Eaesp e na Universidade de São Paulo (USP). Bacharel, mestre, doutor e livre-docente, estudou na FGV/Eaesp, na Cornell University, nos Estados Unidos, no Institut Internationale d'Administration Publique, na França, bem como na Université de Paris I (Panthéon-Sorbonne), Paris.

Publicou diversos livros e artigos, entre eles, *Organização e poder:* Empresa, Estado e escola e *Teoria das organizações:* Evolução e crítica.

Professor considerado um dos fundadores do campo de Teoria Organizacional no Brasil, foi muito homenageado pelos maiores expoentes da Academia Brasileira nesta área de conhecimento e em outras áreas de estudo, além de muito reconhecido no exterior por sua obra. Teve o reconhecimento também de colegas professores, amigos e dos alunos de graduação, dos orientandos de mestrado e doutorado e dos pesquisadores que com ele tiveram o privilégio de conviver e pelos leitores de sua obra. Site: www.fernandoprestesmotta.com.br.

ISABELLA FRANCISCA FREITAS GOUVEIA DE VASCONCELOS tem atuado profissionalmente nos últimos anos como professora adjunta no Mestrado Profissional em Administração (Mex) Mestrado Executivo em Gestão Empresarial da FGV/Ebape – Escola Brasileira de Administração Pública e de Empresas da Fundação Getulio Vargas do Rio de Janeiro, onde atuou até dezembro de 2019 também como editora-chefe da revista científica *Qualis A2 Cadernos EBAPE.BR*. É pesquisadora associada ao Lirsa-CNAM France Laboratoire Interdisciplinaire de Recherches en Sciences de L'Action do Conservatoire Nationale D'Arts et Métiers em Paris. Tendo mais de 20 anos de trabalho como professora de administração, com doutorado em administração pela FGV/Eaesp (1997), mestrado em sociologia organizacional pela Université de Paris IX Dauphine e doutorado em ciência de gestão pela École des Hautes Études Commerciales (HEC), Paris (2000), além de pós-doutorado sobre o tema organizações pós-burocráticas e mudança com o Prof. Charles Heckscher da Rutgers, The State University of New Jersey, Estados Unidos. Professora de graduação e pós-graduação, já orientou muitos alunos de mestrado acadêmico, mestrado profissional e doutorado em administração e é autora de vários artigos científicos e livros. É membro da Associação Nacional de Pós-Graduação e Pesquisa em Administração (Anpad), do European Group for Organizational Studies (Egos), da Academy of Management (EUA) e também da Association pour le Développement de l'Enseignement et de la Recherche Sur Responsabilité Sociale d'Entreprises (Aderse, França).

Introdução

E no fim de nossa viagem, voltaremos ao nosso ponto de partida e teremos a impressão de vê-lo pela primeira vez.
T. S. Eliot (*Poems*, 1919, adaptação nossa)

1 Situando o pensamento administrativo: as escolas de administração e o paradigma desenvolvimentista

O conhecimento nos transforma e permite que tenhamos uma nova perspectiva de nossa realidade. Na Parte I deste livro, mostraremos a evolução do pensamento administrativo pela utilização de escolas de administração. Adotamos aqui uma visão desenvolvimentista dos conceitos formulados ao longo do tempo e representados nas diversas escolas. A vantagem de apresentarmos as diversas escolas de administração é o fato de podermos compreender a evolução gradual dos conceitos básicos que embasam a análise organizacional.

Progressivamente, por meio dos diversos estudos e pesquisas empíricas, as concepções sobre o homem, a organização e o meio ambiente foram evoluindo e tornando-se mais complexas mediante aprendizado heurístico com base em pesquisas práticas. A classificação do conhecimento em escolas de administração nos permite visualizar cronologicamente essas etapas lógicas de aprendizado. Consideramos que essas escolas não são antagônicas: são complementares. As escolas criadas posteriormente questionam parcialmente os conceitos anteriores e os criticam a fim de desenvolver proposições mais complexas que incorporam em grande parte as anteriores, porém, em certa medida, as aperfeiçoam. Trata-se de uma evolução dialética: crítica, compreensão e proposição.

O conhecimento evolui por patamares da compreensão. Piaget demonstrou que existem diferentes estágios de compreensão na aprendizagem humana (Piaget, 1962). Uma criança de 7 anos consegue fazer algumas operações de raciocínio lógico, contudo, outra de 12 anos consegue fazer as operações que a de 7 anos realiza e outras mais complicadas, uma vez que ela atingiu um estágio de desenvolvimento cognitivo mais amplo, que incorpora e integra as capacidades do estágio anterior, além de outras posteriormente desenvolvidas. A divisão em escolas permite comparar de modo claro os conceitos desenvolvidos em cada uma delas. A corrente cognitivista de aprendizagem mostra-nos que o ser humano, em seu processo de aprendizado, aprende comparando os diversos elementos do sistema.

O esforço cognitivo concentrado gera uma tensão que leva o indivíduo a uma tomada de consciência brusca das relações entre os objetos (*insight*). Ele compreende subitamente as relações entre os diversos elementos do sistema e atinge um novo patamar de conhecimento. Dewey (2002) descreve a aprendizagem como uma experiência na qual os atores sociais solucionam problemas. Ele mostra que aprender é entrar em um processo heurístico (ensaio e erro) em que, sequencialmente, o indivíduo formula uma hipótese, a aplica e verifica o resultado de sua ação. A formulação de hipóteses e sua verificação constituem o trabalho de pesquisa que embasa a formulação do conhecimento. Este livro apresenta uma síntese das pesquisas que levaram ao desenvolvimento dos conceitos apresentados em cada escola de administração.

A teoria das organizações é composta por diversas peças, como um grande mosaico. E esse sistema está continuamente em movimento: surgem novos elementos que alteram sua compreensão, levando-nos não só a questionar, ao menos parcialmente, as "certezas" e crenças anteriores, gerando novos *insights* e momentos de compreensão, como também a comparar e a buscar o entendimento cada vez maior. A busca desse entendimento é contínua, porque os novos elementos nos desafiam. Tentamos encaixar as diversas peças do mosaico, os diversos elementos do quebra-cabeça, e, por um momento, acreditamos ter compreendido as inter-relações entre elas.

Esse conhecimento e essa compreensão, porém, serão desafiados em um momento posterior, pois assim se dá a evolução do conhecimento humano: de modo dinâmico, em uma constante evolução. À medida que nosso conhecimento vai aumentando, percebemos que ainda há muito a compreender e explorar. Nosso mosaico inicial vai se alterando, se alargando, vamos percebendo novas cores e significados. Não se trata de uma viagem com destino certo. A busca pelo conhecimento é um processo que não tem fim e nos permite vislumbrar novas realidades e imagens em níveis de compreensão cada vez maiores.

Como diz T. S. Eliot, essas transformações pelas quais passamos em nosso processo cognitivo nos fazem retornar ao ponto de partida, o qual nos faz perceber elementos da realidade que antes não percebíamos, como se víssemos agora um lugar inteiramente novo. O aprendizado nos transforma e nos permite transformar o mundo que nos cerca.

Apresentaremos aqui as diversas proposições teóricas, separando-as em dois tipos: **enfoques explicativos** e **enfoques prescritivos**.

Os **enfoques explicativos** são teorias formuladas com base em pesquisas empíricas. Desenvolvem-se conceitos e, a partir de observações práticas, constitui-se um corpo de conhecimentos específico. Os enfoques explicativos pretendem melhorar a compreensão do objeto pesquisado e são sujeitos a críticas dentro de uma abordagem dialética. Nesse sentido, não representam "a verdade" e não possuem um caráter dogmático. São proposições teóricas que, em dado momento, representam o estado-da-arte do conhecimento e possuem limites em sua análise. O objetivo dos enfoques explicativos é melhorar o entendimento em torno de determinado objeto de pesquisa.

Os **enfoques prescritivos**, no entanto, são abordagens que propõem técnicas e ferramentas, visando solucionar problemas específicos. Essas proposições têm um comprometimento com a prática e com a eficiência técnica. São, portanto, dogmáticas em suas proposições.

Ainda na Parte I, apresentaremos um breve resumo histórico sobre a emergência do pensamento administrativo como resultado do processo de modernização da sociedade, conforme descrito por Max Weber. Em seguida, abordaremos as escolas de administração (enfoques explicativos) que lançaram as bases do pensamento administrativo contemporâneo.

Parte I Os pilares do pensamento administrativo: as escolas de administração
- Capítulo 1 A Escola Clássica de Administração e o Movimento da Administração Científica.
- Capítulo 2 A Escola de Relações Humanas.
- Capítulo 3 Teorias sobre motivação e liderança: da administração de recursos humanos à gestão de pessoas.
- Capítulo 4 Os processos decisórios nas organizações e o modelo Carnegie (racionalidade limitada).
- Capítulo 5 O estruturalismo e a teoria da burocracia.
- Capítulo 6 A teoria dos sistemas abertos e a perspectiva sociotécnica das organizações.
- Capítulo 7 O sistema e a contingência: teoria das organizações e tecnologia.

A Parte I é voltada para os enfoques explicativos que constituíram os pilares (a base) do pensamento administrativo.

Na Parte II, daremos um enfoque prescritivo e introduziremos um capítulo com uma visão transversal da evolução dos principais conceitos em administração.

Parte II Enfoques explicativos e transversais
- Capítulo 8 Enfoque prescritivo: o desenvolvimento organizacional.
- Capítulo 9 Uma visão transversal da teoria geral da administração: a evolução dos conceitos relacionados ao "homem", à "organização" e ao "meio ambiente".

O objetivo desse último capítulo é mostrar uma visão transversal sobre a evolução dos conceitos relacionados ao "homem", à "organização" e ao "meio ambiente". Permitirá agrupar e visualizar com clareza e de forma resumida os conceitos sintetizados pelas diversas escolas de administração. Mostramos como esses conceitos foram gradualmente se tornando complexos.

2 Estrutura analítica da Parte I: os diversos focos das escolas de administração

A fim de estruturar o livro didaticamente e facilitar o entendimento dos conceitos fundamentais apresentados nas diversas escolas de administração, abordare-

Figura 1 As escolas de administração e os diversos focos de análise.

mos como cada uma delas representa um conjunto de proposições teóricas que focaliza o aspecto **estrutural** (organização formal, regras, normas e estruturas organizacionais, elementos visíveis e explícitos) ou o aspecto **relacional** (organização informal, elementos comportamentais e subjetivos). Uma dada teoria pode, assim, focar sua análise no aspecto estrutural, tratando das estruturas internas da organização ou ainda das características estruturais do ambiente. No que se refere ao aspecto relacional, pode-se focalizar a análise nas relações internas geradas pelo sistema organizacional ou, ainda, nas interações interorganizacionais e ambientais.

Como podemos ver na Figura 1, a Escola Clássica de Administração e a Administração Científica focalizam a sua análise no aspecto estrutural e no âmbito interno das organizações. A preocupação dessa escola é o desenvolvimento de estruturas organizacionais eficientes. Essas proposições não tratam das relações com o ambiente e dos aspectos que envolvem o foco relacional ou a organização informal.

A Escola de Relações Humanas e as teorias sobre motivação e liderança, por sua vez, focalizam o aspecto relacional, analisando a organização informal. Concentram a sua análise no âmbito interno das organizações.

O estudo dos processos decisórios nas organizações e do modelo Carnegie (racionalidade limitada) foca os aspectos relacional e interno. O estruturalismo foca o aspecto estrutural e concentra a sua análise no âmbito interno das organizações. A teoria dos sistemas abertos e a Escola Sociotécnica focalizam o aspecto estrutural e analisam as relações referentes ao ambiente. A teoria da contingência analisa os aspectos estruturais e o ambiente.

O objetivo dessa classificação é apenas orientar e facilitar a leitura das diversas teorias. As proposições teóricas são complexas e não isolam os elementos em suas análises. Priorizam, no entanto, alguns aspectos, e essa classificação visa apenas ressaltar esses aspectos nas diversas análises. Como veremos, não há uma real separação entre esses vários aspectos. Isolar os focos de análise, entretanto, é um mecanismo didático que permite compreender melhor as diferentes proposições.

Parte III Enfoques teóricos pós-contingenciais

Na Parte III discutiremos sobre os enfoques teóricos pós-contingenciais, ou seja, as contribuições teóricas elaboradas após a teoria da contingência. Consideramos que os conceitos básicos de administração, os pilares do pensamento administrativo, foram desenvolvidos nas escolas apresentadas na Parte I, até a teoria da contingência. Os enfoques pós-contingenciais são proposições teóricas formuladas nos últimos anos a partir desses conceitos fundamentais. Trata-se de aperfeiçoamentos, proposições complexas e interessantes, ou seja, um edifício teórico construído conforme bases lançadas anteriormente. O pensamento administrativo contemporâneo também envolve enfoques explicativos e prescritivos. Nessa parte do livro, no entanto, abordaremos apenas os enfoques explicativos.

Figura 2 Os enfoques teóricos pós-contingenciais e os diversos focos de análise.

||| 2.1 Enfoques explicativos: foco interno e relacional

Em cinco capítulos distintos, abordaremos os seguintes enfoques explicativos, que são aperfeiçoamentos da Escola de Relações Humanas, da teoria da racionalidade limitada e escolha racional e dos estudos clássicos elaborados pelos pesquisadores do Instituto Tavistock de Londres:

- Capítulo 10 A cultura organizacional.
- Capítulo 11 A aprendizagem organizacional.
- Capítulo 12 O poder nas organizações.
- Capítulo 13 Teorias ambientais.
- Capítulo 14 Psicanálise organizacional e psicodinâmica, pós-modernidade e tendências futuras.

O Capítulo 13 apresenta diversas teorias sobre o meio ambiente e as organizações.

Apresentaremos neste capítulo os enfoques pós-contingenciais que analisam o ambiente. São aperfeiçoamentos da teoria dos sistemas abertos, da teoria da contingência e dos estudos sociotécnicos e se dividem da seguinte maneira:

- Foco estrutural e no ambiente (teorias deterministas): teoria da ecologia populacional (que usa um modelo darwinista de seleção pelo meio ambiente) e teoria do posicionamento estratégico de Michel Porter.

> Foco relacional e no ambiente (teorias voluntaristas): organizações em rede, teoria da dependência de recursos. O neoinstitucionalismo também se enquadra nesta categoria.
> Foco interno e estrutural: teoria baseada em recursos (*resource based view*). Teoria das configurações de Henry Mintzberg.

O Capítulo 14 apresenta as teorias sobre psicanálise organizacional e análise da afetividade nas organizações.

A psicanálise organizacional analisa a afetividade nas organizações. Além disso, quando se trata, por exemplo, de pós-burocracia e de estudos do modernismo crítico (Habermas), conceitos que tratam das formas de comunicação e afetividade nas organizações são valorizados, criticando-se a burocracia por seu pressuposto de impessoalidade e por valorizar apenas as formas burocráticas de liderança (e não considerar suficientemente a liderança carismática e a organização informal).

As teorias de psicanálise organizacional tratadas no Capítulo 14 têm o foco interno e relacional.

O Capítulo 15 apresenta teorias do modernismo crítico (Habermas) e trata de ética, democracia e comunicação como base dos atuais pactos mundiais para proteção do meio ambiente, da humanidade e da Terra. É um capítulo de foco transversal, que trata da evolução dos conceitos e das práticas sociais.

O Capítulo 16 apresenta e analisa conceitos inter-relacionados que tratam da dinâmica das organizações atuais, suas transformações e características, elucidando o conceito de resiliência organizacional, ainda pouco tratado pela academia brasileira.

O Capítulo 17 trata dos conceitos de paradoxos e inovação, importantes devido às contínuas mudanças de um ambiente cada vez mais inovador. Também apresentamos conceitos do modernismo crítico (Habermas), do pós-modernismo, um breve panorama dos estudos críticos no Brasil, e conceitos de autores como Pierre Bourdieu e outros.

O Capítulo 18 trata a economia digital de forma analítica. Aborda, ainda, a chamada 4ª Revolução Industrial, as inovações atuais, e as formas de organização que pretendem representar o futuro, como as organizações pós-burocráticas. O capítulo discorre, ainda, sobre as novas profissões e as formas de trabalho criadas pelo advento da inteligência artificial, pela digitalização da Economia e pela influência de ciências objetivas, como a Física na Administração.

Bibliografia

DEWEY, J. *Human nature and conduct*: An introduction to social psychology. Amherst, NY: Prometheus Books, 2002.
ELIOT, T.S. *Poems*. Londres: Hogarth Press, 1919.
PIAGET, J. *La construction du reel chez l'enfant*. Neuchâtel: Delachaux et Niestlé, 1962.

PARTE I

Os pilares do pensamento administrativo: as escolas de administração

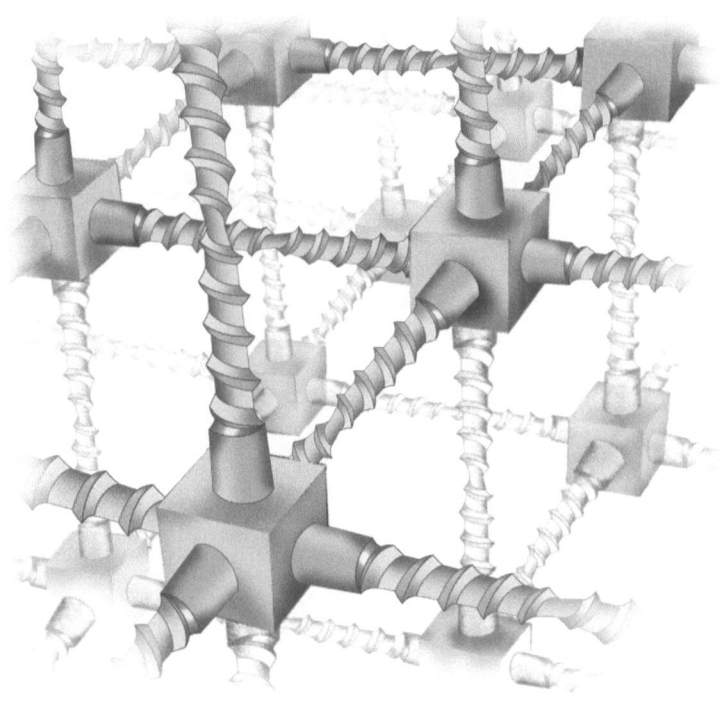

Introdução

1.1 O pensamento administrativo como fruto do processo de modernização da sociedade

Mostraremos nesta introdução como o pensamento administrativo surgiu a partir da consolidação da estrutura burocrática no processo de modernização da sociedade. Como veremos a seguir, a burocracia é uma estrutura organizacional que permite a coordenação da atividade humana para a realização de objetivos comuns em uma perspectiva de longo prazo. O pensamento administrativo surge com base na consolidação da lógica de mercado e na consolidação das estruturas burocráticas como forma de organização do trabalho humano com o objetivo inicial de aumentar a produtividade e gerar lucro. Dessa forma, o pensamento administrativo evoluiu segundo os estudos empíricos sobre o funcionamento da burocracia e de suas disfunções.

1.2 O processo de modernização e consolidação das estruturas burocráticas

1.2.1 As três formas de autoridade segundo Weber e as bases do Estado moderno

A fim de que possamos compreender o processo de modernização e a consolidação da autoridade racional-legal (base da burocracia), faremos uma breve síntese dos diversos tipos de autoridade tratados por Max Weber, comparando-os. O processo de modernização é a progressiva substituição de estruturas sociais baseadas na autoridade tradicional, como a sociedade medieval, por estruturas sociais baseadas na autoridade racional-legal e pela emergência de uma lógica de mercado.

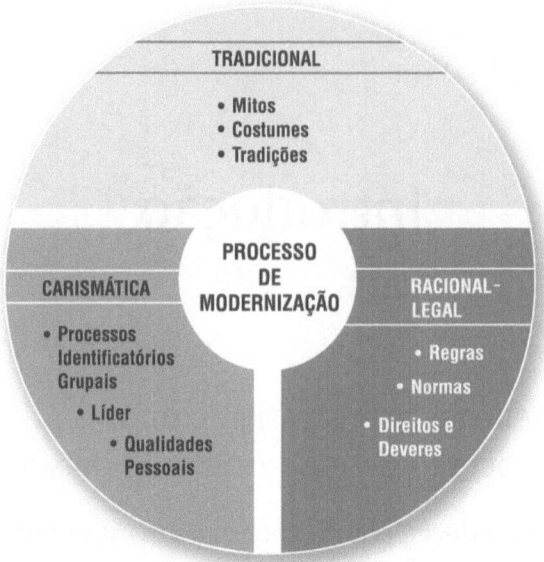

Figura 1 As formas de autoridade segundo Max Weber.

Max Weber, estudando as relações entre a economia e a sociedade, trata em sua obra da questão da legitimidade que fundamenta o exercício da autoridade. Quais são as diversas formas de autoridade existentes na sociedade e como elas se legitimam? Weber responde a essas questões definindo três tipos de autoridade:

> **Autoridade tradicional** – A autoridade tradicional é baseada nos costumes e tradições de uma cultura. A autoridade dos patriarcas e anciãos nas sociedades antigas e o poder do senhor feudal, por exemplo, baseiam-se nesse tipo de legitimação, garantida pela tradição religiosa, pelas crenças e pelos costumes sociais.

> **Autoridade carismática** – A autoridade carismática é baseada nas características pessoais de um indivíduo. Os profetas, heróis, guerreiros e líderes normalmente são reconhecidos pelos seus feitos e qualidades pessoais, exemplificando esse tipo de autoridade.

> **Autoridade racional-legal** – O terceiro tipo citado por Weber é a autoridade racional-legal. Refere-se à autoridade baseada nas regras e normas estabelecidas por um regulamento reconhecido e aceito por todos os membros de dada comunidade. O ordenamento jurídico estabelece competências, direitos e deveres atribuídos a cada função e a autoridade se impõe pela obediência a esses princípios. O exercício da função e da autoridade é assim limitado pela regra.

1.2.2 A autoridade racional-legal como base do Estado moderno

Com base nessas considerações sobre os diferentes tipos de autoridade, Weber opõe a estrutura e o funcionamento da sociedade tradicional à sociedade de massa, formada a partir da industrialização. O fundamento do Estado moderno é a autoridade racional-legal. No Estado moderno, uma lei é considerada legítima se foi votada nas condições estabelecidas pelos procedimentos legalmente aceitos na sociedade em questão. Nesse caso, a lei é válida e reconhecida como obrigatória pelos cidadãos dessa comunidade. Nessa mesma lógica de raciocínio, em uma empresa, um regulamento é considerado legítimo se foi elaborado por uma autoridade detentora do direito legal de fazê-lo. Esse é um dos princípios que embasam a burocracia como forma organizacional.

A legitimidade tradicional, ao contrário, baseia-se na crença de que a ordem social estabelecida em mitos e tradições é sagrada e a justificativa da autoridade se faz pelo caráter sagrado e religioso do poder, fruto de hábitos e costumes já consolidados na sociedade em questão. Trata-se do caráter divino que encontramos na justificativa da autoridade dos nobres na sociedade medieval. Entretanto, na sociedade industrial a legitimidade do exercício da autoridade não tem mais o caráter sagrado, costumeiro e religioso da sociedade tradicional.

Por sua vez, a outra forma de autoridade citada por Weber, a autoridade carismática, permanece na sociedade industrial na figura do líder. Esse tipo de autoridade deriva o seu nome da palavra *charisma*, que em grego significa "graça". A expressão é emprestada dos termos usados em história da religião. A legitimidade carismática baseia-se na crença, nas qualidades excepcionais de um indivíduo, seja ele um santo, um profeta ou um chefe militar que demonstrou o seu heroísmo e a sua capacidade única no campo de batalha e no qual a multidão projeta as suas esperanças e anseios. Como veremos, os estudos dos pesquisadores do Instituto Tavistock de Londres mostraram que o exercício desse tipo de autoridade nas organizações está ligado a fenômenos psicanalíticos pelos quais o grupo social projeta seus desejos e suas expectativas na pessoa do líder, que incorpora e personifica essas representações. O exercício contínuo da autoridade carismática depende do reconhecimento do grupo social, das características pessoais do líder que o tornam único. Esse tipo de reconhecimento normalmente é temporário, sendo menos estável que aqueles que se baseiam na regra ou no costume. Um profeta que não mais é percebido pelo grupo como tal, um santo ao qual o grupo não atribui mais milagres, um guerreiro que não representa mais os anseios de vitória de seus exércitos podem ver o reconhecimento e as projeções que lhes são atribuídos pelo grupo social se extinguirem. A partir disso, eles perdem a autoridade sobre seus seguidores.

1.2.3 A lógica impessoal da burocracia e o processo de modernização da sociedade

O tipo de autoridade característico do Estado moderno e da burocracia, no entanto, é o racional-legal, como vimos anteriormente. Esse tipo de autoridade não é personalista, como no caso da autoridade carismática ou da autoridade tradicional. O subordinado não deve a sua lealdade a um indivíduo específico ou a um grupo. Ele obedece a regras e normas emanadas pela autoridade competente. Os indivíduos que exercem o cargo podem mudar, porém as prerrogativas legais do cargo permanecem. O presidente da república, ao terminar o seu mandato, perde as prerrogativas que lhe eram conferidas pelo cargo. O indivíduo torna-se novamente um cidadão comum, e outro passa a exercer a função. A obediência é decorrente do cargo e do indivíduo que o ocupa naquele momento. Quando este para de exercer a função, perde as prerrogativas do cargo e a obediência não lhe é mais devida.

Em uma sociedade tradicional (como a medieval, por exemplo), de modo oposto à sociedade moderna, o exercício do poder baseia-se na autoridade tradicional, e não na autoridade racional-legal. A autoridade tradicional é pessoal. Deve-se obedecer a um nobre ou a um patriarca porque eles, por nascimento, por costume ou tradição, receberam pessoalmente a investidura divina ou religiosa, de caráter sagrado, para exercer o poder. A autoridade é ligada ao indivíduo, às suas características pessoais, ao seu nascimento, à idade e a outras características pessoais. Na corte, os cargos mais valorizados são aqueles que aproximam o nobre ou dignatário da convivência pessoal com o rei, permitindo-lhes tocá-lo e aproximarem-se de sua sagrada pessoa. O poder está ligado à pessoa específica do rei, que, por direito divino, dado o seu nascimento, exerce pessoalmente o poder. A monarquia constitucional limita esse poder e introduz elementos da autoridade racional-legal, porém nas monarquias consuetudinárias o poder era exercido diretamente pelo rei.

Durante o processo de modernização, com a emergência e consolidação das estruturas burocráticas, o caráter pessoal das relações humanas no trabalho (característico, por exemplo, das corporações de ofício durante a Idade Média) foi sendo substituído por uma crescente impessoalização das relações de trabalho. Na sociedade industrial moderna predominam regras e normas como forma de regulação social. O caráter pessoal das relações humanas passa a ser visto com desconfiança. O clientelismo, os benefícios e os favores com base em relações pessoais passam a ser malvistos dentro da lógica burocrática, em que existe a presunção legal de igualdade de todos diante das regras, de acordo com o estatuto ou regulamento em vigor.

1.2.4 A industrialização e a burocracia como forma estável de organização da produção

Max Weber (1969), no seu livro *Economía y sociedad*, interroga-se a respeito do exercício dessas diversas formas de autoridade (tradicional, racional-legal e carismática) na sociedade industrial em vias de consolidação na qual vivia. De fato, Weber, tendo vivido na segunda metade do século XIX e no início do século XX, presenciou uma época marcada por um desenvolvimento econômico rápido e mudanças importantes, tanto na Europa como nos Estados Unidos, com a emergência da sociedade de consumo de massa.

Em seus estudos, o autor mostra que a autoridade racional-legal está mais adaptada que a autoridade tradicional e a autoridade carismática às mudanças sociais de sua época e ao surgimento da sociedade industrial.

Weber explica que a autoridade tradicional tem mais dificuldades em aceitar inovações sociais. O chefe cuja autoridade foi investida pelo costume e pela tradição tende a preservar os elementos culturais herdados do passado, não questionando as convenções sociais, que são o fundamento mesmo de seu poder. A autoridade tradicional tenderia a desencorajar as mudanças e as inovações necessárias para a consolidação da sociedade industrial. O caráter pessoal do exercício da autoridade tradicional traz também um caráter de incerteza, pois depende das disposições afetivas de um indivíduo ou de um grupo de indivíduos. Esse tipo de insegurança e personalização não favorece investimentos econômicos a longo prazo, tendo em vista que o que é legítimo, certo ou errado pode mudar a cada momento, dependendo da inspiração ou do humor da autoridade tradicional ou da carismática, dado o seu caráter personalista.

Tendo em vista os valores econômicos clássicos típicos da industrialização, a autoridade carismática e a autoridade tradicional não eram compatíveis com o que se considerava na época uma conduta econômica "racional" e "calculada", que pressupunha certa estabilidade das regras e a sua continuidade. A autoridade racional-legal, baseada na obediência a regras específicas que tendem a perdurar ou são mudadas de acordo com procedimentos bem estabelecidos, é compatível com uma atividade econômica que propõe investimentos de longa duração.

1.2.5 Características da burocracia

Weber (1969) mostra como a burocracia, apesar da forma organizacional predominante na sociedade industrial, não é uma forma nova. Já existiam estruturas burocráticas no Antigo Egito, na China e no Império Romano.

A burocracia busca organizar, de forma estável e duradoura, a cooperação de um grande número de indivíduos, cada qual detendo uma função especializada. Separa-se a esfera pessoal, privada e familiar da esfera do trabalho, vista como esfera pública de atuação do indivíduo. Nas sociedades tradicionais, normalmente a esfera familiar e a esfera do trabalho se confundiam, dado o caráter pessoal das relações. Na sociedade industrial, como vimos, há uma ruptura com esses padrões.

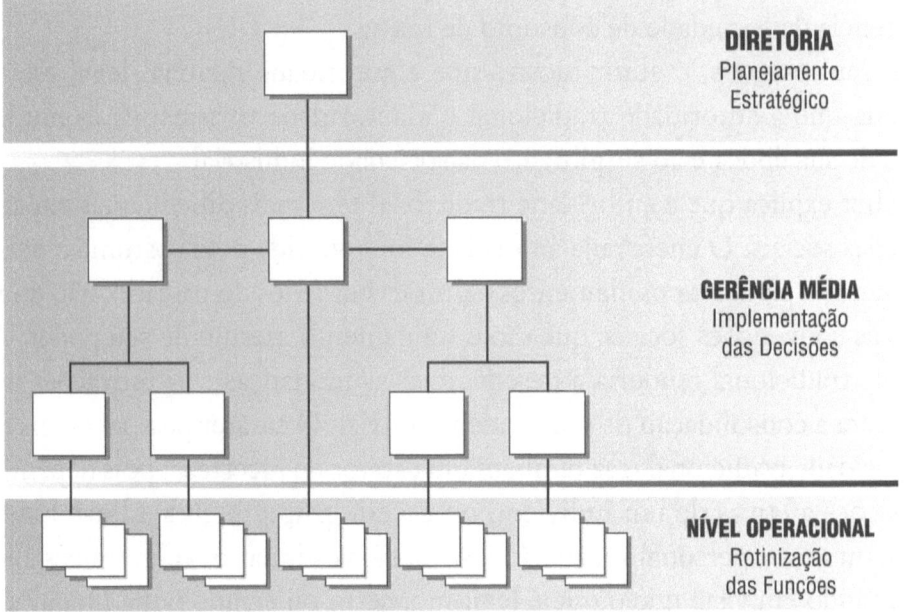

Figura 2 Representação da estrutura burocrática weberiana.

A estrutura burocrática é baseada nos seguintes princípios:

- A existência de funções definidas e competências rigorosamente determinadas por leis ou regulamentos. A divisão de tarefas é feita racionalmente, baseando-se em regras específicas, a fim de permitir o exercício das tarefas necessárias à consecução dos objetivos da organização.
- Os membros do sistema têm direitos e deveres delimitados por regras e regulamentos. Essas regras se aplicam igualmente a todos, de acordo com seu cargo ou sua função.
- Existe uma hierarquia definida por regras explícitas, e as prerrogativas de cada cargo e função são definidas legalmente e regulam o exercício da autoridade e seus limites.

> O recrutamento é feito por regras previamente estabelecidas, garantindo-se a igualdade formal na contratação. Portadores de diplomas legalmente estabelecidos têm o mesmo direito de concorrer ao exercício de determinado cargo.
> A remuneração deve ser igual para o exercício de cargos e funções semelhantes.
> A promoção e o avanço na carreira devem ser regulados por normas e com base em critérios objetivos, e não em favoritismos ou relações pessoais.
> Há uma separação completa entre a função e as características pessoais do indivíduo que a ocupa.

1.2.6 Fatores históricos que contribuíram para a consolidação da burocracia na sociedade industrial

A burocracia é um fenômeno antigo. Como vimos, ela existia no Antigo Egito e em Roma, consolidando-se desde o reinado de Diocleciano. A partir do século XIII, a Igreja Católica romana consolidou-se como organização burocrática e, na China, encontramos a predominância de estruturas burocráticas desde a época Shi-Hoang-Ti (século XIV).

Na Europa, a burocracia moderna se desenvolveu sob a proteção do absolutismo real no começo da era moderna, em meados do século XV. A burocracia tal como a conhecemos atualmente se desenvolveu por meio de diversos elementos:

> **a racionalização do direito**, que passou a ser escrito e organizado de forma hierárquica e lógica em ordenamentos jurídicos, substituindo o antigo direito medieval, com base nos costumes e nas tradições não escritos;
> **a centralização do poder estatal devido à crescente facilidade de comunicação e transporte entre as diversas regiões** (antes isoladas e difíceis de serem controladas pelo poder central);
> **o surgimento e a consolidação das indústrias e o predomínio da racionalidade técnica** (grandes invenções tecnológicas, padronização de procedimentos);
> **a consolidação da sociedade de massa**.

Figura 3 Elementos históricos que permitiram a consolidação da estrutura burocrática.

As vantagens normalmente enunciadas no que se refere à consolidação das estruturas burocráticas na sociedade moderna são as seguintes:

- O predomínio da lógica científica sobre a lógica "mágica", "mística" ou "intuitiva".
- A consolidação de metodologias de análise "racionais", visando ao aprimoramento dos processos de produção.
- A profissionalização das relações de trabalho e a consolidação de uma lógica visando garantir a igualdade de todos diante das regras, reduzindo os favoritismos e clientelismos típicos das corporações de ofício.
- A formalização das competências técnicas permitindo evitar as perdas e os desperdícios próprios da tradição oral das comunidades artesanais e sociedades baseadas no costume e na tradição.
- Isomorfismo: a estrutura burocrática impessoal, dado o seu alto grau de formalização, é um modelo mais fácil de ser transposto para outras sociedades e incorporado por culturas diferentes em países distintos, o que permite a expansão dos negócios, facilita a comunicação e possibilita o comércio global.

Figura 4 Elementos históricos que permitiram a consolidação da estrutura burocrática.

1.3 Conclusão: a modernização e o surgimento do pensamento administrativo

Em resumo, a burocracia é uma solução organizacional que tenta evitar a arbitrariedade, o confronto entre indivíduos e grupos e os abusos de poder. Seu objetivo é o de organizar a atividade humana de modo estável para a consecução de fins organizacionais explícitos. A utilização de regras e a rotinização do trabalho humano fornecem segurança, pois estabelecem etapas e procedimentos a serem seguidos, tentando assim minimizar incertezas e riscos. Como veremos adiante, as estruturas burocráticas foram relatadas por psicólogos industriais como mecanismos de defesa contra a ansiedade e a insegurança típicas do ser humano. Além de fornecerem diretivas claras, as regras, ao formalizarem a interação entre os indivíduos, visam reprimir as relações face a face, a espontaneidade e a pessoalidade, evitando a eclosão de conflitos na organização.

Dadas essas características, a burocracia foi a forma organizacional adotada pelas empresas no seu objetivo de tornarem-se competitivas dentro de uma lógica de mercado. O pensamento administrativo surge como consequência do processo de modernização da sociedade e é a expressão da lógica burocrática, baseada no controle da atividade humana por meio da regra, objetivando o aumento de produtividade e a geração de lucro na sociedade industrial.

Gradualmente, porém, os diversos estudiosos das organizações vão relatando os problemas e as disfunções produzidos pela estrutura burocrática. Neste livro, relataremos alguns desses estudos e visões que constituem parte da crítica à burocracia e que representam a evolução do pensamento administrativo contemporâneo.

2.1 Introdução à Escola Clássica de Administração: uma breve revisão histórica do contexto socioeconômico da modernidade

Como vimos na introdução deste livro, o processo de modernização retrata a substituição progressiva da economia feudal baseada na autoridade tradicional dos nobres, dos senhores feudais e das autoridades religiosas e patriarcais por uma economia industrial calcada na autoridade racional-legal, fundamento das organizações burocráticas. Resumiremos e analisaremos aqui alguns dos elementos do processo de modernização que nos ajudarão a entender melhor a Escola de Administração Científica apresentada neste capítulo.

2.2 A emergência da sociedade industrial

O processo de consolidação do capitalismo tem início com o que os economistas denominam **acumulação primitiva do capital**, fonte inicial de lucros que levou à acumulação de capital ulterior, possibilitando a emergência da economia capitalista industrial.

As quatro principais fontes da acumulação primitiva de capital são:

- o rápido crescimento do volume do intercâmbio e do comércio de mercadorias no fim da Idade Média;
- o sistema de produção manufatureiro;
- a grande inflação de preços nos séculos XVIII e XIX;
- o regime de cercamento dos campos.

Vamos rever rapidamente esses elementos.

2.2.1 O declínio das bases do sistema feudal

O processo de modernização da sociedade, que se iniciou desde o fim da Idade Média, foi lento e gradual. O crescimento do comércio, a introdução de uma economia monetária e o crescimento das cidades a partir do século XIV enfraqueceram a economia feudal, baseada na terra e na baixa mobilidade social. Reforçou-se nessa época a separação entre a cidade e o campo. Os habitantes das cidades medievais passaram a se dedicar mais ao comércio e à indústria manufatureira, enquanto os do campo se dedicavam à agricultura, visando suprir as cidades com os produtos agrícolas de que necessitavam para a subsistência de seus habitantes. A lógica que regia as relações sociais durante a Idade Média foi sendo progressivamente substituída. Nesse período, os senhores feudais, proprietários da terra, com o exercício da autoridade tradicional de cunho religioso, contavam com o trabalho gratuito dos servos.

No século XIV, porém, ocorreram modificações que abalaram a lógica econômica baseada na servidão humana e no direito dos senhores feudais. Nessa época, a famosa peste negra, doença terrível, matou mais pessoas na Europa do que, posteriormente, a Primeira Guerra Mundial. A população da Inglaterra, antes da peste negra, era de 4 milhões de habitantes. Após a epidemia, a população desse país foi reduzida a 2,5 milhões de habitantes. Com a morte desse enorme contingente humano, sobraram menos braços para trabalhar a terra, e a escassez de mão de obra aumentou o custo do trabalho humano. Leo Huberman (1978) analisa a economia da Idade Média mostrando que, no fim do século XIV, teve início uma nova fonte de poder e mobilidade social para os camponeses: maior valor era atribuído ao trabalho dos que continuavam vivos (dada a escassez de mão de obra).

Consequentemente, o trabalho do camponês valia mais do que nunca. Surgiram revoltas camponesas contra o poder dos senhores feudais e contra a servidão que os imobilizava em seus locais de origem. Essas revoltas foram controladas. Apesar disso, as bases do sistema feudal estavam abaladas. Em meados do século XV, o trabalho servil já havia sido substituído em grande parte pelos arrendamentos da terra pagos em dinheiro, e muitos camponeses tinham se emancipado do domínio dos antigos senhores.

2.2.2 A produção de manufaturas e as corporações de ofício

O progresso das cidades, por meio da intensificação do comércio, permitiu aos artesãos especializados em um ofício abandonar a agricultura e viver à custa de sua arte. Assim sendo, mestres-artesãos e profissionais, como padeiros, ourives, carpinteiros, fabricantes de armas, tecelões, artistas, entre outros, puderam abrir pequenos comércios em suas cidades, dedicando-se a abastecer e prestar serviços a um mercado interno pequeno em vias de crescimento. A moradia servia de oficina de trabalho. O artesão fazia assim a sua clientela e sobrevivia dos frutos de sua habilidade técnica. Pouco a pouco os negócios iam prosperando e ele ia contratando ajudantes e aprendizes, que com ele viviam e aprendiam o ofício. Esses aprendizes permaneciam no ofício durante certo número de anos, quando podiam sair e abrir sua pequena oficina, da qual seriam mestres, contratando, por sua vez, outros aprendizes. Tornar-se aprendiz significava ter uma profissão e dominar uma técnica no futuro. Durante os anos de aprendizado, no entanto, o discípulo devia obediência total ao mestre de ofício, em troca de habitação e de um pequeno salário. Tratava-se de uma ética paternalista de lealdade em troca de proteção. Dessa forma, as mercadorias feitas artesanalmente passaram a ser vendidas no mercado das cidades e nas feiras e muitas vezes exportadas. Esses artesãos profissionais eram donos da matéria-prima e das ferramentas utilizadas em seu trabalho e eles cuidavam de todo o processo de produção, vendendo o produto acabado. A reputação profissional do artesão era a base dessa economia. Assim, para controlar a concorrência, os artesãos formaram corporações próprias. Consequentemente, todos os trabalhadores dedicados ao mesmo ofício em uma cidade ou região formavam uma corporação de ofícios.

Como vimos, no fim da Idade Média, o trabalho artesanal nas oficinas e a produção de manufaturas baseavam-se na autoridade tradicional do mestre, que controlava de forma personalista o seu negócio e as relações com os seus ajudantes e aprendizes. As relações eram informais e não havia separação entre o âmbito privado e o âmbito público, uma vez que trabalho e moradia se confundiam. A distância entre patrão e trabalhador não era grande, porém este ficava sujeito às arbitrariedades e aos humores de seu empregador. Essa organização social baseava-se em uma hierarquia que derivava do conhecimento técnico relacionado ao ofício. Os mestres eram reconhecidos socialmente como iguais e os aprendizes se submetiam à sua tutela, tendo, porém, alguns direitos próprios. A mobilidade social era prevista nesse sistema, uma vez que o aprendiz chegava a mestre depois de certo número de anos. As corporações, apesar de seus diversos níveis, eram uma comunidade com caráter de irmandade. Os membros de uma mesma corporação se preocupavam com o bem-estar dos outros membros e os estrangeiros não eram admitidos. Essa é a origem do termo "espírito corporativista", utilizado até hoje para expressar a solidariedade e, em alguns casos, o excesso de protecionismo entre os membros de uma mesma organização.

As corporações artesanais monopolizavam o trabalho e a indústria manufatureira em determinada região. Consequentemente, os membros de outras corporações e os estrangeiros não podiam se instalar e comercializar seus produtos na região dominada por outra corporação, sob pena de serem expulsos pelos membros desta, que, muitas vezes, faziam ameaças e usavam expedientes violentos para proteger seu território.

Uma vez que tinham o direito de controlar o comércio e a produção de manufaturas em toda a região, detendo-se exclusividade nesses negócios, para justificar esse monopólio, as corporações cuidavam de sua reputação, o que lhes garantia a venda de seus produtos. Tendo em vista que a base desse sistema de trocas derivava da credibilidade dos artesãos, as corporações evitavam o comércio de manufaturas de baixa qualidade. Em princípio, esse comércio não visava ao lucro. Referia-se a uma economia baseada em trocas: inicialmente os bens eram vendidos pelo seu "justo preço", ou seja, pelo seu custo de fabricação. Tratava-se de uma economia que mantinha ainda valores religiosos e éticos típicos da Idade Média e da religião católica, predominante na época: o lucro era visto como usura, sinal de desonestidade. Portanto, quando as corporações abusavam e cobravam mais do que era considerado justo – o que às vezes ocorria, tendo em vista o seu monopólio –, as autoridades locais tinham o direito de dissolvê-las ou de impor-lhes penalidades.

Essa situação, predominante durante a Idade Média, mudou rapidamente. Com a ampliação do comércio e o crescimento das exportações de manufaturas, a partir da organização de feiras e mercados regionais, consolidou-se uma economia de mercado que inviabilizou a manutenção do "justo preço". Este foi substituído pelo preço do mercado, fruto de negociação com o cliente e com a concorrência. O comércio passou a visar ao lucro.

2.2.3 A emergência da burguesia mercantil como classe hegemônica e a consolidação do Estado absolutista

Com o passar do tempo, a mobilidade social dos artesãos foi reduzindo-se. Para manter seu monopólio e controlar a concorrência, os mestres-artesãos foram limitando a passagem de seus aprendizes ao grau de mestre, reduzindo a abertura de pequenos estabelecimentos autônomos. Consequentemente, o mercado concentrou-se em torno de algumas indústrias manufatureiras, que passaram a centralizar o poder e o controle dos recursos produtivos. Os donos dessas indústrias manufatureiras passaram a constituir uma classe social emergente, que concentrava recursos, influência e poder com a fabricação e o comércio de manufaturas.

Com o advento do absolutismo, as corporações e as cidades perderam autonomia para o poder central do rei. O objetivo dos reis era centralizar o poder e, para tanto, empreenderam esforços a fim de derrubar os monopólios corporativos regionais e o poder dos nobres. Nesse esforço, os reis absolutistas muitas vezes buscavam apoio político na burguesia mercantil e industrial, tendo em vista o poder econômico crescente dessa classe social. Financiados por essas classes emergentes, os reis desenvolviam estratégias para se impor aos senhores feudais e aos nobres, diminuindo a autonomia regional com o objetivo de consolidar o seu poder central. Os Estados absolutistas favoreceram assim o poder da burguesia mercantil e da indústria manufatureira, regulamentando a aprendizagem dos trabalhadores industriais, as condições de emprego e a alocação da força de trabalho nos diversos tipos de ocupação. Promulgando leis que regulamentavam os salários, a qualidade dos produtos e o comércio, os reis absolutistas visavam proteger os interesses da burguesia mercantil e manufatureira, aliando-se a ela. Estabeleceu-se o conceito de indústria nacional. Uma das tarefas do Estado absolutista passou a ser a proteção da indústria nacional, visando ao aumento da produção e das exportações e, logo, ao ingresso de divisas para a nação.

Luís XIV, expoente do absolutismo francês, e seu ministro Colbert são exemplos dessa política típica do Estado absolutista.

Mais tarde, porém, a consolidação da burguesia mercantil e da burguesia industrial como classes sociais hegemônicas teve como consequência o questionamento do poder real absoluto. As classes burguesas emergentes queriam maior poder de controle, e o excesso de regulamentações do Estado passou a ser visto como um obstáculo. Surgiram as teorias do liberalismo econômico e filosofias que as legitimaram. O pensamento de Thomas Hobbes, que legitimava o absolutismo, passou a dar lugar ao pensamento de filósofos liberais, como Thomas Locke, e ao pensamento econômico clássico de Adam Smith. A Revolução Francesa, em 1789, e o período napoleônico marcam a consolidação do poder burguês na Europa ocidental.

2.2.4 A substituição progressiva das corporações de ofício pelo trabalho assalariado

No que se refere às corporações de ofício e à produção manufatureira e artesanal, constata-se que, do século XVI ao XVIII, os artesãos independentes tenderam a desaparecer, e em seu lugar surgiram os assalariados. As indústrias manufatureiras modificaram-se, tendo em vista a consolidação da produção industrial. Huberman (1978) retrata as sucessivas formas de organização industrial:

> **Sistema familiar**: a família produzia artigos para seu consumo e não para venda. Organização vigente no princípio da Idade Média.
> **Sistema de corporações**: produção realizada por mestres-artesãos independentes, com alguns ajudantes, visando a um mercado regional e estável. Os trabalhadores eram os donos das ferramentas com as quais trabalhavam. Política do justo preço: o comércio de mercadorias não visava ao lu-

cro. Sistema de trocas baseado na ética católica; lucro visto como negativo. Esse sistema predominou durante toda a Idade Média.

> **Sistema doméstico**: os mestres-artesãos realizavam em casa o trabalho, produzindo manufaturas, porém com menos independência. Dependiam de um empreendedor que lhes fornecesse a matéria-prima e intermediasse a venda de seus produtos manufaturados. Esse sistema vigorou do século XVI ao XVIII.

> **Sistema fabril**: produção para um mercado mais abrangente. Artesãos e profissionais trabalhavam fora de casa, nas instalações construídas pelo empregador, dono da fábrica ou manufatura. Recebiam salário pelo trabalho realizado. O trabalho dos profissionais e artesãos era disciplinado e realizado sob rigorosa supervisão. Os artesãos não possuíam mais a matéria-prima nem os instrumentos de trabalho, que eram de propriedade do seu empregador.

Analisando essas mudanças, pode-se verificar que no início, enquanto predominava o **sistema doméstico**, o mercador-capitalista (empreendedor) limitava-se a fornecer ao artesão independente a matéria-prima, remunerando-o para que manufaturasse o produto acabado (manufatura). Nesse sistema, o trabalho ainda era realizado em oficinas independentes, mesmo que intermediado pelo empreendedor. O mestre-artesão ainda detinha a propriedade de sua oficina e dos seus instrumentos de trabalho, empregando aprendizes e ajudantes.

Em uma fase posterior do sistema manufatureiro doméstico, no **sistema fabril**, o mercador-capitalista passou a ter a propriedade das máquinas e dos instrumentos de trabalho e, muitas vezes, do prédio e das instalações, onde a produção se realizava. O empreendedor, nesse tipo de sistema, contratava os artesãos para acionarem os instrumentos de trabalho e exercerem a sua habilidade técnica fabricando os produtos. Fornecia-lhes a matéria-prima e apropriava-se dos produtos acabados, pagando apenas por sua mão de obra. Com a consolidação do sistema fabril, o artesão passou a vender apenas sua força de trabalho. Dessa forma, a busca por eficiência e lucro passou a substituir a lógica da corporação de ofícios, baseada no exercício da autoridade tradicional e no sistema de trocas.

2.2.5 A inflação de preços dos séculos XVIII e XIX e o cercamento dos campos

Como vimos, a grande inflação de preços na Europa nos séculos XVIII e XIX e o cercamento de campos, com o aumento do comércio de manufaturas, são citados como elementos que favoreceram a consolidação do capitalismo industrial. Vamos analisar as questões a seguir:

> **A inflação de preços** – O acúmulo de ouro na Europa, trazido das colônias da América desde o século XVI, trouxe um progressivo aumento de preço nos bens e mercadorias vendidos nas metrópoles. Os mercadores e industriais lucravam cada vez mais com esse sistema, pois cobravam preços maiores; porém, os nobres e reis que dependiam de rendas fixas do Estado ou do arrendamento de suas terras, não podendo trabalhar ou exercer atividades ligadas ao comércio, perdiam dinheiro e poder, uma vez que suas rendas não eram reajustadas. Essas rendas dependiam de acordos com base em costumes e tradições que remontavam à Idade Média. Os arrendatários (camponeses, em sua maioria) baseavam-se nesses costumes para pagar aos nobres e aos proprietários das terras os estipêndios aos quais estes tinham direito. Na maioria dos casos, não existiam contratos escritos, pois o direito que regia os arrendamentos era consuetudinário e costumeiro. As rendas dos nobres continuavam estáveis, entretanto os preços das mercadorias subiam. Consequentemente, os nobres, que não tinham outra fonte de renda, empobreceram. A situação piorou a tal ponto que no século XVIII nobres e dignatários que dependiam das rendas fixas da terra encontravam-se em uma situação muito difícil. Os proprietários de terras e nobres, reagindo ao seu empobrecimento, elevaram o preço dos arrendamentos a um ponto que os camponeses não podiam mais pagar.

> **O cercamento de terras** – Essas terras foram vendidas ou finalmente cercadas (fechadas) e destinadas à criação de animais, o que era mais rentável que os antigos sistemas de cultivo da terra utilizados pelos camponeses. Os camponeses e suas famílias, normalmente numerosas, antigos arrendatários dos nobres, não podendo mais pagar os arrendamentos, tiveram de deixar suas terras e foram sendo expulsos dos campos, migrando para as cidades. Esse contingente humano constituiu a primeira mão de obra destinada à indústria nascente.

2.2.6 A Revolução Industrial e a organização das primeiras fábricas

O período compreendido entre 1840 e 1873 consolidou, na Inglaterra, maior potência econômica da época, a indústria e o capitalismo de livre concorrência. O crescimento econômico nesse período foi impressionante: construíam freneticamente estradas de ferro e exportavam carvão, ferro e aço. Um dado que revela esse crescimento sem precedentes é o fato de que a produção de máquinas, navios e produtos químicos empregava em 1881, na Inglaterra, o dobro de indivíduos que em 1841 (Hunt e Sherman, 1972).

A Revolução Industrial, responsável por esse fabuloso crescimento econômico, teve, no entanto, um custo social. Os camponeses, que vieram do campo para a cidade em razão do cercamento dos campos, tinham de vender a sua força de trabalho em troca de salários irrisórios para sobreviver. Homens, mulheres e crianças trabalhavam até 16 horas por dia, em condições difíceis e precárias. O sistema fabril mecânico regulava o trabalho do homem em torno do funcionamento da máquina, exigindo ritmo e jornada de trabalho maiores. A máquina transformou-se no foco central do processo produtivo.

Hunt e Sherman (1972) mostram como, no final do século XVIII, eclodiram várias revoltas contra o sistema fabril: multidões de trabalhadores arremetiam-se contra as máquinas e as instalações das fábricas, destruindo o que julgavam ser a causa de seu sofrimento. As relações trabalhistas ainda não eram regulamentadas, e a desigualdade no tratamento dos empregados prevalecia. Empregavam-se crianças e mulheres, que executavam tarefas padronizadas e recebiam salários muito inferiores aos dos homens. Essa massa de trabalhadores concentrava-se nas cidades inglesas, que cresciam rapidamente nesse período. As condições de vida nessas cidades eram assustadoras, com epidemias de cólera, sujeira e pobreza. Reagindo a essas condições de trabalho, surgiram nessa época diversas associações sindicais, que tentavam mobilizar-se conquistando melhores condições de trabalho para essa primeira mão de obra industrial. O crescente fortalecimento dos sindicatos e o descontentamento econômico e social desse período assustaram os dirigentes e políticos ingleses conservadores, inspirando a Lei das Associações (*Combination Act*), promulgada em 1799, que declarava ilegais as associações de trabalhadores. Justificava-se a lei alegando-se que era necessário resguardar a livre concorrência e o direito aos agentes econômicos do mercado de negociar livremente os seus contratos.

As dificuldades enfrentadas pelos trabalhadores das indústrias preocuparam alguns membros das elites conservadoras esclarecidas da época, como os **Tóris**. Esses dirigentes achavam que tinham de proporcionar melhores condições de trabalho para o operariado, que devia ser protegido. A política dos Tóris era paternalista: em troca de proteção e de condições de trabalho justas, os trabalhadores deviam ser desencorajados a lutar por si próprios e a constituir uma classe social independente. Nesse período, empreendimentos industriais pertencentes a membros desse partido tornaram-se exemplos de fábricas onde existiam condições mais humanas de trabalho. Robert Owen e sua fábrica em New Lanark tornaram-se conhecidos em toda a Europa nesse período por ter proporcionado boas condições de trabalho ao operariado.

2.2.7 Alguns dos movimentos sociais da época e seus expoentes

Como reação ao excessivo rigor com que os trabalhadores eram tratados nas indústrias durante esse período, surgiram outros movimentos políticos que questionavam o sistema capitalista e a industrialização. O **socialismo utópico** foi um desses movimentos. Alguns de seus expoentes foram:

- **Henri de Saint-Simon** (1760-1825) era originário de uma família aristocrática empobrecida. Ele reconhecia a eficiência dos empreendimentos industriais e admitia a propriedade privada, desde que fosse usada em benefício das massas. Para tanto, propunha ao governo que interviesse na economia a fim de garantir que o resultado do processo de industrialização fosse favorável à maioria das pessoas. Os socialistas utópicos acreditavam que o capitalismo constituía um sistema irracional, alimentava desperdícios, gerava desigualdades, sendo, portanto, um sistema injusto.
- **Louis Blanc** (1811-1882), outro importante socialista utópico, tinha a opinião de que o Estado poderia ser um intermediário na implantação de reformas graduais e pacíficas que levassem ao socialismo.
- **Proudhon** (1809-1865) era mais radical e propunha a extinção do Estado e das relações capitalistas baseadas na propriedade privada. Aventava o retorno a uma era em que a agricultura em pequena escala e a produção artesanal voltariam a imperar.
- **Karl Marx** (1818-1883) considerava as proposições dos socialistas utópicas (como os nomeou), quixotescas. Marx baseia a sua análise da sociedade capitalista em uma abordagem que ficou conhecida como materialismo histórico, na qual ele faz a crítica ao capitalismo. Segundo Marx, a separação entre o produtor e os meios de produção, que dão origem a uma classe de proprietários e a uma classe de trabalhadores, bem como a infiltração da lógica de mercado ou nexo monetário em todas as relações humanas, seria responsável pelas desigualdades sociais e pela exploração do homem pelo homem. Em suas obras econômicas, Marx procura esclarecer os conflitos típicos da sociedade de classes e os métodos de produção e trocas de mercadorias no capitalismo. No fim de sua análise, ele prevê a destruição do capitalismo e a instauração de uma sociedade socialista sem classes.

O pensamento desses autores reflete importantes questionamentos e reações ao processo de modernização da sociedade. Como sabemos, a teoria marxista influenciou de maneira decisiva a estruturação do contexto socioeconômico do século XX. A Revolução Socialista, a formação da URSS e a Guerra Fria são apenas alguns exemplos dessa influência. Em 1989, houve a queda no muro de Berlim e a abertura democrática geral no mundo, com mudanças profundas na Economia.

2.2.8 O contexto histórico da Escola Clássica de Administração

Na passagem do século XIX para o XX, os Estados Unidos haviam se tornado a principal potência industrial no mundo. Em 1913, a economia norte-americana produzia cerca de um terço do produto industrial bruto mundial. A maior parte das indústrias estratégicas (ferrovias, bancos, produção fabril) estava nas mãos de poucas empresas, corporações poderosas. Esse foi o cenário de rápidas transformações econômicas e sociais que Weber (1864-1920) descreveu e analisou de forma tão detalhada.

Na época de Taylor, em muitas indústrias norte-americanas encontravam-se ainda resquícios da autoridade tradicional descrita por Weber. Nessas indústrias, artesãos e operários especializados eram empregados e exerciam a sua técnica por meio do sistema de empreitada. Esse sistema pode ser visto como um sistema de transição para o sistema burocrático. Por meio do sistema de empreitada, os empreendedores (proprietários das fábricas) transferiam para os profissionais e artesãos autônomos a responsabilidade de montar o sistema produtivo em suas fábricas. O profissional subcontratado assumia o risco e a responsabilidade pela produção e era pago com base nos resultados obtidos. Normalmente, subcontratava profissionais conhecidos e controlava seu trabalho e os resultados do empreendimento. Tratava-se da reconstrução da autoridade do mestre-artesão no interior das indústrias. Mesmo tendo perdido a propriedade dos instrumentos de produção, o profissional conservava parte da independência e da autonomia características da lógica de ofícios. Consequentemente, esse tipo de profissional resistia à autoridade racional-legal e à legitimação burocrática, que ameaçavam a sua autonomia, o exercício de sua autoridade sobre os subcontratados e o controle que mantinha sobre o processo de produção. É esse contexto social que Taylor encontrará ao formalizar a sua teoria da Administração Científica. Seu objetivo será substituir esses sistemas tradicionais por estruturas burocráticas que garantam a funcionalidade e a eficiência do processo produtivo.

Bibliografia

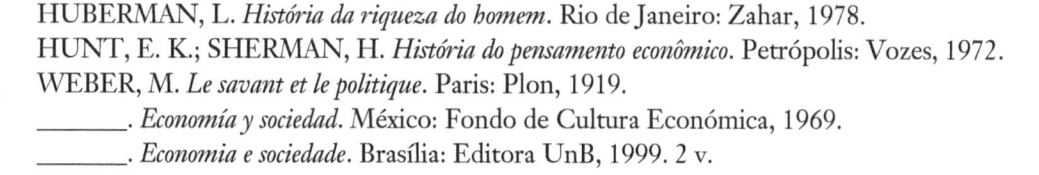

HUBERMAN, L. *História da riqueza do homem*. Rio de Janeiro: Zahar, 1978.
HUNT, E. K.; SHERMAN, H. *História do pensamento econômico*. Petrópolis: Vozes, 1972.
WEBER, M. *Le savant et le politique*. Paris: Plon, 1919.
_____. *Economía y sociedad*. México: Fondo de Cultura Económica, 1969.
_____. *Economia e sociedade*. Brasília: Editora UnB, 1999. 2 v.

Capítulo 1

A Escola Clássica de Administração e o Movimento da Administração Científica

Os sonhadores organizacionais imaginam sistemas funcionalmente tão perfeitos que o ser humano não precisa mais ser (moralmente) bom.
(T. S. Eliot, 1981)

1.1 Introdução

Vimos, na classificação efetuada no início deste livro, que o foco da Escola Clássica de Administração é interno e estrutural, ou seja, os principais teóricos dessa escola focam a sua análise no aperfeiçoamento das regras e estruturas internas da organização. Para eles, a partir do momento em que a organização tem estruturas adequadas que funcionam bem e otimizam a produção, todos os outros problemas se resolvem, incluindo aqueles relacionados ao comportamento humano e à competição com outras organizações. A frase supracitada, de T. S. Eliot, exemplifica bem a visão predominante nessa época: considerava-se que o aperfeiçoamento dos sistemas garantiria por si só os resultados desejados. O ser humano era considerado um ser que analisava racionalmente as diversas possibilidades de decisão, podendo assim criar e implantar os melhores sistemas. Trabalhava-se com o pressuposto de racionalidade absoluta. A fé na capacidade e no engenho humano parecia, então, ilimitada.

1.2 Origens

Para chegar às origens do Movimento de Administração Científica é necessário que façamos uma pequena incursão pela História.
 No século XVII, Descartes negou todo o conhecimento recebido com base apenas em costumes e tradições e salientou o poder da razão para resolver qual-

quer espécie de problema. Era a substituição do tradicional pelo racional. No século XVIII, o racionalismo atingiu seu apogeu para ser, no século seguinte, aplicado às ciências naturais e finalmente às ciências sociais.

Havia um campo, no entanto, que ainda não tinha sido afetado pela racionalização. Esse campo era o do trabalho. O advento das máquinas tornou o trabalho evidentemente mais eficiente, porém ainda não havia provocado a racionalização da organização e execução do trabalho.

No início do século XX, surgiram os pioneiros da racionalização do trabalho e, como em muitos aspectos suas ideias eram semelhantes, ficaram conhecidos como fundadores da Escola de Administração Científica ou Escola Clássica. O pensamento central dessa escola pode ser resumido na afirmação de que alguém será um bom administrador à medida que seus passos forem planejados, organizados e coordenados de maneira cuidadosa e racional.

1.2.1 As grandes figuras da Escola Clássica

Em 1903, foi publicado nos Estados Unidos o livro *Shop management*, de Taylor, engenheiro cuja primeira atividade profissional fora a de mestre em uma fábrica. Era um técnico e, desde que atingira a posição de mecânico chefe de Midvale Still, em 1884, passara a se ocupar cada vez mais com experiências destinadas a aumentar a eficiência do trabalho. Em 1906 foi eleito presidente da Associação Americana de Engenheiros e, em 1911, publicou seu livro mais conhecido: *Princípios de administração científica*.

Em 1916, foi publicado na França o livro *Administração industrial e geral*, de Henri Fayol (1960, 1970), que, embora também fosse engenheiro, era mais um administrador de cúpula, tendo mesmo, como diretor-geral, salvado da falência uma grande empresa metalúrgica.

A formação norte-americana de Taylor e suas atividades como consultor técnico levaram-no a preferir sempre a experiência e a indução ao método dedutivo e, consequentemente, a interessar-se mais pelos métodos e sistemas de racionalização do trabalho na linha de produção, enquanto a formação francesa de Fayol e sua experiência como administrador de cúpula conduziram-no a uma análise lógico-dedutiva para estabelecer os princípios da boa administração, voltada para a definição das tarefas dos gerentes e executivos.

O estilo de Fayol é esquemático e bem-estruturado. É dele a clássica divisão das funções do administrador em planejar, organizar, coordenar, comandar e controlar.

Os contemporâneos de Taylor e Fayol foram Frank e Lilian Gilbreth (1953), que escreveram vários trabalhos sobre a aplicação da Administração Científica em sua empresa de construção civil, reunidos sob o título *The writing of the*

Gilbreths. Spriegel and Myers é um livro que figura entre os clássicos de administração. Alguns dos textos apresentados foram escritos para os próprios trabalhadores da empresa. Esses trabalhos cuidaram principalmente dos estudos de tempo e movimentos, mas sua particularidade está na tentativa de Lilian Gilbreth aplicar a psicologia à administração em uma época em que pouca gente se preocupava com isso.

Não menos notável foi Henry Gantt (1919), que, seguindo de perto os trabalhos de Taylor, chegou a conclusões próprias quanto aos problemas de administração. Tendo melhor compreensão de natureza psicológica do trabalhador, tornou-se mais liberal ao tratar de problemas de produção e usou a psicologia para aumentar a produtividade.

Gantt reconheceu a eficiência de incentivos não monetários, percebendo assim várias falhas da Administração Científica e dando importância ao moral do trabalhador. Como consultor, levou a Administração Científica a várias empresas e, dentro das fábricas, aplicou a racionalização não só no campo da produção, como também no de vendas e finanças.

Muito da amplitude da visão e habilidade social de Gantt não foi simplesmente parte de sua natureza nem apenas o resultado das conclusões a que chegou na análise de situações humanas. Em seu trabalho de assessoria na Remington, no período entre 1910 e 1917, ele entrou em contato com Fred Miller, um capitão de indústria, e foi por meio dessa associação que Gantt aprendeu a utilidade do tato, da paciência e da consideração para com pontos de vista contrários na tomada de decisões (Gilbreth e Gilbreth, 1953; Filipetti, 1959).

1.3 Ideias centrais do movimento

1.3.1 *Homo economicus*

Uma das ideias centrais do Movimento de Administração Científica é a de que o homem é um ser eminentemente racional e que, ao tomar uma decisão, conhece todos os cursos de ação disponíveis, bem como as consequências da opção por qualquer um deles. Por essa razão pode escolher sempre a melhor alternativa e maximizar os resultados de sua decisão.

Esse modelo simplificado da natureza humana possibilitou a construção rápida de uma teoria da administração, pois, admitindo-se os objetivos do homem assim prefixados, poder-se-ia saber de antemão como reagir, o que facilitaria muito as relações com ele. Assim, o ser humano no começo era visto como um ser simples e previsível, cujo comportamento não variava muito. Incentivos financeiros adequados, constante vigilância e treinamento eram ações consideradas suficientes para garantir boa produtividade. Consequentemente, para os principais autores clássicos de administração, sejam anglo-saxões, como Taylor e

Gulick, ou franceses, como Fayol, o comportamento humano não constituía um problema em si. Ou melhor, os comportamentos percebidos como inadequados pelos gerentes não eram vistos como o resultado de uma irracionalidade no comportamento dos indivíduos no trabalho, mas sim como decorrentes de defeitos na estrutura da organização ou de problemas na sua implementação (Taylor, 1911; Fayol, 1949). Se houvesse queda de produtividade, o elemento humano não era considerado. Buscavam-se nas estruturas organizacionais as causas dos erros. Caso essas fossem novamente analisadas e aperfeiçoadas, os problemas deveriam ser logicamente sanados. Os problemas comportamentais e organizacionais, de acordo com a Escola Clássica de Administração, eram fruto da difícil operacionalização dos princípios de uma ciência da administração que estava sendo progressivamente construída. O importante era aperfeiçoar as regras e estruturas. A partir disso, os problemas se resolveriam.

1.3.2 As bases econômicas e filosóficas do conceito do *homo economicus*

A figura do *homo economicus* foi muito usada pelos economistas clássicos em seus trabalhos. Na própria base da lei de oferta e procura, como veremos a seguir, ela é facilmente identificável. Como nos mostraram Hunt e Sherman (1972), em 1776, com a publicação da obra de Adam Smith, *A riqueza das nações*, uma nova filosofia individualista – o liberalismo clássico – conquistou a sociedade inglesa. De fato, a antiga ética paternalista cristã, típica do período medieval, condenava a avareza, a ambição e o desejo de acumular riquezas, negando as bases do capitalismo industrial. Ela era baseada na sociedade tradicional e na inserção humana na comunidade. Esses princípios da sociedade medieval e da ética paternalista cristã foram mudando pouco a pouco. Em sua obra, *Leviatã*, publicada em 1651, Hobbes (2014) desenvolveu uma argumentação segundo a qual todas as motivações humanas originavam-se do desejo por tudo que promovesse o "impulso vital" do organismo humano. Logo, o ser humano era basicamente egoísta, buscando a satisfação de seus próprios desejos.

Hobbes usou essa análise, no entanto, para justificar o Estado autoritário. Segundo ele, dado o egoísmo humano, em seu estado natural os homens viveriam em guerra e a civilização humana não duraria. Daí a necessidade de um poder central que protegesse o homem do egoísmo dos outros homens, permitindo a vida em sociedade. Autores posteriores, com base no mesmo conceito do egoísmo da ação humana, desenvolveram argumentos opostos para valorizar o liberalismo econômico e descentralizar o poder.

Para Adam Smith (2006), justamente o interesse em maximizar o seu ganho individual faz que os agentes econômicos – produtores, consumidores e trabalhadores – procurem as alternativas mais racionais de ganhos em um mercado competitivo. Esse mercado, livre de toda e qualquer restrição, permitiria o livre jogo das forças da oferta e da procura. O mercado agiria como uma "mão invisível", canalizando as motivações egoístas e interesseiras dos homens para atividades mutuamente complementares que promoveriam, de forma harmoniosa, o bem-estar de toda a sociedade. Assim, o credo psicológico dos ideólogos do liberalismo clássico baseava-se em quatro pressupostos sobre a natureza humana: todo homem é egoísta, frio e calculista, inerte e atomista. A teoria de que as motivações humanas são essencialmente egoístas foi endossada por muitos pensadores liberalistas eminentes desse período, tais como Bentham (1955) e Locke.

Jeremy Bentham[1] desenvolveu o utilitarismo, em que ele propõe uma visão hedonista do ser humano, segundo a qual o homem busca o prazer e a rejeição da dor e esses são seus únicos impulsos. Todo tipo de esforço ou de trabalho é encarado pelo ser humano como doloroso. Portanto, a aversão seria a única emoção que o trabalho poderia suscitar no homem. Desse modo, os homens agiriam calculadamente, de forma egoísta, com o objetivo de aumentar o seu prazer e seus ganhos, evitando a dor e o trabalho. Se os homens não encontrassem atividades que lhes proporcionassem prazer ou se não temessem a dor, ficariam reduzidos à inércia e à indolência. A visão individualista do ser humano é reforçada por Locke, em outra linha de argumentação, quando esse autor define os direitos naturais do ser humano.

Para Locke, o direito à propriedade individual seria decorrente do direito inato e sagrado que o homem tem de possuir os frutos do uso de suas mãos e do seu corpo por meio de seu trabalho. O trabalho seria assim a origem do direito à propriedade. A propriedade da sua força de trabalho e de seus frutos é um direito natural básico, e esse direito é anterior à vida na sociedade civil em comunidade. Dessa forma, deve ser respeitado pelos outros homens e não pode ser alienado pelo poder central. Uma sociedade liberal, que respeite os direitos naturais humanos, estaria em consonância com essa filosofia. Max Weber mostra também a influência que a ética protestante do trabalho tem sobre a consolidação do capitalismo. A partir da Reforma, no século XVI, tendo em vista as proposições de Lutero, emergiu uma ética individualista protestante, que deixou a cada homem o julgamento da validade de suas ações perante Deus, bem como valorizou o trabalho frugal, ascético e disciplinado como forma de glorificação religiosa. Essa ética acabou favorecendo a acumulação individual do capital e a propriedade

---

[1] O autor fez uma observação muito elucidativa a esse respeito: "A natureza colocou o gênero humano sob domínio de dois senhores soberanos: a dor e o prazer. Só a eles compete apontar o que devemos fazer, bem como determinar o que na realidade faremos. Ao trono desses dois senhores estão vinculados, por um lado, a norma que distingue o que é certo do que é errado e por outro a cadeia das causas e dos efeitos" (Bentham, 1955, p. 323; tradução nossa).

privada, base para a consolidação do capitalismo (Weber, 1958). Pouco a pouco consolidou-se o conceito do *homo economicus* que embasa a Escola Clássica de Administração e a economia.

Homo economicus

- Ser humano considerado previsível e controlável, egoísta e utilitarista em seus propósitos.
- Ser humano visto como otimizando suas ações após pesar todas as alternativas possíveis.
- Racionalidade absoluta.
- Incentivos monetários.

Figura 1.1 *Homo economicus*.

1.3.3 A produção

A segunda ideia importante em que se assenta o edifício teórico da Administração Científica é a de que a função primordial do administrador é determinar a única maneira certa de executar o trabalho.

Segundo Taylor (1960), existe uma única maneira certa que, se descoberta e adotada, maximizará a eficiência do trabalho.

A forma de descobri-la é analisar o trabalho em suas diferentes fases e estudar os movimentos necessários à sua execução de modo a simplificá-los e reduzi-los ao mínimo. Além disso, serão realizadas experiências com movimentos diferentes cuja duração será medida até que se encontre a maneira mais rápida.

A fim de determinar a produção-padrão, além de determinar a "única maneira certa", é preciso encontrar quem a realize. Partindo do pressuposto de que existem pessoas ideais para cada tipo de trabalho, Taylor segue com o "homem de primeira classe", que deve servir como base para o estudo de tempos e movimentos. Essas leis, de caráter evidentemente simplista, além de não levarem em conta as diferenças individuais, reduzem a fadiga a um problema exclusivamente fisiológico, quando se sabe que se trata realmente de um fenômeno psicofisiológico.

Uma vez auferidos cuidadosamente os tempos necessários para cada movimento, estará descoberta a maneira correta de execução de determinado trabalho. A partir desse momento, os engenheiros estabelecem movimentos e tempos padrão, e aos operários caberá apenas executar o trabalho da forma prescrita e sem discussão.

Taylor considerava que com isso a Administração Científica substituía o antigo sistema de administração por iniciativa e incentivo, que redundava em baixa produtividade, com prejuízo para a empresa, a sociedade como um todo e o próprio operário. Desse modo, a importância do administrador aumenta sobremaneira na teoria de Taylor. Antes, ele participava da produção apenas em pequena escala, agora sua participação é infinitamente maior, visto que precisa planejar exaustivamente a execução de cada operação e cada movimento.

Os administradores que agora teriam um papel muito mais importante existiriam em número muito maior, seriam os "cabeças" do processo. Aos operários caberia apenas executar estritamente as operações planejadas.

As Funções do Administrador segundo Fayol

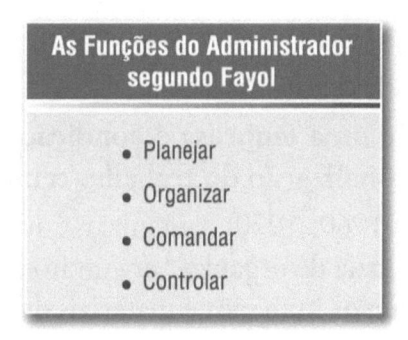

- Planejar
- Organizar
- Comandar
- Controlar

Figura 1.2 Fayol e as funções do administrador.

1.3.4 O incentivo monetário

Fixados os padrões de produção, era preciso fazer que eles fossem atingidos. Para tanto, a Escola Clássica sugeria a seleção, o treinamento, o controle por supervisão e o estabelecimento de um sistema de incentivos. A seleção constituiria a descoberta do homem de primeira classe, do operário-padrão, de um Schmidt, como o fez Taylor, que era, a seu ver, um dos homens mais adequados para carregar barras de ferro. O treinamento seria muito simples, visto que o trabalho estaria amplamente padronizado, bastando, portanto, ao operário aprender a realizar algumas operações simples.

O controle deveria ser, na opinião dos teóricos da Escola Clássica, mais cerrado; assim, advogavam o controle por supervisão em lugar daquele por resultados.

O supervisor deveria seguir, detalhadamente, o trabalho dos subordinados em todas as suas fases, pois se admitia haver uma única forma de realizá-lo.

O curioso é que, se os clássicos acreditavam tanto no sistema de incentivos, por que esse controle tão cerrado para o trabalho atingir um bom termo?

No século XIX, a própria ideia de dispensa poderia ser suficiente para motivar, embora de forma negativa, a produtividade do empregado, mas

já no início do século XX tornava-se necessário um sistema de incentivos positivos.

A escolha do tipo de incentivo mais indicado foi decorrência natural do pressuposto do *homo economicus*. Dever-se-ia pagar mais àquele que produzisse mais. Era o incentivo monetário. Para tanto começaram a surgir os sistemas de pagamento. Taylor sugeriu o pagamento por peça, Gantt apresentou a ideia do bônus e muitos outros também deram suas colaborações.

1.4 O Movimento da Administração Científica e a organização

A Administração Científica sempre viu a organização como forma de estruturar a empresa, e não no sentido de sistema social.

A boa organização de uma empresa é condição indispensável para que todo o processo de racionalização do trabalho tenha bons resultados.

Na opinião de Fayol (1960, 1970), organizar é uma das funções do administrador. A ideia que ele fazia de organizar era muito ampla, pois não se restringia à organização dos recursos humanos e materiais da empresa, também incluía sua obtenção.

As ideias básicas da Escola Clássica a respeito da organização são as seguintes:

- Quanto mais dividido for o trabalho em uma organização, mais eficiente será a empresa.
- Quanto mais o agrupamento de tarefas em departamentos obedecer ao critério da semelhança de objetivos, mais eficiente será a empresa.
- Um pequeno número de subordinados para cada chefe e um alto grau de centralização das decisões, de forma que o controle possa ser cerrado e completo, tenderão a tornar as organizações mais eficientes.

A Administração Científica e a Organização

- Divisão de trabalho.
- Centralização das decisões.
- Poucos subordinados por gerente (pequena amplitude de controle).
- Impessoalidade nas decisões.
- Busca de estruturas e sistemas perfeitos.

Figura 1.3 A Administração Científica e a organização.

> O objetivo da ação é de organizar mais as tarefas do que os homens. Portanto, ao organizar, o administrador não deverá levar em consideração os problemas de ordem pessoal daqueles que vão ocupar a função. Deverá criar uma estrutura ideal.

1.5 Administração como ciência

Para que determinado campo de conhecimentos seja considerado ciência, é necessário que tenha um objeto próprio, e isso a administração possui. A Escola Clássica considerava a administração uma ciência com princípios próprios, com base, de um lado, na experiência científica e no trabalho, e de outro, no método lógico-dedutivo. Esses princípios, porém, estavam assentados na ideia do *homo economicus* e, quando mais tarde a Escola de Relações Humanas fez uma crítica implacável dessa ideia simplista da natureza humana, eles caíram por terra.

Percebeu-se, então, que a administração não era a ciência pronta de Taylor e Fayol (quando muito uma ciência em sua infância) e que querer reclamar para ela o grau de exatidão das ciências naturais era totalmente inútil, ainda que entre as ciências sociais a administração devesse ser considerada a mais dependente das demais, visto que se usam muito a sociologia, a psicologia e a economia.

1.5.1 O fordismo

Henry Ford, desde o fim da Primeira Guerra Mundial, desenvolveu e aperfeiçoou o sistema de trabalho em linhas de montagem por meio da fabricação em série do Ford Bigode preto, fabricado em larga escala e a baixo custo, o que permitiu a popularização dos automóveis na época. Seu sistema baseava-se em plataformas volantes (vagões) que transportavam as peças de um lugar a outro na linha de montagem. Assim, os operários podiam permanecer em seus postos de trabalho, movimentando-se na fábrica o mínimo possível e ganhando tempo. Em 1915, na fábrica de automóveis da Ford, em Highland Park, esses sistemas funcionavam e mostravam ser extremamente eficientes. Ford pôde descartar os famosos cartões de instrução distribuídos por Taylor aos operários, que descreviam minuciosamente, por meio de gráficos e esquemas, seus movimentos e suas funções. Mesmo assim, o trabalho era organizado segundo as prescrições da Administração Científica.

As inovações de Ford permitiram eliminar quase todos os movimentos desnecessários das ações dos trabalhadores. Procurava-se organizar a tarefa de forma a requerer o "mínimo consumo de força de vontade e esforço mental". Ford também adotava uma forma rígida de divisão do trabalho, tanto horizontal como verticalmente. Pela linha de montagem, racionalizava o trabalho ao máximo para conseguir economias de escala importantes, cortando os custos na produção de um único modelo de automóvel. Existem anedotas que exemplificam a visão de Ford. Ele propunha ao cliente escolher a cor que quisesse para o seu automóvel, desde que esta fosse preta. Ou seja, o cliente não podia escolher a cor ou o modelo. Contudo, podia comprar um carro a um baixo custo, o que constituía uma grande evolução para a sociedade da época. O fato de poder comprar um carro já se traduzia em grande avanço, tendo em vista o antigo sistema produtivo artesanal, que produzia automóveis a custos altíssimos, o chamado efeito Rolls Royce: o automóvel era uma peça única de arte, lapidado sob encomenda, mas apenas os milionários podiam ter acesso a ele.

O sistema de Ford teve a importante função social de democratizar o consumo do automóvel. Esse sistema também era denominado *push product line*, ou seja, o seu objetivo era produzir o automóvel o mais rapidamente possível e escoá-lo para o mercado no menor prazo. Considera-se que, quando a linha de montagem está parada, o capital não está gerando dividendos. Mantém-se um estoque de peças de reposição indispensáveis para que a linha de montagem não pare e realizam-se acordos com os sindicatos pagando os trabalhadores por produtividade para que o sistema não falhe. Ford construiu um sistema de pagamento com base em bônus e altos pagamentos que cresciam à medida que a produtividade aumentava. Esse sistema viabilizou um acordo com trabalhadores, a produção em massa e a queda de preços. Um dos problemas, porém, era a concentração de uma visão voltada para a produção eficiente de um único modelo. Tratava-se de uma mentalidade que favorecia a quantidade em detrimento da qualidade e uma visão voltada para o produto em detrimento de uma visão voltada para o mercado. Favoreciam-se economias de escala, mas não economias de escopo.

Figura 1.4 Ford Bigode.

O fordismo permitiu a generalização da linha de montagem e de um sistema econômico fundamental para a consolidação da sociedade industrial, porém sofreu com os efeitos da rigidez de seu modelo e os problemas ligados ao controle de pessoal. O sistema era eficiente, mas não favorecia a inovação e a adaptação ao mercado. Consequentemente, nos anos 1970 esse modelo de produção começou a perder espaço para o modo de produção japonês, o modelo Toyota, como ficou conhecido e que retrataremos no próximo capítulo.

1.6 Pontos importantes da Escola de Administração Clássica

Uma proposição não deve ser separada de seu contexto histórico. Essa visão simplista do comportamento humano – a separação entre "planejadores" de um lado (os engenheiros) e os executores (operários) do outro, dentro da lógica expressa na frase "o operário não pensa, apenas executa", típica do taylorismo, se comparada à dura realidade vivenciada pela mão de obra no início da Revolução Industrial, representou uma certa forma de proteção para o operariado. De fato, no início da primeira Revolução Industrial na Inglaterra, como vimos, homens, mulheres e crianças trabalhavam nas fábricas em média 16 horas por dia, em condições péssimas. Em 1776, a máquina a vapor de Watt foi posta pela primeira vez em funcionamento em Bloomfield Colliery. A partir disso, essa nova forma de produção – máquinas a vapor – começou a ser difundida. Em 1800, como mostra Huberman, essa máquina estava em uso na Inglaterra em 30 minas de carvão, 22 minas de cobre, 28 fundições, 17 cervejarias e oito usinas de algodão. O sistema fabril, com sua organização eficiente e sua divisão do trabalho, possibilitou um enorme aumento na produção.

Adam Smith, com sua experiência em uma fábrica de alfinetes, mostrou que a divisão do trabalho trouxe até 40% de aumento na produtividade. A divisão do trabalho não era nova, mas o funcionamento das fábricas substituindo as corporações de ofício e o trabalho artesanal era uma inovação importante. Como vimos na introdução deste capítulo, os trabalhadores tinham dificuldade em adaptar-se à nova disciplina das fábricas, e o trabalho não era regulamentado. Caso as máquinas quebrassem e caso houvesse problemas de organização ou erros, estes eram imediatamente imputados aos operários, que eram punidos arbitrariamente. Pouco a pouco o trabalho foi sendo regulamentado.

A divisão de competências proposta pela Administração Científica de Taylor – os administradores e engenheiros formulam "a melhor maneira" de executar a tarefa e o operário apenas obedece e segue fielmente essas orientações – constituía uma proteção, no sentido de que, caso o operário executasse fielmente as instruções, dentro dos parâmetros requeridos, e a produtividade não atingisse

Figura 1.5 O pensamento de Taylor e Fayol.

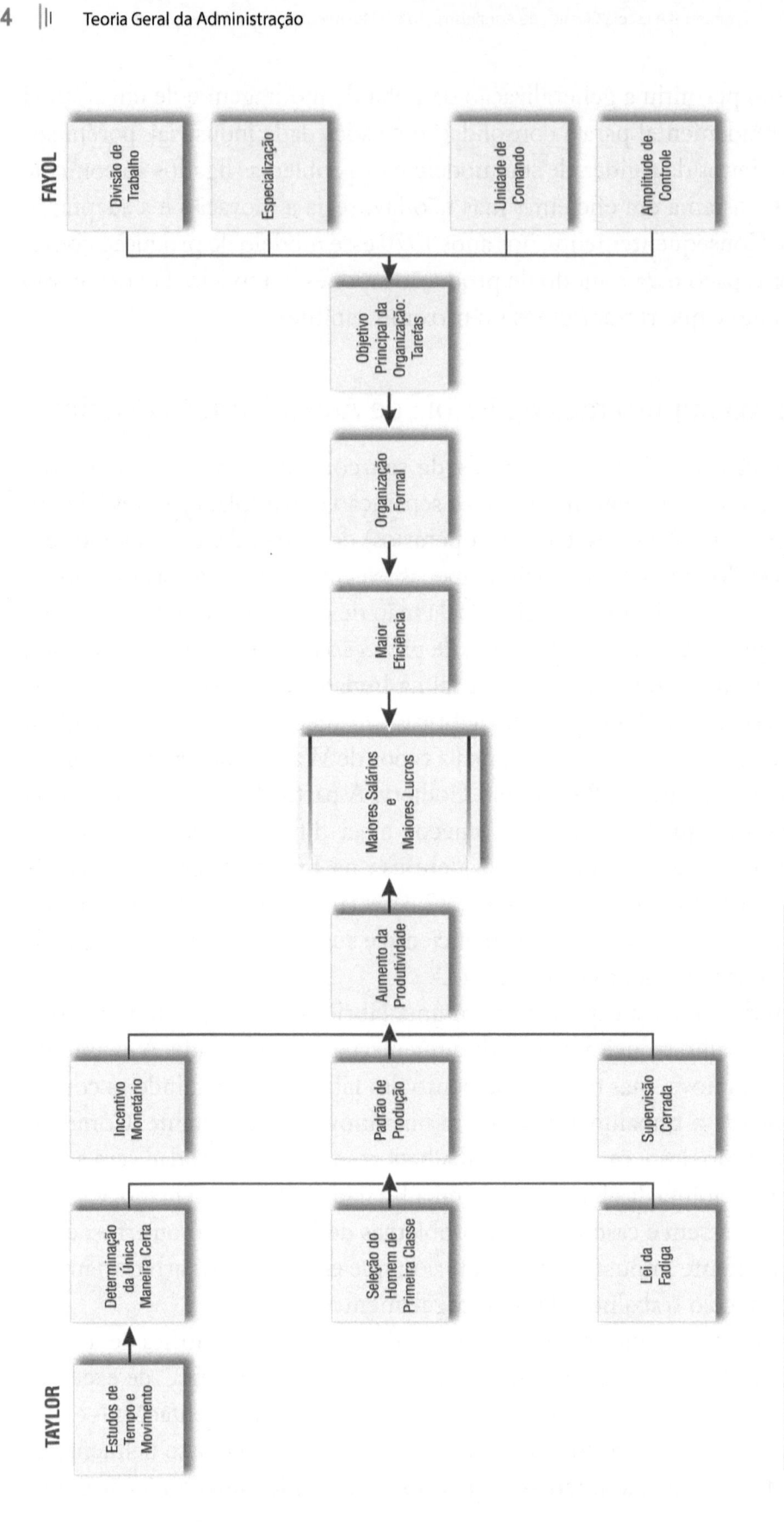

o nível desejado, a culpa era imputada ao engenheiro: cabia a ele aprimorar os sistemas de trabalho. Ao operário cabia ser um "braço eficiente". Desde que cumprisse essa tarefa, seguindo exata e minuciosamente as ordens recebidas, a sua parte estava executada a contento. Circunscrevia-se assim a responsabilidade pelo não funcionamento dos sistemas, e os operários não eram mais punidos arbitrariamente, como no tempo das primeiras fábricas. Tratava-se, logicamente, de uma proteção paternalista, baseada no conceito de que o operário era incapaz de pensar por si próprio; logo, se a curto prazo esse sistema o protegia de punições imediatas e arbitrárias, a médio e a longo prazos corria o risco de aliená-lo, bloqueando seu desenvolvimento, sua autonomia e seu aprendizado. A regra burocrática, como vimos anteriormente, cumpre a função de delegar responsabilidades. A responsabilidade conferida ao operário no processo de produção era muito pequena.

Considerando-se o contexto histórico da época, pode-se supor que o modo de funcionamento estabelecido pela Administração Científica também teve o mérito de opor-se ao clientelismo e ao protecionismo do sistema de produção artesanal semitradicional que vigorava antes em muitas instalações industriais, o sistema de subcontratação ou empreitada, pelo qual o acesso ao emprego era controlado pelos mestres-artesãos e profissionais especializados. A regulamentação das relações de trabalho e o estabelecimento de critérios de seleção e treinamento, a partir das estruturas implantadas nesse período, instituíram a igualdade burocrática e permitiram a todos que se considerassem aptos ao exercício do trabalho ao se candidatar aos cargos oferecidos, abrindo-lhes a possibilidade de serem julgados com igualdade de condições pelos critérios formalmente estabelecidos.

Esse sistema possibilitou a padronização das funções e maior mobilidade social, uma vez que os portadores de diplomas e certificados válidos poderiam candidatar-se a empregos nas diversas cidades e regiões do país, independentemente de pertencerem à corporação que controlava os recursos em uma região ou em outra. Os operários poderiam candidatar-se a posições em várias indústrias, não mais controladas pelos mestres-artesãos, aumentando suas oportunidades de obter empregos.

No primeiro capítulo de sua obra, "A administração científica do trabalho", Taylor, jovem aprendiz em uma fábrica, constata a concentração de poder dos operários especializados e artesãos-mestres independentes e decide propor um sistema que considera mais justo por dar a todos oportunidades iguais de obter colocação profissional. Esse princípio está em consonância com a lógica burocrática, estrutura formal que visa reduzir privilégios e marcar a igualdade de todos diante da regra (Taylor, 1911).

1.7 Críticas

1.7.1 O estudo Hoxie

Um estudo muito importante sobre a Administração Científica foi publicado em 1915. Esse estudo foi elaborado por Robert Hoxie, que tinha sido indicado pela Comissão Americana de Estudos Industriais (U.S. Commission on Industrial Relations) da Câmara dos Deputados norte-americana (U.S. House of Representatives) para realizar uma investigação profunda sobre os métodos de trabalho propostos por Taylor (Hoxie, 1966). Hoxie visitou fábricas e procedeu a uma série de entrevistas com operários e dirigentes de empresas que estavam empregando as técnicas da Administração Científica para julgar a natureza delas. Dirigentes e donos de empresas estavam sendo acusados por sindicatos e associações de trabalhadores de utilizar essas técnicas para explorar os trabalhadores. Esse debate ganhou importância no cenário norte-americano e é por isso que tais investigações estavam sendo conduzidas com cuidado. Assim, os partidários e defensores das técnicas da Administração Científica diziam que o sistema era favorável aos interesses dos trabalhadores, proprietários, administradores e da sociedade, uma vez que reduzia o desperdício e melhorava consideravelmente os métodos de produção, tornando-os menos cansativos para os operários. Além disso, eliminando a existência de gangues – grupos de artesãos que dominavam a produção nas fábricas na época – e baseando-se em critérios científicos, o sistema da Administração Científica permitia a qualquer um habilitado se candidatar a um emprego sem fazer uso de força ou de critérios clientelistas ou arbitrários, criando, portanto, um sistema livre, científico e democrático, base da sociedade moderna.

Para os críticos do sistema, as associações de trabalhadores e sindicatos, o objetivo da Administração Científica era aumentar o lucro da classe dirigente à custa da limitação dos direitos e do bem-estar dos empregados. Dessa forma, a Administração Científica definia o trabalhador como um mero instrumento de produção. Ele era reduzido a uma ferramenta ou máquina dentro da grande engrenagem produtiva. Criticavam-se a mecanização do elemento humano e a redução de sua importância no processo produtivo. Criticava-se também o fato de a classe trabalhadora perder a "voz" e o direito de opinar na elaboração de processos produtivos (Hoxie, 1966, p. 17).

Os estudos foram inconclusivos, porém tenderam a ser favoráveis à Administração Científica. Esse foi um debate importante, o primeiro julgamento pelo qual passaram as proposições de Taylor.

1.7.2 Críticas de outros autores

Escrevendo sobre os princípios administrativos geralmente aceitos, Simon (1970), em seu livro *Comportamento administrativo*, fez críticas muito interessantes. Evidenciou, em primeiro lugar, o fato de que a maioria dos chamados princípios é como os provérbios, isto é, existem aos pares, ou seja, para cada princípio de administração, existe outro que lhe é contraditório.

Simon mostra, por exemplo, que o princípio de especialização é incompatível com o de unidade de comando. Se as decisões de uma pessoa, em qualquer ponto da hierarquia administrativa, encontram-se sempre sujeitas à influência de um único canal de autoridade e se, no entanto, suas decisões requerem perícia em mais de um campo de conhecimento, então essa pessoa precisa lançar mão de serviços de assessoramento e informações que forneçam premissas oriundas de um campo não abrangido pelo sistema de especialização da organização.

Taylor, de certa forma, reconheceu essa dificuldade com o que ele chamou de supervisão funcional; outros teóricos da Administração Científica, porém, não tomaram conhecimento dela. Outro problema é o que surge do princípio de amplitude de controle, que se choca claramente com a ideia de que uma decisão deve passar pelo menor número possível de níveis hierárquicos para chegar a seu destino.

Além dessas críticas, muitas outras foram feitas às ideias centrais do movimento.

A ideia de *homo economicus*, por exemplo, foi severamente combatida. A natureza do homem é muito mais complexa, e à medida que consideramos apenas a variável econômica como determinante de seu comportamento, prevemo-lo na teoria, mas não na prática. Também a "única maneira certa de realizar um trabalho", segundo Taylor, foi duramente atacada. Esse procedimento levaria à total desumanização, além de não aumentar a produtividade do trabalho a longo prazo, pois tenderia a provocar o aparecimento de atitudes negativas em relação ao trabalho, à empresa e à administração.

Os ensinamentos de Taylor foram vistos por muitos, porém visando mais ao apressamento do trabalho que à sua eficiência, visto que os movimentos do corpo humano têm um ritmo natural e que, a longo prazo, a observação desse ritmo trará mais resultados que a tentativa de quebrá-lo.

Em relação ao incentivo monetário as críticas não foram menos violentas, visto que, segundo a Escola de Relações Humanas, havia muitos outros fatores que motivavam o homem, como o prestígio, o poder, a aprovação de seu grupo, o sentimento de autorrealização etc. Da mesma forma, o controle por supervisão era uma violência, segundo os seguidores da Escola de Relações Humanas. O controle deveria ser, sempre que possível, por resultados, e o subordinado deveria ter participação nas decisões que afetassem seu trabalho.

Enfim, quase todas as ideias da Escola Clássica estão sujeitas a críticas. De acordo com os adeptos da Escola de Relações Humanas, o ato de ignorar o homem com quem se vai trabalhar na organização é um contrassenso. A ênfase deve, no parecer dessa escola, ser dada aos grupos primários; para ela, a organização informal é de grande importância.

Uma terceira corrente, entretanto, a dos estruturalistas, fazendo uma síntese das escolas Clássica, de Relações Humanas, de Marx e de Max Weber, nega a harmonia de interesse pregada pelas duas escolas e a racionalidade normativa da Escola Clássica. Os estruturalistas dão grande ênfase às relações da organização formal com a informal e, por meio de pesquisas, demonstraram que a maioria dos operários não pertence a grupos informais dentro do trabalho (Etzioni, 1976). No que se refere à aprendizagem, critica-se o fato de que o taylorismo propõe uma visão restritiva dela: o operário deveria obedecer e preocupar-se em desenvolver apenas as habilidades estritamente necessárias ao cumprimento de sua tarefa específica. Ele não deveria se preocupar em desenvolver outras habilidades além das necessárias ao bom cumprimento de sua função e à obediência das ordens localizadas. A qualificação profissional acima de certo nível era vista como prejudicial dentro de um sistema em que os operários executavam tarefas mecanizadas e metódicas. Aprender significava tornar-se mais eficiente no desenvolvimento de uma função específica. Os problemas provocados pela falta de visão do todo e a limitação do desenvolvimento das habilidades dos indivíduos foram sendo percebidos com o passar do tempo. Vários estudos sobre organizações mostraram os problemas causados pelo modelo taylorista, como ele era concebido e aplicado inicialmente. Percebeu-se que existem diferenças entre a organização formal e a organização informal, entre o que se diz que deve ser feito e as práticas concretas nas organizações. As regras não são seguidas da forma como são elaboradas.

Meyer e Rowan (1991) mostram que, na verdade, a obediência estrita às normas é uma ficção.

Na prática, existe o fenômeno da "dissociação" (*decoupling*) – a separação entre as normas e a prática administrativa. Os indivíduos encontram espaços de ajuste à regra, seguindo-a somente em certa medida. Muitos procedimentos são assim ritualizados e cerimonializados – têm a sua função social na organização, mas não são seguidos como previsto. Segundo esses mesmos estudiosos, os atores sociais procuram um mínimo de autonomia em relação ao seu trabalho. Muitos gerentes adotam uma estratégia típica dessa situação: "fechar os olhos" (*overlooking*), ou seja, a fim de evitar conflitos, os gerentes desconsideram a regra e fingem não perceber o seu não cumprimento por seus subordinados, desde que estes tenham um compromisso mínimo com os resultados e a produtividade.

Diversos estudos organizacionais confirmaram essa separação entre a estrutura organizacional formal e a estrutura informal, e o fato de que nem sempre o controle estrito dos operários e a redução da autonomia de decisão levam a maior produtividade: (1) Simon, ao estudar o processo de tomada de decisão nas organizações e ao formular o conceito de racionalidade limitada; (2) March, Olsen (1984) e Weick (1976), ao observarem que as organizações burocráticas frequentemente são estruturas cujos elementos estão interligados de forma sutil e relaxada (*loosely coupled*) e que, na prática, muitas regras não são obedecidas; (3) Argyris e Schön (1978), ao estudarem as atitudes dos atores sociais em relação à aprendizagem e à prática organizacional, mostrando que muitas vezes o discurso não é incorporado à ação, desenvolvem argumentos nesse sentido.

Com o passar do tempo surgiram ferramentas gerenciais e técnicas que pretendiam minimizar esses problemas. O modelo "industrial", com base em uma visão restritiva da aprendizagem, foi questionado, e foram surgindo novos modelos com base na valorização da aprendizagem e de valores como autonomia, flexibilidade e mudança (Cohen et al., 1972; Weick, 1976; Argyris e Schön, 1978).

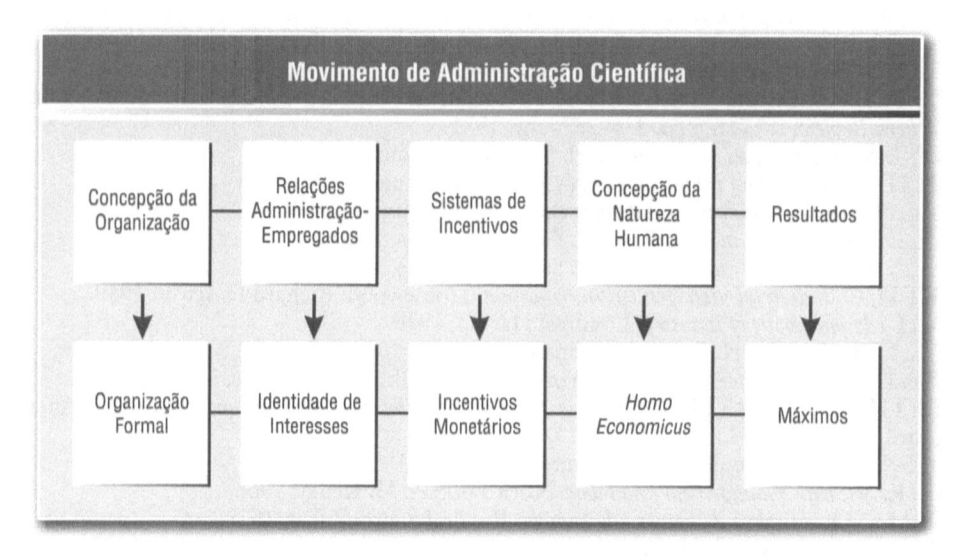

Figura 1.6 O Movimento de Administração Científica.

É, no entanto, apesar das críticas, importante salientar que a Administração Científica e Taylor foram a base da criação da Administração como se conhece hoje ainda, e permitiu o bareateamento, a fabricação em larga escala e a popularização no consumo dos produtos antes apenas restritos aos ricos, bem como a criação da classe média, e ainda é a base do funcionamento das fábricas, apesar da evolução e humanização destas e da automatização da produção.

Até hoje, os procedimentos de gestão da qualidade total em produtos e serviços pertencem ao chamado neotaylorismo: contam com a participação dos funcionários e suas sugestões, porém, mantém as características originais do pensamento taylorista. Desta forma, o movimento dos círculos de qualidade; as normas ISO 9001 e ISO 14.000, que protegem o meio ambiente; as auditorias; os procedimentos de qualidade total, incluindo os chamados prêmios da Qualidade (Malcolm Baldridge, norte-americano, o EFQM –, Prêmio Europeu da Qualidade; a Política Brasileira de Qualidade Total e o Prêmio Nacional da Qualidade; o Movimento 6 Sigma, A Gestão por Processos; o ciclo PDCA, entre outros) ainda são baseados no pensamento neotaylorista, que seguem os princípios de Taylor, porém democratizam o acesso a este tipo de pensamento e análise permitindo a sugestão de todos os funcionários da empresa. Apesar de participativo, o tipo de pensamento adotado ainda é taylorista, mesmo atualmente, onde muitas organizações continuam a ser mecanicistas e burocratizadas.

Bibliografia

ARGYRIS, C.; SCHÖN, D. *Organizational learning*: A theory of action perspective. Reading: Addison-Wesley, 1978.
BENTHAM, J. An introduction to the principles of morals and legislation. In: MELDEN, A. I. (Ed.) *Ethical theories*. Englewood Cliffs, NJ: Prentice-Hall, 1955.
COHEN, M. et al. A garbage can model of organization choice. *Administrative Science Quarterly*, v. 17, p. 1-25, 1972.
ELIOT, T. S. *Poems*. Londres: Hogarth Press, 1919.
ELIOT, T. S. Systems. In: VOEGELIN, E. Wisdom and the magic of the extreme: a meditation. *The Southern Review*, v. 17, n. 2, p. 235-287, abr. 1981.
ETZIONI, A. *Organizações modernas*. 5. ed. São Paulo: Pioneira, 1976.
FAYOL, H. *Administration industrielle et générale*. Paris: Dunod, 1916.
_____. *General and industrial management*. Londres: Pitman, 1949.
_____. *Administração industrial e geral*. São Paulo: Atlas, 1960.
_____. *Administração industrial e geral*. São Paulo: Atlas, 1970.
FILIPETTI, G. *Industrial management in transition*. Homewood: Richard D. Irwin, 1959.
FORD, H. *My philosophy of industry*. Londres: Harrap, 1929.
_____. *My life and work*. Londres: Heinemann, 1928.
GANTT, H. *Organizing for Work*. Nova York: Harcourt, Brace, and Howe, 1919.
GILBRETH, F.; GILBRETH, L. *The writing of the Gilbreths*. Spriegel and Myers. Homewood: Richard D. Irwin, 1953.
HOBBES, T. Leviatã. Rio de Janeiro: Hunter Books, 2014.
HOXIE, R. *Scientific management and labor*. Nova York: A. M. Kelley, 1966.
HUBERMAN, L. *História da riqueza do homem*. Rio de Janeiro: Zahar, 1978.
HUNT, E. K.; SHERMAN, H. *História do pensamento econômico*. Petrópolis: Vozes, 1972.
MARCH, J.; OLSEN, J. The new institutionalism: organizational factors in political life. *American Economic Review*, v. 78 n. 3, 1984.
MEYER, J. W.; ROWAN, B. Institutionalized organizations: Formal structure as myth and ceremony. In: POWELL, W.; DiMAGGIO, P. (Eds.) *The new institutionalism in organizational analysis*. Chicago: The University of Chicago Press, 1991. p. 41-62.
SIMON, H. A. *Administrative behavior*: A study of decision making processes in administrative organization. Nova York: The Free Press, 1947.
_____. *Comportamento administrativo*: Estudos dos processos decisórios nas organizações administrativas. Rio de Janeiro: Fundação Getulio Vargas, 1970.
SMITH, A. A riqueza das nações. Curitiba: Juruá, 2006.
TAYLOR, F. W. *Shop management*. Nova York: Harper & Brothers, 1903.
_____. *The principles of scientific management*. Nova York: W.W. Norton & Co., 1911.
_____. *Two papers on scientific management*. Londres: Routledge, 1919.
_____. *Princípios de administração científica*. São Paulo: Atlas, 1960.
WEBER, M. *The protestant ethic and the spirit of capitalism*. Nova York: Scriber, 1958.
WEICK, K. Educational organizations as loosely coupled systems. *Administrative Science Quarterly*, n. 21, p. 1-19, 1976.
_____. *Making sense of the organization*. Hoboken: Wiley, 2001.

Capítulo 2

A Escola de Relações Humanas

Se o homo aestheticus *coloca no cume dos bens a beleza e o* homo economicus *o objeto dos apetites concupiscentes, o* homo socialis *faz do amor o bem supremo.*
(Spranger (1966) com base nas citações de Aristóteles em sua *Moral a Nicômaco*)

2.1 Introdução

Como vimos no capítulo sobre a Escola Clássica de Administração, os teóricos da época consideravam que o importante era aperfeiçoar os sistemas de trabalho, elaborando os sistemas mais eficientes e racionais possíveis. Havia o pressuposto de que sistemas perfeitos, bem ajustados e eficientes, trariam por si só os bons resultados esperados. A burocracia era vista como uma estrutura destinada a promover a racionalização da atividade humana, por meio do seguimento de regras bem elaboradas, que conduziriam necessariamente ao atingimento das metas e dos objetivos almejados. Pouco a pouco, porém, os estudos organizacionais foram mostrando que o ser humano não é totalmente controlável e previsível e que, portanto, há sempre um certo grau de incerteza associado à gestão de pessoas. O conceito que se tinha do ser humano e da ação humana foi ficando complexo. Os estudiosos das organizações foram compreendendo outros aspectos ligados à motivação e à afetividade humanas e começou-se a perceber os limites da regra e do controle burocrático como formas de regulação social. O foco deste capítulo será nos aspectos internos e relacionais da organização.

2.2 Origens

2.2.1 Origens imediatas

As causas imediatas do aparecimento da Escola de Relações Humanas foram os estudos e as experiências realizados por professores da Universidade de Harvard na Western Electric em sua fábrica de equipamentos telefônicos de Hawthorne a partir de 1927.

Esses estudos foram precedidos por outros, realizados a partir de 1924 pela Academia Nacional de Ciências, os quais se concentraram na análise das relações da produtividade com a iluminação no local de trabalho. Tal análise baseava-se nas orientações de Taylor, Gilbreth e seus sucessores. O homem era visto como uma unidade isolada cuja eficiência poderia ser estimada cientificamente. Acreditava-se que essa eficiência seria influenciada principalmente pelos fatores que seguem:

- movimentos dispendiosos e ineficientes na execução do trabalho;
- fadiga;
- deficiência do ambiente físico.

Os estudos de Hawthorne podem ser divididos em três fases. A primeira fase iniciou-se em 1923 e foi orientada por membros do Comitê em Iluminação Industrial (Committee on Industrial Lighting), fundado pela General Electric Company sob supervisão de Charles Snow. Ele conduziu estudos sobre os efeitos da intensidade de luz na produtividade. Realizaram-se então experiências com os indivíduos para estudar esses fatores e como eles influenciavam na execução da tarefa. De acordo com esse centro de referência, na primeira experiência realizada, os métodos de produção e os sistemas de remuneração foram mantidos constantes. Inicialmente foram selecionados dois grupos de operários. Em um grupo, a iluminação permaneceu constante durante toda a experiência; no outro, teve sua intensidade sempre aumentada.

A produção do segundo grupo elevou-se, mas também cresceu a produção do primeiro, o que mostrava que a iluminação não era uma variável que afetava o trabalho das equipes. Os resultados até então não tinham levado a nada. Como continuação das pesquisas, foi reduzida a iluminação no grupo de teste e, surpreendentemente, a produção continuou a aumentar. A conclusão evidente foi de que havia outras variáveis que não estavam sendo controladas e que exerciam influência direta sobre a produtividade. A partir desses resultados, o grupo de pesquisadores de Hawthorne iniciou novas pesquisas com o objetivo de determinar essas novas variáveis. Esses resultados, interpretados por um dos colegas de Charles Snow, Homer Hilbarger, ficaram conhecidos como efeito Hawthorne: o fato de que os trabalhadores eram observados pelos pesquisadores durante o seu trabalho e a comunicação com estes os levou a considerar que havia maior interesse e preocupação por parte da direção com a melhoria de suas condições de trabalho e isso os impulsionou a trabalhar e a produzir mais, independentemente da variação da iluminação. Esses resultados mostraram que o simples fato de os indivíduos serem observados muda seu comportamento. Chamou-se a atenção para as necessidades afetivas dos empregados.

A segunda fase dos experimentos foram os testes conduzidos no Relay Assembly Test Room em 1927. Seis mulheres foram escolhidas para o estudo, separadas das outras operárias e colocadas para trabalhar na montagem de relés elétricos, em condições especiais. As mulheres trabalhavam em uma sala menor que a anterior, com uma iluminação mais intensa, as condições de pagamento e de trabalho na linha de montagem foram modificadas e havia um pesquisador-observador que também trabalhava na supervisão de tarefas. Uma das mudanças mais marcantes é que as mulheres estavam autorizadas a conversar umas com as outras e a interagir durante o trabalho. Mais uma vez, constatou-se que a possibilidade de comunicar-se entre si e interagir, bem como a interação com o pesquisador, influenciaram fortemente nos resultados.

A última fase da pesquisa começou em 1931 e ficou conhecida como experimentos do Bank Wiring Observation Room. Foram utilizados métodos de pesquisa sofisticados com foco na dinâmica entre pequenos grupos. Catorze homens foram selecionados para participar das observações na sala de estudos. Eles foram encarregados de montar componentes elétricos em equipe. Os pesquisadores interagiram menos com os trabalhadores. A produtividade não aumentou; ao contrário, ficou comprovado que o grupo limitava o ritmo de trabalho e a produtividade.

O fracasso das tentativas de relacionar as condições físicas de trabalho com a produtividade não constitui, todavia, o único fato importante na origem da Escola de Relações Humanas. Como já dissemos, esta foi a causa próxima, embora outras mais gerais, como as que seguem, não possam ser esquecidas.

Os resultados de Hawthorne foram interpretados da seguinte maneira:

> A produtividade dos trabalhadores era determinada por padrões e comportamentos informais estabelecidos pelo grupo de trabalho.
> Os padrões e as normas informais dos grupos de trabalhadores são influenciados por elementos que eles trazem em sua cultura e hábitos próprios, que refletem características de sua socialização.
> Quando existe um conflito entre as regras de trabalho e os padrões informais estabelecidos pelo grupo, a tendência deste era diminuir a produtividade.

Esses resultados foram alvo de análises e interpretações mais profundas, como veremos no decorrer deste capítulo. Antes de darmos continuidade à descrição das interpretações desses resultados e de seus efeitos sobre a administração, faremos uma breve revisão do contexto social da época em que essas experiências foram realizadas.

2.3 Origens mediatas da Escola de Relações Humanas e características do contexto da época

2.3.1 Desenvolvimento das ciências comportamentais

Os pesquisadores de Hawthorne eram todos cientistas sociais que traziam para a administração um grande acervo de conhecimentos, que, se bem adaptados, poderiam ser de grande valor na solução dos problemas das organizações econômicas. No entanto, antes que os conhecimentos sociológicos e psicológicos fossem aplicados à administração, eles passaram por um prolongado estágio de desenvolvimento. No campo da psicologia, a obra de Freud foi fundamental nesse desenvolvimento.

Esse cientista acreditava que, com o decorrer dos anos, toda a atividade mental seria explicável em termos biológicos. Assim, sendo biológica a natureza do comportamento humano, este poderia ser considerado universal em suas condicionantes. Embora hoje tal ponto de vista esteja ultrapassado, na época em que foi formulado constituiu algo absolutamente revolucionário.

Segundo o freudismo, havia uma dicotomia básica entre homem e sociedade. Dessa forma, o homem seria naturalmente antissocial e dominado pelos instintos. À sociedade caberia a repressão dos instintos humanos por meio do processo de socialização.

Chegamos, agora, à concepção freudiana de relações humanas, que poderia ser assim explicada: o indivíduo nasce completamente equipado de certas tendências biológicas e, para a sua satisfação, recorre a outros indivíduos. Assim, os outros indivíduos constituem apenas meios para o atingimento de determinados fins.

Os teóricos da Escola de Relações Humanas salientam como erro de Freud o fato de ele considerar o indivíduo como unidade básica da sociedade. Para tais teóricos, muito mais importante era o grupo primário. É nele que se efetiva a educação do indivíduo, pois nele o indivíduo adquire hábitos e atitudes.

Em nossos dias, é consenso que a personalidade humana constitui o resultado da interação de traços hereditários e culturais. Temos, ainda, dois níveis de personalidade:

> - personalidade central, formada durante o processo de socialização do indivíduo;

> personalidade periférica, formada pelo contato e pela participação do indivíduo no grupo primário.

Como decorrência dos processos de formação desses dois níveis de personalidade, mudanças na periférica são mais fáceis que na central, sendo portanto mais eficiente tentar mudar as atitudes dos grupos que as dos indivíduos. Mary Parker Follett (1918, 1940), importante pesquisadora da época, fez observações interessantes sobre conflitos de interesses entre os padrões informais dos grupos de trabalhadores e as regras de trabalho formais que regiam o funcionamento da organização. Como vimos, quando havia conflito entre os padrões formais e as regras oficiais e os padrões informais dos grupos, a produtividade tendia a cair. Como equilibrar esse sistema?

2.3.2 Modificações no sistema de equilíbrio entre empregados e empregadores

Segundo Mary Parker Follett (1918, 1940), existem três métodos de solução do conflito industrial e das divergências entre grupos de trabalhadores e gerentes:

> o método da força;
> o método da barganha;
> o método da integração.

O método da força, como o próprio nome diz, está ligado à coerção e à utilização de ameaças e violência para obter o resultado desejado. Envolve riscos, desgastes e pode custar caro. O método da barganha abrange a negociação política entre as partes, que tentam chegar a um acordo mútuo. O método da integração envolve o uso de outras ferramentas administrativas que levem os indivíduos a se dedicar mais à organização e envolver-se com ela. Métodos mais participativos e democráticos são citados pela autora como os de integração. Follett antecipa muitas das proposições sobre participação e liderança democrática feitas mais tarde por outros autores. Sua obra, em sua época, não recebeu a atenção que merecia, sendo redescoberta mais tarde.

A Escola de Administração Científica pensava na solução dos conflitos em termos de força. Para Mary Follett, a melhor solução seria por meio da integração dos interesses de ambas as partes.

A Escola de Relações Humanas construiu sobre essa base o seu edifício teórico com o objetivo, mais ou menos claro, de aumentar a lucratividade por meio da diminuição dos custos oriundos dos conflitos internos da empresa.

2.3.3 Condições históricas da época

As ideias iniciais da Escola de Relações Humanas ganharam divulgação e experimentaram grande desenvolvimento a partir de 1930, época da grande crise que assolou o mundo capitalista. Com a queda da Bolsa em 1929, todas as "verdades" e regras até então aceitas e não contestadas foram abaladas. Buscavam-se novas respostas e soluções para a crise econômica que os Estados Unidos e o mundo viviam. As certezas foram abaladas. Consequentemente, a preocupação dos administradores e empresários recaía sobre o aumento da produtividade e, portanto, sobre a redução dos custos.

As ideias da Escola de Relações Humanas vêm trazer uma nova perspectiva para o reerguimento das empresas de acordo com as preocupações de seus dirigentes, além de servirem de justificativa para a negação da validade do conflito industrial, que essa "escola" atribuiu a indivíduos com problemas.

2.4 As grandes figuras da Escola de Relações Humanas

2.4.1 Mary Parker Follett

Autêntica precursora da Escola de Relações Humanas, os escritos de Mary Parker Follett (1918, 1940) são muito anteriores aos estudos de Hawthorne. Como já dissemos, é dela a formulação dos três métodos de solução do conflito industrial.

Dizia a autora que, para a utilização do método da integração, muita imaginação e estudo aprofundado do problema se faziam necessários, e ela advertia que nem sempre a solução integradora era viável.

Na verdade, a eficiência de qualquer dos três métodos dependia, em última instância, das relações de força entre os grupos em conflito. Follett mostrou, assim, que a unidade da sociedade não se encontrava nos indivíduos, mas nos grupos sociais. Dependendo dos grupos aos quais pertencem, eles formam a sua identidade e desenvolvem o seu potencial humano.

2.4.2 Elton Mayo

Em uma linha já sugerida por Mary Parker Follett, a valorização dos grupos informais, pesquisadores como George Elton Mayo (1968, 2003) ajudaram a consolidar as bases do Movimento de Relações Humanas. Mayo foi um psicólogo industrial australiano que, por volta de 1920, lecionou na Universidade de Harvard, nos Estados Unidos. Suas contribuições foram fundamentais para a Escola de Relações Humanas.

Podemos acompanhar assim a evolução do pensamento de Mayo. Ele não participou de modo direto da primeira fase dos experimentos de Hawthorne, mas posteriormente suas contribuições foram muito importantes.

Antes das experiências de Hawthorne, ele já trabalhava como psicólogo industrial. Em 1923, Mayo tinha sido chamado para investigar as causas da alta rotatividade de pessoal no departamento de fiação de uma empresa têxtil próxima da Filadélfia. Naquela época, Mayo ainda era influenciado por suposições características de uma fase que Brown (1967), em *Psicologia social da indústria*, chama paleotécnica. Ele seguia os métodos tradicionalmente empregados pelos consultores industriais, julgando que a solução dos problemas dos trabalhadores estava na mente e no corpo: o aborrecimento leva ao aparecimento de pensamentos depressivos e a monotonia leva à deficiência da circulação e à fadiga. Esse pensamento ampliou-se com as experiências.

Já em seu livro *The social problems of an industrial civilization*, Mayo (1968) adota um ponto de vista um pouco diferente quanto ao resultado de seus trabalhos empíricos. Indica, primeiramente, que o fato de as pesquisas empíricas terem sido realizadas no trabalho introduziu um caráter afetivo, mostrando aos operários que eles e seus problemas não eram ignorados. Além disso, a atitude do presidente da empresa, indo a seu favor e a favor dos funcionários e posicionando-se contra os supervisores, foi percebida pelos empregados como uma valorização deles. O resultado da experiência foi surpreendente: um aglomerado de trabalhadores solitários transformou-se em um grupo dotado de alto senso de responsabilidade e solidariedade, o que mostra o valor da afetividade nas relações de trabalho.

Antes de tecermos outras considerações sobre os estudos de Mayo, convém voltarmos aos experimentos de Hawthorne, pois foi a partir de seus resultados que a obra desse psicólogo ganhou sua verdadeira dimensão.

Como vimos, com o fracasso das primeiras investigações, os experimentadores iniciaram uma segunda fase nos experimentos e selecionaram duas jovens para essa nova série de experiências, tendo-lhes sido solicitado que escolhessem outras quatro, de modo a formar um grupo de seis. A esse grupo foi dada a tarefa de montar relés telefônicos, que constituíam um mecanismo pequeno, porém intrincado.

Pretendia-se, assim, anotar o índice básico de produção e introduzir mudanças sucessivas cuja eficiência seria medida pelo aumento ou decréscimo da produtividade. Essas experiências duraram cinco anos. As mudanças introduzidas se referiam, de modo geral, ao horário de trabalho, às pausas e a outras condições físicas. Na última etapa dos experimentos, todos os melhoramentos foram retirados, voltando as moças às condições físicas do começo da experiência. Durante

12 semanas as jovens trabalharam sob essas condições. A produção, nesse estágio, atingiu seu ponto mais alto.

Stuart Chase (1945), em seu estudo "The proper study on making and men at work", também publicado no livro *Man at work*: Some democratic method for the power age, oferece-nos uma interpretação interessante dessa experiência. Segundo esse autor, as moças sentiram-se importantes quando sua cooperação foi solicitada; sua atitude global mudou, percebendo-se responsáveis por uma missão. Acrescenta que uma indústria exerce duas funções básicas: a primeira, econômica, relativa à produção de bens e serviços, e a segunda, social, correspondente à criação e à distribuição de satisfação às pessoas envolvidas em sua operação.

Foi a partir desses experimentos que Mayo fez sua crítica à Escola de Administração Científica, passando daí à esfera concreta das recomendações.

As ideias básicas que norteiam as objeções de Mayo (1968) à Escola Clássica estão sintetizadas em seu livro *The social problems of an industrial civilization*, em que se encontram suas "hipóteses de populacho", que são tidas como a interpretação de Mayo para os fundamentos teóricos do Movimento de Administração Científica, as quais Mayo critica. Como vimos no primeiro capítulo, tais hipóteses, em resumo, estão fundamentadas em três itens:

> a sociedade natural constitui uma horda de indivíduos;
> todo indivíduo age de forma calculada a fim de assegurar sua preservação e seus próprios interesses;
> todo indivíduo pensa logicamente, utilizando ao máximo suas faculdades para a consecução de seus objetivos, conforme o pressuposto da racionalidade absoluta.

De tais afirmações, a Escola Clássica teria concluído que aos administradores caberia decidir, ordenar e controlar rigidamente; aos subordinados, apenas obedecer. Além disso, outra conclusão imediata teria sido a de que o melhor sistema de motivação seria a utilização de incentivos monetários.

Elton Mayo imaginou que suas experiências tinham posto por terra tais hipóteses e, em função disso, deslocou o foco de interesse da administração da organização formal para os grupos informais e suas inter-relações, bem como dos incentivos monetários para os psicossociais.

No sentido de estabelecer uma unidade de objetivos entre a organização formal e os valores do pequeno grupo, Mayo teceu suas considerações práticas que estão consubstanciadas no Programa de Entrevistas e no Programa de Treinamento de Supervisores.

Esses programas constituem uma tentativa de universalizar os resultados obtidos das pesquisas da Western Electric, baseando-se na hipótese de que a produtividade é função direta de satisfação no trabalho e que este, por sua vez, depende do padrão social não convencional do grupo de trabalho. Tal hipótese ignora a existência de conflito entre o indivíduo e o grupo. Repete, portanto, a velha tese de que o homem é um animal político, isto é, de que o grupo é uma tendência natural do indivíduo.

Para Mayo, a dicotomia indivíduo-organização só poderia existir como parte de uma situação de anomia, já que aquele concordaria naturalmente com esta.

Em conclusão, quanto a Elton Mayo, podemos dizer que seu pensamento sofreu influência das próprias condições de sua época, não podendo lhe ser tirado o mérito de ter aberto novas perspectivas à teoria e à prática administrativa.

2.4.3 Roethlisberger e Dickson

Outras duas figuras importantes da Escola de Relações Humanas foram Roethlisberger e Dickson, pelo seu imenso legado descritivo das primeiras experiências dessa escola, representado pela sua obra *Management and the worker* (Roethlisberger e Dickson, 1939). Esses autores descreveram algumas experiências, como se segue.

Os resultados de suas pesquisas na sala de equipamentos de PABX mostraram que:

- o pequeno grupo de homens que trabalhava na sala havia se desenvolvido espontaneamente em uma equipe dotada de líderes naturais, que haviam chegado a essa posição pelo consentimento ativo do grupo;
- a atitude do grupo em relação aos incentivos financeiros era de completa indiferença;
- os valores e costumes do grupo eram mais importantes para os indivíduos que o compunham que os benefícios pecuniários. Havia, assim, um código oficial de comportamento exercendo poderosa influência sobre os membros do grupo e impondo-lhes regras que regulavam a produção, a despeito das recompensas monetárias.

Dessa forma, Roethlisberger e Dickson propuseram um modelo de organização como sistema social. Segundo eles, a organização industrial tem duas funções:

a) **Eficiência técnica** – Produzir o produto de modo eficiente a baixo custo. Essa função está ligada à busca de um equilíbrio externo entre a organização e o mercado de fornecedores, demanda e competição.

b) **Eficiência social** – Criar e distribuir satisfação e realização para os membros da organização. Essa função está ligada à busca de equilíbrio interno entre as necessidades dos indivíduos e as necessidades da organização.

Para os autores, os administradores da época davam muita atenção à primeira função e pouca à segunda, relativa ao equilíbrio interno. Os autores, com base nos escritos de Vilfredo Pareto, particularmente no livro *The mind and society*: A treatise on general sociology (Pareto, 1963), analisam o comportamento organizacional separando sentimentos e lógica. Os sentimentos referem-se à subjetividade e aos valores formados por meio das experiências passadas do indivíduo. Os sentidos que os indivíduos atribuem às suas ações e comportamentos são, segundo os autores, influenciados por esses sentimentos e atitudes. Eles analisam os sentimentos dos indivíduos dentro dos grupos informais aos quais pertencem. Mostram, assim, como as dinâmicas geradas no interior dos grupos informais podem ajudar ou atrapalhar a produtividade nas organizações. Dessa forma, os indivíduos trariam "sentimentos" de outras esferas de sua vida social e experiências passadas, e essa carga afetiva e as dinâmicas emocionais geradas pela organização informal influenciariam a produtividade. Consequentemente, os seres entram na organização com uma carga emocional influenciada por sua história pregressa, o que torna o fator humano diferenciado na produção, não padronizado. Essa diferenciação típica da personalidade humana requer um sistema que distribua recompensas apropriadas. Como o processo identitário humano é um elemento em permanente construção, valores e sentimentos podem ser transformados a partir da interação na organização e na sociedade.

2.4.4 Chester Barnard

Em um dado momento, as teorias sobre as organizações informais e a motivação no trabalho dividem-se. Os experimentos de Hawthorne e os trabalhos de Mayo e dos autores supracitados ficam restritos à Escola de Relações Humanas, alvo deste capítulo, que amplia as análises da Escola de Administração Clássica, que vimos no Capítulo 1, porém mantém o mesmo tipo de análise: aos incentivos econômicos da Escola Clássica devem-se associar incentivos psicossociais e procurar satisfazer as necessidades afetivas dos indivíduos, prestando atenção aos grupos informais. O ser humano continua, porém, a ser visto como um agente passivo que pode ser estimulado e controlado a partir de estímulos diferenciados e mantém a mesma estrutura de organização de tarefas que a proposta pela Administração Clássica. Após a Escola de Relações Humanas, surgem novas teorias sobre motivação e liderança, que propõem reformas estruturais mais profundas nas organizações e que constituem as primeiras teorias de recursos humanos conhecidas. Essas teorias, como veremos no próximo capítulo, baseiam-se principalmente nos trabalhos de Maslow e propõem reformas estruturais e métodos de trabalho diferentes dos propostos anteriormente, para permitir ao ser humano, visto como detentor de necessidades psicológicas complexas, a realização no trabalho. Diferenciam-se, assim, a teoria de relações e a teoria de recursos humanos. Entre essas duas correntes podemos classificar o trabalho de Chester Barnard.

Chester Barnard deslocou a análise da organização formal para os grupos informais. Ele afirma: "As organizações informais são necessárias ao funcionamento da organização formal como um meio de comunicação, coesão e proteção da integridade individual". O autor conceitua a organização informal de maneira tão ampla que acaba por confundi-la com qualquer sistema social não organizado. Os trabalhos de Barnard são da década de 1930. Esse autor se diferenciava dos outros porque tinha experiência prática como gerente, sendo o diretor da New Jersey Bell Telephone Company.

A obra capital de Chester Barnard (1938) chama-se *The functions of the executive*. Nela o autor enfatiza as tensões entre o indivíduo e a organização. Ele observa que as organizações são construídas com fins específicos e determinados, porém empregam indivíduos que possuem objetivos diversos e interesses próprios, que podem não se coadunar com os das organizações. Ele reconhece a natureza única do indivíduo, que detém poder de escolha e vontade própria. O autor diz que as organizações são sistemas cooperativos que emergem porque os indivíduos, que detêm objetivos próprios, não podem realizá-los sozinhos, então se associam a fim de satisfazê-los. As organizações são, assim, meios para a satisfação de objetivos individuais. Barnard deixa claro que procedimentos como seleção e treinamento não são suficientes para garantir a colaboração do indivíduo e a sua obediência às regras e aos padrões. Mesmo desenvolvendo-se sistemas aperfeiçoados de treinamento e seleção, vigilância e recompensas, como propunham as técnicas de Administração Científica de Taylor, a ação humana continua a ter um caráter incerto, e os indivíduos podem se recusar a cooperar. Uma forma de controle e integração necessária, para Barnard, seria o desenvolvimento de valores comuns e de uma ética (*common moral purpose*) que gerassem comprometimento dos indivíduos com a organização (Barnard, 1938).

Baseando sua análise social em Durkheim, Barnard diz que, quando o indivíduo entra na organização para realizar algum objetivo individual e tem contato com o grupo organizacional, existem forças maiores que ele que o obrigam a colocar de lado seus objetivos pessoais e interesses próprios e a buscar a realização dos objetivos do grupo. Os executivos não devem intervir nesse processo de socialização na organização, apenas encorajar esses sentimentos nascentes de cooperação com o grupo. Segundo Barnard, haverá um predomínio sobre o indivíduo da "personalidade organizacional" (*organizational personality*) em oposição à sua própria personalidade (*individual personality*). As funções centrais do executivo, segundo esse autor, são criar formas de incentivo e recompensas que levem os indivíduos a cooperar. A criação de métodos de persuasão, de valores e outras formas morais de obter o comprometimento dos indivíduos para com os objetivos organizacionais é outra importante função do executivo. Para Barnard, formas normativas e morais de incentivo não requerem o uso de força e coerção e têm a vantagem de ser mais baratas que os incentivos monetários. Outras figuras de grande importância que desenvolvem ideias nesse campo e que não poderiam deixar de ser mencionadas são Harold J. Leavitt, Douglas McGregor, Irving Knickerbocker e Alex Bavelas. McGregor será objeto de estudo específico no próximo capítulo.

2.5 Ideias centrais da Escola de Relações Humanas

2.5.1 O *homo socialis*

Ao fazer a crítica implacável ao *homo economicus* como modelo de natureza humana, a Escola de Relações Humanas sugeriu para substituí-lo o modelo do *homo socialis*.

Há três características principais desse modelo:

- o homem é apresentado como um ser cujo comportamento não pode ser reduzido a esquemas simples e mecanicistas;
- o homem é, a um só tempo, condicionado pelo sistema social e pelas demandas de ordem biológica;
- em que pese as diferenças individuais, todo homem possui necessidades de segurança, afeto, aprovação social, prestígio e autorrealização.

Figura 2.1 O *homo socialis*.

2.5.2 O grupo informal

A Escola de Relações Humanas utilizou-se do conceito de grupo primário, já existente na sociologia, aplicando-o ao campo da administração. "Por grupos informais entendemos um conjunto de indivíduos suficientemente pequeno, de forma que possam comunicar-se entre si direta e frequentemente" (Pereira, 1963).

Elton Mayo, em sua obra *Human relations in administration*, afirma: "Em uma indústria e em outras situações, o administrador lida com grupos humanos bem formados, e não com uma horda de indivíduos". Dessa forma, para a Escola de Relações Humanas, um dos estudos mais importantes para a administração é aquele que diz respeito ao grupo informal.

Para conhecer tais grupos, lança-se mão de uma série de métodos e técnicas, que vão desde a simples observação até as **técnicas** sociométricas desenvolvidas por Moreno e Moreno (1975) e outros **recursos** da dinâmica de grupo.

Um grupo informal emerge dentro de uma organização quando as interações informais entre um determinado número de indivíduos começam a intensificar-se e a tomar corpo. Se é a frequência das interações que vai definir a existência de um grupo, devemos determinar os fatores que as provocam. Entre tais fatores, há que se considerar a tecnologia adotada e a semelhança de interesses entre os indivíduos. Quando os homens se reúnem em grupos, assim o fazem tendo em vista o atendimento de suas necessidades, especialmente as de segurança, aprovação social, afeto. Tudo isso pode ser satisfeito pelo grupo, que ainda se constitui em derivativo para a monotonia e a fadiga no trabalho.

2.5.3 Participação nas decisões

Extremamente preocupada com a relação entre moral e produtividade, a Escola de Relações Humanas colocou na motivação a grande possibilidade de levar o indivíduo a trabalhar para atingir os objetivos da organização formal.

Imaginava-se que, para tanto, o homem não poderia ser obrigado a realizar tarefas cujos fins desconhecesse; ao contrário, deveria participar da própria decisão que desse origem à tarefa que devesse executar.

A participação nas decisões não era, contudo, recomendada sem restrições. Acreditava-se que a amplitude de tal participação devesse variar de acordo com a situação e com o padrão de liderança adotado.

Entretanto, imaginava-se que na maior parte das vezes o tipo de liderança mais eficaz seria aquele denominado democrático, no qual o subordinado teria ampla possibilidade de opinar sobre o próprio trabalho, contribuindo para o seu aperfeiçoamento, bem como estaria sujeito a um *controle por resultados*, e nunca por supervisão cerrada (Balcão e Cordeiro, 1967).

2.6 A Escola de Relações Humanas e a organização

A estrutura formal da empresa jamais mereceu atenção da Escola de Relações Humanas. Toda a sua análise teve por objeto a organização informal.

Por organização informal entende-se o conjunto das relações sociais não previstas em regulamentos e organogramas. Tais relações caracterizam-se por seu caráter espontâneo e extra oficial e pela falta de objetivo comum consciente, ocorrendo paralelamente às relações formais, como sua decorrência ou não.

Em um sentido mais amplo, a organização informal é a "consequência da impossibilidade prática de se reduzir o comportamento humano a um conjunto de reações mecânicas e automáticas a regulamentos restritos".

Em resumo, os resultados de todas essas experiências mostraram que os comportamentos no trabalho não são apenas as consequências do salário e das aptidões técnicas dos indivíduos. Existem necessidades afetivas complexas envolvendo aspectos motivacionais. Conhecer esses fatores passa a ser um aspecto importante da administração.

Figura 2.2 A organização informal.

A organização informal – relações afetivas, relações de poder e envolvimento com o grupo – influencia a produtividade e o funcionamento das estruturas formais. A Escola de Relações Humanas propõe que existe uma dualidade entre a organização formal logicamente constituída e a organização informal, reino da afetividade e dos aspectos "irracionais" do comportamento humano.

Cabe, por fim, uma ressalva quanto à expressão "organização informal", que não é muito correta, visto que por organização geralmente se entende um sistema formal. O uso da expressão na administração, entretanto, parece já tê-la consagrado.

2.7 Considerações finais

Miller e Form (1951), em sua obra intitulada *Industrial sociology*, fornecem-nos algumas conclusões sobre as pesquisas de Mayo, que constituem o centro da Escola de Relações Humanas (Brown, 1967).

Tais conclusões, que apresentamos a seguir, parecem-nos ter sido extremamente importantes para o desenvolvimento da administração.

- O trabalho é uma atividade grupal.
- O mundo social do adulto é primeiramente padronizado em relação à sua atividade no trabalho.
- A necessidade de reconhecimento e segurança e o senso de pertencer a algo são mais importantes na determinação do moral do trabalhador e da produtividade que as condições físicas sob as quais trabalha.
- Uma reclamação não é necessariamente o enunciado objetivo de um fato; comumente é o sintoma de um distúrbio relacionado com o *status* do indivíduo.
- O trabalhador é uma pessoa cujas atitudes e eficiência são condicionadas pelas demandas sociais, tanto dentro como fora da fábrica.
- Grupos informais dentro da fábrica exercem grande controle sobre os hábitos no trabalho e as atitudes do trabalhador.
- A colaboração grupal não ocorre por acidente; ao contrário, deve ser planejada e desenvolvida. Se tal colaboração for alcançada, as relações no trabalho podem chegar a uma coesão que resista aos efeitos do desmembramento de uma sociedade em adaptação.

2.8 Críticas

Devemos distinguir as críticas específicas à obra de George Elton Mayo daquelas mais amplas, feitas à Escola de Relações Humanas.

2.8.1 Críticas à obra de Mayo

Tais críticas podem ser classificadas segundo sua origem em: críticas dos industriais, dos psicólogos e dos sociólogos.

2.8.1.1 Críticas dos industriais

O industrial sempre teve a tendência de julgar as conclusões de Mayo verdadeiras, mas inaplicáveis. O pensamento dos dirigentes empresariais pode ser assim verbalizado (Motta e Vasconcelos, 2002):

> Tudo isto é muito interessante, mas o que psicólogos e teóricos em geral parecem esquecer é que tenho que obter lucro e produzir bens. O bem-estar é muito justo no devido lugar, mas é, no final das contas, um problema secundário na indústria, e não a sua função principal.

Brown, em *Psicologia social da indústria*, rebate esse ponto de vista, citando outros críticos de Mayo que adotam uma posição oposta, isto é, a de que ele tende a favorecer a administração da empresa, desenvolvendo um modo astucioso de embalar os trabalhadores para que produzam mais e exijam menos.

Para Brown, as críticas anteriores se anulam entre si. Não devemos, contudo, nos esquecer de que críticas opostas não se anulam. Além disso, é difícil negar a parcialidade, já que a própria administração da Western Electric patrocinou os estudos de Mayo.

Outra crítica dos industriais refere-se ao fato de que a valorização do trabalhador se dá em detrimento do consumidor, isto é, no momento em que a empresa passa a preocupar-se com as necessidades sociais do trabalhador, de uma forma ou de outra aumentam os custos em prejuízo do consumidor.

2.8.1.2 Críticas dos psicólogos

As críticas dos psicólogos podem ser verbalizadas da seguinte maneira: "As conclusões de Mayo são verdadeiras, também óbvias".

Muitos psicólogos, antes de Mayo, já haviam ressaltado a importância dos grupos primários. Um exemplo é o estudo dos grupos primários e suas relações com os indivíduos na obra *Human nature and the social order*, de Cooley (2015), publicada em 1902.

Sem dúvida alguma, Mayo não foi o primeiro a falar sobre grupos primários, porém, inegável é o fato de que teve o mérito de tirar esse conceito das ciências comportamentais e aplicá-lo à prática administrativa. Mayo redescobriu a importância desses grupos, e sua importância está justamente em sua aplicação pioneira aos problemas da indústria.

2.8.1.3 Críticas dos sociólogos

Tais críticas podem ser expressas da seguinte maneira: "As conclusões de Mayo não vão ao fundo do problema".

Essas críticas podem ser agrupadas em três categorias:

- Mayo investigou a indústria com a exclusão quase completa de seu *background* social.
- Mayo e seus seguidores apresentam uma tendência a favorecer a administração.
- No campo do método científico, Mayo ignora a teoria e adota uma atitude que exalta o empirismo, a observação e a descoberta de dados.

Em seu artigo intitulado "Exploring factory life" no livro *The study of men adjusting men to machines*, Daniel Bell (1946) acusa Mayo de não demonstrar nenhum senso crítico, adotando a própria concepção da indústria e vendo os trabalhadores como meios a serem manipulados e ajustados para fins impessoais.

Outros autores, Miller e Form (1951), indicam que, embora os fatos elucidados pelas pesquisas sejam indiscutíveis, sua interpretação não é. Segundo esses autores, uma investigação mais cuidadosa pode revelar uma tendência pró-administração. Um ponto também criticado se refere à consideração, por Mayo, das habilidades sociais como boas porque elevavam a produção e mantinham o *status quo*. Mayo não percebeu, ou não quis perceber, o conflito de interesses em uma sociedade dinâmica, mantendo-se, assim, em uma perspectiva limitada.

Deve-se ressaltar que as pesquisas de Mayo foram autorizadas e financiadas pela administração da Western Electric como parte de ampla assessoria para ajudá-la a resolver seus problemas. A par disso, Mayo atribuiu uma importância muito grande ao conhecimento empírico em prejuízo do teórico. Miller e Form salientam a inutilidade do conjunto de observações sem relação com uma estrutura de referência.

Wilbert Moore (1946) apresenta uma crítica mais contundente, destacando que Mayo, além de ignorar o papel da teoria na pesquisa social, ignora a diferença entre ciência e tecnologia, tornando-se insensível a problemas de fins e valores.

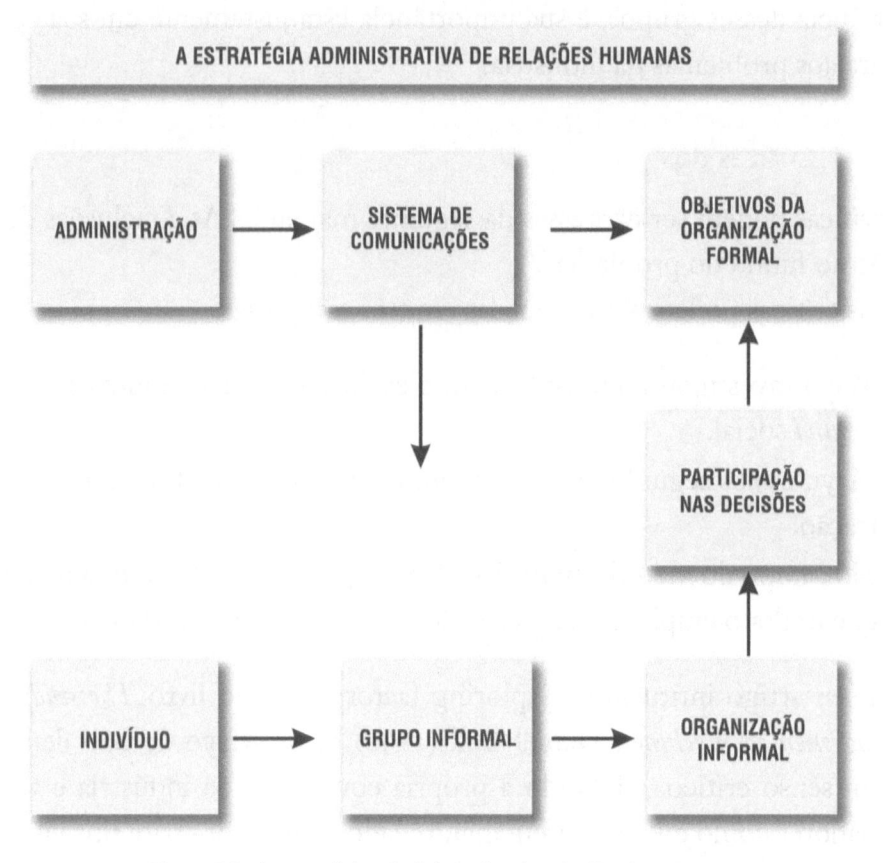

```
            A ESTRATÉGIA ADMINISTRATIVA DE RELAÇÕES HUMANAS

   ADMINISTRAÇÃO  →  SISTEMA DE       →  OBJETIVOS DA
                     COMUNICAÇÕES         ORGANIZAÇÃO
                                          FORMAL
                          ↓                   ↑
                                          PARTICIPAÇÃO
                                          NAS DECISÕES
                                              ↑
   INDIVÍDUO     →  GRUPO INFORMAL   →  ORGANIZAÇÃO
                                          INFORMAL
```

Figura 2.3 A estratégia administrativa de relações humanas.

2.8.2 Críticas ao Movimento de Relações Humanas

O interesse da administração nos problemas de cooperação é uma consequência da especialização, mas a "ciência" de relações humanas que daí resulta tem sido vista por muitos autores como responsável pela justificação ideológica da estrutura institucional vigente, desviando a atenção sobre seus problemas para o ajustamento da estrutura individual.

Esse ajustamento é essencial, pois, em uma organização burocrática, o conflito não pode ser oficialmente reconhecido, uma vez que tal reconhecimento implicaria a legitimidade da diferenciação de metas e, portanto, a aceitação da negociação como estratégia administrativa. Ora, qualquer uma dessas implicações significaria uma redução do poder hierárquico, o que é incompatível com a burocracia.

O Movimento de Relações Humanas teria, no entanto, vindo resolver, no plano teórico, o problema do conflito por meio de sua simples negação.

Resta referirmo-nos aos estruturalistas, que constituem um grupo dissidente da Escola de Relações Humanas, com origem na sua corrente, chamada realista.

Embora, como já mencionamos, o estruturalismo seja uma síntese da Escola de Administração Científica e da Escola de Relações Humanas e apresente muitos pontos com base nas obras de Karl Marx e Max Weber, seu debate mais acirrado é com a escola da qual emergiu.

Sua principal crítica é de natureza analítica. Para o estruturalismo, a Escola de Relações Humanas tende a centrar-se em um campo muito pequeno de variáveis e a estudá-las sem levar em conta as demais. A concepção que a Escola de Relações Humanas tem do homem é, assim, uma concepção estreita. O ser humano continuaria a ser passível e controlável por meio de estímulos, um ser simples e previsível. Além dos estímulos econômicos, devem-se levar em conta os estímulos psicossociais e as relações entre grupos informais, diz a Escola de Relações Humanas. Esta, porém, conserva o mesmo tipo de lógica de análise no que se refere à organização do trabalho que a Escola Clássica de Administração. Outro limite dessa escola é que ela cria uma dualidade em sua análise: a organização formal e lógica de um lado e a organização informal e afetiva de outro. Outras proposições modificaram esse tipo de análise posteriormente, integrando as estruturas formais e informais da organização. As análises de Chester Barnard, aqui classificadas como fazendo parte da Escola de Relações Humanas, em muitos aspectos são análises precursoras de posteriores, que definem a ação humana como não tão previsível, mostrando o seu caráter indeterminado e incerto. Os conceitos predominantes sobre a natureza humana vão, dessa maneira, tornando-se mais complexos à medida que se aumenta o conhecimento sobre o comportamento humano.

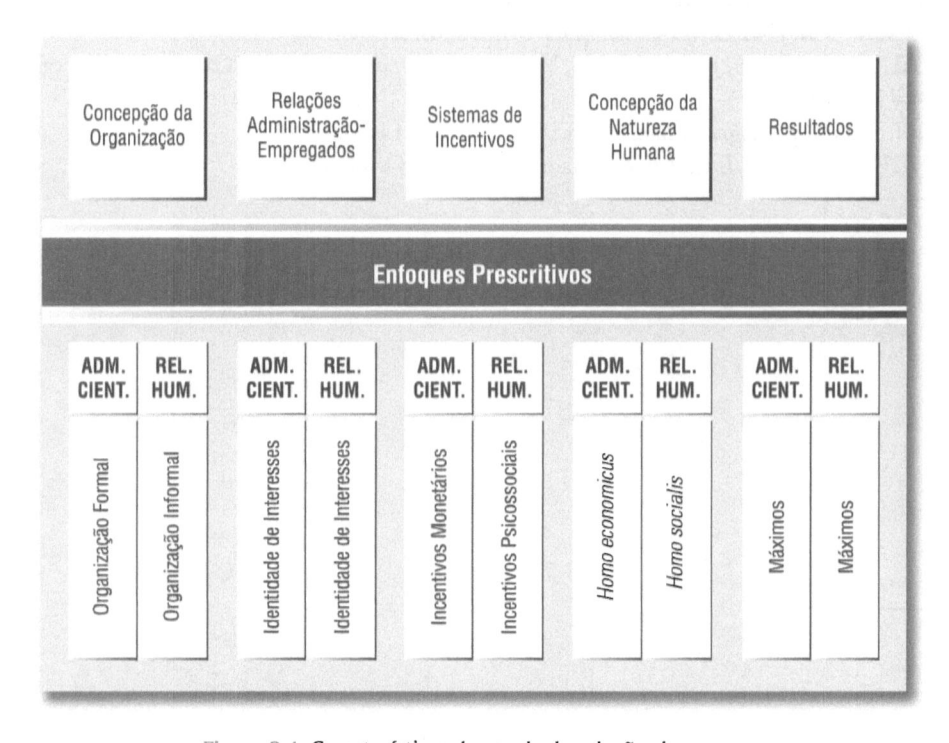

Figura 2.4 Características da escola de relações humanas.

Bibliografia

BALCÃO, Y. F.; CORDEIRO, L. L. *O comportamento humano na empresa*. Rio de Janeiro: Fundação Getulio Vargas, 1967.

BARNARD, C. *The functions of the executive*. Cambridge: Harvard University Press, 1938.

_____. *Organization and management*. Cambridge: Harvard University Press, 1948.

BELL, D. *The study of men adjusting men to machines*. Nova York: New York University Press, 1946.

BERTERO, C. O. Algumas observações sobre a obra de G. Elton Mayo. RAE – *Revista de Administração de Empresas*, v. 8, n. 27, 1968.

BROWN, J. A. *Psicologia social da indústria*. São Paulo: Atlas, 1967. p. 63.

CHASE, S. *Men at work:* Some democratic méthods for the power age. San Diego: Hartcourt, Brace & Co., 1945.

COOLEY, C. *Human nature and social order*. Londres: Sagwan Press, 2015.

DUBIN, R. *Human relations in administration*. Sadle River: Prentice Hall, 1974.

FOLLETT, M. P. *The new state-group organization*: The solution for popular government. Nova York: Longmans Green, 1918.

_____. The collected papers of Mary Parker Follett. In: _____. *Dynamic administration*. Nova York: Harper and Brothers Publishers, 1940.

MAYO, E. *The social problems of an industrial civilization*. Nova York: Viking Compass Edition, 1968.

_____. *The human problems of an industrial civilization*. Londres: Routledge, 2003.

MILLER, D. C.; FORM, W. H. *Industrial sociology*. Nova York: Harper & Brothers, 1951.

MOORE, W. *Industrial relations and the social order*. Nova York: Macmillan, 1946.

MORENO, J. L.; MORENO, Z. *Psychodrama, foundations of psychoterapy*. Nova York: Beacon House, 1975.

MOTTA, F. C. P.; VASCONCELOS, I. F. F. G. de. *Teoria geral da administração*. São Paulo: Pioneira Thomson Learning, 2002.

PARETO, V. *The mind and society:* A treatise on general sociology. Nova York: Dover, 1963.

PEREIRA, L. C. B. *Duas escolas em confronto*. São Carlos: EESC, 1963.

ROETHLISBERGER, F. J.; DICKSON, W. *Management and the worker*. Cambridge: Harvard University Press, 1939.

SCHEIN, E. H. *A psicologia na indústria*. Lisboa: Clássica Lisboa, 1968.

SPRANGER, E. *Formas de vida*. 6. ed. Madri: Revista do Ocidente, 1966.

Capítulo 3

Teorias sobre motivação e liderança: da administração de recursos humanos à gestão de pessoas

> *O trabalho não é para o homem apenas uma necessidade inevitável. É também o seu libertador em relação à natureza, seu criador como ser social e independente. No processo do trabalho, isto é, no processo de moldar e mudar a natureza exterior a ele, o homem molda e modifica a si mesmo.*
> (Fromm, 1944; tradução nossa)

3.1 Introdução

Pesquisas realizadas após os experimentos de Hawthorne mostraram que a relação entre as variáveis "satisfação das necessidades psicossociais dos empregados" e "aumento da produtividade" não era tão direta como pretendiam os teóricos da Escola de Relações Humanas. Muitas vezes, a adoção de um estilo de gerência participativa não melhorava necessariamente a produtividade dos grupos organizacionais, que dependia de outros fatores mais complexos que a simples melhoria do clima social. Alguns autores chegaram a questionar a adoção do trabalho em equipe ou da participação como formas de melhorar a produtividade, dependendo do tipo de trabalho e das condições envolvidas em cada caso.

A Escola de Relações Humanas teve o grande mérito de revelar maior complexidade relativa ao comportamento humano nas organizações, que não depende apenas de estímulos econômicos, como diziam os teóricos da Escola Clássica, mas é também influenciado por fatores de ordem social e afetiva.

Os autores da Escola de Relações Humanas, no entanto, têm um ponto em comum com os autores clássicos: consideram o ser humano um ser passivo, que reage de forma padronizada aos estímulos aos quais é submetido na organização. A Escola Clássica de Administração considerava apenas os fatores econômicos.

A Escola de Relações Humanas revelou a importância dos fatores afetivos e sociais, além dos econômicos, mas manteve o mesmo tipo de análise, por exemplo, a mesma forma de organização do trabalho.

Como vimos no capítulo anterior, surgiram estudos sobre motivação que deram maior ênfase às necessidades humanas no trabalho, principalmente à necessidade de autorrealização. Esses estudos baseiam-se em uma concepção do ser humano que vai além das análises realizadas pela Escola de Relações Humanas, por considerar o ser humano um ser dinâmico que busca de maneira ativa a autonomia e o autodesenvolvimento. Com base nesses estudos, vários autores propuseram reformas mais profundas no trabalho e nas estruturas organizacionais, tendo em vista a necessidade de autorrealização humana. Essas análises constituem a base das primeiras teorias da então chamada administração de recursos humanos. Não se trata apenas de permitir a maior participação dos indivíduos no trabalho, mantendo-se a estrutura taylorista anterior, mas de realizar mudanças estruturais na organização, questionando mais profundamente alguns dos pressupostos básicos da Escola de Administração Clássica. O foco deste capítulo será nos aspectos relacionais e internos da organização.

3.2 As teorias de motivação e liderança e o conceito de *homo complexus*

O conceito do *homo complexus* (homem complexo) vai além do conceito do *homo socialis*. Ele tem necessidades múltiplas, não só as de associação e filiação a grupos informais, como propunha a Escola de Relações Humanas. Com base nos estudos de Maslow (1943), como veremos no decorrer deste capítulo, passou-se a considerar o *homo complexus* um indivíduo que tem necessidades ligadas ao seu ego, ao seu desenvolvimento pessoal, à sua aprendizagem e à sua realização. Assim, em teoria, ao buscar ativamente sua autorrealização no trabalho, os indivíduos se envolvem mais com a organização e canalizam sua energia vital produtiva para a consecução dos objetivos organizacionais. Constatamos, portanto, que, além da inserção nos grupos informais, o conceito do *homo complexus* privilegia a necessidade humana de autorrealização a partir do exercício da atividade profissional. O trabalho passa a ser visto como a principal inserção social do indivíduo, que lhe fornece o sentido para suas ações e a medida de seu valor social. Em uma perspectiva cognitivista, trabalha-se com o conceito de identidade: dependendo dos valores e das características identitárias de cada indivíduo ou grupo de indivíduos, seus objetivos e interesses serão diferentes uns dos outros.

Além disso, a identidade é um elemento em construção, o que significa dizer que, além do fato de cada indivíduo ter interesses e objetivos diferentes dos outros, os interesses e objetivos de um mesmo indivíduo modificam-se com o passar do tempo. A autorrealização é um elemento complexo que não tem o mesmo sentido para todos, pois depende das características e dos interesses específicos de cada um. Trata-se de um ideal a ser perseguido e frequentemente redefinido. A ação humana é incerta e imprevisível e os indivíduos são difíceis de ser controlados, o que reforça ainda mais o conceito do *homo complexus*.

Homo complexus

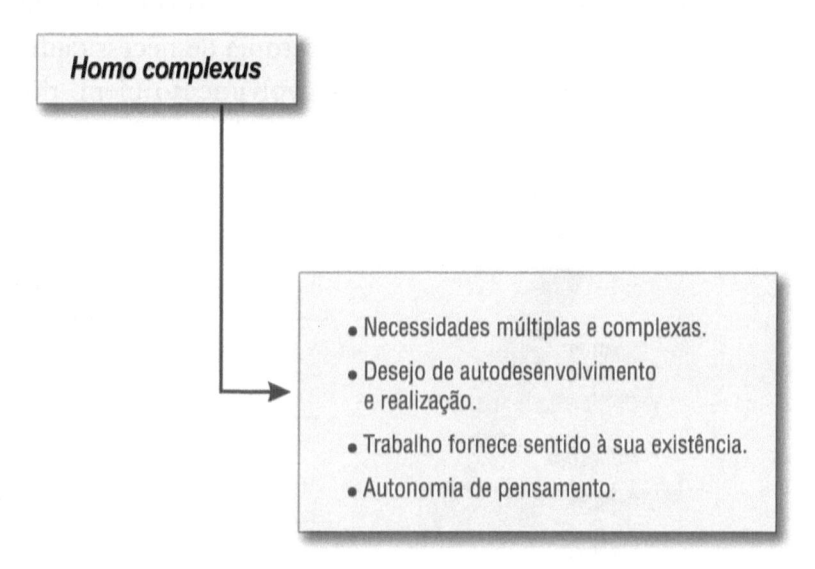

- Necessidades múltiplas e complexas.
- Desejo de autodesenvolvimento e realização.
- Trabalho fornece sentido à sua existência.
- Autonomia de pensamento.

Figura 3.1 O *homo complexus*.

3.2.1 Os trabalhos de Abraham Maslow

A teoria sobre a hierarquia de necessidades de Abraham Maslow (1943) foi fundamental para os estudos sobre motivação. Seus trabalhos não estavam relacionados a preocupações com a eficiência organizacional e a produtividade, como no caso dos estudos desenvolvidos pelos psicólogos industriais em Hawthorne, ao tratar da Escola de Relações Humanas. Ao contrário, os estudos de Maslow voltavam-se primordialmente para o estudo da teoria da personalidade e do desenvolvimento humano, independentemente de preocupações com eficiência organizacional. Segundo Maslow, o ser humano tem necessidades complexas que podem ser hierarquizadas. O comportamento humano é dirigido primeiro para a satisfação de necessidades simples e fundamentais (*lower-order needs*), as quais são essenciais e se relacionam à fisiologia e à segurança do ser humano. São as necessidades de abrigo, de comida e de dinheiro, por exemplo. Após satisfazê-las, o ser humano procurará satisfazer suas necessidades mais complexas (*higher-order needs*). Essas últimas são, assim, hierarquicamente superiores às necessidades fundamentais básicas. Somente após satisfazer as necessidades básicas descritas, o indivíduo deslocará energia para a satisfação das mais complexas.

Em ordem de complexidade crescente na hierarquia de necessidades, em segundo lugar vêm as necessidades sociais (necessidades de filiação a grupos informais, de aceitação e de associação).

Em terceiro lugar, em ordem de complexidade crescente, o autor cita as necessidades associadas ao ego dos indivíduos (as necessidades de autoestima, de *status* e de reconhecimento social) e, finalmente, a necessidade mais difícil de ser satisfeita, que ocupa o topo da pirâmide da hierarquia de necessidades: a autorrealização (*self-actualization*). Trata-se do desenvolvimento pleno do potencial do indivíduo, um ideal a ser constantemente perseguido.

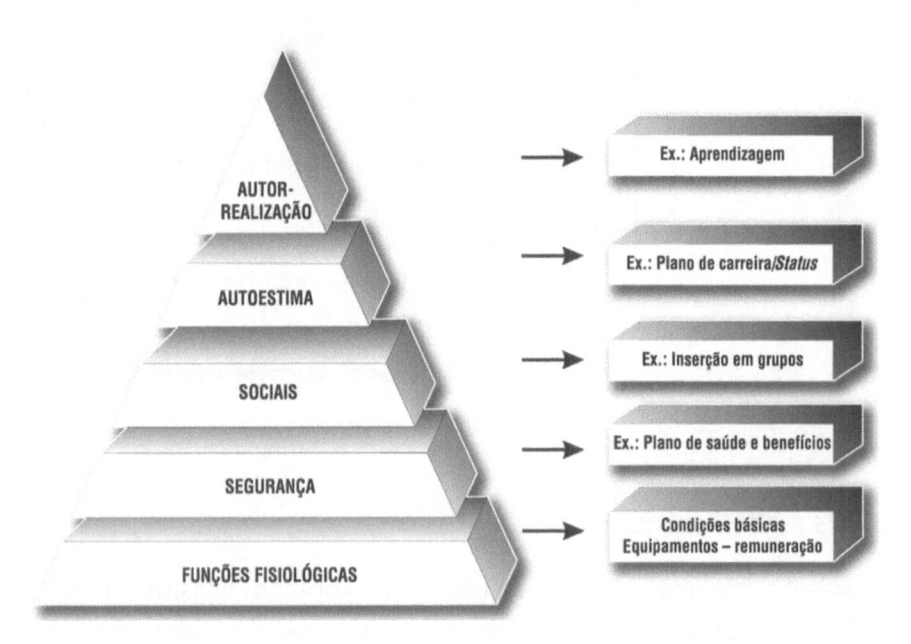

Figura 3.2 O modelo de Maslow.

Essas necessidades estão assim hierarquizadas, o que não significa dizer que, em sua vida, o indivíduo caminhe linearmente para a satisfação delas. Não existem estágios predefinidos e definitivos a serem atingidos: as necessidades variam e se alternam de acordo com as experiências do indivíduo e as mudanças que ele enfrenta em sua vida. As necessidades fundamentais vêm à tona e, uma vez satisfeitas, as necessidades mais complexas voltam a manifestar-se. Esse processo pode alternar-se muitas vezes, variando o grau de intensidade e o tipo de necessidade do indivíduo.

Os trabalhos de Maslow passaram a ser a base de outras teorias sobre motivação e liderança.

3.2.2 Douglas McGregor e os pressupostos da Teoria X e da Teoria Y

Em seus trabalhos, Douglas McGregor retoma alguns dos argumentos de Maslow para explicar seu modelo, no qual ele relaciona os conceitos de motivação e liderança. Para o autor, há diferentes tipos de pressupostos sobre a natureza humana, e suas motivações correspondem a diferentes estilos de liderança.

Em seu artigo "The human side of enterprise" (1966), ele revela como a teoria administrativa e seus pressupostos criam problemas inesperados nas organizações. McGregor descreve a teoria gerencial convencional denominando-a de "teoria X", que corresponde às propostas da Escola de Administração Científica. A ideologia da teoria X afirma que o ser humano é avesso ao trabalho e o evitará sempre que puder e, por conseguinte, a administração precisa incrementar a produtividade, os esquemas de incentivos e denunciar a restrição voluntária (Ehrlich, 1964).

Esquematicamente, essa teoria gerencial contém os seguintes pressupostos básicos:

> Os gerentes e administradores são os únicos responsáveis pela organização dos fatores de produção.
> Os gerentes e administradores devem estabelecer padrões explícitos de comportamento e monitorá-los, exercendo de forma estrita o controle social burocrático, baseando-se nas regras e em outros elementos formais. Trata-se de um estilo de gestão centralizador e autoritário.
> A intervenção e o controle gerencial são fundamentais para garantir a produtividade e a eficiência. Sem o controle, o ser humano tende a ser passivo e resistente a colaborar para o atingimento dos objetivos organizacionais.

Constatamos, assim, que essa teoria se baseia no conceito de *homo economicus* e na visão utilitarista do ser humano, predominante no século XIX e explicada em detalhes no capítulo dedicado à Administração Científica.

Segundo McGregor (1966), os pressupostos da teoria X, quando implementados, originavam uma **profecia que se autorrealizava**. Para o autor, o exercício exacerbado do controle burocrático e a centralização administrativa deixam os indivíduos insatisfeitos e estimulam fenômenos como a frenagem nas linhas de montagem, a diminuição do ritmo da produção e outras reações que levam à queda da produtividade. McGregor diz ainda que essas reações de resistência dos empregados não são provocadas pelo caráter indolente da natureza humana (como propõe a teoria X), mas por reações dos indivíduos e grupos informais contra o excesso de vigilância e controle. Estilos autoritários de gerência conduziriam a resistências que, por sua vez, justificariam o estilo autoritário de gerência, realizando a profecia. Em resumo, as causas das disfunções organizacionais não deveriam ser buscadas na natureza humana, mas no estilo de gerência autoritário, causa dos comportamentos condenados pela teoria.

Para McGregor, os pressupostos básicos da teoria X estavam focalizados apenas nas necessidades humanas fundamentais descritas por Maslow, ou seja, nas necessidades fisiológicas e de segurança (*lower-order needs*). Assim, baseada em práticas restritivas de gerência, ignorava as necessidades mais complexas do ser humano, base da motivação e do comprometimento no trabalho, responsável por maior canalização da energia produtiva do empregado para a organização. A utilização de um estilo de gerência autoritário levaria ao desperdício: a organização não seria beneficiada por essa energia extra que os empregados, buscando realizar suas necessidades, poderiam dedicar à organização. A teoria X não levava em consideração as necessidades de associação, filiação, do ego e de autorrealização descritas por Maslow. Dessa forma, se o indivíduo demonstrava insatisfação e resistência no ambiente de trabalho não era por ser indolente e preguiçoso; ao contrário, era por não encontrar incentivos para dedicar-se mais ao trabalho, por não encontrar na organização condições para satisfazer às suas necessidades mais complexas, base de sua realização e de sua integração no sistema.

À teoria X McGregor contrapõe a teoria Y, cujas linhas gerais serão expostas a seguir:

> A administração é responsável pela organização dos elementos produtivos da empresa – dinheiro, materiais, equipamentos e pessoas – para que esta atinja seus fins econômicos.
> As pessoas não são passivas, indolentes ou apáticas por natureza. Elas se tornam assim por suas experiências negativas em outras organizações.
> A motivação, a dedicação ao trabalho, o potencial de desenvolvimento e a capacidade de assumir responsabilidades e dirigir seu comportamento ativamente para a consecução dos objetivos organizacionais são elementos presentes em todas as pessoas. Esses fatores são estimulados nos indivíduos pela administração. É responsabilidade dela proporcionar condições para que as pessoas reconheçam e desenvolvam, por si próprias, essas características.
> A tarefa essencial da administração é criar condições orgânicas e métodos de operação em que as pessoas possam atingir melhor seus objetivos pessoais, orientando seus esforços em direção aos objetivos da organização.

A administração é, principalmente, um processo de criação de oportunidades, de realização de potenciais, de remoção de obstáculos e de encorajamento ao crescimento. Tal formulação de McGregor tem muito a ver com a "administração por objetivos" de Peter Drucker, no que se refere à concepção da natureza humana e das funções da administração.

De acordo com essa teoria, a gerência tem a responsabilidade de dar condições aos indivíduos de atingir os seus objetivos pessoais (realização e autodesenvolvimento). Cabe à gerência desenvolver estruturas organizacionais que possibilitem aos indivíduos lutar pela satisfação dessas necessidades e ao mesmo tempo contribuir para a realização dos objetivos da organização. O gerente é mais um coordenador do processo de trabalho do que alguém que comanda ou centraliza o poder, como no caso da teoria X. A participação nas decisões e um estilo democrático de gerência são propostos pela teoria Y. O gerente deve saber ouvir os seus subordinados, comunicar-se bem e ter habilidade na condução de relações interpessoais. Enquanto a teoria X baseia-se no exercício estrito da autoridade racional-legal, a teoria Y introduz elementos pessoais na relação de trabalho, fazendo apelo às qualidades do líder.

A partir da teoria Y, surgiram novas propostas no sentido de redesenhar as tarefas e os processos de trabalho, permitindo-se maior descentralização da autoridade e concessão de autonomia aos indivíduos. Nessa época, foram criados também muitos estudos sobre liderança.

TEORIA X	TEORIA Y
• As pessoas são preguiçosas e indolentes.	• As pessoas gostam do trabalho que exercem e são esforçadas e dedicadas.
• As pessoas tendem a evitar o trabalho.	• As pessoas consideram o trabalho como algo natural a ser realizado.
• As pessoas evitam a responsabilidade para se sentir seguras.	• As pessoas podem se controlar e assumir responsabilidades.
• As pessoas são ingênuas e sem iniciativa.	• As pessoas são criativas e competentes.

Figura 3.3 Quadro comparativo das teorias X e Y de McGregor.

3.3 A consolidação do conceito do *homo complexus* e as diversas teorias derivadas desse conceito

Após o desenvolvimento dos conceitos citados anteriormente, novos trabalhos sobre liderança e motivação foram elaborados. O contexto social mudou, e esses trabalhos passaram a ter maior impacto nas décadas posteriores. Nas décadas de 1960 e 1970, percebeu-se que os jovens que estavam entrando no mercado de trabalho não iriam aceitar as mesmas condições de trabalho que seus pais. Os jovens, nesse período, eram mais contestadores e ambiciosos que seus pais. Além de bons salários, almejavam a realização de seu potencial humano e eram dotados de espírito crítico, contestando a validade de regras e a obediência cega às normas e aos procedimentos. Tratava-se de (1) uma geração idealista, que não aceitava recompensas monetárias para compensar a alienação ou a falta de sentido no trabalho; e (2) uma mão de obra mais qualificada, com mais expectativas de desenvolvimento. A juventude dessa época foi denominada "pós-materialista" (Aronowitz, 1973) ou "nova força de trabalho" (Inglehart, 1977), tendo em vista sua característica de independência, questionamento e busca de autonomia. O conceito de *homo complexus* consolida-se pouco a pouco.

Autores como Likert (1967), Argyris (1957), McGregor (1966) e Herzberg (1966) prescreviam um estilo de liderança democrático que permitisse a participação dos empregados e principalmente o **enriquecimento de tarefas** (descentralização e redesenho das atividades e tarefas de modo a permitir o aprendizado e o desenvolvimento dos indivíduos). Essas propostas de mudanças estruturais profundas nas organizações constituíram as primeiras propostas de administração de recursos humanos, tal como essa disciplina era conhecida na época.

3.3.1 O trabalho de Likert

O trabalho de Rensis Likert (1967), por exemplo, teve o condão de desmistificar um dos princípios mais sagrados da Escola de Administração Científica ou, mais exatamente, o da amplitude de controle. De fato, uma de suas pesquisas de grande importância demonstrou que supervisores bem-sucedidos não obrigavam seus subordinados a se prenderem a ciclos de trabalhos estritos, dedicando-se com empenho à formação de grupos de trabalho. Se tivermos uma hierarquia estreita e alongada, como reza o princípio de amplitude de controle, teremos muitos níveis de autoridade e os supervisores tenderão a controlar mais estreitamente seus subordinados, que, por sua vez, tenderão a procurar agradar ao chefe, tendo pouca oportunidade de tomar iniciativa e de assumir as responsabilidades necessárias ao desenvolvimento de suas capacidades. Likert pregava, pois, a concessão de maior autonomia aos empregados como forma de estes se envolverem mais na organização e com seus objetivos.

Os gerentes e empresários mostraram-se abertos a essas teorias e intensificaram-se as práticas de consultoria e treinamento voltadas para a divulgação de técnicas que seguiam esses princípios.

3.3.2 O trabalho de Herzberg

Herzberg (1959, 1966), psicólogo industrial norte-americano que trabalhou no Western Reserve Institute, desenvolveu várias pesquisas nos anos 1960, com os engenheiros e contadores das usinas de aço de Pittsburg, chegando a trabalhar com uma população de 1.685 indivíduos. Mais tarde, alargando seu campo de pesquisas, passou a estudar as atividades dos operários, empregados de escritório, técnicos e executivos em vários países. Também estudou as relações de trabalho em países como a Hungria, a antiga União Soviética, o Japão e em outras empresas norte-americanas. Essas pesquisas o fizeram classificar a motivação humana em duas categorias. Para ilustrar essa classificação, Herzberg utilizou metáforas religiosas. Segundo o autor, todo indivíduo tem em relação ao seu trabalho duas atitudes diferentes, representadas pelos personagens bíblicos Adão e Moisés.

3.3.2.1 As necessidades básicas, os fatores higiênicos e a metáfora de Adão

Adão é o homem natural que busca satisfazer suas necessidades elementares, sem as quais ele não poderia viver, como as necessidades de segurança, afeição, prestígio e reconhecimento social. Essas necessidades devem ser atendidas em um nível mínimo, sem o que a atividade humana no trabalho não é possível. A esse processo Herzberg chamou um **nível de higiene mínimo**, abaixo do qual o homem para de trabalhar. Sem a satisfação mínima dessas necessidades básicas, o trabalho não ocorre a contento. No entanto, não é porque o indivíduo tem essas necessidades satisfeitas no seu ambiente de trabalho em um nível minimamente aceitável e higiênico que a produtividade aumentará. Sem que essas necessidades sejam atendidas, o trabalho produtivo torna-se difícil. O fato de atendê-las, porém, não implica aumento de produtividade. O atendimento das necessidades básicas dos indivíduos é condição necessária, mas não suficiente, para a manutenção de boa produtividade no trabalho.

3.3.2.2 A necessidade de autorrealização humana, os fatores intrínsecos e a metáfora de Moisés

Para conseguir que os indivíduos dediquem-se mais ao trabalho e comprometam-se mais com a organização, canalizando sua energia vital produtiva para o sistema, é necessário atender a outro tipo de necessidade humana. A fim de descrever essa categoria de necessidades, Herzberg refere-se à figura bíblica de Moisés em contrapartida à de Adão, ao qual imputou as necessidades básicas satisfeitas por meio dos fatores higiênicos. A Moisés o autor atribui a busca de aperfeiçoamento do espírito, da criação, da realização e do desenvolvimento do potencial humano. Essa dimensão vai além das necessidades básicas e pode ser satisfeita com base nos fatores motivacionais ou intrínsecos.

Com base nessas ideias e alegorias, Herzberg desenvolve uma teoria do comportamento humano, que enuncia em princípios:

> **Princípio de manifestação**: as necessidades humanas emergem e se manifestam por ordem de complexidade crescente. Dessa forma, as necessidades secundárias ou terciárias não serão fonte de motivação para o indivíduo se as primárias não tiverem sido satisfeitas.
> **Princípio de dominância**: uma vez satisfeita, uma necessidade não é mais fonte de motivação.
> **Princípio de frustração**: a frustração ou falta de satisfação de uma necessidade básica impede a busca pela satisfação de necessidades de nível superior.
> **Princípio de insaciabilidade**: o nível de aspiração e de exigências do indivíduo tende a se elevar sem interrupção à medida que suas necessidades vão sendo satisfeitas.
> **Princípio de identificação**: as normas sociais e o processo de socialização dos indivíduos condicionam fortemente tanto o nível de aspiração e expectativas que esses indivíduos possuem como seus objetivos. A socialização também fornece os significados e o sentido que os indivíduos atribuem às suas vitórias e a seus fracassos.

Alguns autores, analisando o trabalho de Herzberg, mostram que, como os objetivos e as expectativas individuais dependem de elementos próprios a cada um (seu processo de socialização e a formação identitária), os indivíduos motivam-se de forma diferente. As aspirações individuais, as expectativas e os significados atribuídos pelos indivíduos aos diferentes elementos da realidade são elementos intrínsecos, dificilmente podendo ser generalizados. Dessa forma, não é possível dizer que a empresa, o administrador ou outro elemento externo motivem alguém. Daí a conhecida frase: "Ninguém motiva ninguém" (Bergamini e Coda, 1997). A organização e os gerentes podem implantar políticas que ofereçam diferentes fatores de satisfação visando atender vários tipos de necessidade, porém cada indivíduo poderá se motivar ou não com as políticas desenvolvidas pela gerência. Os mesmos fatores a partir dos quais um indivíduo poderá motivar-se não afetarão outro, dada a variação das necessidades intrínsecas dos indivíduos e dos significados que estes atribuem à experiência nas relações de trabalho. A motivação envolve a liberação de energia vital no indivíduo, gerando tensão a partir da qual ele buscará soluções e agirá para satisfazer dado tipo de necessidade específica que possui. À medida que essa necessidade vai sendo satisfeita, a energia vital e o esforço dedicado à sua satisfação (logo, a motivação) diminuirão. Consequentemente, quanto maior for o índice de satisfação de determinada necessidade, menor será a possibilidade de o indivíduo motivar-se para satisfazê-la. A satisfação de uma necessidade implica perda de motivação em relação a ela (Bergamini e Coda, 1997).

Em resumo, Herzberg trata dos **fatores higiênicos de satisfação** ou das condições mínimas de trabalho que um indivíduo deve ter para satisfazer suas necessidades básicas de segurança, de inserção social e de reconhecimento. Se ausentes, esses fatores mínimos podem comprometer o processo de trabalho. Essas são condições necessárias, mas não suficientes para garantir boa produtividade no trabalho.

Em contrapartida, os **fatores motivacionais ou intrínsecos** estão relacionados ao aprendizado e à realização do potencial humano no trabalho, às necessidades mais complexas, cuja busca por satisfação permite a canalização da energia vital para o trabalho, e geram maior comprometimento com a organização. Esses são fatores indeterminados e complexos, influenciados pela identidade de cada indivíduo.

Exemplos de fatores higiênicos seriam bons salários, máquinas e equipamentos adequados, bom ambiente de trabalho, ou seja, as proposições típicas das Escolas de Administração Científica e de Relações Humanas: estímulos financeiros e psicossociais. Eles devem estar presentes, senão a produção pode ser comprometida, contudo, a organização não deve basear sua política de gestão de pessoas somente nesses estímulos. Diversos estudos mostram que eles oferecem resultados temporários: os indivíduos se acostumam com maiores níveis de salário, com uma chefia democrática e com programas de participação, concursos, prêmios, festas e outras mobilizações. Eles reagem de modo satisfatório aos primeiros estímulos e a produção aumenta. Porém, após certo período, tendem a se acostumar com esses estímulos, e a produção volta a cair. Para conseguir de novo que eles reajam e trabalhem mais, seria necessário aumentar cada vez mais a intensidade dos estímulos para obter as mesmas respostas. Consequentemente, basear a política de gestão de pessoas apenas nesses estímulos pode ficar muito caro para a organização. Os seres humanos podem ser condicionados; todavia, quando os estímulos diminuem, as respostas caem.

Como vimos, os fatores motivacionais ou intrínsecos de Herzberg, capazes de gerar maior envolvimento e dedicação do indivíduo para com a organização, referem-se à necessidade de autorrealização humana descrita por Maslow (1943), que está relacionada com a identidade dos indivíduos e com o sentido que eles atribuem às suas ações.

Políticas organizacionais que permitam o aprendizado, o treinamento de habilidades e a progressão na carreira são exemplos de fatores que levam em conta os aspectos intrínsecos da motivação.

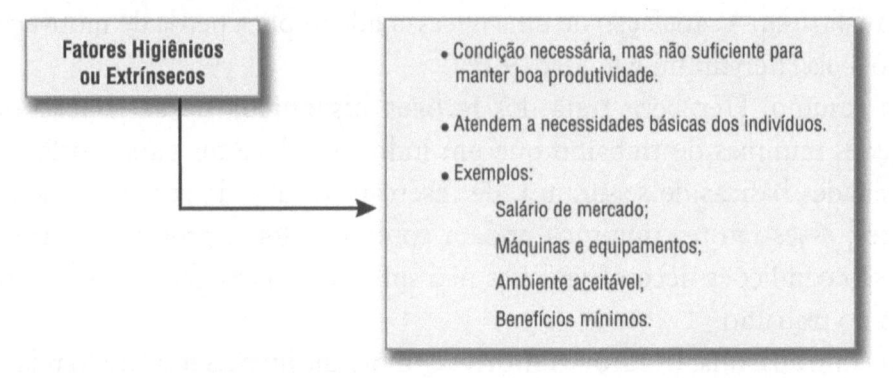

Fatores Higiênicos ou Extrínsecos
- Condição necessária, mas não suficiente para manter boa produtividade.
- Atendem a necessidades básicas dos indivíduos.
- Exemplos:
    - Salário de mercado;
    - Máquinas e equipamentos;
    - Ambiente aceitável;
    - Benefícios mínimos.

Figura 3.4 Os fatores higiênicos (extrínsecos) do modelo de Herzberg.

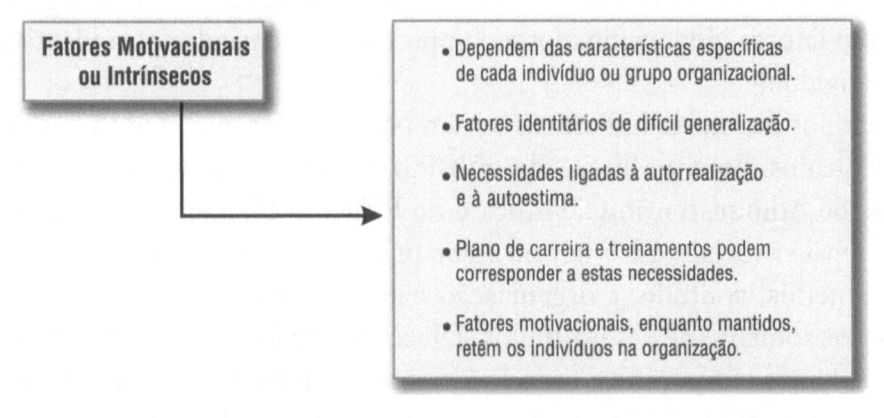

Fatores Motivacionais ou Intrínsecos
- Dependem das características específicas de cada indivíduo ou grupo organizacional.
- Fatores identitários de difícil generalização.
- Necessidades ligadas à autorrealização e à autoestima.
- Plano de carreira e treinamentos podem corresponder a estas necessidades.
- Fatores motivacionais, enquanto mantidos, retêm os indivíduos na organização.

Figura 3.5 Os fatores motivacionais (intrínsecos) do modelo de Herzberg.

3.3.3 O modelo de David McClelland

McClelland (1985) desenvolveu uma teoria contingencial sobre motivação. Para ele, um motivador é a projeção de um estado, um objetivo ou uma condição futura que impulsiona, direciona e seleciona o comportamento do indivíduo, encaminhando suas ações em certa direção. Baseando-se nos trabalhos de Henry Murray (1938), ele propôs que três fatores são especialmente úteis para entender o comportamento humano no trabalho. Esses fatores são:

- necessidade de realização (*achievement*), abreviada por ele como "N. Ach";
- necessidade de afiliação (*affiliation*), abreviada como "N. Aff";
- necessidade de poder (*power*), abreviada como "N. Pow".

A partir da década de 1960, o autor concentrou seus estudos na necessidade de poder ("N. Pow"). A necessidade de realização é o desejo inconsciente do indivíduo de atingir um nível de excelência técnica ou profissional no qual obtenha o reconhecimento de seus pares. Pessoas com esse tipo de necessidade medem seu progresso com base no atingimento ou não de metas específicas, especialmente importantes em seu campo de atuação. São indivíduos que fixam objetivos e lutam com intensidade para atingi-los, correndo riscos moderados. Preferem trabalhar sozinhos, assumindo riscos e desafios individuais.

A necessidade de poder é o desejo inconsciente de ter de tomar decisões que tenham impacto sobre os outros indivíduos e sobre o grupo organizacional em geral. Indivíduos voltados para o poder como fator de motivação buscam posições de liderança em que possam controlar recursos e influenciar outras pessoas.

A necessidade de afiliação é o desejo inconsciente de fazer parte de um grupo social acolhedor, no qual se desenvolvam relações interpessoais positivas. Esses indivíduos preferem trabalhar em grupo e são sensíveis às outras pessoas, optando por trabalhar em um ambiente colaborativo e não competitivo. Essas características devem ser consideradas em conjunto, e não isoladamente.

Os estudos de McClelland mostram, por exemplo, que empreendedores possuem um alto "N. Ach" (forte necessidade de realização), baixo "N. Aff" (baixa necessidade de trabalhar em grupo) e um "N. Pow" médio (necessidade moderada de controlar recursos e influenciar outros indivíduos). Essas características são combinadas.

Após anos de experiências em vários lugares do mundo, McClelland observou que os indivíduos podem mudar seu perfil se desejarem, após terem consciência dele. No entanto, apenas a própria pessoa pode tentar mudar suas características, mas para isso deverá mudar seu grupo de referência e buscar outras inserções sociais e objetivos. Para tanto, é importante dar aos indivíduos informação e *feedback* sobre seus modos atuais de ação e formas de comportamento e ajudá-los a definir novos objetivos e grupos relacionais de apoio (*support groups*), em que os indivíduos possam tentar aprender novas habilidades e incorporar novos valores. Os próprios indivíduos devem avaliar periodicamente as próprias ações e mudanças.

Várias pesquisas longitudinais mostraram que quando os indivíduos realmente tinham interesse em mudar e eram aconselhados de forma correta, recebendo suporte adequado, essas estruturas de apoio funcionavam, como mostram programas de mudança organizacional e reciclagem e reconversão profissional (McClelland, 1985).

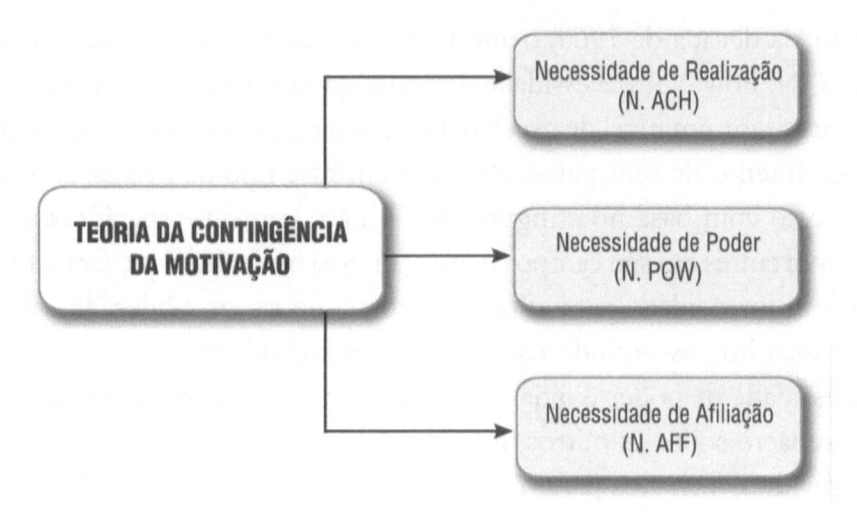

Figura 3.6 O modelo de David McClelland.

3.4 A administração de recursos humanos e a reforma das estruturas organizacionais

3.4.1 As organizações tipo A e tipo B propostas por Argyris

As primeiras propostas da disciplina denominadas na época administração de recursos humanos baseavam-se em reformas estruturais profundas que permitiam a canalização da energia vital humana para a organização com base no oferecimento, aos indivíduos, de possibilidades de desenvolvimento e realização de seu potencial por meio do trabalho. Argyris (1957) propôs a ideia de adaptar as estruturas organizacionais às necessidades psicológicas e motivacionais dos indivíduos, tendo em vista que haveria um ganho de produtividade para a organização com a obtenção de maior envolvimento dos indivíduos com seu trabalho. A organização não deveria ser vista como o lugar em que o indivíduo passa algumas horas a fim de ganhar seu sustento, atendendo às suas necessidades básicas. Ao contrário, deveria ser possível ao indivíduo almejar a realização pessoal e de seu potencial desde sua inserção no sistema organizacional. O autor descreveu dois modelos organizacionais possíveis: o modelo A e o modelo B.

MODELO A	MODELO B
• Centralização vertical do poder.	• Participação dos indivíduos nos processos decisórios.
• Pouco conhecimento do trabalho desenvolvido nos outros setores da organização.	• Visão integrada das diversas partes da organização.
• Baixa integração horizontal.	• Conhecimento da maioria dos objetivos globais da organização.
• Indivíduo voltado unicamente para o atingimento de metas de sua unidade ou departamento.	• Integração horizontal.
• Privilegia-se o curto prazo.	• Privilegia-se o médio e longo prazos.

Figura 3.7 As organizações "A" e "B" de Chris Argyris.

Argyris propõe que o modelo B, favorecendo a comunicação e a integração dos diversos níveis hierárquicos e permitindo acesso a informações aos indivíduos, oferece melhores condições de "sucesso psicológico", aprendizado e integração na organização. Veremos que essas ideias, mais tarde, são integradas no chamado modelo Toyota de organização.

3.4.2 O movimento do enriquecimento e ampliação de tarefas

Herzberg (1959, 1966), baseando-se em seus estudos sobre motivação, também desenvolveu propostas destinadas a modificar as estruturas da organização do trabalho. Esse movimento ganhou o nome de *job enrichment* ou ampliação e enriquecimento de tarefas. O objetivo consistia em aumentar o conteúdo da tarefa, ampliando seu escopo e evitando os efeitos perversos da fragmentação do trabalho, típica da organização taylorista. Busca-se, assim, integrar funções: as de regulagem, controle, comercialização, embalagem e contato com o cliente são integradas horizontalmente, evitando-se a excessiva verticalização da organização. Por exemplo, um auxiliar administrativo não seria mais apenas responsável por efetuar consultas telefônicas e preencher formulários. A sua tarefa seria ampliada e ele passaria a tratar com o cliente as condições do contrato de compra e a negociá-lo até o fim. Dessa forma, sua tarefa seria ampliada e enriquecida: ele executaria uma tarefa com começo, meio e fim, dotada de sentido e envolvendo interação humana. A tarefa ficaria mais complexa, mas daria ao indivíduo uma visão mais ampla da organização. Este é um exemplo entre muitos que procurava dar um sentido mínimo ao trabalho, permitindo ao empregado interagir com os diversos setores da organização e tomar minidecisões no seu nível hierárquico.[1]

Essas abordagens foram criticadas por serem prescritivas e imporem um único modelo de "saúde mental" para os indivíduos (que passaram a ter a "obrigação" de buscar a sua realização pessoal por meio do trabalho, e não em outros setores de sua vida). No entanto, elas representaram um importante avanço no sentido de conceber o homem como um ser complexo e autônomo, que busca ativamente definir o sentido de sua ação e estabelecer estratégias para alcançar seus objetivos. Essas ideias fizeram muito sucesso e estimularam movimentos pela humanização nas relações de trabalho em vários países.

3.4.3 A corrente da democracia industrial e o movimento dos grupos semiautônomos de produção

A corrente da "democracia industrial" (surgida nos anos 1960 nos países escandinavos, principalmente na Suécia) fundamentou-se nos estudos de Herzberg. Com base no conceito de *homo complexus* e no fato de os indivíduos terem direito à realização no trabalho, bem como nas técnicas de enriquecimento de tarefas, o movimento da democracia industrial propunha e defendia estruturas organizacionais que possibilitassem a participação dos indivíduos nas decisões em uma perspectiva de gerência baseada em conceitos como democracia, debate e consenso. A ética da igualdade – a valorização de todos os níveis funcionais na organização – e o valor "comunidade" eram os pilares desse movimento. Considerava-se que todos os membros da organização faziam parte de uma mesma comunidade e todos os trabalhos e tarefas eram igualmente válidos e importantes em seus diversos níveis, logo todos deveriam participar e ter o direito de opinar para melhorar o sistema no qual estavam envolvidos. O debate político e a auto-organização (autogestão) eram valores defendidos dentro desse movimento, o que explica o sucesso, nessa época, dos grupos semiautônomos de produção. Esses valores desenvolvidos pela democracia industrial também inspiraram outros movimentos e formas organizacionais como as cooperativas.

O movimento da democracia industrial teve seu apogeu na França em meados dos anos 1970 com a criação, em 1974, de uma agência nacional destinada a pro-

---

[1] Mais tarde, essas teorias são retomadas por Senge para propor seu conceito de empresas controladoras e organizações em aprendizagem (*learning organizations*). Esses estudos sobre aprendizagem organizacional têm como base, no entanto, os trabalhos desenvolvidos por Argyris nos anos de 1950 e 1960.

mover estudos para a melhoria das condições de trabalho dos operários (Agence Nationale pour l'Amélioration des Conditions de Travail). Um exemplo foi a fábrica da Volvo, na Suécia, que no fim dos anos 1960 adotou com sucesso e melhorias na produtividade uma organização flexível e participativa baseada nos grupos semiautônomos de produção. Os grupos autônomos de produção eram **unidades organizadas em torno da produção de bens específicos, com senso de participação, rodízio de tarefas e autonomia, muitas vezes com estruturas de cogestão entre operários e gerentes que se organizavam a fim de negociar e resolver os problemas específicos de sua seção**. Um dos elementos do trabalho em equipe era o redesenho das tarefas e das atividades com base nas sugestões feitas pelos empregados da unidade autônoma de produção. Os empregados partilhavam informações sobre o processo de produção, discutiam sobre ele e aprimoravam-no. Dessa forma, não ficavam com uma visão fragmentada do processo produtivo; todos entendiam um pouco do processo de produção e havia rodízio entre as funções.

O sucesso desse modelo e o aumento de produtividade atingido pela Volvo após sua adoção impressionaram, na época, diversas empresas e governos. Nos anos 1970 o governo alemão, por meio do partido social-democrata, organizou em todo o país o programa *Humanisierung der Arbeit*, implementando a mesma estrutura da Volvo em diversas fábricas estatais e oferecendo estímulos financeiros para a implementação dessa estrutura em empresas privadas.

Assim, as abordagens democráticas de liderança passaram a substituir a autoridade racional-legal. Progressivamente, as relações pessoais e a capacidade de coordenar as relações interpessoais e comunicar-se passaram a ser mais valorizadas (Trootings et al., 1989).

3.5 Toyotismo, gerência participativa e liderança: novas formas de organização do trabalho

O modelo taylorista da Ford, o chamado fordismo, descrito no primeiro capítulo, começou a ser questionado em razão do sucesso das empresas japonesas, que aumentaram muito suas vendas nos anos 1970 e 1980 nos Estados Unidos, oferecendo automóveis com bom nível de qualidade a preços acessíveis. O sucesso das empresas japonesas foi atribuído às técnicas de gerência participativa e aos programas de qualidade implementados por essas corporações. Essas técnicas integravam muitos dos conceitos desenvolvidos anteriormente por Argyris, Herzberg e outros autores. A Toyota, empresa japonesa, dado seu excelente nível de produtividade, tornou-se um modelo de organização para outras empresas. Vários estudos em administração mostraram que os trabalhadores japoneses eram afetivamente ligados e comprometidos com a organização na qual trabalhavam, identificando-se com ela e com seus objetivos mais que os trabalhadores ocidentais, sendo ela a razão pela qual trabalhavam e produziam mais. Considerava-se que os japoneses, dadas as características de sua cultura nacional, possuíam forte espírito de trabalho em equipe e lealdade para com a empresa na qual trabalhavam. Porém, vários estudos mostraram que, além dos padrões culturais, algumas técnicas de administração participativa, bem como novas regras e estruturas de trabalho, contribuíam para esse bom resultado.

Os operários que trabalhavam na linha de produção da Toyota detinham maior controle sobre seu trabalho e participavam de sua elaboração usando técnicas como o círculo de qualidade, no qual os operários se reuniam com os gerentes uma a duas vezes por semana e analisavam em conjunto as tarefas que realizavam, examinando os erros e os resultados de seu trabalho e propondo formas de simplificá-lo, evitando erros e melhorando a produtividade. Questionava-se, assim, o princípio taylorista da divisão entre concepção e execução do trabalho. Promoviam-se concursos, e as melhores sugestões dos empregados eram premiadas pelos gerentes e publicadas no jornal da empresa. Realizavam-se cerimônias de premiação e outros rituais que visavam demonstrar reconhecimento aos empregados por suas sugestões e integrá-los na empresa. Informações sobre o mercado e a estratégia da empresa eram difundidas nos diversos níveis hierárquicos. Procurava-se criar um vocabulário em comum e integrar os diversos níveis decisórios na organização. Percebeu-se, desse modo, que a participação dos empregados gerava comprometimento e diminuía a resistência dos operários em adotar os padrões que eles mesmos tinham ajudado a estabelecer.

Outras técnicas, como concessão de bônus por produtividade, garantia de emprego, trabalho em equipe, plano de carreira bem definido e possibilidades concretas de promoção e mobilidade social, além de valores organizacionais e de uma cultura forte, eram os elementos responsáveis por envolver os operários na organização, levando-os a se dedicar mais ao seu trabalho. Alguns componentes básicos do modelo toyotista são:

➤ Gerência democrática e participativa.
➤ Maior integração horizontal dos diversos setores da organização por meio do estabelecimento de processos de produção transversais.

- Maior mobilidade dos empregados por meio do estabelecimento de critérios claros de promoção e de planos de carreira definidos.
- Criação de valores e de uma ética relacionados ao conceito de "cidadania". Os empregados eram vistos como parte de uma comunidade da qual eram cidadãos (*corporate citizens*), tendo direitos e deveres estabelecidos. Estruturas de lazer (clubes, associações) eram patrocinadas pela organização a fim de reforçar o conceito de comunidade organizacional, envolvendo os empregados.

Conforme descrito por Ikujuro Nonaka e Hirotaka Takeuchi, todos os empregados possuem conhecimentos tácitos sobre seu trabalho, uma vez que são eles que o executam diariamente. A participação dos empregados, além de envolvê-los no processo de trabalho, permite a transformação desse conhecimento tácito em conhecimento explícito, evitando erros e aprimorando as estruturas produtivas. Tendo participado da elaboração das técnicas destinadas a evitar erros e aprimorar a produção, os empregados têm a tendência de adotá-las na prática, vigiando eles mesmos a produção segundo indicadores de qualidade estabelecidos em conjunto com os gerentes. A partir desse momento, necessitam-se de menos supervisores na linha de montagem e os custos de produção diminuem. A organização, de acordo com o modelo toyotista, tem menos níveis gerenciais e é mais descentralizada (Nonaka e Takeuchi, 1995).

A proposição de técnicas como o *Kanban* e o *Just-in-time* (estoque zero) são exemplos das ferramentas desenvolvidas de acordo com essas concepções. Elas diminuem os custos de manutenção de estoque de peças. A produção é monitorada e as peças são entregues apenas quando necessário. Para a implantação dessas técnicas, a definição de processos produtivos e a comunicação horizontal são fundamentais. Outras técnicas, como o *Kaizen* (*Kai* significa mudança e *Zen*, boa), definem conceitos como a melhoria contínua de processos, na qual os empregados, em todos os níveis organizacionais, dentro de um mesmo processo de produção, são integrados horizontalmente. Cada processo produtivo tem um executivo "proprietário" e gerentes responsáveis pela supervisão de cada atividade. Essas atividades, por sua vez, são compostas por tarefas específicas. O processo é um procedimento transversal, integrando diversos níveis gerenciais. Pretende-se incorporar a mudança como fator natural. Aprende-se com a experiência prática e com a análise do próprio trabalho (*learning by doing*) e modifica-se de forma contínua o processo produtivo, visando aprimorá-lo e diminuir custos, prazos e defeitos. Os programas de qualidade total normalmente se baseiam nesses conceitos gerenciais.

Administração Científica

- Busca da "melhor maneira" por meio de "métodos científicos".
- Estudos dos tempos e movimentos.
- Estabelecimento de padrões de produção.
- Administradores e engenheiros estabelecem padrões. Operários apenas obedecem.

Modelo Toyotista de Produção

- Gerência participativa.
- Integração horizontal.
- Estabilidade e "cidadania corporativa".
- Cultura organizacional forte.
- Comprometimento do empregado com a organização.
- Ferramentas como *Kanban* e *Just-in-time*.
- Círculos de qualidade e qualidade total.
- Melhoria de processos e mudança (*Kaizen*).

Figura 3.8 Comparação entre a Administração Científica e o modelo toyotista de produção.

3.5.1 Problemas do sistema de gerência participativa

Apesar dos benefícios da gerência participativa e de técnicas como os círculos de qualidade, alguns problemas começaram a ocorrer quando se tentou transpor esse modelo para outras organizações. Os círculos de qualidade constituíram uma inovação importante, mas representavam algumas horas de trabalho não tayloristas em uma rotina de trabalho que continuava tendo muitos aspectos rotineiros e mecânicos. Após se habituar a participar e ter maior autonomia, muitos operários tinham dificuldade em retornar a um cotidiano que ainda exigia deles o exercício de funções repetitivas e alienantes. Eles preferiam não participar e exercer suas tarefas dentro dos pressupostos antigos. Logo, resistiam aos novos procedimentos. Muitos que queriam participar, após anos trabalhando de acordo com os padrões tayloristas, tinham dificuldade em fazê-lo e se sentiam constrangidos ao ser avaliados de acordo com esses novos padrões. Os círculos de qualidade foram um modismo em muitas organizações e tenderam a desaparecer. No entanto, as técnicas de melhoria de processos, a integração horizontal e a maior participação dos empregados foram mantidas. O trabalho em equipe e a internalização do controle burocrático pelos empregados, que passaram a vigiar-se constantemente com a observância de indicadores de produção precisos, fazem parte do modelo da Toyota.

3.5.2 A internalização do controle por parte dos indivíduos

Técnicas de gestão de recursos humanos, como o controle por resultados, desenvolvidas por Peter Drucker na década de 1950 passam a ser valorizadas e implementadas na organização que segue o modelo descrito anteriormente. Peter Drucker (1954, 1964) diz que a empresa tem um papel social a desempenhar e que o gerente deve estar ciente dele a fim de evitar um estilo de gerência autoritário e preocupar-se em criar boas condições de trabalho. A administração por resultados é vista como uma alternativa ao controle burocrático rígido. Funciona, no entanto, quando os objetivos relativos a cada tarefa podem ser especificados. Muitas vezes, isso não é possível. De acordo com o controle por resultados cada funcionário define, em conjunto com a gerência à qual está subordinado, objetivos e metas específicos a atingir dentro de certo prazo. Essas metas e objetivos constam de um contrato ou compromisso de trabalho.

Após um período específico, o funcionário é avaliado conforme os objetivos que se propôs a atingir para aquele período, e sua progressão na carreira depende do atingimento dessas metas. Concede-se aos indivíduos maior autonomia de ação e descentralizam-se procedimentos. A responsabilidade do empregado, porém, aumenta, e, caso ele não seja capaz de se organizar a contento e atingir as metas, vê suas possibilidades de carreira na organização prejudicadas. Nesse momento, fala-se em internalização do controle por parte do indivíduo. Ninguém pode controlar o trabalho do outro como a própria pessoa pode fazê-lo, seja em número de horas trabalhadas ou na qualidade do trabalho.

Excesso de vigilância e de controle burocrático por parte de terceiros, como mostraram diversos estudos em organizações, desde a Escola de Relações Humanas, pode induzir resistência e frenagem, levando à queda da produção. O próprio indivíduo, no entanto, buscando ser promovido, pode decidir trabalhar horas suplementares por conta própria ou fazer esforços extraordinários para atingir as metas e os objetivos que assumiu. Outro modo de pressão eficaz é aquela exercida pelo grupo ou equipe de trabalho: caso um grupo de indivíduos tenha responsabilidade conjunta por uma tarefa e a remuneração, o bônus ou a promoção de cada um dependam dos resultados da equipe, haverá uma tendência de os membros do grupo vigiarem-se uns aos outros para que o trabalho seja realizado a contento, mesmo que isso signifique trabalhos ou esforços suplementares.

Percebeu-se, pois, que a organização muito tinha a ganhar com a descentralização administrativa e a concessão de autonomia aos empregados. Essas técnicas permitem reduzir os níveis hierárquicos, o número de supervisores, cortar custos e induzem maiores esforços por parte do indivíduo ou equipe. A diminuição das formas de supervisão baseadas na regra e no controle burocrático não necessariamente alivia a pressão ou o estresse no ambiente de trabalho. Trata-se de nova forma de pressão sobre o indivíduo, que chega a trabalhar mais do que se estivesse sendo observado ou supervisionado por terceiros. O medo de perder o emprego caso não cumpra os objetivos estabelecidos e seja mal avaliado, a ambição pela promoção e por outros incentivos e a pressão do grupo informal são fortes elementos que o levam a trabalhar muito mais que antes para a consecução dos objetivos organizacionais sob sua responsabilidade. A capacidade de auto--organizar-se e a habilidade de negociação política e de manter boas relações interpessoais passam a ser mais valorizadas nesse contexto.

3.6 Uma breve introdução ao fenômeno liderança

São muitas as teorias sobre liderança. Como vimos na introdução, Max Weber define três formas de autoridade: a carismática, a tradicional e a racional-legal. Quando se fala de liderança, trata-se frequentemente da liderança carismática, associada às características pessoais de alguém.

O líder carismático possui características pessoais específicas que o fazem representar os ideais e as projeções do grupo que lidera, que se identifica com ele. Dessa forma, o líder depende do reconhecimento contínuo do grupo social. Enquanto representar as necessidades e projeções do grupo, reconstruindo o sentido de sua ação, como mostram os trabalhos de Linda Smircich e Gareth Morgan, o indivíduo continuará a ser seguido como líder por esse grupo específico. O líder de um grupo não necessariamente é reconhecido como líder por outro grupo. Nota-se aqui o caráter contingente e específico do fenômeno liderança. A liderança não é um fenômeno absoluto, e dificilmente os líderes podem ser "fabricados" por meio do aprendizado de técnicas específicas. Não é o líder que define o grupo, mas são os grupos que atribuem reconhecimento ao líder. Abordaremos melhor esse tema quando apresentarmos os trabalhos do grupo de pesquisadores do Instituto Tavistock de Londres, no capítulo dedicado à Escola Sociotécnica. A seguir, mostraremos a evolução do papel do gerente de acordo com os diferentes modelos de gestão de pessoas, disciplina antes denominada administração de recursos humanos. Veremos que pouco a pouco o gerente autoritário é substituído por um estilo de gerência democrática e participativa (teoria Y).

3.6.1 A evolução do papel gerencial

William Ouchi, com base nos trabalhos de McGregor, propôs nos anos 1970 a teoria Z. Ouchi (1980) observou que os indivíduos não necessariamente buscam a satisfação pessoal no trabalho, como propunham McGregor e Herzberg. Os trabalhos desses autores tinham sido criticados por basear-se em um único perfil de "saúde mental": para eles, os indivíduos buscariam naturalmente sua realização no trabalho, caso lhes fossem dadas condições para tanto. Ouchi mostrou que, dependendo de seus perfis e de seus objetivos pessoais, as pessoas podem decidir investir mais em outros setores da atividade humana (comunidade, família, clubes e associações, *hobbies* etc.), e não no trabalho. No entanto, a diminuição dos controles burocráticos, a definição de um plano de carreira e de valores organizacionais fortes e a pressão da equipe de trabalho podem levar esses indivíduos reticentes a dedicar-se mais à organização pela internalização de mecanismos de controle, como mostra o modelo toyotista de gestão participativa descrito antes. Dessa forma, os empregados se dedicariam mais ao trabalho não por buscarem necessariamente a satisfação e a realização nele, mas por serem induzidos a tanto.

3.6.2 Da administração de recursos humanos à gestão de pessoas

A concepção sobre o ser humano foi se tornando complexa. De um ser previsível e controlável por meio de estímulos econômicos e medidas punitivas, pouco a pouco foi-se concebendo o ser humano como um ser dotado de vontade própria, que busca ativamente a realização no trabalho, sendo dotado de poder de escolha e capacidade de ação política. Muitos alegavam que a expressão **recursos humanos** não era mais adequada para referir-se a esse novo indivíduo, dotado de múltiplas dimensões e que não podia ser considerado apenas um recurso a ser explorado pela organização. A organização também passou a ser vista como tendo um papel social importante, associado à sua preocupação com lucratividade e eficiência. Surge então a expressão **gestão de pessoas**, que para muitos parece mais adequada por considerar o empregado como uma pessoa integral, e não apenas como mero fator produtivo.

Para alguns a preocupação com a expressão gestão de pessoas surge como uma preocupação genuína. Busca-se efetivamente um conceito mais amplo e completo para designar a coordenação e gerência de pessoas, outrora chamada de administração de recursos humanos. Muitos, porém, desenvolvem um argumento interessante: a administração considera o ser humano um recurso e o explora como tal. Mudar a denominação ou as palavras não altera esse fato. A mudança de nomenclatura, na verdade, visaria ocultar uma relação de dominação e poder que continuaria presente, apesar das mudanças. Trata-se, pois, de nova ideologia que não modifica a situação, ao contrário, oculta-a.

Independentemente da posição adotada, a expressão administração de recursos humanos foi sendo, de maneira progressiva, deixada de lado e substituída pela expressão gestão de pessoas.

Dependendo das técnicas de gestão de pessoas adotadas, valorizam-se diferentes perfis gerenciais. Estudos recentes mostram que o modelo instrumental de gestão de pessoas, que valoriza um perfil gerencial mais conservador e burocrático, está sendo progressivamente substituído pelo modelo político, em que o papel do gerente é o de promover a participação e o debate. O gerente, nesse último modelo, é visto como um árbitro, que após ouvir as diversas partes tem a responsabilidade final pela solução a ser adotada. A capacidade de coordenar debates e gerir conflitos e relações interpessoais passa a ser cada vez mais valorizada.

3.6.3 O modelo instrumental de gestão de pessoas

As organizações, os profissionais do setor e os livros de administração que embasam sua análise nesse modelo propõem um corpo teórico composto dos seguintes conceitos:

- O mercado se impõe à empresa, que é considerada um instrumento racional de produção, cuja estratégia é definida por seus diretores em razão das pressões desse mercado, do setor e dos valores organizacionais.
- A gestão de pessoas tem a função de implantar essa estratégia, buscando a maximização do resultado econômico e melhor desempenho dos empregados, uma vez que, em tese, toda a comunidade organizacional será beneficiada pelo aumento da produtividade.
- O pagamento por produtividade e o valor "igualdade de oportunidades" são características importantes desse modelo. Ele se baseia no conceito de eficiência econômica e no argumento de que a eficiência social gera a eficiência econômica e vice-versa.
- Os indivíduos devem ter mais autonomia, mas somente à medida que esse desenvolvimento seja útil à empresa. Dessa maneira, os empregados são considerados seres utilitaristas e condicionáveis por meio de ações baseadas no conceito de estímulo-resposta, por uma interpretação própria e muitas vezes simplificada das técnicas behavioristas. Os profissionais dessa área, dentro desse modelo, consideram que é possível implantar programas com

base nesses conceitos, levando os indivíduos a adotar os comportamentos esperados, medindo as respostas aos estímulos dados, comparando-as aos resultados da produção e aos investimentos realizados no programa. Não se fala em atores sociais, mas em agentes.

A gestão de pessoas tem, assim, o seguinte papel:

- avaliar as necessidades e os recursos dos grupos organizacionais;
- descrever os cargos e provê-los segundo um recenseamento sistemático dos candidatos, por meio de procedimentos de seleção "objetivos";
- avaliar os cargos e desempenhos dos empregados, remunerando-os equitativamente para motivá-los;
- treinar os indivíduos, melhorar as condições de trabalho, informar, comunicar e assegurar relações sociais satisfatórias.

A participação dos grupos organizacionais é considerada importante a fim de obter sua adesão à estratégia da empresa.

Existem ainda outras características a serem levadas em conta:

- empresa considerada como um organismo adaptativo;
- meio ambiente "natural" visto como um dado da realidade;
- planejamento estratégico, seleção e gestão de pessoas coordenados pelos profissionais da área;
- atores sociais condicionáveis ("agentes"). Estratégia utilitarista determinada em função das pressões do mercado e do setor e pelos valores dos dirigentes;
- pressuposto de convergência de interesses da comunidade organizacional. A organização segue um modelo ideal com base na harmonia social e no desenvolvimento de uma estratégia "ótima" para o atingimento de objetivos econômicos contingentes.

Além dessas características, a mudança organizacional é percebida como fruto de decisões estruturadas por uma diretoria central, que teria a totalidade das informações necessárias sobre as pressões setoriais e a estrutura da concorrência, o poder de definir a política a ser seguida e de decidir os melhores meios de ação tendo em vista os problemas da organização. A mudança normalmente é imposta *top-down* (Brabet, 1993).

Modelo Instrumental

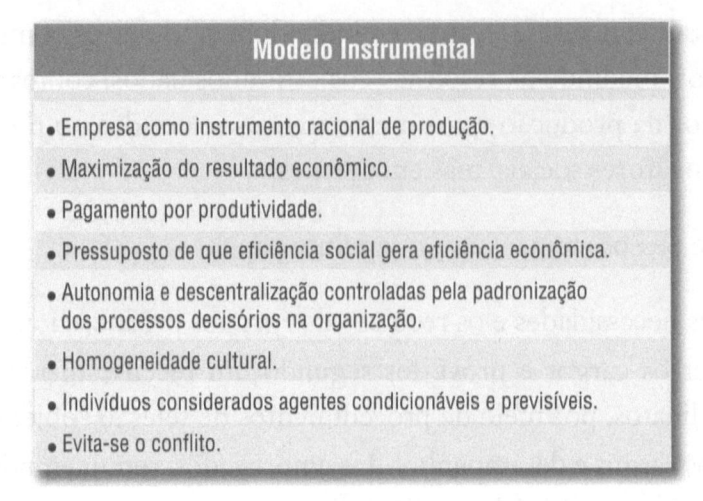

- Empresa como instrumento racional de produção.
- Maximização do resultado econômico.
- Pagamento por produtividade.
- Pressuposto de que eficiência social gera eficiência econômica.
- Autonomia e descentralização controladas pela padronização dos processos decisórios na organização.
- Homogeneidade cultural.
- Indivíduos considerados agentes condicionáveis e previsíveis.
- Evita-se o conflito.

Figura 3.9 Características gerais do modelo instrumental de gestão de pessoas.

As Funções do Modelo Instrumental

- Avaliação das necessidades da organização e de seus recursos.
- Descrição e provimento dos cargos por meio de métodos de avaliação "objetivos".
- Busca de "eficiência" social para atingir maior produtividade.
- Treinamento e comunicação.
- Modelo funcionalista.
- Adaptação ao meio ambiente de negócios.

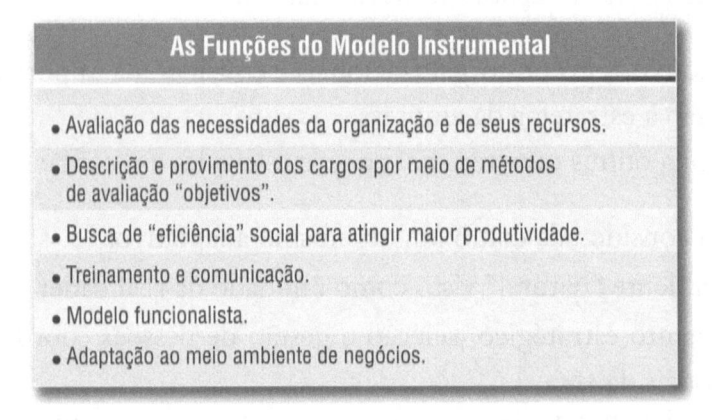

Figura 3.10 As funções da gerência no modelo instrumental de gestão de pessoas.

3.6.4 O modelo político de gestão de pessoas

O modelo político de gestão de pessoas, como é atualmente chamado, foi criado a partir dos estudos sobre motivação de Herzberg (1966) e pelos estudos do Instituto Tavistock de Londres, que embasaram o movimento da "democracia industrial" surgido nos anos 1960 nos países escandinavos, como vimos anteriormente. Programas como o de melhoria das condições de trabalho, a humanização do trabalho e a reestruturação das tarefas (enriquecimento e ampliação), bem como a criação dos grupos semiautônomos de produção, são alguns dos movimentos inspirados nessas teorias. O debate político e a auto-organização eram valores defendidos dentro desse movimento.

Esse modelo diferencia-se do modelo instrumental sobretudo pela incorporação da ideia de conflito e divergência, tendo em vista os diferentes interesses dos atores organizacionais. Reconhece-se a existência de várias lógicas de ator e critérios de ação válidos, levando-se em conta o modelo da racionalidade limitada de Simon (que será descrito no próximo capítulo), segundo o qual toda a racionalidade é relativa ao ator social que decide, não existindo uma racionalidade absoluta inquestionável. Apesar de reconhecer a existência de conflitos na organização, os dirigentes buscam superá-los por meio da negociação, obtendo a coesão entre as partes envolvidas no processo de decisão. Um bom gerente, segundo esse modelo, é um árbitro que tem como objetivo obter essa coesão integrando os interesses particulares dos diferentes grupos de atores sociais, visando à obtenção de uma solução negociada com a direção da empresa, resultando em uma espécie de "pacto político".

As políticas de gestão de pessoas da empresa são vistas como mutantes e contingentes, sendo soluções temporárias e características de situações específicas com base em um diagnóstico organizacional. Apesar disso, os profissionais da área pretendem organizar a gestão de um modelo ideal a ser concretizado a longo prazo, envolvendo o desenvolvimento qualitativo da mão de obra, a autonomia e a democratização das relações. Alguns dos exemplos dessas proposições são o manual de Beer et al. (1985), que descreve o curso da Harvard Business School, e o manual de Weiss, com um capítulo escrito por Morin (Weiss, 2013).

Principais características do modelo político:

- eficiência econômica negociada, não correspondendo necessariamente à eficiência social a curto prazo (aceitação de conflitos, buscando-se, no entanto, absorvê-los por meio da negociação política);
- meio ambiente negociado e construído;
- avaliação dos resultados feita pelos grupos organizacionais envolvidos no processo de decisão;
- ator-chave é a direção geral da empresa;
- empresa construída socialmente pela ação política dos diversos grupos organizacionais;
- decisões racionais e éticas referindo-se à resolução de conflitos, à obtenção do consenso e às questões de poder;
- indivíduos vistos como atores políticos válidos com potencial de desenvolvimento positivo, buscando concretizar ativamente seus próprios interesses ("cidadania nas organizações"), modelo ético aplicado à organização.

A mudança organizacional é percebida nesse modelo como uma resposta a um meio ambiente negociado e estruturado pelas organizações do setor, que influenciam ativamente o rumo dos acontecimentos e dos fatos característicos de sua indústria. Os indivíduos são percebidos como atores, participando e influenciando essa mudança nos seus diversos níveis de atuação. Considera-se que eles possuem naturalmente uma margem de manobra em seu nível organizacional e por isso a negociação é tida como necessária à boa implantação da estratégia. A organização é um espaço de jogo estratégico entre os atores sociais, que possuem margens de atuação maiores ou menores dentro dessa arena política. A mudança, implantando soluções sempre contingentes e temporárias, prevê a realização de objetivos de longo prazo, como os da qualificação crescente da mão de obra, do desenvolvimento de habilidades e competências e da democratização das relações no trabalho. O desenvolvimento econômico da empresa deve beneficiar, além dos acionistas, a sociedade global e os grupos organizacionais. Esse modelo está ligado ao conceito de progresso e construção de uma harmonia social a longo prazo, a despeito dos conflitos e das divergências.

Modelo Político

- Eficiência econômica negociada.
- Aceitação do conflito e sua superação via negociação.
- Avaliação dos resultados feita pelo grupo organizacional.
- Consideram-se os indivíduos atores políticos que buscam a concretização de seus interesses na organização.
- Mudança organizacional vista como desejável e necessária.
- Meio ambiente construído por meio de alianças estratégicas.
- Organização vista como arena política.

Figura 3.11 Características gerais do modelo político de gestão de pessoas.

As Funções do Modelo Político

- Diretoria e gerentes envolvidos na gestão de pessoas.
- A antiga função "recursos humanos" ganha importância estratégica na organização.
- Gerentes considerados "árbitros" que decidem após ouvir as partes envolvidas.
- Busca do consenso, se possível.
- Negociação política.
- Diversidade cultural – diversos padrões de referência e comparação.
- Autonomia e responsabilização pelos resultados.

Figura 3.12 Funções da gerência no modelo político de gestão de pessoas.

3.6.5 A aprendizagem de novas competências: conhecimento, habilidades e atitudes (CHA)

Há diferentes abordagens para o conceito de competências e para o processo que gera seu aprendizado. Como descrevem Dutra, Hipólito e Silva (2000) há uma linha de definição norte-americana, que entende competência como um conjunto de qualificações, entendidas como conhecimentos, habilidade e atitudes, que permitem ao indivíduo atingir um desempenho superior. São partidários dessa abordagem autores como Boyatzis e McClelland (1982), entre outros. De acordo com essa linha de pensamento norte-americana, as competências podem ser previstas ou estruturadas de forma a permitir um padrão de avaliação e são desenvolvidas fundamentalmente por processos de treinamento. O conhecimento é o conjunto de conteúdos que uma pessoa conhece em um dado momento; a habilidade é a capacidade de transformar o conhecimento em resultado operacional, o saber fazer, obtendo resultados concretos. A atitude, ou tendência a se agir de determinada maneira, implica contratar pessoas que saibam trabalhar em equipe, e também com autonomia, com boa capacidade de relacionamento e dividindo informação quando necessário para inovar. O chamado "aprender a aprender" para atualizar-se também é valorizado.

Na linha de pesquisa europeia o treinamento é aqui entendido como a forma de aquisição de padrões superiores de desempenho, que de acordo com Zarifian (2003) ocorre por interseção de três elementos:

- saber: incorporar conhecimentos
- saber fazer: adquirir habilidades
- saber agir: desenvolver atitudes

Desta forma, LeBortef (1995) e Zarifian (2003) entendem que a competência é, na verdade, **a expressão prática** de um conjunto de conhecimentos, habilidades e atitudes. É capacidade do indivíduo mobilizar seus recursos para dar uma resposta prática às situações com as quais se depara. Zarifan deixa claro que a competência é uma *"inteligência prática"*, apoia-se nos conhecimentos previamente adquiridos e os transforma em função das demandas de maior complexidade com que a pessoa se depara em novas situações. Assim, o conjunto de conhecimentos, habilidades e atitudes preexistentes, formado a partir de experiências anteriores, constituem a base para que o indivíduo busque novas respostas quando se depara com situações imprevistas. LeBortef, fortalecendo essa linha de raciocínio, atesta que competência é a capacidade de colocar em prática aquilo que se sabe, numa circunstância nova. Concluindo o raciocínio dos autores, só faz sentido falar-se em competência em ação vinculada ao saber ser e ao saber mobilizar conhecimentos em diferentes contextos (Dutra, Hipólito e Silva 2000).

3.7 Críticas ao modelo do *homo complexus*

O conceito do *homo complexus* que embasou o movimento de humanização do trabalho foi criticado por postular um modelo ideal e único em termos de "saúde psicológica e moral", representado pelo modelo unidimensional do "homem que se atualiza". Ele pressupunha que o ser humano buscasse sua realização e construísse sua identidade necessariamente nas relações de trabalho. Os críticos de Argyris dizem que ele propõe noções prescritivas ambíguas, como os conceitos de "maturidade, normalidade, saúde", quando defende os direitos da pessoa humana diante dos imperativos funcionais e das estruturas organizacionais, acentuando a dicotomia existente entre estrutura formal e informal na organização. De fato, esses estudos continuam contrapondo o conceito de organização formal ao conceito de organização informal em suas análises. Eles criticam os autores que propõem um estilo de gerência controlador com base nas regras e defendem sua redução a fim de permitir maior expressão dos indivíduos. Apesar dessas críticas, costuma-se reconhecer que Vroom (1964), Schein (1965) e Bennis (1966) têm o mérito de terem sido os primeiros a introduzir a noção de *homo complexus*, ser que não é passivo em suas reações e possui motivações múltiplas nas situações cotidianas de trabalho.

Vimos, no entanto, que o conceito de *homo complexus* se aperfeiçoou. Os estudos sociotécnicos desenvolvem o conceito de identidade social e mostram como o ser humano constrói ativamente a sua identidade do sentido que atribui à sua ação no ambiente de trabalho. Esses estudos revelam que não é possível motivar ninguém. A motivação depende de fatores intrínsecos e identitários dos atores sociais. Com base em suas escolhas e no sentido que atribuem à sua ação, os indivíduos agem em sociedade, interagindo com os outros e construindo o mundo social no qual vivem desde essas interações. Assim são formuladas e institucionalizadas as regras que constituem o sistema social em que vivem. Mais tarde, essas regras influenciarão os mecanismos de decisão, os padrões culturais e as escolhas dos indivíduos. Contudo, não existe necessariamente uma dicotomia entre regras e estruturas informais: o paradigma cognitivista e o interacionismo simbólico descrevem uma visão baseada no conceito de construção social da realidade e reúnem em uma mesma análise as estruturas formais, os artefatos humanos e os fatores relacionais e informais. Eles não são mais vistos como elementos opostos, mas como elementos que se influenciam mutuamente na construção do mundo social no qual vivemos. Em suma, as estruturas formais e informais não são elementos opostos, mas interdependentes.

O conceito de *homo complexus* é aperfeiçoado também pelo estudo dos fenômenos inconscientes que influenciam a ação humana. Em outra linha de argumentação, antecipando o movimento de esquerda no sistema educacional francês (1968), autores como Pagès (Pagès et al., 1979) e Enriquez (1991) basearam seus estudos em psicanálise, com base nos estudos clássicos desenvolvidos pelos pesquisadores do Instituto Tavistock de Londres, para denunciar os efeitos repressores das estruturas organizacionais sobre a psique e as representações humanas. Enriquez propõe o "estilo disfuncional de intervenção", cujo objetivo é conscientizar os indivíduos do caráter repressivo do trabalho nas empresas e da possibilidade de se criarem estruturas organizacionais que liberem o potencial humano. Esses estudos foram importantes para desvendar e analisar os procedimentos que conduziam à instrumentalização do comportamento humano nas organizações. Como vimos, a expressão recente "gestão de pessoas" é criticada por alguns em sua função ideológica de ocultar as relações de dominação sempre presentes nas organizações, uma vez que, na prática, o ser humano continua sendo explorado como um recurso produtivo, apesar da mudança de palavras. Vários autores, porém, defendem essa nova nomenclatura como mais adequada ao conceito do *homo complexus* e das concepções mais atuais sobre esse tema.

Bibliografia

ARGYRIS, C. *Personality and organization*. Nova York: Harper & Row, 1957.
_____. *Integrating the individual and the organization*. Nova York: John Wiley, 1964.
ARONOWITZ, S. *False promises*: The shaping of American working class consciousness. São Francisco: Jossey Bass, 1973.
BEER, M. et al. *Human resource management*. Glencoe, IL: Free Press, 1985.
BENNIS, W. *Changing organizations*. Nova York: McGraw-Hill, 1966.
BENNIS, W.; NANUS, B. *Leaders*: Five strategies for taking charge. Nova York: Harper & Row, 1985.
BERGAMINI, C. W.; CODA, R. *Psicodinâmica da vida organizacional*. São Paulo: Atlas, 1997.
BLYTON, P.; TURNBULL, P. *Reassessing human resource management*. Londres: Sage, 1992.
BOYATZIS, R.; MCCLELLAND, D. C. Leadership motive pattern and long term sucess in management. *Journal of Applied Psychology*, Washington, v. 67, n. 6, p. 737-744. Dec. 1982.
BRABET, J. *Repenser la gestion des ressources humaines*. Paris: Economica, 1993.
DRUCKER, P. F. *The practice of management*. Londres: Heinemann, 1954.
_____. *Managing for results*: Economic task and risk-taking decisions. Londres: Harper Collins Publisher, 1964.
DUTRA, J. S.; HIPÓLITO, J. A. M.; SILVA, C. M. Gestão de pessoas por competências: O caso de uma empresa do setor de telecomunicações. *RAC – Revista de Administração Contemporânea*, v. 4, n. 1, p. 161-176, jan.-abr. 2000.
ENRIQUEZ, E. *L'organisation en analyse*. Paris: PUF, 1991.
EHRLICH, P. J. Modelagem e ética no apoio às decisões. *RAE-Revista de Administração de Empresas*, 39, n. 2, abr.-jun. 1999.
FROMM, E. *Psicoanálise de la sociedad contemporánea*. México: Fondo de Cultura Económica, 1944.
HERZBERG, F. *Managerial choice*: To be efficient and to be human. Nova York: Dow-Jones Irwin, 1959.
_____. *Work and the nature of man*. Cleveland: The World Publishing Company, 1966.
INGLEHART, R. *The silent revolution*. Princeton: University Press, 1977.

LE BOTERF, G. *De la competence*. Essai sur un attracteur étrange. Paris: Les Editions d'Organizations, 1995.

LIKERT, R. *The human organization*. Nova York: McGraw-Hill, 1967.

MARTORY, B.; CROZET, D. *Gestion des ressources humaines*. Paris: Natan, 1988.

MASLOW, A. A theory of human motivation. *Psychological Review*, v. 50, p. 370-396, 1943.

McCLELLAND, D. C. *Human motivation*. Nova York: Cambridge University Press, 1985.

McGREGOR, D. The human side of enterprise. In: BENNIS, W.; SCHEIN, E. (Eds.) *Leadership and motivation*: Essays of Douglas McGregor. Cambridge: MIT Press, 1966.

_____. O lado humano da empresa. In: BALCÃO, Y. F.; CORDEIRO, L. L. *O comportamento humano na empresa*. Rio de Janeiro: Fundação Getulio Vargas, 1967. p. 43.

MURRAY, H. Explorations in personality. Oxford: Oxford University Press, 1938.

NONAKA, I.; TAKEUCHI, H. *The knowledge creating company*. Nova York: Oxford University Press, 1995.

OUCHI, W. Markets, bureaucracies and clans. *Administrative Science Quarterly*, v. 25, p. 129-141, 1980.

PAGÈS, M. et al. *L'emprise de l'organisation*. Paris: PUF, 1979.

PUGH, D. S. *Writers organizations an introduction*. Londres: Hutchinsons and Co., 1964. p. 74.

SCHEIN, E. H. *Organizational psychology*. Englewood Cliffs: Prentice-Hall, 1965.

SCHULER, R. *Personnel and human resource management*. St. Paul: West, 1987.

SMIRCICH, L. Organizations as shared meanings. In: PONDY, L. (Ed.) *Organizational symbolism*. Greenwich: JAI, 1983.

STOREY, J. *Developments in the management of human resources*. Oxford: Basil Blackwell, 1992.

STOREY J.; SISSON, K. Looking the future. In: STOREY, J. (Ed.) *New perspectives in human resource management*. Londres: Routledge, 1989. p. 167-183.

TROOTINGS, P. et al. (Eds.) *New forms of work organization in Europe*. New Brunswick: Oxford Translation Publishers, 1989.

VROOM, V. H. *Work and motivation*. Nova York: John Wiley, 1964.

WEBER, M. *Economía y sociedad*. México: Fondo de Cultura Económica, 1969.

WEISS, D. *Leadership-driven HR*: Transforming HR to deliver value for the business. Toronto: John Wiley and Sons, 2013.

ZARIFIAN, P. *O modelo da competência*: Trajetória histórica, desafios atuais e propostas. São Paulo: Editora Senac, 2003.

Capítulo 4

Os processos decisórios nas organizações e o modelo Carnegie (racionalidade limitada)

A Razão pode ser definida como a capacidade de modelarmos crença e conduta para nos harmonizarmos com nosso conhecimento do mundo.
(Allport, 1937, p. 172)

4.1 Introdução

As reflexões empíricas sobre os mecanismos cognitivos e sociais da tomada de decisão permitiram o desenvolvimento de um novo modelo de racionalidade: o modelo da racionalidade limitada ou modelo Carnegie. Como veremos no decorrer deste capítulo, criticando a racionalidade absoluta subjacente ao modelo econômico clássico (que confere aos tomadores de decisão a possibilidade de otimizar suas decisões a partir do conhecimento de todas as opções disponíveis), Herbert Simon e o grupo que ele coordenou nas décadas de 1940 e 1950, no Carnegie Institute of Technology, propuseram o conceito de que a **racionalidade é sempre relativa ao sujeito que decide**, não existindo uma única racionalidade tida como superior. O conceito da racionalidade limitada vai influenciar a teoria da decisão e terá importantes consequências para o estudo das organizações.

Os principais livros de Simon são *Administrative behavior* (1947); *Organizations*, escrito com March e publicado em 1958; *The new science of management decision*, publicado em 1960; e *Human problem solving*, em parceria com Newell e publicado em 1972. O livro *Administrative behavior* (*Comportamento administrativo*) foi apresentado ao público por outro grande teórico das organizações, que parece ter sido o inspirador de Simon: Chester Barnard, ex-presidente da Rockefeller Foundation. Como vimos no capítulo de Relações Humanas, Chester Barnard propôs nos anos 1930 várias análises precursoras às propostas desenvolvidas mais tarde por outros importantes teóricos que trataram da motivação e liderança. Além desses aspectos, Barnard também escreve sobre o processo decisório nas organizações. Retomaremos neste capítulo alguns aspectos do livro *The functions of the executive* (*As funções do executivo*), publicado em 1938, que resultou da revisão e ampliação de um manuscrito preparado para oito palestras no Instituto Lowell de Boston. Outro livro interessante do autor, sobre o qual abordaremos, é *Organization and management*, uma coletânea dos escritos de Barnard publicada em 1947.

Antes de apresentarmos o modelo da racionalidade limitada e discutirmos os processos de tomada de decisão nas organizações, faremos uma breve revisão do modelo decisório que embasa a teoria econômica clássica, criticado por Simon. O foco deste capítulo é nos aspectos internos e relacionais da organização.

4.2 O modelo decisório racional da economia clássica

A economia clássica baseia-se em uma concepção absoluta de racionalidade, no sentido de que pressupõe, por parte do tomador de decisões, um conhecimento absoluto de todas as opções disponíveis de ação. Baseando-se nesse conhecimento e no processamento das informações disponíveis, o tomador de decisão pode pesar todas as opções de ação possíveis e escolher a melhor, a opção "ótima", de acordo com critérios e objetivos por ele determinados. Podemos associar esse procedimento de tomada de decisões à definição da "melhor maneira" (*one best way*), proposta por Taylor em seu método da Administração Científica. O planejamento estratégico antecipa-se à ação, que é, assim, estruturada de modo consciente e calculado. Esquematicamente, de acordo com esse modelo, o processo decisório baseia-se em três etapas:

> Identificação e definição dos problemas a partir de uma análise de oportunidades e ameaças próprias a um ambiente de negócios específico.
> Elaboração de várias soluções para os problemas identificados a partir das informações existentes.
> Comparação exaustiva das consequências de cada alternativa de ação, seleção das alternativas, decisão e implementação da melhor alternativa de ação possível, de acordo com critérios previamente estabelecidos.

Como vimos anteriormente, esse modelo tem como pressuposto que os gerentes terão acesso a todas as informações possíveis e escolherão, após cuidadoso estudo, a melhor alternativa possível, de forma objetiva. De acordo com os pressupostos do modelo, essa decisão deverá maximizar para os acionistas os resultados a serem obtidos, caso seja bem implementada. Esse modelo ignora a ambiguidade e a incerteza típica dos processos decisórios nas organizações. Pressupõe que quem toma a decisão necessariamente saberá definir e escolher a melhor solução possível e ignora aspectos como a existência de conflitos e jogos de poder no processo de tomada de decisão nas organizações. Caso os resultados não ocorram como planejado, não se costuma questionar os pressupostos que embasam o processo decisório, ou seja, o fato de que as decisões tomadas eram efetivamente "as melhores". Buscam-se no processo de implementação da decisão as razões pelo não atingimento dos resultados desejados, bem como as falhas no sistema operacional para explicar por que, na prática, os efeitos não foram os esperados.

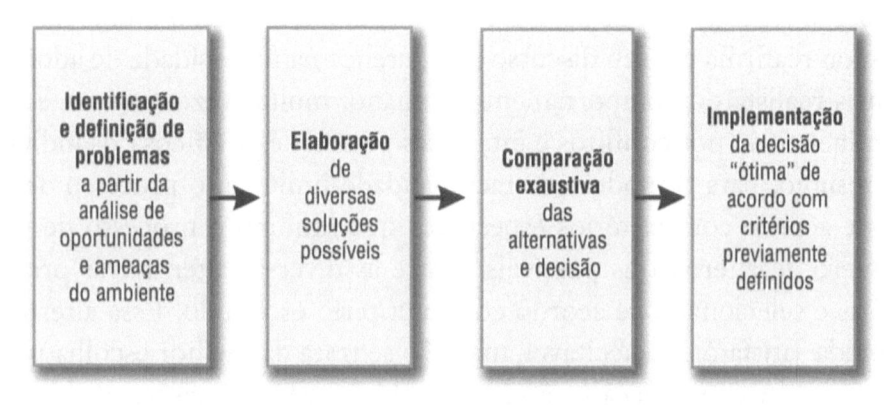

Figura 4.1 O modelo decisório da economia clássica e a racionalidade absoluta.

4.3 O modelo da racionalidade limitada

O modelo da racionalidade limitada (*bounded rationality*), também conhecido como modelo Carnegie (dado ao fato de Richard Cyert e Herbert Simon pertencerem à Carnegie Mellon University desde os anos 1940), propõe que um tomador de decisões não pode ter acesso a todas as possibilidades de ação, contemplando todas as opções, tendo em vista a impossibilidade física de ter acesso a todas as informações e processá-las e o alto custo envolvido nesse processo. Considerando a escassez de recursos, os gerentes e administradores contentam-se em obter um número limitado de informações, um nível **satisfatório**, que lhes permita identificar os problemas e algumas soluções alternativas. Dessa forma, na prática, os gerentes e administradores não buscam todas as soluções possíveis para um problema específico, o que seria impossível, mas apenas soluções satisfatórias e aceitáveis. O ser humano é concebido nessa teoria de modo mais modesto e realista: não é considerado o ser onisciente e racional do modelo econômico clássico. Ao contrário, pressupõe-se aqui, de forma pragmática, que o tomador de decisões não busca os modelos mais racionais, completos ou perfeitos; aceita soluções satisfatórias e razoáveis, muitas vezes fixando critérios minimamente aceitáveis de desempenho e, ao encontrar uma solução que corresponda a esses critérios mínimos, toma a decisão e a implementa. Mesmo que vá além do minimamente aceitável, os gerentes nunca chegarão a definir a solução perfeita, que corresponderia a uma racionalidade superior.

A segunda edição do livro *Administrative behavior*, em que Simon (1947) reforça ainda mais a sua crítica aos pressupostos racionais da economia clássica, foi criticada por economistas neoclássicos, entre eles Milton Friedman (2014), gerando uma discussão controversa sobre esses temas. Para os economistas neoclássicos, o comportamento humano é previsível, e as decisões quase sempre podem ser previstas. Mais tarde, em 1978, ao ganhar o prêmio Nobel de Economia, Simon reafirma em seu discurso a sua crença na necessidade de adotar uma visão mais realista do comportamento humano, muitas vezes incerto e imprevisto, influenciado por conflitos e interesses pessoais específicos dos indivíduos.

Em resumo, para o modelo da racionalidade limitada, o processo decisório é feito de acordo com critérios específicos que limitam o processo de escolha e o número de alternativas possíveis. Entre as diversas alternativas propostas, uma delas é selecionada de acordo com o critério escolhido. Essa alternativa é considerada satisfatória e aceitável, mas não se trata da melhor escolha possível, uma vez que esta é uma ficção: não é possível otimizar as decisões, dados os altos custos envolvidos no processo decisório e a impossibilidade de ter acesso a todas as alternativas possíveis.

4.3.1 Aprofundando o conceito de racionalidade limitada (*bounded rationality*)

Mesmo que fosse possível ter acesso a todas as informações disponíveis, o que se trata de uma ficção, como vimos anteriormente, os gerentes e administradores não teriam capacidade cognitiva para processá-las. O processo cognitivo do ser humano é limitado, e a capacidade do cérebro humano em processar informações também. Outras limitações do processo cognitivo são os aspectos subjetivos, relacionados às experiências anteriores dos tomadores de decisão e às suas crenças. Frequentemente, os tomadores de decisão escolhem a primeira alternativa satisfatória que lhes é apresentada, mas não precisa necessariamente ser assim. Eles podem aperfeiçoar as suas habilidades analíticas e políticas ao tomar uma decisão, mas mesmo assim terão limitações nesse processo. Dessa forma, a capacidade humana de processar informações pode ser aperfeiçoada, mas é limitada e, logo, não é possível escolher a solução ideal ou a melhor alternativa, como propõe o modelo da racionalidade absoluta.

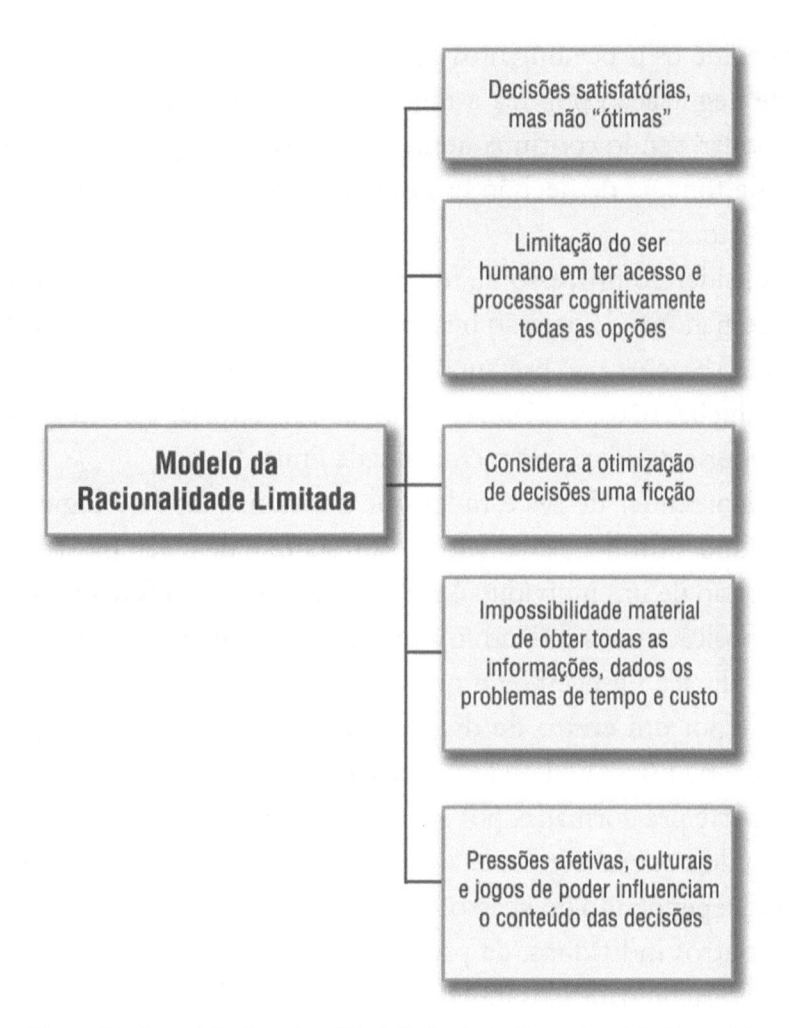

```
Modelo da Racionalidade Limitada
├── Decisões satisfatórias, mas não "ótimas"
├── Limitação do ser humano em ter acesso e processar cognitivamente todas as opções
├── Considera a otimização de decisões uma ficção
├── Impossibilidade material de obter todas as informações, dados os problemas de tempo e custo
└── Pressões afetivas, culturais e jogos de poder influenciam o conteúdo das decisões
```

Figura 4.2 O modelo da racionalidade limitada de Simon (modelo Carnegie).

4.3.2 Coalizões e jogos de poder

A economia clássica e o conceito de racionalidade absoluta negam os conflitos no processo de tomada de decisões e pressupõem o consenso. O modelo da racionalidade limitada mostra que os gerentes e tomadores de decisão possuem interesses, preferências e valores diferentes uns dos outros. De acordo com seus interesses políticos, os tomadores de decisão nas organizações formam coalizões e alianças políticas, e as soluções devem ser negociadas continuamente. A coalizão política dominante terá maior poder na seleção das soluções a serem tomadas. Com o tempo e as mudanças na estrutura de poder, novos critérios de decisão serão fixados, de acordo com os interesses e a racionalidade dos novos detentores dessas posições de poder.

O processo de tomada de decisões não é um processo politicamente neutro ou um processo objetivo. Tanto os critérios que orientam o processo de tomada de decisões como os procedimentos decisórios implementados nas organizações são alvos de negociação política e mudam de acordo com as alterações na estrutura de poder, sendo continuamente redefinidos e negociados. Sendo assim, o processo de tomada de decisão nas organizações é ambíguo e envolve vários níveis de incerteza.

Simon considera o processo de tomada de decisões racional, porque pressupõe que os tomadores de decisão busquem soluções para problemas específicos. Todavia, essas soluções não pressupõem a existência de uma racionalidade absoluta. Essas soluções não são "ótimas", mas são satisfatórias e contingentes, tendo em vista a própria definição de racionalidade limitada.

Pode-se depreender desses estudos que a racionalidade ou lógica de decisão de um indivíduo é influenciada pelo seu presente e pelo seu passado, ou seja, a lógica de decisão de um indivíduo é influenciada por um **efeito de posição** (ela depende da posição que o indivíduo, considerado aqui um ator social, ocupa em um contexto de ação específico e que condiciona o seu acesso às informações pertinentes) e por um **efeito de disposição** (a decisão depende das características mentais, cognitivas e afetivas do indivíduo que decide, características estas que são em parte pré-formadas por sua socialização passada) (Boudon, 1991).

O que Boudon quer dizer é que a organização distribui informações de modo assimétrico. Dependendo do acesso à tecnologia, do tipo de atividade, das interações com outros indivíduos, da profissão, dos problemas que devem resolver e de suas responsabilidades, os indivíduos tomarão conhecimento de um tipo de informação específico que influenciará em sua escolha. Este é o efeito de posição. Informação é poder, e o operário na linha de montagem muitas vezes dispõe de informações sobre as máquinas ou o funcionamento da linha de montagem que o gerente ou capataz não possui. A maioria dos atores sociais nas organizações pode deter informações importantes que podem influenciar no processo decisório. Um mesmo indivíduo, em um momento diferente, pode vir a saber de um novo fator que o faria decidir de outra maneira. Por isso a ação humana é indeterminada, variada e depende das condições do momento de escolha ou do momento em que a decisão é tomada.

Os fatores psicológicos e emocionais – pressões afetivas, motivações, fatores de realização, expectativas pessoais e ambições – influenciam o processo de tomada de decisões. Muitos desses elementos são inconscientes, mas estruturam a nossa percepção em dado momento, influenciando a decisão. Sob condições diferentes, em outro ambiente ou sob outros tipos de pressões emocionais, as escolhas dos mesmos indivíduos podem transformar-se e suas ações podem ser diferentes. Assim, os fatores de disposição, como coloca Boudon, são elementos que nos mostram como a ação humana é mais complexa e menos previsível do que pressupunham os teóricos da economia clássica.

O modelo da racionalidade limitada gerou dois tipos de estudo:

```
                                    ┌─────────────────────────┐
                                    │ Pesquisas sobre condições│
                                  ↗ │ organizacionais e sociais│
                                    │ do processo decisório    │
┌──────────────────────┐            └─────────────────────────┘
│     Modelo da        │
│ Racionalidade Limitada│
└──────────────────────┘            ┌─────────────────────────┐
                                    │ Pesquisas sobre a estruturação│
                                  ↘ │ do campo cognitivo dos atores │
                                    │ sociais e o processo decisório│
                                    └─────────────────────────┘
```

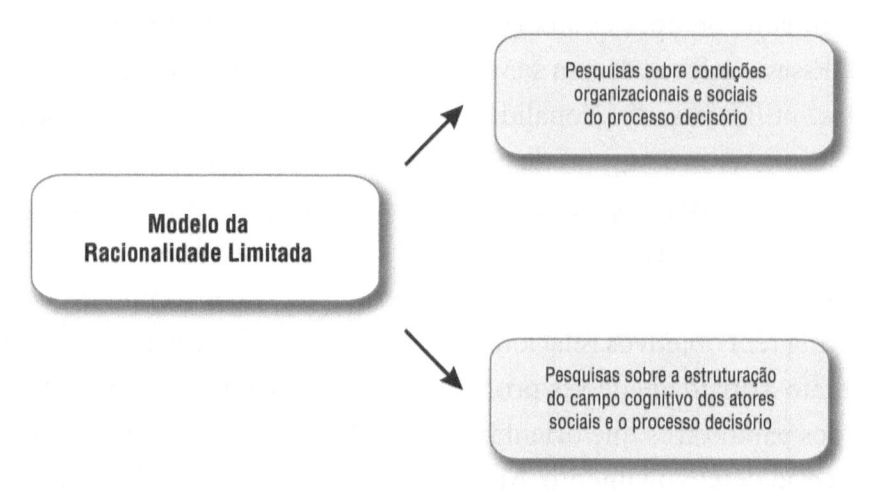

Figura 4.3 Pesquisas geradas pelo modelo da racionalidade limitada (modelo Carnegie).

4.4 Pesquisas sobre as condições organizacionais e sociais do processo decisório

Esse tipo de pesquisa investigou a estruturação do espaço de ação dos atores sociais, ou seja, as regras, procedimentos, equilíbrios de poder e os sistemas de aliança política que condicionam a percepção dos indivíduos e a sua racionalidade, bem como a formação dos seus critérios e de sua lógica de decisão.

Essa linha de estudos propõe que, dada a divisão do trabalho, os atores sociais têm diferentes interesses relacionados à sua esfera profissional específica. Os diversos departamentos e setores da organização têm interesses próprios e os objetivos mais gerais do sistema, bem como a alocação de recursos, são renegociados constantemente entre os grupos e as coalizões políticas. A organização é, assim, um sistema complexo, com unidades e subunidades de negócio, às quais correspondem esses múltiplos interesses em jogo.

Richard Cyert e James March (1963) desenvolveram quatro conceitos para descrever o comportamento dos tomadores de decisão no processo de escolha:

- Quase resolução de conflitos (*quasi-resolution of conflict*).
- Tendência a evitar incertezas (*uncertainty avoidance*).

> Busca sequencial de resolução de problemas (*problemistic search*).
> Aprendizagem organizacional (*organizational learning*).

A quase resolução de conflitos trata do fato de que as organizações são esferas de negociação permanente de objetivos e alocação de recursos, conforme descrito anteriormente. Sempre existem coalizões disputando interesses e negociando soluções. Esses conflitos devem ser continuamente arbitrados e resolvidos. Para resolvê-los, utilizam-se "racionalidades" locais ou pontos de vista específicos, próprios a cada setor ou grupo de profissionais. Essas racionalidades específicas também são chamadas "lógicas de ator". Elas correspondem a um conjunto de valores e critérios de decisão próprios a um tipo de atividade, na qual existem problemas típicos a serem resolvidos. Por exemplo, o departamento de vendas ou marketing tem objetivos relacionados a vendas e estratégia, tendo parâmetros que orientam a atividade desses profissionais, que no entanto divergem dos objetivos e dos parâmetros que orientam as atividades ligadas à produção ou ainda à pesquisa e ao desenvolvimento. Muitas decisões tomadas em diferentes setores de uma organização são incompatíveis com decisões tomadas em outros setores.

Como obter, então, um nível de consistência mínima nas decisões? Isso dependerá do nível de inconsistências ou divergências tolerável em dada organização. Tratando dessa questão, o livro *A behavioral theory of the firm* (1963), de Cyert e March, introduz uma noção fundamental: o conceito de **slack organizacional**, ou seja, a ideia de que o funcionamento de uma organização complexa depende sempre da existência de uma "reserva de recursos", que assegura à empresa um mínimo de autonomia em relação ao seu meio ambiente. Essa característica permite à organização funcionar bem apesar das "quase soluções", das incoerências, das redundâncias, dos desperdícios e da não otimização dos recursos dentro dos pressupostos do paradigma da racionalidade limitada aqui adotado. A organização teria, assim, uma "gordura acumulada", que poderia ser "queimada" em caso de necessidade ou desperdício. Sempre há mais recursos que os que são mapeados, e eles podem ser usados em caso de necessidade, dados os problemas provocados pelos conflitos e pelas inconsistências típicas das organizações. Estas nunca exploram totalmente as possibilidades do ambiente, deixando, pois, espaço para inovação e exploração de possibilidades novas.

A outra característica citada refere-se **à tendência dos tomadores de decisão a evitar incertezas (*uncertainty avoidance*)**. A ação humana, segundo Cyert e March, não é tão previsível como pretendem os teóricos da economia clássica. Assim, para não ter de lidar com as incertezas próprias às grandes mudanças ou ao futuro, os tomadores de decisão concentram-se nos objetivos de curto prazo e nas respostas imediatas a seus problemas. Procuram também evitar as incertezas estabelecendo rotinas e padrões de decisão. Cyert e March (1963), nessa linha, analisam em *A behavioral theory of the firm* as estruturas organizacionais como **programas rotineiros de ação**. Segundo os autores, as estruturas organizacionais seriam mecanismos que teriam a função de orientar os indivíduos em seu trabalho cotidiano, canalizando a sua atenção.

Seguindo esses programas rotineiros de ação, os atores sociais podem economizar energia na execução dos trabalhos mecânicos e repetitivos, concentrando a sua atenção nos fatos inesperados e imprevistos, que exigem novas decisões. As estruturas organizacionais, por meio da rotinização das atividades, permitiriam a administração sequencial das diversas racionalidades relativas aos diferentes setores da empresa. A imposição de planos, padrões, procedimentos e objetivos visa coordenar as decisões entre as subunidades da organização, dando a elas um mínimo de sentido e coerência e reduzindo a incerteza do ambiente. Permite a liberação de energia para a resolução de problemas novos a fim de não ter de "reinventar a roda".

Outro conceito utilizado pelos autores é o de **busca sequencial de solução de problemas** (*problemistic search*). Como vimos, os tomadores de decisão definem objetivos e selecionam opções satisfatórias. A busca por soluções é estimulada por problemas específicos, em uma sequência de resolução de problemas na qual se adotam primeiramente as soluções simples, adotando-se aquelas mais complexas somente se as primeiras não funcionarem de modo satisfatório ou aceitável. Os administradores procuram simplificar os processos decisórios, que só se tornam mais complexos à medida que necessário. A busca por soluções também é influenciada pelas "lógicas de ator", ou seja, pelas racionalidades específicas dos atores sociais, que, como mostramos, dependem de sua posição na estrutura organizacional e de características de sua personalidade. As escolhas dos atores sociais, assim, não são neutras ou objetivas, mas subjetivas, e dependem da situação de decisão.

Finalmente, tratando do conceito de **aprendizagem organizacional**, Cyert e March afirmam que é ingênuo pressupor que as organizações aprendam como os indivíduos, mas é possível considerar que o grupo organizacional exibe um comportamento adaptativo no decorrer do tempo. Os objetivos podem mudar em decorrência da experiência pregressa do grupo organizacional e de seus sucessos e fracassos ao tentar atingir objetivos passados. O grupo organizacional aprende por comparação e seleciona no decorrer do tempo estratégias que funcionam e foram dando certo no atingimento de seus objetivos. Essas estratégias e formas de ação vão sendo codificadas em regras e rotinas de ação que passam a orientar ações futuras. O grupo organizacional pode comparar suas experiências às de outras organizações, adotando modelos e estruturas que tenham servido a estas. Posteriormente, Schein (1985) se baseará em alguns desses conceitos para desenvolver seus estudos sobre cultura organizacional, como veremos na Parte II deste livro.

Alguns dos conceitos desenvolvidos por Cyert e March (1963) serviram à análise organizacional conduzida por outros autores. Hirschmann utilizou mais tarde a noção de *slack* organizacional ou reserva de recursos para criticar a afirmação neoclássica, segundo a qual a empresa que não otimiza bem os seus recursos tem prejuízos e deve sair do mercado (Hirschmann, 1970). De fato, para a teoria neoclássica, existem apenas duas possibilidades de ação para a gerência de uma organização: a **lealdade (*loyalty*)** da empresa para com os princípios da Administração Clássica (entre eles a otimização dos recursos, visando ao aumento da produtividade) ou a **saída (*exit*)** do mercado, ou seja, a não otimização dos recursos pela empresa, o consequente declínio de seus resultados e a sua saída do mercado. Ou seguem-se as regras determinando-se "a melhor maneira" de modo científico ou devem-se desistir dos objetivos organizacionais estabelecidos.

Criticando essa afirmação e a estruturação do jogo em apenas duas alternativas possíveis, Hirschmann diz que, como não existem soluções "ótimas" e como as organizações sempre podem contar com certa reserva de recursos (*slack*), retirar-se do mercado (*exit*) ou seguir as regras de forma dogmática, não constituem as únicas opções possíveis. A contestação da racionalidade dominante, a reestruturação do jogo e a adoção de novas soluções, inovando-se, são alternativas possíveis. Essa estratégia de contestação foi chamada de *voice* pelo autor. Não existindo a *one best way*, cria-se a possibilidade de divergência, de não se adotar a estratégia da lealdade ou obediência aos padrões conservadores. Passa a existir a possibilidade de optar por novas soluções e estratégias diferentes da estratégia dominante, mantida pelos grupos conservadores.

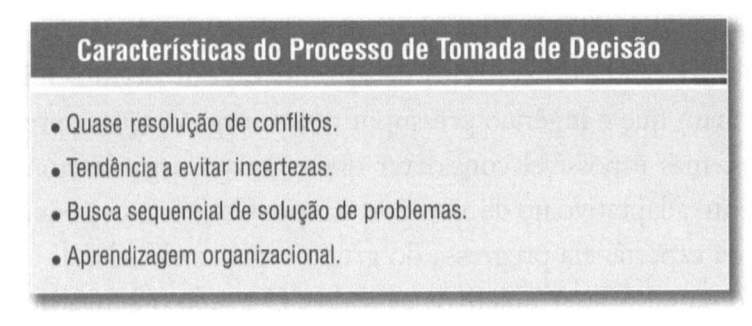

Características do Processo de Tomada de Decisão

- Quase resolução de conflitos.
- Tendência a evitar incertezas.
- Busca sequencial de solução de problemas.
- Aprendizagem organizacional.

Figura 4.4 Comportamentos dos tomadores de decisão, segundo Cyert e March.

Figura 4.5 Características gerais do modelo de Cyert e March.

4.5 Pesquisas sobre a estruturação do campo cognitivo dos indivíduos

O segundo tipo de pesquisa, realizado por autores como Allison (1971), Gremion (1979), Cohen, March e Olsen (1972), **tentou compreender uma decisão a partir da estruturação do campo cognitivo dos atores sociais**, ou seja, tentou ver como essa estruturação condiciona a percepção dos problemas pelos indivíduos, a emergência de soluções possíveis e a adoção de uma dessas soluções por meio de uma decisão efetiva.

Esses autores tentam explicar a origem dos critérios de satisfação utilizados por um indivíduo ao decidir a formação de sua racionalidade. Eles estudam, assim, **a constituição da lógica de decisão dos indivíduos, também chamada "lógica de ator"**, tendo em vista a concepção dos indivíduos como atores sociais. A essa teoria deu-se o nome de "teoria da escolha racional", apesar de esse não ser um bom nome. A própria teoria mostra que as escolhas não são racionais e que são limitadas pelos aspectos afetivos e cognitivos dos seres humanos.

4.5.1 O homem que decide: a integração dos aspectos afetivos e cognitivos do ser humano

Os trabalhos de Festinger sobre a dissonância cognitiva são muito importantes nesse contexto. Em um livro publicado em 1957, o autor define cognição como todo conhecimento, opinião ou crença do indivíduo a respeito de si mesmo, de seu comportamento ou dos fatos relativos a um contexto de decisão. Segundo o autor, o indivíduo enfrentaria em várias ocasiões uma dissonância ou uma oposição entre várias cognições e emoções, encontrando-se em uma situação de impasse que provocaria uma sensação de "desconforto" psicológico, a qual ele tentaria reduzir por meio da adoção de várias estratégias possíveis: contestar os seus valores de base, adotando novos valores, ou conservá-los, mudando sua ação. Uma ação nova pode estar em contradição com crenças antigas e gerar esse desconforto e angústia, que devem ser solucionados para que o indivíduo volte ao estado normal. Mudar suas crenças para justificar a sua nova ação ou reafirmar a sua crença antiga, condenando a ação atual, podem ser reações do indivíduo que se encontra nessa situação e que pretende restabelecer o seu equilíbrio emocional (Festinger, 1957).

De acordo com essa teoria, os valores de um indivíduo não determinam a sua decisão, a sua forma de agir ou o seu comportamento. Alguém pode inovar o seu comportamento, agindo de uma forma que contrarie os seus valores de base. Novas formas de ação e comportamento também não determinam necessariamente a adoção de novos valores pelo indivíduo. Ele pode reafirmar os seus valores antigos. Essas duas variáveis não seriam explicadas por uma lógica linear causa-efeito, mas constituiriam um sistema. Os novos comportamentos e novas ações de um indivíduo poderiam originar novos valores, fazendo-o questionar os seus valores antigos ou poderiam, ao contrário, ter o efeito de reforçar ainda mais esses últimos. Alguém pode agir de forma totalmente inesperada, impulsivamente, da maneira como nunca agiu antes e se surpreender com seu próprio comportamento. Esse comportamento novo e inédito pode fazer o indivíduo questionar os seus valores anteriores e, a partir de sua nova experiência, mudar crenças e padrões estabelecidos anteriormente. Os padrões afetivos e cognitivos estão integrados em nosso processo de tomada de decisões.

Em suas reflexões teóricas sobre a teoria da tomada de decisão, autores como Elster (1983), Hirschmann (1970), Lindblom (1978), Cohen e March (1974) e Weick (1976) mostram que:

> As preferências de um indivíduo ao decidir não são precisas, coerentes e determinadas, mas, ao contrário, são múltiplas, flexíveis e ambíguas (Cohen e March, 1974).

> Essas preferências não são necessariamente claras e conscientes para o indivíduo antes de sua ação, mas podem ser descobertas ou se originam posteriormente, sendo criadas pela ação e por sua dinâmica. Muitas vezes, as explicações são racionalizações *a posteriori* criadas pelo indivíduo para justi-

ficar a própria ação, buscando coerência entre sua história passada e sua história presente (Hirschmann, 1970; Lindblom, 1978; Weick, 1969, 1976).
> Os critérios de decisão e as preferências do indivíduo não são estáveis e independentes das condições da escolha; ao contrário, são adaptativos e influenciados pelo contexto de decisão e pela necessidade de sobrevivência nesse contexto (Elster, 1983).
> Os critérios de decisão e as preferências do indivíduo não são intangíveis, mas são influenciados pela ação consciente ou inconsciente daqueles que decidem (Elster, 1983).

Esses autores propõem uma visão menos intencional e linear da ação humana. Essa última não se resumiria nos objetivos que um indivíduo acredita possuir e nos quais ele acredita fundamentar a sua ação cotidiana. A ação humana seria influenciada por elementos incertos, novos, que vão além dos princípios e ideais nos quais as pessoas imaginam basear sua ação. O contato com novas culturas, normas de comportamento e sistemas modifica os critérios de decisão anteriores das pessoas (Friedberg, 1993).

Segundo Hirschmann, a não previsibilidade de nossas ações (o fato de não sabermos todas as suas consequências) e o desconhecimento relativo dos riscos de muitas de nossas decisões nos levam a adotar novos comportamentos. March reforça essa visão, afirmando que toda decisão é uma aposta em relação a um futuro incerto e que os indivíduos correm os riscos inerentes a cada ação. A redução dessa incerteza seria negativa, pois, segundo o autor, é ela que permite a inovação e o surgimento de novas soluções e da mudança (Friedberg, 1993).

A teoria sobre a formação dos critérios de escolha e a satisfação dos indivíduos, bem como a formação de suas preferências, ou seja, a origem da "lógica de ator", completa o conceito de racionalidade limitada de Simon. Essa teoria mostra como a formação dos critérios de decisão de um indivíduo é contingente e variável de acordo com o tipo de personalidade, com o tipo de situação e opções a ele oferecidas, o que destaca o caráter incerto e dinâmico do comportamento humano.

Como ressalta a teoria da escolha racional (racionalidade limitada), a ação humana é o produto de um efeito de posição e disposição que não permite separar a racionalidade que embasa uma decisão de seu contexto e do indivíduo que decide. A fim de compreender uma decisão, é necessário compreender o momento em que a decisão foi tomada, os fatores que influenciaram no processo decisório etc. As decisões são contingentes e relativas ao momento da tomada de decisão. Em outra situação, com outras informações ou circunstâncias afetivas, as decisões poderiam ter sido diferentes – o mesmo indivíduo decidiria de outra maneira.

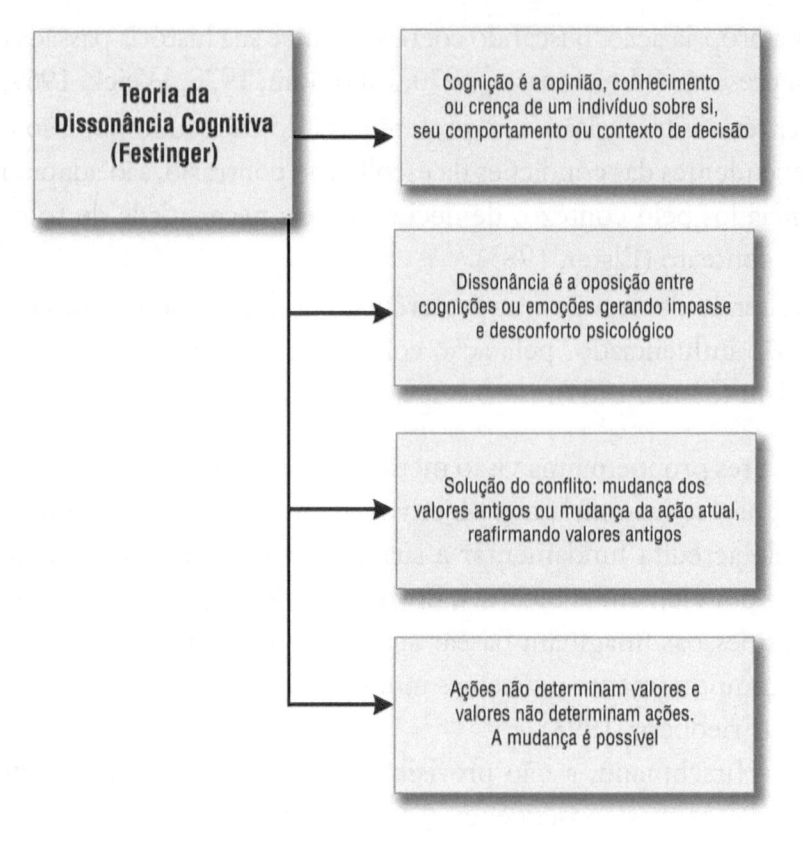

```
                    ┌─────────────────────┐      ┌──────────────────────────────────────┐
                    │                     │─────▶│ Cognição é a opinião, conhecimento   │
                    │    Teoria da        │      │ ou crença de um indivíduo sobre si,  │
                    │ Dissonância Cognitiva│      │ seu comportamento ou contexto de decisão │
                    │    (Festinger)      │      └──────────────────────────────────────┘
                    └─────────────────────┘
                              │
                              │              ┌──────────────────────────────────────┐
                              ├─────────────▶│ Dissonância é a oposição entre        │
                              │              │ cognições ou emoções gerando impasse  │
                              │              │ e desconforto psicológico             │
                              │              └──────────────────────────────────────┘
                              │
                              │              ┌──────────────────────────────────────┐
                              ├─────────────▶│ Solução do conflito: mudança dos      │
                              │              │ valores antigos ou mudança da ação atual, │
                              │              │ reafirmando valores antigos           │
                              │              └──────────────────────────────────────┘
                              │
                              │              ┌──────────────────────────────────────┐
                              └─────────────▶│ Ações não determinam valores e        │
                                             │ valores não determinam ações.         │
                                             │ A mudança é possível                  │
                                             └──────────────────────────────────────┘
```

Figura 4.6 O modelo de dissonância cognitiva de Festinger.

O Homem que Decide: A "Lógica de Ator"

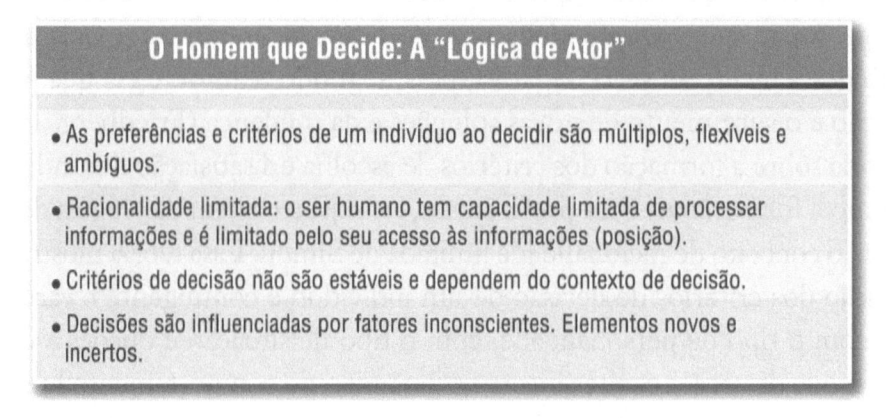

- As preferências e critérios de um indivíduo ao decidir são múltiplos, flexíveis e ambíguos.
- Racionalidade limitada: o ser humano tem capacidade limitada de processar informações e é limitado pelo seu acesso às informações (posição).
- Critérios de decisão não são estáveis e dependem do contexto de decisão.
- Decisões são influenciadas por fatores inconscientes. Elementos novos e incertos.

Figura 4.7 O homem que decide.

Essas concepções permitem libertar o indivíduo do que Wrong chamou de uma concepção "hipersocializada" do ser humano, que busca unicamente no passado dos indivíduos e em suas experiências de socialização marcantes a explicação de seus comportamentos presentes, adotando essa perspectiva de forma determinista (Wrong, 1977; Friedberg, 1993).

De acordo com Wrong, a ação dos indivíduos não é apenas determinada por seus comportamentos passados, não sendo mero reflexo de sua socialização.

O comportamento humano seria fruto da interação dessa socialização com os limites e as possibilidades oferecidos pelo contexto de ação específico no qual o indivíduo está inserido em dado momento. Os problemas que o indivíduo enfrenta no momento presente, no "aqui e agora", em sua luta por sobrevivência, afetam as decisões que ele toma no momento atual.

Cyert e March (1963) e Festinger (1957), em seus trabalhos, revelam que, tratando-se de sua esfera de decisão, as pessoas têm um mínimo de distância e de autonomia em relação às atitudes, às normas e aos valores que as experiências passadas lhes transmitiram, apesar de serem afetadas parcialmente por fatores afetivos e inconscientes desenvolvidos nessa socialização.

Em contrapartida, Cyert e March, analisando a estrutura organizacional, afirmam que **o reconhecimento da racionalidade limitada da ação humana impede a formulação de argumentos que contrapõem a racionalidade dos dirigentes à irracionalidade dos membros da organização pertencentes aos níveis operacionais inferiores**. Ocorre, na verdade, o confronto entre os vários tipos de racionalidade ("lógicas de ator") existentes em um mesmo sistema político, não havendo o conflito entre uma posição "racional" defendida por um grupo e a "irracionalidade" dos outros grupos. Argumentos com base na comparação da "irracionalidade" do comportamento humano com a "racionalidade" da organização, de sua estrutura e de seus objetivos não têm sentido nesse contexto de análise.

Pode-se concluir, em resumo, que as estruturas organizacionais e os artefatos criados pelo ser humano são reflexos de sua racionalidade limitada e contingente. A racionalidade humana é formada por critérios considerados satisfatórios pelos atores que decidem, os quais não otimizam as suas escolhas. Consequentemente, as soluções propostas pelo grupo dirigente podem ser contestadas como algumas alternativas entre outras escolhas possíveis, possuindo defeitos e limites, como toda lógica humana.

4.5.2 O papel da intuição e da emoção no processo decisório

Simon, em seu texto *Making management decisions* (1987), analisa o papel da emoção e da intuição no processo de tomada de decisões. O autor mostra como os jogadores de xadrez podem levar mais de 15 minutos pensando antes de definir um movimento. Grandes mestres, no entanto, podem jogar várias partidas simultaneamente. Quando se interrogam esses grandes enxadristas sobre quais são as causas desse desempenho extraordinário, muitos respondem que é a sua "intuição" que os faz decidir rapidamente qual movimento realizar no jogo. Esses grandes mestres olham a situação e verificam qual movimento devem realizar, ganhando o jogo sem saber exatamente a razão de seu sucesso e o que os levou a decidir de maneira correta. Como explicar essa intuição que os leva a tomar decisões rápidas e acertadas? Uma simples experiência explica alguns fatos:

- Escolhem-se dois jogadores, um grande mestre e um iniciante.
- Mostra-se aos dois um jogo de xadrez já em andamento, no qual vários movimentos já foram feitos, totalizando 25 peças no tabuleiro de xadrez. Nenhum dos dois jogadores tinha conhecimento prévio do jogo. Permite-se que eles visualizem o tabuleiro de xadrez com as peças já colocadas por 10 segundos apenas.
- Verifica-se que o mestre enxadrista, jogador mais experiente, após olhar o tabuleiro de xadrez nesse rápido espaço de tempo, consegue reconstituir de memória a posição de 23 ou 24 peças, enquanto o jogador iniciante consegue reconstituir em média seis posições.

À primeira vista, pode-se pensar que a habilidade de jogar xadrez está ligada à memória visual dos jogadores e à sua capacidade de reconstituir o jogo. No entanto, uma segunda experiência ligada à primeira mostrará que essa capacidade não está ligada à memória.

Colocam-se os dois jogadores diante de um tabuleiro de xadrez no qual as peças foram distribuídas ao acaso, sem que exista uma lógica de jogo por trás da colocação delas. Mais uma vez, permite-se que os jogadores observem o tabuleiro por 10 segundos. E, para surpresa geral, tanto o jogador experiente como o jogador iniciante, no caso de não existir uma lógica de jogo por trás da colocação das peças de xadrez no tabuleiro, só conseguem reconstituir em média seis movimentos de jogo.

A diferença nesses dois experimentos é que no primeiro caso o grande mestre teve a possibilidade de analisar conjuntos de peças cujas posições tinham um sentido lógico e estratégico dentro do jogo de xadrez. Tratava-se de padrões de jogo facilmente reconhecíveis por um mestre enxadrista experiente, que lê essas posições como se fossem uma linguagem que ele conhece.

Tal como o mestre enxadrista, Simon analisa o fato de que gerentes e tomadores de decisões experientes decidem rapidamente muitas vezes sem estarem conscientes dos passos que os levaram a decidir de uma maneira ou de outra.

Os indivíduos constroem, assim, esse "instinto" ou "intuição", no qual baseiam as suas decisões, as quais não sabem explicar. É a experiência e a seleção de comportamentos e estratégias que foram funcionando e, portanto, sendo conservadas, e a eliminação de padrões de comportamento e análise que foram se mostrando falhos que permitem a um indivíduo experiente decidir de modo acertado. Isso não significa dizer que todos os indivíduos experientes decidirão necessariamente melhor que indivíduos iniciantes, uma vez que a capacidade analítica, a capacidade de aprendizado e a habilidade profissional não estão igualmente distribuídas entre os indivíduos. Simon sugere, no entanto, que *experts* e bons profissionais sabem ler e interpretar "pedaços de informação" rapidamente e decidir. Trata-se de uma grande combinação de possibilidades de jogo e lógicas de ação. Não haveria, desse modo, uma contraposição entre os aspectos conscientes e inconscientes do processo de tomada de decisão. Esses elementos estariam juntos.

4.5.3 O modelo incrementalista de tomada de decisão

Lindblom (1978), em seu artigo "The science of muddling through" publicado em 1959, propõe o modelo incrementalista do processo de tomada de decisões com base no conceito de racionalidade limitada, no qual mostra que os gerentes e administradores têm tendência a serem conservadores no processo de tomada de decisões. Dessa forma, eles costumam adotar soluções parecidas com decisões implementadas no passado a fim de limitarem os riscos e os erros no processo de tomada de decisões e protegerem a lógica de suas escolhas passadas. As escolhas dos tomadores de decisão vão mudando lentamente por meio de desvios e ações corretivas calculadas que podem levar, após sucessivas mudanças e um longo período, a um novo curso de ação. Esse processo, porém, é lento e gradual.

Tendo em vista a dificuldade em obter informações e as incertezas envolvidas, Lindblom mostra como os gerentes e administradores são cautelosos no seu processo decisório e como a inovação, quando ocorre, tem lugar após diversas ações corretivas e desvios menores implementados ao longo do tempo. Procura-se evitar rupturas no sistema organizacional. O autor contrasta dois processos de tomada de decisão utilizando a imagem de uma árvore. O primeiro processo de tomada de decisão é quando o gerente busca aplicar alguma teoria ou explicação já existente, soluções padronizadas que possam resolver o seu problema, e utiliza a sua experiência passada somente à medida que ela se ajusta ao modelo escolhido.

Esse tipo de processo decisório o autor compara à "raiz" da árvore. O segundo tipo de processo decisório é comparado pelo autor à construção sucessiva de galhos, que vão sucedendo, um a outro, passo a passo, à medida que a árvore vai crescendo. Etapa por etapa, a organização vai evoluindo a partir da experiência anterior. Lindblom (1978) trata da decisão como processo decisório: uma decisão deve ser considerada em conjunto com outras decisões passadas e futuras, e não isoladamente.

Figura 4.8 O modelo incrementalista de tomada de decisões.

4.6 Organizações vistas como anarquias organizadas: o *garbage can model*

Cohen, March e Olsen, em 1972, propuseram o *garbage can model*, ou, literalmente, "modelo da lata de lixo", em que mostram como os processos de tomada de decisões nas organizações são fluidos e desestruturados. Os autores salientam que a definição do problema não necessariamente precede a tomada de decisões. Muitas vezes, esta é tomada a partir da invenção de soluções. Atores sociais, de modo estratégico, a fim de valorizarem na organização as habilidades e os recursos que já possuem, podem propor soluções para problemas que ainda estão sendo definidos; problemas podem ser criados e propostos para implementar soluções que já estão disponíveis e atendem a interesses específicos de um grupo de atores sociais.

Uma organização tem um conjunto de soluções ou habilidades que podem resolver certos tipos de problemas. Possuindo essas habilidades, tecnologias, recursos e soluções disponíveis, os atores organizacionais podem instituir problemas a fim de gerarem oportunidades para implementar o seu conhecimento ou *know-how*, passando a controlar recursos específicos. Esse tipo de ação estratégica não é necessariamente consciente. As percepções dos atores sociais também são condicionadas por seus padrões culturais e lógicas de ação. Por exemplo, técnicos especialistas em certa tecnologia, ao desenvolverem um produto específico, podem estar convencidos de que esse produto será a solução adequada para determinados problemas ainda não formulados pelos executivos e pela direção, mas já percebidos por eles.

Esse processo de "vender soluções" e habilidades, formulando novos problemas, é paralelo ao processo de tomada de decisões no qual os problemas já estão definidos. Ou seja, organizações são anarquias, porque existem, ao mesmo tempo, soluções para problemas que estão sendo estabelecidos e problemas já definidos buscando soluções específicas. Para complicar ainda mais o processo, diversas coalizões políticas podem defender soluções diferentes e competir por recursos, buscando implementar suas próprias soluções e interesses. Portanto, o processo de tomada de decisões pode ser comparado a uma "lata de lixo" na qual os problemas, as soluções e as preferências dos diversos indivíduos e coalizões estão misturados, envolvendo disputas e conflitos e lutando por espaço e atenção dos detentores do poder de decidir. As organizações, na realidade, seriam **anarquias organizadas**, nas quais a seleção de alternativas e soluções depende de qual coalizão está no poder e quais critérios de decisão foram implementados.

Sorte, acaso e tempo são fatores determinantes do processo de tomada de decisão: uma solução deve encontrar uma oportunidade para ser implementada e chegar no momento certo. Isso, às vezes, depende do acaso e da sorte. Caso um técnico apresente uma inovação tecnológica no dia em que a empresa teve um prejuízo inesperado e essa inovação pareça solucionar essa questão, ela terá mais probabilidades de ser aprovada e implementada do que se tivesse sido apresentada em outro momento. Essa teoria enfoca os aspectos contingenciais e específicos do processo de tomada de decisões, como propõe a teoria da racionalidade limitada, pressuposto dessa análise.

Esses autores afirmam que os problemas que geram maior nível de incertezas no sistema organizacional são os que têm a maior probabilidade de serem tratados em primeiro lugar. Ou seja, tecnologias ou habilidades que estejam na base do lucro ou razão de ser da organização naturalmente deverão merecer mais atenção e mais recursos.

O *garbage can model* é uma crítica à burocracia. Mostra como os processos de tomada de decisão e as organizações estão longe de ser bem-estruturados como quer o modelo burocrático. O processo de tomada de decisões nas organizações é, assim, imprevisível, fluido e contraditório. Refere-se ainda aos sistemas considerados *loosely coupled*, ou seja, fracamente articulados. Esses sistemas são descentralizados, com poucos controles burocráticos formalizados, e os seus membros dispõem de bastante autonomia de decisão. Portanto, o ***loosely coupled system*** é um sistema que admite a heterogeneidade e a existência de múltiplas lógicas de ação e racionalidades, permitindo o acesso a vários paradigmas e vários tipos de soluções, baseando-se na negociação como forma de regulação principal (Weick, 1976).

> O *loosely coupled system* preserva a identidade e a forma de cognição e representação do mundo dos diversos grupos. Parte-se do pressuposto teórico de que a organização que contém lógicas de ação diferentes pode encontrar mais soluções e enfrentar melhor a mudança.[1]

O contrário do *loosely coupled system* ou sistema fracamente articulado é o *tightly coupled system*, ou sistema fortemente articulado, conforme definido por Karl Weick, em que o processo de tomada de decisões é centralizado, existe maior homogeneidade cultural e mais controles burocráticos. Como os indivíduos nesse sistema têm pouca autonomia e possuem formas de pensar muito similares, dado o alto nível de controle, é mais difícil ocorrer a inovação.

Ao tratar-se de tomada de decisões, um tema recorrente é o da autoridade e da aceitação das decisões por parte dos subordinados.

---

[1] "*Loosely coupled systems where the identity, uniqueness, and separatedness of elements is preserved, the system potentially can retain a greater number of mutations and novel solutions than would be the case with a tightly coupled system. A loosely coupled system could preserve more cultural insurance to be draw upon in times of radical changes than in the case for more tightly couple systems.*" (Weick, 1976, p. 7; tradução nossa).

Garbage Can Model (Cohen, March e Olsen)

- O processo de tomada de decisão nas organizações é fluido e desestruturado.
- Organizações como "anarquias organizadas".
- O problema não precede necessariamente a decisão.
- Os atores sociais agem estrategicamente para forçar a definição de problemas que lhes permita implementar suas soluções e controlar recursos.
- O acaso e a sorte têm um importante papel no processo decisório.
- Este modelo refere-se aos sistemas fracamente articulados (loosely coupled).

Figura 4.9 O modelo da lata de lixo (garbage can model).

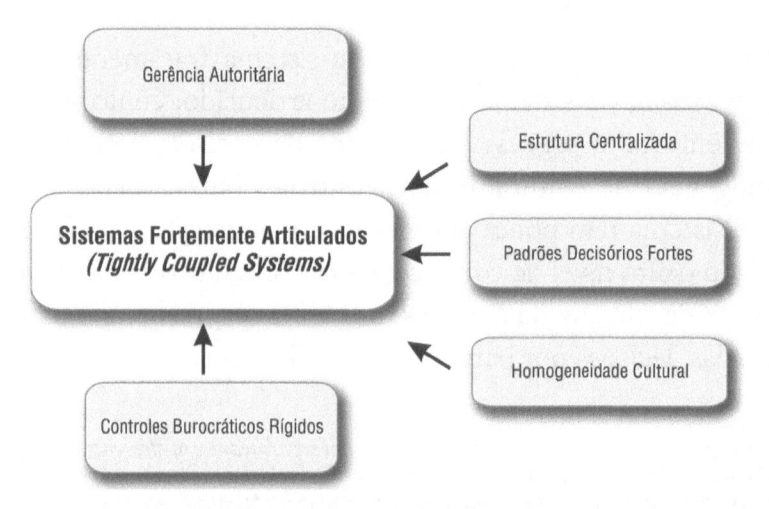

Figura 4.10 Sistemas fracamente articulados e sistemas fortemente articulados (loosely coupled systems e tightly coupled systems).

Sistemas Fracamente Articulados (Loosely Coupled Systems)
- Preserva a identidade e autonomia dos subgrupos organizacionais
- Estrutura descentralizada
- Anarquias organizadas (Garbage can model)
- Poucos controles burocráticos
- Diversidade cultural

Figura 4.11 Sistemas fracamente articulados e sistemas fortemente articulados.

Sistemas Fortemente Articulados (Tightly Coupled Systems)
- Gerência Autoritária
- Estrutura Centralizada
- Padrões Decisórios Fortes
- Homogeneidade Cultural
- Controles Burocráticos Rígidos

4.7 Autoridade e aceitação

Simon, Smithburg e Thompson (1956) reconhecem que há pelo menos duas formas de se encarar a autoridade, isto é, como um fenômeno legal e como um fenômeno psicológico. Os autores preferem adotar a segunda definição, de acordo com a qual, sob certas circunstâncias, as pessoas aceitam as ordens e as decisões das outras.

Segundo esses autores, tais circunstâncias são as seguintes:

> a pessoa pode examinar o mérito da proposição e na base desse mérito convencer-se de que a deve executar;
> a pessoa pode executar proposições sem estar completa ou até mesmo parcialmente convicta de seu mérito;
> a pessoa pode executar a proposição, mesmo convencida de que está errada.

Os motivos pelos quais as pessoas aceitam ordens e decisões definem as relações de autoridade, como segue:

> **Autoridade por confiança** – Muitas vezes, as pessoas aceitam as proposições daquelas em quem depositam grande confiança, em função de sua atuação anterior, de sua reputação geral e de outros fatores. Assim, um diretor pode assinar uma ordem de compra de equipamento, preparada por sua secretária, sem examiná-la por ter confiança na capacidade de ela tomar decisões nesse campo.

> **Autoridade por identificação** – As pessoas tendem a admitir mais prontamente a autoridade de uma pessoa ou grupo de pessoas com que se identificam profissional e socialmente ou de qualquer outra forma. Por essa razão, uma pessoa pertencente a dois grupos diferentes converte-se com frequência em importante meio de comunicação e de influência entre ambos.

> **Autoridade por sanções** – As pessoas podem obedecer em função de recompensas ou por medo de punições. Muitas vezes, porém, certas circunstâncias da organização impedem a utilização de determinadas sanções. Uma pessoa pode ter a seu cargo um número de tarefas para o desempenho das quais depende de empregados de outra unidade, aos quais não pode aplicar nenhuma sanção eficaz, tornando-se necessário recorrer a outras fontes de autoridade. Cumpre lembrar que as punições também podem partir dos subordinados, agindo como um instrumento de não aceitação de uma ordem ou decisão. Greves, atrasos propositais e retardamento deliberado do serviço são exemplos desse tipo de reação.

> **Autoridade por legitimação** – Muitas vezes, as pessoas obedecem porque se sentem obrigadas a seguir as "regras do jogo". Tal atitude, baseada em

condicionamento social, é a mais comum entre os subordinados e seus superiores (Simon, Smithburg e Thompson, 1956, p. 196).

Chester Barnard explica a autoridade por meio da gênese da organização. Segundo esse autor, as organizações complexas surgem da agregação das unidades organizacionais. Tais unidades trazem, portanto, como sua parte integrante a autoridade. Assim, a decisão sobre a autoridade de uma determinada ordem é das pessoas a quem é dirigida e não das que a emitem.

As pessoas aceitarão ordens ou não se aqueles que as emitirem observarem as seguintes condições:

> a ordem deve ser dada em uma linguagem inteligível para quem a recebe;
> a pessoa que a recebe deve acreditar que ela se harmoniza com seus interesses pessoais. Se acreditar que envolve um ônus que destruirá a vantagem resultante de sua ligação com a organização, não haverá mais estímulo para que continue prestando sua colaboração;
> a pessoa que recebe a ordem precisa acreditar que ela concorda com os objetivos da organização;
> a ordem deve ser dada a um indivíduo que esteja física e mentalmente em condições de executá-la (Barnard, 1971).

4.8 A organização

Todos esses autores supracitados veem a organização como um sistema cooperativo racional. Simon, Smithburg e Thompson (1956) a definem como um sistema planejado de esforço cooperativo, no qual cada participante tem um papel definido a desempenhar e deveres e tarefas a executar. De modo semelhante, Chester Barnard a define como um sistema de força ou atividades conscientemente coordenadas, de dois ou mais indivíduos.

Esses autores preocupam-se com os aspectos formais da organização, mas também dão enorme importância à organização informal. Barnard, por exemplo, enfatiza o caráter necessário da organização informal, que funciona como meio de comunicação, coesão e proteção de integridade individual. Destaca ainda o fato de que as organizações informais são encontradas dentro de qualquer organização formal, sendo essencial a sua vitalidade. Acrescenta que as organizações formal e informal **são aspectos mutuamente reativos e dependentes da cooperação** (Barnard, 1971, p. 286). Esses autores vão mais longe, conceituando organização informal como o padrão global de comportamento adotado. Nesse sentido, a organização formal é quase uma estrutura teórica abstrata, sem correspondente real, já que na prática o comportamento organizacional se afasta do plano formal.

Sendo a organização um sistema cooperativo racional, é preciso saber quais as razões que levam os indivíduos a cooperar. Segundo Simon, os indivíduos estão dispostos a cooperar sempre que suas atividades na organização contribuam direta ou indiretamente para seus próprios objetivos. Tal contribuição, porém, pode ocorrer de várias formas.

Em primeiro lugar, há recompensas pessoais que decorrem diretamente da realização dos objetivos da organização. É o caso dos clientes cuja participação está diretamente relacionada à prestação do serviço ou ao produto.

Em segundo lugar, há recompensas pessoais oferecidas pela organização diretamente relacionadas com sua importância e desenvolvimento. É o caso da participação dos acionistas.

Finalmente, há as recompensas pessoais que não apresentam relação direta com a importância e o desenvolvimento da organização e que podem variar desde os incentivos econômicos, entendidos aqui como salários e extraordinários, até os vários incentivos psicossociais. É o caso da participação dos assalariados.

4.9 As críticas

Críticas mais específicas foram feitas por Peter Blau e Richard Scott (1970). Conforme esses autores, a concepção de Simon da administração como uma estrutura de tomada de decisões refere-se, no geral, aos efeitos de projetos formais sobre a tomada de decisões e não inclui uma análise sistemática dos processos interpessoais que não fazem parte da estrutura formal. Além disso, segundo eles, Simon encaminha todos os seus esforços para a explicação de como as várias condições dentro da organização – a hierarquia, o sistema de comunicações, os programas de treinamento – influenciam a tomada racional de decisões, esquecendo-se de considerar as influências que elas exercem umas sobre as outras. Para Blau e Scott, esse enfoque específico sobre a conduta de escolha, como única variável dependente, torna sistematicamente impossível analisar a estrutura social, visto que reduz todos os seus problemas ao campo sociopsicológico; isto é, todas as perguntas de "o que produz essas características da organização?" se transformam em "o que produz essa conduta por parte dos membros da organização?" (Blau e Scott, 1970).

Também interessante é a crítica de James Earley, da Universidade de Wisconsin, à ideia de Simon, segundo a qual as empresas não buscam maximizar coisa alguma, mas apenas alcançar resultados satisfatórios. Assim, a organização moderna oporia ao comportamento maximizante do antigo empresário o comportamento satisfatório. Segundo Earley (1940), a literatura de administração é pródiga no enfoque sistemático da redução de custos, de expansão da receita e do aumento dos lucros; suas pesquisas, realizadas entre dirigentes de companhias consideradas de excelente administração, levaram-no a conclusões semelhantes e, finalmente, o uso crescente de consultores administrativos por grandes organizações econômicas parece não ter outro objetivo senão o da descoberta de novas oportunidades de lucro e da redução dos custos.

Além disso, as técnicas administrativas modernas, extremamente desenvolvidas, aplicam os princípios da solução racional de problemas com grande rapidez e proficiência ao planejamento e à tomada de decisões, oferecendo sempre possibilidades novas de ganhos maiores e mais rápidos (Baran e Sweezy, 1966, p. 34). Esse debate já é conhecido: o conceito de racionalidade na economia clássica e neoclássica e o conceito de racionalidade limitada desenvolvido por Simon. Como vimos, ganhador do Prêmio Nobel de economia, a teoria de Simon e colaboradores do Carnegie Institute of Technology sobre a racionalidade limitada influenciou de modo profundo a teoria organizacional, a economia e outras análises fundamentais em diversos setores do conhecimento. Williamson (1975), ao tratar dos custos de transação, coloca a teoria da racionalidade limitada como fundamento da teoria econômica institucional, uma teoria que vem ganhando cada vez maior aceitação, como veremos na Parte II deste livro.

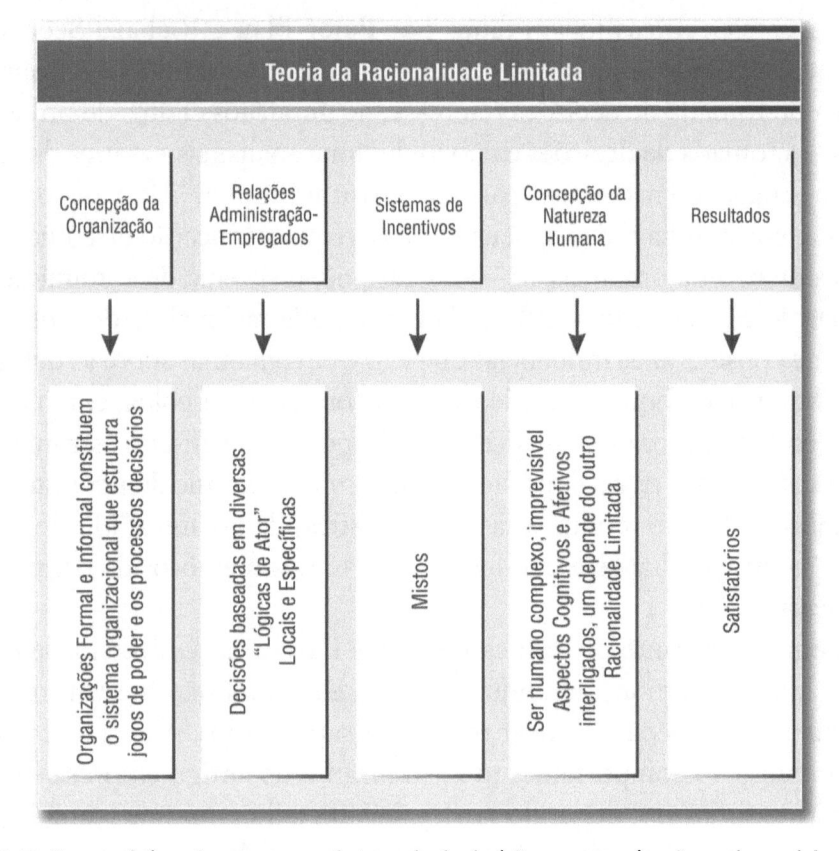

Figura 4.12 Características dos processos de tomada de decisão nas organizações e do modelo Carnegie (racionalidade limitada).

Bibliografia

ALLISON, G. T. *Essence of decision*: Explaining the Cuban missile crises. Boston: Little Brown, 1971.
ALLPORT, G. W. *Personality*. Nova York: Henry Holt, 1937. p. 172.
BARAN, P.; SWEEZY, P. *Capitalismo monopolista*. Rio de Janeiro: Zahar, 1966. p. 34.
BARNARD, C. I. *Organization and management*: Selected papers. Cambridge: Harvard University Press, 1947.
_____. *As funções do executivo*. São Paulo: Atlas, 1971. p. 286.
BLAU, P. M. The dynamics of bureaucracy. Chicago: University Press, 1955.
BLAU, P. M.; SCOTT, R. Organizações formais. São Paulo: Atlas, 1970.
BOUDON, R. *L'Ideologie*. Paris: Seuil, 1991.
COHEN, M.; MARCH, J. *Leadership and ambiguity*: The American college president. Nova York: McGraw-Hill, 1974.
COHEN, M. D.; MARCH, J. G.; OLSEN, J. P. A garbage can model of organization choice. *Administrative Science Quarterly*, v. 17, p. 1-25, 1972.
CYERT, R.; MARCH, J. *A behavioral theory of the firm*. Englewood Cliffs: Prentice-Hall, 1963.
EARLEY J. Economics 150S – Economic Theory, Summer Section 1940. Madison: University of Wisconsin Library, 1940.
ELSTER, J. *Sour grapes*: Studies in the subversion of rationality. Cambridge: Cambridge University Press, 1983.
FESTINGER, L. *A theory of cognitive dissonance*. Nova York: Harper, 1957.
FRIEDBERG, E. *Le pouvoir et la règle*. Paris: Seuil, 1993.
FRIEDMAN, M. *Capitalismo e liberdade*. Rio de Janeiro: LTC, 2014.
GREMION, C. *Profession*: Décideurs. Pouvoir des hauts fonctionnaires et réforme de l'Etat. Paris: Gauthier-Villars, 1979.
HIRSCHMANN, A. *Exit, voice and loyalty*. Cambridge: Harvard University Press, 1970.
LAWRENCE, P.; LORSCH, J. *Developing organizations*: Diagnosis and action. Reading: Addison--Wesley, 1969.
LINDBLOM, C. The science of muddling through. *Public Administration Review*, v. 19, n. 2 p. 79-88, 1978.
MARCH, J.; SIMON, H. *Organizations*. Nova York: Wiley Macmillan, 1958.
SCHEIN, E. *Organizational culture and leadership*. São Francisco: Jossey-Bass, 1985.
SIMON, H. A. *Administrative behavior*: A study of decision making processes in administrative organization. Nova York: The Free Press, 1947.
_____. A behavioral model of rational choice. *Quarterly Journal of Economics*, v. 69, n. 1, p. 99-118, 1955.
_____. Rational choice and structure of the environment. *Psychological Review*, v. 63, n. 2, p. 129-138, 1956.
_____. From substantive to procedural rationality. In: LATSIS, S. (Ed.) *Method and appraisal in economics*. Cambridge: Cambridge University Press, 1957. v. 5.
SIMON, H. A. The Ford distinguished lectures: The new science of management decision. Nova York: Harper & Brothers, 1960. v. 3.
_____. Making management decisions: The role of intuition and emotion. *Academy of Management Executive*, The University of Chicago Press, p. 57-64, Feb. 1987.
SIMON, H. A.; NEWELL, A. *Human problem solving*. Englewood Cliffs, NJ: Prentice-Hall, 1972.
SIMON, H. A.; SMITHBURG, D. W.; THOMPSON, V. A. *Administración publica*. San Juan: Ediciones de la Universidad de Puerto Rico, 1956. p. 196.
WEICK, K. E. *The social psychology of organizing*. Reading: Addison-Wesley, 1969.

WEICK, K. E.; ORTON, D. J. Loosely coupled systems: A reconceptualization. *Academy of Management Review*, v. 15, n. 2, p. 203-223, 1990.

WEICK, K. E. Educational organizations as loosely coupled systems. *Administrative Science Quarterly*, v. 21, p. 1-19, 1976.

WILLIAMSON, O. E. *Markets and hierarchies*. Nova York: The Free Press, 1975.

WRONG, D. The oversocialized conception of man in modern sociology. In: DEMERATH, N. J.; PETERSON, R. A. (Eds.) *System, change and conflict*. Nova York: The Free Press, 1977.

Capítulo 5

O estruturalismo e a teoria da burocracia

Um certo modo de ver a realidade também é uma forma de não a ver.
(Poggy, 1965; tradução nossa)

5.1 Introdução

O estruturalismo, método desenvolvido na linguística, invadiu posteriormente as demais áreas do conhecimento social, isto é, a economia, a sociologia, a teoria das organizações, a ciência política e a psicologia. De onde surgiu esse método? Quais as suas variações? Como se deu sua entrada na teoria das organizações? Quais os seus principais expoentes? Quais as suas teses centrais? Como os estruturalistas veem a organização? Quais as principais críticas de que vem sendo alvo? Essas são algumas perguntas que este capítulo procura responder. Apresentaremos aqui diversas correntes estruturalistas, mas nos concentraremos no estruturalismo fenomenológico de Max Weber e nos trabalhos que este inspirou. Autores como Merton, Selznick, Gouldner, Blau e Crozier, a partir dos trabalhos de Weber, fizeram importantes análises sobre a burocracia e suas disfunções, mostrando os problemas dessa forma de organização. Esses autores têm um viés funcionalista em sua análise, mas seguem a tradição weberiana ao analisar os trabalhos de Weber sobre a burocracia. Essas análises focam os aspectos **estruturais** e **internos** dos sistemas organizacionais, como veremos a seguir.

5.2 Origens

A palavra "estrutura" é proveniente de emprego muito antigo, tanto nas ciências físicas quanto nas sociais, e em termos amplos significa tudo o que a análise interna de uma totalidade revela, ou seja, os elementos internos de um sistema, suas inter-relações e sua disposição. O conceito de estrutura é especialmente importante para a ciência, porque pode ser aplicado a coisas diferentes, permitindo a comparação entre elas. De fato, embora a popularização da expressão estrutura social tenha ocorrido após 1930, seu uso na língua inglesa remonta a um período anterior ao século XVI, quando designava simplesmente o modo pelo qual um edifício era construído. Posteriormente, a palavra estrutura foi empregada também para denotar **as inter-relações entre as partes componentes de um todo**, sentido este usado pela biologia. A introdução da expressão nas ciências sociais deve-se a H. Spencer (1858), que a utilizou associando-a com o conceito de função, em uma analogia às funções anatômicas. Essa mesma utilização, mais tarde retomada por Émile Durkheim, perdurou no organicismo de Radcliffe-Brown e no estruturalismo de Lévi-Strauss.

5.2.1 O estruturalismo e o conceito de sistema

Nesse sentido, podemos afirmar que o estruturalismo é **um método analítico comparativo**. Para o estruturalismo o conceito de **sistema** é de especial importância, pois considera em sua análise o relacionamento das partes na constituição do todo, isto é, o estruturalismo implica totalidade e interdependência, já que exclui os conjuntos cujos elementos sejam relacionados por mera justaposição. Simplificando, os conjuntos que interessam ao estruturalista são sistemas, ou seja, apresentam como característica básica o fato de que o **todo é maior do que a simples soma das partes** (Pouillon, 1968, p. 8-9). Como mostra Leach (1974), a Gestalt é uma entidade organizada ou um todo em que as partes, mesmo distinguíveis, são interdependentes, ou seja, elas têm certas características decorrentes de sua inclusão no todo e o todo tem certas características que não pertencem a nenhuma das partes. Utiliza-se esse termo para dar ênfase às propriedades dinâmicas dos "todos" em relação às "partes" na experiência humana, o que levou à criação da Escola Gestaltista de Psicologia. Segundo King e Wertheimer (2007), existem todos cujo comportamento não é determinado por seus elementos individuais, mas em que os próprios processos-partes são estabelecidos pela natureza intrínseca do todo.

O conceito de **sistema** é utilizado há muito tempo em biologia, sociologia, psicologia e ciências sociais. A Escola Clássica de Administração considerava as organizações como um sistema fechado cujo ajuste perfeito das partes garantiria necessariamente o bom funcionamento da organização, tal qual uma máquina, como descreve Morgan (1996) em sua metáfora "mecanicista", em seu livro *Imagens da organização*.

Veremos, porém, no próximo capítulo, que o conceito das **organizações como sistemas abertos** foi difundido e popularizado em organizações a partir dos estudos do biólogo Ludwig von Bertalanffy (1950, 1956, 1973) e dos estudos sociotécnicos em 1950.

No entanto, em ciências sociais, o estruturalismo, como mostram os trabalhos de Durkheim, Lévi-Strauss (1972) e outros, já trabalha com o pressuposto de as organizações serem sistemas menores que se integram a sistemas maiores há um tempo considerável. Segundo Durkheim (1982), não é a parte (o indivíduo) que explica o todo, mas o todo que explica a parte. As organizações e os indivíduos são explicados a partir de leis sociais mais amplas e genéricas. Para ele, a sociedade tem leis próprias de reprodução e transformação que se refletem em suas partes, isto é, nas instituições e organizações. Assim, as organizações são partes de um sistema mais amplo, o sistema social, e só podem ser entendidas pela compreensão das leis gerais dessa mesma sociedade. É importante salientar, pois, que a concepção das organizações como sistemas menores inseridos em outros sistemas maiores dos quais dependem (logo, em certo sentido, consideradas como sistemas abertos inseridos em outros sistemas maiores a partir do qual se transformam) são conceitos que já vinham sendo utilizados antes da popularização da teoria dos sistemas abertos de Bertalanffy, que sistematizou e difundiu o conceito de sistema aberto, gerando pesquisas que relacionam a adaptação da organização ao meio ambiente no qual ela está inserida, como bem descreve Gareth Morgan (1996) em seu livro *Imagens da organização*, ao tratar da metáfora orgânica. Apesar de podermos considerar que as correntes estruturalistas também tratam a organização como um sistema aberto que se define a partir de um sistema maior, os principais autores estruturalistas aqui estudados focam os aspectos internos e estruturais do sistema organizacional, nele concentrando sua análise.

5.2.2 As diversas correntes estruturalistas

Veremos neste capítulo que o conceito de organização para o estruturalismo é múltiplo, depende da teoria e do enfoque empregado. É necessária a compreensão de que cada paradigma utilizado ou cada teoria tem seus limites metodológicos e esclarece alguns aspectos do objeto "organização", encobrindo outros. Não há uma única "verdade" ou uma única definição válida. Apresentaremos brevemente as principais correntes estruturalistas e nos concentraremos no estudo do estruturalismo fenomenológico de Max Weber e dos principais autores que contribuem para o aprimoramento da teoria da burocracia, fazendo críticas e analisando essa forma organizacional.

Figura 5.1 O conceito de sistema.

5.2.2.1 Os quatro tipos de estruturalismo

> **Estruturalismo abstrato** – Método de estudo desenvolvido por Lévi-Strauss (1972) no final dos anos 1940 que adota uma posição totalizadora, recusando o individualismo do funcionalismo, o qual possuiu uma visão utilitarista das instituições sociais. Para o estruturalismo abstrato, a estrutura é uma construção informadora do objeto, não relacionado com a realidade empírica, mas com os modelos construídos em função dela. Nesse sentido, por exemplo, as relações sociais constituiriam a matéria-prima para a construção de modelos que permitiriam a manifestação da estrutura social. Essa corrente se concentra na análise de modelos e tradições culturais que emergem das relações sociais.

> **Estruturalismo concreto** – Considera a estrutura a própria definição do objeto. Assim, o conjunto de relações sociais, em dado momento, constituiria uma estrutura a ser analisada e compreendida. Nessa corrente estão Radcliffe-Brown (1968) e Gurvitch (1968).

> **Estruturalismo fenomenológico** – Adota a atitude de voltar ao mundo antes que ele seja submetido à determinação da ciência, embora recusando a atitude natural que coloca a existência do mundo em si como objeto. Como afirmou Merleau-Ponty (2018), conhecer é sempre aprender um dado em certa função, sob certa relação, enquanto significa ou se apresenta ao observador tal ou qual estrutura. A compreensão é sempre objetivação. **Compreender é aprender objetivamente a significação das intenções do outro a partir de suas condutas.** De acordo com Raymond Aron (1967), há compreensão quando o conhecimento libera uma significação que, ima-

nente ao real, foi ou poderia ter sido pensada por aqueles que a viveram ou a realizaram. Para o estruturalismo fenomenológico, estrutura é um conjunto que tem um sentido e que oferece, pois, à análise intelectual um ponto de apoio, mas que ao mesmo tempo não é uma ideia, porque se constitui, se altera ou se organiza diante de nós como um espetáculo. Nessa corrente está Max Weber cujos tipos ideais refletem muito bem essa concepção de estrutura. Cumpre aqui salientar que o tipo não pretende retratar a realidade, à maneira de uma fotografia. Para Weber, nenhum sistema conceitual pode reproduzir integralmente o real e nenhum conceito, a diversidade de um fenômeno particular (Freund, 1968, p. 53). Segundo a visão weberiana, os atores sociais interagem construindo em conjunto os significados compartilhados que constituem a sua realidade. A identidade dos indivíduos é construída pelos elementos da sociedade, internalizados. Ao agirem, porém, os indivíduos interpretam e atuam no mundo social, modificando-o e transformando-o. Trata-se da construção social da realidade.

> **Estruturalismo dialético** – Sustenta que a análise que descobre as partes força a preparar seu surgimento ao longo do desenvolvimento do todo, como um episódio de sua história, esforço propriamente dialético em que a história garante a análise. Entretanto, a diferenciação permite pesar a integração e voltar à totalidade sem fazer uma soma ou uma reunião, pois, desde que as partes tenham adquirido bastante autonomia e pelas relações de reciprocidade que se institui entre elas, que o todo é de algum modo restaurado. Nessa última corrente está Karl Marx (Viet, 1967, p. 13-27).

Em teoria crítica, vários estudos adotam essa posição, mostrando as relações de dominação do sistema social. Segundo esses estudos críticos, a tão decantada participação nas decisões, teoricamente atingível por meio de discussões "democráticas", é uma forma de fazer que os subordinados acatem decisões previamente tomadas em função de uma ilusão de participação e de poder, geralmente criada pela delegação de autoridade para decidir em assuntos absolutamente indiferentes para a alta cúpula administrativa. Note-se bem que a crítica não se dirige à participação nas decisões, mas sim ao seu caráter ilusório no quadro de referências de relações humanas.

Outro exemplo de argumentação crítica é o argumento segundo o qual a adoção recente do nome "gestão de pessoas" para a antiga administração de recursos humanos é uma tentativa de ocultar relações de poder subjacentes ao sistema. Argumenta-se que frequentemente os indivíduos continuam sendo tratados como recursos pelas organizações, como mostram as recentes tendências de se adotar nas organizações ferramentas "neotayloristas" como a reengenharia (*downsizing*), excluindo-se subitamente os indivíduos da organização como recursos que sempre foram, o que descobre o caráter ideológico do discurso de proteção social e da ética paternalista antes adotada por esses sistemas organizacionais. Vários estudos, em teoria crítica, adotam essa linha de análise, criticando fenômenos como a padronização dos padrões culturais nas organizações (imposição da "melhor maneira" de analisar dados, refletir e decidir, tentativa de homogeneização cultural das organizações etc.).

Atualmente, criticam-se outras formas de alienação na organização além da alienação marxista tradicional. Os estudos críticos de autores neomarxistas como Seeman e Sevigny relatam, atualmente, uma alienação identitária derivada da imposição de "modelos mentais" e formas de comportamento únicos aos indivíduos. Assim, esses estudos denunciam o risco de se alienar no trabalho pela adoção de "identidades obrigatórias". Nessa perspectiva, a exploração cultural consiste na difusão de formas de alienação relativas, forçando as pessoas a se moldarem segundo os modelos impostos pelo sistema como necessários ao seu funcionamento (Sainsaulieu, 1977; Seeman, 1967; Sevigny, 1970; Sevigny e Guimond, 1970; Walker e Guest, 1962; Vollmer, 1960, p. 75; Dubin, 1973, p. 76-77).

Seeman (1967) diz que as consequências de alienação (essa última analisada como uma insatisfação profunda em relação ao trabalho) podem levar o indivíduo a desenvolver desde uma frustração agressiva até uma atitude radicalmente hostil. A alienação pode levá-lo, ainda, a tentar preencher o "vazio" de sua vida profissional integrando-se em outras atividades (Sainsaulieu, 1977). Quando o universo cotidiano de trabalho não é o único lugar em que o indivíduo investe afetivamente, ele sente menos os efeitos da exploração do que outro que se concentra prioritariamente na organização.

Os trabalhos de Robert Sevigny caracterizam o homem moderno pela teoria rogeriana da atualização do ego. O homem, na sociedade moderna, pertence a vários ambientes e universos de interação e enfrenta conflitos de papéis nas múltiplas situações que vivencia. A alienação pode ser considerada um obstáculo à coerência do ego, tendo em vista as diferentes imagens de si mesmo que o homem retira dos seus múltiplos universos de interação. Essa diversidade de autoimagens pode constituir um obstáculo à congruência, à simbolização da experiência e à sua consciência, à autonomia e à aceitação da mudança (Sevigny e Guimond, 1970). Essa pesquisa propõe a hipótese de que as contradições vividas nos diversos sistemas sociais nos quais a pessoa está inserida pode ser fonte de alienação profunda da personalidade.

Descrevemos rapidamente esses estudos, mas, como vimos, neste capítulo nos concentraremos na análise dos autores weberianos que fazem parte do estruturalismo fenomenológico.

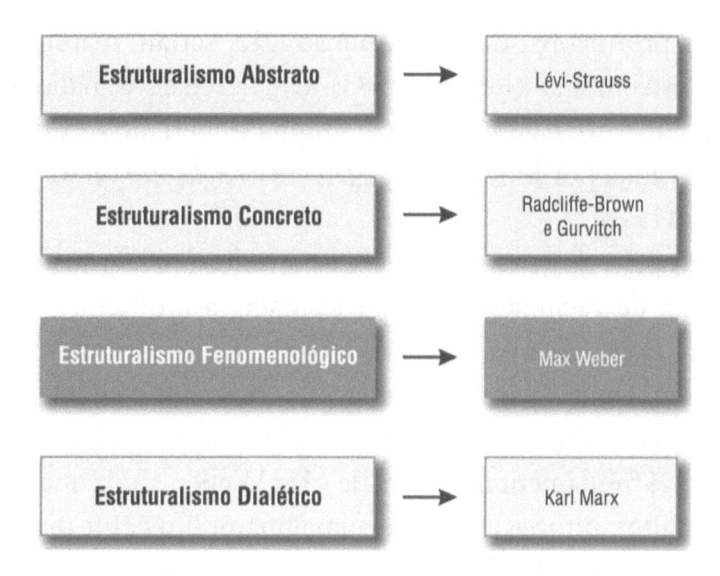

Figura 5.2 Os quatro tipos de estruturalismo.

5.3 As grandes figuras do estruturalismo

5.3.1 Max Weber

O estruturalismo, ao estudar as disfunções da burocracia, volta à origem das organizações modernas. De fato, o primeiro teórico significativo das organizações foi Max Weber, que as analisou de uma perspectiva **estruturalista fenomenológica**, como descrito anteriormente, em uma linha muito semelhante àquela adotada por Ferdinand Tonnies (1988) no nível macrossociológico. Weber deixou inúmeros escritos esparsos que, organizados por sua viúva e por outros cientistas sociais, têm exercido enorme influência no desenvolvimento das ciências sociais e, em particular, da teoria das organizações. Além das várias coletâneas que trazem trabalhos de Weber, como *Estrutura de classes e estratificação social, Sociologia da burocracia e Sociologia política*, há aqueles como *Economia e sociedade, História econômica geral, A ética protestante e o espírito do capitalismo, Ciência e política:* Duas vocações, que se relacionam com áreas de estudo que vão desde a sociologia até o urbanismo, passando pela teoria das organizações, ciência política, história e economia. A preocupação central da obra desse pioneiro da teoria das organizações é a **racionalidade instrumental**, entendida em termos de equação dinâmica entre **meios e fins**. Seus estudos sobre poder e burocracia são tentativas de resposta a perguntas como: Quais as condições necessárias para o aparecimento da racionalidade? Qual a natureza da racionalidade? Quais as suas consequências socioeconômicas? (Berlinck, 1970, p. 10). Nessa linha, nos sistemas sociais altamente burocratizados, o formalismo, a impessoalidade, bem como o caráter profissional de sua administração, seriam manifestações de sua racionalidade instrumental (Pereira, 1983). Uma excelente análise dos trabalhos de Weber, que descreve e compara o paradigma weberiano a outros paradigmas teóricos, foi realizada por Burrell e Morgan em *Sociological paradigms and organizational analysis* (1994).

Complementando esse pensamento, Vasconcelos (2007) mostra que segundo a tese weberiana de racionalização da sociedade, a modernização se constitui assim como um processo de expansão da racionalidade instrumental (cálculo utilitário das consequências) para esferas da vida social antes reguladas por formas tradicionais de interação. Weber também define a ação substantiva. O conceito de racionalidade é fundamental na obra de Max Weber, ainda que seja mais complexo do que muitos autores posteriores imaginam. No contexto do pensamento weberiano, a racionalidade é vista como um procedimento de controle para dominar a realidade dentro e fora do homem. Os critérios de tal procedimento são o cálculo, a previsibilidade e a generalização, visando ao controle do mundo físico (*Weltbherrschung*). Do ponto de vista epistemológico, Weber define, assim, dois tipos básicos de racionalidade:

> *Zwerckrationalitat*, ou racionalidade formal instrumental, um processo que acima de tudo visa a resultados e a fins específicos. Em última análise essa racionalidade se resume em um cálculo de adequação meios-fins, no qual os fins são dados *a priori* e a dinâmica do raciocínio se dirige à instrumentalização dos recursos para atingi-los.
> *Wertrationalität*, ou racionalidade valorativa substancial, ou racionalidade substantiva, um processo diverso da adequação meio-fim e voltado primordialmente para a elaboração de referências que servem de base para expectativas de valores, ao menos em tese, independentes das expectativas de sucesso imediato, gerando ações que se orientam para as propriedades intrínsecas dos atos.

Esses dois tipos de racionalidade se mesclam nas ações da vida social das pessoas. No entanto, é possível descrever ações mais instrumentais que substantivas e ações mais substantivas que instrumentais.

A racionalidade instrumental embasa a ação estratégica, ou seja, a ação social orientada para o sucesso e a perspectiva de ganhos futuros e recompensas futuras.

A racionalidade substantiva embasa a ação comunicativa, que é orientada para a realização de ações sociais tendo em vista o seu valor intrínseco, independentemente da perspectiva de ganho futuro ou recompensas. A ação comunicativa, conforme definida na teoria de Habermas, trata-se da ação social voltada para a compreensão. São ações baseadas em princípios morais e valores das pessoas, independentemente de ganhos futuros ou recompensas, que são realizadas tendo em vista os valores que as embasam, são também ações substantivas. Assim, ajudar ao próximo, tendo em vista o cumprimento deste princípio moral com a crença de construir um mundo melhor, por exemplo, trata-se de uma ação puramente substantiva, como mostra Kant.

A racionalidade substantiva inspira a teoria da ação comunicativa de Habermas como veremos no Capítulo 15 dedicado a filosofia, ética e sustentabilidade.

Assim, a racionalidade substantiva, visa mais a realização de ações, tendo em vista o reconhecimento de seu valor intrínseco, que embasa as Organizações não governamentais (ONG) e o chamado Terceiro Setor – formado por organizações que visam a realização de projetos sociais para a proteção do meio ambiente e desenvolvimento, proteção de pessoas e justiça social – desenvolvendo ações sociais beneméritas para ajudar minorias carentes e desenvolvimento social, independentemente de recompensas financeiras ou lucro, sem este tipo de expectativa, explica a ação do voluntariado, por exemplo, no Terceiro Setor, conforme vários autores.

Vasconcelos (2007) mostra que Weber diferencia também tipos de racionalidade objetiva e subjetiva. Para Weber (1967), tanto a racionalidade instrumental como a substantiva são definidas subjetivamente do ponto de vista do sujeito que as aplica. O sentido da ação é dado pelo sujeito que a pratica e pelos que com ele interagem em um dado contexto social.

A racionalidade objetiva seria correspondente à racionalidade subjetiva instrumental, tendo em conta o ponto de vista de um observador neutro, ideal (cuja existência é contestada). Essa seria a racionalidade inerente às ciências físicas, e não à lógica do sujeito (parcial, imperfeita e incompleta).

Segundo Weber, a racionalização social se expressa fundamentalmente por meio de um processo de desencantamento da sociedade, da expansão do cálculo às esferas de ação antes dominadas por explicações de natureza mitológica e religiosa.

Max Weber (1967), em *A ética protestante e o espírito do capitalismo*, procurou explicar como certos tipos de atitude religiosa protestante definiram uma ética que impulsionou, entre outros fatores o desenvolvimento do capitalismo com o incentivo à busca racional da acumulação econômica. Segundo Weber, o *éthos* racional, oriundo da cultura protestante, causou uma influência decisiva na evolução da sociedade moderna. Sendo a graça divina revelada pelo trabalho e pelo sucesso nele visível, uma objetiva solidão emanava da condição humana: só pelo seu trabalho individual e pelo seu sucesso o indivíduo podia ser salvo. A salvação do indivíduo deveria vir "de suas próprias mãos" de suas boas ações.

A ética do protestantismo (Lutero e depois Calvino) propunha uma vida simples, trabalho intenso, eficaz e contínuo, pouco consumo, a economia e a acumulação de riquezas e o adiamento das recompensas.

Estes valores tiveram as seguintes consequências, segundo Weber:

> permitiu uma justificativa religiosa (e moral) do processo de acumulação capitalista;
> criou o embrião da ética burguesa do trabalho, abrindo espaço para o desenvolvimento do individualismo religioso e do racionalismo.

A "salvação", portanto, viria do trabalho intenso e eficaz, da acumulação de riquezas e das boas ações. O acúmulo de riquezas passava a ser visto como algo positivo, uma virtude. O adiamento de recompensas, ou seja, a capacidade de saber esperar a médio prazo para usufruir a recompensa pelo trabalho, economizando, adiando o consumo, se necessário, e a capacidade de realizar uma poupança e economizar, surgiram a partir da Ética Protestante, da cultura e dos valores por ela implementados.

Assim, um dos pontos fundamentais na contribuição de Max Weber para a análise deste problema foi justamente a colocação da explicação da evolução histórica no nível conceitual das ideias, não só como consequência, também como causa motora do processo de evolução histórica, invertendo a posição materialista defendida por Marx (1972).

Conforme Vasconcelos (2007), uma vez definida essa posição ontológica-idealista da teoria weberiana, cabe ressaltar que, após definir a sociologia como atividade interpretativa, Weber parte para análise dos tipos ideais de autoridade legítima: a autoridade tradicional, oriunda das tradições e dos costumes, considerados imutáveis e cuja obediência não se questiona; a autoridade carismática, que advém das propriedades de liderança que se formam no interior de um grupo, dada a sua receptividade a qualidades idiossincráticas de um dos seus elementos que assume o comando sem formalidades e é capaz de controlar comportamentos dos outros membros desse grupo, e, finalmente, a autoridade racional-legal, que é o tipo de autoridade surgida em função da norma abstrata e da obediência a uma organização formal e despersonalizada. A autoridade racional legal é a base e fundamento da burocracia.

Nas palavras de Weber a burocracia se caracteriza da seguinte maneira:

> Dominação legal em virtude de estatuto. Seu tipo mais puro é a dominação burocrática. Sua ideia básica é: Qualquer direito pode ser criado e modifica-

do mediante um estatuto sancionado corretamente quanto à forma. Obedece-se não à pessoa em virtude de seu direito próprio, mas à regra estatuída, que estabelece ao mesmo tempo a quem e em que medida se deve obedecer. Também quem ordena obedece, ao emitir uma ordem, uma regra: à "lei" ou "regulamento" de uma norma formalmente abstrata. O tipo daquele que ordena é "o superior", cujo direito de mando está legitimado por uma regra estatuída, no âmbito de uma competência concreta, cuja delimitação e especialização se baseiam na utilidade objetiva e nas exigências profissionais estipuladas para a atividade do funcionário. O tipo do funcionário é aquele de formação profissional, cujas condições de serviço se baseiam num contrato, com um pagamento fixo, graduado segundo a hierarquia do cargo e não segundo o volume de trabalho, e direito de ascensão conforme regras fixas. Sua administração é o trabalho profissional em virtude do dever objetivo do cargo. Seu ideal é: proceder sem a menor influência de motivos pessoais e sem influências sentimentais de espécie alguma, livre de arbítrio e capricho e, particularmente, "sem consideração da pessoa" de modo estritamente formal segundo regras racionais, ou quando elas falham, segundo pontos de vista de conveniência objetiva. O dever de obediência está graduado numa hierarquia de cargos com subordinação dos inferiores aos superiores, e dispõe de um direito de queixa regulamentado. A base do funcionamento técnico é a disciplina do serviço. (Weber, 1968, p. 129-130)

Vasconcelos (2007) mostra que em uma organização burocrática a legitimidade é obtida com normas escritas na forma de proposições condicionais (se X então Y). As regras formais "se-então" definem a estrutura organizacional, as competências exigidas e as responsabilidades de cada posto de trabalho, os procedimentos de recrutamento e as fronteiras organizacionais. De uma perspectiva estritamente bucrocrática, uma organização é um conjunto de normas interconectadas. O tipo ideal de burocracia é um modelo de organização com o objetivo de melhor lidar com decisões padronizadas. As regras formais que definem a burocracia são coletivamente equivalentes a um algoritmo de decisão, porque são aplicadas de forma sequencial em um processo de tomada de decisão estruturado para otimizar os meios conhecidos e alcançar resultados que *a priori* são cohecidos, explicita ou implicitamente.

Weber afirmava que nenhuma organização pode ser totalmente burocrática. Segundo ele, uma organização burocrática deve ter pelo menos um líder não burocrático.

Em proposição semelhante, Hans Kelsen (1979), faz várias afirmações. Kelsen foi professor nas universidades de Viena e Colônia, no contexto dos países de língua alemã e sistema jurídico napoleônico (codificado), antes de se transferir para a Universidade da Califórnia em Berkeley, onde continuou seus ensinamentos de filosofia do direito no contexto anglo-saxão da Common Law (Vasconcelos, 2007). Foi um grande jurista e expoente do positivismo jurídico na Alemanha e nos Estados Unidos, no mesmo contexto de Weber, propôs um modelo de ordenamento normativo, no qual todas as normas vigentes em um sistema jurídico estavam interconectadas por relações de autorização de natureza hierárquica, ou seja, tratava-se da Teoria Pura do Direito.

> Se o direito [como a organização burocrática] é concebido como uma ordem normativa, como um sistema de normas que regulam a conduta dos homens, surge a questão: O que é que fundamenta a unidade de uma pluralidade de normas? porque é que uma norma determinada pertence a uma determinada ordem? E esta questão está intimamente relacionada a esta outra: Por que é que uma norma vale, o que é que constitui o seu fundamento de validade? [...] O fundamento de validade de uma norma apenas pode ser a validade de outra norma [como propõe Weber com a Burocracia]. Uma norma que representa o fundamento de validade de outra norma é figurativamente designada como norma superior, por confronto com uma norma que é, em relação a ela, a norma inferior. (Kelsen, 1979, p. 267)

Kelsen fala da norma fundamental, como uma metanorma que garante e unifica a validade de todas as outras normas válidas em um sistema normativo (Vasconcelos, 2007):

> Como já notamos, a norma que representa o fundamento de validade de outra norma é, em face desta, uma norma superior, mas a indagação do fundamento de validade de uma norma não pode perder-se no indeterminável. Tem de terminar com uma norma que se pressupõe como a última e mais elevada. Como norma elevada, ela deve ser pressuposta, visto que não pode ser posta por uma autoridade, cuja competência teria de se fundar em uma norma ainda mais elevada. A sua validade já não pode ser derivada de uma norma mais elevada, o fundamento da sua validade já não pode ser posto em questão. Uma tal norma, pressuposta como mais elevada, será aqui designada como norma fundamental (*Grundnorm*). (Kelsen, 1979, p. 269)

Uma das contradições da burocracia é que a obediência às regras e à autoridade, ou seja, a adequação às regras e à racionalidade instrumental não leva necessariamente a adequação moral dos resultados obtidos, ou seja, não traz em si uma maior ética nos comportamentos. Assim, a burocracia como expressão organizada da autoridade racional-legal tem uma contradição que lhe é inerente. Weber expressa suas preocupações neste sentido com a ideia da burocracia como uma gaiola de ferro (*Stahlhartes Gehäuse*)

> É horrível pensar que um dia o mundo estará transformado em uma máquina de minúsculas engrenagens, homens pequenos agarrando-se a empregos sem importância em busca de posições melhores [...]. Essa paixão pela burocracia [...] é capaz de levar uma pessoa ao desespero [...]. O mundo só conhece estes homens – e – é essa a situação a que já chegamos. A grande pergunta não é, portanto, com podemos promovê-la e apressá-la, mas o

que opor a este mecanismo para conservar uma parte da humanidade livre dessa fragmentação da alma, desse domínio supremo do modo burocrático de vida. (Weber, 1968, p. 134-135, apud Vasconcelos, 2007)

A transição da teoria weberiana de origem europeia para a sociologia norte-americana foi feita inicialmente por Talcott Parsons, que enfatizou a racionalização das organizações como um reflexo do movimento geral da racionalização da sociedade.

Para evitar as contradições e comportamentos disfuncionais, as empresas burocráticas possuem valores e códigos de ética e objetivos que coordenam as ações dos seus membros, como mostra Parsons (1991) (ver Capítulo 6).

O conceito de cultura organizacional (ver Capítulo 10), surgido nos anos 1980, tem suas origens remotas. O conceito de norma fundamental de Kelsen (1979) também se refere a isto. Ele fornece o sentido valorativo do sistema normativo sem o qual este não tem sentido.

Veremos neste livro a evolução das organizações para o sistema orgânico, que já questiona os princípios da burocracia e as proposições posteriores de um modelo pós-burocrático.

5.3.1.1 Weber e a não determinação da ação humana

No paradigma weberiano, as crenças e valores dos indivíduos seriam os limites à sua capacidade de ação e à sua escolha, uma vez que pré-estruturariam sua ação. Porém, nesses limites, o homem é considerado um ser, em princípio, livre para decidir sobre o curso de suas ações ou decidir abster-se de agir. Isso vale principalmente no caso de ações tidas como voluntárias, isto é, que pertencem à esfera das relevâncias volitivas e não das impostas. O significado dessas ações surge exatamente em função de se "comportar de um modo e não de outro". Dessa forma, mesmo no domínio das situações impostas, as ações do homem não são inteiramente predeterminadas. Até na situação mais coercitiva, um homem pode decidir não agir conforme lhe é ordenado, se estiver disposto a aceitar as consequências da desobediência (Schutz, 1943). A burocracia, segundo definição weberiana, é uma tentativa de formalizar e coordenar o comportamento humano por meio do exercício da autoridade racional-legal para o atingimento de objetivos organizacionais gerais.

5.3.1.2 Weber e a definição de burocracia

Como vimos na introdução da Parte I, de acordo com a análise de Max Weber (1999), a burocracia é um sistema que busca organizar, de forma estável e duradoura, a cooperação de um grande número de indivíduos, cada qual detendo uma função especializada. Separa-se a esfera pessoal, privada e familiar da esfera do trabalho, visto como esfera pública de atuação do indivíduo. Nas sociedades tradicionais, normalmente a esfera familiar e a esfera do trabalho se confundiam, dado o caráter pessoal das relações. Na sociedade industrial, há uma ruptura nesses padrões.

Conhecimento	Apreender objetivamente a significação das intenções do outro a partir de suas condutas.
Ação humana	Pré-estruturada, mas não determinada. Crenças e valores do indivíduo influenciam suas condutas.
Realidade	Construção de significados compartilhados pelos atores sociais.
Tipo ideal da burocracia	Sistema racional-instrumental que busca organizar de forma estável e duradoura a cooperação humana para o atingimento de objetivos explícitos e formalizados.

Figura 5.3 O paradigma weberiano.

A estrutura burocrática baseia-se nos seguintes princípios:

- A existência de funções definidas e competências rigorosamente determinadas por leis ou regulamentos. A divisão de tarefas é feita racionalmente, baseando-se em regras específicas, a fim de permitir o exercício das tarefas necessárias à consecução dos objetivos da organização.
- Os membros do sistema têm direitos e deveres delimitados por regras e regulamentos. Essas regras se aplicam igualmente a todos, de acordo com seu cargo ou função.
- Existe uma hierarquia definida por meio de regras explícitas e as prerrogativas de cada cargo e função são estabelecidas legalmente e regulam o exercício da autoridade e seus limites.
- O recrutamento é feito por meio de regras previamente estabelecidas, garantindo-se a igualdade formal na contratação. Portadores de diplomas legalmente estabelecidos têm o mesmo direito de concorrer para o exercício de um determinado cargo.
- A remuneração deve ser igual para o exercício de cargos e funções semelhantes.

> A promoção e o avanço na carreira devem ser regulados por normas e devem se basear em critérios objetivos e não em favoritismos ou relações pessoais.

Há uma separação completa entre a função e as características pessoais do indivíduo que a ocupa.

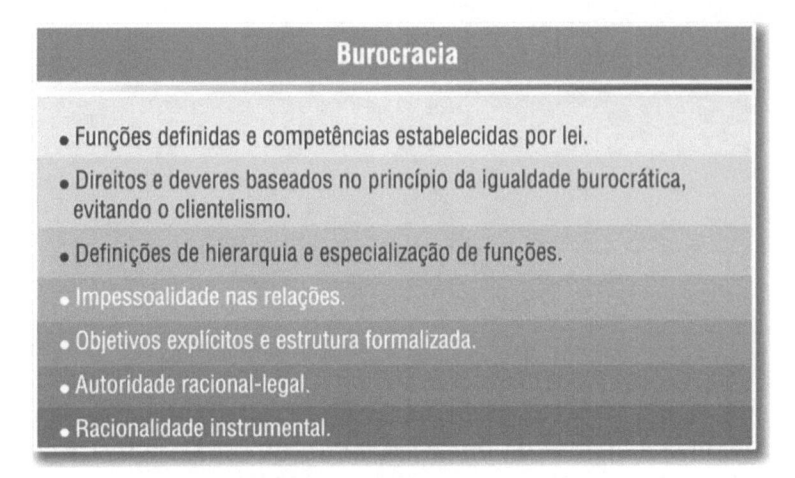

Burocracia
- Funções definidas e competências estabelecidas por lei.
- Direitos e deveres baseados no princípio da igualdade burocrática, evitando o clientelismo.
- Definições de hierarquia e especialização de funções.
- Impessoalidade nas relações.
- Objetivos explícitos e estrutura formalizada.
- Autoridade racional-legal.
- Racionalidade instrumental.

Figura 5.4 Características da estrutura burocrática.

Vários autores interpretaram as definições de Weber e ressaltaram as vantagens da estrutura burocrática, responsáveis pela longevidade dessa forma organizacional:

> o predomínio da lógica científica sobre a lógica "mágica", "mística" ou "intuitiva";
> a consolidação de metodologias de análise "racionais", visando ao aprimoramento dos processos de produção;
> a profissionalização das relações de trabalho e a consolidação de uma lógica visando garantir a igualdade de todos diante das regras, reduzindo os favoritismos e clientelismos típicos das corporações de ofício;
> a formalização das competências técnicas, permitindo evitar as perdas e desperdícios próprios da tradição oral das comunidades artesanais e sociedades baseadas no costume e na tradição;
> isomorfismo: a estrutura burocrática impessoal, dado o seu alto grau de formalização, é um modelo mais fácil de ser transposto para outras sociedades e incorporado por culturas diferentes, em países distintos, o que permite a expansão dos negócios, facilita a comunicação e permite o comércio global.

Figura 5.5 Vantagens da burocracia. Isoformismo

Dando sequência à análise da burocracia em uma perspectiva weberiana, outros estruturalistas de grande importância na teoria das organizações, como Robert K. Merton, Phillip Selznick, Alvin Gouldner, Michel Crozier e Peter Blau, criticam e analisam essa forma organizacional. De acordo com as conclusões desses autores pertencentes à corrente do **estruturalismo fenomenológico**, existe uma discrepância entre o modelo organizacional oficial, burocrático e as práticas informais. A distância entre esses dois mundos, o mundo da organização formal, que seria o mundo da racionalidade e do cálculo, e o mundo das práticas informais, relacionado aos sentimentos e à afetividade, produziria efeitos "disfuncionais" do ponto de vista da empresa, que não seguiriam a lógica da eficiência prescrita pela "melhor maneira" (*one best way*). Os autores tratados a seguir fazem uma análise do modelo weberiano de acordo com o paradigma funcionalista.

5.3.2 Merton

Para Merton, a estrutura burocrática introduz transformações na personalidade dos seus participantes que levam à rigidez, às dificuldades no atendimento aos clientes e à ineficiência, transformações essas responsáveis pelo que chama de disfunções ou consequências imprevistas. Uma de suas obras de grande significação é *On social structure and science* (1968).

Conforme Merton, toda ação social produz um paradoxo básico, tendo consequências contraditórias, pelo fato de que para cada efeito desejado de uma ação, existe uma série de efeitos secundários, não desejados ou previstos, que se contrapõem aos efeitos buscados pelos indivíduos ao agir. Assim, para cada efeito "positivo" (*intended consequence*) existe um efeito que contraria as expectativas dos gerentes e administradores (*unintendend consequence*). A existência dessas contradições inerentes à ação social provoca tensões nas organizações, que conduzem a fenômenos como a resistência organizacional e a emergência de conflitos.

Segundo Merton (1949), em *Bureaucratic structure and personality*, o comportamento dos indivíduos nas organizações é visto como meio para atingir certos objetivos. Como esse comportamento produz consequências inesperadas e indesejáveis, pode-se questionar a eficiência da racionalidade instrumental (adequação meios-fins) nas organizações burocráticas. Merton mostra como a "personalidade burocrática" (o fato de os indivíduos apegarem-se obsessivamente às regras nas burocracias seguindo-as estritamente, uma vez que estas aparentemente fornecem segurança e reduzem as incertezas) é um comportamento obsessivo que produz disfunções.

De fato, seguir as regras, não importa quais sejam, torna-se um fim, e não um meio, o que atrapalha a eficiência organizacional. Seguem-se as regras, nesse caso, porque devem-se segui-las, não importa quais sejam, e esse procedimento torna-se um ritual burocrático, desvinculando-se das preocupações com eficiência ou com considerações práticas. Perdem-se de vista o conteúdo e a concretização dos objetivos organizacionais, uma vez que o apego excessivo a rotinas, regras e formalismos não deixa margem a nenhuma flexibilidade ou questionamento do sistema em questão. Dessa forma, ocorre o paradoxo descrito por Merton: o fato de observar-se cegamente as regras afasta a organização de seus objetivos e não produz a eficiência desejada, ao contrário.

Merton e Lazarsfeld (1950), em seu estudo "O soldado americano", realizado no Exército norte-americano, testou a seguinte hipótese: quanto mais os aspirantes a oficiais se conformassem às normas e aos padrões da corporação, mais rapidamente seriam promovidos nos diversos níveis hierárquicos do oficialato. Os estudos de caráter longitudinal realizados em três grupos de recrutas do batalhão estudado mostrou que essa hipótese era verdadeira.

Os aspirantes a oficiais que se comportavam de forma mais convencional eram mais rapidamente promovidos. Nesse caso, não se tratava de conformidade às normas e regras escritas, formais, mas às formas de comportamento e valores informais dos oficiais da corporação. Os aspirantes a oficiais, desejosos de subir rapidamente na hierarquia, identificavam-se com os oficiais de nível superior, seu grupo de referência (grupo no qual se inspiravam e ao qual almejavam pertencer), e, dessa forma, iam pouco a pouco evoluindo na carreira, conformando-se às normas informais do grupo ao qual sonhavam pertencer. No caso dos soldados comuns, a aspiração ao oficialato era um sonho impossível, como mostram os estudos de Merton. Caso estes tentem incorporar os modelos e as formas comportamentais dos oficiais, negando os de seu próprio grupo de referência, eles serão rejeitados pelos dois grupos, uma vez que o grupo de referência ao qual desejam pertencer e o qual "imitam", incorporando os modelos e as formas comportamentais, está "fechado" a eles por um processo de pouca mobilidade social. Ao mesmo tempo, o grupo ao qual pertencem naturalmente, o grupo de soldados, os rejeitará diante de sua mudança comportamental diversa ao adotarem inadequadamente as formas comportamentais do grupo superior. Dessa forma, a conformidade às normas informais e aos padrões comportamentais do grupo de referência ("socialização antecipada") é funcional quando há perspectivas de mobilidade social, mas é disfuncional para o indivíduo quando não há tal mobilidade social.

Em um sistema rígido e de pouca mobilidade social, os indivíduos adotam menos as normas e os valores de outros grupos, estando de acordo com as de seus grupos originários. Merton mostra, assim, que incorporar regras e modelos de outros grupos ou seguir as regras apenas porque se considera que é necessário segui-las, como no caso da "personalidade burocrática", são estratégias que geram efeitos indesejados tanto para o ator social como para a organização.

Autores como Gouldner, Peter Blau e Selznick relataram também diversas disfunções burocráticas.

O Trabalho de Merton

- A ação social possui um paradoxo básico entre os efeitos desejados e os efeitos imprevistos.
- Contradições produzem tensões e conflitos nas organizações.
- O apego excessivo às regras burocráticas produz disfunções (personalidade burocrática).
- Dependendo da posição do indivíduo na estrutura, estratégias podem ser funcionais ou disfuncionais (exemplo, socialização antecipada).

Figura 5.6 O trabalho de Merton.

5.3.3 Gouldner

Nos anos 1950, Gouldner fez uma série de estudos em uma mina de gesso. Constatando que os membros de uma organização não têm os mesmos interesses e objetivos, propôs que as regras burocráticas representavam os interesses de parte dos membros da organização e conflitavam com os interesses de outros membros do sistema, levando necessariamente à eclosão de conflitos no sentido de mudar e reajustar essas regras.

Em seu livro *Patterns of industrial bureaucracy* (1954), relata três tipos de estrutura burocrática:

- **"Falsa" burocracia (*mock bureaucracy*)** – Estrutura que contém regras que não representam o interesse de nenhum grupo organizacional. Nesse caso, essas regras são artificiais, existem apenas para "constar" e são cotidianamente desobedecidas.
- **Burocracia representativa (*representative bureaucracy*)** – É baseada em regras que representam os interesses concretos de todos os grupos organizacionais. Essas regras são seguidas cuidadosamente, de modo estrito e sempre reforçadas pelos membros da organização.
- **Burocracia autocrática (*punishment-centered bureaucracy*)** – É o caso da estrutura burocrática baseada em regras que um grupo impõe aos outros grupos. Nesse caso, existem regras elaboradas por gerentes cujo objetivo é punir condutas "disfuncionais". Nesse tipo de estrutura eclodem muitos conflitos, dado o exercício estrito da autoridade burocrática. Segundo Gouldner, esse tipo de estrutura burocrática surge quando não existe confiança no sistema organizacional. O autor relata a importância do fenômeno da resistência organizacional no processo de burocratização do sistema.

O grau de burocratização, de acordo com Gouldner, é uma função do nível de resistência à institucionalização de regras no sistema. Normalmente há forças sociais que demandam maior nível de burocratização e outras que resistem à imposição de novas regras e normas. Nem sempre as forças sociais que defendem maior burocratização do sistema são a maioria.

Para Gouldner, uma das tensões primordiais do sistema burocrático, as quais ele chama **efeitos primários**, é a divergência entre os interesses pessoais dos indivíduos e os objetivos formais do sistema organizacional. Para coordenar a ação dos indivíduos, objetivando a concretização das metas organizacionais, surgem as regras e os controles burocráticos que, por sua vez, produzem os **efeitos secundários**. Essas tensões e conflitos emergem quando esses subsistemas e ferramentas são utilizados para supervisionar, monitorar e controlar a conduta dos indivíduos e os resultados do trabalho, ou seja, são típicos da administração.

O autor refere-se a um aspecto frequentemente denominado problemas de transação (*agency problems*), tratados pela teoria da agência. Toda transação social (relacionamento entre partes envolvendo negociação) traz conflitos e tensões inerentes a ela, uma vez que os atores sociais possuem interesses divergentes que devem ser compatibilizados. O conflito é algo inerente ao processo de negociação e à administração. Para tentar evitá-lo ou controlá-lo, existe uma tendência a aumentar os controles burocráticos ainda mais. A regra, porém, permite a negociação informal entre as partes no interior da organização. A regra, na verdade, estabelece um espaço de negociação e ajuste mútuo entre as partes.

> **O Trabalho de Gouldner**
> - Regras burocráticas representam interesses concretos da coalizão dominante.
> - Conflitos e resistências à mudança são fenômenos típicos de estruturas burocráticas, uma vez que não há unanimidade.
> - O grau de burocratização é função do nível de resistência no sistema.
> - A regra estabelece espaços de negociação.

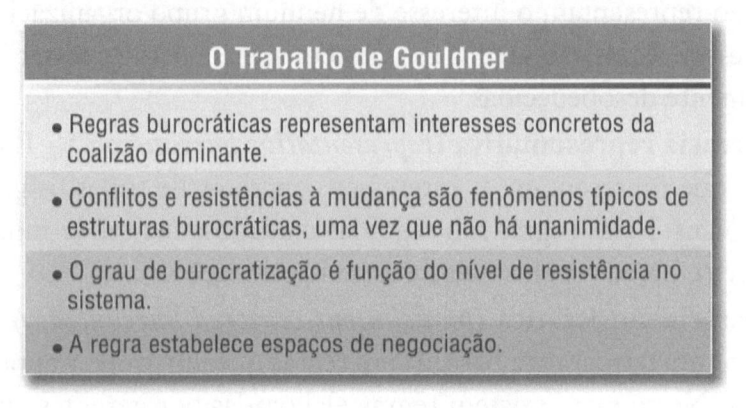

Figura 5.7 O trabalho de Gouldner.

Gouldner mostra as funções "latentes" da regra, que:

- permitem o controle a distância;
- restringem as relações entre as pessoas, aumentando a impessoalidade na organização;
- restringem a arbitrariedade do superior e legitimam a sanção, opõem-se ao clientelismo;
- tornam possível a apatia, ou seja, o comportamento do subordinado que se limita a aplicar as normas ao caso concreto, sem esforço extra;
- geram um espaço de negociação entre o subordinado e a hierarquia. O chefe sempre possui a possibilidade de aplicar ou não a sanção e pode negociar com o subordinado. Este pode, por sua vez, reduzir sua atividade ao mínimo, "escondendo-se" atrás da regra e limitando a sua colaboração de forma legítima. As regras não são apenas um instrumento de controle na mão da hierarquia, mas também um espaço de negociação a serviço dos subordinados. Meyer e Rowan (1991), teóricos do neoinstitucionalismo, descrevem essa estratégia da autoridade burocrática como "fazer vistas grossas" ao descumprimento da regra (*overlooking*).

Gouldner descreve alguns comportamentos informais que ajudam os gerentes a coordenar as atividades de seus subordinados em burocracias. Um dos mais importantes, abordado anteriormente, refere-se à não aplicação proposital das regras, que permite gerar um espaço de negociação proposital: o supervisor não aplica a regra desde que o subordinado cumpra a sua função dentro de certos padrões mínimos, e sempre existe, de forma velada, a possibilidade de a regra ser aplicada no caso de insatisfação do chefe com o subordinado. Do mesmo modo, os subordinados podem observar a conduta da autoridade burocrática e, ao menor erro ou descumprimento do regulamento por parte do supervisor, utilizar esse dado contra ele, dentro da lógica burocrática. Sendo assim, os supervisores devem usar de flexibilidade e de certo nível de tolerância com os seus subordinados se eles quiserem que estes cooperem e também tenham um comportamento flexível. Uma forma de greve, por exemplo, é quando os subordinados cumprem estritamente as regras ao pé da letra, não fazendo mais que o necessário. Nesse caso, é claro, o sistema não funciona, como mostram os trabalhos de Gouldner (1954).

Regras burocráticas
- Permitem o controle a distância.
- Aumentam a impessoalidade na organização.
- Restringem a arbitrariedade e legitimam a sanção.
- Tornam possível o comportamento minimalista do subordinado.
- Geram espaço de negociação entre subordinado e hierarquia.

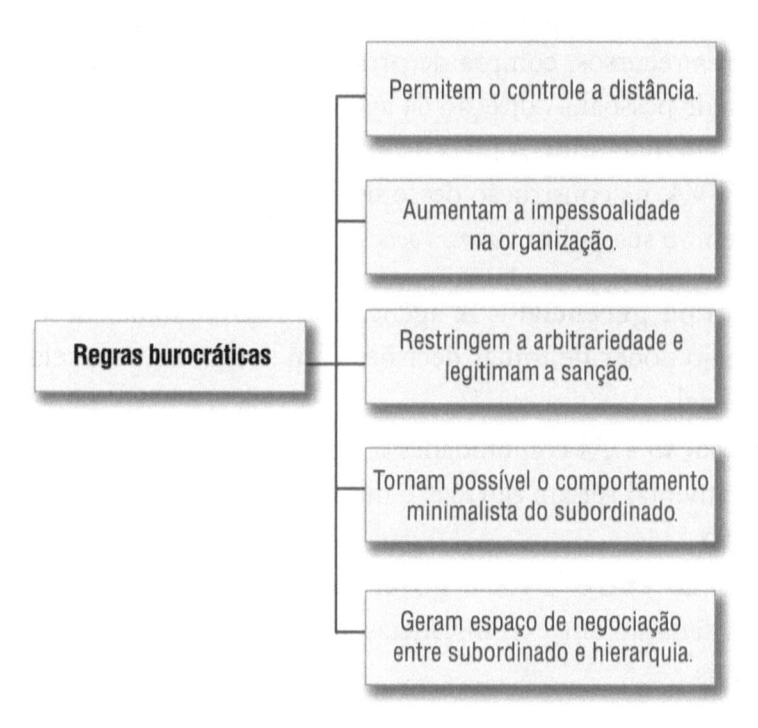

Figura 5.8 As funções da regra burocrática.

5.3.4 Selznick

Na mesma linha, Phillip Selznick (1955) vê, no nível da delegação de autoridade, forças geradoras de ineficiência na burocracia, pela criação de condições favoráveis à bifurcação de interesses. Sua obra mais conhecida é *Liderança na administração:* Uma interpretação sociológica. Selznick analisou, em 1949, a Tennessee Valley Authority (TVA), descrevendo como o excessivo apego à regra leva ao não atingimento dos objetivos organizacionais. A TVA foi uma instituição criada em

1933 pelo Congresso norte-americano com o objetivo de promover a gestão de uma fábrica de fertilizantes à base de nitrato e uma usina elétrica localizada em Muscle Shoals, Alabama, Estados Unidos. A fábrica e a usina foram inauguradas durante a Primeira Guerra Mundial e havia uma discussão se essas iniciativas deveriam ser geridas pelo Estado ou pelos particulares. A criação da TVA foi uma vitória para os que defendiam uma gestão direta pelo Estado desses ativos econômicos. A partir de 1933, a instituição redefiniu suas prioridades para desenvolver ações como o planejamento e a administração da bacia do Tennessee, a melhoria e a instalação da usina produtora de energia elétrica e a melhoria de condições de navegação fluvial e produção de fertilizantes na região. A direção da TVA preocupou-se assim em planejar de forma integrada o uso racional dos recursos naturais disponíveis. Como a estrutura formal da organização era pequena, contou-se com o apoio da comunidade local para tomar decisões sobre a alocação desses recursos, compra de propriedades, distribuição de fertilizantes e contratação de pessoal. A direção da agência resolveu consultar a comunidade local de forma democrática. A ideia do *grass roots* foi desenvolvida como a política oficial da TVA, na construção desse sistema de gestão democrático.

A TVA definiu sua política *grass roots* a partir de três princípios:

- **Autonomia gerencial** – A agência ou representante de dada localidade tinha o poder de tomar decisões com autonomia em relação à hierarquia oficial.
- **Participação** – As comunidades locais afetadas pelas decisões da agência governamental seriam ouvidas e manifestariam a sua opinião no processo decisório.
- **Associação entre TVA e governo local** – A agência tinha um papel de coordenação entre as instâncias governamentais municipais, estaduais e federais.

Esses três princípios partem do pressuposto de que a região constitui uma unidade integrada na qual vários níveis decisórios e várias políticas devem ser compatibilizados.

Esse estilo de gerência, inovador para a época, teve, no entanto, dificuldades em ser implementado. Os objetivos da TVA, em resumo, eram:

- **objetivos internos** – comunicação eficiente entre as instâncias administrativas;
- **objetivos externos** – ajuste da agência aos problemas locais.

A direção da TVA criou, na época, expressões típicas que passaram a ser aceitas sem crítica. A utilização de expressões como "política do popular", "instituição próxima ao povo", "bem comum" etc. foram sendo incorporadas à cultura oficial e ao estilo de liderança da agência, que se legitimava a partir desse tipo de ação, tida como democrática. Selznick (1980) observou o processo de institucionalização dessas expressões e práticas administrativas e relatou alguns dos efeitos "indesejados" e algumas das disfunções dessa estrutura burocrática, os famosos paradoxos da ação social, conforme descrição anterior de Merton (1950):

> **O primeiro dilema da ação social é a contradição entre teoria e prática, discurso e ação.** Institucionalizam-se conceitos, modelos e expressões como "democracia", "política do povo" etc., mas, na prática, a tentativa de implementar essas políticas mostra as discrepâncias entre o discurso e a prática.
> **Outra contradição é o dilema entre participação e escolha seletiva.** Trata-se do ideal de participação total anunciado, enquanto, na realidade, o processo decisório é um procedimento seletivo de escolha e eliminação de possibilidades de ação. Esse ideal de participação total tem, pois, uma função ideológica.
> **O terceiro dilema é a contradição entre as dimensões da perenidade e da fluidez das políticas administrativas.** Influenciada por governos locais, a política da TVA flutuava de acordo com as mudanças na política local, o que gerava problemas quanto à continuidade das políticas da agência e à busca por coerência.
> **O quarto dilema é, de um lado, o apego às regras e aos padrões burocráticos formais e, de outro, a renovação de políticas administrativas.** A tendência dos burocratas da agência de se apegarem às normas e aos procedimentos formais bloqueava a inovação e o desafio dos padrões estabelecidos para renovação administrativa.

Além de narrar essas contradições inerentes à estrutura burocrática, Selznick descreve a ação dos indivíduos nas organizações como uma ação recalcitrante e indecisa. Segundo o autor, os indivíduos são uma totalidade que não pode ser reduzida a operar em torno de um papel social específico. A personalidade é um todo que supera a mera execução cotidiana de alguns papéis burocráticos formais. Dessa forma, o ideal burocrático é uma ficção. O indivíduo não deixa a sua personalidade "do lado de fora da organização" ao ir trabalhar todo o dia, apesar de este ser um ideal burocrático. Na prática, os indivíduos não excluem os outros aspectos de sua personalidade e afetividade, de sua ação e de suas escolhas na organização. A execução estrita de papéis sociais burocráticos não tem lugar. Assim, as organizações, como instituições que são, devem permitir aos indivíduos a busca de seus interesses específicos, obtendo, a partir disso, o seu comprometimento e sua colaboração enquanto for interessante para eles cooperarem. Organizações são sistemas que visam obter a integração de indivíduos recalcitrantes que lutam para o atingimento de seus objetivos e interesses específicos. Nota-se aqui a perspectiva weberiana da análise – organizações são sistemas que influenciam os indivíduos em sua ação e ao mesmo tempo as organizações são construídas nesse processo por meio da enação do grupo organizacional, que interpreta o ambiente e age em sociedade. Adota-se o pressuposto weberiano da "construção social da realidade" na corrente funcionalista de análise.

5.3.4.1 TVA e a cooptação: uma visão institucionalista

Selznick (1955) no estudo *TVA and the grass roots* também analisa as relações entre o departamento de agricultura da TVA e os fazendeiros da região, mostrando que se trata de uma dependência mútua que se utiliza do mecanismo de cooptação. O autor mostra que todas as organizações são influenciadas por forças tangenciais que influenciam nas estruturas formais dessas organizações. Os atores sociais resistem ao controle social. As organizações, por sua vez, estão inseridas em uma matriz institucional, o que quer dizer que o meio ambiente exerce forças que fazem as estruturas organizacionais se ajustarem continuamente a elas. As estruturas sociais são assim analisadas por uma ótica estrutural funcional.

Ao definir cooptação, Selznick fala que esta pode ser tratada como um processo de absorção de novos elementos pela coalizão que detém o poder em uma organização.

A **cooptação informal** é provocada pela luta por poder e formação de alianças e coalizões; e a **cooptação formal** é provocada por um fenômeno de legitimação das relações de cooptação informais. Desse modo, a formação de regras e a legislação formal exprime o jogo de poder no meio ambiente das organizações. Essas regras e formas organizacionais criadas pelas organizações e agentes supra-organizacionais (tais como associações governamentais, associações de classe, *lobbies* etc.) passam a influenciar e exercer pressões sobre as estruturas organizacionais dos sistemas inseridos naquele meio ambiente institucional (matriz institucional). Essas organizações se estruturam de acordo com esses modelos e dentro dessas mesmas organizações novas lutas de poder entre coalizões reagirão a essas pressões e à incorporação desses modelos.

> **O Trabalho de Selznick**
>
> - Definição dos dilemas e contradições básicas da ação social, responsáveis por disfunções.
> - Atores sociais são recalcitrantes e resistem ao controle social, devendo ser levados a cooperar.
> - Matriz institucional e forças do meio ambiente levam organizações a se ajustarem continuamente.
> - Cooptação como mecanismo de absorção de novos elementos pela coalizão dominante.

Figura 5.9 O trabalho de Selznick.

5.3.5 Michel Crozier

No seu estudo sobre a burocracia francesa, Crozier (1964) mostra como as características das organizações que ele estuda (as regras impessoais, a centralização do poder de decisão, a estratificação dos indivíduos em grupos homogêneos e fechados etc.) induzem comportamentos nos grupos que reforçam ainda mais essas mesmas regras e estruturas, em um círculo vicioso. Tal fato ocorre independentemente da vontade dos grupos de mudar ou não o sistema.

Crozier salienta ainda outra função da burocracia, especialmente marcante na França: evitar as relações pessoais e espontâneas, suscetíveis de produzir conflitos. A regra estrutura as relações entre os grupos, reforçando a impessoalidade na organização. Dessa forma, mesmo se a regra provocar "disfunções", a despersonalização e a estruturação das relações assegurarão o funcionamento do sistema evitando conflitos. Segundo o autor, independentemente dos problemas e disfunções do sistema, a burocracia seria um sistema que teria a sua funcionalidade e lógica próprias. A burocracia seria uma solução organizacional que tentaria evitar a arbitrariedade, o confronto entre os indivíduos e grupos e os abusos de poder.

Descreveremos melhor o trabalho de Michel Crozier no Capítulo 12, dedicado ao poder, no qual também retomaremos as análises de Merton, Selznick e Gouldner, que tratam do exercício do poder na estrutura burocrática. Crozier foca a organização como um sistema que estrutura jogos de poder entre os atores sociais. "Atores sociais" é uma expressão utilizada no paradigma weberiano para expressar a concepção do ser humano como ser analítico, que age estrategicamente de modo político a partir da análise das opções em jogo, podendo sempre escolher mais de uma alternativa de ação, desde que esteja disposto a pagar o preço de suas escolhas dentro da estrutura do jogo social. Adota-se o pressuposto da racionalidade limitada de Simon, descrito no capítulo anterior, bem como o conceito de que o homem não necessariamente precisa estar consciente de suas estratégias de ação. Alguns elementos da análise crozeriana são os seguintes:

a) Ação coletiva

Para Crozier, a ação social em grupo (a ação coletiva) não é um fenômeno natural. Trata-se de um construto social. A organização é uma estruturação da ação coletiva que visa oferecer soluções específicas para a concretização de objetivos do grupo social. As regras burocráticas correspondem a soluções criadas por atores sociais relativamente autônomos, que buscam regular e instituir a cooperação para atingir objetivos e metas comuns ao grupo social. As soluções organizacionais são contingentes (indeterminadas e arbitrárias), mudam com o tempo e são relativas a cada grupo organizacional. As generalizações e os modelos são limitados. Devem-se sempre observar as regras, características culturais e os jogos de ator de cada sistema organizacional.

b) Efeitos inesperados (*effects pervers*)

Os efeitos inesperados (*effects pervers*) correspondem à descrição das disfunções burocráticas feitas pelos autores mencionados (Merton, Gouldner, Selznick etc.). E devem-se ao fato de que existem, nas organizações, indivíduos com interesses múltiplos e divergentes, várias racionalidades e "lógicas de ator" igualmente válidas. No sistema organizacional, cotidianamente, os atores sociais tomam diversas decisões de acordo com seus interesses específicos. Cada decisão, na sua esfera, é perfeitamente racional no pressuposto da racionalidade limitada (o que não quer dizer necessariamente consciente, como vimos no Capítulo 4). O conjunto de decisões, no entanto, produz incoerências e incertezas no sistema organizacional. São esses os efeitos inesperados descritos neste capítulo e que, segundo Hirschmann (1970), são compensados pelo *slack* organizacional ou reserva de recursos de que a organização dispõe e pode utilizar para compensar as incoerências do sistema.

c) Problemas da ação coletiva

Como vimos, para Crozier, as organizações são soluções institucionalizadas e construídas por um grupo com interesses em comum. Trata-se de soluções artificiais que geram problemas de coordenação (efeitos inesperados ou disfunções). A obtenção da cooperação entre diferentes atores sociais é um dos problemas principais da organização. Para o autor, a integração dos indivíduos e grupos à organização se faz normalmente de três maneiras:

> **A coerção**, quando os atores sociais submetem-se às regras organizacionais por serem obrigados a tanto ou por submeter-se às pressões do sistema organizacional.

> A manipulação afetiva ou ideológica.
> A negociação entre os grupos organizacionais.

d) Conceito de organização

A organização é um sistema de jogos estruturados. As regras e estruturas organizacionais operam de modo indireto e não determinam o comportamento dos atores sociais, mas induzem jogos de poder e comportamentos. Os atores sociais podem colaborar ou não, buscando negociar melhores condições de inserção no sistema e obter maior controle de recursos, atendendo aos seus objetivos e interesses pessoais. No entanto, ao lutar pela realização de seus interesses pessoais, os atores sociais devem jogar a partir das opções fornecidas pelo sistema e, assim, estarão, mesmo em um nível mínimo, cumprindo em parte os objetivos organizacionais.

e) As incertezas e o poder

O controle dos recursos organizacionais é distribuído de modo desigual. As organizações dependem de recursos materiais, tecnológicos e de certos tipos de competência técnica para o atingimento de suas metas formais. Alguns desses recursos são fundamentais para o funcionamento do sistema. Os atores sociais que controlam esses recursos detêm maior poder. Esses recursos constituem "zonas de incerteza pertinentes". Os atores sociais que controlam essas zonas de incerteza pertinentes, ou seja, que possuem as competências fundamentais para o funcionamento da organização, competências das quais a organização depende para o seu funcionamento e lucratividade, podem decidir colaborar ou não, disponibilizar ou não esses recursos, competências técnicas e conhecimento. Sempre existe a ameaça velada de esses profissionais não colaborarem e privarem o sistema de seus recursos fundamentais.

Os atores sociais que controlam os recursos fundamentais para a organização poderão se impor aos outros, influenciando os rumos do sistema organizacional, ganhando maior poder. No entanto, as situações são contingentes e mudam. As zonas de incerteza de hoje não serão as mesmas de amanhã. Quando uma tecnologia é substituída e um novo sistema é implementado, quando ocorre a mudança organizacional, um novo sistema de regras e normas é criado. Novas competências tornam-se essenciais para a organização e o novo sistema de regras deve contemplar o novo sociograma (alianças políticas e coalizões locais), ou seja, conferir maior poder para os indivíduos que detêm os recursos essenciais para o funcionamento da organização.

A mudança organizacional redistribui as zonas de incerteza pertinentes e o controle de recursos, provocando logicamente resistências dos que se veem privados de recursos, uma vez que a disputa por recursos na organização é um jogo de soma zero: como esses recursos são limitados, quando alguns ganham, outros necessariamente perdem. A direção da organização deve gerir a mudança com cuidado, negociando soluções com os atores organizacionais que continuam detendo poder no sistema. Essas soluções são sempre contingentes e específicas, porque os cenários e a distribuição de poder mudam. O impacto da resistência à mudança dos atores sociais será proporcional à sua importância para o funcionamento do sistema como um todo.

f) A mudança organizacional e a aprendizagem

A mudança, na perspectiva crozeriana, não é a implantação de um modelo mais racional, uma vez que todas as racionalidades são igualmente válidas e correspondem a interesses de jogo concretos. Para o autor, a mudança é um processo de criação coletiva pelo qual **os membros de dada coletividade inventam e fixam novas maneiras de jogar o jogo social da cooperação e do conflito, negociando interesses e instaurando uma nova estrutura e uma nova ordem social**. Não se trata apenas de uma mudança técnica, mas da instauração de novos jogos políticos, novas formas de controle de recursos, hábitos e práticas sociais que favoreçam a implementação efetiva da nova tecnologia, ferramenta ou modelos de gestão. Refere-se à construção de um novo sistema organizacional. A contradição fundamental é que o novo sistema só pode ser construído a partir do sistema anterior, com o qual, no entanto, deve romper ao menos parcialmente, para instaurar uma nova distribuição de recursos e poder. O sistema anterior fornece a maioria das competências disponíveis para a criação do novo. Deve-se, pois, coordenar a transição dos atores sociais para o novo sistema organizacional, negociando soluções com os diversos grupos de atores sociais, dependendo da importância dos recursos que detenham.

O modelo "político" de gestão de pessoas descrito no Capítulo 3 busca inspiração nesse tipo de análise. A implementação de uma nova tecnologia, por exemplo, implica mudança de hábitos, comportamentos e práticas sociais anteriores. Em uma organização em que os indivíduos estruturam-se em grupos fechados e "feudos" e não trocam informações, não havendo, de fato, integração horizontal, a implementação de um Sistema Integrado de Gestão – *Enterprise Resource Planning* (ERP) –, por exemplo, pode ser vã, caso não se estruturem novas regras organizacionais e sistemas de recompensa que façam ser "um bom negócio" para os atores organizacionais mudarem o seu comportamento e suas estratégias anteriores.

A nova tecnologia pode ser implantada, viabilizando uma comunicação eficiente, porém os atores organizacionais podem resistir à sua implantação, não tornando disponíveis as informações necessárias no sistema. Como não se pode controlar todos o tempo todo, o sistema pode, ao menos em alguns setores, não ser efetivamente utilizado, existindo apenas para "constar", "para inglês ver", como descrevem Caldas e Wood Jr. (1999) em suas pesquisas. Os estudos do neoinstitucionalismo aplicado às organizações, como veremos em um capítulo posterior, relatam a função da ferramenta, modelo de gestão ou tecnologia, que existe apenas para adequar a organização às pressões isomórficas de seu ambiente institucional, auxiliando-a a obter legitimidade externa.

A inovação tecnológica, por exemplo, a implementação efetiva de sistemas de informação, gerando aprendizado de circuito duplo (questionamento do sistema anterior, seu redesenho e criação de um sistema novo), depende da criação de um sistema de regras que favoreça a mudança comportamental dos atores sociais a partir de seus interesses estratégicos. Só assim o sistema convencional anterior poderá ser questionado e um novo sistema, proposto.

Sem inovação organizacional não se efetivam a inovação tecnológica e a implementação de ferramentas administrativas e modelos de gestão novos. Conforme mostram as pesquisas de Shoshana Zuboff (1984) sobre burocracias, no caso de o grupo organizacional resistir à inovação tecnológica, não ocorre o aprendizado em circuito duplo, e a tecnologia cumpre apenas a sua função de "mecanização" (automatizar procedimentos) e não a sua função informacional (gerar informação nova). Vários autores desenvolvem pesquisas nesse sentido, sob inspiração das teorias neoinstitucionalistas, aplicando-as ao contexto brasileiro (Vasconcelos e Vasconcelos, 2001; Fonseca e Machado-da-Silva, 2001; Vasconcelos et al., 2001).

O Trabalho de Michel Crozier

- A ação coletiva é um construto social.
- Regras burocráticas são formas de instituir a cooperação entre atores sociais autônomos.
- As soluções organizacionais são contingentes, indeterminadas e mudam com o tempo.
- Existem nas organizações múltiplas "lógicas de ator" igualmente válidas.
- Os atores organizacionais perseguem interesses específicos dentro de um jogo de soma zero.
- Atores sociais que controlam "zonas de incertezas pertinentes" possuem maior poder na estrutura organizacional.
- Mudança como processo de criação de um novo sistema de regras e normas pelos atores sociais.

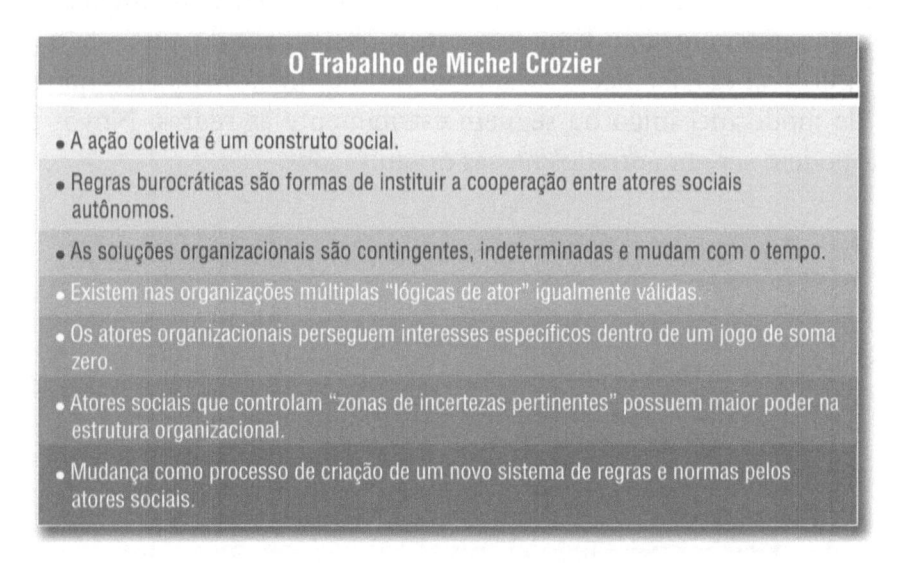

Figura 5.10 O trabalho de Crozier.

5.3.6 Peter Blau

Outro nome que não pode ser omitido é o de Peter M. Blau. Suas obras, entre as quais *A dinâmica da burocracia*, *A burocracia na sociedade moderna* e *Organizações formais*, sendo essa última em colaboração com W. Richard Scott, da Universidade de Stanford, colocam-no no primeiro plano do estruturalismo na teoria das organizações. De especial interesse é o lugar que confere ao papel dos conflitos no desenvolvimento das organizações, o qual considera um processo fundamentalmente dialético. Blau foi aluno de Merton e desenvolveu suas pesquisas em organizações públicas. Nelas, ele mostra como, na prática, regras e procedimentos formais são desobedecidos pelos atores sociais no exercício de seu trabalho cotidiano. Como relata Merton (1966), a personalidade integral do indivíduo influencia sua ação na organização. O tipo ideal do comportamento burocrático é uma ficção.

Por exemplo, em uma de suas pesquisas, Blau relata como recepcionistas e funcionários de uma organização sem fins lucrativos desobedeciam a normas e regulamentos nos casos em que pessoas necessitadas solicitavam-lhes ajuda formal. Os funcionários acreditavam que os indivíduos mereciam um tratamento mais "humano" e "caridoso" que os permitidos pelas regras e, para comportar-se da maneira como julgavam adequada a uma instituição de assistência pública a necessitados, desobedeciam conscientemente às regras e ajustavam o seu comportamento às expectativas dos "clientes".

Após vários estudos em que chega a conclusões similares, Blau observa que, em organizações burocráticas, os funcionários vão evitar os aspectos desagradáveis dos procedimentos oficiais e mudar a sua conduta a fim de adotar atitudes que julguem mais apropriadas ou convenientes para a situação, dependendo de seus valores como grupo organizacional. Essas "inovações comportamentais", como descreve Blau, serão justificadas a partir dos valores mais amplos da cultura da organização ou grupo. É interessante a observação do autor de que organizações burocráticas não necessariamente produzem atores sociais que se comportam de modo mecânico ou seguem estritamente as regras. Novos padrões culturais podem ser encontrados nessas organizações.

O Trabalho de Peter Blau

- Regras e papéis formais são desobedecidos pelos atores sociais no exercício de seu trabalho cotidiano.
- O tipo ideal do homem burocrático é uma ficção. A pessoalidade está presente nas relações de trabalho.
- A cultura e os padrões informais do grupo influenciarão a definição de papéis organizacionais.

Figura 5.11 O trabalho de Peter Blau.

5.4 Ideias centrais

5.4.1 O homem organizacional: a dimensão política do ator social

Uma sociedade moderna e industrializada é caracterizada pela existência de um número muito grande de organizações, a ponto de se poder afirmar que o homem passa a depender delas para nascer, viver e morrer. Esse aspecto das sociedades modernas requer um tipo todo especial de personalidade, em que estejam presentes a flexibilidade, a resistência à frustração, a capacidade de adiar as recompensas e o desejo permanente de realização. São essas características que permitem a participação simultânea em vários sistemas sociais, nos quais os papéis desempenhados variam, podendo mesmo chegar à inversão, bem como acontecer os desligamentos bruscos de organização e de pessoas e os novos relacionamentos correspondentes sem grandes desgastes emocionais.

A flexibilidade torna-se mais que uma necessidade em um tipo de vida em que tudo se transforma rapidamente (Whyte Jr., 1956, p. 435). A grande tolerância à frustração e a capacidade de adiar as recompensas agem como compensações à necessidade que o homem tem de se entregar a tarefas rotineiras na organização, esquecendo-se de preferência e laços pessoais. A mediação dos conflitos que inevitavelmente surgem como manifestação de um conflito maior entre necessidades organizacionais e individuais é procurada nas normas racionais, escritas e exaustivas, que pairam sobre as organizações como divindades onipotentes. O desejo permanente de realização, por seu turno, garante a conformidade com tais normas, que asseguram o acesso às posições de carreira estabelecidas em ordem crescente pela alta administração.

Desse modo, a cooperação é conseguida em função do desejo intenso de obtenção de recompensas sociais e materiais, o qual também é responsável pela submissão do indivíduo ao processo muitas vezes doloroso de socialização, que lhe é imposto pela organização para o desempenho de vários de seus papéis, principalmente daqueles mais especializados. Uma observação importante que se faz necessária refere-se ao fato de que as organizações não exigem a presença de tais qualificações maximizadas. Sua complexidade torna úteis composições diversas de personalidade para o preenchimento de seus cargos altamente diferenciados.

À primeira vista, o homem organizacional, dotado de tais características, parece liberto da ética protestante, a qual, segundo Max Weber (1967), tem relação estreita com o espírito de capitalismo moderno. Tal distanciamento, a nosso ver, vem do fato de que enquanto a personalidade exigida pela sociedade moderna é cooperativa, a ética protestante leva ao individualismo. Parece-nos, entretanto, que algumas das virtudes menores do protestantismo ascético, tais como a laboriosidade, a pontualidade, a integridade, o conformismo e a realização, desempenham um papel de enorme relevância na determinação do comportamento do homem organizacional.

É indiscutível que um grande número de pessoas que participam de organizações ressinta-se do conformismo exigido. As forças que determinam essa conformidade não são, entretanto, tão poderosas a ponto de impedir a explosão lenta das potencialidades criadoras do homem, e o próprio desejo permanente de realização acaba por constituir um poderoso agente de mudança organizacional. Esse fato apenas vem reforçar o caráter natural e, muitas vezes, dinâmico do conflito nas organizações.

O homem organizacional é um ser que age racionalmente (o que não quer dizer conscientemente) visando atingir os seus objetivos e interesses próprios. Capaz de negociação política, desenvolve estratégias de jogo para inserir-se no sistema organizacional, que lhe fornece os meios para o atingimento de seus interesses pessoais. Sua ação não é determinada pelas regras e estruturas organizacionais, ela apenas induz comportamentos e estrutura os jogos de poder. Há, porém, sempre uma margem de manobra para a elaboração de diversas estratégias de ação. A cada opção de jogo, a cada estratégia, corresponderão os efeitos desejados ou indesejados que caberá ao homem organizacional gerir. Adota-se aqui o pressuposto da construção social da realidade: o homem constrói os sistemas em que vive e é por eles construído. O perigo de alienação habita, no entanto, na adoção de comportamentos conformistas e na adoção cega de papéis e comportamentos exigidos pelas organizações para o seu funcionamento.

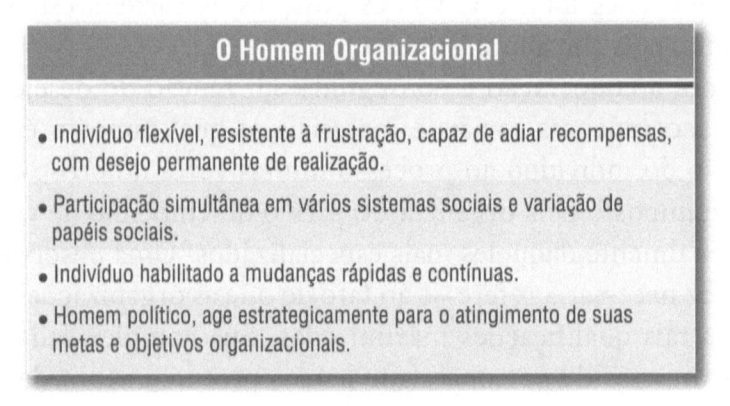

O Homem Organizacional

- Indivíduo flexível, resistente à frustração, capaz de adiar recompensas, com desejo permanente de realização.
- Participação simultânea em vários sistemas sociais e variação de papéis sociais.
- Indivíduo habilitado a mudanças rápidas e contínuas.
- Homem político, age estrategicamente para o atingimento de suas metas e objetivos organizacionais.

Figura 5.12 O homem organizacional.

5.4.2 Os conflitos inevitáveis

Tanto a Escola de Administração Científica quanto a de Relações Humanas, provavelmente em função de seu tônus prescritivo, colocaram fora de discussão o problema do conflito. A primeira, sustentando que a harmonia de interesses era natural e a segunda, que tal harmonia poderia ser preservada pela administração por meio de uma atitude compreensiva e terapêutica, que eliminaria as condutas individuais consideradas aberrantes. Em última análise, tais modos de ver o problema revelam uma atitude profundamente moralista e conservadora, que evita reconhecê-lo em todas as suas dimensões; porquanto, em suas manifestações mais violentas, o conflito pode envolver destruição de vidas e produtos culturais, além do fato de se constituir em ameaça constante à estabilidade social.

Para os estruturalistas contemporâneos da teoria das organizações, o conflito entre grupos é um processo social fundamental. É o conflito o grande elemento propulsor do desenvolvimento, embora isso nem sempre ocorra. Não são, portanto, todos os conflitos desejáveis, mas sua existência não pode ser ignorada, visto que, sendo inevitáveis, eclodirão sob as mais variadas formas, algumas das quais extremamente violentas. No campo da administração, pode-se afirmar que o conflito entre grupos é inerente às relações de produção, visto que, existindo infinitos procedimentos que visam tornar o trabalho mais agradável, não se tem notícia de nenhum capaz de torná-lo satisfatório em termos absolutos. Há uma tendência atual de se considerar o conflito um mecanismo fundamental para o aperfeiçoamento dos sistemas organizacionais e dos procedimentos administrativos. Evolui-se com base em uma dialética de construção e desconstrução dos sistemas organizacionais. As estruturas são construídas pelo homem em sua atividade política e correspondem a sociogramas locais e movimentos políticos. O conflito, pois, não pode ser ignorado e passa a ser considerado inerente às organizações.

5.4.3 As contradições e os paradoxos organizacionais como elementos constitutivos da burocracia

Vimos no começo deste capítulo que Merton já falava das consequências esperadas e inesperadas da ação social como constituintes de uma contradição ou de seu paradoxo básico. Crozier também fala dos "efeitos inesperados" do sistema organizacional, dada uma quantidade grande de racionalidades e interesses divergentes dos atores organizacionais. Além disso, como bem observou Amitai Etzioni (1967) em *Organizações modernas*, há na organização tensões inevitáveis, de vários tipos, que podem ser reduzidas, mas não eliminadas. Essas tensões situam-se entre necessidades organizacionais e individuais, racionalidade e irracionalidade, disciplina e liberdade, relações formais e informais, entre níveis hierárquicos e entre unidades administrativas. Merton (1966, p. 108) salienta os conflitos entre burocrata e público cujas fontes estruturais estão relacionadas com a tendência ao tratamento formal e impessoal por parte do primeiro, quando o que o segundo deseja é uma atenção especial e individualizada. Blau e Scott (1970) concentram sua análise da dinâmica organizacional em três dilemas que consideram fundamentais nas organizações, os quais, segundo eles, chamam a atenção à inevitabilidade do conflito e da mudança. Os três dilemas referem-se à comunicação e à coordenação, à disciplina burocrática e à especialização profissional e ao planejamento administrativo e à iniciativa.

O **dilema comunicação e coordenação** explica-se pelo fato de que o livre fluxo de comunicação tem um papel importantíssimo na solução dos problemas administrativos, com o alívio das ansiedades geradas pela tomada de decisões que o apoio social proporciona, da percepção e da correção de erros propiciada pela participação de pessoas diferentes e do incentivo às boas sugestões e críticas que o grupo oferece. O debate entre pessoas com opiniões diversas, no entanto, dificulta a coordenação, visto que a comunicação irrestrita cria uma batalha de ideias que torna difícil o acordo. Assim, os processos de livre comunicação tornam o desempenho dos grupos superior ao dos indivíduos quando a tarefa é o encontro da solução para um problema. O debate entre indivíduos diferentes permite esclarecer alguns pontos e pesar alternativas, favorecendo a inovação. O conflito, no entanto, pode dificultar a coordenação quando se trata de tomar decisões rápidas. A função da gerência como árbitro de soluções é uma proposta derivada dessas observações clássicas dos estudos sobre burocracia, como mostramos no Capítulo 3 ao descrever o modelo político de gestão de pessoas.

O **segundo dilema, disciplina burocrática e especialização profissional**, também observado por Gouldner (1954) em *Patterns of industrial bureaucracy*, refere-se às oposições existentes entre os princípios que governam o comportamento burocrático e àqueles que governam o comportamento profissional. Há muito em comum entre tais séries de princípios, mas há também muitas diferenças. Assim, enquanto ao profissional cabe representar os interesses de seus clientes, ao burocrata cabe representar os da organização; enquanto a autoridade do burocrata se baseia em um contrato legal, a do profissional baseia-se no conhecimento que existe de sua especialização técnica. Thompson (1967a, p. 13) deu especial destaque a esse aspecto, afirmando, como já vimos, que a característica mais sintomática da organização moderna é o desequilíbrio crescente entre a capacidade e a autoridade, que no modelo burocrático se baseia na estrutura hierárquica definida por um sistema formal. Além disso, as decisões de um burocrata devem ser governadas por uma concordância disciplinada com as diretivas dos seus superiores, enquanto as de um profissional devem sê-lo por padrões profissionais internacionalizados e, finalmente, quando uma decisão de um burocrata não é bem aceita, o julgamento final cabe à administração, enquanto, no caso de um profissional, esse julgamento cabe ao grupo dos seus colegas de profissão. As dificuldades que tais diferenças impõem resultam da necessidade que as organizações modernas têm de empregar tanto profissionais quanto burocratas. Gouldner (1954), estudando uma escola superior, focalizou a diferença entre as orientações cosmopolitas dos profissionais e os locais dos burocratas.

O terceiro dilema analisado por Blau e Scott (1970) refere-se **ao planejamento administrativo e à iniciativa**. O avanço tecnológico no mundo moderno exige das organizações um enorme esforço criativo, que permita sua sobrevivência e seu crescimento. Isso quer dizer que o destino das organizações depende em grande medida da iniciativa e da criatividade individual. Entretanto, a necessidade de planejamento persiste e, com ela, a de controle. A maior parte dos mecanismos de controle, no entanto, inibe a iniciativa e a criatividade individual. Peter Blau e Richard Scott acreditam que tais dilemas são, na verdade, manifestações do dilema maior entre ordem e liberdade. Longe de lastimar tais oposições, porém, esses autores sustentam que são elas as responsáveis pelo desenvolvimento das organizações. De fato, no processo de resolver problemas antigos, novos problemas são criados, mas a experiência ganha na resolução não é perdida, pois contribui para a busca de soluções para os novos problemas, sugerindo que o desenvolvimento organizacional é um processo essencialmente dialético (Blau e Scott, 1970, cap. 9).

Atualmente, o tema paradoxo organizacional voltou à moda. Estudos sobre processos cognitivos realizados por autores como Bateson (2002) e Varela (1989) mostram que, a fim de atribuir sentido e compreender os sistemas organizacionais complexos e ambíguos nos quais estão inseridos, os indivíduos têm a tendência a polarizar suas percepções em torno de elementos contraditórios e opostos (Lewis, 2000; Vasconcelos e Vasconcelos, 2001). A partir disso, eles começam a agir em função dessa percepção polarizada. Paradoxos são assim realidades socialmente construídas, por meio de percepções simplificadas dos atores sociais, que, ao tentarem atribuir sentido à sua experiência, representam os sistemas complexos nos quais estão inseridos em torno de duas percepções contraditórias que passam a orientar a sua ação. Os problemas organizacionais passam a ser descritos como variação de duas dimensões opostas que confundem e incomodam os atores sociais, gerando dissonância cognitiva (Festinger, 1957). Como definido por Eisenhardt (2000), um paradoxo é a existência simultânea em uma organização de dois estados aparentemente inconsistentes, duas realidades opostas e aparentemente irreconciliáveis como "autonomia e conformidade", "novo e velho", "aprendizagem e mecanização do trabalho", "liberdade e vigilância". A partir dessas percepções contraditórias provocadas pelas organizações nas quais trabalham, alguns grupos de atores sociais desenvolvem reações defensivas que aumentam o nível de tensão e estresse no sistema organizacional, reforçando os conflitos existentes (Lewis, 2000). Algumas correntes prescritivas atualmente falam em "gestão do paradoxo", ou seja, não na eliminação, mas na descoberta dos paradoxos organizacionais e na sua administração por profissionais especializados (Vasconcelos e Vasconcelos, 2001).

5.4.4 Os incentivos mistos

A forma pela qual foi tratado o problema dos incentivos pelas Escolas de Administração Científica e de Relações Humanas é, para os estruturalistas, a consequência de uma visão fragmentada da realidade da organização e da natureza humana. Entendendo organização como um sistema formal, no qual o trabalhador tinha um papel absolutamente passivo, e a natureza humana como egocêntrica e voltada tão somente para fins econômicos, os incentivos eficientes teriam necessariamente que ser monetários e tal foi realmente a receita dada pelos teóricos da Administração Científica. Entendendo a organização como um emaranhado de grupos informais que colaboravam ou não com a administração, à medida que esta lhes oferecesse ou não *status*, prestígio e circunstâncias favoráveis ao desenvolvimento da amizade e do companheirismo, a Escola de Relações Humanas, por sua vez, teria de superestimar os incentivos e as recompensas psicossociais.

Na verdade, é indiscutível a importância das compensações sociais para a dedicação do homem à organização, não sendo poucos os exemplos de pessoas que trocam empregos por outros menos rentáveis, mas que lhes conferem maior prestígio. Tais exemplos são muito comuns entre juízes, que poderiam ganhar muito mais em escritórios de advocacia, entre professores universitários, que poderiam também ganhar bem mais em empresas, e mais raros no nível do trabalhador industrial, embora também lá sejam encontrados, não há dúvidas de que o pleno reconhecimento da importância de tais compensações é um mérito da Escola de Relações Humanas.

A grande falha dessa corrente do pensamento administrativo parece estar na condenação dos incentivos monetários. Para compensar isso, os estruturalistas incluíram em sua análise tanto os incentivos e as recompensas psicossociais quanto os materiais, bem como as suas influências mútuas. O ser humano é um ser político e racional, que explora as regras do sistema organizacional para o atingimento de seus interesses particulares, visando aumentar o seu poder e os recursos que controla. Procede assim por meio de opções estratégicas em um sistema de jogos estruturados pelas regras organizacionais, como vimos anteriormente. Muitos tipos de incentivo são considerados nessa análise: os monetários e os não monetários. Consolida-se uma visão menos ingênua da ação humana, considerada aqui mais complexa.

5.4.5 O estruturalismo e a organização

Os estruturalistas veem a organização como um sistema deliberadamente construído e em constante relação de intercâmbio com seu ambiente. A organização constitui uma parte de um sistema maior no qual está integrado o sistema social. Este possui leis amplas e genéricas que explicam as diversas partes que o constituem, por exemplo, a organização. Nesse sentido, organização é um sistema aberto. Apesar de os estruturalistas utilizarem esses conceitos, a noção da administração como sistema aberto foi difundida mais tarde a partir dos estudos de Bertalanffy e das pesquisas sociotécnicas, como veremos no próximo capítulo. Os estruturalistas fenomenológicos estudados neste capítulo dão maior ênfase **aos aspectos estruturais e internos da organização**. De acordo com essa concepção, as relações entre as partes da organização são de grande importância, o que os leva a dar destaque todo especial às relações entre organização formal e organização informal, seja na análise de empresas, escolas, hospitais seja de quaisquer outros tipos de organização, dando sempre preferência à abordagem comparativa.

5.4.5.1 Etzioni e as tipologias da organização burocrática

Etzioni (1967), nesse esforço de comparação, tomou como base o poder empregado pelos superiores para controlar os subordinados e a orientação dos subordinados com relação a esse poder. Nessa linha, pode-se construir uma tipologia de organizações, na qual se combinam um aspecto estrutural, uma vez que se baseia nos tipos e na distribuição de poder, e um aspecto motivacional, visto que se baseia nas diferentes formas de compromisso dos participantes com a organização burocrática.

a) **As organizações burocráticas coercitivas** são aquelas nas quais a coerção constitui o principal meio de controle dos participantes dos níveis mais baixos e um alto grau de alienação caracteriza a orientação da maioria desses participantes com relação à organização. Exemplos típicos são os campos de concentração, os campos de prisioneiros de guerra, a grande maioria das prisões, instituições correcionais e hospitais de custódia de doentes mentais.

b) **As organizações burocráticas utilitárias** são aquelas em que a remuneração é o principal meio de controle dos participantes dos níveis mais baixos, e o envolvimento calculista caracteriza a orientação da grande maioria desses participantes. As empresas industriais e comerciais constituem bons exemplos desse tipo de organização, embora devamos considerar que elas se aproximarão ou se distanciarão mais do tipo à medida que a maior parte dos participantes for composta por funcionários de escritório, profissionais ou operários.

c) **As organizações burocráticas normativas** são aquelas nas quais o poder normativo é a principal fonte de controle dos participantes dos níveis mais baixos e a orientação com relação à organização é caracterizada pelo alto nível de envolvimento. Nessas organizações, o envolvimento se baseia na internalização de diretivas aceitas como legítimas. As organizações religiosas, os hospitais em geral e as universidades são exemplos típicos desse tipo de organização.

d) **As organizações burocráticas híbridas** são organizações duais, tais como sindicatos, unidades de combate etc. (Etzioni, 1968a).

Segundo Amitai Etzioni, esses tipos de organização variam em sua necessidade de coesão. Assim, quando os meios de controle são predominantemente coercitivos, como nas prisões tradicionais, a organização não precisa obter o envolvimento dos reclusos nem, normalmente, é capaz disso; quando os meios normativos predominam, como no caso da maioria das organizações religiosas e educacionais, a organização não pode funcionar efetivamente, a menos que o consenso seja estabelecido e o envolvimento mobilizado e, quando os meios são utilizáveis, tais como nas fábricas, requer-se menos formação de consenso e mobilização do envolvimento do que nas organizações normativas e mais do que nas coercitivas (Etzioni, 1968a, p. 104).

Blau e Scott tomam como base, para a construção de sua tipologia, os principais beneficiários das operações da organização. Distinguem-se, dessa forma, as associações de benefício mútuo, nas quais o principal beneficiário é o quadro social; as firmas comerciais, em que os proprietários são os principais beneficiários; as organizações de serviços, nas quais o grupo de clientes é o principal beneficiado; e, finalmente, as organizações de bem-estar público, em que o principal beneficiado é o grande público. Exemplos típicos de associações de benefício mútuo são os partidos políticos, os sindicatos, os clubes, as organizações de veteranos e as seitas religiosas; de firmas comerciais são as indústrias, as lojas atacadistas e varejistas, os bancos, as companhias de seguros e outras organizações lucrativas; de organizações de serviços, as agências de serviço social, os hospitais, as escolas, as clínicas de saúde etc.; de organizações para o bem-estar público, o Exército, a divisão de imposto de renda, o corpo de bombeiros, as organizações de pesquisa (Blau e Scott, 1970).

5.5 Críticas

As críticas feitas ao estruturalismo têm sido, em sua grande maioria, respostas àquelas perguntas formuladas pelos estruturalistas. Nessa linha, Howard

Baumgartel (1969), por exemplo, afirma que muita gente confunde relações humanas com ser amável com as pessoas, levando tal amabilidade à displicência para com a realização das tarefas. Para responder a esse tipo de crítica, Baumgartel analisa dois aspectos do problema: em primeiro lugar, lembrando que há um grande volume de pesquisas demonstrando a maior produtividade dos empregados sob a supervisão do tipo relações humanas e, em segundo, o fato de que o esforço dos instrutores e administradores em aplicar as conclusões dessas pesquisas no aperfeiçoamento das relações interpessoais no trabalho vai muito além da simples transmissão de como ser amável com as pessoas, visando desenvolver melhor compreensão de como os fatores humanos envolvem-se na criação de situações nas quais as pessoas podem atingir uma produtividade ótima e um sentido de realização.

Outro tipo de crítica que esse autor considera frequente é aquela que confunde relações humanas e dinâmicas de grupo aplicadas de acordo com a pressão grupal. Para ele, esse tipo de crítica vê relações humanas como o estabelecimento do acordo grupal como um objetivo acima de todos os outros e, portanto, como a colocação da mediocridade acima da validade, da qualidade, da correção e da criatividade na solução de problemas. Aqui ele também analisa o problema sob dois prismas. Em primeiro lugar, lembrando que há pesquisas fidedignas que demonstram que os grupos significativos aos quais uma pessoa pertence exercem maior influência em suas ações e opiniões do que qualquer outra força e, em segundo, da superioridade do grupo em relação ao indivíduo, em termos de eficiência, na solução criativa de problemas. Afirma ainda que a Escola de Relações Humanas tem sido acusada de ensinar métodos permissivos de liderança, supervisão e, por conseguinte, de paternalismo. Concorda que as conclusões das pesquisas dessa escola na área de liderança levaram à ênfase no valor dos métodos democráticos, mas sustenta que tais métodos são os mais difíceis de serem observados na prática, além de contrastarem fortemente com o que muitas vezes é chamado liderança *laissez-faire*.

Discordando ainda da crítica de que a Escola de Relações Humanas não admite o conflito, afirma que um estudante bem treinado em relações humanas deve conhecer algo sobre o mundo que quer ajudar a construir e de como traduzir suas ideias em ações, lutando por elas. Finalmente, com relação ao caráter manipulativo que a Escola de Relações Humanas teria, segundo argumento enunciado pelos estruturalistas, sustenta que a ciência comportamental vê a interação humana como um processo contínuo de influenciação mútua, constituindo a sociedade os limites de tentativas que influenciarão e que os cursos de relações humanas não visam mais do que ajudar as pessoas a usar a inteligência nesse processo (Baumgartel, 1969).

Muito conhecida é a resposta de George C. Homans (1971) ao artigo "As perspectivas de Elton Mayo", de autoria de Reinhard Bendix e Lloyd H. Fischer (1973), que formulou críticas muito semelhantes às feitas por Etzioni mais tarde. Em artigo publicado na *Review Economics and Statistics*, em que o artigo de Bendix e Fischer também fora publicado, o não menos conhecido sociólogo contesta as críticas feitas ao trabalho de George Elton Mayo, sob o título "Algumas correções às perspectivas de Elton Mayo". Afirma, em primeiro lugar, que "As perspectivas de Elton Mayo" não se referiam ao primeiro plano: as pesquisas concretas na indústria, realizadas por Mayo, no que foi secundado por outros. Essas pesquisas, segundo Homans, revelaram algumas, não todas, determinantes do comportamento dos operários cuja importância tinha sido apenas intuitivamente apreciada; ante novas pesquisas, mesmo em setores diferentes daqueles em que trabalhava, confirmaram-se plenamente suas descobertas, por exemplo, no trabalho de William Foote Whyte (1973). No que se refere à argumentação de que a maior parte das pesquisas na Western Electric se relacionou a grupos pequenos isolados, não houve tentativa semelhante com relação à fábrica e Mayo jamais afirmou que tal não deveria ser feito.

Finalmente, na qualidade de ex-aluno de Mayo, Homans afirma que Bendix e Fischer estão errados em pontos cruciais da interpretação dada por Mayo aos resultados de suas pesquisas. Bendix e Fischer (1973) sustentam, por exemplo, que ao interessar-se pelo modo como a cooperação espontânea pode ser realizada, Mayo faz distinção entre espontâneo e voluntário.

Homans, no entanto, assegura que espontâneo e voluntário eram exatamente a mesma coisa para Mayo. No que se refere à preferência pela ordem social da Idade Média atribuída a Elton Mayo, Homans lembra que, ao fazer a distinção entre sociedade estabelecida e sociedade adaptativa, o pai da Escola de Relações Humanas teve o cuidado de salientar que qualquer sociedade que possamos analisar atualmente estará em fase de rápida mudança, consistindo o problema em atingir a cooperação espontânea em uma sociedade que não pode deixar a cooperação entregue à tradição. Além dessas, como resposta de grande importância, Homans assegura que Mayo jamais condenou todos os tipos de conflito. Raciocinava, isto sim, não em termos absolutos, mas em valores relativos. Acreditava que, quantitativamente, havia em nossa civilização conflitos não solucionados suficientes para possibilitar o perigo de um colapso rumo à Idade Média (Homans, 1971).

A despeito dessas reações mais ou menos violentas, a contribuição do estruturalismo à teoria das organizações parece indiscutível pela consolidação da incorporação iniciada pelas teorias da decisão e da racionalidade limitada, dos estudos de outros tipos de organizações, exceto as empresas, bem como pela ênfase nova nas relações entre as partes da organização, tais como grupos e outros elementos formais e informais, os vários níveis hierárquicos, as recompensas e incentivos sociais e materiais, além do destaque dado às relações entre a organização e seu ambiente, que preparou o campo para a análise baseada na teoria geral dos sistemas abertos.

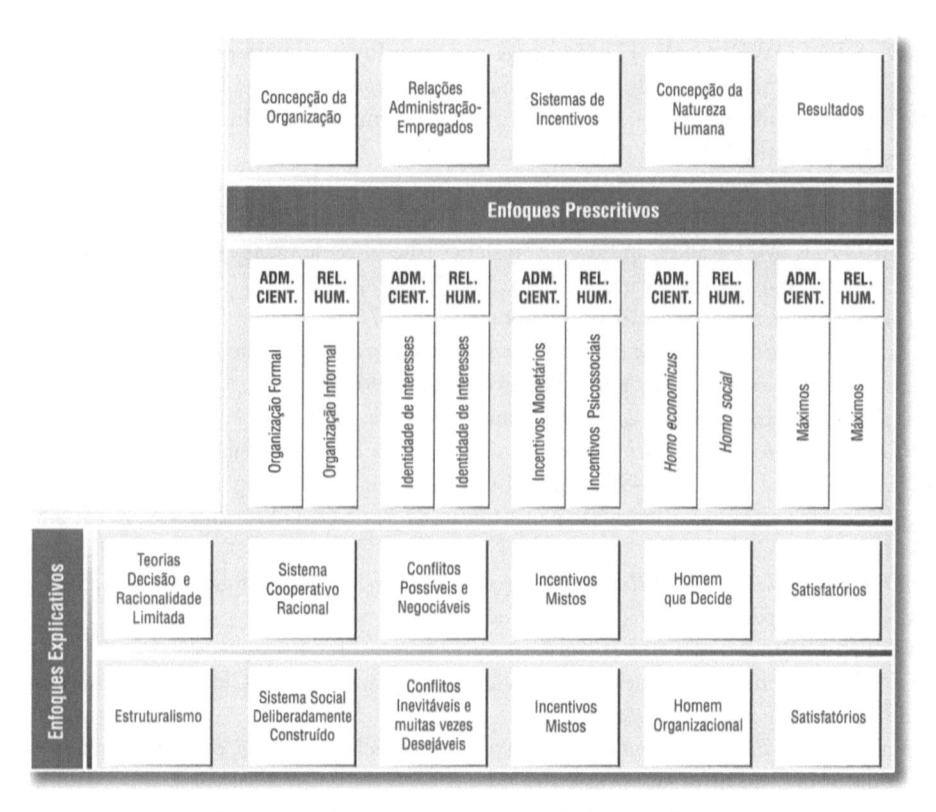

	Concepção da Organização	Relações Administração-Empregados	Sistemas de Incentivos	Concepção da Natureza Humana	Resultados
Enfoques Prescritivos	ADM. CIENT. / REL. HUM.: Organização Formal / Organização Informal	ADM. CIENT. / REL. HUM.: Identidade de Interesses / Identidade de Interesses	ADM. CIENT. / REL. HUM.: Incentivos Monetários / Incentivos Psicossociais	ADM. CIENT. / REL. HUM.: Homo economicus / Homo social	ADM. CIENT. / REL. HUM.: Máximos / Máximos
Enfoques Explicativos	Teorias Decisão e Racionalidade Limitada	Sistema Cooperativo Racional	Conflitos Possíveis e Negociáveis	Incentivos Mistos	Homem que Decide	Satisfatórios
	Estruturalismo	Sistema Social Deliberadamente Construído	Conflitos Inevitáveis e muitas vezes Desejáveis	Incentivos Mistos	Homem Organizacional	Satisfatórios

Figura 5.13 O estruturalismo na teoria das organizações.

Bibliografia

ARGYRIS, C.; SCHÖN, D. *Organizational learning*: A theory of action perspective. Reading: Addison-Wesley, 1978.
ARON, R. *Les etapes de la pensée sociologique*. Paris: Gallimard, 1967.
BATESON, G. Mind and nature. Londres: Bantam Press, 2002.
BAUMGARTEL, H. Too much concern with human relations. In: ETZIONI, A. *Reading on modern organizations*. Nova Jersey: Prentice-Hall, 1969.
BENDIX, R.; FISHER, L. H. As perspectivas de Elton Mayo. In: ETIZIONI, A. *Organizações complexas*. São Paulo: Atlas, 1973.
BERLINCK, M. T. Prefácio. In: WEBER, M. *Ciência e política:* Duas vocações. São Paulo: Cultrix, 1970. p. 10.
BLAU, P. *The dynamics of bureaucracy*. Chicago: University of Chicago Press, 1955.

_____. *Bureaucracy in modern society*. Nova York: Random House, 1987.
BLAU, P.; SCOTT, W. R. *Organizações formais*. São Paulo: Atlas, 1970.
BURRELL, G.; MORGAN, G. *Sociological paradigms and organizational analysis*. Londres: Ashgate, 1994.
CALDAS, M.; WOOD Jr., T. Modas e modismos em gestão: Pesquisa exploratória sobre a adoção e implementação de ERP. In: ENCONTRO DA ANUAL DA ASSOCIAÇÃO NACIONAL DE PÓS-GRADUAÇÃO E PESQUISA EM ADMINISTRAÇÃO – EnANPAD, 23., 1999. Foz do Iguaçu. *Anais...* Foz do Iguaçu: ANPAD, 1999.
CROZIER, M. *Le phénomène bureaucratique*. Paris: Seuil, 1964.
_____. *On ne change pas la société par décret*. Paris: Grasset, 1979.
CROZIER, M.; FRIEDBERG, E. *L'acteur et le système*. Paris: Seuil, 1977.
DIMAGGIO, P.; POWELL, W. The iron-cage revisited: Institutional isomorphism and collective rationality in organization fields. *American Sociological Review*, v. 48, n. 2, p. 147-160, 1983.
DUBIN, R. A sociedade e as relações entre sindicatos e administração. In: DURKHEIM, E. Rules of sociological method. Nova York: Free Press, 1982.
DUBIN, R. Industrial workers world's: A study of central life interests of industrial workers'. In: ETZIONI, A. *Organizações modernas*. 2. ed. São Paulo: Pioneira, 1973.
EISENHARDT, K. M. Paradox, spirals, ambivalence: the Nova language of change and pluralism. *The Academy of Management Review*, v. 25, n. 3, p. 703-706, 2000.
ETZIONI, A. *Organizações complexas*. São Paulo: Atlas, 1967.
_____. *A comparative analysis of complex organizations*. Nova York: The Free Press, 1968a.
_____. *The active society*. Nova York: The Free Press, 1968b.
_____. *Organizacões modernas*. 2. ed. São Paulo: Pioneira, 1973.
FESTINGER, L. *A theory of cognitive dissonance*. Nova York: Prentice-Hall, 1957.
FONSECA, V.; MACHADO-DA-SILVA, C. Conversação entre abordagens da estratégia em organizações: escolha estratégica, cognição e instituição. *Organizações e Sociedade*, v. 9, n. 25, p. 93-109, 2001.
FREUND, J. *Sociologia de Max Weber*. Paris: Presses Universitaires de France, 1968, p. 53.
FRIEDBERG, E. *Le pouvoir et la règle*. Paris: Seuil, 1993.
GOULDNER, A. *Patterns of industrial bureaucracy*. Glencoe: Free Press, 1954.
GURVITCH, G: Problemas de sociologia da vida moral. In: GURVITCH, G. *Tratado de sociologia* Porto: Iniciativas Editoriais, 1968. v. 2.
HIRSCHMANN, A. *Exit, voice, and loyalty*. Responses to decline in firms, organizations, and states. Cambridge: Havard University Press, 1970.
HOMANS, G. C. Algumas correções às perspectivas de Elton Mayo. In: ETZIONI, A. *Organizações complexas*. São Paulo: Atlas, 1973.
_____. Algumas correções às perspectivas de Elton Mayo. In: RAMOS, A. G. Modelos de homem e teoria administrativa. *Revista de Administração Pública*, Rio de Janeiro: Fundação Getulio Vargas, v. 18, n. 2, 1984.
KELSEN (H.) *Teoria pura do direito*. Coimbra: Armenio Amado, 1979
KING, B.; WERTHEIMER, M. *Max Wertheimer and gestalt theory*. Londres: Routledge, 2007.
LEACH, E. R. *Repensando a antropologia*. São Paulo: Perspectiva, 1974.
LÉVI-STRAUSS, C. *Structural anthropology*. Chicago: University of Chicago, 1972.
LEWIS, M. W. Exploring paradox: Toward a more comprehensive guide. *The Academy of Management Review*, Nova York, v. 24, n. 4, p. 760-776, 2000.
MARX, K. *Le capital*. Reed. Paris: Sociales, 1972a.
_____. *Les manuscrits de 1844*. Paris: Éditions Sociales, 1972b.
MERLEAU-PONTY, M. *Fenomenologia da percepção*. São Paulo: WMF Martins Fontes, 2018.
MERTON, R. K. Bureaucratic structure and personality. *Social Forces*, v. 18, p. 560-568, 1949.

_____. Studies in the scope and method of the American Soldier. In: MERTON, R. K.; LAZARSFELD, P. (Eds.) *Continuies in social research*. Nova York: Free Press, 1950a.

_____. The role-set: problems in sociological theory. *British Journal of Sociology*, v. 8, p. 106-120, 1950b.

_____. Estrutura burocrática e personalidade. In: WEBER, M. et al. *Sociologia da burocracia*. Rio de Janeiro, 1966. p. 108.

_____. *On social structure and science*. Chicago: University of Chicago Press, 1968.

_____. Structure sociale et anomie. In: SZABO, D. (Eds.) *Déviance et criminalité*. Paris: Librairie Armand Colin, 1970. p. 132-165. (Collection U/U2).

MERTON, R. K.; KITT, A. S. La théorie du groupe de référence et la mobilité sociale. In: LÉVY, A.; DELOUVÉE, S. (Eds.) *Psychologie sociale*. Paris: Dunod, 1965.

MERTON, R. K.; LAZARSFELD, P. Continuities in social research: Studies in the scope and Method of 'The American Soldier'. Nova York: The Free Press, 1950.

MEYER, J; ROWAN, B. Institutionalized organizations: formal structure as myth and ceremony. In: DIMAGGIO, P; POWELL, W. (Eds.) *The New institutionalism in organizational analysis*. Chicago: The University of Chicago Press, 1991. p. 1-41.

MORGAN, G. *Imagens da organização*. São Paulo: Atlas, 1996.

PARSONS, T. *The social system*. Londres: Routledge, 1991.

PEREIRA, L. C. B. *Economia brasileira*. Uma introdução crítica. São Paulo: Brasiliense, 1983.

POGGY, G. A. A main theme of contemporary sociological analysis: Its achievements and limitations. *British Journal of Sociology*, v. 16, p. 283-294, 1965.

POUILLON, J. Uma tentativa de definição. In: POUILLON, J. et al. *Problemas do estruturalismo*. Rio de Janeiro: Zahar, 1968. p. 8-9.

RADCLIFFE-BROWN, A. *Method in social anthropology*: Selected Essays. Chicago: University of Chicago Press, 1968.

SAINSAULIEU, R. *L'identité au travail*. Paris: PFNS, 1977.

SCHUTZ, A. *The problem of rationality in the social world*. Nova York: Economica, 1943.

SEEMAN, M. Les conséquences de l'aliénation dans le travail. *Sociologie du Travail*, v. 2, p. 113-133, 1967.

SEEMAN, M. et al. *Psychologies*. Paris: Sevil, 1970.

SELZNICK, P. *TVA and the grass roots*. Berkeley: University of California Press, 1955.

_____. *Liderança na administração*: Uma interpretação sociológica. Rio de Janeiro: FGV, 1971.

SEVIGNY, R. Pour une théorie psychosociologique de l'aliénation. *Sociologye et Sociétés*, v. 1, n. 72, p. 193-219, 1970.

SEVIGNY, R.; GUIMOND, P. Psychosociologie de l'actualisation de soi. *Sociologie et Sociétés*, p. 250-264, nov. 1970.

TENNER, E. *Why things bite back:* Technology and the revenge of unintended consequences. Nova York: Alfred A. Knopf, 1986.

THOMPSON, J. D. *Organizations in action*. Nova York: McGraw-Hill, 1967a.

THOMPSON, V. A. *A moderna organização*. Rio de Janeiro: Usaid, 1967b.

TOONIES, F.; LOOMIS, C. *Communities and society*. Londres: Routledge, 1988.

VARELA, F. *Connaitre*: les sciences cognitives. Tendences et Perspectives. Paris: Seuil, 1989.

VASCONCELOS, F. C. *Dinâmica organizacional e estratégia*: imagens e conceitos. São Paulo: Thomson Learning, 2007.

VASCONCELOS, I. et al. O lado humano da tecnologia: um estudo exploratório sobre os paradoxos organizacionais dos sistemas de informação. ENCONTRO ANUAL DA ASSOCIAÇÃO NACIONAL DE PÓS-GRADUAÇÃO EM ADMINISTRAÇÃO – EnANPAD, 25., 2001, Campinas. *Anais...* São Paulo: Anpad, 2001a.

VASCONCELOS, I.; VASCONCELOS, F. *The limits of ISO 9000 consulting methods*: Towards a multidimensional approach. Artigo apresentado na 2001 Academy of Management Conference, Washington D.C., 2001b.

VIET, J. *Métodos estruturalistas nas ciências sociais*. Rio de Janeiro: Tempo Brasileiro, 1967. p. 13-27.
VOLLMER, R. M. *Employer rights and the employment relationship*. Berkeley; Los Angeles: University of California Press, 1960. p. 75.
WALKER, C. R.; GUEST, R. H. *The man on the assembly line*. Cambridge: Harvard University Press, 1962.
WEBER, M. *A ética protestante e o espírito do capitalismo*. São Paulo: Pioneira, 1967.
_____. Objectivity in social sciences. In: BRODBECK, M. *Readings in the philosophy of the social Sciences*. Londres: Macmillan, 1968.
_____. *Le savant et le politique*. Paris: Plon, 1919.
_____. *Economía y sociedad*. México: Fondo de Cultura Económica, 1969.
_____. *Economia e sociedade*. Brasília: Editora UnB, 1999. 2 v.
_____. *The theory of social and economic organization*. Nova York: Oxford, 1947.
WHYTE JR., W. H. *The organization man*. Garden City, NY: Doubleday and Company Inc., 1956, p. 435.
WHYTE, W. F. Relações humanas: um relatório sobre o progresso. In: ETZIONI, A. *Organizações complexas*. São Paulo: Atlas, 1973.
ZUBOFF, S. *In the age of the smart machine*. Nova York: Basic Books, 1984.

Capítulo 6

A teoria dos sistemas abertos e a perspectiva sociotécnica das organizações

> *Todos os organismos vivos reagem aos estímulos ambientais aos quais são sensíveis, e essas reações são consideradas adaptativas se têm o efeito de continuar a sobrevivência do indivíduo, ou da espécie ou de ambos.*
> (Gillin e Gillin, 1942, p. 69)

6.1 Introdução

O contexto social e histórico influencia em muito as teorias que surgem e causam impacto em uma determinada época. A teoria geral dos sistemas surgiu e foi popularizada após o fim da Segunda Guerra Mundial, em 1950, a partir dos trabalhos de Ludwig von Bertalanffy, divulgando o conceito de sistemas abertos em diversas disciplinas. Em 1950, von Bertalanffy publicou "The theory of open systems in physics and biology", na revista *Science*. Em 1956, finalmente, ele publicou o livro *General system theory*. Essas publicações influenciaram autores em diversas linhas de estudo, entre elas, a teoria das organizações. Burns e Stalker (1961), ao proporem o modelo de empresa mecânica e empresa orgânica; Emery e Trist (1965), do Instituto Tavistock de Londres, em seus estudos sociotécnicos, Joan Woodward (1968) e Lawrence e Lorsch (1969) que vinham trabalhando com o pressuposto teórico de que a organização é um sistema aberto que deve se adaptar ao seu meio ambiente. Apenas para fins didáticos, separaremos o trabalho desses autores contemporâneos de acordo com a temática de que tratam. Neste capítulo explicitaremos as características gerais da teoria geral dos sistemas e do funcionalismo, apresentando os trabalhos de Fred Emery e Eric Trist, do Instituto Tavistock de Londres, e, no Capítulo 7, apresentaremos os trabalhos de Burns e Stalker, Woodward e Lawrence e Lorsch.

6.1.1 O contexto histórico e a teoria

A Segunda Guerra Mundial mostrou a todos como os países eram mutuamente dependentes e como estes, na verdade, constituíam partes diferenciadas de um sistema global, no qual modificações em uma parte do sistema refletiam-se nas outras partes que compunham a totalidade. Dessa forma, podia-se considerar que o sistema global (a totalidade de países) era composto de partes diferenciadas, mas interdependentes e, em certa medida, integradas por políticas econômicas mundiais, regras, leis, instituições, pelo comércio e por fenômenos sociais de influência mútua.

Essa conscientização provocada pelo conflito mundial refletiu-se nas concepções de conhecimento e ciência. Parece que, repentinamente, todos os ramos do conhecimento, tornados estranhos uns aos outros pela especialização extremada, começaram a ressentir-se do isolamento em que se encontravam, passando a buscar mais e mais suas bases comuns. Talvez pela necessidade crescente de estudos interdisciplinares, capazes de analisar a realidade de ângulos diversos e complementares, ou pela comunicação muito mais rápida e fácil entre especialistas em campos diferentes, além do contexto histórico, o fato é que os intelectuais de diversas áreas começaram a tomar consciência de que uma série de princípios desenvolvidos nos diversos ramos do conhecimento científico não passava de mera duplicação de esforços, pois outras ciências já os haviam desenvolvido.

Isso não quer dizer, porém, que só haja uma ciência ou que a física, química e psicologia tratem dos mesmos objetos. Seria tolice imaginar que todos os princípios e conclusões de uma aplicar-se-iam às demais. O que se foi percebendo é que muitos desses princípios e conclusões valiam para várias ciências, à medida que todas os tratavam como objetos que podiam ser entendidos como sistemas, fossem eles físicos, químicos, psicológicos etc. Havia regras gerais que explicavam as propriedades das partes, o que constitui a própria definição de sistema, como vimos no capítulo anterior. Os diversos ramos do conhecimento constituíam, assim, parte de um sistema maior, podendo ser explicados parcialmente por regras gerais aplicáveis a todos.

6.2 Origens

Vamos apresentar os conceitos gerais de Von Bertalanffy e, posteriormente, o trabalho de outros autores importantes no campo de teoria das organizações já citados, os quais já vinham desenvolvendo estudos com base em alguns desses pressupostos.

Baseados na constatação de que os diversos ramos do conhecimento constituíam parte de um sistema maior, podendo ser explicados parcialmente a partir de regras gerais aplicáveis a todos, alguns cientistas, entre eles Bertalanffy (1956), orientaram suas preocupações para o desenvolvimento de uma teoria geral dos sistemas que desse conta das semelhanças, sem prejuízo das diferenças. Esse autor concebeu o modelo do sistema aberto, que entendeu como um complexo de elementos em interação e em intercâmbio contínuo com o ambiente. Em *General system theory* (*Teoria geral dos sistemas*), ele apresenta a teoria e tece considerações a respeito de suas potencialidades na física, na biologia e nas ciências sociais. No mesmo livro, ele lança os pressupostos e as orientações básicos de sua teoria geral dos sistemas, como segue:

- há uma tendência para a integração nas várias ciências naturais e sociais;
- tal integração parece orientar-se para uma teoria dos sistemas;
- essa teoria pode ser um meio importante de objetivar os campos não do conhecimento científico, especialmente nas ciências sociais;
- desenvolvendo princípios unificadores que atravessam verticalmente os universos particulares das diversas ciências, essa teoria aproxima-nos do objetivo da unidade da ciência;
- isso pode levar a uma integração muito necessária na educação científica (Bertalanffy, 1973).

Muitos estudiosos procuraram aplicar a teoria geral dos sistemas a seus diversos campos. No caso particular das ciências sociais, o modelo do sistema aberto tem revelado enormes potencialidades, quer pela sua abrangência, quer pela sua flexibilidade. De grande importância foram e ainda são os trabalhos do psicólogo Miller (2000), do economista Kenneth Boulding (1978), do cientista político David Easton (1953) e do sociólogo Walter Buckley (1998). Embora o impacto da teoria geral dos sistemas tenha sido grande na sociologia, o estágio em que se encontrava a teoria sociológica por ocasião dos primeiros contatos com a nova abordagem fez que se iniciasse um processo simbiótico cujo desenvolvimento era difícil de ser previsto.

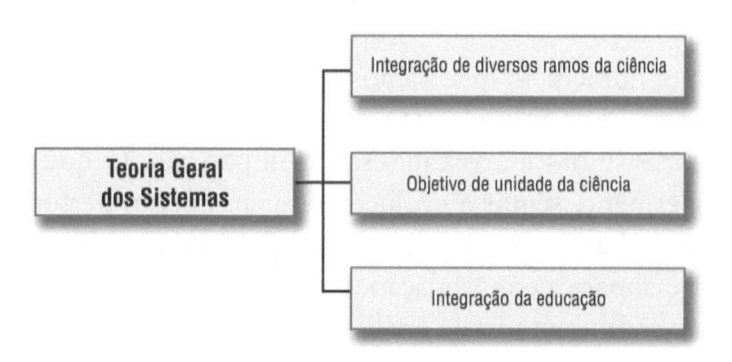

Figura 6.1 Teoria geral dos sistemas.

6.2.1 A teoria geral dos sistemas e o funcionalismo

Não se pode confundir a teoria geral dos sistemas com a perspectiva funcionalista de Talcott Parsons. Apesar das importantes diferenças, no entanto, sem dúvida a perspectiva funcionalista influenciou a teoria geral dos sistemas. Portanto, para a compreensão de uma, devemos apresentar as características da outra.

Com efeito, a predominância do funcionalismo de Talcott Parsons na sociologia contemporânea tem possibilitado a essa ciência atingir níveis sempre mais altos de sistematização, apesar das limitações indiscutíveis que tal método apresenta. De qualquer forma, porém, **a perspectiva funcionalista também é sistêmica**, embora bastante diferente daquela da teoria geral dos sistemas. Para o estudo da aplicação do modelo do sistema aberto à teoria geral da administração, a percepção desse processo simbiótico (entre teoria geral dos sistemas e funcionalismo) é fundamental, já que se apresenta na maior parte dos trabalhos nessa linha. Muito do que dissemos no capítulo anterior (Motta, 1970) vale para o funcionalismo, uma vez que este não deixa de ser uma forma de estruturalismo.

6.2.2 Características básicas do funcionalismo

Algumas considerações adicionais, porém, são necessárias: esse método não nasceu na sociologia, embora tenha atingido, nessa área do conhecimento, elevado nível de divulgação. Essa ciência social recebeu-o da antropologia e mais especialmente de Radcliffe-Brown (1968) e Malinovsky (ver Young, 2004), antropólogos ingleses do período entreguerras que, por sua vez, o importaram da biologia. Na sociologia, foi com Talcott Parsons (1902-1979) que o funcionalismo atingiu seu mais alto nível de desenvolvimento. Sociólogos como Spencer e Durkheim, entretanto, já apresentavam em suas formulações numerosos exemplos de teorização funcionalista (Berlinck, 1977, p. 1), o que demonstra que já existiam na sociologia precondições para a importação do funcionalismo. Foi a obra de Parsons, contudo, que chegou à teoria das organizações, marcando-a profundamente e determinando seu desenvolvimento futuro. Será a ela, portanto, que dedicaremos nossa atenção.

O parsonismo, nome pelo qual vamos nos referir de agora em diante à obra de Talcott Parsons, está muito longe de ser simples, e qualquer tentativa de tratá-lo em poucas linhas é arriscada, senão impossível. O que procuraremos fazer será simplesmente seguir a evolução do pensamento parsoniano nos seus aspectos básicos, voltando nosso interesse para a passagem de uma visão micro para macro, crucial para a consolidação da posição destacada que o parsonismo passou a ocupar como método de análise dos fenômenos sociais. Esse método divide-se em dois:

- **acionismo social** – alguns estudiosos da teoria sociológica chamam a microabordagem parsoniana de acionismo social. Esse tipo de análise está voltado para a explicação da ação, como unidade, por meio de variáveis;
- **imperativismo funcional** – é uma macroabordagem que está voltada para a explicação do sistema social por meio de imperativos funcionais. Ambas as análises estão preocupadas com o problema da seleção ou estabilização de escolhas, procurando identificar os processos sociais internos e externos que por ela se responsabilizam.

Para o acionismo social, preocupado com aspectos do microcosmo social, por exemplo, a forma como são realizadas as escolhas e decisões tomadas pelos atores sociais está na **socialização como processo interno e na diferenciação de papéis e no controle social como processos externos**. Dessa forma, os atores sociais, ao decidirem, seriam influenciados por processos de socialização, que influenciariam a formação de sua identidade e que lhes transmitiriam uma série de papéis sociais a serem desempenhados nas organizações de acordo com as expectativas de papel institucionalizadas na sociedade, que imporia controles externos formais e informais à não observância desses papéis. Assim, a ordem social seria garantida.

O **imperativismo funcional** preocupa-se com uma esfera mais ampla de caráter mais geral, ou seja, como as decisões e escolhas são feitas pelos grupos sociais nas organizações e na sociedade como um todo. Parsons diz que é a diferenciação estrutural dos sistemas sociais, como processo interno, e as especificações normativas e as transações com o ambiente, como processos externos, que influenciam as decisões do grupo organizacional e dos grupos de atores sociais.

As primeiras formulações do acionismo social datam dos anos 1930, quando Parsons começou a desenvolver sua teoria da ação. Por essa época o teórico afirmou que não havia propriedades grupais que não fossem redutíveis a propriedades de sistemas de ação e que não havia teoria analítica de grupos que não fosse traduzível em relação à teoria da ação. Nessa ocasião, ele estava especialmente interessado no processo de escolha de meios e fins possíveis para a ação (Parsons, 1949, p. 747), baseando-se na suposição de que o comportamento humano envolve, necessariamente, processos volitivos, não importando que o ator seja indivíduo, coletividade ou sistema cultural. Há sempre que se investigar os processos que embasam as escolhas dos atores sociais, sejam eles indivíduos ou grupos. Para Parsons, na escolha de meios alternativos para atingir um fim, a ação obedece a uma orientação normativa. Desse modo, na esfera de controle do ator (indivíduo que decide), os meios empregados não podem, via de regra, ser concebidos como escolhidos ao acaso, ou como completamente dependentes das condições da ação, mas sempre como sujeitos à influência de um "fator seletivo independente determinado", que precisa ser conhecido para a compreensão de um curso de ação concreto. Assim, a decisão de um indivíduo ou grupo social não pode ser explicada por elementos fortuitos nem totalmente explicada por meio das características "objetivas" da situação. Há outros elementos que influenciam as escolhas dos indivíduos ou grupos.

A norma social seria, portanto, o fator seletivo independente determinado que influenciaria a ação humana. Recorrendo a seu artigo "Pattern variable revised" (Parsons, 1960a, p. 467-483), vemos que Parsons define a norma como uma descrição verbal do curso concreto de ação visto como desejável, combinado com um reforço no sentido de que dadas ações futuras estejam em conformidade com esse curso. Ou seja, a norma social corresponde a uma regra formal ou informal que pressiona o indivíduo ou grupo social a agir de certa forma se quer receber reforços positivos, conseguir legitimação ou recompensa. Agir de acordo com a norma social corresponde a receber reforços positivos. De modo contrário, a ela corresponde a receber reforços negativos e "punições". Transgredir a norma tem o seu preço e obedecer a ela, suas recompensas. As normas formais e informais são, pois, mecanismos de controle social para indivíduos e grupos.

6.2.2.1 As funções do sistema social

Parsons afirma que o sistema social e os sistemas organizacionais têm quatro funções que garantem a sua sobrevivência. Dessa definição de funções vem o nome "funcionalismo", de sua teoria. Lembrando rapidamente a definição de sistema apresentada no Capítulo 5, podemos considerar que sistemas são totalidades ou conjuntos formados por partes diferenciadas, que têm funções diversas, mas que são interdependentes – uma modificação em uma parte influencia a outra. As diversas partes de um sistema são integradas pelas leis e regras de funcionamento gerais do sistema. A totalidade (o conjunto visto como um todo) tem propriedades e características que as partes não têm. As propriedades das partes podem ser explicadas a partir das leis e regras do todo. O acrônimo Liga (em inglês Agil) resume o modelo parsoniano e as quatro funções por ele definidas para cada sistema. As quatro funções são:

> **Latência** (*latency*) – a forma como o sistema se sustenta e se reproduz continuamente e como transmite os valores e padrões culturais que o embasam.
> **Integração** (*integration*) – a função que assegura coerência e coordenação entre os indivíduos e grupos que compõem o sistema e entre suas partes diferenciadas.

> **Gerar e atingir objetivos** (*goal attainment*) – a função que garante o estabelecimento de metas e objetivos e a implementação de meios visando atingi-los.
> **Adaptação** (*adaptation*) – quando a organização ou o sistema social buscam recursos para a sua sobrevivência.

6.2.2.2 As quatro funções do modelo Liga (Agil) e a organização

A função **adaptação**, do ponto de vista organizacional, refere-se à busca de recursos pela organização, a qual procura no meio ambiente os recursos indispensáveis ao seu funcionamento, que a ajudam a produzir os bens e serviços necessários à sua sobrevivência.

A função **"gerar e atingir objetivos"** corresponde à racionalidade instrumental, ou seja, à adaptação meios-fins. O grupo organizacional fixa metas e objetivos que pretende atingir e os explicita. Posteriormente, organiza um sistema burocrático composto de regras e normas, com base na divisão do trabalho e na autoridade racional-legal. Tal sistema é criado visando organizar a cooperação entre atores sociais com o objetivo de atingir essas metas e os objetivos anteriormente explicitados.

A função **integração** é fundamental para garantir que as diversas partes do sistema organizacional não fiquem isoladas umas das outras, dado o seu alto grau de diferenciação e especialização. Sejam estruturas formais, como os departamentos de uma empresa, por exemplo, que podem se transformar em feudos, ou ainda indivíduos ou grupos, que podem evitar se comunicar ou trocar informações, permanecendo à parte uns dos outros, o sistema organizacional necessita desenvolver políticas de integração a fim de buscar um mínimo de coerência nas práticas sociais para garantir que seus objetivos gerais sejam atingidos. Caso contrário, os grupos ficarão isolados uns dos outros perseguindo seus objetivos específicos e os objetivos gerais não serão atingidos.

A função **latência** garante o processo de socialização e a transmissão de padrões culturais de acordo com as expectativas de papel predominantes no sistema organizacional. Dentro de uma organização existem valores que predominam e formas comportamentais tidas como positivas ou negativas, certas ou erradas. Certos comportamentos serão reprimidos, seja formal ou informalmente, e outros serão estimulados e recompensados. Essa função assegura a transmissão e preservação desses valores, que fornecem a "razão de ser" do sistema.

Essas funções estão presentes, dessa forma, em cada sistema organizacional.

As funções do modelo Liga agem da seguinte maneira e na seguinte ordem: o sistema social fornece valores (função latência) que permitem aos indivíduos integrarem-se na sociedade (função integração), buscando atingir os objetivos fornecidos pelo sistema (função gerar e atingir objetivos), e, para tanto, contribuindo para a adaptação dele, produzindo os recursos fundamentais à sua sobrevivência (função adaptação).

A análise parsoniana pressupõe, assim, que o sistema de valores seja anterior aos outros e praticamente determina as escolhas dos indivíduos e grupos e a ação social.

As organizações, porém, podem ser consideradas **atores sociais** no sistema social mais amplo no qual estão inseridas.

Nesse sentido, Parsons concebe as **organizações econômicas** de uma sociedade como as organizações responsáveis pela função "adaptação" desse sistema social, ou seja, pela busca de recursos necessários à sobrevivência desse sistema social.

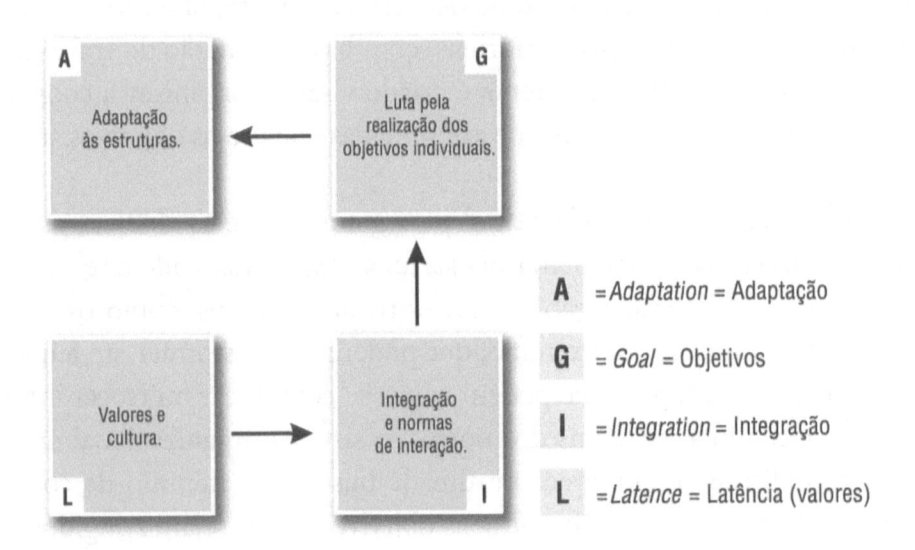

Figura 6.2 O modelo parsoniano: cultura e ação individual.

Para o autor, as **organizações governamentais** são responsáveis pela função "gerar e atingir objetivos" pela fixação de políticas públicas de caráter geral.

As **organizações legais e paralegais** (justiça, polícia, magistratura, ministério público, advogados etc.) são responsáveis pela função "integração", pois obrigam os grupos sociais, indivíduos e organizações a cumprir as políticas de caráter geral e as regras do sistema.

As **organizações educacionais** (escolas, universidades, instituições de ensino técnico) são responsáveis pela função "latência", transmitindo os valores e padrões culturais predominantes na sociedade e reforçando-os, fazendo os indivíduos internalizá-los e agir de acordo com esses padrões.

Todas essas organizações seriam responsáveis pela manutenção da ordem social. O funcionalismo reforça a ordem e não analisa o conflito. Como vimos, Parsons faz uma afirmação importante: **os valores estão na base da ação social e antecedem as outras funções**.

Assim, necessitando sobreviver, um determinado grupo social desenvolve práticas sociais, formas de agir, estruturas, padrões de comportamento, regras e valores selecionados pelo grupo social como tendo funcionado bem, permitindo aos membros dessa sociedade obter os recursos necessários à sua sobrevivência e à obtenção de suas metas. Esses valores, formas de comportamento, práticas sociais etc. são transmitidos às novas gerações pelos mais velhos como os padrões culturais e pressupostos básicos a serem seguidos. Consequentemente, eles são institucionalizados na organização ou sociedade, ensinados como corretos, e a obediência a esses padrões culturais é recompensada, enquanto a desobediência normalmente é punida.

Os valores vão sendo mantidos enquanto continuam funcionando bem para a sobrevivência do sistema. Os valores, criados e institucionalizados pelas gerações mais antigas, são internalizados pelos indivíduos mais jovens em sua socialização primária (transmissão de valores pela família) e secundária (escola, comunidade, treinamento profissional), sendo assim reforçados. Esses valores oferecem aos indivíduos expectativas de papéis (como eles devem comportar-se) e objetivos a serem atingidos (o que eles podem esperar ser e como atingir esses objetivos). Ao ingressarem nas organizações, os indivíduos obedecerão às regras do sistema dando sustentação e continuidade aos valores predominantes no sistema a fim de atingirem suas metas pessoais. Assim, a ordem social é preservada e mantida.

6.2.2.3 As funções parsonianas, a ação individual e o aprendizado

Essas quatro funções (cuja aplicação se faz dentro de uma ordem cibernética de controle denominada Liga) devem ser aplicadas a cada um dos quatro subsistemas sociais. A aprendizagem, em teoria, pode ser considerada um sistema analiticamente independente, em que **a pessoa passa sempre por um processo de diferenciação em relação ao sistema anterior e pelo surgimento de um novo sistema que integra o que foi aprendido no sistema anterior em uma dimensão mais abrangente e complexa**.

Desenvolvendo seu modelo de quatro funções, Liga, Parsons incorporou a Gestalt como elemento de análise.

Com base na análise do comportamento infantil, Parsons descreve o processo de individualização da criança em que, a partir dos 7 anos, vivencia várias interações e identificações à medida que desenvolve sua personalidade (Parsons e Bales, 1955).

Como vimos, tendo em vista a sua inserção social e as relações de poder às quais está submetido nas diversas instituições que frequenta (família, colégio, igreja), o indivíduo incorpora os valores sociais e os meios de ação a ele relacionados por intermédio dos papéis sociais prescritos e tipificados e da incorporação de regras de comportamento. Essas regras e valores internalizados por ele regularão sua ação e suas tentativas de atingir seus objetivos individuais, que também lhe são fornecidos pelos valores do sistema social ao qual pertence. A ação individual se basearia, assim, em valores preexistentes na sociedade, que seriam percebidos pelo indivíduo como um dado objetivo da realidade por meio de sua socialização primária e secundária e incorporados em sua ação.

Para Parsons, as **atitudes** de um indivíduo são a expressão de uma reação e de um "balanço psicológico interno" a partir de suas experiências passadas; os indivíduos agem com base nessas crenças e nesses valores construídos em uma história anterior. Pressupõe-se que os sistemas de valores estejam na base dos outros, sob uma perspectiva linear da ação humana.

6.2.2.4 Os sistemas de valores padrão

Essa pressuposição parsoniana torna-se ainda mais clara quando o autor sustenta que os sistemas de valores padrão e outros padrões culturais, ao serem institucionalizados em sistemas sociais e internalizados em sistemas de personalidade, levam o ator à orientação para fins e à regulamentação normativa dos meios e das atividades expressivas, sempre que as necessidades do autor possibilitarem escolhas nessas áreas.

De acordo com Parsons e Shills, em dada situação, o autor confronta-se com uma série de escolhas que precisa fazer antes que a situação faça sentido para ele. O pressuposto é o de que os objetos da situação não interagem com a estrutura cognitiva do ator de modo a determinar automaticamente o significado da situação. Antes que ela lhe faça sentido, o ator se defronta com cinco dicotomias que orientam suas escolhas. Tais dicotomias são nada mais nada menos que as variáveis. Em suma, o que Parsons e Shills sugerem é que qualquer necessidade de personalidade ou qualquer expectativa de papel da estrutura social envolve uma combinação de valores das cinco variáveis. Essas dicotomias permitem 32 combinações diferentes de valores padrão básicos. Internalizados no sistema de personalidade, tais valores servem de ponto de partida para a classificação dos tipos possíveis de necessidades. Institucionalizados no sistema social, fornecem uma classificação dos componentes das definições de expectativas de papéis. A estabilidade do critério de escolha, por sua vez, fica assegurada pela socialização, pelos mecanismos de diferenciação de papéis e pelos controles sociais (Parsons e Shills, 1951, p. 56).

Resumindo, o acionismo social afirma que outra opção em cada par de variáveis é engendrada e mantida no interior dos que desempenham determinados papéis e que os sistemas de cinco critérios socialmente gerados servem como guia básico do ator para as escolhas das ações necessárias para o desempenho cotidiano. Assim, o papel do médico com relação ao paciente pode ser caracterizado pelo conjunto de universalismo, desempenho, especificidade, neutralidade e orientação coletiva. Em contrapartida, o do paciente pode ser caracterizado por um conjunto diverso e complementar. Da análise de padrões individuais, Parsons passa para a análise de padrões de comportamento de grupos sociais. Essas inter-relações de duas ou mais pessoas levam à adoção de uma visão macroscópica, a que se pode chamar **imperativismo funcional**.

A evolução do pensamento parsoniano do acionismo social para o imperativismo funcional é paralela ao declínio do voluntarismo nesse mesmo pensamento. À medida que evolui a teoria, os elementos socialmente gerados vão dando lugar aos impostos. Assim, enquanto o acionismo social se concentra no processo de escolha, o imperativismo enfatiza a seleção de alternativas. Seu pressuposto é o de que todo sistema social enfrenta quatro imperativos funcionais, aos quais não pode deixar de satisfazer. Tais imperativos são as quatro funções descritas (Wallace, 1969).

Isso quer dizer que todo e qualquer sistema social deve ser estudado quanto à manutenção, atingimento de metas, adaptabilidade e integração, ou melhor, em relação aos meios que utiliza para satisfazer a esses imperativos funcionais. Essa afirmação implica observação de que o funcionalismo é altamente abrangente, pretendendo explicar por meio de um grande aparato conceitual toda a enorme variedade de sistemas sociais existentes. No que se refere à análise organizacional, teorizações funcionalistas estão já presentes nas obras de vários estruturalistas como Merton, Gouldner, Selznick, Crozier, Blau e Etzioni, como vimos no Capítulo 5, que se inspiram no trabalho de Max Weber para fazer crítica à burocracia, porém em um viés funcionalista. Além disso, o próprio Parsons escreveu um artigo de especial interesse para nós, por abordar exclusivamente a organização. Trata-se de "Suggestions for a sociological approach of the theory of organizations" (*Sugestões para uma abordagem sociológica da teoria das organizações*) (Parsons, 1956). Outras influências também têm sido absorvidas por muitos dos estudiosos que adotaram o modelo do sistema aberto na teoria das organizações. Entre elas são bastante significativas as exercidas pela psicologia social, especialmente pela obra de Allport (1937), que desenvolveu suas ideias em uma linha bastante adequada à abordagem sistêmica das organizações. Nessa linha, sua definição de estrutura como ciclos de eventos paralelos ou tangenciais que ocorrem em um sistema social não só amplia o campo da psicologia social, antes limitado aos pequenos grupos, como também procura explicar a interação dos elementos de um sistema social.

```
Acionismo Social  →  Estudo de variáveis que constituem a
                     formação da personalidade dos indivíduos.

Imperativismo Funcional  →  Estudo de padrões de comportamento
                            e inter-relações entre grupos.
```

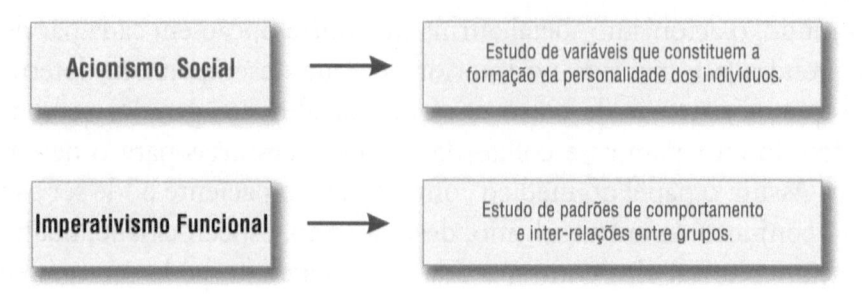

Figura 6.3 Acionismo social e imperativismo funcional.

6.3 As grandes figuras

Como vimos, na teoria das organizações, alguns autores já vinham desenvolvendo trabalhos considerando as organizações como sistemas abertos que se adaptam ao ambiente. Burns e Stalker (1961), ao proporem o modelo de empresa mecânica e empresa orgânica, Emery e Trist (1965), do Instituto Tavistock de Londres, em seus estudos sociotécnicos, Joan Woodward (1968) e Lawrence e Lorsch (1969) são alguns desses exemplos.

Apenas para fins didáticos, separaremos o trabalho desses autores de acordo com a temática de que tratam. Neste capítulo explicitaremos as características gerais da teoria geral dos sistemas e do funcionalismo, apresentando os trabalhos de Fred Emery e Eric Trist e, no Capítulo 7, apresentaremos os trabalhos de Burns e Stalker, Woodward e Lawrence e Lorsch. A ordem em que tais esquemas serão apresentados parece corresponder, *grosso modo*, a níveis de complexidade sempre mais altos.

Dos pioneiros que desenvolveram uma análise organizacional sistêmica estão, indiscutivelmente, os estudiosos do Instituto de Relações Humanas de Tavistock, na Inglaterra, entre os quais se destacaram os nomes E. L. Trist, Rice, Wilfred Bion, Harold Bridger, Eliot Jacques e Eric Miller. Suas análises partem de pesquisas realizadas nas minas de carvão de seu país e na indústria têxtil indiana. De especial interesse são as publicações de Emery e Trist (1960, 1965) e as de A. K. Rice (1958, 1963). Outro livro de Rice é *Productivity and social organization*.

Rice preocupa-se mais com as transações da organização com seu ambiente. Para esse autor, qualquer empresa considerada um sistema aberto pode ser definida por suas importações e exportações, isto é, pela manifestação de suas relações com o ambiente (Rice, 1963, p. 16).

A grande mensagem do modelo de Tavistock parece ser a de que a organização eficiente precisa levar em conta tanto as importações que o subsistema social faz do ambiente, quer dizer, valores e aspirações, como também as que faz o subsistema técnico, ou seja, matérias-primas, equipamentos etc. Eric Trist, mais tarde, desenvolveu trabalhos voltados para o estudos sociotécnicos nos quais analisa a influência do meio ambiente em que as organizações atuam e suas estruturas organizacionais. Bion, Miller, Jacques e outros, a partir dos trabalhos de Melaine Klein, continuam a desenvolver estudos voltados para a psicanálise organizacional. Trataremos desses estudos na Parte II deste livro, ao abordarmos os estudos de psicanálise nas organizações.

Pode-se dizer que esse grupo desenvolveu estudos sobre o conceito de identidade social, ou seja, indivíduos que pertencem a um mesmo grupo social e desempenham o mesmo tipo de papel tendem a ter gostos, formas de comportamento, valores e crenças semelhantes. A psicologia social tenta entender, assim, a relação entre a personalidade do indivíduo e o grupo. A personalidade não é vista apenas como uma soma de traços inatos e fixados independentemente do meio ambiente ou do meio social. O papel não é considerado algo intangível, separado dos indivíduos. A soma de papéis formais e as organizações informais estão associadas ao conceito de ambiente social das organizações, o qual está ligado ao ambiente técnico, como veremos a seguir.

6.3.1 Eric Trist e Fred Emery

Trist, psicólogo formado em Cambridge, foi influenciado pelo trabalho de Kurt Lewin. Na Segunda Guerra Mundial ele trabalhou em um hospital psiquiátrico estudando os efeitos psicológicos de que sofriam os feridos na guerra e as ansiedades dos indivíduos que sofriam durante as *blitz* (ataques aéreos) de Londres. Pouco depois, Trist foi trabalhar com um grupo de psiquiatras e ajudou nas pesquisas do Comitê de Seleção de Oficiais do Exército. Mais tarde, contribuiu para a realocação de soldados que tinham sido prisioneiros de guerra e voltavam à Inglaterra. Financiados pela Fundação Rockefeller, Trist e outros autores fundaram o Tavistock Institute of Human Relations em 1946. O autor teve treinamento em psicanálise para trabalhar com grupos nas pesquisas que realizavam nesse período. Concentrar-nos-emos, neste capítulo, não nos estudos de psicanálise desenvolvidos pelo Instituto Tavistock, mas nos estudos sociotécnicos que veem a organização em suas interações com o ambiente.

Devemos a Trist a identificação de dois subsistemas da organização: **técnico** e **social**.

O **subsistema técnico** corresponde às demandas da tarefa, à implantação física e ao equipamento existente, sendo, portanto, responsável pela eficiência potencial da organização.

O **subsistema social** refere-se às relações sociais daqueles encarregados da execução da tarefa, que transformam a eficiência potencial em eficiência real.

Quando tecnologia interage com indivíduos, não é possível maximizar a eficiência da tecnologia, tampouco do sistema social. Richard Trahair (1998), aponta as principais características do trabalho de Trist. As seguintes ideias são um resumo da teoria sociotécnica:

> O trabalho não pode ser apenas considerado um conjunto de tarefas rotineiras e individuais justapostas, mas sim um sistema de atividades que tem uma unidade clara, formada por partes diferenciadas que devem ser integradas e reagir.

> O grupo organizacional, e não o indivíduo, deve ser a unidade de análise principal.

> Deve-se trabalhar a perspectiva de que o próprio grupo de trabalho tem de se ajustar de modo informal e organizar o seu trabalho, e não a imposição de regras externas e o controle burocrático excessivo, que geram reações do grupo informal e mostram não ser efetivos.

> Quando o sistema de trabalho necessita ser modificado, são as funções e tarefas que devem ser vistas como redundantes e modificadas, e não os indivíduos; dessa forma, eles estarão prontos a readaptar-se e adquirir novas habilidades, sem se especializar em demasia, o que é positivo para o sistema organizacional.

> Os papéis sociais no ambiente de trabalho não devem ser prescritivos, uma vez que, tendo autonomia, os atores sociais sentir-se-ão mais à vontade para modificar o seu comportamento e adquirir novos padrões de conduta no caso de mudança de tarefas e de estrutura organizacional.

> Os indivíduos não são meras extensões das máquinas, eles as completam.

> A padronização excessiva das habilidades dificulta a mudança organizacional. Certa ambiguidade e diversidade cultural são necessárias nesse contexto.

> O redesenho das atividades e tarefas em conjunto com os operários e empregados que as executam aumenta o comprometimento desses no trabalho.

Veremos melhor esses aspectos no decorrer deste capítulo.

Mais tarde, nos anos 1960, Trist começa a trabalhar com Fred Emery e eles publicam em 1965 um importante artigo chamado "The causal texture of organizational environments". Esses são autores extremamente relevantes nesse contexto. Por uma questão de didática, apresentaremos seu trabalho no fim deste capítulo, após as características básicas da teoria geral dos sistemas e da concepção sociotécnica das organizações.

6.3.2 George Homans

Um esquema conceitual interessante é proposto pelo sociólogo George Homans (1950) em seu livro *The human group*. Tal esquema, embora aplicável às organizações complexas, pretende aplicar-se principalmente aos pequenos grupos.

a) Sistema externo

Para Homans, no ambiente existe um sistema social diferenciado e essa diferenciação define atividades e interações aos participantes do sistema. Ao conjunto dessas atividades e interações impostas pelo ambiente, seja físico, cultural ou tecnológico, o autor denomina **sistema externo**. As variáveis básicas desse esquema conceitual são atividades, interações e sentimentos. Tais variáveis são apresentadas como interdependentes, ou seja, qualquer modificação em qualquer uma delas produzirá transformações nas demais. Assim, é possível afirmar que **quanto mais elevado for o grau de interação de duas ou mais pessoas, mais positivos serão os sentimentos que nutrirão uma(s) com a(s) outra(s) e vice-versa**. Esses sentimentos positivos, por sua vez, produzirão novas normas, novas atividades e assim por diante.

b) Sistema interno

O autor conclui que, além das atividades e interações impostas pelo ambiente, há atividades e interações geradas pelo próprio sistema. Ao conjunto dessas atividades e interação, ele chama **sistema interno.**

c) Interação entre sistemas

Os sistemas interno e externo, por sua vez, não são apenas dependentes entre si; a interdependência inclui também o ambiente. Referindo-se aos cuidados que deve ter a liderança para ser eficiente, Homans (1950) considera a situação total um complexo que inclui os seguintes elementos:

- ambiente físico e social, incluindo no último os grupos maiores, dos quais os participantes do grupo fazem parte ou com os quais mantêm contatos;
- os materiais, as ferramentas e as técnicas com os quais o grupo atua sobre o ambiente;
- o sistema externo, ou seja, as relações entre os membros do grupo, necessárias à sua ação no ambiente;
- o sistema interno, isto é, as relações sociais que se desenvolvem a partir do sistema externo e reagem a ele e as normas do grupo.

Lembra, ainda, que todos esses elementos são interdependentes e que qualquer mudança em um deles acarretará transformações nos demais (Homans, 1950, p. 449). Outro livro interessante de Homans (1961) é *Social behavior*. Resta dizer que esse sociólogo é uma importante influência na sociologia norte-americana contemporânea.

6.4 Três modelos conceituais: a organização como sistemas sociotécnicos

Os três esquemas conceituais que serão mostrados a seguir foram desenvolvidos pelo grupo de estudiosos do Centro de Pesquisa Social da Universidade de Michigan, nos Estados Unidos, e dirigidos por Rensis Likert. São sistemas que variam em grau de complexidade. Apresentaremos o primeiro modelo, menos complexo, que é integrado ao segundo e finalmente absorvido pelo terceiro modelo, o mais complexo de todos, que integra os conceitos dos anteriores.

6.4.1 O modelo de Likert: a organização como sistema de interligação de grupos

Esse autor sugere que a organização pode ser vista como um sistema de interligação de grupos. Sugere, ainda, que **os grupos são ligados por indivíduos em posições-chave, que pertencem ao mesmo tempo a dois ou mais grupos**. Da mesma forma, a organização relaciona-se com o seu ambiente por meio desses indivíduos, que desempenham o papel de **elos**. Esse ambiente, contudo, não é algo impessoal, mas sim um conjunto de outros sistemas. A essa altura, Likert (1961) distingue os vários sistemas que compõem o ambiente de dada organização:

- os **sistemas de larga escala**, aos quais correspondem o sistema industrial e a sociedade global;
- os **sistemas de mesmo nível**, ou seja, organizações concorrentes, fornecedoras ou consumidoras;
- as **subestruturas**, às quais correspondem grupos formais e informais.

Grande atenção é dedicada por Likert à coordenação. Segundo ele, o sucesso de uma organização depende do esforço coordenado de seus membros e tal esforço implica compreensão das características organizacionais físicas, as quais identifica como estrutura, processo de coleta de informações e mensuração, de comunicação e tomada de decisões, recursos para a execução, além de processos de influência, conjunto de atitudes e motivações (Likert, 1961, p. 178). A principal mensagem do autor, porém, parece ser a de que a organização eficiente deve estar alerta às relações internas e externas, maximizando o desempenho dos elos no sentido de seus interesses.

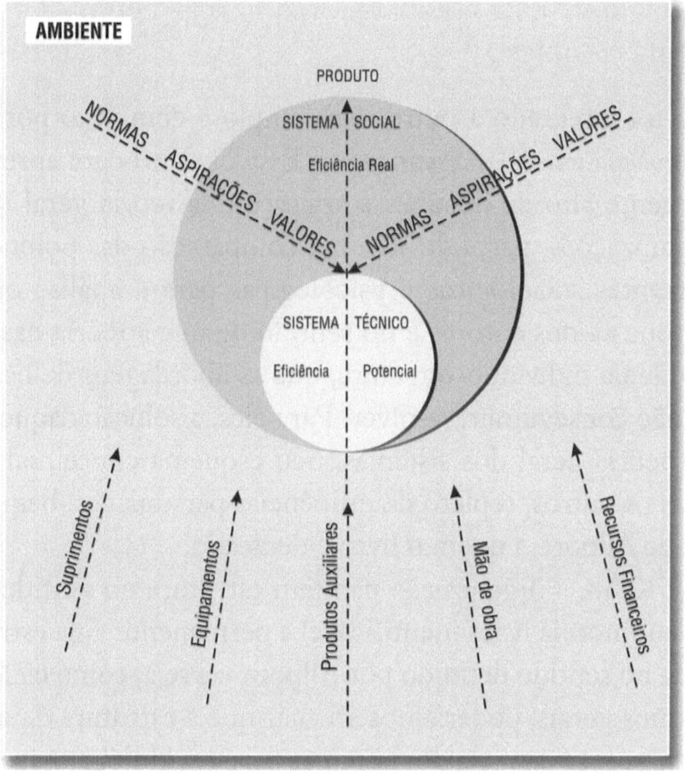

Figura 6.4 O modelo de Tavistock.

6.4.2 A organização como conjunto integrado de papéis

Kahn et al. (1964), em *Organizational stress*, consideram o esquema de Likert de grande validade, mas sugerem que aquele autor não distinguiu claramente os grupos psicológicos dos elos. Para eles, é mais interessante a utilização do conceito de conjunto de papéis (*role set*) do que de grupo. Portanto, não são pessoas, em sentido absoluto, que estão interligadas, mas sim pessoas desempenhando determinados papéis. Existem, portanto, conjuntos de papéis que apresentarão determinadas estruturas.

A organização pode ser pensada como **um sistema de conjuntos de papéis que se sobrepõem e se ligam,** alguns saindo dos limites da própria organização. A partir dessas ideias os autores estudam os conflitos de papéis e a ambiguidade, dando atenção especial à interdependência de variáveis como posição na organização, aspirações, percepção, reações aos conflitos e eficiência (Schein, 1968, p. 212-222).

6.4.3 O modelo de Katz e Kahn: a organização como sistema complexo

Esse esquema foi integrado a outro mais amplo e complexo por Katz e Kahn (1970), em *Psicologia social das organizações*. Essa obra procura apresentar em um nível relativamente alto de detalhes a aplicação da teoria geral dos sistemas à teoria das organizações, partindo de uma comparação das potencialidades das principais correntes sociológicas e psicológicas para a análise organizacional. A principal proposta dos autores é no sentido de que a teoria das organizações se liberte do dilema indivíduo-estrutura, que as abordagens de base psicológica e sociológica não conseguiram resolver. Para eles, a solução daquele dilema está na adoção da teoria geral dos sistemas. Seu esquema conceitual, porém, está, mais que todos os outros, repleto de influências parsonianas, bem como da psicologia social de Allport, a quem o livro é dedicado.

Para Katz e Kahn, a organização não tem estrutura no sentido usual do termo, isto é, de autonomia física identificável e permanente. Sua estrutura só pode ser identificada no sentido definido por Allport, ou seja, como ciclos de eventos. Assim, em termos gerais, poderíamos afirmar que a estrutura de uma organização difere em natureza daquela dos sistemas físicos e biológicos, sendo inseparável de seu funcionamento.

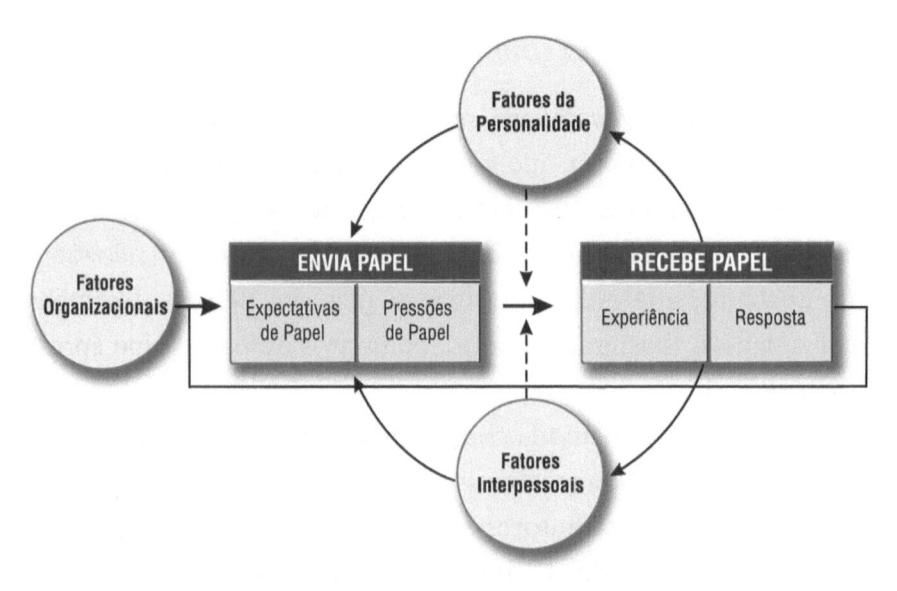

Figura 6.5 A organização como conjunto integrado de papéis.

Outras obras importantes de Kahn são *Poder e conflito nas organizações*, em coautoria de Elise Boulding, e *Liderança em relação à produtividade e moral*, com Katz. Desse último, é também significativa a obra *Psicologia social*, em coautoria de R.

L. Schanck. Além disso, ambos escreveram artigos do maior interesse, bem como capítulos esparsos de livros na área da teoria das organizações. Outros esquemas conceituais interessantes são os desenvolvidos por Johnson, Katz e Rosenzweig em seu livro, já clássico, *Teoria e administração de sistemas*; por Lawrence e Lorsch, *Modelo de diferenciação e integração*, e por Carzo e Yanouzas, *Organizações formais – Uma abordagem sistêmica* (um esforço em direção da quantificação) (Lawrence e Lorsh, 1973).

6.5 Ideias centrais: o homem funcional

De acordo com a abordagem sistêmica, a organização é vista em termos de comportamentos inter-relacionados. Há uma tendência muito grande a enfatizar mais os papéis que as pessoas desempenham do que as próprias pessoas, entendendo-se papel como um conjunto de atividades associadas a um ponto específico do espaço organizacional, a que se pode chamar cargo. Como observamos ao citar o esquema conceitual de Kahn, Wolfe, Quinn, Snoek e Rosenthal, a organização acaba por ser entendida como **um sistema de conjuntos de papéis, mediante os quais as pessoas se mantêm inter-relacionadas**.

No interior de um conjunto de papéis, um indivíduo exerce determinadas ações para relacionar-se com os demais e tais ações compõem o comportamento do papel. Além disso, cada participante de um conjunto de papéis mantém determinadas expectativas quanto ao papel dos demais e procura enviá-las àqueles. Da mesma forma, cada participante percebe e interpreta essas expectativas no sentido de alterar ou reforçar o seu comportamento do papel. Por sua vez, esse comportamento vai alterar ou reforçar as expectativas de papel dos demais.

Esse esquema não é, contudo, fechado. Nele intervêm variáveis que compõem o contexto em que está inserido. Tais variáveis são de três classes: organizacionais, de personalidade e interpessoais. Assim, a posição que o indivíduo ocupa na hierarquia, a maior ou menor flexibilidade de sua personalidade e as relações interpessoais que mantém são de enorme importância para o processo. Na verdade, podemos concluir que todos os aspectos de comportamento de um indivíduo são relevantes para o desempenho de um papel.

Katz e Kahn (1970), em *Psicologia social das organizações*, sugerem que um dos grandes entraves à identificação do homem com a organização é sua "inclusão parcial", isto é, a organização não quer o homem integral, mas apenas os aspectos que considera relevantes para a tarefa a ser executada, sendo tais aspectos geralmente definidos de forma muito estreita. Um método comum utilizado pelas organizações para evitar a manifestação de aspectos individuais considerados irrelevantes é a descrição precisa de uma única maneira certa de executar uma tarefa e o controle por supervisão cerrada. A esse respeito, muitas pesquisas realizadas nas duas últimas décadas relevam que trabalhadores livres, para estabelecer seu próprio ritmo de trabalho, tendem a ser mais produtivos. É evidente que a liberdade, por si só, não garante produtividade; tudo depende de como essa liberdade é oferecida.

A evidência das pesquisas realizadas nessa área é a de que administradores bem-sucedidos geralmente estabelecem metas e objetivos amplos, impondo poucas direções específicas. Trabalhos empíricos interessantes nesse sentido são os de Katz e Kahn (1970). Suas conclusões gerais tornam claro o fato de que administradores bem-sucedidos, utilizando um padrão realmente democrático de liderança, com muita participação dos subordinados, obtêm desses um alto grau de envolvimento e de interesse pelo trabalho, além de maior responsabilidade. Vimos que esses trabalhos influenciaram o modelo toyotista de produção desenvolvido nos anos 1970 pelas empresas automobilísticas japonesas. Estudos sobre o comportamento dos cientistas chegam a conclusões muito semelhantes. O sucesso do cientista no desempenho de seu papel parece estar diretamente relacionado com os recursos de que dispõe para seu trabalho e da liberdade de que desfruta – surge o conceito de autonomia ou *empowerment*.

Importante, porém, é não imaginar que a autonomia está relacionada apenas com o trabalho tradicionalmente definido como intelectual ou artístico. Pode ser bem verdadeiro que os especialistas que compõem o departamento de criação de uma agência de propaganda ou o departamento de pesquisa e desenvolvimento de um laboratório necessitem mais de liberdade do que o pessoal burocrático. Entretanto, se quisermos promover a identificação com a organização, o interesse pelo trabalho e a iniciativa, devemos estender a autonomia a todos, embora sempre levando em conta a natureza das atividades a serem desempenhadas.

Além disso, para que a autonomia aja realmente como fator de maior produtividade, duas outras variáveis, porém, devem ser consideradas: a interação e o estímulo. Para que o indivíduo livre seja produtivo, deve fazer parte, de fato, de um sistema social ativo. A interação motiva o indivíduo, visto que ele passa a conhecer as expectativas que os outros têm de seu papel. O estímulo, por sua vez, lhe dá a medida de como o seu comportamento está atendendo às expectativas e o incita a alterá-lo ou a prosseguir. Likert e Willits (ver Likert, 1961, p. 20) fizeram um estudo que demonstrou muito bem a interdependência dessas variáveis em companhias de seguro.

Se estivermos apresentando liberdade e interação como variáveis interdependentes, é evidente que entenderemos liberdade de forma ampla. Existe uma concepção mais estreita de liberdade, incompatível com a interação social. É verdade que, para interagir, os homens são obrigados a fazer concessões. É, porém, do processo de interação que retiram suas satisfações, inclusive a noção de liberdade. O importante é que o indivíduo se sinta livre. Como lembra Homans, citando Durkheim: "Uma sociedade é livre à medida que exige de seus membros um comportamento natural" (Homans, 1950, p. 333). Essa afirmação pode ser transportada para o nível organizacional. Veremos que, mais tarde, ficou comprovado que a concessão de maior autonomia possibilita aos indivíduos produzir melhor e adicionar valor criativo ao seu trabalho. O conceito de organização orgânica, que trabalharemos no Capítulo 7, explicitará esse aspecto.

O Homem Funcional

- Conflitos de papéis a resolver.
- Expectativas de papéis determinadas por contexto organizacional mais amplo.

Figura 6.6 O homem funcional.

6.5.1 Os conflitos de papéis do homem funcional

Quando, a propósito da ideia do homem funcional, discorremos sobre o sistema de papéis, frisamos que tal sistema é aberto e que é influenciado por três classes de variáveis: **organizacionais, de personalidade** e **de relações interpessoais**.

Vamos, agora, ver quais as variáveis que compõem cada uma dessas classes. Em primeiro lugar, **as expectativas de papel são, em grande medida, determinadas pelo contexto organizacional mais amplo**. Estrutura organizacional, especialização funcional, divisão de trabalho e o sistema formal de recompensas determinam bastante o que uma pessoa deve fazer. Como regra, as condições organizacionais que definem a posição de uma pessoa determinam sua experiência organizacional, suas expectativas e as pressões que essa experiência e tais expectativas lhe impõem. Em segundo lugar, as propensões pessoais a agir de certo modo, os motivos, os valores, a sensibilidade, as angústias e os hábitos individuais afetam o sistema de papéis de várias formas. Alguns traços de personalidade, por exemplo, facilitam a obtenção de resposta dos outros a dado comportamento; além disso, conforme os seus traços de personalidade, uma pessoa vai perceber pressões externas, o que implica o fato de que essas pressões são recebidas e afetam de forma diferente pessoas distintas. Em terceiro lugar, a forma como uma pessoa se comporta no sistema de papéis vai afetar o seu futuro comportamento, no sentido de alterá-lo ou reforçá-lo, mas também afetará a sua própria personalidade e as suas relações com os demais. Assim, relações interpessoais passadas e presentes afetarão relações interpessoais futuras (Kahn et al., 1964, p. 33).

Em função das variáveis internas e externas intervenientes é natural o surgimento de conflitos, que podem ser genericamente chamados conflitos de papéis. Esses conflitos podem ser de vários tipos:

> o conflito interno que ocorre quando as expectativas de papel de um participante do conjunto são incompatíveis entre si (*intrasender*);
> o conflito que ocorre quando as expectativas de dois ou mais participantes do conjunto são incompatíveis (*intersender*);
> o caso de as expectativas de um papel serem incompatíveis com as expectativas de outro desempenhado pela mesma pessoa (*interrole*);
> o conflito interno que ocorre quando as expectativas de uma pessoa se chocam com as expectativas do conjunto de papéis em que está inserida (conflito pessoal de papel);
> no caso de as expectativas não serem incompatíveis, mas a pessoa não é capaz de satisfazer às expectativas próprias e dos demais no tempo e nos padrões de qualidade exigidos (sobrecarga de papel).

		Trabalhadores	Supervisores		Supervisor Geral	
		Escolhas	Escolhas dos Trabalhadores -Estima-	Escolhas	Escolhas dos Trabalhadores -Estima-	Escolhas
Variáveis Econômicas	Trabalho e salário estável	61%	79%	62%	86%	52%
	Salários altos	28	61	17	58	11
	Pensões e outros benefícios por tempo de serviço	13	17	12	29	15
	Não ter de trabalhar tanto	13	30	4	25	2
Variáveis Psicossociais	Dar-se bem com as pessoas com quem trabalha	36%	17%	39%	22%	43%
	Oportunidade de realizar um bom trabalho	16	11	18	13	27
	Oportunidade de realizar um trabalho interessante	22	12	38	14	43
	Dar-se bem com o seu supervisor	28	14	28	15	24
Outras Variáveis	Boas possibilidades de promoção	25%	23%	42%	24%	47%
	Boas condições físicas de trabalho	21	19	18	4	11

Figura 6.7 Incentivos e conflitos de expectativas.

As origens e as consequências dos conflitos de papéis podem ser resumidas na afirmação de que **expectativas contraditórias de papéis provocam pres-**

sões opostas de papéis, que geralmente afetam a experiência emocional de uma pessoa, intensificando os conflitos internos, aumentando a tensão associada com vários aspectos do trabalho, reduzindo a satisfação com o trabalho e dominando a confiança nos superiores e na organização como um todo. O conflito de papéis tem um custo muito grande para o indivíduo em termos emocionais e interpessoais e também representa um alto custo para a organização, na medida em que esta depende da coordenação e colaboração efetiva interna e externa de suas partes (Kahn et al., 1964, p. 70).

6.5.1.1 Incentivos mistos

Uma pesquisa realizada pelo Centro de Pesquisa Social da Universidade de Michigan, em 1951, revelou aspectos muito importantes do problema dos incentivos. Essa pesquisa foi levada a cabo em uma grande empresa industrial, que havia adotado padrões de tempo para uma parcela substancial de seus cargos. Podemos ver o resumo na Figura 6.7. O pagamento, todavia, não era por peça, mas por dia de trabalho. Aos operários foi feita a seguinte pergunta: "Pessoas diferentes desejam coisas diferentes? Quais as coisas que você considera importantes no trabalho?". Os dados da Figura 6.7 mostram a frequência das escolhas feitas pelos operários quando lhes foi pedido que colocassem as três coisas que consideravam mais importantes em uma lista de dez itens. Aos supervisores foi solicitado que indicassem quais as coisas que, na sua opinião, os trabalhadores apontariam e quais as que eles próprios consideravam mais importantes. Aos supervisores gerais (um nível mais alto) foi feito um pedido idêntico. A lista de dez itens incluía tanto variáveis econômicas quanto variáveis psicossociais, distribuídas aleatoriamente quando apresentadas aos pesquisados.

Como se pode observar pela leitura da Figura 6.7, os superiores superestimaram bastante a importância que os subordinados davam aos fatores econômicos e subestimaram a que davam aos fatores psicossociais. Assim, no que diz respeito a altos salários, 61% dos supervisores estimaram que seus subordinados lhes dariam grande importância, todavia apenas 28% consideravam dessa forma. Likert (1961) sugere, porém, que, por várias razões, esses dados não dão uma ideia clara da importância, indiscutivelmente grande, dos motivos econômicos na situação de trabalho. Embora não entre na análise dessas razões, o fato de a pesquisa ter sido realizada pelo Instituto de Pesquisa Social da Universidade de Michigan, que ele dirige, deu-lhe credibilidade suficiente.

A principal generalização a que chegou Rensis Likert a partir dessa e de outras pesquisas relativas à motivação é a seguinte: "Os supervisores e administradores na indústria e no governo norte-americano, que têm conseguido altos índices de produtividade, custos baixos, menor índice de rotatividade de pessoal e absenteísmo, além de altos níveis de motivação e satisfação de seus subordinados, adotam, em geral, um padrão de liderança diferente daquele adotado pelos que atingem níveis mais baixos. Tal padrão de liderança difere muito do pregado pelas teorias tradicionais da administração" (Likert, 1961, p. 47). Parece que só uma visão sistêmica da organização pode indicar as linhas mestras desse padrão. A partir dessa generalização, Likert caminha para o desenvolvimento de seu modelo, de grande importância para a perspectiva sistêmica das organizações, como um passo decisivo em direção ao modelo de Katz e Kahn, que será o objeto principal de nossa atenção.

6.6 A teoria geral dos sistemas e a organização

Quando discorremos sobre as grandes figuras da perspectiva sistêmica na teoria das organizações, procuramos dar ao leitor uma rápida ideia dos modelos que propuseram. Nesse item do capítulo, pretendemos detalhar mais o esquema conceitual de Katz e Kahn (1970), que nos parece o mais abrangente e complexo.

O pressuposto básico desse esquema ou modelo é, evidentemente, o de que a organização é um sistema aberto. Como tal, ela apresenta as seguintes características:

> **Importação de energia** – A organização recebe insumos do ambiente, ou seja, matéria-prima, mão de obra etc.
> **Processamento** – A organização processa esses insumos com vista em transformá-los em produtos, entendendo-se desse modo: produtos acabados, mão de obra treinada etc.
> **Exportação de energia** – A organização coloca seus produtos no ambiente.
> **Ciclos de eventos** – A energia colocada no ambiente retorna à organização para a repetição de seus ciclos de eventos. São eventos, mais do que coisas, estruturados de modo que a estrutura venha a ser um conceito mais dinâmico que estático. Logo, o método básico para identificar uma estrutura organizacional é seguir a cadeia de eventos desde a importação até o retorno da energia.
> **Entropia negativa** – Entropia é um processo pelo qual todas as formas organizadas tendem à homogeneização e, finalmente, à morte. A organização, porém, por meio da reposição qualitativa de energia pode resistir ao processo entrópico. A esse processo reativo chamamos entropia negativa.
> **Informação como insumo, controle por retroalimentação e processo de codificação** – Os insumos recebidos pela organização também podem

ser informativos, possibilitando a esta o conhecimento do ambiente e do seu próprio funcionamento em relação a ele. O processo de codificação permite à organização receber apenas as informações para as quais está adaptada e o controle por retroalimentação, a correção dos desvios.

> **Estado estável e homeostase dinâmica** – Para impedir o processo entrópico, a organização procura manter uma relação constante entre exportação e importação de energia, mantendo, assim, o seu caráter organizacional. Entretanto, na tentativa de se adaptar, a organização procura absorver novas funções ou até mesmo subsistemas. Esse processo de expansão faz que ela assuma sequencialmente estados estáveis de níveis diferentes.

> **Diferenciação** – Em função da entropia negativa, a organização tende à multiplicação e à elaboração de funções, o que determina também a multiplicação de papéis e a diferenciação interna.

> **Equifinalidade** – **Não existe uma única maneira certa de a organização atingir uma situação estável**. Critica-se aqui o pressuposto de racionalidade única ou superior da economia clássica, bem como a *one best way* de Taylor. Esse estado estável pode ser atingido pela organização a partir de condições iniciais e por meio de modos diferentes que esta tem de se adaptar ao ambiente. Como sistema aberto, a organização apresenta ainda limites, isto é, barreiras entre o sistema e o ambiente que definem sua esfera de ação, e um determinado grau de abertura, que dá uma ideia da sua receptividade a insumos.

Ocorre ainda que, como vimos, para a teoria funcionalista de Parsons, as organizações são uma **classe de sistemas sociais**, que, por sua vez, constituem uma classe de sistemas abertos. Como sistema social ela apresenta vários subsistemas que cumprem as funções descritas no modelo Liga, explicado anteriormente. Diversos subsistemas representam as funções. Os subsistemas da organização são:

> **Subsistemas de produção**, relacionados à transformação de insumos em produtos cujos ciclos de atividades compõem suas principais funções (função geração e fixação de objetivos ou *goal attainment*).

> **Subsistemas de suporte**, que procuram e colocam energia no ambiente e tratam da manutenção de bom relacionamento com outras estruturas desse ambiente (função adaptação).

> **Subsistemas de manutenção**, que se responsabilizam pela realização do processamento, isto é, que tratam da ligação das pessoas ao sistema, por

meio de recompensas e punições, mantendo os valores e pressupostos básicos do sistema em uma ação conservadora (função latência).

> **Subsistemas adaptativos**, que sentem mudanças ambientais relevantes e traduzem-nas para a organização (função adaptação).
> **Subsistemas administrativos**, que são compostos por atividades organizadas para o controle, a coordenação e a direção dos vários subsistemas. Os dois principais subsistemas administrativos são as estruturas regulares (legislativas) e as de tomada de decisões (função latência ou manutenção de valores e práticas).

Importação de Energia	Recebe insumos do meio ambiente.
Processamento	Processamento de insumos para transformá-los em produtos.
Exportação de Energia	A organização coloca produtos no ambiente.
Ciclo de Eventos	Energia retorna à organização para reprocessamento.
Entropia Negativa	Fuga da "morte".
Informação e Retroalimentação	Permite à organização corrigir os seus desvios em reação ao ambiente.
Estado Estável e Homeostase Dinâmica	Estabilidade e Expansão.
Diferenciação	Multiplicação e elaboração de funções.
Equifinalidade	Crítica da *one best way*. Existem diversas formas de atingir um estado estável.

Figura 6.8 Características das organizações como sistemas abertos.

A organização se distingue, porém, dos demais sistemas sociais, como vimos no Capítulo 5, pelo seu **alto nível de planejamento**. Em função disso, ela utiliza também um alto nível de controle, que inclui pressões ambientais e valores e expectativas compartilhados, mas especialmente a aplicação de regras cuja violação implica penalidades. Um dos pontos importantes da perspectiva sistêmica da organização é a boa compreensão dos conceitos de papéis, normas e valores, principais componentes de um sistema social.

Figura 6.9 Visão sistêmica da organização.

6.7 Os papéis e os diversos subsistemas organizacionais

Os papéis descrevem formas específicas de comportamento associadas com determinadas tarefas. São padrões de comportamento exigidos de todas as pessoas que participam de um dado relacionamento funcional. Normas são expectativas gerais de caráter reivindicativo para todos aqueles que desempenham papéis em um sistema. Valores, finalmente, são justificações e aspirações ideológicas mais gerais. Papéis, normas e valores compõem as bases da integração do sistema.

Uma vez identificados os papéis, as normas e os valores como principais componentes de um sistema social, torna-se possível o entendimento da organização quanto aos três subsistemas que abranjam todos os que foram mencionados, não se baseando em um critério funcional como no primeiro caso, mas no dos principais componentes. Esses subsistemas seriam: técnico, social e cultural.

O subsistema técnico compreenderia as tarefas e suas demandas e os papéis a ela associados.

O subsistema social compreenderia as normas e as relações sociais a ela associadas e, finalmente, as expectativas sociais mais amplas trazidas pelos insumos humanos que desempenham papéis no subsistema técnico.

O subsistema cultural trata dos diferentes valores e formas de comportamento a eles associados que os indivíduos trazem consigo para a organização, tendo em vista as suas diferentes inserções sociais, suas diferentes origens, formação educacional diversas e seus processos de socialização distintos. Desta forma, a organização é composta por diversos grupos sociais e profissionais, cada qual com suas subculturas próprias, formadas a partir de diferentes interpretações da cultura organizacional oficial.

Voltando ao critério funcional, já visto no início deste capítulo, as organizações podem ser classificadas, levando-se primordialmente em conta sua função genotípica, ou seja, a função que exerce como subsistema de sociedade global. Segundo esse critério, Katz e Kahn (1970, capítulo 5) distinguem quatro tipos de organização:

> **Organizações econômicas ou produtivas**, relacionadas ao fornecimento de mercadorias e serviços, entre as quais estão as empresas, até mesmo as agrícolas.
> **Organizações de manutenção**, relacionadas à socialização e ao treinamento das pessoas que irão desempenhar papéis em outras organizações e na sociedade global. Entre elas estão as escolas, qualquer que seja o seu nível, e as igrejas.
> **Organizações adaptativas**, relacionadas à criação de conhecimentos e ao desenvolvimento de novas soluções para problemas. Entre elas estão os laboratórios e as organizações de pesquisa, e até mesmo algumas universidades.
> **Organizações político-administrativas**, relacionadas à coordenação e ao controle de recursos humanos e materiais. O Estado, os órgãos públicos em geral, os sindicatos e os grupos de pressão estão nesse grupo.

Como vimos, as organizações cumprem as funções do modelo Liga de Parsons, sendo consideradas, nesse sentido, atores sociais que desempenham papéis no ambiente, reagindo a ele, modificando seus pressupostos básicos e adaptando-se. As organizações contêm subsistemas e também são subsistemas inseridos em sistemas maiores: o sistema social.

6.8 O trabalho de Eric Trist e Fred Emery e a adaptação das organizações ao meio ambiente de negócios

Apresentamos o trabalho de Emery e Trist, no item 6.3.1. Daremos sequência agora à análise.

Nos anos 1960, Eric Trist começa a trabalhar com Fred Emery e eles publicam em 1965 um importante artigo chamado "The causal texture of organizational environments". Nele, propõem a ideia de que cada tipo de meio ambiente sociotécnico e econômico seria uma "trama causal", ou seja, um encadeamento de causas e efeitos que teriam como resultante **a adoção pelas organizações de um tipo de estrutura adaptada às exigências e características do seu setor.**

Cada tipo de meio ambiente, entre os quatro definidos pelos autores, condicionaria a empresa a optar por um tipo de estrutura diferente.

Foram identificados setores "estáveis e difusos", "estáveis e concentrados", "instáveis e reativos" e, finalmente, turbulentos:

> Os ambientes estáveis e difusos são ambientes onde há pouca competitividade, um baixo nível de complexidade, poucas mudanças estruturais.

> Os ambientes estáveis e concentrados são ambientes onde há poucas mudanças e competitividade, mas existe maior número de organizações disputando espaço no ambiente.

> Os ambientes instáveis e reativos são ambientes onde há muitas mudanças organizacionais e tecnológicas e menor grau de diferenciação das organizações.

> O ambiente turbulento é o mais difícil, pois, além de existirem mudanças tecnológicas e organizacionais rápidas, há um grande nível de competitividade e diferenciação. Trata-se de um ambiente complexo. Para cada tipo de ambiente, diferentes estratégias são adotadas pelas organizações que nele se situam.

Vemos assim que os autores consideram que as organizações são sistemas abertos que devem se adaptar ao sistema social mais amplo e ao meio ambiente de negócios no qual estão inseridas. Em cada tipo de meio ambiente, cabe uma forma de organização. Faz-se uma analogia com um "ecossistema". Em cada tipo de ambiente natural vive um tipo diferente de organismo. Como veremos no decorrer deste capítulo, essas ideias estão perfeitamente alinhadas à teoria geral dos sistemas de Bertalanffy (1973). Gareth Morgan (1996), em seu livro *Imagens da organização*, descreve esse tipo de pensamento como uma "metáfora orgânica", ou seja, a aplicação da imagem comparativa das organizações como "seres vivos" que se adaptam ao seu ambiente natural e devem ficar atentas às mudanças destes.

Em seu artigo, Emery e Trist (1965) abordam o problema da mudança organizacional e adaptação ao ambiente. Para os autores, a compreensão das organizações e de sua mudança depende da compreensão de quais são as correlações entre as variáveis internas do sistema organizacional e as variáveis ambientais. Assim são estudados os processos da organização e suas partes – as relações de dependência e interferência mútuas de uma parte da organização com a outra, em uma perspectiva sistêmica. Lembremo-nos de que a organização é um sistema composto de partes interdependentes, mesmo que diferenciadas, em que o todo tem propriedades maiores que a mera soma ou justaposição das partes que o compõem. Nessa perspectiva, essas relações de interdependência devem ser analisadas. Outra proposição são as trocas entre a organização e o seu meio ambiente. Esta é outra dimensão a ser analisada. A organização busca recursos no meio ambiente e os coloca no mesmo ambiente, por meio de um sistema de "entradas" e "saídas", como vimos, ao analisar as características das organizações segundo a teoria geral dos sistemas. Essas relações de troca da organização com o seu meio ambiente ou dependências transacionais são a outra dimensão analisada pelos autores. Finalmente, a última variável a ser estudada está relacionada ao ambiente isolado como sistema, ou meio ambiente de negócios, o qual também tem organizações que possuem propriedades gerais. O sistema deve ser compreendido e estudado para que se compreenda sua "trama causal" (*causal texture*), ou seja, como as suas leis e regras induzem a certas formas organizacionais ou como as organizações assumem certas características em certos tipos de ambiente para se adaptarem a ele e sobreviverem. Dependendo do tipo de ambiente, diferentes estratégias são adotadas. De modo geral, pode-se resumir assim:

> Quando os **ambientes são mais ou menos turbulentos e complexos**, significa alto nível de competição, grande nível de diferenciação no ambiente, ou seja, várias organizações lutando por espaço em um mesmo setor, em que existem mudanças rápidas, sejam organizacionais ou tecnológicas. Nesse caso, as organizações devem **desenvolver uma estratégia de valorização e manutenção de mão de obra altamente qualificada e manter certo nível de redundância de informação e ambiguidade**. Organizações que atuam em ambientes turbulentos e complexos também devem ter alto grau de complexidade (diversidade sistêmica, mão de obra altamente qualificada, sistemas de captação, manutenção e difusão da informação).

> **Nos ambientes mais ou menos estáveis e simples**, o que significa um grau menor de diferenciação, menos competitividade e mudanças tecnológicas, outra estratégia deve ser adotada: pode-se ter estruturas mais simples de captação de informações e formas organizacionais menos complexas.

Os trabalhos de Emery e Trist mostram que diferentes meios ambientes oferecem condições de "luta" por sobrevivência diferenciada. Organizações com certas características são assim, em uma perspectiva darwiniana de "seleção natural", "selecionadas" por terem formas de comportamento, valores, estruturas e sistemas tecnológicos adequados ao seu ambiente, que oferecem regras estruturadas que as induzem a adotar essas formas para garantir sua sobrevivência. Essa é uma teoria de base funcionalista, dentro dos paradigmas parsonianos que estudamos no início do capítulo.

6.8.1 Estudos recentes: a tecnologia e os sistemas sociotécnicos

Como veremos neste capítulo e também no Capítulo 7, foram estudadas diversas relações entre o sistema social e técnico, entre sistema humano e tecnologia. A partir dos estudos de Trist, vários princípios sociotécnicos foram lançados, entre eles temos:

> Os indivíduos não são meras extensões das máquinas, eles as completam.
> A padronização excessiva das habilidades dificulta a mudança organizacional. Certa ambiguidade e a diversidade cultural são necessárias nesse contexto.

A partir dessas constatações e daquela da "trama causal" dos ambientes que induzem novas formas organizacionais e tecnológicas, Shoshana Zuboff (1988), professora de Harvard, em seu livro *In the age of the smart machine*, publicado em 1984, sua tese de doutorado, relata o fato de que, por sua própria natureza, a tecnologia da informação é caracterizada por uma dualidade fundamental: a função automatização e a função informatização.

Em primeiro lugar, a tecnologia pode ser utilizada para **automatizar** operações. O objetivo é substituir o esforço e a qualificação humanos por uma tecnologia que permita que os mesmos processos sejam executados a um custo menor, com mais controle e continuidade. A robotização de fábricas, substituindo a mão de obra humana com mais eficiência, é um exemplo dessa função da tecnologia (Zuboff, 1988).

A tecnologia tem outra função: a **informatização**. Nesse caso, vai-se além da mera automação, gera-se e incorpora-se uma informação nova que aperfeiçoa o próprio sistema. Um sistema que compara informações de dois bancos de dados, gerando uma nova informação para o funcionário de um dado setor; um sistema que divulga para diferentes setores de uma empresa as diferentes práticas organizacionais, comparando-as. Esses sistemas geram informações novas, que permitem o questionamento dos métodos atuais e da reconfiguração do trabalho.

A autora então relaciona essas funções da tecnologia com o sistema social mais amplo da sociedade.

A primeira função, **automatização, está relacionada ao modelo industrial de produção e permite a melhoria contínua dos processos** e o atingimento de maior eficiência nos procedimentos já conhecidos e esquematizados. Trata-se da aprendizagem de circuito simples, como relata Chris Argyris (1992). Não se questionam os pressupostos básicos do sistema, a tecnologia ou ferramenta não é redesenhada ou modificada. Os sistemas ainda não atingiram sua maturidade tecnológica ou gerencial e vão sendo mantidos e aprimorados pouco a pouco, até uma etapa em que devem ser redesenhados a fim de que gerem inovação e atinjam outros níveis de produtividade (Vasconcelos e Vasconcelos, 2002).

A segunda função da tecnologia, **informatização**, está vinculada **ao modelo informacional de produção ou à característica da sociedade pós-industrial**, descrita por Manuel Castells (1999a). O autor também analisou o surgimento de uma nova estrutura social, associada ao informacionalismo, fruto da reestruturação do modo capitalista de produção. Castells foca a sua análise no fato de que a maior circulação de bens e capitais a partir dos anos 1980 tornou-se possível graças ao modo informacional de desenvolvimento. A tecnologia (internet, intranet, fax, novos modelos de telefonia digital, entre outros) permitiria o contato entre os diferentes mercados, entre os diversos países instantaneamente, em tempo real, garantindo o acesso a informações e o trabalho a distância. Dessa forma, no atual sistema econômico, o capitalismo informacional, o processamento da informação seria continuamente concentrado na melhoria da tecnologia do processamento da informação como fonte da produtividade em um círculo virtuoso. Ou seja, atualmente, novas tecnologias permitiriam processar informações melhor e mais rapidamente, sendo fonte de maior produtividade (Castells, 1999a).

Assim, a função "informatização" da tecnologia permite a comparação de diferentes sistemas e a geração de informação nova, útil para o indivíduo que trabalha na interface com a máquina, que pode aumentar o conhecimento sobre a natureza do próprio trabalho, questionando seus métodos e reconfigurando-os, se necessário. Esse sistema permite a aprendizagem de circuito duplo.

Como coloca Zuboff (1988), essas duas funções da tecnologia podem levar a caminhos divergentes. Uma estratégia que enfatiza a automação concentra-se na máquina inteligente, em volta da qual os recursos humanos trabalham de forma automatizada, executando trabalhos rotineiros e mecânicos e limitando-se à aprendizagem de circuito simples.

Uma estratégia informatizante reconhece o valor e a função da máquina inteligente, mas somente no contexto de sua interdependência com pessoas inteligentes. A máquina rotiniza procedimentos gerando informações novas. Os indivíduos podem se concentrar em torno dessas informações, gerando novas soluções e ideias.

A teoria sociotécnica mostra que, embora redefina o horizonte de possibilidades, a tecnologia não pode determinar quais escolhas são feitas pelos indivíduos e com que intenções. É o ser humano que atribui sentido à ferramenta, de acordo com os seus padrões cognitivos, seus objetivos pessoais e com os elementos de sua identidade social. O tipo de sistema ou tecnologia não define, por si só, a criação de uma organização "industrial" ou "informacional ou pós-industrial".

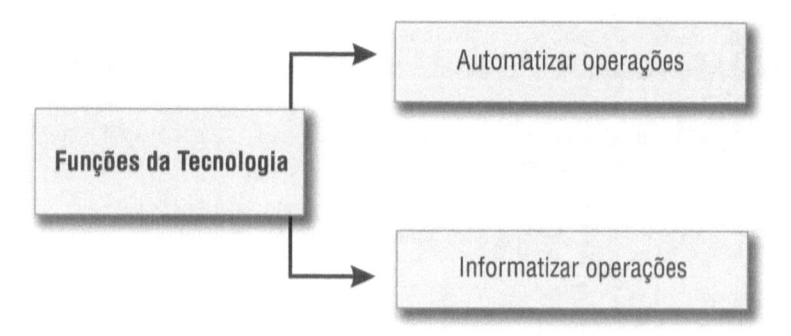

Figura 6.10 Funções da tecnologia segundo Zuboff.

Função Automatizadora da Tecnologia
- Mecanização de procedimentos
- Aprendizagem de circuito simples
- "Modelo Industrial" e Fordismo

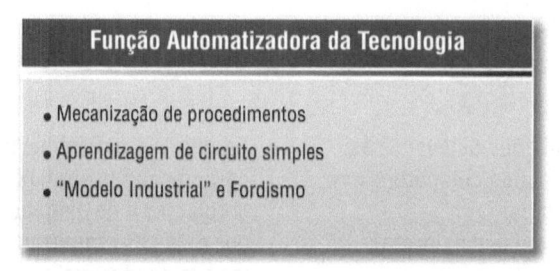

Figura 6.11 Função automatizadora da tecnologia.

Função Informatizadora da Tecnologia
- Além de automatizar, gera informação nova comparando informações
- Aprendizado de circuito duplo
- "Modelo Pós-industrial"

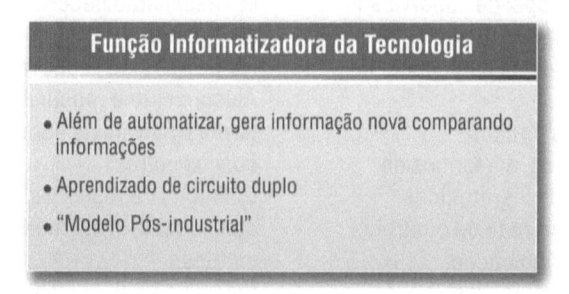

Figura 6.12 Função informatizadora da tecnologia.

6.8.2 Inovação tecnológica e social

Na abordagem sociotécnica, para que haja inovação tecnológica, deve haver inovação social.

Além da instauração de uma nova tecnologia, devem-se instaurar regras e normas de trabalho que levem os grupos a incorporar efetivamente a nova tecnologia na prática, adaptando-se a ela, mudando ao menos parcialmente os seus padrões culturais e integrando essas informações em seu cotidiano de trabalho. Caso contrário, a resistência à mudança é uma realidade. Muitas tecnologias existem e não são implementadas, como os sistemas ERP (*Enterprise Resource Planning*), as normas ISO 9000 e outros exemplos citados no Capítulo 5. Não se muda o sistema social – regras e práticas que induzem certos comportamentos –, logo, os comportamentos anteriores são preservados e o grupo social não integra a nova tecnologia na prática de trabalho.

Funções da Tecnologia (Zuboff) e Características do Ambiente Social

- O modo industrial de produção induz a função automatizadora da tecnologia e a aprendizagem de circuito simples.
- O modo pós-industrial ou informacional induz a utilização da função informacional da tecnologia e a aprendizagem de circuito duplo e a inovação.

Figura 6.13 Inovação tecnológica e inovação social.

Sistema Mecânico	Sistema Orgânico
– Adaptado a condições estáveis, nas quais as organizações competem, em termos de eficiência. – Diferenciação precisa das tarefas organizacionais. – Busca pelo aperfeiçoamento técnico. – Hierarquia com papel de supervisão. – Definição precisa dos direitos, deveres e métodos de cada posto de trabalho. – Tradução desses direitos, deveres e métodos, em termos de responsabilidades hierárquicas. – Estrutura hierarquizada de controle, autoridade e comunicação. – Reforço da hierarquia com a apropriação exclusiva das informações externas pelos níveis superiores. – Tendência à interação vertical. – Tendência a seguir instruções explícitas. – Lealdade e obediência como condições de integração à organização. – Maior valor atribuído ao conhecimento prático e local (especializado). – Foco na eficiência operacional.	– Adaptado a ambientes instáveis, caracterizados por fluxos de novos problemas e de exigências imprevistas, nos quais as organizações competem em termos de eficácia e inovação dinâmica. – Natureza contributiva (coletiva) do conhecimento necessário à realização do trabalho. – Natureza realista das tarefas individuais. – Ajustamento e redefinição contínua das tarefas individuais por meio da interação com os outros. – Definição da responsabilidade como um campo restrito de direitos, deveres e métodos. – Valorização do empenho pessoal, ultrapassando as definições técnicas. – Estrutura de controle, autoridade e comunicação em rede. – Dispersão do conhecimento e do acesso à informação. – Comunicações laterais. – Ênfase em conselhos e difusão de informações em lugar de ordens e instruções. – Competência e engajamento mais valorizados que lealdade e obediência. – Maior valor atribuído à competência genérica e multifuncional. – Foco na resolução de problemas.

Figura 6.14 Quadro resumo das principais diferenças das empresas mecânicas e orgânicas (com base nos trabalhos de Burns et Stalker (1961) e elaborado por Vasconcelos, 2007, p. 82.)

6.9 Críticas

A perspectiva sistêmica parece estar de acordo com a preocupação estrutural-funcionalista que vem caracterizando as ciências sociais nos últimos tempos, o que pode explicar em parte uma propensão à sua aceitação, ainda que com restrições, por muitos. De qualquer forma, porém, existem nessa corrente de pensamento alguns pontos críticos. Em primeiro lugar, a teoria geral dos sistemas pode ser responsável por uma ilusão científica. Com isso, queremos dizer que o elaborado aparato teórico dessa corrente deu aos cientistas sociais a oportunidade de realizar uma velha aspiração: tornar os objetos de sua ciência suscetíveis de uma análise tão rigorosa quanto a utilizada pelas ciências físicas. Ocorre, porém, que os instrumentos empregados por essas últimas foram desenvolvidos a partir do estudo dos seus objetos e não importados de outras ciências. A primeira linha que vislumbramos para a crítica da teoria geral dos sistemas na teoria das organizações está no seu **biologismo**. Nossa pressuposição é de que, ao analisar as organizações usando instrumentos importados da biologia e adaptados à natureza social das organizações, o teórico é vítima do que chamamos **ilusão científica, isto é, passa a acreditar que o objeto de sua análise tende a tornar-se tão previsível quanto os sistemas biológicos e que seu campo do conhecimento se presta ao rigor científico que caracteriza as ciências físicas.**

Em segundo lugar, na ênfase dada às relações entre organização e ambiente, a maioria dos teóricos de sistemas na análise organizacional parece dar uma importância excessiva ao papel desempenhado pelo último. A organização depende, para sua sobrevivência, do crescimento e eficiência de sua adaptabilidade ao ambiente, o que quer dizer que a organização mais propensa a sobreviver, crescer e ser eficiente é aquela na qual os papéis, as normas e os valores estiverem mais de acordo com as demandas do ambiente, o que, em última análise, traduz uma posição idealista que pressupõe a primazia do sistema cultural com relação aos sistemas social e técnico e que negligencia o papel dinâmico das contradições internas das organizações.

É evidente que as causas externas são importantes mesmo no domínio cultural. Ocorre, porém, que sua importância está relacionada com sua ação por meio das causas internas, que são primárias. Assim, a tentativa de explicar um papel social a partir das normas e estas a partir dos valores significa uma inversão do processo. Na verdade, os papéis compõem o sistema técnico que determina as normas componentes do sistema social, que, por sua vez, estabelece os valores ou o sistema cultural. Indiscutivelmente, ocorrem influências no sentido inverso, mas elas constituem um processo secundário.

Em resumo, critica-se o determinismo parsoniano.

6.10 Críticas ao determinismo parsoniano

Como vimos no Capítulo 4, "Os processos decisórios nas organizações e o modelo Carnegie (racionalidade limitada)", alguns autores utilizam a teoria da escolha racional dentro do pressuposto da racionalidade limitada de Simon (1987) para questionar, a partir dos trabalhos de Festinger (1957), **o princípio parsoniano da anterioridade do sistema de valores sobre os outros sistemas sociais**, mostrando que os valores não determinam o comportamento, bem como o comportamento não determina os valores. Veremos essas argumentações mais bem desenvolvidas no Capítulo 10, na Parte II do livro. Essas duas variáveis – valores e comportamento – não seriam explicadas por uma lógica linear de causa e efeito, mas constituiriam um sistema. Os novos comportamentos de um indivíduo poderiam originar novos valores, fazendo-o questionar os seus valores antigos ou poderiam, ao contrário, ter o efeito de reforçar ainda mais esses últimos.

Em resumo, pode-se dizer que essas pesquisas, bem como as teorias de Festinger sobre dissonância cognitiva, permitem libertar o indivíduo do que Wrong chamou uma concepção "hipersocializada" do ser humano, que busca unicamente no passado dos indivíduos e em suas experiências de socialização marcantes a explicação para seus comportamentos presentes (Wrong, 1977). Essa é uma importante crítica ao parsonismo. Crozier (1964) desenvolve o conceito de ação estratégica do ator social, ou seja, a capacidade de perceber as oportunidades de ação, prever as consequências e os riscos de cada alternativa e assumir esses riscos executando a decisão; tal capacidade varia de pessoa a pessoa, segundo a origem social e o meio cultural e é fundamental para a construção da identidade do indivíduo a partir de suas interações em sua atividade cotidiana de trabalho.

A capacidade de ação estratégica pode ser melhorada e exercitada por meio das interações com os outros indivíduos em diversos tipos de situação, o que mostra que não existe o determinismo dos sistemas de valores na organização. A mudança pode ocorrer primeiro no nível das regras do jogo e em seguida gerar novas formas de comportamento. Os indivíduos não seriam passivos diante da incorporação de valores, mas teriam um nível de controle sobre os seus valores, reajustando-os e optando por novos modelos de conduta (Crozier e Friedberg, 1977).

Segundo Sainsaulieu (1977), finalmente, é por meio do processo de afirmação de sua diferença que os grupos tornam-se conscientes do valor que lhes é atribuído no sistema social, tendo em vista o reconhecimento que recebem ou os recursos que controlam. A mudança ou invenção de novas regras do jogo gerará consequentemente novas estratégias de luta e formas de reconhecimento em um sistema, aos quais corresponderão novos valores e modelos de conduta.

Sainsaulieu, com base nos estudos sociotécnicos, diz a esse respeito que quando um reformador pretende modificar as organizações, ele deve saber que provocará uma redistribuição das fontes de poder e recursos, logo uma mudança nos jogos estratégicos. Os indivíduos, diante de uma situação nova, deverão adaptar-se às novas regras do jogo, criando e aprendendo novas formas de ação ou adaptando as antigas formas relacionais à nova situação, ou então investir e criar novas formas de ação; a mudança organizacional implica uma sequência de aprendizagem estratégica e relacional.

A anomia, ou a incapacidade de reconstituir um universo de normas relacionais novas, é frequentemente a consequência de uma mudança brutal nas condições de acesso ao poder nas reações imediatas. Para que a transferência de um tipo de aprendizado estratégico a outro ocorra de modo a facilitar a reconstituição de um conjunto de normas em uma situação nova, é necessário que os indivíduos disponham de recursos e de ocasiões de encontros que lhes permitam reconstituir alianças e relações que possam levá-los a situações de vitória em uma lógica de diferenciação; caso isso não aconteça, os indivíduos perpetuarão as alianças, não importa em que situação nova, resistindo à mudança. Desse modo, a mudança de regras não gerará novos valores ou modos de comportamento estratégico (Vasconcelos e Vasconcelos, 2002).

6.10.1 O modelo de Sainsaulieu da "identidade no trabalho": uma crítica ao determinismo parsoniano

Sainsaulieu (1977) propõe um modelo sobre a construção da identidade no trabalho utilizando uma perspectiva weberiana da não determinação da ação humana e incorporando os pressupostos sociotécnicos.

O indivíduo dispõe de um passado cultural, de hábitos adquiridos pelos processos de identificação característicos de sua socialização primária e secundária, mas o universo social do trabalho, em que ele arrisca "aqui e agora", pode representar para ele uma realidade totalmente diferente de sua realidade passada. O perigo do presente obriga-o a confrontar as características de percepção, a análise e o julgamento que ele desenvolveu no decorrer de sua história com as aptidões necessárias à sua sobrevivência na situação presente. Os valores anteriores, adaptados à sua realidade passada, podem não assegurar mais o sucesso nas relações presentes, e a aprendizagem de novas capacidades estratégicas por meio das relações de trabalho pode levá-lo a tomar consciência de outras lógicas de ação e realidades que não correspondem necessariamente à sua lógica ou ao seu meio de socialização. Os recursos intelectuais, afetivos e cognitivos por ele desenvolvidos no passado, os seus valores e a sua visão de mundo podem não ser mais suficientes para ajudá-lo a compreender, decidir e agir na situação presente.

O confronto com seus próprios valores e características de base será mais forte à medida que o indivíduo se sinta oprimido pela nova realidade e busque compreendê-la. Ele reverá então sua lógica de ação e buscará uma nova visão de mundo que integre suas experiências passadas, mas que explique também suas novas percepções e sensações, permitindo encontrar novos meios de ação.

Assim, a aptidão de analisar as diversas opções e assumir riscos nas relações interpessoais e coletivas (ou seja, a capacidade estratégica de cada indivíduo) é fruto de um aprendizado concreto nas relações de trabalho. Ao menos no que se refere à aprendizagem por heurística e à experimentação, a estrutura de trabalho tem uma influência desigual no desenvolvimento da capacidade cognitiva e analítica dos indivíduos, uma vez que alguns têm a oportunidade de experimentar um jogo relacional sutil, enquanto outros veem limitadas as suas oportunidades de desenvolvimento sociopolítico. Independentemente de suas histórias individuais e de seu passado, os atores sociais passam muito tempo no ambiente de trabalho. O fato de possuírem as mesmas condições de trabalho e os mesmos espaços de interação, bem como o acesso e o controle do mesmo tipo de recursos, oferece aos indivíduos caminhos similares de acesso à identidade e ao entendimento.

Seguindo alguns dos pressupostos da escola sociotécnica, o autor propõe quatro modelos, a partir de suas pesquisas. Cada modelo reflete tipos de lógicas de ator e critérios de decisão distintos. Não se trata da descrição de quatro tipos de "personalidade coletiva", mas da descrição de diferentes processos de estruturação da experiência e acesso à identidade no trabalho. Por essa razão, atores sociais submetidos às mesmas condições de trabalho durante certo tempo tendem a desenvolver estratégias e modos de diferenciação similares, partilhando também de valores comuns e de uma racionalidade própria ao seu grupo organizacional (Vasconcelos e Vasconcelos, 2002).

6.10.1.1 O modelo da retirada estratégica

São os indivíduos que renunciam à luta por sucesso e reconhecimento no ambiente profissional. Eles procuram realizar as suas tarefas de acordo com o mínimo solicitado na regra e envolver-se o mínimo possível com o trabalho. Procuram envolver-se em outros setores de sua vida – família, clubes, associações – e limitar a sua atuação profissional ao estritamente necessário. Esse grupo é caracterizado por uma grande fraqueza nas suas relações de identificação horizontal entre pares. Eles costumam, no entanto, se identificar muito com a figura do chefe. A relação de autoridade não é apenas aceita, mas reivindicada. Esse grupo era composto por operários estrangeiros, especialmente os africanos, e pelas operárias. Caracterizava-se pela apatia e pela ausência de mobilização individual ou coletiva. Para esses indivíduos, identificar-se com este ou aquele chefe constitui o único meio de afirmar a sua diferença em face de outros colegas. Eles possuem poucas possibilidades de desenvolver o seu lado político e a sua capacidade de ação estratégica, pois evitam as relações conflituosas e renunciam de antemão à tentativa de "fazer valer" suas ideias e opiniões, ficando prisioneiros de processos verticais de identificação e tendo, dessa maneira, pouca autonomia.

6.10.1.2 O modelo da solidariedade democrática

Ao contrário do modelo de "retirada estratégica", o autor encontrou em suas pesquisas dois grupos que recusam as identificações verticais, envolvendo-se pouco com os chefes e superiores, mas desenvolvendo uma solidariedade corporativa bastante forte entre pares. São, com certeza, os executivos e diretores mais qualificados e profissionais de profissões mais qualificadas e intelectuais; por fim, em certos casos, alguns tipos de operários especializados, com maior qualificação técnica. Nesses grupos, tanto os diretores, executivos, gerentes e profissionais mais qualificados mostram-se satisfeitos com o controle que exercem sobre seus subordinados, como em alguns casos, alguns operários mais qualificados, por deterem uma especialização técnica, ficam contentes com o seu controle sobre outros operários menos qualificados. Membros do grupo de gerentes e diretores também são capazes de manter relações interpessoais diferenciadas no plano afetivo e cognitivo, liberando-se das identificações horizontais, sendo capazes de defender a própria opinião ou ponto de vista em relação aos colegas, recusando a autoridade que se pretende exercer sobre eles. Em alguns casos, alguns operários mais especializados também. Esses grupos têm, assim, a capacidade de exercer o poder, tendo uma boa capacidade de ação estratégica. Esses atores sociais são autônomos, sendo capazes de vivenciar relações de afinidade entre colegas, porém negociando, debatendo e discutindo suas diferenças quando necessário.

Entre essas duas situações extremas descritas, um grupo desenvolvendo uma estratégia de evasão, apatia e recusa de conflitos, incapacidade de lidar com situações envolvendo o poder, e outro mostrando familiaridade com posições de poder e de comando, com autonomia e diferenciação, o autor encontrou outras estratégias de ação.

6.10.1.3 O modelo da unanimidade

Dois grupos enquadram-se nesse modelo: os operários que trabalham em linhas de montagem, sem nenhuma especialização particular, envolvendo-se em um trabalho repetitivo e mecânico, desenvolvido em conjunto com seus colegas, vivem uma experiência profissional de identificação horizontal aos pares e vertical aos líderes do sistema social operário e, por conseguinte, encontram meios para afirmar a sua diferença como grupo aos administradores e chefes. Cada indivíduo se sente assim profundamente ligado ao grupo, pelo qual se diferencia, não agindo separadamente. Esse modelo da fusão operária envolve a identificação do grupo com um líder de seu grupo que interpreta os acontecimentos, defende suas posições e orienta suas relações com a chefia, propondo mobilizações quando necessário. Esse tipo de grupo normalmente adota estratégias do tipo "tudo ou nada", realizando fortes mobilizações para obter seus objetivos.

O outro grupo que desenvolve uma estratégia semelhante, no modelo da unanimidade, são os burocratas e funcionários administrativos de escritório, que evitam conflitos fortes com seus colegas a fim de respeitar o código burocrático de igualdade formal no sistema. Essa é uma forma de controlar o favoritismo, evitando amizades estreitas ou identificação com a chefia. No entanto, as pesquisas mostram que se a igualdade burocrática formal for ameaçada por reformas ou se as regras que lhes asseguram direitos forem mudadas, esses indivíduos, que normalmente evitam conflitos, serão capazes de iniciar fortes mobilizações para defender os meios que garantem suas posições no sistema. As ações políticas desse grupo, dada a sua capacidade estratégica limitada, como o grupo dos operários supracitados, são erráticas – o grupo emprega muita força para obter vitórias menores e mostra dificuldades na negociação e no debate político.

6.10.1.4 O modelo das afinidades seletivas

Os grupos que dispõem de maior mobilidade na organização – jovens executivos e *trainees*, consultores –, dado o fato de mudarem sempre de ambiente, de pretenderem seguir uma carreira rápida por meio de sucessivas promoções, desenvolvem uma estratégia individual de ação, identificando-se com colegas e chefes temporariamente e reconstituindo suas relações e suas identificações tão logo atinjam novas posições na organização. Esses indivíduos não gostam de envolver-se politicamente com grupos, uma vez que pretendem manter sua mobilidade individual e não ser limitados em sua ação pelas imposições e restrições que envolvem a ação coletiva. Normalmente eles são dotados de boa capacidade estratégica, relacional e política. Sua recusa de agir em grupo, no entanto, os impede de desenvolver as capacidades cognitivas e relacionais próprias a esse tipo de ação.

Pode-se observar que a organização, estruturando diferentes vias de acesso à experiência, à autonomia e à capacidade de ação estratégica, oferece meios de afirmação de identidades desiguais aos indivíduos. Quando o indivíduo não dispõe de nenhum meio de medir o resultado de suas relações e o seu valor social, visto que praticamente não tem acesso ao reconhecimento dado o seu tipo de atividade, então, o desejo se concentra no imaginário puro, e o indivíduo, prisioneiro de identificações com os poderosos, reproduz o pensamento daqueles que são capazes de defender e impor suas ideias. Quando os meios de ser reconhecido como o autor de uma ação concreta só são acessíveis pela ação coletiva, porque cada indivíduo é muito fraco para vencer sozinho, a fusão entre os desejos, realizada por um processo de identificação projetiva recíproca entre pares, é reforçada. Quando, finalmente, o indivíduo dispõe de meios suficientes para obter sozinho o reconhecimento de suas ações pelos outros, ele pode conciliar por si próprio o desejo, a reflexão e a ação, propondo uma racionalidade própria e autônoma. Assim, o exercício pleno da democracia e da cidadania é um luxo limitado aos poucos que conseguem diferenciar-se no sistema organizacional. O desenvolvimento da capacidade cognitiva e política dos indivíduos é um fator importante no processo de diferenciação identitária.

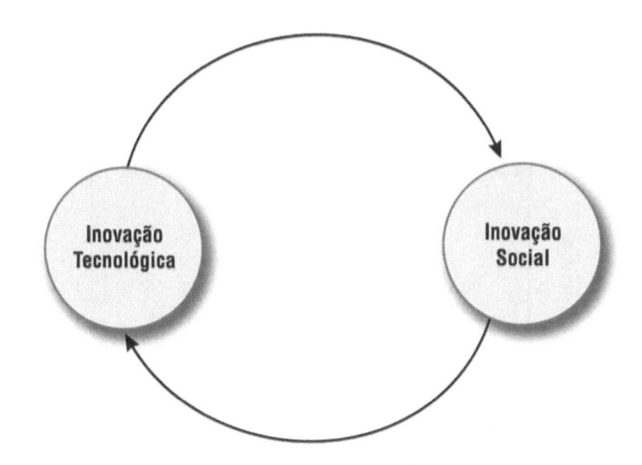

Figura 6.15 A teoria geral dos sistemas na teoria das organizações.

6.10.2 As políticas de gestão de pessoas e a identidade social

É possível relacionarmos os diversos tipos de identidade social às práticas de gestão de pessoas predominantes nas organizações. Existem modelos de gestão de recursos humanos (GRH) que propõem o desenvolvimento político e cognitivo dos atores sociais na organização e incorporam as dimensões do conflito e do debate, favorecendo a emergência de identidades do tipo "solidariedade democrática" e "afinidades seletivas", descritas anteriormente. Outros modelos propõem práticas opostas, que, ao reduzirem a autonomia dos atores organizacionais, limitam o seu desenvolvimento cognitivo e sua politização. Os estudos sociotécnicos têm uma veia democrática, ao propor conceder-se maior autonomia aos indivíduos no trabalho.

Como vimos no Capítulo 5, do ponto de vista da teoria dos papéis, atualmente se criticam outras formas de alienação na organização além da alienação marxista tradicional. Os estudos críticos de autores neomarxistas, como Seeman (1967) e Sevigny (1970), relatam uma alienação identitária derivada da imposição de "modelos mentais" e formas de comportamento únicos aos indivíduos. Assim, esses estudos denunciam o risco de se alienar no trabalho pela adoção de "identidades obrigatórias". Nessa perspectiva, a exploração cultural consiste na difusão de formas de alienação relativas, forçando as pessoas a se moldarem segundo os modelos impostos pelo sistema como necessários ao seu funcionamento (Sainsaulieu, 1977; Seeman, 1967; Sevigny, 1970; Sevigny e Guimond, 1970; Walker e Guest, 1962; Vollmer, 1960, p. 75; Dubin, 1973, p. 76-77).

Essas concepções podem ser representadas a partir dos gráficos das Figuras 6.16, 6.17 e 6.18:

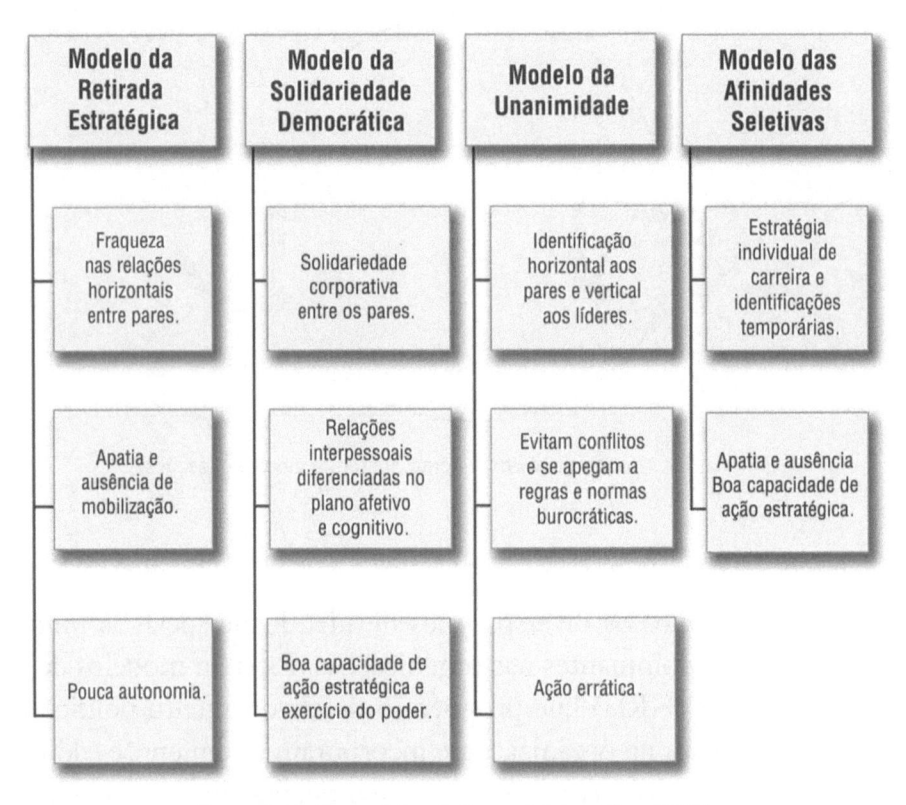

Modelo da Retirada Estratégica	Modelo da Solidariedade Democrática	Modelo da Unanimidade	Modelo das Afinidades Seletivas
Fraqueza nas relações horizontais entre pares.	Solidariedade corporativa entre os pares.	Identificação horizontal aos pares e vertical aos líderes.	Estratégia individual de carreira e identificações temporárias.
Apatia e ausência de mobilização.	Relações interpessoais diferenciadas no plano afetivo e cognitivo.	Evitam conflitos e se apegam a regras e normas burocráticas.	Apatia e ausência Boa capacidade de ação estratégica.
Pouca autonomia.	Boa capacidade de ação estratégica e exercício do poder.	Ação errática.	

Figura 6.16 Os modelos de Renaud Sainsaulieu (1977).

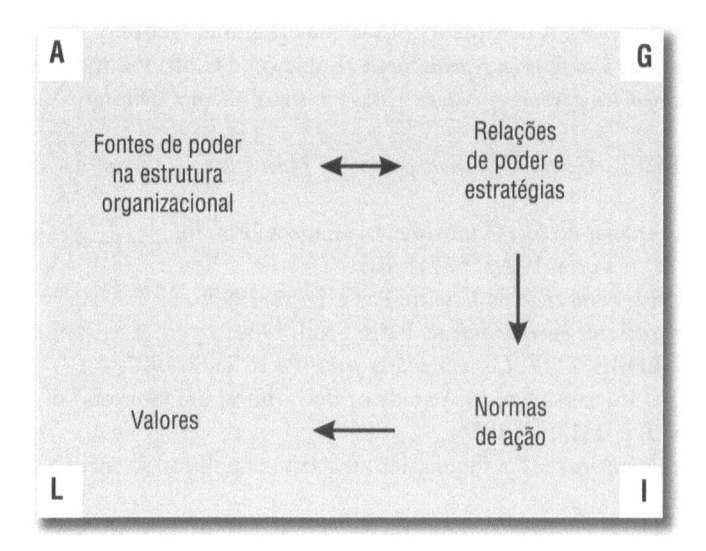

Figura 6.17 Interpretação do modelo parsoniano segundo Crozier (1964).

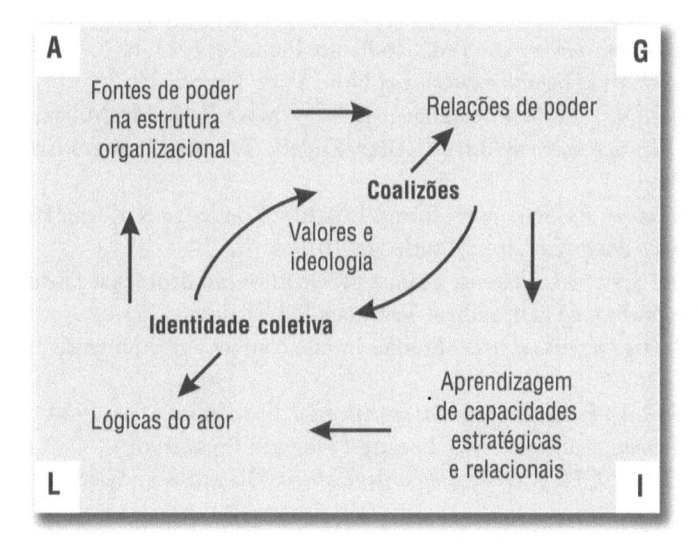

Figura 6.18 Interpretação do modelo parsoniano a partir do conceito de aprendizagem cultural (Sainsaulieu, 1977).

Bibliografia

ALLPORT, G. W. *Personality*. Nova York: Henry Holt, 1937.
ARGYRIS, C. *On organization learning*. Cambridge: Blackwell, 1992.
BERLINCK, M. T. *O funcionalismo na sociologia e na antropologia*. Rio de Janeiro: Fundação Getulio Vargas, 1977. p. 1.
BERTALANFFY, L. von. The theory of open systems in physics and biology. *Science*, n. 111, p. 23-28, 1950.
_____. General system theory. *Yearbook of the Society for the Advancement of General System Theory*, n. 1, p. 1-10, 1956.
_____. *Teoria geral dos sistemas*. Petrópolis: Vozes, 1973.
BION, W. *The Tavistock seminars*. Londres: Routledge 2005.

BOULDING, K. *Ecodynamics*: A new theory of societal evolution. Newbury Park: Sage, 1978.
BUCKLEY, W. *Sociology and modern systems theory*. Englewood Cliffs: Prentice-Hall, 1967.
_____. *Society a complex adaptative system*: Essays in social theory. Chicago: Aldine Publisher Co., 1998.
BURNS, T.; STALKER, G. M. *The management of innovation*. Londres: Tavistock Publications, 1961.
CASTELLS, M. O verdejar do ser: O movimento ambientalista. In: _____. *O poder na identidade*. Rio de Janeiro: Paz e Terra, 1999a. p. 141-165.
_____. *A sociedade em rede*. Rio de Janeiro: Paz e Terra, 1999b.
CROZIER, M. *Le phénomène bureaucratique*. Paris: Seuil, 1964.
CROZIER, M.; FRIEDBERG, E. *L'acteur et le système*. Paris: Seuil, 1977.
DUBIN, R. Industrial workers' worlds: A study of the "central life interests" of industrial workers. *Social Problems*, v. 3, p. 131-142, 1956.
EASTON, D. *The political system*: An inquiry into the state of political science. Nova York: Alfred A. Knopf, Inc., 1953.
EMERY, F. E.; TRIST, E. L. Socio-technical systems. In: CHURCHMANN, C. W.; VERHURST M. (Eds.) *Management science, models and techniques*. Londres: Pergamon Press, 1960. v. 2, p. 83-97.
_____. The causal texture of organizational environments. *Human Relations*, v. 18, n. 1, p. 21-33, 1965.
ETZIONI, A. *Organizações modernas*. 2. ed. São Paulo: Pioneira, 1973. p. 76-77.
FESTINGER, L. *A theory of cognitive dissonance*. Nova York: Harper, 1957.
GILLIN, J. L.; GILLIN, J. P. *An introduction to sociology*. Nova York: MacMillan, 1942. p. 69.
HOMANS, G. C. *El grupo humano*. Buenos Aires: Eudeba, Editorial Universitária de Buenos Aires, 1950. p. 333, 449.
_____. *Social behavior*: Its elementary forms. Londres: Routledge & Kegan Paul, 1961.
_____. *The human group*. Londres: Routledge, 2010.
JACQUES, E. Social Systems's a defense against persecutory and depressive anxiety. In: KLEIN, M. *New directions in psychoanalysis*. Londres: Tavistock Publications, 1955.
KAHN, R. L. et al. *Organizational stress*: Studies in rale conflict and ambiguity. Nova York: John & Sons, 1964. p. 33.
KATZ, D.; KAHN, R. L. *Psicologia social das organizações*. São Paulo: Atlas, 1970.
KLEIN, M. *Contributions to psychoanalysis*. Londres: Hogarth Press, 1965.
LAWRENCE, P.; LORSCH, J. *Developing organizations*: Diagnosis and action. Reading: Addison-Wesley, 1969.
_____. *A empresa e o ambiente*. Petrópolis: Vozes, 1973.
LIKERT, R. *New patterns of management*. Tóquio: International Student Edition, Kogakusha Company, 1961. p. 20, 47 e 178.
MILLER, E. (Ed.) *Contributions to job and organizational design*. Farnham: Ashgate Publications, 2000.
MILLER, E. J.; RICE, A. K. *Systems of organization*: The control of task and sentient boundaries. Londres: Routledge, 2013.
MORGAN, G. *Imagens da organização*. São Paulo: Atlas, 1996.
MOTTA, F. C. P. O estruturalismo na teoria das organizações. *Revista de Administração de Empresas*, v. 10, n. 4, 1970.
PARSONS, T. *The structure of social action*. Glencoe, Ill.: Free Press, 1949. p. 747.
_____. *The social system*. Nova York: Free Press, 1951.
_____. Suggestions for a sociological approach of the theory of organizations. *Administrative Science Quarterly*, v. 1, n. 1-2, 1956.
_____. Pattern variable revised – A response to Robert Dubin. *American Sociological Review*, p. 467-483, 1960a.
_____. *Structure and process in modern societies*. Nova York: Free Press, 1960b.

_____. *Essai sur leurs évalutions comparées*. Sociétés. Nova York: Prentice-Hall; Paris: Dunod, 1966. p. 16-19.

PARSONS, T.; BALES, R. *Family socialization and interaction process*. Nova York: The Free Press, 1955.

PARSONS, T.; SHILLS, E. A. *Toward a general theory of action*. Nova York: Harper Tochbooks, 1951. p. 56.

RADCLIFFE-BROWN, A. R. *Method in social anthropology*: selected essays. Chicago: University of Chicago Press, 1968.

RICE, A. K. *Productivity and social organization*. Londres: Tavistock Publications, 1958.

_____. *The enterprise and its environment*. Londres: Tavistock Publications, 1963.

SAINSAULIEU, R. *L'identité au travail*. Paris: Presses de la FNSP, 1977.

SCHEIN, E. H. *Psicologia na indústria*. Lisboa: Clássica, 1968.

SEEMAN, M. Les conséquences de l'aliénation dans le travail. *Sociologie du Travail*, v. 2, p. 113-133, 1967.

SEVIGNY, R. Pour une théorie psychosociologique de l'aliénation. *Sociologie et Sociétés*, v. 1, n. 72, p. 193-219, 1970.

SEVIGNY, R.; GUIMOND, P. Psychosociologie de l'actualisation de soi. *Sociologie et Sociétés*, v. 2, n. 2, 250-264, 1970.

SIMON, H. Making management decisions: the role of intuition and emotion. *Academy of Management Perspectives*. The University of Chicago Press, v. 1, n. 1, p. 57-64, Feb. 1987.

TRAHAIR, R. Work of Eric Trist. In: WARNER, M. (Ed.) *Management thinking*. Cambridge: Thomson, 1998.

VASCONCELOS, F. C. de. Dinâmica organizacional e estratégia, imagens e conceitos, São Paulo: Thomson Learning, 2007.

VASCONCELOS, I. F. G. de.; VASCONCELOS, F. C. de. Gestão de recursos humanos e identidade social: um estudo crítico. *RAE – Revista de Administração de Empresas*, v. 42, n. 1, p. 64-78. jan.-mar. 2002.

VOLLMER, R. M. *Employer rights and the employment relationship*. Berkeley; LA: University of California Press, 1960. p. 75.

WALKER, C. R.; GUEST, R. H. *The man on the assembly line*. Cambridge: Harvard University Press, 1962.

WALLACE, W. L. *Sociological theory*. Chicago: Aldine Publishing, 1969.

WOODWARD, J. *Industrial organizations*. Theory and practice. Oxford: Oxford University Press, 1968.

YOUNG, M. *Malinowski*: Odissey of an anthropologist (1984-1920). Londres: Yale University Press, 2004.

ZUBOFF, S. *In the age of the smart machine:* the future of work and power. Nova York: Basic Books, 1988.

Capítulo 7

O sistema e a contingência: teoria das organizações e tecnologia

Tudo é relativo.
Albert Einstein

7.1 Introdução e origens

A existência de fronteiras claras que permitem distinguir o interior da organização de seu exterior é uma premissa da Escola Clássica de Administração. No entanto, somente nos anos 1960 o meio ambiente passou a ser um dos temas centrais em administração, por meio de uma corrente chamada "contingência estrutural" (Lawrence e Lorsch, 1967). Contudo, antes desses autores, Burns e Stalker (1961) realizaram um estudo pioneiro reunindo mais de 20 empresas inglesas que operavam em setores diferentes, com taxas distintas de concorrência e de mudança tecnológica. A partir desse estudo, elaboraram dois tipos ideais de organização, cada um adaptado a um tipo de setor ou "meio ambiente": a organização mecânica e a organização orgânica. Segundo os autores, a organização mecânica seria caracterizada pela formalidade, pela existência de um organograma detalhado e rígido, pela pouca comunicação entre os diversos setores em nível horizontal, privilegiando os níveis vertical e hierárquico e uma forte centralização do poder pela direção.

A organização orgânica opõe-se ao primeiro modelo. Os papéis organizacionais não são explícitos, não se acentuando as diferenças em nível hierárquico; a comunicação se dá tanto em nível horizontal como vertical e o poder de decisão é descentralizado e difuso. Os autores mostram que o **modelo mecânico** é mais frequente em um **contexto setorial estável** (pouca inovação tecnológica, demanda regular e previsível). O **modelo orgânico** seria uma opção mais frequente em um **meio ambiente "turbulento"**, ou seja, com alta taxa de inovação e um mercado caracterizado por uma forte concorrência. Essas ideias complementam as de Emery e Trist (1965) sobre a "trama causal" dos ambientes, como vimos no capítulo anterior. Os trabalhos de Woodward (1968) sobre a relação existente entre a tecnologia, os tipos de estrutura organizacional das empresas e o desempenho, bem como os trabalhos de Burns e Stalker seguiam essa mesma linha de raciocínio. Essas pesquisas têm outro ponto em comum: consideram que o meio ambiente impõe uma série de exigências objetivas à organização, das quais elas não podem "escapar" sob pena de terem uma queda de produtividade e desempenho.

Essas teorias são complementares à teoria dos sistemas abertos de Bertalanffy (1950) e trabalham com a noção de adaptação contínua da organização ao meio ambiente e de seu ajuste interno (*fit*) às características deste sob pena de sofrer o processo de entropia (morte). Finalmente, estudaremos os trabalhos de Lawrence e Lorsch (1967, 1969) sobre integração e diferenciação. Todas essas teorias focam o meio ambiente externo e os aspectos estruturais dos sistemas organizacionais. Vamos analisar esses aspectos a seguir.

7.2 Grandes figuras

7.2.1 Joan Woodward

Os pesquisadores do Tavistock Institute de Londres não foram os únicos cientistas sociais britânicos a marcar com profundidade o desenvolvimento da teoria organizacional da segunda metade do século XX. Outros trabalhos foram de indiscutível importância na consolidação da chamada visão sistêmica das organizações e em sua evolução para o estágio da teoria da contingência. Entre os que mais caracterizam tal contribuição estão os de Joan Woodward (1916-1971), professora de sociologia industrial na Faculdade Imperial de Ciência e Tecnologia da Universidade de Londres. Extremamente voltada para a teoria da administração, Woodward (1968, 1970) deixou-nos uma bibliografia considerável. Seus livros mais conhecidos são *Industrial organizations:* Theory and practice e *Industrial organization:* Behavior and control, em que são explorados os dados a que chega em sua ampla pesquisa na região do sudeste de Essex. Embora Joan Woodward tenha realizado e publicado outros trabalhos interessantes, suas incursões pelo campo da tecnologia e estrutura organizacional são, com efeito, sua marca distintiva.

A própria pesquisadora britânica não hesitava em afirmar, não sem entusiasmo, que a principal conclusão inicial desse projeto de pesquisa foi a existência de uma ligação entre tecnologia e estrutura social, algo enunciado pela primeira vez por Thorstein Vebten (1966) em 1904 e que pode ser empiricamente demonstrado pelos trabalhos de Woodward (1968, p. 50).

Esses trabalhos foram realizados enquanto ocupava o cargo de diretora da Unidade de Pesquisa em Relações Humanas na Faculdade de Tecnologia da Faculdade do Sudeste de Essex e continuados por seu grupo de pesquisa da Faculdade Imperial. Sem dúvida, o trabalho de Woodward, em especial pioneiro, não exclui outros igualmente relevantes, como os de Tom Burns e G. Stalker e do grupo de Aston. De início, porém, vamos nos deter no trabalho de Woodward.

7.2.1.1 A pesquisa de Joan Woodward

A região do sudeste de Essex caracteriza-se por uma industrialização relativamente moderna. Durante quatro anos, Joan Woodward liderou um grupo de pesquisadores que estudou ao todo uma centena de organizações industriais ali localizadas. Esses trabalhos, iniciados em 1953, coletaram um volume de informações que variaram de fábrica para fábrica em termos de amplitude. Assim, os dados publicados em 1958 e 1965 dizem respeito a um número menor de organizações. As fábricas estudadas apresentavam grande variação quanto ao número de empregados, encontrando-se desde estabelecimentos com cem empregados até aqueles que trabalhavam com um número superior a mil pessoas. Outra variação importante diz respeito ao fato de que, enquanto algumas fábricas eram apenas filiais de empresas, outras constituíam seus estabelecimentos principais. Finalmente, não se pode deixar de levar em consideração o fato de que nem todos esses estabelecimentos foram estudados da mesma maneira; ao passo que a maior parte foi estudada extensivamente, uma parcela selecionada foi estudada de maneira intensiva. De um modo geral, o trabalho de Woodward e seu grupo tomou como orientação básica as investigações de aspectos específicos das organizações, tais como número **de níveis de autoridade entre o topo e a base, amplitude de controle dos supervisores, forma de definição de deveres, volume de comunicações escritas e extensão da divisão de funções entre especialistas**. Tais aspectos revelaram diferenças consideráveis na prática. Com efeito, o grupo encontrou departamentos de produção em que os níveis hierárquicos variavam de dois a oito, bem como supervisores que chegavam a ter uma amplitude de controle de 80 a 90 empregados. No que diz respeito ao padrão de comunicação, foram encontrados casos de comunicação quase totalmente verbais, bem como casos de ampla utilização da comunicação escrita. A preocupação do grupo, com base nesses dados, voltou-se para a tentativa de descoberta de suas razões de ser.

Inicialmente, fábricas de diferentes tamanhos foram comparadas e diferenças de ordem históricas, examinadas. Esse estudo não forneceu nenhuma resposta que parecesse esclarecedora. Isso leva à procura da origem das diferenças no que diz respeito à tecnologia utilizada. Aqui o grupo percebeu alguns relacionamentos importantes entre as diferenças tecnológicas e muitos aspectos organizacionais. Em nenhum momento, contudo, o grupo entendeu que a tecnologia fosse a única variável a influenciar a organização da fábrica ou a excluir a importância da ação dos administradores nesse terreno. Concluiu, porém, que, no que diz respeito aos aspectos organizacionais específicos estudados, a tecnologia revelava-se como um fator cuja influência tinha de ser considerada como de primeira ordem. Para Joan Woodward, entretanto, essa tecnologia é um fator determinado pelos objetivos da fábrica, isto é, pelo que se deseja produzir e pelo mercado que se pretende atingir. Assim, encontramos sistemas produtivos que variam, em termos de grau de complexidade técnica, de produção unitária e de pequenos lotes, passando pela produção de grandes lotes e em massa, até sistemas mais complexos, especialmente a produção por processo. Devido a tal constatação, Woodward pôde subdividir esses três grandes grupos como um contínuo de sistemas produtivos menos complexos até os de maior complexidade. Essa subdivisão, em sua versão final, tomou a seguinte forma:

a) **Sistemas de produção unitária e de pequenos lotes**
   1. Produção de unidades segundo especificações dos consumidores.
   2. Produção de protótipos.
   3. Produção por etapas de grandes equipamentos.
   4. Produção de pequenos lotes sob encomenda dos consumidores.
   5. Trabalho executado do início ao fim pelos mesmos trabalhadores, alto grau de envolvimento destes com a organização, baixo índice de complexidade da tecnologia.

b) **Sistemas de produção de grandes lotes e em massa**
   6. Produção de grandes lotes.
   7. Produção de grandes lotes em linhas de montagem.
   8. Produção em massa, índice de complexidade médio da tecnologia, fábrica.

c) **Sistemas de produção por processo**
   9. Produção intermitente de produtos químicos em fábricas multifuncionais.
   10. Produção de fluxo contínuo de líquidos, gases e substâncias cristalinas, tecnologia com alto grau de complexidade.

Evidentemente, nem todas as fábricas podem ser enquadradas em um desses tipos de sistema produtivo. Com efeito, algumas das fábricas pesquisadas pelo grupo utilizavam de modo simultâneo sistemas produtivos diversos, precisando ser colocadas em categorias adicionais de sistemas produtivos combinados. De qualquer maneira, porém, foi possível constatar que **quanto mais complexo for o sistema produtivo utilizado, maior será a possibilidade de exercício de controle sobre as operações de fabricação, uma vez que o processo pode ser predeterminado**. Na produção de fluxo contínuo, por exemplo, o equipamento no geral é regulado para um dado resultado, sendo as probabilidades de capacidade, bem como de falhas de operação, conhecidas antecipadamente. O mesmo não ocorre na produção de lotes, caso em que a plena capacidade pode não ser conhecida e até mesmo os procedimentos de controle bem desenvolvidos podem significar uma tentativa contínua de estabelecimento de novas tarefas, em face das incertezas diárias observadas na fabricação. Já na produção unitária, é muitas vezes impossível a previsão de resultados do trabalho produtivo, como ilustra bem o caso da produção de protótipos (Pugh, Hickson e Hinings 1971, p. 36-38).

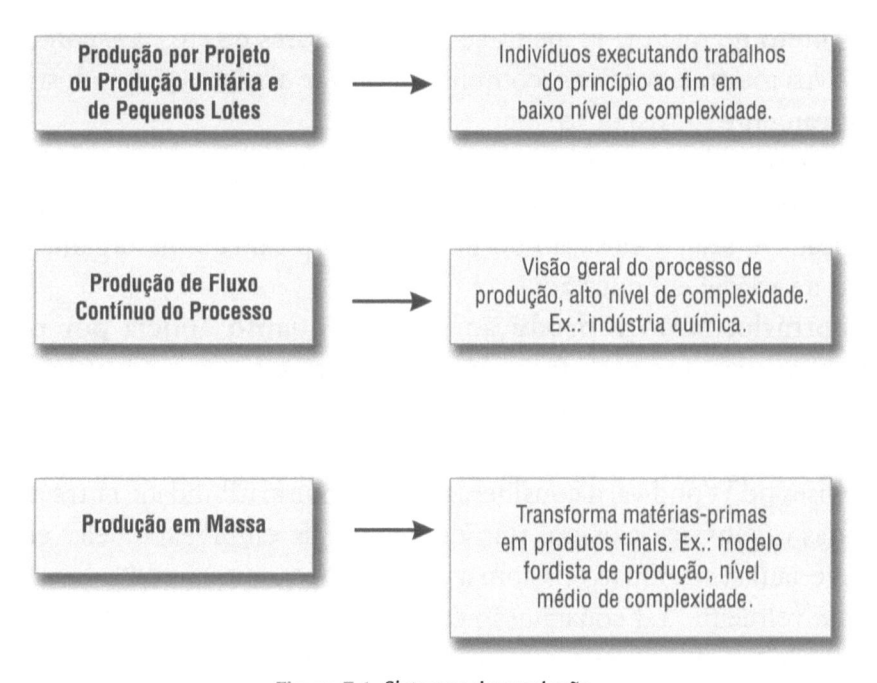

Produção por Projeto ou Produção Unitária e de Pequenos Lotes	→	Indivíduos executando trabalhos do princípio ao fim em baixo nível de complexidade.
Produção de Fluxo Contínuo do Processo	→	Visão geral do processo de produção, alto nível de complexidade. Ex.: indústria química.
Produção em Massa	→	Transforma matérias-primas em produtos finais. Ex.: modelo fordista de produção, nível médio de complexidade.

Figura 7.1 Sistemas de produção.

7.2.1.2 As relações entre tecnologia e estrutura organizacional

Em linhas gerais, Woodward e seus colaboradores observaram relações interessantes entre tecnologia e estrutura organizacional. Assim, as hierarquias alongadas nas quais predominam a administração de comitês, mais do que a autoridade de linha, ou seja, em estruturas "planas" e "achatadas" menos verticalizadas (exemplo: estrutura matricial orgânica), são realmente características da produção por processo, seja de forma intermitente ou de fluxo contínuo.

Há, ao mesmo tempo, um número relativamente pequeno de trabalhadores diretos nesse tipo de organização, o que tem seu contrapeso em uma porcentagem relativamente alta de pessoal administrativo quanto ao total de pessoas empregadas. **Também é significativo o número de funcionários com treinamento pós-universitário, em comparação à maioria das organizações, que utiliza outros tipos de tecnologia.** No caso das organizações que empregam a produção em massa ou em grandes lotes, a estrutura tende a ser mais achatada, com grande número de trabalhadores diretos e, proporcionalmente, um número menos significativo de administradores e funcionários de escritório. Todavia, tais empresas exibem com frequência uma hierarquia administrativa relativamente complexa no que se refere aos órgãos de *staff* especializado e aos de controle. A hierarquia é ainda mais achatada, com linhas de autoridade mais curtas, nas organizações que usam a produção unitária ou em pequenos lotes. De modo geral, todos os administradores estão de certa forma próximos do processo produtivo propriamente dito, sendo o controle exercido de modo bastante direto no que diz respeito aos trabalhadores diretos. Os controles administrativos muito extensivos, comuns em outras organizações industriais, são aqui praticamente inexistentes.

Foram observadas características organizacionais cuja variação não acompanha de modo estrito o contínuo decrescente ou crescente de complexidade tecnológica. Ou seja, a variação do grau de complexidade da organização não influencia a variável em questão.

Ao contrário, tanto a produção unitária quanto aquela por processo costumam apresentar com frequência pequenos grupos de trabalhadores qualificados que mantêm um relacionamento mais pessoal com seus supervisores.

As análises de Woodward consideraram uma compatibilidade entre as formas e estruturas organizacionais e o tipo de tecnologia empregada pelas empresas. Umas deveriam ser compatíveis com as outras.

Indiscutivelmente, tal constatação está nos fundamentos da chamada **teoria da contingência, que prega estruturas e práticas administrativas diversas para organizações de unidades organizacionais variadas.**

De qualquer forma, porém, **a sugestão de provável adequação de diferentes estruturas organizacionais às tecnologias de produção diversas** fundamenta-se em considerações de ordem financeira e mercadológica.

Nos estudos de caso levados a cabo pelo grupo liderado por Woodward a título de teste para o levantamento de dados iniciais, ficou claro que **mudanças na tecnologia tendem a forçar mudanças organizacionais**, o que traz à superfície os aspectos relacionados aos conceitos de interesses estratégicos envolvidos, especialmente nos casos de produção de lotes. Foram estudadas algumas empresas que passaram da produção unitária para a de lotes, bem como os produtos produzidos por processo que passaram para a produção em lotes. No primeiro caso, evidenciaram-se as tentativas de racionalização (instauração de controles burocráticos) e aumento da escala de produção. Em ambos, as reações da gerência média e dos supervisores, que de repente se viam submetidos a um número de apelos e contatos interpessoais que desconheciam, produziram o fato de que esses gerentes e supervisores sentiam a maior tensão no trabalho por terem de assumir **novos papéis de gerência e novo estilo de exercício de autoridade que desconheciam**.

De certo modo, grandes mudanças tecnológicas têm sua correspondência quase necessária na estrutura de *status* de uma empresa, uma vez que determinadas funções, tais como marketing, produção e pesquisa e desenvolvimento, são diferentemente organizadas e relacionadas em distintas tecnologias. Assim, no sistema de produção unitário, a pesquisa e o desenvolvimento são funções no geral consideradas mais importantes que as demais, enquanto na produção em massa ou de grandes lotes a atenção geralmente é dada à produção. Por fim, na produção por processo, o marketing é, via de regra, algo que recebe uma atenção especial.

A última questão que merece a atenção do grupo de Woodward como variável especialmente importante entre tecnologia de fabricação e estrutura é o comportamento organizacional e sistema de controle administrativo. Essa percepção surge como um desenvolvimento natural do trabalho do grupo e pode ser observada como sua fase mais madura. O controle administrativo é visto considerando duas dimensões, a primeira diz respeito à sua impessoalidade relativa e, a segunda, ao seu grau de fragmentação.

Os pesquisadores veem a primeira dimensão como uma gama diferenciada que vai de um extremo em que **o controle hierárquico seria completamente pessoal**, como o exercido por um empregador proprietário, até outro **completamente mecânico e impessoal**, como o exercido por mecanismos de mensuração e por controles automáticos de instrumentos. Desnecessário frisar o caráter caricatural desses extremos; fundamental, todavia, é a percepção da relevância da variável sistema de controle. Entre esses dois extremos surgem os processos de controle impessoal com base em procedimentos administrativos, como sistema de custos e planejamento da produção.

Observa o grupo que, **quanto mais predominarem os sistemas impessoais de controle administrativo, maior será a separação entre os estágios de planejamento e execução do processo de trabalho**. Entretanto, **quanto mais predominarem os sistemas pessoais, maior será a sobreposição planejamento/execução**.

Quanto à segunda dimensão, que diz respeito ao grau da fragmentação do controle, a conclusão dos pesquisadores é a de que **a coexistência de uma mul-**

tiplicidade de sistemas de controle administrativo tende a gerar uma situação na qual a preocupação com o atendimento de um deles geralmente leva ao sacrifício de outros. Em certo sentido, isso significa um tipo de conflito funcional. Contudo, os sistemas integrados implicam grande esforço com mecanicismos de ajustes e desempenho. Isso pode significar um tipo de conflito que poderia ser bem explorado pelos pesquisadores e que, com frequência, é analisado pelos estudiosos da organização mais voltados para os problemas de poder. Seja como for, como afirmam Woodward e Reeves (apud Woodward, 1970, p. 48), na prática, nenhum tipo de controle pode ser visto como estímulo ou incentivo ao trabalho. Para Woodward, as duas dimensões dos sistemas de controle possibilitam esboçar uma tipologia sequencial dos estabelecimentos estudados em South Essex. Teríamos, assim:

> Empresas dotadas de **controles unitários predominantemente pessoais**, características das **tecnologias de produção unitária e de pequenos lotes**.
> Empresas dotadas de **controles fragmentados e predominantemente pessoais**, em que um número maior de indivíduos pode estar envolvido no estabelecimento de critérios de controle. **Muitas empresas de produção em massa ou de grandes lotes podem estar assim caracterizadas.**
> Empresas dotadas de **controles administrativos ou mecânicos** fragmentados e predominantemente impessoais, o que caracteriza também um enorme grupo de empresas que utilizam **tecnologias de produção em massa ou de grandes lotes**.
> Por último, teríamos empresas dotadas **de controles administrativos e mecânicos unitários e predominantemente impessoais**, característicos, evidentemente, da **produção por processo** (Pugh, Hickson e Hinings 1971, p. 42).

A situação de trabalho, segundo Woodward, é o local onde as diferenças de estrutura e comportamento organizacional devem ser encontradas. Assim, princípios administrativos universalizados podem produzir resultados extremamente diferentes em situações de trabalho diversas. **Ou seja, os modelos conhecem limites em sua aplicação. Devem-se olhar as características específicas ou a contingência de cada situação concreta.** A teoria da contingência de Burns e Stalker (1961) caminha nessa direção. Sua teoria é anterior aos estudos de Woodward. A compreensão dos trabalhos de Joan Woodward facilita a compreensão dos conceitos que fundamentaram os trabalhos de Burns e Stalker.

Produção por Processo

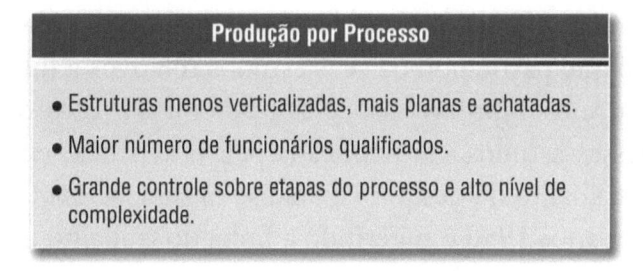

- Estruturas menos verticalizadas, mais planas e achatadas.
- Maior número de funcionários qualificados.
- Grande controle sobre etapas do processo e alto nível de complexidade.

Figura 7.2 Produção por processo.

Produção em Massa

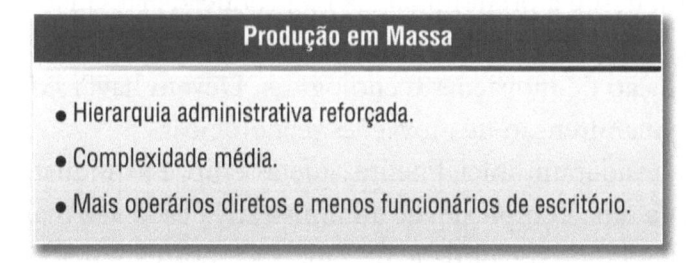

- Hierarquia administrativa reforçada.
- Complexidade média.
- Mais operários diretos e menos funcionários de escritório.

Figura 7.3 Produção em massa.

Produção Unitária

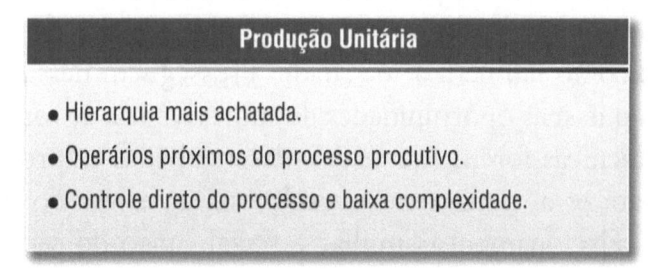

- Hierarquia mais achatada.
- Operários próximos do processo produtivo.
- Controle direto do processo e baixa complexidade.

Figura 7.4 Produção unitária.

7.3 Sistemas mecânicos e orgânicos: os trabalhos de Burns e Stalker

Poucas ideias tiveram tanta repercussão na literatura de teoria administrativa contemporânea como as esboçadas por **Tom Burns**, professor de sociologia da Universidade de Edimburgo. Em algumas de suas formulações, em especial no que diz respeito a sistemas hierárquicos e orgânicos, observa-se que influências de Weber e Durkheim foram prontamente absorvidas pelos teóricos da metaburocracia e pelos entusiastas do desenvolvimento organizacional, inspirando diretamente a abordagem da contingência. Antes dessas formulações, os estudos organizacionais desse autor referiam-se principalmente aos **efeitos dos diferentes tipos de organização sobre os padrões de comunicação e sobre as atividades dos administradores**. Todavia, sua obra mais importante diz respeito à **concepção de sistemas mecânicos e orgânicos**. Trata-se do livro *The management of innovation*, escrito em colaboração com G. M. Stalker (1961), psicólogo que participou de seus estudos relativos à introdução de inovações eletrônicas em empresas escocesas tradicionais. Essa obra, que não se baseia apenas nesses estudos, foi publicada pela Tavistock, em 1961, revelando boa parte do trabalho de pesquisa e análise organizacional desenvolvido na Grã-Bretanha nos anos 1950 e sugerindo a linha do trabalho norte-americano, especialmente de anos posteriores.

Burns e Stalker fazem um restrospecto a respeito da forma pela qual ocorreram inovações, desde a predominância da produção artesanal até a década de 1950. Para os autores, as grandes mudanças teriam ocorrido no contexto social, afetando a produção de inovações tecnológicas. Devem haver condições sociais para a eclosão e manutenção de inovações tecnológicas.

Os autores consideram, inicialmente, que as empresas industriais cresceram em tamanho, que uma complexidade administrativa cada vez maior provocou o aparecimento de grande quantidade de funções e postos burocráticos, além **de o controle haver se deslocado do proprietário para o administrador**. Entendem que a sobrevivência da empresa industrial passa a ser um problema que afeta com muito mais intensidade os administradores e que tal fato não apenas lhes diz respeito como também à sociedade. Prosseguem nessa linha de raciocínio, afirmando que suas oportunidades de sobrevivência se tornarão melhores se as inovações técnicas forem adequadas, desenvolvidas e aproveitadas. Outra mudança que, para os autores, tem ocorrido está na esfera do relacionamento institucional. O relacionamento familiar e social típico do século XVIII teria proporcionado a facilidade de comunicação necessária à formulação de sínteses de ideias e necessidades que teriam possibilitado as primeiras invenções revolucionárias. O ritmo de atividade científica teria sobrepujado, por sua vez, as instituições sociais sob as quais se deu a Revolução Industrial. No século seguinte, novas formas institucionais teriam imposto barreiras entre ciência e indústria, entre ciência "pura" e "aplicada", bem como entre ramos da ciência.

Também é de entendimento dos autores que o processo tecnológico implicaria diversas etapas. Destacam-se as seguintes condições: progresso da descoberta científica independentemente da sua aplicação prática, comunicação direta entre usuário e cientista, o trabalho principal de inovação tecnológica efetuado por pessoas treinadas como cientistas, criação de inovação por uma equipe de pesquisa e desenvolvimento considerado algo natural e inevitável.

Feitas essas considerações que deixam pouca margem de dúvida quanto ao posicionamento teórico dos autores, parece conveniente entrar na caracterização daquilo que chamaram sistemas mecânicos e orgânicos e que apresentam como "tipos ideais" de organização administrativa. A ideia é a da existência de um contínuo no qual poderia ser colocada a maioria das organizações cujos extremos seriam, respectivamente, os "tipos ideais" de sistemas mecânico e orgânico.

7.3.1 O modelo mecânico

Esse tipo de sistema organizacional seria **adequado a situações relativamente estáveis de mercado e tecnologia**. Suas características fundamentais são:

- uma divisão administrativa segundo a qual cada indivíduo desempenha a tarefa precisamente definida que lhe é atribuída;
- uma hierarquia clara de controle, segundo a qual a responsabilidade com relação ao conhecimento geral e à coordenação cabem exclusivamente à cúpula da hierarquia;
- valorização da comunicação e interação vertical entre superiores e subordinados;
- valorização da lealdade à empresa e da obediência aos superiores;
- em geral, reforço de controles burocráticos, gerando um *tightly coupled system* (Weick, 1976), ou seja, um sistema fortemente articulado e burocrático, cuja definição vimos no Capítulo 4.

7.3.2 O sistema orgânico

Esse tipo de sistema seria adequado às condições de mercado turbulentas, quando existirem grande concorrência e mudanças tecnológicas rápidas.
Suas características fundamentais seriam:

- um ajuste contínuo e uma redefinição de tarefas correspondente;
- institucionalização da mudança como um elemento natural;
- a valorização da *expertise*, do técnico de alto nível que detém o conhecimento especializado;
- criação de um ambiente gerencial que favoreça a criatividade e inovações;
- administração descentralizada, baseada em ajuste mútuo pelas partes e relações informais, substituindo o controle burocrático;
- autonomia controlada para os empregados, administração por objetivos;
- possibilidade de interações e comunicações a qualquer nível, de acordo com as necessidades do processo;
- alto grau de envolvimento e compromisso com os fins da organização como um todo. Criação de um *loosely coupled system* ou sistema fracamente articulado, de acordo com definição de Weick vista no Capítulo 4.

Um ponto considerado importante pelos autores é que, enquanto o primeiro sistema é hierárquico, o segundo é estratificado de acordo com o nível de conhecimento especializado. Está, portanto, exposta a tese do tecnocrata substituto do burocrata, com o curioso paradoxo de que no "tipo ideal" de burocracia de Max Weber, que os autores afirmam ter sua correspondência no sistema mecânico, o tecnoburocrata caracteriza-se por seu conhecimento especializado. Essa tese, retomada por muitos, foi especialmente explorada por Victor Thompson em *Moderna organização* (1967), em que também desenvolve a ideia de "buropatologia", assunto tratado por Burns, embora em termos um tanto quanto diversos. Para esse último, constituem sintomas patológicos as tentativas feitas pelas organizações de tipo mecânico de fazer face aos problemas novos de mudança, incerteza e inovação para os quais a estrutura burocrática é inadequada. A empresa orgânica, seu tipo ideal, seria mais adequada à inovação, dada sua estrutura.

De modo geral, as disfunções funcionais são vistas como **"a imposição não apropriada de procedimentos mecânicos a uma situação que requer procedimentos orgânicos, ou vice-versa"** (Burns e Stalker, 1961, p. 154). **Deve, pois, haver um *fit* ou adequação da estrutura da organização ao seu meio ambiente de negócios. Faz-se um diagnóstico do meio ambiente e ajusta-se a estrutura organizacional a ele.** Outros autores, como Lawrence e Lorsch (1967), trabalham com a teoria da contingência estrutural.

MODELO MECÂNICO	MODELO ORGÂNICO
• Especialização do trabalho – cada indivíduo com uma tarefa.	• Coordenação e equipes multifuncionais.
• Papéis determinados para um conjunto de tarefas específicas.	• Mecanismos de integração complexos.
• Hierarquia reforçada.	• Papéis complexos redefinidos continuamente e não correspondendo só a uma tarefa.
• Autoridade centralizada.	• Descentralização e autonomia.
• Padronização de tarefas.	
• Organização informal marcada por símbolos de *status* e poder.	• Organização baseada em competência técnica entre "pares".
• Controles burocráticos reforçados (*tightly coupled system*).	• Poucos controles burocráticos (*loosely coupled system*).

Figura 7.5 O modelo mecânico e o modelo orgânico.

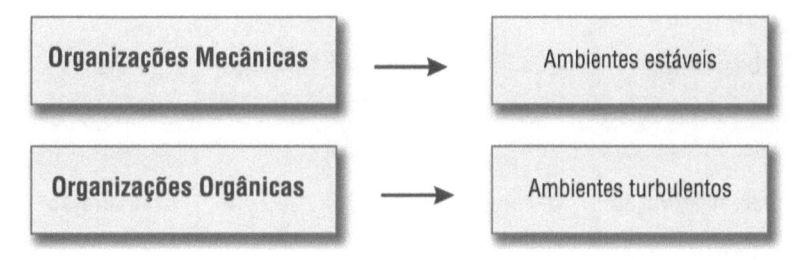

Figura 7.6 Organizações e ambiente.

7.4 Lawrence e Lorsch e o paradoxo a gerir: integração e diferenciação dos sistemas organizacionais

Segundo Lawrence e Lorsch, toda organização, para poder trabalhar com um meio ambiente que não é homogêneo nem uno, mas, ao contrário, diverso e segmentado, deve desenvolver setores especializados em determinadas tarefas, setores específicos, acentuando sua diferenciação interna. Ao mesmo tempo que se preocupa em diferenciar-se, tendo em vista seu caráter complexo, a empresa deve se preocupar em manter um mínimo de integração, criando estruturas e procedimentos organizacionais que controlem as tendências "centrífugas" das diversas partes que a compõem. Com base em um estudo de seis empresas pertencentes a setores diferentes (estáveis, turbulentos etc.), os autores chegaram à conclusão de que existe uma relação fundamental entre os níveis externos da organização (incerteza, diversidade, turbulência do meio ambiente e do tipo de pressões sofridas pela empresa) e os níveis internos de integração, diferenciação e os mecanismos de resolução de conflitos. A questão fundamental encontrada nesse tipo de pesquisa é compreender a influência das características do meio ambiente sobre a tentativa de **manter-se um equilíbrio entre o nível interno de diferenciação e de integração, tendo em vista a gestão dos conflitos e as contradições que resultam dessa tensão** (Lawrence e Lorsch, 1969). Segundo esses autores, o nível de desempenho de uma empresa crescerá à medida que suas estruturas e procedimentos internos levem em conta o equilíbrio entre diferenciação e integração, quer dizer, sejam bem adaptados às exigências do meio ambiente sociotécnico e econômico da empresa. Essa teoria confirma a relativização do *one best way* de Taylor (1911), mostrando a contingência de cada situação.

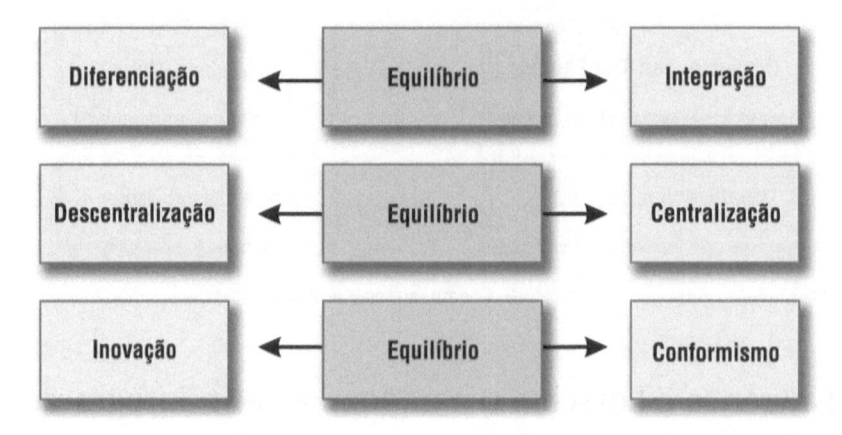

Figura 7.7 O modelo de Lawrence e Lorsch e os paradoxos organizacionais.

7.5 O grupo de Aston e as diversas dimensões da burocracia

O grupo de Aston mostra empiricamente como existem diversos tipos de burocracia, cada qual adaptada a uma configuração do ambiente. Existem várias soluções possíveis, e não apenas um modelo burocrático único ou uma racionalidade possível. Esses elementos estão de acordo com o conceito de racionalidade limitada de Simon (1987), apesar de não se ter explicitado tal análise, que aqui é colocada apenas para esclarecer a questão, como mostramos no Capítulo 4. Trata-se do princípio sistêmico da "equifinalidade": mais de uma solução possível. Em termos amplos pode-se dizer que o resultado dos trabalhos do grupo de Aston, durante os anos 1960, pretendeu demonstrar empiricamente que burocracia constitui um conceito pluridimensional, ao contrário daquilo que o "tipo ideal" de Max Weber teria sugerido.

Para esse empreendimento, escolheu um caminho difícil que implica tentar empiricamente uma construção teórica. Com um instrumental analítico relativamente sofisticado, pretenderam poder invalidar o "tipo ideal" de burocracia, com base no encontro de uma correlação negativa entre estruturação de atividades e centralização na tomada de decisões. Os participantes do grupo de Aston acreditavam que a análise organizacional estava sendo feita em termos muito abstratos e que era preciso buscar comprovação empírica para suas assertivas, em especial no que dizia respeito às tipologias organizacionais construídas aprioristicamente.

O projeto, portanto, incluía necessariamente o "descarte" do "tipo ideal" de Weber e a construção de perfis organizacionais empiricamente derivados, a exemplo do que faz a psicologia diferenciada com suas baterias de testes, no tocante a perfis de personalidade. Seu empreendimento metodológico, conceitual e operacional indiscutivelmente complexo veio oferecer um reforço adicional para a teoria da contingência, à medida que representou uma tentativa adicional na direção do encontro de uma "base científica sólida" para as diferenças estruturais das organizações.

O nome do grupo deriva do fato de o trabalho ter sido realizado a partir da Unidade de Pesquisa em Administração Industrial da Universidade de Aston, em Birmingham, Grã-Bretanha, na qual estavam relacionados Pugh, Hickson, Hinings, McDonald, Turner e Lupton. Foi pressuposto para o grupo o fato de que a literatura sobre burocracia levaria a uma análise da estrutura organizacional em termos de um conjunto de variáveis tais como especialização, padronização, formalização etc., passíveis de verificação empírica. Estudos comparativos estabeleceriam os perfis organizacionais de acordo com essas variáveis em relação a outras, como tamanho, tecnologia, propriedade e controle etc., vistas como variáveis de contexto. Os perfis também seriam acompanhados de estudos comparativos de comportamento individual e grupal para que fossem testados "em relação clara com os contextos organizacionais" (Pugh et al., 1963, p. 289). A seguir, vamos expor com mais detalhes a pesquisa do grupo de Aston.

O Trabalho do Grupo de Aston

- Conceito pluridimensional de burocracia.
- Equifinalidade – mais de uma maneira de atingir os resultados almejados.
- Comprovação empírica de teorias.
- Estudos sobre estruturas organizacionais.

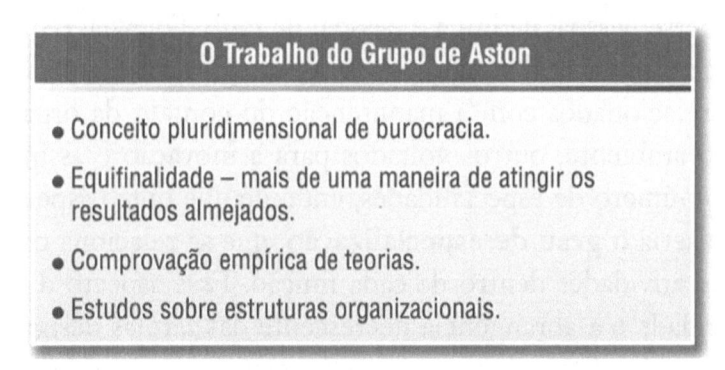

Figura 7.8 O trabalho do grupo de Aston.

7.5.1 As pesquisas do grupo de Aston: descrição do estudo

7.5.5.1 Variáveis estruturais

No que se refere à coleta de dados, propriamente dita, o grupo entendeu que seus itens deveriam tratar **do que devia ser feito na organização e não ao que era realmente feito**, como medida preventiva à interveniência de percepções dos participantes. Pretendeu-se, com isso, chegar à taxonomia empiricamente derivada em oposição àquelas de Etzioni, Parsons, Blau e Scott etc. Para tanto, foram selecionadas cerca de 50 organizações de tipos diversos na região britânica de Birmingham. Além de questionários e entrevistas, o grupo apoiou-se na análise de documentos, a partir da seleção de seis "dimensões burocráticas" e do posterior abandono de uma delas, em função de dificuldade de mensuração, que permitiu o desenvolvimento de 64 escalas. As cinco "dimensões" consideradas foram **formalização, centralização, especialização, padronização** e **configuração**. Segundo os pesquisadores, todos os conceitos incluídos nessa lista de variáveis estruturais são encontrados com frequência na literatura administrativa e organizacional, mas, aparentemente, são os aspectos normativos que recebem maior atenção (Pugh et al., 1963, p. 301). Para evitar esse viés, o grupo preferiu definir operacionalmente as 64 escalas, acreditando que assim seria possível testar de maneira científica os vários fatores entre si. Interessa-nos, portanto, verificar como o grupo entende as cinco "dimensões".

> **Variável especialização** – Dissertando a propósito de especialização, o grupo refere-se à divisão de trabalho no interior da organização. Essa divisão implicaria diversos aspectos que poderiam ser destacados. Dessa maneira, o número de especialidades poderia ser dado por uma soma das funções desempenhadas por especialistas (pessoas que desempenham apenas uma função e que não estão na linha direta de comando). Para o grupo, essa definição de especialista é importante, pois não é difícil estabelecer a relação entre pessoal de linha e pessoal de *staff*. Todavia, o grupo entende ainda que é possível distinguir diversas categorias de especialistas, como aqueles relacionados com a manutenção do contato da organização com seu meio ambiente, outros voltados para a inovação e assim por diante. Além do número de especialidades, entende que outro aspecto a ser considerado seria **o grau de especialização**, que se relaciona com a diferenciação de atividades dentro de cada função. Esse aspecto diria respeito à especificidade e à abrangência decrescente das tarefas designadas para os diversos papéis. Para o grupo, outros aspectos ainda poderiam ser destacados. Seu interesse maior, contudo, parece permanecer no **número de especialidades e no grau de especialização**.

> **Variável padronização** – Quanto à padronização, o grupo distingue dois aspectos: **padronização de procedimentos** e **padronização de papéis**.
>> a) A **padronização de procedimentos** (organização burocrática de Weber) revelar-se-ia pela existência de regras ou procedimentos suficientemente amplos para cobrir todas as circunstâncias e por sua utilização efetiva e invariável. Assim, mesmo para os casos não previstos, deverão existir regras estabelecendo os procedimentos adequados. A operacionalização desse aspecto para os fins da pesquisa levariam à listagem de três categorias de procedimentos: processos de informação, processos de transmissão de procedimentos e processos de operacionalização e implementação de decisões.

b) A **padronização de papéis (organização informal, autoridade "carismática" de Weber)** corresponde ao grau em que uma organização prescreve a padronização na definição de papéis e nas qualificações para o cargo, nos títulos dos cargos e símbolos de *status*, bem como nas recompensas pelo desempenho dos papéis. Na base dessas escalas, são consideradas as qualificações alcançadas formalmente, por um lado, e aquelas demonstradas por meio de características de personalidade, por outro. Entendem os pesquisadores que a insistência sobre as últimas caracterizariam organizações modernas.

➤ **Variável formalização** – A propósito de formalização, o grupo discorre à medida que comunicações e procedimentos são escritos e ordenados. Lembram que esse ponto é fundamental na concepção weberiana de burocracia, embora pouco tratado na literatura pós-weberiana.

Para o grupo, **formalização abrange tanto a colocação de procedimentos, regras e papéis, como sua operação, com vistas à preparação da decisão e à sua transmissão e implementação, que geralmente incluem instruções sob a forma de planos, minutas, requisições etc. Por fim, formalização também diria respeito à transmissão de informação, até mesmo *feedback*.**

Como, evidentemente, a investigação de todos os procedimentos era impraticável, os pesquisadores optaram por uma solução de seleção de procedimentos em termos temporais. Essa opção proveria um quadro de procedimentos formalizados, prestaria informações úteis para a compreensão de propósitos e, de modo mais geral, do plano (*charter*) estrutural-operacional da organização.

➤ **Variável centralização** – Ao falar em centralização, o grupo pretende concentrar-se na localização da autoridade para a tomada de decisões que afetam a organização. Segundo Pugh, Hickson, Hinings, McDonald, Turner e Lupton, a literatura administrativa sugeriria dois tipos diversos de autoridade:

a) A **autoridade formal ou institucional**, derivada essencialmente da propriedade. O primeiro seria visto como passível de delegação maior ou menor; é passível de centralização ou descentralização.

b) A **autoridade "real" ou "pessoal"**, proveniente do conhecimento e da experiência. Diz respeito ao número e ao "grau" de autoridade dos especialistas empregados pela organização. Essa relação seria uma segunda "dimensão" da centralização.

Em geral, os pesquisadores entendem que muitos são os fatores que influenciam a centralização. Entre eles, referem-se:

> à localização da função real de tomada de decisões em posições particulares da estrutura de autoridade, ou seja, responder à pergunta "quem realmente tomava as decisões?";
> à promulgação de regras para as decisões, limitando a esfera decisória dos subordinados, ou seja, responder à pergunta "como se tomavam as decisões?";
> à disponibilidade permitida de informações relevantes, ou seja, "qual era o grau de informações disponível para os tomadores de decisão?".

Com base nessa formulação e com o objetivo de definir conceitos operacionais de centralização, o grupo entendeu que era necessário estabelecer a autoridade e responsabilidade do executivo principal de cada organização. Pretendia com isso conhecer os limites de sua esfera de ação quanto ao controle financeiro, de pessoal, de materiais, do tempo e mesmo das ideias, assim como de controle e manutenção de atividades e do fluxo de trabalho de modo geral. A ideia do grupo era centralizar sua preocupação na esfera relativa à mudança e à inovação, assim como a avaliação da eficiência em termos de mercado, à adaptabilidade, moral, produtividade e lucratividade. Imaginava o grupo que esse procedimento seria válido para os demais níveis da organização. Pensava-se, portanto, em **centralização como medida derivada da autoridade alocada a níveis internos de uma dada empresa e não na comparação de níveis entre empresas**.

> **Variável configuração** – ou seja, sistema de relacionamentos entre posições ou cargos, descritos quanto à autoridade dos superiores e à responsabilidade dos subordinados. Evidentemente, a estrutura de autoridade assim definida pode assumir formas diversas, comparáveis em relação a várias organizações. Entenderam os pesquisadores que, do ponto de vista teórico, **a configuração podia ser percebida sob aspectos distintos, até mesmo quanto à amplitude de controle vertical e horizontal, de critérios de departamentalização e de número de posições nos diversos segmentos**. Vários desses aspectos, tais como amplitude de controle, são verificáveis e comparáveis sem grande dificuldade, como fez Joan Woodward (1968) no que se referia a supervisores de primeira linha, mostrando que a amplitude variava de acordo com a complexidade técnica dos métodos de produção. A comparação de critérios de departamentalização também parecia útil à medida que evidenciaria ou não seu fundamento tecnológico. Da mesma forma, o grupo entendia que, paralelamente à análise comparativa das estruturas de autoridade, seria útil a análise nos mesmos moldes da estrutura de *status*.

Variáveis Estruturais

- Variável especialização.
- Variável padronização de procedimentos e papéis.
- Variável formalização.
- Variável centralização.
- Variável configuração.

Figura 7.9 Variáveis estruturais.

7.5.1.2 Variáveis de contexto e de desempenho

Como já tivemos oportunidade de afirmar, o esquema conceitual do grupo de Aston utiliza como variáveis independentes para o estudo da estrutura e das atividades organizacionais aquilo que chamam variáveis de contexto, que incluem origem e história das organizações, propriedade e controle, tamanho, plano (*charter*), tecnologia, localização, recursos e interdependência.

a) Variáveis de contexto

A seguir, são descritas as variáveis de contexto, que englobam:

> - **Origem e história** – O grupo acreditava encontrar não apenas efeitos da estrutura original na estrutura presente, como também poder distinguir consequência, na situação do momento, da obsoletização de um produto, da passagem por uma guerra ou, ainda, do carisma de um fundador.
> - **Propriedade e controle** – O grupo esperava não só detectar seus efeitos em um grupo de empresas, em um órgão público, em uma fábrica nacionalizada etc., mas também na responsabilidade do executivo principal da unidade investigada, ou seja, na centralização da autoridade. A ideia básica era a de que **as variáveis propriedade e controle forneceriam ampla gama de categorias de unidades organizacionais, tais como empresas subsidiárias, divisões, regiões, setores etc., que poderiam ser de algum valor se abordados quanto à centralização de autoridade**.
> - **Tamanho da organização** – O grupo entendia defrontar-se com uma variável que poderia estar entre as **determinantes fundamentais da estrutura organizacional**, como era sugerido pela literatura sobre burocracia e burocratização. O grupo entendia que era necessário **considerar dois aspectos relacionados a tamanho em sua investigação: número de empregados e total de ativos líquidos**. Finalmente, julgava relevante

considerar o fator tamanho em relação a outras organizações do mesmo campo, como concorrentes.

> **Plano (*charter*)** – Os pesquisadores pensavam no propósito da organização e no sistema de valores presente e, portanto, na necessidade de examinar os procedimentos operacionais, a definição de papéis e a literatura organizacional, com vistas à análise da ideologia organizacional, identificando eventuais conflitos entre metas oficiais e "caráter da organização".

> **Tecnologia** – Os pesquisadores procuraram não deixar nenhuma margem a dúvidas. Definiram esse nível claramente: "A tecnologia de uma organização consiste nas técnicas que utiliza diretamente em suas atividades na produção de bens ou na prestação de serviços" (Pugh et al., 1969, p. 310). Em seguida, eles fazem referência às tentativas de definição e classificação de diferentes tecnologias. Em primeiro lugar, referem-se à construção da escala de complexidade tecnológica por Joan Woodward e à abordagem mais geral de Amber e Amber (1963, p. 331), segundo os quais: "Quanto mais atributos humanos forem desempenhados por uma máquina, maior o seu nível de automação", não deixando de revelar sua preocupação em relação à universalidade do conceito de tecnologia para fins de relacionamento de organizações de natureza diversa.

> **Localização** – O grupo lembra a possibilidade de descrever organizações considerando diferenças nacionais e regionais ou ainda, mais precisamente, em termos urbanos, periféricos e rurais, salientando a possibilidade de relacionamento de tais diferenças com redes de transporte e comunicações disponíveis. Lembra, outrossim, de que diferenças quanto a produtos, ao tamanho, à tecnologia, aos tipos de recurso utilizados e ao mercado atendido por uma organização são fatores que podem afetar a localização requerida. Lembra, ainda, de que as vantagens de uma determinada localização deverão variar com o tempo e que um dos aspectos distintivos de uma organização é a presteza com que pode ser transferida de um para outro local.

> **Recursos** – Os autores propuseram um tratamento especial para fluxos operacionais, estabelecendo dois grandes grupos, e ideias e pessoas, por um lado, e recursos materiais e financeiros, por outro. Entenderam que o pessoal empregado por uma organização pode ser diferenciado social e educacionalmente, bem como quanto a qualificação ocupacional. Entenderam, igualmente, que esse pessoal constituía o reservatório de ideias da organização, podendo ou não as traduzir em ação. Os recursos materiais incluiriam terra e instalações, fábrica e equipamento, estoque e trabalho

em desenvolvimento. Caixa, investimentos, liquidez etc. constituem os recursos financeiros ou de capital.
> **Interdependência** – Foi definida do seguinte modo pelos autores, em suas palavras: "essa variável reflete relacionamento entre uma organização com outras organizações e instituições em seu ambiente social" (Amber e Amber, 1969, p. 112).

O grau de interdependência em relação a fornecedores, consumidores, concorrentes, sindicatos, associações de classe e instituições políticas e sociais seria considerado. Nesse caso, o grau de poder monopolístico e uma escala de interdependência que vai do monopólio à competição perfeita também seriam estudados. Levar-se-ia em conta a posição de mercado de uma organização, com referência especial à elasticidade de demanda, às restrições e às associações com outras organizações.

Uma segunda escala de interdependência (Figura 7.10) diz respeito às pressões exercidas sobre uma organização por outras organizações e instituições de seu contexto social (Pugh et al., 1963, p. 312). Trata-se aqui principalmente de grau de controle político e sindical. De forma secundária, referia-se às influências de ordem religiosa, educacional etc.

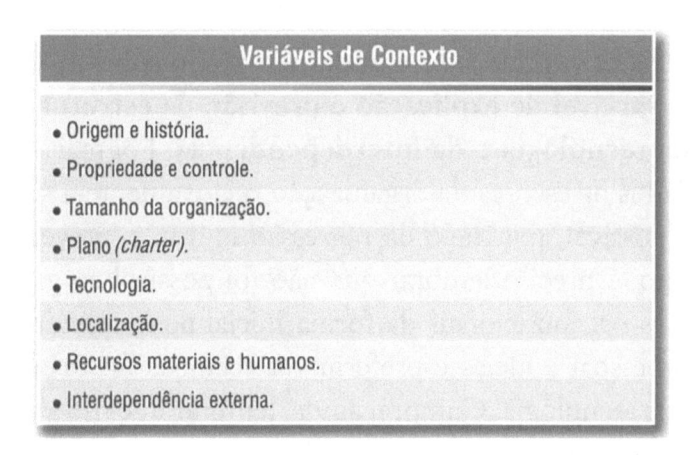

Variáveis de Contexto
- Origem e história.
- Propriedade e controle.
- Tamanho da organização.
- Plano *(charter)*.
- Tecnologia.
- Localização.
- Recursos materiais e humanos.
- Interdependência externa.

Figura 7.10 Variáveis de contexto.

7.5.1.3 As variáveis de desempenho

As outras variáveis do estudo eram **variáveis de desempenho** (Figura 7.11), isto é, o sucesso relativo de uma organização no atingimento de suas metas explícitas. Os pesquisadores optaram pelo modelo de sistema em oposição ao modelo de meta, ou seja, a efetividade relativa de uma organização em momentos diversos, em oposição à comparação entre metas atingidas e objetivos preestabelecidos.

```
Variáveis de Desempenho  →  Eficiência da organização em atingir objetivos explícitos
```

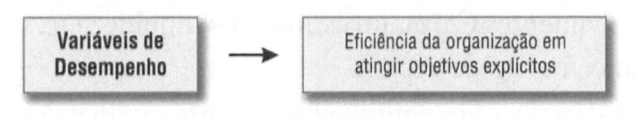

Figura 7.11 Variáveis de desempenho.

7.5.1.4 Análises e conclusões dos estudos do grupo de Aston

Toda a preocupação do grupo esteve de início voltada para a operacionalização das variáveis, com vista a poder chegar à desejada taxonomia ou classificação empiricamente derivada. Assim, no que diz respeito às "dimensões" burocráticas, os pesquisadores chegaram à seguinte assertiva: "Aceitando que existe um número de dimensões componentes da estrutura, quatro delas: estruturação de atividades, concentração de autoridade, controle de linha do fluxo de trabalho e tamanho relativo do componente de suporte (pessoal ligado a tarefas de manutenção) forneceram uma base empírica para uma taxonomia de estruturas organizacionais" (Pugh et al., 1969). Essas quatro "dimensões" foram extraídas pela análise fatorial de 16 escalas selecionadas entre as 64 inicialmente desenvolvidas. Foi em função dessas quatro "dimensões" que o grupo elaborou perfis organizacionais que, a seu ver, demonstravam que **burocracia era um conceito multidimensional e que, portanto, o "tipo ideal" de Weber poderia ser rejeitado**.

Com referência **às variáveis de contexto**, o grupo concluiu que **o tamanho era a principal variável de explicação e previsão da estrutura organizacional, seguido da tecnologia e da interdependência**. Foi mais longe tentando mostrar que, dados os escores da organização relativamente a suas variáveis de contexto, seria possível, por meio da regressão múltipla, prever e explicar seu perfil. Entretanto, é preciso lembrar que não foi possível ao grupo analisar as variáveis recursos organizacionais da forma inicialmente pretendida. O grupo deixou de lado pessoal e ideias e preferiu ver recursos financeiros e materiais como aspectos da tecnologia. Cumpre, ainda, lembrar que três variáveis do contexto parecem evidenciar-se nos estudos de Aston como causais, embora isso não seja explicitado de forma inequívoca, uma vez que os pesquisadores estavam conscientes da limitação metodológica nesse sentido. Todavia, **insinuam-se como especialmente importantes o tamanho, a dependência e o trinômio tecnologia-plano-localização** (Pugh et al., 1969, p. 112).

De qualquer modo, porém, com base em sua classificação multidimensional, o grupo de Aston chegou a elaborar sua taxonomia que, no seu próprio entender, não é exaustiva.

7.5.1.5 Os sete tipos de estrutura burocrática do grupo de Aston

Sete conjuntos de tipos de estrutura organizacional foram identificados:

- burocracia plena;
- burocracia plena nascente;
- burocracia de fluxo de trabalho;
- burocracia nascente de fluxo de trabalho;
- burocracia pré-fluxo de trabalho;
- burocracia de pessoal;
- organização implicitamente estruturada.

Esses sete conjuntos supostamente refletem apenas três "dimensões" burocráticas de modo operacional definidas, a saber: **estruturação de atividades, concentração de autoridade e controle de linha do fluxo de trabalho** (Pugh et al., 1969, p. 120).

A **burocracia plena** caracteriza-se pela alta estruturação de atividades e alta concentração de autoridade e, também, pela alta dependência e integração do fluxo de trabalho relativamente baixa no que se refere à tecnologia. No entanto, apresenta alta padronização de procedimentos de seleção e promoção, além de alta formalização de papéis. Na amostra estudada, apenas um setor industrial de um departamento governamental cabia nesse setor. Posteriormente, um estudo semelhante feito por outro grupo de pesquisadores identificou esse tipo de estrutura em organizações estatais ligadas ao sistema ferroviário, à eletricidade etc.

Já a **burocracia plena nascente** apresenta as mesmas características, embora menos pronunciadas. Na amostra estudada, colocaram-se nesse grupo quatro organizações: uma empresa de construção civil, uma fábrica de abrasivos, um departamento de transportes governamental de nível local e uma fábrica de papel.

Em seguida, a **burocracia de fluxo de trabalho** caracteriza-se por altos escores na estruturação de atividades e baixos escores na concentração de autoridade e no controle de linha do fluxo de trabalho, características exatamente opostas àquelas da chamada **burocracia de pessoal**. Na amostra estudada, o conjunto caracterizado como burocracia de fluxo de trabalho inclui as empresas maiores, enquanto o segundo conjunto inclui principalmente órgãos governamentais.

E a **burocracia nascente de fluxo de trabalho** apresenta as mesmas características daquela de fluxo de trabalho, em um nível menos acentuado. Na amostra são organizações tidas como maiores em termos relativos. Já as **burocracias pré-fluxo de trabalho** são caracterizadas por uma estruturação de atividade consideravelmente mais baixa, mantendo as outras características da burocracia de fluxo de trabalho, até mesmo a utilização de mecanismos impessoais de controle. Na amostra, são menores que as de classe anterior, mas significativamente mais independentes, revelando altos escores de concentração de propriedade e controle.

Por fim, as chamadas **organizações implicitamente estruturadas** são as que apresentam alta centralização de decisões e padronização de procedimentos de seleção e promoção. Os escores de controle de linha do fluxo de trabalho são altos, mas a estruturação de atividades é consideravelmente mais baixa do que aquela da burocracia plena, da burocracia pela nascente e da burocracia de pessoal. Nessa classe incluir-se-iam uma cadeia de varejo, uma cadeia de sapatarias, uma loja de departamentos, uma companhia de seguros, uma divisão de pesquisa, uma fábrica de componentes industriais, uma fábrica de brinquedos e uma empresa de construção (Pugh et al., 1969).

A **variável tecnologia** mereceu outro estudo do grupo de Aston, que pretendeu medir a relação particular entre tecnologia de operações e estrutura. Foram analisadas 31 unidades pertencentes à amostra original. Os resultados obtidos foram comparados àqueles a que chegou Joan Woodward (1968). De modo geral, chegou-se à conclusão de que "quanto menor a organização, mais sua estrutura é influenciada pelos efeitos imediatos da tecnologia de operações; quanto maior, mais esses efeitos são confiados a variáveis tais como proporções empregadas em atividades especificamente ligadas ao fluxo de trabalho, não estando, nesse caso, a tecnologia relacionada com a estrutura administrativa e hierárquica mais ampla".

Alguns anos mais tarde, o grupo fez nova pesquisa de contexto, com uma amostra que incluía 14 das organizações anteriormente estudadas, utilizando uma série reduzida de itens e variáveis, dependência, tamanho, tecnologia e estruturação de atividades. Essa pesquisa visava testar a validade e confiabilidade dos instrumentos utilizados, bem como analisar de forma diacrônica as referidas organizações. Sua importância dizia respeito em especial à confirmação ou não da alta correlação antes encontrada entre tamanho e estruturação de atividades. Todavia, verificou-se que as organizações haviam se tornado menores, embora com as atividades mais estruturadas. A justificativa apresentada pelo grupo de Aston foi a de que a correlação não havia sido desmentida, mas o que havia se tornado claro era que o aumento no tamanho leva realmente à maior estruturação de atividades, porém sua diminuição não implica redução na estruturação de atividades.

O trabalho, tendo em vista as conclusões dos pesquisadores de Aston, vem sendo alvo de um número razoável de críticas de natureza conceitual, metodológica e operacional. Uma das críticas mais conhecidas é a de que houve falha na definição das variáveis; os resultados obtidos são tautológicos, uma vez que as variáveis, formalizações e padronização praticamente mediram a mesma coisa, sendo, assim, evidente a razão dos altos índices de estruturação de atividades encontrados. Outra crítica conhecida está relacionada ao fato de que, existindo 20 empresas filiais na amostra, o surpreendente seria encontrar baixa correlação entre centralização na tomada de decisões e perda de autonomia, e não o contrário, como seria concluído de modo tautológico pelos pesquisadores. Mais recentemente, Sergio Mindlin questionou a variável contextual dependência, que, embora definida em termos muito amplos, acaba ficando reduzida à dependência em relação à matriz, ou seja, tratando-se de dependência intraorganizacional. Para Mindlin (1975), tal fato implica um viés nos resultados obtidos.

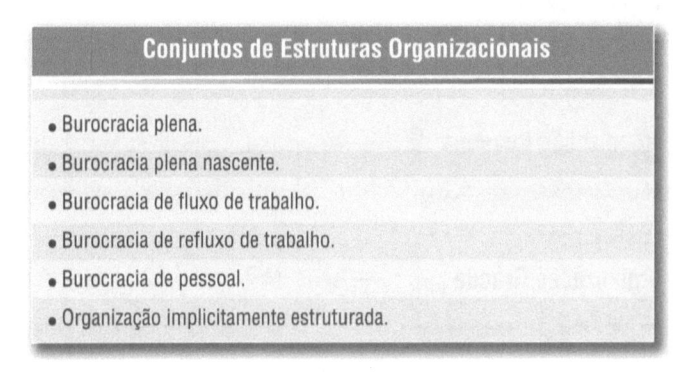

Conjuntos de Estruturas Organizacionais

- Burocracia plena.
- Burocracia plena nascente.
- Burocracia de fluxo de trabalho.
- Burocracia de refluxo de trabalho.
- Burocracia de pessoal.
- Organização implicitamente estruturada.

Figura 7.12 Tipos de burocracia.

7.6 Tecnologia e teoria organizacional: estudos e modelos recentes

É importante salientar que Woodward (1968) distinguiu três modos de produção:

> **Produção por projeto ou produtos unitários** (*small batch and unit production technologies*). Envolve trabalho artesanal, em que o indivíduo executa do princípio ao fim a produção. Baixo nível de complexidade.

> **Produção em massa** (*large batch and mass production*). Fábrica que transforma matérias-primas em produtos finais. Por exemplo, modelo fordista de produção. Nível de complexidade médio.

> **Produção de fluxo contínuo ou processo** (*continuous process production*). Alto nível de complexidade. Difícil dividir etapas de produção. Por exemplo, fábrica de componentes químicos que não se transformam em uma

ordem contínua, e sim ao mesmo tempo. Necessária visão geral e controle amplo sobre processo de produção.

Com base em seus estudos, Woodward (1990) correlacionou formas de produção e tecnologia com formas de organização e estruturas de trabalho (no pressuposto dos sistemas sociotécnicos). Existiriam, assim, empresas mais mecânicas, que teriam certo modo de produção e certa tecnologia que lhe corresponderiam, e empresas mais orgânicas, que utilizariam outras tecnologias e formas de produção. Cusumano é um importante autor que, com base nos trabalhos de Woodward, faz um estudo sobre os modelos de produção e as tecnologias de produção de *software* e modos de organização, permitindo visualizar as ligações entre modos de produção, tecnologia e modos de organização (Vasconcelos, 1997).

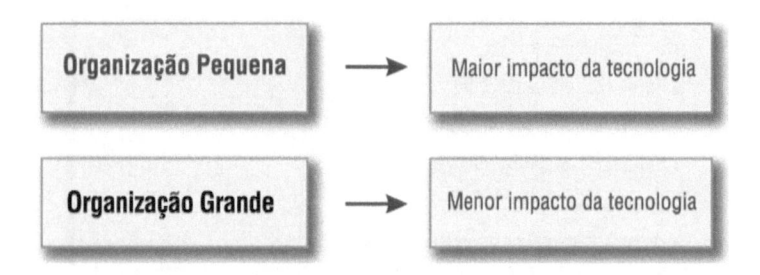

Figura 7.13 Tamanho da organização e tecnologia.

7.6.1 As análises de Cusumano sobre tecnologia e os modelos de produção e organização da indústria da informática

Como nos mostra Cusumano, no seu estudo "Shifting economies: From craft production to flexible systems and software factories", de 1992, existiam no início dos anos 1990 três modelos de produção predominantes no mercado de "software e serviços", variando segundo o tipo de produto oferecido:

> ▶ *Job-shop organizations* – Empresas de informática que desenvolviam produtos (softwares) inteiramente personalizados (*full customized*), elaborando projetos únicos adaptados às necessidades de cada cliente. Cada projeto exigia regras, componentes e ferramentas diferentes. As equipes de trabalho mudavam com frequência, dependendo do projeto em que atuavam. Esse tipo de organização flexível tinha como tarefa elaborar softwares para um tipo de satélite, projeto espacial, avião ou usina nuclear, entre outros,

integrando os diferentes tipos de conhecimento dos membros de suas equipes multidisciplinares.

O desenvolvimento de software, nesse contexto, era visto como uma atividade única, obedecendo a um padrão e a um processo específico, distinto dos outros, uma vez que se destina a um tipo de cliente ou mercado, o que impedia a adoção de sistemas padronizados (*plantautomatization systems*). Os profissionais, superqualificados, eram especialistas em um tipo de sistema específico. A mão de obra não era facilmente intercambiável, porque seu conhecimento era único, adaptado a esse tipo de atividade.

O volume de produção era pequeno, logo não era possível realizar uma economia de escala significativa, mas os preços de cada projeto eram em geral muito altos, com ampla margem de lucratividade, o que compensava os baixos volumes. Trabalhava-se com poucos clientes e o importante era o desempenho dos sistemas e a sua eficiência, fatores que diferenciavam a empresa no mercado, e não o preço baixo dos produtos.

> **Sistema flexível de projeto e produção** – *flexible design and production system*, empresas que fabricavam produtos semipadronizados (*semi-standardized*). Essas organizações eram denominadas fábricas flexíveis de software (*software flexible factories*) e seus produtos semiprontos eram mantidos em estoque e depois eram finalizados, adaptados e configurados de acordo com as necessidades específicas dos clientes no momento da instalação. Esses últimos eram sensíveis a duas variáveis: ao preço e à eficiência dos produtos. Nesse tipo de sistema era possível trabalhar com altos volumes e obter economias de escala significativas, além de padronizar-se parcialmente os processos de produção. A maioria das empresas de informática tradicionais, Hewlett-Packard, IBM, Bull, Packard Bell, Toshiba, Nec etc., adotava esse modo de produção no início dos anos 1990.

> **Fábrica convencional de projeto e produção** – *conventional factory production and design*, um sistema em que os produtos eram similares a *comodities*, inteiramente padronizados (*full-standardized*), tendo componentes intercambiáveis. A produção em massa e os altos volumes eram obtidos graças à utilização de procedimentos e formas de produção inteiramente padronizados, o que permitia economias de escala significativas, mesmo que a margem de lucro por unidade vendida fosse pequena. Os sistemas operacionais e aplicativos fabricados eram vendidos em *packages* (pacotes) e adaptados pelos próprios consumidores às suas necessidades. Desen-

volviam-se, de acordo com esse modelo, aplicativos como Word, Excel e PowerPoint, da Microsoft®, Lotus 123® etc.

Podemos, assim, visualizar as relações entre modo de produção, tecnologia e modos de organização de forma concreta na indústria da informática.

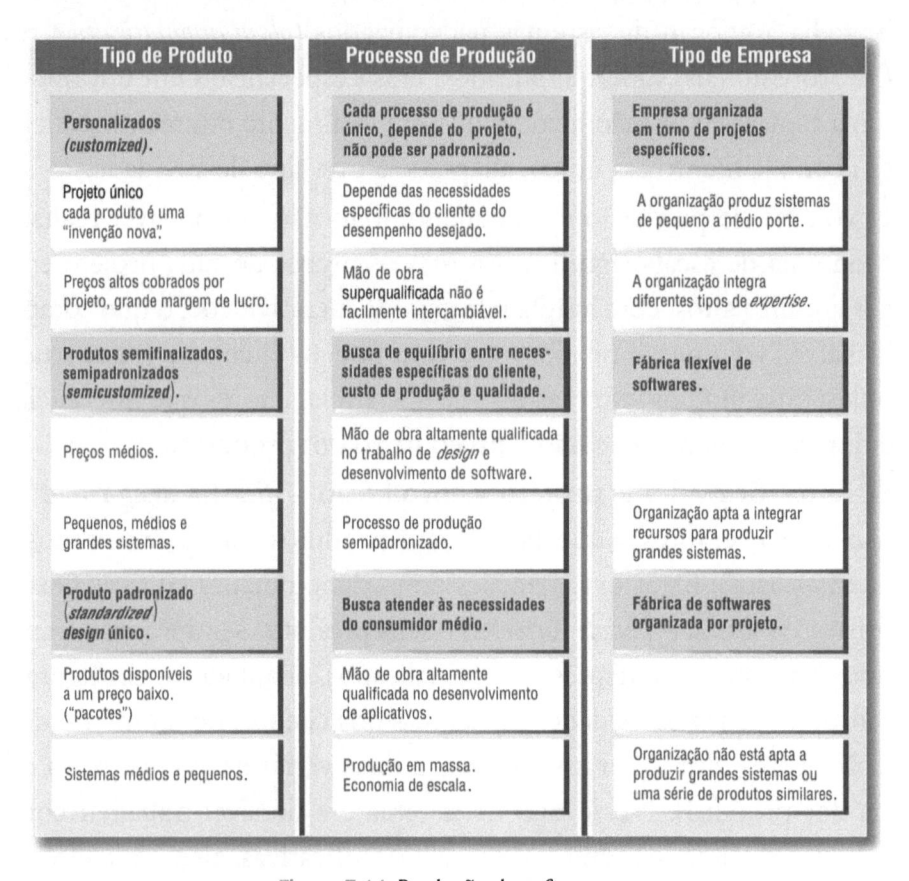

Tipo de Produto	Processo de Produção	Tipo de Empresa
Personalizados (*customized*).	Cada processo de produção é único, depende do projeto, não pode ser padronizado.	Empresa organizada em torno de projetos específicos.
Projeto único cada produto é uma "invenção nova".	Depende das necessidades específicas do cliente e do desempenho desejado.	A organização produz sistemas de pequeno a médio porte.
Preços altos cobrados por projeto, grande margem de lucro.	Mão de obra superqualificada não é facilmente intercambiável.	A organização integra diferentes tipos de *expertise*.
Produtos semifinalizados, semipadronizados (*semicustomized*).	Busca de equilíbrio entre necessidades específicas do cliente, custo de produção e qualidade.	Fábrica flexível de softwares.
Preços médios.	Mão de obra altamente qualificada no trabalho de *design* e desenvolvimento de software.	
Pequenos, médios e grandes sistemas.	Processo de produção semipadronizado.	Organização apta a integrar recursos para produzir grandes sistemas.
Produto padronizado (*standardized*) design único.	Busca atender às necessidades do consumidor médio.	Fábrica de softwares organizada por projeto.
Produtos disponíveis a um preço baixo. ("pacotes")	Mão de obra altamente qualificada no desenvolvimento de aplicativos.	
Sistemas médios e pequenos.	Produção em massa. Economia de escala.	Organização não está apta a produzir grandes sistemas ou uma série de produtos similares.

Figura 7.14 Produção de softwares.

7.6.2 Outros modelos relacionando organização e tecnologia

a) **James Thompson** (1967) propôs um método para classificar os tipos de tecnologia usados para fábricas e empresas de serviço.

Tecnologias longas e lineares (*long-linked technologies*) são mais comuns em fábricas, onde se trabalha com a transformação de matérias-primas em produtos finais. Nesse caso, a produção em massa e o processo contínuo descritos por Woodward se aplicam.

Tecnologias de mediação (*mediating technologies*) são aquelas cujo objetivo é colocar indivíduos em contato para que se efetuem trocas. Bancos e agências de emprego envolvem tecnologia para processar informações e troca de informações. Um exemplo é a internet e seus portais, colocando fornecedores e clientes em contato.

Tecnologias intensivas (*intensive technologies*) são aquelas formas de conhecimento utilizadas em um processo de criação e modificação de estados preexistentes. Exemplo: tecnologia médica para intervir em doenças; tecnologia de pesquisa que modifica o próprio processo de conhecer e treinar pessoas etc. (Thompson, 1967).

b) **Charles Perrow** propôs em 1967 um modelo de tecnologia organizacional. Ele analisa duas dimensões: a variabilidade das tarefas (*task variability*), ou seja, **o grau em que o processo de trabalho envolve tarefas rotineiras e padronizadas**. A organização pode ter **baixo índice de variação**, ou seja, a maioria das tarefas é padronizada, variando muito pouco. Do contrário, **poderá ter alto grau de variação**, se o trabalho envolver tarefas que mudam muito, pouco padronizadas, que exigem inovações ou mudanças constantes.

A outra dimensão estudada por Perrow é **o grau de formalização do sistema para lidar com situações que não estão previstas** (*task analyzability*). Ele pode ser alto, ou seja, podem existir muitos procedimentos previstos para lidar com situações imprevistas ou, ao contrário, ele pode ser baixo, caso não haja procedimentos previstos para lidar com o desconhecido e o novo, devendo ocorrer, nesse caso, maior improvisação.

Perrow (1967) faz um cruzamento dessas duas dimensões em uma matriz dois por dois e chega às seguintes possibilidades.

	Alto nível de padronização de tarefas	Baixo nível de padronização de tarefas
Alto nível de formalização para lidar com incerteza	Tecnologias de rotina	Tecnologias de criação/engenharia
Baixo nível de formalização para lidar com incerteza	Produção artesanal (*Craft production*)	Tecnologias não rotineiras/inovadoras

Figura 7.15 O modelo de Perrow (1967).

Descrevendo os quatro casos, Perrow analisa o seguinte:

As tecnologias para lidar com tarefas rotineiras (tecnologias de rotina) são apropriadas para situações que envolvem tarefas conhecidas, situações previsíveis, que se repetem muito e, no caso de exceção, já há procedimentos altamente formalizados para lidar com o incerto. Uma linha de montagem (por exemplo, montadora de automóveis) caracteriza-se nessa posição.

As tecnologias de produção artesanal (*craft production*) têm a maioria de seus procedimentos previstos e padronizados, mas, no caso de exceção, o nível de improvisação é alto, devem-se gerar soluções para lidar com o incerto com base nas características dos técnicos e *experts* naquela tecnologia.

As tecnologias de criação/engenharia (*engineering production*) são apropriadas para o processo de criação. Não há padronização, pois as soluções vão ser inventadas ainda, porém existem procedimentos formalizados para estruturar o processo de criação.

As tecnologias não rotineiras/inovadoras são o caso extremo, no qual se deve criar tudo, a forma e o conteúdo. Dependendo do tipo, a pesquisa e o desenvolvimento podem ser exemplos dessa forma de tarefa.

7.7 Considerações finais

Podemos ver que tecnologia e organização (sistemas sociotécnicos) são mutuamente dependentes e estão interligados de modo claro. A teoria dos sistemas nos mostra que os padrões sociais mais gerais influenciam nas organizações e em sua configuração técnica. O oposto é verdadeiro: o trabalho cotidiano, a inserção constante do indivíduo em certo tipo de organização e seu trabalho com determinado tipo de tecnologia têm influências na formação de sua identidade social e na sua personalidade (Sainsaulieu, 1977).

Vários estudos do Tavistock concentraram-se em psicanálise das organizações, estudando a interação entre personalidade dos grupos e indivíduos e organizações (Trist, Bion, Klein etc.). Trataremos disso na segunda parte deste livro. Outros estudos, como os de Trist, Woodward, Lawrence e Lorsch e outros, tratados neste capítulo e no Capítulo 6 analisam as consequências para as estruturas organizacionais do uso de certa tecnologia. O pressuposto sociotécnico, porém, está presente na maioria desses estudos, como pudemos observar.

Finalmente, a teoria da contingência nos mostra que não há *one best way*, como também demonstra o princípio da equifinalidade dos sistemas: existe mais de uma maneira de atingir os objetivos propostos. Dependendo do tipo de ambiente e do tipo de objetivo ou problema a ser solucionado, vários tipos de organização são possíveis. Ressalta-se aqui o caráter múltiplo das organizações burocráticas, como mostraram os estudos do grupo de Aston.

Em outra linha de análise, Henry Mintzberg (1989) elaborou sua teoria das configurações, classificando vários tipos de organização dotados de formas e modelos diferentes, cada qual visando resolver determinado problema organizacional. Além de Mintzberg, outros autores desenvolvem mais tarde um modelo que leva em conta **os aspectos políticos da organização e as suas relações com o meio ambiente**. Trabalhos como os de Pfeffer e Salancik (1978) e os de Grandori e Giordani (2011) reforçam o caráter ativo dos sistemas organizacionais, que têm influência sobre o curso dos acontecimentos e sobre as mudanças do seu setor, sendo considerados entidades que possuem certa autonomia em relação ao meio ambiente e não simplesmente reagem a elas, como propõem as teorias aqui apresentadas.

Os trabalhos desses autores apoiam-se nas pesquisas realizadas por Thompson e McEwen (1958) e mostram que as organizações devem procurar controlar ativamente as incertezas geradas pelo seu setor, mais especificamente pelo seu meio ambiente imediato de atuação (*task-environment*), a fim de ter bom desempenho. As organizações são vistas como entidades políticas e ativas que têm uma influência considerável na construção do setor em que atuam, tentando controlar os recursos disponíveis e limitando sua dependência em relação a eles.

Veremos isso melhor na Parte II deste livro.

Bibliografia

AMBER, G. H.; AMBER, P. S. Anatomy of automation. In: PUGH, D. S. et al. A conceptual scheme for organization analysis. *Administrative Science Quarterly*, Ithaca, v. 8, n. 3, dez. 1969.

BERTALANFFY, L. V. The theory of open systems in physics and biology. *Science*, n. 111, p. 23-28, 1950.

BURNS, T.; STALKER, G. M. *The management of innovation*. 3. ed. Londres: Tavistock Publications, 1961.

CUSUMANO, M. A. Shifting economies: From craft production to flexible systems and software factories. *Research Policy*, v. 21, p. 453-480, 1992.

CUSUMANO, M. A.; KEMERER, C. F. A quantitative analysis of U.S. and Japanese practice and performance in software development. *Management Science*, v. 11, p. 1394-1406, 1990.

EMERY, F. E.; TRIST, E. L. The causal texture of organizational environments. *Human Relations*, n. XVIII, p. 21-33, 1965.

GRANDORI, A.; GIORDANI, L. G. *Organizing entrepreneurship*. Londres: Routledge, 2011.

JAFFEE, D. *Organizational theory*: Tensions and change. Cambridge: Thomson Learning, 2001.

LAWRENCE P. R. *Developing organizations*: Diagnosis and action. Reading, MA: Addison-Wesley, 1969.

LAWRENCE P. R.; LORSCH, J. W. *Organization and environment*: Managing differentiation and interaction. Boston: Harvard University Press, 1967.

MINDLIN, S. Conferência proferida na Escola de Administração de Empresas de São Paulo da Fundação Getulio Vargas, 1975.

MINTZBERG, H. *Mintzberg on management*: Inside our strange world of organizations. Nova York: Free Press, 1989.

PERROW, C. A framework for the comparative analysis of organizations. *American Sociological Review*, v. 32, p. 194-208, 1967.

_____. *Complex organizations*: A critical essay. Nova York: Random House, 1986.

PFEFFER, J.; SALANCIK, G. *The external control of organizations*: A resource dependence perspective. Nova York: Harper and Row, 1978.

PUGH, D. S. A conceptual scheme for organization analysis. *Administrative Science Quarterly*, Ithaca, v. 8, n. 3, Dec. 1963.

_____. Dimensions of organization structure. *Administrative Science Quarterly*, Ithaca, v. 13, n. 1, June 1968.

_____. The context of organization structure. *Administrative Science Quarterly*, Ithaca, v. 14, n. 1, mar. 1969.

PUGH, D. S.; HICKSON, D. J.; HININGS, D. J. *Writers on organization:* Structure of functioning of management of people in society. 2. ed. Londres: Penguin Books, 1971. p. 36-38.

PUGH, D. S. et al. An empirical taxonomy of structure of work organizations. *Administrative Science Quarterly*, Ithaca, v. 14, n. 1, Mar. 1969.

REEVES, T.; WOODWARD, J. The study of managerial control. In: WOODWARD, J. (Ed.) *Industrial organization, behavior and control.* Oxford: Oxford University Press, 1970. p. 48.

SAINSAULIEU, R. *L'identité au travail.* Paris: Presses de la FNSP, 1977.

SIMON, H. Making management decisions: the role of intuition and emotion. *Academy of Management Executive*, The University of Chicago Press, v. 1, n. 1, p. 57-64, Feb.. 1987

TAYLOR, F. *The principles of scientific management.* Nova York: WW Norton & Co, 1911.

THOMPSON, J. D. *Organizations in action.* Nova York: McGraw-Hill, 1967.

THOMPSON, J. D.; McEWEN, W. Organizational goals and environment: goal setting as an interaction process. *American Sociological Review*, v. XMII, p. 157-167, 1958.

THOMPSON, V. A. *Moderna organização.* Trad. de Vitor Brinches. Brasília; Rio de Janeiro: Usaid, Livraria Freitas Bastos S.A., 1967. 184 p.

VASCONCELOS, I. *Os processos de formação e perda da identidade social no trabalho*: Um estudo crítico sobre a implantação da ISO 9001 na Bull França. 1997. Tese (Doutorado em Administração de Empresas) – Escola de Administração de Empresas, Fundação Getulio Vargas. São Paulo, 1997.

VEBTEN, T. *Teoria da empresa industrial.* Rio de Janeiro: Globo, 1966.

WEIK, K. Educational organizations as loosely coupled systems. *Administrative Science Quarterly*, v. 21, p. 1-19, 1976.

WOODWARD, J. *Industrial organizations*: Theory and practice. Oxford: Oxford University Press, 1968.

_____. (Ed.) *Industrial organizations*: Behavior and control. Oxford: Oxford University Press, 1970.

WOODWARD, J. *Industrial organizations*: Theory and practice. Oxford: Oxford University Press, 1981.

WOODWARD, J. *Organização industrial*: Teoria e prática. São Paulo: Atlas, 1977.

_____. *Organização industrial.* São Paulo: Atlas, 1990.

PARTE II

Enfoques explicativos e transversais

Introdução

Na Parte I, vimos as principais ideias conceituais desenvolvidas pelas escolas de administração, pilares do pensamento administrativo. Na Parte II, procuraremos sistematizar dois aspectos: um deles, no Capítulo 8, é o caráter prescritivo e técnico do desenvolvimento organizacional, que não tenta oferecer explicações sobre a realidade, como as diversas escolas apresentadas anteriormente, mas procura **aplicar alguns desses conhecimentos para transformar as organizações, tendo logo compromisso com a prática e eficiência**, bem como com os efeitos das ações dos consultores que trabalham nessas técnicas.

No Capítulo 9, faremos uma recapitulação das teorias apresentadas, trabalhando uma leitura transversal das diversas escolas, mostrando uma visão sistematizada de como essas escolas trataram os conceitos "homem", "meio ambiente" e "organizações". Essa última recapitulação teórica nos ajudará a compreender a Parte III, novas proposições teóricas, pós-contingenciais (após teoria da contingência, apresentada no Capítulo 7). Essas teorias pós-contingenciais são formuladas a partir de atualizações e reinterpretações dos fundamentos apresentados e discutidos pelas diversas escolas de administração na Parte I.

Capítulo 8

Enfoque prescritivo: o desenvolvimento organizacional

Sempre faço o que não consigo fazer para aprender o que não sei.
(Pablo Picasso In: O'brian, 1994; tradução nossa)

8.1 Introdução

Simon, Smithburg e Thompson ao tentar explicar a relação entre duas tendências no estudo da administração, sejam elas quais forem, mostram que o estudo do comportamento humano nas organizações e as técnicas utilizáveis para torná-las mais eficientes, recorrem a uma analogia com a medicina e a biologia, afirmando que, da mesma forma que a prática da medicina só pode progredir à medida que progride o conhecimento científico da biologia, as técnicas da organização eficiente não podem se desenvolver se a teoria do comportamento humano não progredir na organização.

O interesse dessa analogia é múltiplo. Em primeiro lugar, porque procura mostrar o caráter simplista da maioria dos manuais de administração, que apresentam "soluções de bolso" para todos os problemas administrativos, sugerindo a necessidade prévia de conhecimento científico para a articulação de uma estratégia de atuação sobre a realidade. Em segundo, porque não se limita ao pressuposto ingênuo de que basta conhecer a realidade para atuar sobre ela. Finalmente, porque tem o dom quase profético de imaginar que no momento em que a teoria das organizações atingisse um nível apreciável de formalização clamaria, ela própria, pela operacionalização de seus conceitos.

É nesse último aspecto que concentraremos nossa atenção. Nossa hipótese básica de trabalho é a de que a teoria geral da administração vem atingindo níveis cada vez mais altos de formalização e de que a fase das "escolas", das teses frontalmente contrárias, da inexistência de métodos científicos já se está tornando um capítulo interessante da história do pensamento administrativo. Com isso não queremos afirmar que não haja lugar para controvérsias no atual estágio da teoria das organizações. Isso significaria a morte de qualquer esforço científico. As controvérsias persistem, mas partem de algumas teses que já são aceitas pelos estudiosos mais respeitados da área.

Assim, podemos traçar as linhas fundamentais da teoria aplicada das organizações, recorrendo sempre àqueles que, em razão da posição conquistada na pesquisa, no magistério e na experiência profissional de consultores, começaram a se dedicar de corpo e alma ao desenvolvimento do novo campo. Entre eles estão Warren G. Bennis, Edgar H. Schein, Richard Beckhard, Paul R. Lawrence, Jay W. Lorsch, Chris Argyris, Rensis Likert, Robert Blake e muitos outros. Todavia, queremos deixar bem claro desde já que não pretendemos resumir as obras desses autores. As opiniões que manifestarmos no transcurso deste capítulo são de responsabilidade exclusivamente nossa, ainda que com base no acervo de conhecimentos que vem sendo sempre aumentado pelos pesquisadores e estudiosos em geral da teoria das organizações. Acreditamos, no entanto, que, antes de prosseguirmos, é de todo conveniente a identificação dos antecedentes do movimento em que se enquadra este capítulo. A ideia de modificar a realidade é muito antiga na teoria das organizações. Porém, é com a Escola de Relações Humanas que esse ideal começa a receber embasamento científico. Mesmo assim, entretanto, pensava-se em ação sobre pequenos grupos, e não no nível da organização como um todo. De qualquer forma, porém, a contribuição dos psicólogos que se dedicaram aos estudos da dinâmica grupal e especialmente a de Kurt Lewin (1947), em seus estudos sobre a redemocratização da sociedade alemã no pós-guerra, foram vitais. É nossa opinião, contudo, que o desenvolvimento organizacional só ganhou o significado que hoje apresenta no momento em que a teoria das organizações foi submetida ao tratamento sistêmico que reconciliou o estrutural com o comportamental. Warren Bennis (1969, p. 246) teve, nesse sentido, um papel altamente significativo. Muito do que esse autor previu fez-se teoria em Likert, Lawrence, Lorsch e outros.

8.1.1 O conceito de desenvolvimento organizacional

Parece incontestável que estamos em plena era da mudança. Muda a tecnologia, muda a estrutura social, mudam as necessidades, as pessoas. Concomitantemente, alterações profundas vão sendo verificadas no sistema cultural. A mudança passa a ser sempre mais valorizada, a estabilidade passa a ser vista como suspeita e se procura imaginar novos tipos de estabilidade que atendam à necessidade de mudança. Começa-se a falar em equilíbrio dinâmico (Katz e Kahn, 1970). Seria ingênuo imaginar que, em uma época de mudanças e de valorização dessas mudanças, as microestruturas que compõem a sociedade não precisassem mudar. A mudança nessas estruturas é, ao mesmo tempo, condição para sua sobrevivência e condição para o desenvolvimento econômico, social e político. Nesse aspecto percebe-se, claramente, o caráter bilateral das transações contínuas da organização com seu ambiente. Nossa área de interesse situa-se no nível organizacional. Ocupar-nos-emos da mudança como aspecto das organizações. Essa colocação nos obriga desde logo a uma explicação. Parece-nos que seria inútil prosseguir sem antes explicitar o que entendemos por mudança organizacional.

8.1.2 A concepção da mudança segundo o modelo da engenharia e da racionalidade absoluta

Arnold S. Judson (1969) define "mudança" de maneira bastante ampla, como qualquer alteração iniciada pela administração na situação ou no ambiente de trabalho de um indivíduo. A partir dessa definição, o autor relaciona e classifica os tipos de mudança que considera mais comuns, considerando que todos eles estão orientados para seis objetivos de longo prazo, que têm maiores probabilidades de criar a necessidade de mudanças dentro das empresas, tipo de organização em que centraliza sua atenção. Tais objetivos seriam: melhorar o produto, o volume de vendas e os serviços, aumentar a rentabilidade, melhorar a imagem perante o público, as relações humanas dentro da organização e a capacidade organizacional de resposta a situações futuras. Os tipos de mudanças seriam:

a) **Mudanças nos métodos de operação:**
- maneiras pelas quais o trabalho é realizado;
- localização do trabalho;
- disposição das áreas de trabalho;
- natureza dos materiais utilizados;
- natureza da fábrica e das instalações;
- maquinaria, ferramentas e equipamentos;
- práticas de segurança e de manutenção;
- normas operacionais.

b) **Mudanças nos produtos:**
- especificação dos produtos;
- especificação de processos;

- materiais componentes;
- padrões de qualidade.

c) **Mudanças na organização:**
- estrutura da organização e atribuição de responsabilidades;
- níveis de supervisão;
- extensão de delegação de padrões;
- tamanho e natureza dos grupos de trabalho;
- supervisão dos grupos de trabalho;
- colocação de indivíduos em tarefas específicas.

d) **Mudanças no ambiente de trabalho:**
- condições de trabalho;
- sistemas de recompensa e punição;
- padrões de desempenho;
- diretrizes e métodos de ação (Judson, 1969, p. 24-26).

Em que pese a aparente praticidade desse tipo de definição e classificação, ela parece padecer de algumas deficiências graves: em primeiro lugar, não se dá conta de que mudança só pode ser entendida a partir da compreensão do comportamento organizacional. Como consequência dessa falha básica, também não se dá conta de que a mudança apresenta características semelhantes em qualquer tipo de organização, seja uma empresa industrial seja um órgão público, e que falar de mudança em empresas industriais só tem sentido como especificação. Com isso queremos afirmar que existe uma área muito ampla de aspectos comuns à mudança, qualquer que seja a organização em que ocorrer, e que esse é o filão a ser explorado inicialmente. Uma inversão dessa atitude significa um risco aumentado de incorrer em erros e conclusões precipitadas.

Como vimos no Capítulo 4 – "Os processos decisórios nas organizações e o modelo Carnegie (racionalidade limitada)" – ao tratar do *garbage can model*, nem sempre as soluções são anteriores à definição do problema; não existe normalmente um modelo "superior" ao qual se deve perseguir depois de haver pesado todas as alternativas em questão de modo "racional". As mudanças frequentemente não são apenas técnicas, nem sempre são linearmente planejadas pela gerência. Muitas vezes, a mudança é induzida por outros setores da organização, como veremos a seguir. O modelo de Judson, que colocamos aqui para utilizar como contrapeso a outras ideias, tem limitações. Uma dessas limitações é o não entendimento de que existem mudanças extremamente importantes que não advêm de alterações iniciadas pela administração, mas sim de um processo dialético que ocorre nas organizações de forma absolutamente natural, quer a administração interfira ou não.

8.1.3 Outras definições de mudança organizacional

Sobre esse processo dialético de construção da mudança, Peter M. Blau e W. Richard Scott (1970) escrevem com grande discernimento em seu livro *Organizações formais*, em que tratam dos três dilemas e paradoxos básicos enfrentados pelas organizações:

- coordenação *versus* comunicação;
- disciplina burocrática *versus* especialização profissional;
- planejamento administrativo *versus* iniciativa.

Para Blau e Scott (1970, cap 9), tais dilemas traduzem a **inevitabilidade do conflito e da mudança, já que, por exemplo, a solução de um problema de comunicação pode implicar o surgimento de um problema de coordenação, e assim por diante. Em segundo lugar, a perspectiva que Judson (1969) demonstra dos problemas organizacionais parece limitada.**

Uma primeira definição de mudança poderia ser: **mudança organizacional é um conjunto de alterações na situação ou no ambiente de trabalho de uma organização, entendendo ambiente de trabalho como ambiente técnico, social e cultural.**

Ocorre, porém, que a conceituação de mudança organizacional é apenas um passo para nosso objetivo de conceituar o desenvolvimento organizacional. Alguns autores já se preocuparam com essa tarefa.

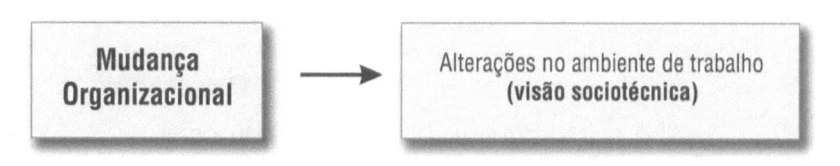

Figura 8.1 O conceito de mudança.

8.1.4 O conceito de desenvolvimento organizacional

É, portanto, de todo conveniente analisar pelo menos uma conceituação que nos pareça típica. Para Warren G. Bennis (1969), **desenvolvimento organizacional é uma estratégia educacional adotada para trazer à tona uma mudança organizacional planejada, exigida pelas demandas às quais a organização tenta responder e que enfatiza o comportamento com base na experiência.**

Outras características são as relacionadas com os **agentes de mudança**. Assim, esses agentes são, na maior parte dos casos, **externos à organização, trabalhando em colaboração com seus participantes**. Além disso, eles compartilham de uma filosofia social, ou seja, de um conjunto de valores referentes ao mundo e às organizações, que influi nas suas estratégias, determina suas intervenções e governa em grande parte suas respostas à organização. Finalmente, em decorrência dessa filosofia social compartilhada, os agentes de mudança participam também de um conjunto de metas normativas. As metas geralmente procuradas são:

- aprimoramento nas relações interpessoais;
- transformação nos valores para que o fator humano venha a ser considerado legítimo;
- aprimoramento do entendimento inter e intragrupal, no sentido de reduzir tensões;
- desenvolvimento de uma equipe administrativa mais eficiente;
- desenvolvimento de melhores métodos de solução de conflitos;
- substituição de sistemas mecânicos por orgânicos (Bennis, 1969, p. 10-15).

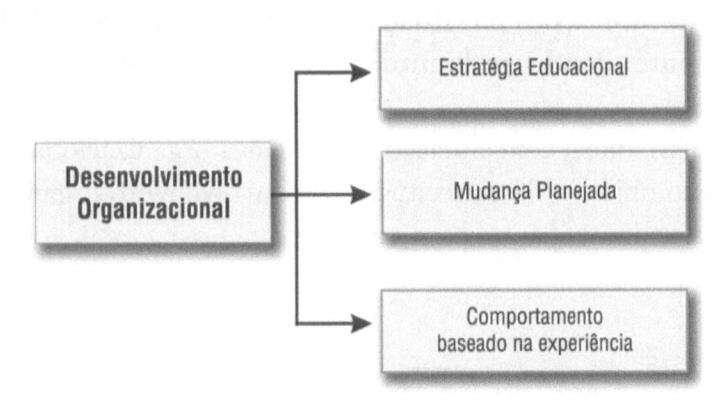

Figura 8.2 Conceito de desenvolvimento organizacional.

Essa conceituação de desenvolvimento organizacional é extremamente interessante, porque relaciona suas características básicas. Nessa linha, nossa definição de desenvolvimento organizacional seria simples: **o desenvolvimento organizacional é a mudança organizacional planejada**.

Definido o desenvolvimento organizacional como mudança organizacional planejada e mudança organizacional como um conjunto de alteração no ambiente de trabalho de uma organização, resta citar os principais tipos de alteração que caracterizam o desenvolvimento.

8.1.5 Tipos de alteração no ambiente de trabalho da organização que caracterizam o desenvolvimento organizacional

Há dois tipos fundamentais de alteração: **estruturais** e **comportamentais**. Tais alterações geralmente são interdependentes, e um trabalho eficiente de desenvolvimento raramente pode ocupar-se de apenas um de seus tipos. O desenvolvimento organizacional, porém, deve ser entendido como um processo essencialmente dinâmico que pode ser mais ou menos completo, conforme o grau desejado de mudança. Assim, muitas vezes não são utilizadas todas as técnicas disponíveis, embora uma combinação de alterações estruturais e comportamentais seja quase sempre desejável, mesmo porque umas suportam as outras na busca de determinado objetivo, em geral o aumento da eficiência ou eficácia organizacionais.

Em outras palavras, poderíamos afirmar que **o desenvolvimento organizacional depende da situação, que requer e condiciona um determinado tipo de mudança**. Dessa afirmação, podemos deduzir imediatamente que um dos esforços desse tipo de trabalho é o **diagnóstico, ou seja, o levantamento da situação e, portanto, do tipo de mudança requerido**.

Podemos afirmar, então, que **o diagnóstico ou levantamento da situação é a primeira etapa do processo de desenvolvimento organizacional**.

8.1.6 Etapas do desenvolvimento organizacional

a) **Diagnóstico** – Essa primeira etapa deve iniciar-se por um levantamento das relações da organização com seu ambiente. É, em geral, desse levantamento que as principais alterações estruturais nascem.

b) **Sociograma** – O segundo passo é o levantamento **das relações sociais entre grupos de participantes**.

c) **Definição das alterações a serem perseguidas tendo em vista os objetivos almejados** – Desse levantamento anterior nascem tanto alterações estruturais quanto comportamentais. Finalmente, o terceiro passo é o levantamento das relações entre os participantes individuais e a organização. Desse, costumam surgir alterações de ordem comportamental.

d) **Avaliação** – Esse processo não é feito de forma linear, como a primeira definição típica de uma visão de "engenharia organizacional". A visão de desenvolvimento organizacional de Lawrence e Lorsch (1969) explicita bem esse caráter interativo. Esses autores propõem, além do levantamento da situação, outras três etapas: **planejamento da mudança, implementação e *follow-up* e avaliação**. Esse processo, porém, funciona como um circuito fechado, isto é, **o resultado da avaliação implica alteração do**

diagnóstico e assim por diante. Evidentemente, há um momento em que o processo ganha uma dinâmica própria, sem necessidade de interferência externa.

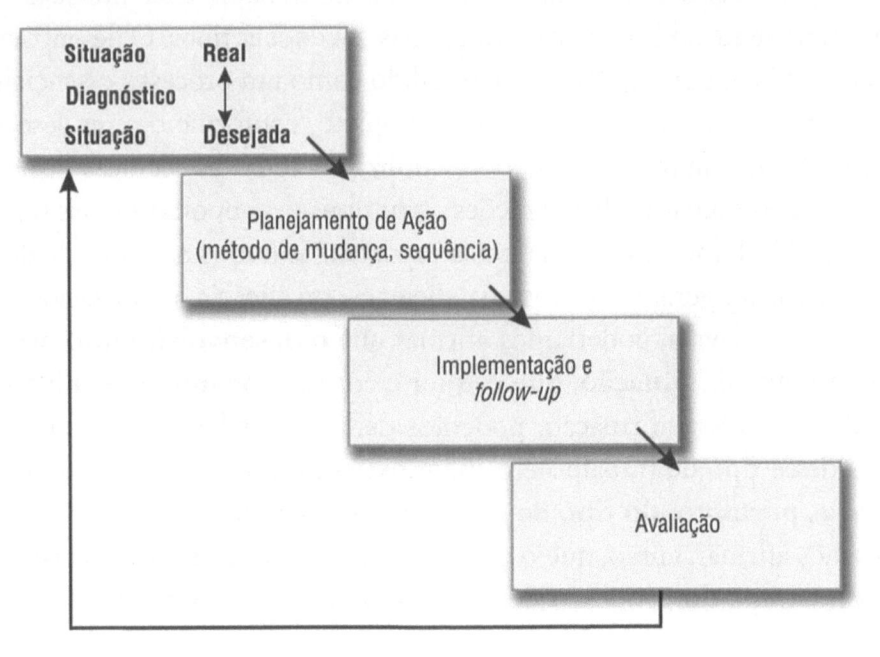

```
┌─────────────────────────┐
│ Situação    Real        │
│ Diagnóstico  ↕          │
│ Situação    Desejada    │
└─────────────────────────┘
         │
         ▼
   ┌──────────────────────────────────┐
   │ Planejamento de Ação             │
   │ (método de mudança, sequência)   │
   └──────────────────────────────────┘
              │
              ▼
        ┌────────────────────┐
        │ Implementação e    │
        │ follow-up          │
        └────────────────────┘
                  │
                  ▼
              ┌────────────┐
              │ Avaliação  │
              └────────────┘
```

Figura 8.3 O processo de desenvolvimento organizacional.

Lawrence e Lorsch (1969) ainda consideram os diversos níveis em que a mudança pode ser planejada e implementada, levando-se em conta as alterações comportamentais envolvidas. Essas considerações são apresentadas na Figura 8.4. Um ponto interessante nessa figura é a relação entre **alterações estruturais e expectativas de papel** que nos leva a enfatizar um cuidado especial para o fato de que alterações na organização formal implicam alterações na organização informal ou, ainda, de que alterações estruturais planejadas implicam alterações comportamentais, mesmo que não previstas. Daí a dificuldade de se trabalhar nessa área com apenas um tipo de alteração. Do remanescente, tais relações entre aspectos formais e informais das organizações têm sido bastante enfatizadas pelos estruturalistas (Etzioni, 1976). Como vimos no Capítulo 4, tal divisão entre estrutura formal e informal é didática, para facilitar o trabalho intelectual, uma vez que, na prática, tais dimensões se confundem.

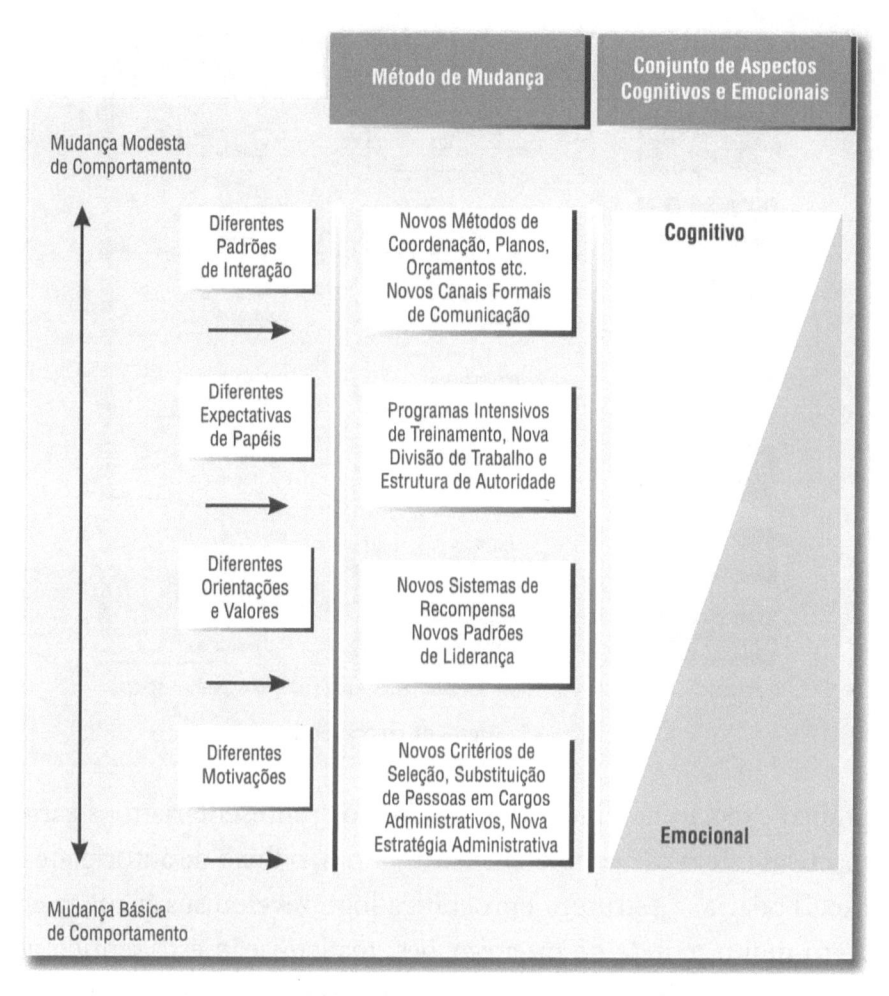

Figura 8.4 O modelo de Lawrence e Lorsch (1969).

8.2 O campo das alterações estruturais

Durante muito tempo o mundo conheceu apenas um tipo de estrutura organizacional, tipo este que Max Weber analisou, identificando suas principais características. Essa estrutura, que ficou conhecida como burocrática, representou em dado momento histórico um grande passo em direção à racionalidade. Representou, em todos os aspectos, uma substituição de critérios tradicionais por critérios racionais. A Figura 8.5 dá uma ideia dessa substituição.

Esse tipo de estrutura tinha no exército prussiano o seu exemplo mais típico. É basicamente uma estrutura de cargos, na qual prevalece o padrão monocrático de chefia e os ocupantes dos cargos desempenham papéis rigorosamente definidos. Uma representação gráfica dessa estrutura seria semelhante àquela apresentada na Figura 8.6.

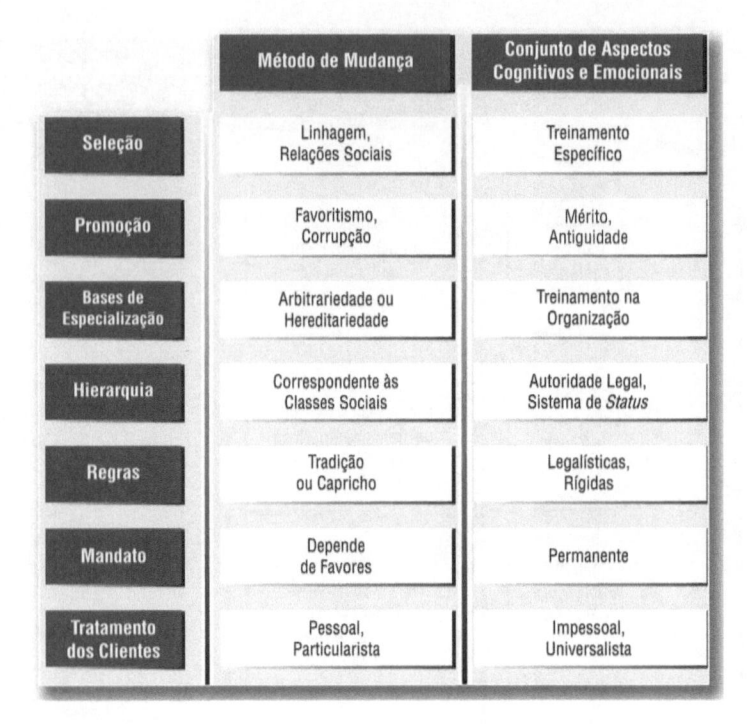

	Método de Mudança	Conjunto de Aspectos Cognitivos e Emocionais
Seleção	Linhagem, Relações Sociais	Treinamento Específico
Promoção	Favoritismo, Corrupção	Mérito, Antiguidade
Bases de Especialização	Arbitrariedade ou Hereditariedade	Treinamento na Organização
Hierarquia	Correspondente às Classes Sociais	Autoridade Legal, Sistema de *Status*
Regras	Tradição ou Capricho	Legalísticas, Rígidas
Mandato	Depende de Favores	Permanente
Tratamento dos Clientes	Pessoal, Particularista	Impessoal, Universalista

Figura 8.5 Esferas de competência.

No gráfico exposto na Figura 8.6, os círculos representariam os cargos com suas respectivas esferas de competência e as linhas, o fluxo de autoridade de cima para baixo. Todavia, a estrutura burocrática logo revelou sua inadequação para um número muito grande de organizações, inadequação esta sentida especialmente no **tocante à dificuldade de reunir em um ocupante de cargo todo o conhecimento especializado necessário ao desempenho do seu papel. Essa dificuldade levou ao surgimento de um segundo tipo de estrutura, que ficou conhecida como "linha-*staff*"**, que poderia ser representada da forma expressa na Figura 8.7.

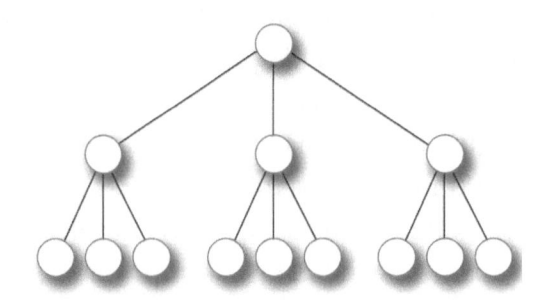

Figura 8.6 Estrutura burocrática simples.

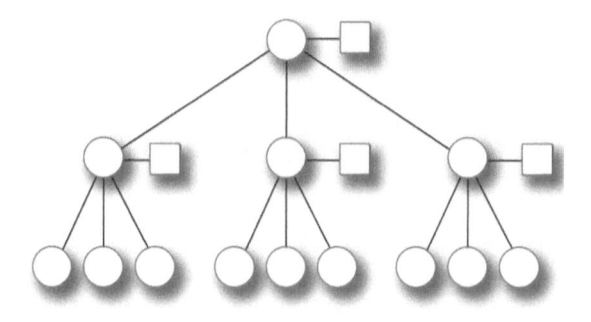

Figura 8.7 Estrutura linha-*staff*.

Nesse tipo de estrutura, os cargos representados por círculos compõem a linha e detêm autoridade, enquanto os representados por quadrados compõem o *staff* e têm como única função o aconselhamento em matéria especializada, sem nenhuma autoridade ou responsabilidade na execução. Cumpre lembrar que, como a complexidade das tarefas organizacionais parece aumentar continuamente, a necessidade da existência de um número muito grande de cargos com papéis extremamente especializados acabou criando a necessidade de agrupá-los de acordo com determinados critérios, permitindo dessa forma uma coordenação mais eficiente. Entre tais critérios, aquele que se difundiu mais rápida e amplamente foi **o critério funcional,** isto é, **o agrupamento dos cargos relacionados a determinadas funções, como vendas, produção, finanças etc**. Outros critérios, como território, clientes, produtos etc., também são importantes e muito comuns. É fácil perceber, porém, que, embora essa estrutura aparentemente solucione o problema da separação do conhecimento especializado da autoridade, cria a possibilidade de conflito entre linha e *staff*.

Além disso, essa estrutura implica dificuldade de controle, visto que algumas subfunções dependem de mais de uma função para seu desempenho eficiente em termos da organização como um todo. Da mesma forma, o desempenho de uma subfunção pode comprometer uma função que não tenha seu controle. Também a duplicação de funções parece ser estimulada nesse tipo de estrutura, com todas as suas inconveniências, até mesmo com a da dificuldade de padronização. Uma tentativa de solução desses problemas é a chamada estrutura funcional, na qual um cargo ou unidade administrativa tem autoridade sobre outro em um campo restrito e especializado, mesmo que não haja relação de linha. Essa estrutura poderia ser representada pela Figura 8.8.

Como bem observa Wickesberg (1969, p. 75), a estrutura funcional de um indivíduo ou função é geralmente entendida como de *staff*, com muito mais poder e influência. Observe o caso do diretor de pessoal no exemplo dado.

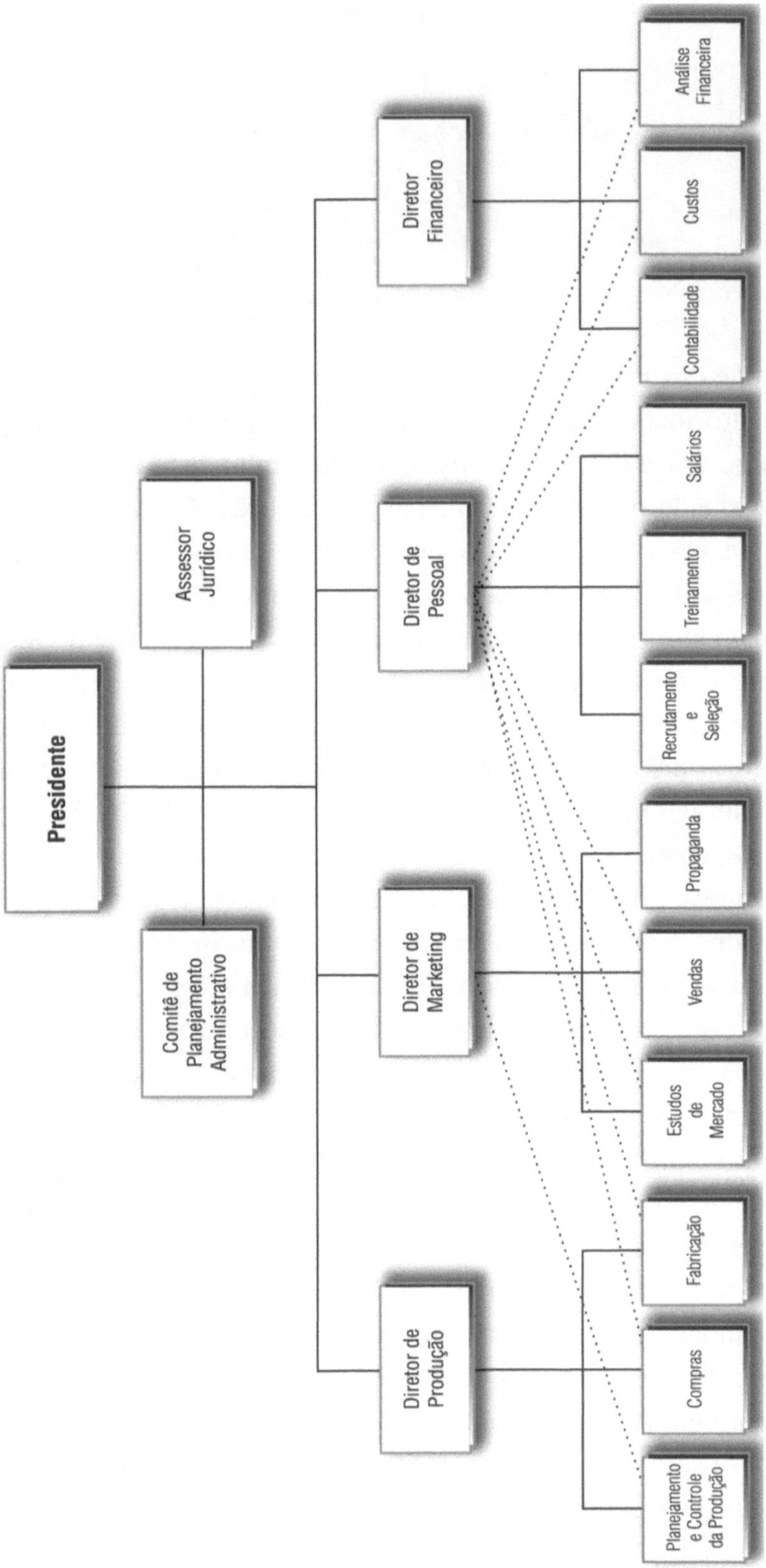

Figura 8.8 Estrutura funcional.

A estrutura funcional é, sem dúvida alguma, a forma de organização mais difundida, tanto no setor privado como no público. Sua utilização possibilita elevado nível de especialização, mas provoca ao mesmo tempo grande competição pelos recursos da organização. Assim, essa estrutura é a que mais se adapta a determinados tipos de organização, como teremos oportunidade de demonstrar. Entretanto, tanto a estrutura linha-*staff* quanto a funcional são apenas variações da estrutura burocrática, não solucionando os seus principais problemas, todos eles relacionados a sua incompatibilidade básica com as condições conducentes à criatividade. Na Parte III, ao tratarmos da teoria das configurações de Mintzberg, mostraremos outras formas de desenho organizacional e estruturas burocráticas mais modernas, desenvolvidas, porém, a partir desses primeiros trabalhos de desenvolvimento organizacional.

Estruturas muito burocratizadas ou mecanizadas, como vimos nos capítulos 6 e 7, não são compatíveis com a inovação. Que estruturas promoveriam a inovação e a aprendizagem em circuito duplo (redesenho do processo, a partir do questionamento de suas premissas básicas), como define Chris Argyris (1992)? Que condições seriam necessárias para a inovação? Essas condições foram vistas com grande clareza por Victor A. Thompson (1969) em *Bureaucracy and innovation*, e poderiam ser relacionadas do seguinte modo:

- segurança psicológica;
- diversidade de insumos;
- compromisso interno ou pessoal em buscar a solução;
- alguma estrutura ou limites à situação de busca de solução;
- alguma competição positiva.

8.2.1 Formas organizacionais menos burocratizadas e problemas da estrutura burocrática formal

É verdade que a rigidez burocrática e a excessiva centralização de autoridade podem ser bastante minimizadas pela opção por uma variação da estrutura funcional, a que se pode chamar **estrutura funcional descentralizada**, que apresenta uma essência aparentemente contraditória: autoridade amplamente delegada e controle centralizado. Essa é basicamente a filosofia administrativa chinesa, o seu "centralismo democrático": um sistema hierárquico rígido ao lado de independência, criatividade e autocrítica local. É também a filosofia administrativa de algumas grandes empresas do mundo capitalista, entre elas a General Motors.

Nesse tipo de estrutura, além das unidades funcionais, existem divisões territoriais ou de produtos. Às unidades funcionais cabem a definição dos objetivos a serem atingidos, o estabelecimento de diretrizes gerais, a coordenação das atividades das divisões e o seu assessoramento. Às divisões são dadas ampla liberdade operacional, responsabilidade pelo êxito ou fracasso e possibilidade de comprar e vender fora da organização sempre que tal procedimento significar economia (Pereira, 1977).

8.2.1.1 Alguns problemas da estrutura burocrática formal

De qualquer forma, em todas as organizações que adotam estruturas do tipo burocrático puro, linha-*staff* ou funcional, há a predominância da "ideologia da produção", baseada na "racionalidade econômica" e no controle e definido em termos de confiabilidade. É evidente que toda a ênfase se coloca na previsibilidade, e a inovação só pode ser vista como não confiável, uma vez que não se submete a controles prévios. Ocorre que, no mundo moderno, quando as organizações operam em ambientes cada vez mais turbulentos, **a criatividade é fundamental**. Nesses tipos de estrutura de inspiração burocrática, o desenvolvimento pessoal não é favorecido, a organização informal e o surgimento de problemas imprevistos não são levados em consideração, os sistemas de controle e autoridade são ultrapassados, não há meios adequados para a solução de conflitos entre níveis hierárquicos e grupos funcionais, a comunicação é dificultada pelas divisões hierárquicas, predominam a suspeita e o medo, não existe capacidade de assimilação do influxo de nova tecnologia e o homem transforma-se em um ser psicologicamente condicionado (Bennis, 1966, p. 1).

Talvez todas essas críticas pudessem ser resumidas na observação de **que as estruturas de inspiração burocrática baseiam-se em uma concepção da organização como um sistema fechado, adequada a um ambiente estável e não diferenciado, o que não é verdadeiro para um grande número** de organizações, que têm em suas transações com o ambiente a principal fonte de sobrevivência e crescimento.

Você, certamente, terá notado que a todo o momento estamos nos referindo a estruturas adequadas ou não a determinados tipos de organização. Na verdade, essa ideia decorre da evolução da teoria das organizações, que, chamando a atenção para suas semelhanças, evidenciou também suas diferenças. A nosso ver, **a escolha do tipo certo de estrutura para uma dada organização ou unidade é uma das tarefas fundamentais do especialista em desenvolvimento organizacional**. Essa é uma tese também esposada por Lawrence e Lorsch (1969), mas que tem merecido pouca atenção por parte de outros autores.

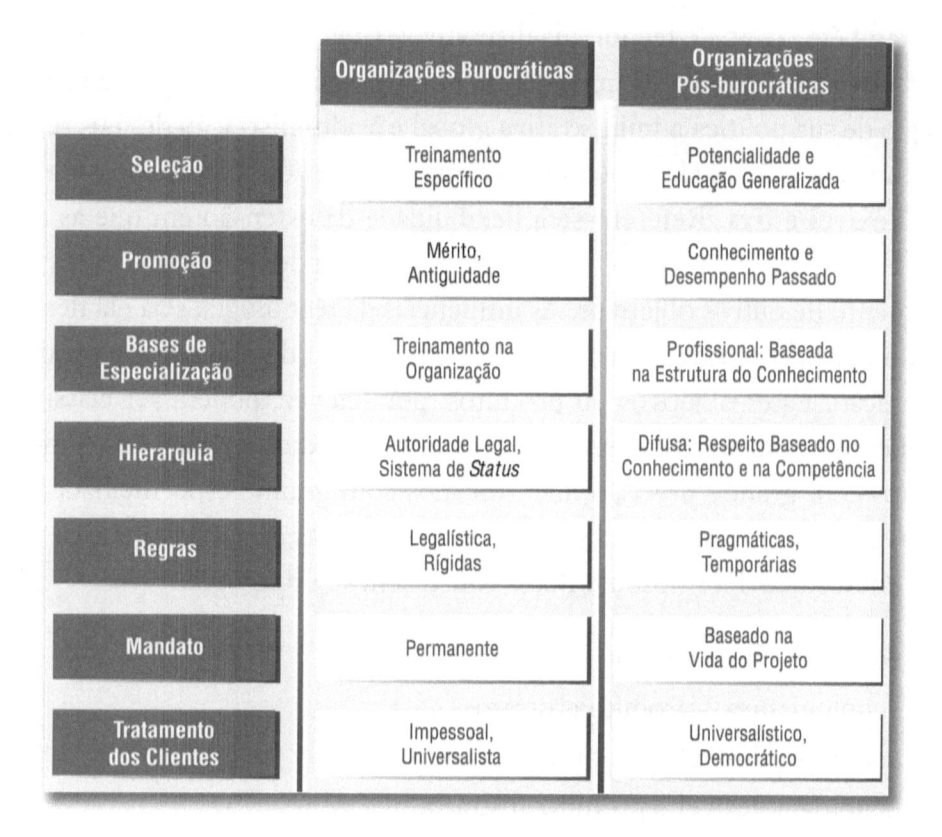

	Organizações Burocráticas	Organizações Pós-burocráticas
Seleção	Treinamento Específico	Potencialidade e Educação Generalizada
Promoção	Mérito, Antiguidade	Conhecimento e Desempenho Passado
Bases de Especialização	Treinamento na Organização	Profissional: Baseada na Estrutura do Conhecimento
Hierarquia	Autoridade Legal, Sistema de *Status*	Difusa: Respeito Baseado no Conhecimento e na Competência
Regras	Legalística, Rígidas	Pragmáticas, Temporárias
Mandato	Permanente	Baseado na Vida do Projeto
Tratamento dos Clientes	Impessoal, Universalista	Universalístico, Democrático

Figura 8.9 Organizações pós-burocráticas.

Para Lawrence e Lorsch (1969), o desenvolvimento organizacional não é apenas uma estratégia educacional, mas também uma intervenção nos aspectos estruturais da organização, isto é, na divisão do trabalho, na rede de comunicações etc., bem como na estratégia das transações com o ambiente.

Antes de apresentarmos algumas alternativas à estrutura burocrática e às suas adaptações, acreditamos ser conveniente a consideração das principais diferenças entre os diversos tipos de organização, para, em seguida, identificar aquelas que, geralmente, pedem estrutura burocrática e aquelas que pedem outra solução.

8.2.1.2 O modelo de Thompson e Bates

Entre as inúmeras tipologias de organizações que têm sido apresentadas por estudiosos da área, há uma de Thompson e Bates em "Technology, organization, and administration" (1957) (apud Motta, 1970), que nos parece de especial interesse para o desenvolvimento organizacional. Para esses autores, não só a elaboração da tecnologia leva a maior complexidade da organização que a utiliza, como também o tipo de tecnologia disponível para o atingimento de determinados objetivos condiciona os tipos de estrutura apropriados à organização, à formulação de sua política administrativa global e à administração de seus recursos.

Thompson e Bates (1957) entendem que existem dois tipos básicos de tecnologia: **flexível** e **fixa**. Referem-se à flexibilidade da extensão em que as máquinas, o conhecimento técnico e as matérias-primas podem ser utilizados para o atingimento de outros objetivos. As influências da tecnologia, seja ela flexível ou fixa, são mais perceptíveis quando associadas ao tipo de objetivo ou produto da organização. Esses objetivos ou produtos, por sua vez, podem ser classificados em concretos e abstratos, entendendo-se por concretos aqueles que podem ser descritos com grande precisão, identificados com grande especificidade, medidos e avaliados. É com base nessas tipologias binárias de tecnologia e de objetivos-produtos que Thompson e Bates constroem sua tipologia:

- tecnologia fixa – produto concreto;
- tecnologia fixa – produto abstrato;
- tecnologia flexível – produto concreto;
- tecnologia flexível – produto abstrato.

Essa tipologia permite, logo de início, a identificação do ponto focal da política administrativa em cada uma das classes de organizações, como apresentado na Figura 8.10. A segunda consideração diz respeito às estruturas mais adequadas a cada uma dessas classes. Nesse particular, a análise de Lawrence e Lorsch em *As empresas e o ambiente* (1973) é de grande utilidade.

	Tecnologia Fixa	Tecnologia Flexível
Produto Concreto	Colocação ou distribuição. Ex.: "Fábricas de Contêineres"	Inovação. Ex.: "Fábrica de Plástico"
Produto Abstrato	Obtenção de Suporte para o Objetivo. Ex.: Universidade	Obtenção de Consenso. Ex.: Partidos Políticos

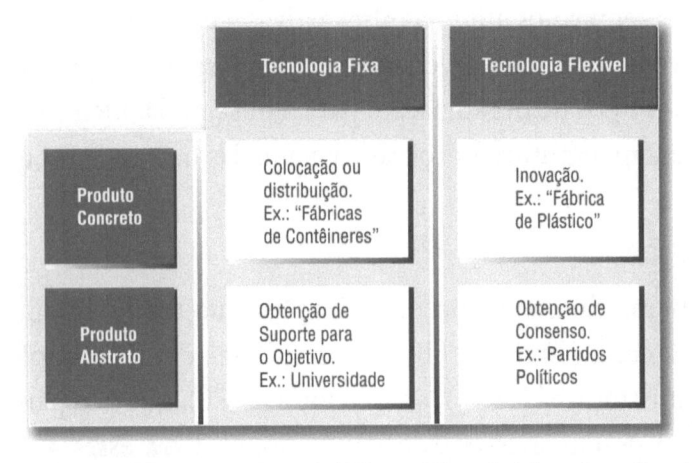

Figura 8.10 Os modelos de Thompson e Bates (1957) – política administrativa e tipo de organização.

8.2.1.3 A dimensão "integração e diferenciação" de Lawrence e Lorsch

A partir de pesquisa realizada com as indústrias de contêineres, de plásticos e de alimentos empacotados, esses autores desenvolveram o que chamamos **modelo de integração e diferenciação**, já estudado no Capítulo 7. Em linhas amplas, esse modelo parte da ideia de que o ambiente em que opera uma organização é diferenciado. Dessa forma, cada subsistema da organização corresponde a uma tarefa especializada, que, por sua vez, refere-se a um setor especializado do ambiente. Esses setores ambientais diferenciam-se em grau maior ou menor, exigindo dos subsistemas organizacionais uma diferenciação igualmente maior ou menor; paralelamente, quanto maior for a diferenciação exigida, maior será a necessidade de utilizar meios de integração diferentes daqueles usados tradicionalmente. Contudo, organizações com baixa diferenciação exigida geralmente são bem-sucedidas com estruturas altamente burocratizadas. O ambiente, nesses casos, normalmente é muito previsível e estável, o que implica pouca necessidade de mudança: a qualidade do processo decisório é menos importante que sua rapidez e as tarefas altamente rotineiras exigem pouca criatividade. Quando as condições são inversas, porém, surge a necessidade de estruturas alternativas.

8.2.1.4 Outros modelos organizacionais

Modelo da estrutura democrática – Katz e Kahn (1970), em *Psicologia social das organizações*, apresentam a estrutura democrática em oposição à estrutura burocrática. A estrutura democrática desses autores é, no entanto, **um tipo ideal** cujas principais características são:

> a promulgação de regras;
> o poder de voto e a admissão e demissão de pessoal nas mãos do conjunto dos participantes.

Essas características lembram a corrente da "democracia industrial" que estudamos no Capítulo 3 – "Teorias sobre motivação e liderança: da administração de recursos humanos à gestão de pessoas". Outros autores, entretanto, já consideram o problema imaginando características adicionais do que chamam organizações pós-burocráticas, e outros ainda imaginam formas de operacionalização que já vêm sendo testadas na prática. Veremos melhor esses aspectos adiante.

Entre as estruturas imaginadas e criadas para satisfazer às novas necessidades, sejam elas: tecnologia muito complexa, especialização crescente, criatividade e interdependência, a que se difundiu mais rapidamente **foi a chamada estrutura matricial cuja principal característica é a sobreposição de uma estrutura por projetos a uma estrutura funcional, isto é, os departamen-**

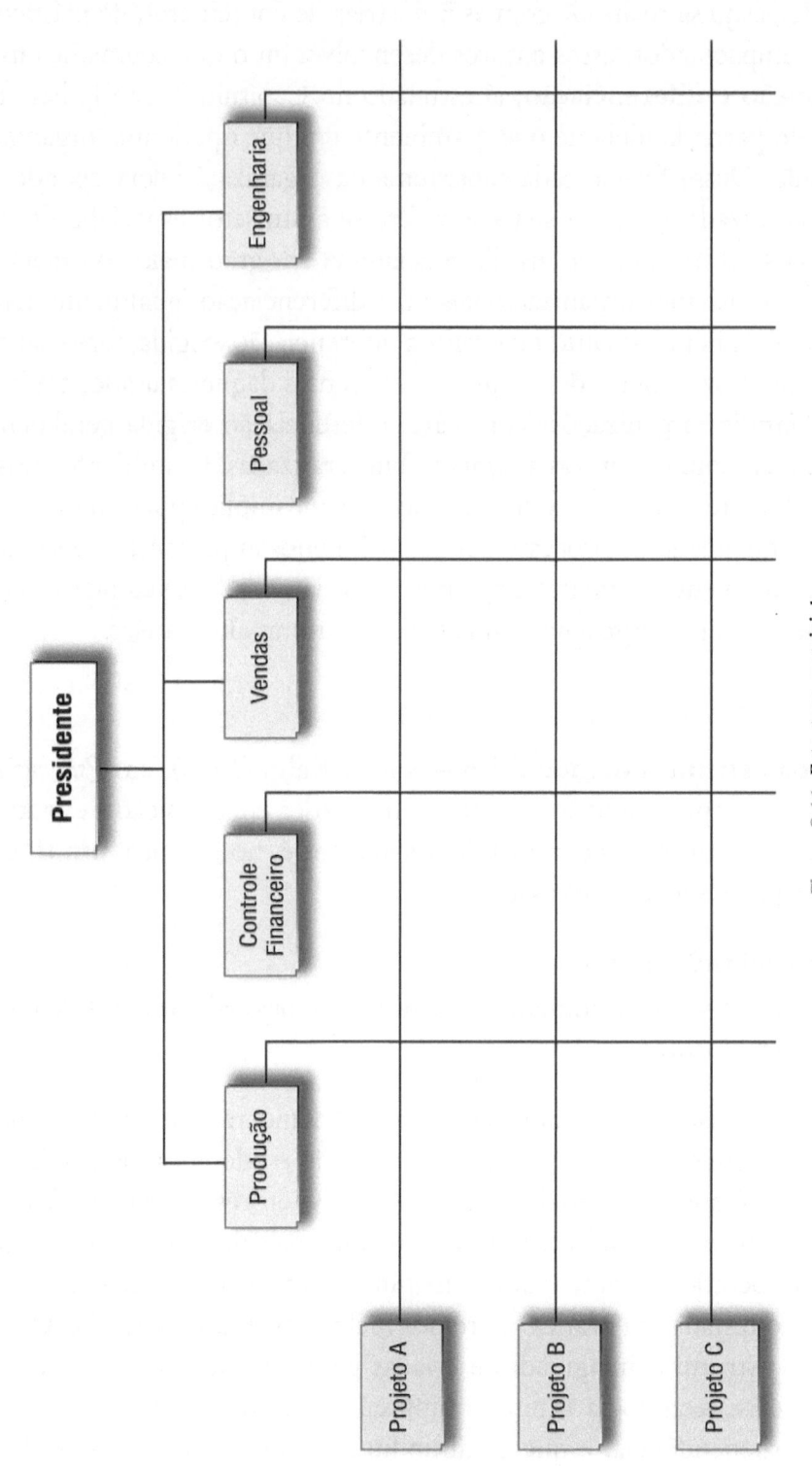

Figura 8.11 Estrutura matricial.

tos convencionais continuam a existir, servindo inclusive de estoques de especialistas para diversos projetos, que funcionam em uma base não hierarquizada e congregam elementos advindos dos diversos departamentos, sob a liderança de um gerente. Terminado o projeto, o pessoal retorna aos seus departamentos, onde desempenha atividades preestabelecidas, **participa de programas de treinamento e espera novas designações** (Lodi, 1970).

A lista de estruturas que aqui apresentamos e que de forma alguma pretende incluir todas as alternativas possíveis dá apenas uma ideia das possibilidades do especialista em desenvolvimento organizacional no que se refere a alterações estruturais amplas. Existem, porém, inúmeras outras alterações desse tipo que devem ser consideradas. Veremos várias possibilidades no trabalho de **Henry Mintzberg** e outros autores no decorrer deste livro.

8.3 O campo das alterações comportamentais

As alterações comportamentais merecem grande destaque nos estudos e nos trabalhos de desenvolvimento organizacional, pois são dirigidas para o desenvolvimento da comunicabilidade e da criatividade para a formação de equipes administrativas coesas e homogêneas, para a quebra de resistência à mudança, para a valorização dos aspectos humanos do trabalho e assim por diante. De modo geral, quase todas as metas do desenvolvimento organizacional explicitadas por Bennis (1969) são, na verdade, metas das **alterações comportamentais**.

Da mesma maneira que as opções estruturais são limitadas pela natureza do problema que a organização enfrenta, as opções quanto as alterações comportamentais também estão limitadas por determinados problemas que se pretende enfrentar. A diferença, porém, está no fato de que o problema que condiciona a opção estrutural é permanente e, em última análise, o atingimento do objetivo, para o qual se orienta a organização, enquanto aqueles que condicionam as alterações comportamentais são, em boa parte, circunstanciais. Assim, poderíamos afirmar que as alterações comportamentais devem agir no sentido de tornar dinâmica dada estrutura, visto que a eficiência real de uma organização será determinada muito mais pelas pessoas que pela própria estrutura.

Existem muitas técnicas de alteração comportamental, cada qual com seus objetivos, suas vantagens e desvantagens. Como este capítulo pretende dar uma visão ampla das potencialidades do desenvolvimento organizacional, não haverá possibilidade de analisar minuciosamente todas essas técnicas. Podemos, entretanto, a exemplo do que fizemos com o campo das alterações estruturais, tentar uma listagem comentada.

a) Suprimento de informações adicionais

Há, em primeiro lugar, a ideia generalizada de que é possível promover alterações comportamentais por meio do que se convencionou denominar suprimento de informações adicionais. Imagina-se que, quanto mais insumos cognitivos o indivíduo receber, maior será sua possibilidade de organizar os dados e agir criativamente. Ocorre, porém, que o suprimento de informações por si só não garante a ação criativa, além do que não favorece a mudança planejada.

b) Terapia e aconselhamento individual

Outro grupo de técnica de alteração comportamental relaciona-se com a terapia e o aconselhamento individual. A ideia, nesses casos, é a de complementar o suprimento de informações com o desenvolvimento da capacidade de *insight* e com uma mudança duradoura nas atitudes dos indivíduos. Essas técnicas nem sempre surtem o efeito desejado. Em organizações muito burocratizadas, elas podem, inclusive, levar a um desajustamento do indivíduo. Além disso, toda pessoa participa de um conjunto de papéis no seu ambiente de trabalho e uma mudança muito grande nas suas atitudes tende a romper o equilíbrio do conjunto.

c) Reforço do grupo de inserção principal: os "pares" e colegas de trabalho

Há ainda técnicas que enfocam **a influência dos pares sobre o indivíduo**. As principais dificuldades que tal perspectiva enfrenta relacionam-se com o fato de que cada componente de um grupo de pares pertence a um segmento organizacional específico e é relativamente fácil o surgimento de conflitos entre as influências do grupo de pares e os *insights* que o indivíduo desenvolve a partir de sua experiência no seu segmento organizacional. Todavia, é possível imaginar que em muitos casos esses conflitos se resolvam no próprio grupo de pares. Mais uma vez convém lembrar **que o conflito pode ser, ele próprio, um agente de mudança**.

Edgar H. Schein (1969), em seu livro *Process consultation: Its role in organization development*, descreve situações em que técnicas semelhantes são utilizadas. Nesses casos, porém, o ponto principal é a tarefa, não sendo o grupo chamado a participar de uma situação "semidesestruturada" antes que o instrutor esteja consciente de seu amadurecimento e da absoluta necessidade da experiência. Na verdade, descrevendo sua própria experiência em desenvolvimento organizacional, o referido autor sistematiza sua atuação em um contínuo que se inicia com o simples acompanhamento de uma reunião com agenda. Esse acompanhamento permite algumas intervenções que poderão ser utilizadas à medida que se fizerem necessárias:

> ➤ colocação de questões que dirigem a atenção do grupo para aspectos interpessoais;

- criação de períodos para a análise do processo utilizado;
- revisão da agenda e teste de procedimentos;
- criação de reuniões dedicadas aos processos interpessoais;
- apresentação e discussão de aspectos teóricos relevantes para a tarefa do grupo.

De modo geral, todavia, à medida que essa estratégia é implementada com sucesso, o grupo vai tendendo a tornar-se sensível a seus processos internos e interessado na análise deles. Assim, são colocadas questões do tipo: "a decisão X, da forma como foi tomada, satisfez a todos?". As respostas a tais perguntas poderão levar ao estabelecimento de períodos para análise de problemas de adequação do tipo de comunicação, da utilização dos recursos dos participantes etc. Finalmente, pode-se perceber que uma simples modificação de agenda ou de procedimentos não venha a melhorar substancialmente os problemas analisados. Nesses casos, tratando-se de um grupo maduro e bastante interessado no aperfeiçoamento de seus processos interpessoais, pode-se pensar em reuniões fora do local de trabalho, sem uma tarefa administrativa a ser desempenhada etc. (Schein, 1969, p. 103-110). Pode-se mesmo pensar nos "laboratórios de sensibilidade", técnica muito difundida nos últimos anos.

d) Técnica dos laboratórios de sensibilidade

O laboratório de sensibilidade é uma comunidade residencial temporária, estruturada de acordo com os requisitos de aprendizagem dos participantes. O termo laboratório é intencional e significa que o treinamento é a inserção do indivíduo em comunidades dedicadas a apoiar a mudança e a aprendizagem experimental. Novos padrões de comportamento são inventados e testados em um clima que favorece a mudança e onde os participantes estão protegidos das consequências práticas da ação inovadora.

A parte central dessa espécie de treinamento foi uma inovação educacional chamada, na época, de *T-Group*, grupo relativamente não estruturado, no qual os indivíduos participam como aprendizes. Os dados para cada aprendizagem estão nos indivíduos e decorrem de sua experiência imediata no *T-Group*: são as transações entre os participantes, seu próprio comportamento no grupo, à medida que se esforçam em criar uma organização produtiva e viável, uma sociedade em miniatura, e à medida que eles procuram estimular e apoiar a aprendizagem recíproca dentro dessa sociedade.

Os membros do *T-Group* precisam estabelecer um processo de investigação no qual os dados acerca de seu próprio comportamento sejam coletados e analisados simultaneamente com sua experiência geradora. A aprendizagem assim conseguida e testada é generalizada para uso contínuo (Azevedo, 1969, p. 45-46).

Os objetivos principais do laboratório são **o desenvolvimento do autoconhecimento, do conhecimento do impacto que o indivíduo exerce sobre as outras pessoas e o aperfeiçoamento da comunicação em geral, em decorrência da eliminação de suas barreiras**. Esses laboratórios, como vimos, pressupõem o afastamento da situação organizacional e a inexistência de relações prévias entre os participantes. Uma série de adaptações dessa técnica vem sendo realizada, para que sua aplicação não fique limitada à área interorganizacional. Assim, laboratórios já têm sido desenvolvidos com participantes da mesma organização, apesar das relações preexistentes. Geralmente, esses laboratórios começam pelos níveis hierárquicos mais altos, sendo depois levados a toda a administração. Em outros casos também são selecionadas diagonais compostas de indivíduos de vários níveis hierárquicos, sem que participem do mesmo grupo de indivíduos que mantenham relação de comando e subordinação. A grande dificuldade do laboratório é a volta do indivíduo à situação de trabalho, quando a autenticidade da comunicação atingida pode trazer problemas, mormente se os demais não passaram pelo mesmo tipo de treinamento.

e) Outras técnicas terapêuticas

Na linha das alterações grupais também têm sido realizadas algumas experiências terapêuticas. A terapia grupal nas organizações tem sido bem-sucedida em vários casos. Seu maior limite está no pressuposto de que os conflitos organizacionais são expressão de características e neuroses individuais.

Finalmente, outra técnica de alteração comportamental são as "famílias organizacionais". A técnica é simples: cada superior reúne-se com seus subordinados para receber o *feedback* de sua gestão. Como quase todos os participantes da organização são, ao mesmo tempo, superiores e subordinados, o *feedback* atravessa toda a hierarquia. É fácil verificar que todas essas técnicas estão relacionadas com a incapacidade que a organização de estrutura burocrática tem de lidar com a mudança. Poderíamos até mesmo afirmar que sua utilização é tão mais adequada quanto mais mutável for o ambiente em que a organização opera, menos rotinizadas forem as tarefas, mais complexa for a tecnologia e mais importante for a qualidade do processo decisório. Em suma, embora tais técnicas possam ser úteis para organizações que funcionam eficientemente com estruturas burocráticas, sua adoção é mais necessária quando as características da organização pedem tipos alternativos de estrutura.

8.4 Considerações finais

O desenvolvimento organizacional é uma subárea da teoria das organizações que procura estudar a operacionalização dos seus conceitos. O desenvolvimento organizacional é também a própria aplicação desses conceitos.

Para muitos autores, desenvolvimento e mudança são sinônimos; para outros, desenvolvimento é tão somente um processo de aplicação sistemática de técnicas de dinâmica grupal nas organizações. De modo geral, a maioria dos autores segue essa linha.

Para nós, desenvolvimento e mudança são conceitos bastante diversos. A mudança é um processo mais amplo, que pode independer dos objetivos da administração e de seus assessores, uma vez que a organização tem condições de mudar por si só. Já o desenvolvimento pode ser entendido como algo bastante dirigido em conformidade com um plano. Também no que se refere à ênfase na mudança de comportamento, encontrada na maior parte dos trabalhos sobre desenvolvimento organizacional, acreditamos que é exagerada, que não leva em consideração os problemas de inadequação estrutural de uma organização e que, pelo contrário, desvia nossa atenção desses problemas, tratando precipuamente de desajustes individuais ou grupais.

Esse tratamento tem sido responsável pela **generalização da ideia de que desenvolvimento organizacional é sinônimo de laboratório de sensibilidade. Essa ideia é errônea, visto que, como tivemos oportunidade de observar, o laboratório é apenas uma das técnicas de alteração comportamental à disposição do especialista em desenvolvimento organizacional para aplicação em determinadas situações**. O processo de desenvolvimento das organizações envolve tanto alterações estruturais quanto comportamentais.

Finalmente, cumpre observar que no Brasil pouco tem sido feito nesse campo. Os trabalhos são em geral parciais e muitas empresas de assessoria parecem ter algumas soluções que procuram aplicar a toda e qualquer situação. Acreditamos, de qualquer forma, que há muito por fazer e somos otimistas quanto à potencialidade do novo campo, que parece contribuir para tornar os instrumentos de administração mais adaptáveis a situações e condições diversas.

Atualmente, em 2021, essas ideias de desenvolvimento organizacional e mudança continuam muito atuais, conforme as ideias apresentadas neste capítulo. O congresso da Academy of Management, o maior congresso mundial da área de Administração, possui uma divisão unicamente dedicada a esses temas, que se baseiam nos estudos clássicos apresentados, atualizando-os e agregando novos conceitos, e mostrando como essas ideias são válidas e atuais. Trata-se da Organizational Change and Development Division (Divisão de Desenvolvimento Organizacional e Mudança), da Academy of Managent (www.aom.org). Para quem se interessar por esta corrente de estudos, é importante pesquisar as últimas atualizações ocorridas por meio da leitura dos artigos, livros e trabalhos dessa divisão de pesquisa.

Bibliografia

ARGYRIS, C. *On organizational learning*. Cambridge, MA: Blackwell, 1992.

AZEVEDO, C. B. Os laboratórios de sensibilidade e o desenvolvimento das organizações. *RAE – Revista de Administração de Empresas*, v. 9, n. 3, p. 45-46, 1969.

BENNIS, W. G. *Changing organizations*. Nova York: McGraw-Hill, 1966.

_____. *Organizational development*: Its nature, origins and prospects. Reading: Addison Wesley, 1969. p. 10-15.

BLAU, P. W.; SCOTT, W. R. *Organizações formais*. São Paulo: Atlas, 1970.

BURNS, T.; STALKER, G. M. *The management of innovation*. Londres: Tavistock Publications, 1968.

ETZIONI, A. *Organizações modernas*. 5. ed. São Paulo: Pioneira, 1976.

JUDSON, A. S. *Relações humanas e mudanças organizacionais*. São Paulo: Atlas, 1969.

KATZ, D.; KAHN, R. L. *Psicologia social das organizações*. São Paulo: Atlas, 1970.

LAWRENCE, P. R.; LORSCH, J. W. *Developing organizations*: Diagnosis and action. Massachusetts: Addison Wesley Publishing, 1969.

_____. *As empresas e o ambiente*. Petrópolis: Vozes, 1973.

LEWIN, K. Frontiers in group dynamics. Concept, method and reality in social sciences; social equilibria and social change. *Human Relations*, v. 1, n. 5, 1947.

LODI, J. B. A estrutura matricial e a estrutura sistêmica: Dois novos tipos de organização. *RAE – Revista de Administração de Empresas*, v. 10, n. 4, out.-nov. 1970.

MOTTA, F. C. P. Projeto ADML-269. Material baseado em Thompson e Bates. *Technology, Organization and Administration*. São Paulo: EAESP, 1970.

O'BRIAN, P. *Picasso*: biography. Nova York: W. W. Norton & Company, 1994.

PEREIRA, L. C. B. *O processo de descentralização*. São Paulo: Fundação Getulio Vargas, 1977. (Mimeog.).

PUGH, D. S.; REEVES, T. *Industrial organizational, behavior and control*. Oxford: Oxford University Press, 1970.

PUGH, D. S. et al. A conceptual scheme for organization analysis. *Administrative Science Quarterly*, Ithaca, v. 8, n. 3, dez. 1963.

_____. An empirical taxonomy of structure of work organizations. *Administrative Science Quarterly*, Ithaca, v. 14, n. 1, mar. 1969.

SCHEIN, E. H. *Process consultation*: Its role in organization development. Reading, MA: Addison Wesley Publishing Company, 1969.

THOMPSON, J. D.; BATES, F. L. Technology, organization, and administration. *Administrative Science Quarterly*, v. 2, n. 3, p. 325-343, Dec. 1957.

THOMPSON, V. A. *Bureaucracy and innovation*. Alabama: University of Alabama-Press, 1969.

WICKESBERG, A. K. *Administração organizada*. São Paulo: Brasiliense, 1969.

WOODWARD, J. *Industrial organizations*: Theory and practice. Oxford: Oxford University Press, 1968.

_____. (Ed.) *Industrial organization*: Behavior and control. Oxford: Oxford University Press, 1970.

Capítulo 9

Uma visão transversal da teoria geral da administração: a evolução dos conceitos relacionados ao "homem", à "organização" e ao "meio ambiente"

9.1 A evolução do conceito do homem

9.1.1 O *homo economicus* e o foco nas estruturas organizacionais

O ser humano, no começo, era visto como um ser simples e previsível cujo comportamento não variava muito. Incentivos financeiros adequados, constante vigilância e treinamento eram ações consideradas suficientes para garantir boa produtividade. Dessa forma, para os principais autores clássicos de administração, sejam anglo-saxões como Taylor e Gulick sejam franceses como Fayol, o comportamento humano não constituía um problema em si. Ou melhor, os comportamentos percebidos como inadequados pelos gerentes não eram vistos como o resultado de uma irracionalidade no comportamento dos indivíduos no trabalho, mas sim como **decorrentes de defeitos na estrutura da organização ou de problemas na sua implementação** (Taylor, 1911; Fayol, 1949). Os problemas comportamentais e organizacionais, de acordo com a Escola Clássica de Administração, eram fruto da difícil operacionalização dos princípios de uma ciência da administração que estava sendo progressivamente construída. O importante era aperfeiçoar regras e estruturas. A partir disso, os problemas se resolveriam. Como vimos no capítulo dedicado à Escola Clássica de Administração, T. S. Eliot (1981) tem uma frase que exemplifica bem a visão predominante nessa época: "os sonhadores organizacionais imaginam sistemas funcionalmente tão perfeitos que o ser humano não precisa mais ser (moralmente) bom". Não se tentava estudar as motivações intrínsecas dos indivíduos ou seus elementos identitários. O aperfeiçoamento dos sistemas garantiria por si só os resultados desejados. Era importante, no entanto, determinar quais eram os melhores sistemas, os mais adaptados a dada tarefa (Motta, 1973; Vasconcelos, 1997; Friedberg, 1993).

Consequentemente, o ser humano era considerado um ser que analisava racionalmente as diversas possibilidades de decisão, optando por aquela que maximizasse os seus ganhos financeiros. Trabalhava-se com o pressuposto de racionalidade absoluta.

9.1.2 Foco interno e relacional: a importância da organização informal e o *homo socialis*

As experiências de Elton Mayo a Hawthorne, na Western Electric (Mayo, 1933), tiveram o grande mérito de permitir a recusa desses postulados por meio dos resultados empíricos dessa experiência, que, reconhecendo a complexidade do comportamento humano nas organizações, o transformou em um dos principais assuntos debatidos no campo da administração. Os resultados dessa pesquisa mostraram que o aumento da produtividade ou os bons resultados não dependem apenas da melhoria das regras, dos sistemas de trabalho e das estruturas formais. O aumento da produtividade depende de elementos relacionados à afetividade e à melhoria do ambiente de trabalho. De fato, constatou-se nesses estudos que a melhora do ambiente de trabalho gerou o aumento de produtividade dos grupos organizacionais. Esses resultados não podiam ser explicados pela teoria clássica. O aumento da produtividade foi, então, explicado por diversos fatores: o estilo de gerência participativo do ateliê onde a experiência foi realizada, oposto à organização autoritária do ateliê principal, a possibilidade que foi dada às operárias de conversar e interagir, trabalhando em grupo, ao contrário do setor principal, em que o trabalho era realizado individualmente etc.

Após essa experiência, os teóricos passaram a valorizar mais a compreensão dos fatores afetivos e psicológicos no ambiente de trabalho formando a Escola das Relações Humanas. Alguns pesquisadores dessa escola desenvolveram práticas e modelos destinados a melhorar o clima social e o ambiente de trabalho nas empresas a fim de melhorar a produtividade dos grupos organizacionais. Com treinamentos e cursos, tentou-se formar gerentes de nível médio e supervisores no que seria um estilo de relações humanas mais participativo e menos autoritário, argumentando-se que esse estilo de gerência e controle aumentaria a produtividade e a eficiência dos empregados.

As pesquisas realizadas nesse período mostram que a relação entre esses dois fatores não era tão direta, como pretendiam esses teóricos. Muitas vezes a adoção de um estilo de gerência participativo não melhorava necessariamente a produtividade dos grupos organizacionais, que dependia de outros fatores mais complexos que a simples melhoria do clima social. Alguns autores chegaram a questionar a adoção do trabalho em equipe ou da participação como formas de melhorar a produtividade, dependendo do tipo de trabalho e das condições envolvidas em cada caso. A Escola de Relações Humanas teve o grande mérito de revelar a complexidade do comportamento humano nas organizações, que não depende apenas de estímulos econômicos como diziam os teóricos da escola clássica, sendo influenciado também por outros fatores de ordem social e afetiva. Introduziu-se o conceito de *homo socialis*.

Os autores da Escola de Relações Humanas, no entanto, têm um ponto em comum com os autores clássicos: consideram o ser humano um ser passivo, que reage de forma padronizada aos estímulos aos quais eles são submetidos na organização. A Escola Clássica de Administração considerava apenas os fatores econômicos. A Escola de Relações Humanas revelou a importância dos fatores afetivos e sociais, além dos econômicos, mas manteve o mesmo tipo de análise. Essa escola negou também o problema dos conflitos na organização considerados disfuncionais.

9.1.3 As teorias de motivação e liderança e o conceito de *homo complexus*

O conceito do *homo complexus* vai além do conceito do *homo socialis* da Escola de Relações Humanas. Outros autores, em trabalhos posteriores à Escola de Relações Humanas, utilizaram argumentos ligados à psicologia para tratar de conceitos como motivação e liderança. Os primeiros trabalhos de autores como Argyris (1964); McGregor (1966); Likert (1961) e Bennis (1966) são representantes desse período. Alguns trabalhos utilizam a pirâmide de motivações de Maslow para atribuir aos membros de uma organização uma série de necessidades psicológicas que eles tentam satisfazer com a adoção de um estilo mais participativo de administração.

As necessidades psicológicas humanas seriam hierarquizadas (Maslow, 1954) e mudariam de acordo com as diferentes etapas do desenvolvimento individual e social do ser humano. Em dado momento poder-se-ia, no entanto, definir quais as necessidades psicossociais predominantes em certa organização, e a direção da empresa deveria considerar esses fatores como relevantes no que se refere à produtividade da mão de obra e à eficiência do sistema. Segundo essa corrente, as necessidades sociais e afetivas de grupos organizacionais são tão importantes quanto os fatores técnicos e econômicos (Friedberg, 1993).

Esses estudos, no entanto, propõem soluções que vão além dos conceitos propostos pela Escola de Relações Humanas. A mudança do estilo de gerência tradicional por um estilo participativo e a permissão do trabalho em grupo não eram medidas suficientes para satisfazer às necessidades humanas na organização, que tinham um caráter mais complexo que o modelo do *homo socialis*. Aperfeiçoando esse modelo, esses autores propuseram o modelo do *homo complexus* que busca ativamente a realização e o autodesenvolvimento no ambiente de trabalho, tendo direito a mais autonomia, ao desenvolvimento de sua criatividade e à aprendizagem organizacional. Herzberg (1966), por exemplo, propunha a desburocratização dos sistemas, dizendo que as regras e as estruturas rígidas limitavam a autonomia e a expressão dos grupos, comprometendo a sua realização no trabalho. Ele propunha a criação de estruturas organizacionais mais flexíveis, nas quais os indivíduos tivessem a possibilidade de investir no trabalho, desenvolvendo-se e realizando-se.

Essas ideias, desenvolvidas pela corrente da "democracia industrial" (surgida nos anos 1960 nos países escandinavos), bem como pelos estudos sociotécnicos do Instituto Tavistock de Londres, forneceram a base teórica que inspirou diversas teorias de administração. Os programas de melhoria das condições de trabalho, o movimento da humanização do trabalho e a reestruturação das tarefas (enriquecimento e ampliação), assim como a criação dos grupos semiautônomos de produção são algumas das correntes inspiradas nessas teorias. O movimento da humanização do trabalho, por exemplo, teve o seu apogeu na França na metade dos anos 1970, mas com um caráter temporário, sofrendo um efeito de moda, como ocorreu também com a implementação dos círculos de qualidade nos anos 1980. Mesmo assim, o movimento de qualidade no trabalho trouxe inúmeras modificações e benefícios concretos para a melhora da qualidade de vida dos funcionários com a implementação de mais benefícios, maior autonomia e participação na empresa, e canais de comunicação com a hierarquia, tornando de fato o trabalho mais humano. Durante os 15 anos que este tipo de movimento esteve mais ativo nas organizações, conseguiu avançar na questão da qualidade de vida no trabalho e implementar melhorias que continuaram existindo depois.

O conceito do *homo complexus* que embasou o movimento de humanização do trabalho foi criticado por postular um modelo ideal e único quanto à "saúde psicológica e moral", representado pelo modelo unidimensional do "homem que se atualiza". Ele pressupunha que o ser humano buscasse a sua realização e construísse a sua identidade necessariamente nas relações de trabalho. Os críticos de Argyris e Bennis dizem que eles propuseram noções prescritivas ambíguas, como os conceitos de "maturidade, normalidade, saúde", ao defenderem os direitos da pessoa diante dos imperativos funcionais e das estruturas organizacionais, acentuando a dicotomia entre as estruturas formal e informal na organização.

De fato, esses estudos continuam contrapondo o conceito de organização formal ao conceito de organização informal em suas análises. Eles criticam os autores que propõem um estilo de gerência controlador, com base nas regras, e defendem sua redução para permitir maior expressão dos indivíduos. Apesar dessas críticas, costuma-se reconhecer que Vroom (1964), Schein (1965), Bennis (1966) e Sainsaulieu (1977) possuem o mérito de terem sido os primeiros a introduzir a noção de *homo complexus*, ser que não é passivo em suas reações e possui motivações múltiplas nas situações cotidianas de trabalho. Sainsaulieu (1977) com certeza avança o conhecimento ao tratar de identidade social e de como o ser humano constrói sua identidade social e seu valor social a partir do trabalho; e como diversas formas de identidade no trabalho são possíveis e coexistem na organização. O ser humano é complexo, na organização e em seu trabalho, os grupos sociais possuem diversos tipos de identidade social, modos de comportamento e subculturas.

9.1.4 O conceito de *homo complexus* aperfeiçoa-se: a construção social da realidade

Os estudos sociotécnicos desenvolvem o conceito de identidade social e mostram como o ser humano constrói ativamente sua identidade a partir do sentido que atribui à sua ação no ambiente de trabalho. Esses estudos mostram que não é possível motivar ninguém, pois motivação depende de fatores intrínsecos e identitários dos atores sociais. A empresa ou organização oferece benefícios e recompensas como motivadores para tentar motivar seus funcionários, porém, os diferentes indivíduos e colaboradores vão reagir de modo diferente a estas políticas motivadoras da empresa. Alguns se motivarão com elas, outros serão indiferentes, e outros terão uma reação contrária a elas, dependendo de sua identidade e de seus valores de base. A partir de suas escolhas e do sentido que atribuem à sua ação, os indivíduos agem em sociedade, interagindo com os outros e construindo o mundo social no qual vivem com base nessas interações. Assim são formuladas e institucionalizadas as regras que constituem o sistema social onde vivem. Mais tarde, essas regras influenciarão os mecanismos de decisão, os padrões culturais e as escolhas dos indivíduos. Mas não existe necessariamente uma dicotomia entre regras e estruturas informais: o paradigma cognitivista e o interacionismo simbólico descrevem uma visão baseada no conceito de construção social da realidade e reúnem em uma mesma análise as estruturas formais, os artefatos humanos e os fatores relacionais e informais. Eles não são mais vistos como elementos opostos, mas como elementos que se influenciam mutuamente na construção do mundo social no qual vivemos (Berger e Luckmann, 1966; Goffman, 1959).

9.1.5 Os fatores inconscientes

Em outra linha de argumentação, antecipando o movimento de esquerda no sistema educacional francês (1968), autores como Pagès et al. (1979) e Enriquez (1991) basearam seus estudos em psicanálise, a partir dos estudos clássicos desenvolvidos pelos pesquisadores do Instituto Tavistock de Londres, para denunciar os efeitos repressores das estruturas organizacionais sobre a psique e as representações humanas. Enriquez propõe o "estilo disfuncional de intervenção" cujo objetivo é conscientizar os indivíduos do caráter repressivo do trabalho nas empresas e da possibilidade de criar estruturas organizacionais que liberem o potencial humano. Esses estudos foram importantes para desvendar e analisar os procedimentos que conduziam à instrumentalização do comportamento humano nas organizações.

9.1.6 O *homo complexus* e uma visão não determinista do comportamento humano

As análises descritas anteriormente a respeito da identidade social e sobre os diversos sentidos atribuídos pelo homem à sua experiência (logo, o caráter múltiplo e complexo das motivações humanas) são baseadas no conceito de racionalidade limitada, que se contrapõe ao conceito de racionalidade absoluta, típico da Escola Clássica de Administração.

Herbert Simon e o grupo que ele coordenou no Carnegie Institute of Technology propuseram o conceito de que a racionalidade é sempre relativa ao sujeito que decide, não existindo uma única racionalidade superior (*one best way*), como tinham proposto os teóricos da Escola Clássica de Administração (Simon, 1955; 1956; 1957).

A racionalidade ou lógica de decisão de um indivíduo seria influenciada pelo seu presente e pelo seu passado, no que Boudon chamou um efeito de posição (ela depende da posição que o indivíduo ou o ator social ocupa em um contexto de ação específico e que condiciona o seu acesso às informações pertinentes) e de um efeito de disposição (a decisão depende das características mentais, cognitivas e afetivas do indivíduo que decide, características estas que são em parte preformadas por sua socialização passada) (Boudon, 1991).

O modelo da racionalidade limitada gerou estudos sobre as condições organizacionais e sociais do processo decisório. Pesquisas realizadas por autores como Allison (1971), Gremion (1979), Cohen, March, Olsen (1972) e Friedberg (1993) tentaram compreender uma decisão a partir da estruturação do campo cognitivo dos atores sociais, ou seja, querendo ver como essa estruturação condiciona a percepção dos problemas pelos indivíduos, a emergência de soluções possíveis e a adoção de uma dessas soluções por meio de uma decisão efetiva. Esses autores tentam explicar a origem dos critérios de satisfação utilizados por um indivíduo ao decidir e a formação de sua racionalidade. Eles estudam, assim, a constituição da lógica de decisão dos atores sociais.

A essa teoria deu-se o nome de "teoria da escolha racional". Ao contrário do que seu nome sugere, ela propõe uma visão menos intencional e linear da ação humana. De acordo com ela, a ação humana não se resumiria nos objetivos que um indivíduo acredita ter e com os quais ele acredita fundamentar a sua ação cotidiana. A ação humana seria influenciada por elementos incertos e novos, que vão além dos princípios e ideais nos quais as pessoas imaginam basear sua ação. O contato com novas culturas, normas de comportamento e sistemas modifica os critérios de decisão anteriores das pessoas.

Segundo Hirschmann (1970), a não previsibilidade de nossas ações e o desconhecimento relativo dos riscos de muitas de nossas decisões nos levam a adotar novos comportamentos. Cyert e March (1963) reforçam essa visão, afirmando que toda decisão é uma aposta em relação a um futuro incerto e que os indivíduos correm os riscos inerentes a cada ação. A redução dessa incerteza seria negativa, pois, segundo o autor, é ela que permite a inovação e o surgimento de novas soluções e da mudança.

Essa teoria mostra como a formação dos critérios de decisão de um indivíduo é contingente e variável de acordo com o tipo de personalidade, com o tipo de situação e opções a ele oferecidas, o que destaca o caráter incerto e dinâmico do comportamento humano (Crozier e Friedberg, 1977). Como vimos, a ação humana é o produto de um efeito de posição e disposição que não permite separar a racionalidade que embasa uma decisão de seu contexto do indivíduo que decide. **A existência de uma racionalidade superior e abstrata, acima dos atores sociais que decidem, ou a otimização de uma decisão seriam contestadas por essa teoria.** Tanto essa corrente quanto os estudos sobre dissonância cognitiva conduzidos por Festinger (1957) possibilitam libertar o indivíduo do que Wrong (1977) chamou uma concepção "hipersocializada" do ser humano, que busca unicamente no passado dos indivíduos e em suas experiências de socialização marcantes a explicação para seus comportamentos presentes, adotando essa perspectiva de forma determinista. De acordo com Wrong, a ação dos indivíduos não é determinada por seus comportamentos passados, não sendo unicamente o reflexo de sua socialização. Os elementos formados em nossa socialização primária, bem como nossos elementos inconscientes, seriam um limite à nossa ação – a disposição da qual fala Boudon (1991). Como propõe Simon (1955), o ser humano não otimiza as decisões, ele escolhe a primeira alternativa de ação satisfatória, que possui certos critérios que ele pensa ser adequados e corretos e, com base nesta alternativa, vai agir. A otimização a partir da comparação de todas as alternativas possíveis é uma ficção. Sendo assim, Simon (1955) questiona a existência da "one best way", ou seja, da melhor ou única maneira de agir.

Esses elementos influenciariam nossa decisão, mas não a determinariam. Nosso acesso limitado a informações pertinentes, dada nossa posição na estrutura social, assim como a capacidade limitada do ser humano em processar informações seriam o outro limite ao processo decisório humano. Nossas escolhas também seriam influenciadas pela nossa necessidade de sobrevivência "aqui e agora", ou seja, pelos fatores ligados ao próprio contexto social em que a decisão é tomada.

Cyert e March (1963) e Festinger (1957), em seus trabalhos, revelam que, tratando-se de sua esfera de decisão, as pessoas têm um mínimo de distância e de autonomia em relação às atitudes, às normas e aos valores que as experiências passadas lhes transmitiram, apesar de serem afetadas por fatores afetivos e inconscientes desenvolvidos em seu processo de socialização. Esses últimos são analisados por autores como Enriquez (1991), Pagès et al. (1979), Eliot Jaques, que estudam a influência do imaginário organizacional sobre a atividade pulsional interna do indivíduo e sobre sua ação.

9.1.7 A falsa dicotomia entre as estruturas formais e a organização informal

Cyert e March (1963), analisando a estrutura organizacional, dizem que se é verdade que as regras formais regulam em parte o comportamento de um grupo organizacional, servindo de referência para os seus membros basearem sua ação, esse fato não comprova a existência de uma racionalidade superior na organização, representada por essas mesmas regras. Segundo esses autores, o reconhecimento da racionalidade limitada da ação humana impede a formulação de argumentos que contrapõem a racionalidade da direção à irracionalidade dos membros da organização pertencentes aos níveis operacionais inferiores. Ocorre, na verdade, o confronto entre os vários tipos de racionalidade ("lógicas de ator") presentes em um mesmo sistema político, não existindo o conflito entre uma posição "racional" defendida por um grupo e a "irracionalidade" dos outros grupos. Argumentos com base na comparação da "irracionalidade" do comportamento humano à "racionalidade" da organização, de sua estrutura e de seus objetivos não têm sentido nesse contexto de análise.

As estruturas organizacionais e os artefatos criados pelo ser humano são reflexos de sua racionalidade limitada e contingente. A racionalidade humana é formada por critérios considerados satisfatórios pelos atores que decidem, os quais não otimizam as suas escolhas. Dessacralizam-se, dessa forma, as estruturas organizacionais e as regras, que são fruto da racionalidade predominante na organização, correspondendo à visão de mundo e aos valores dos grupos que detêm o poder. Consequentemente, as soluções propostas pelo grupo dirigente podem ser contestadas como algumas alternativas entre outras escolhas possíveis, possuindo defeitos e limites, como toda lógica humana. O conceito de ação humana, no começo limitado a poucas opções (*homo economicus*), torna-se complexo.

Homo economicus

Homo socialis

Homo complexus: Ator social

Homem que Decide: Racionalidade limitada

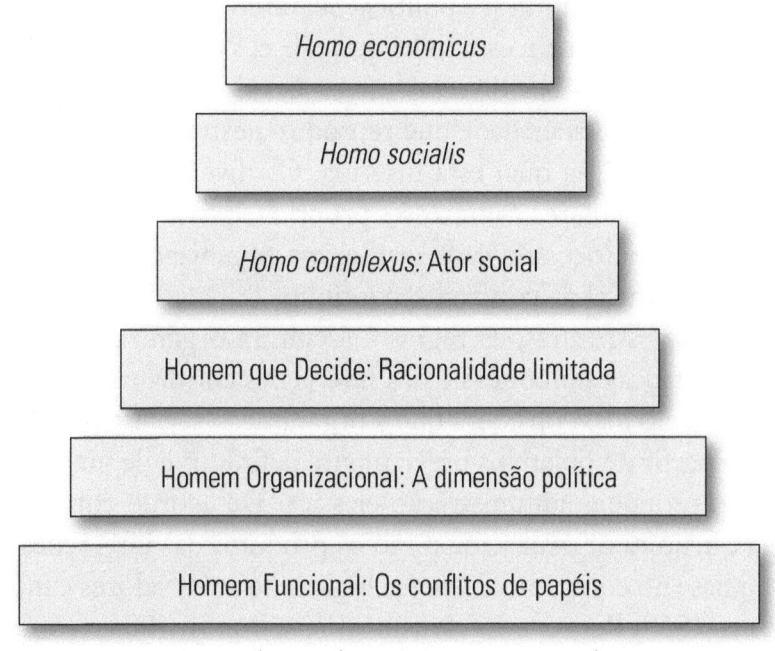

Homem Organizacional: A dimensão política

Homem Funcional: Os conflitos de papéis

Figura 9.1 As diversas visões do homem nas organizações.

9.2 A evolução dos conceitos sobre a "organização"

9.2.1 As organizações vistas como "máquinas" e o foco interno e estrutural da administração clássica

Gareth Morgan (1986), em seu livro *Images of organization*, oferece-nos várias imagens das organizações, por meio de metáforas, recapitulando diversos estudos da teoria das organizações e agrupando-os de acordo com os diversos paradigmas que os sustentam.

O modelo clássico vê a empresa como um todo coerente e estruturado por objetivos em função dos quais toda a organização seria administrada. Essa última é vista como uma verdadeira "máquina" cujas diversas engrenagens são planejadas para funcionar harmoniosamente a fim de atingir os mesmos objetivos, obedecendo a uma lógica comum de funcionamento. De acordo com essa visão, o planejamento estratégico é fruto de uma racionalidade superior e a organização é considerada um instrumento para o atingimento das metas e dos objetivos propostos (Taylor, 1911). Não se consideram os elementos externos à organização. Trata-se apenas de suas variáveis internas.

9.2.2 A organização como esfera cultural, simbólica e política

Uma visão bem posterior opõe-se à metáfora da máquina, apresentando a organização como uma esfera cultural e política. Segundo o interacionismo simbólico e outros trabalhos que seguem essa linha de análise, a organização é fruto de uma construção social baseada nas diversas interações dos grupos que a compõem. Ela constitui uma microssociedade que reproduz a estratificação social por classes da sociedade global na qual está inserida. Os diversos grupos organizacionais têm culturas particulares e interesses próprios. Existe uma série de conflitos entre os interesses políticos de cada grupo, e a organização é considerada um espaço político e cultural de confronto contínuo.

Os objetivos, as estruturas, as regras e a cultura organizacional são os produtos sociais das trocas simbólicas e das interações cotidianas entre os diversos grupos. Esse modelo não considera que a organização seja estruturada de forma instrumental a partir de objetivos previamente definidos e de uma racionalidade superior, como propõe a administração clássica. De acordo com essa visão, os objetivos e a estrutura organizacional são os produtos das interações do sistema humano com base no confronto de várias lógicas de ação, valores e interesses políticos (Strauss, 1959; Berger e Luckmann, 1966; Pondy, 1983; Goffman, 1959).

Entre essas duas visões, a da administração clássica e a da organização vista como uma esfera cultural e política, encontramos importantes estudos sobre a burocracia iniciados a partir da Escola de Relações Humanas, trabalhos que permitiram alargar a visão clássica das organizações incorporando novos conceitos e trilhando-se o caminho descrito anteriormente até chegar à definição baseada na organização como esfera cultural, simbólica e política.

9.2.3 As disfunções da burocracia – a transição da metáfora da "máquina" para as organizações vistas como esferas culturais, simbólicas e políticas

Conforme os trabalhos de autores como Merton (1949), Selznick (1980), Blau (1955) e McGregor (1966), as resistências dos atores sociais às estruturas burocráticas se manifestam por meio de fenômenos como a "frenagem" e a criação de normas informais, de rituais de trabalho e da solidariedade entre diversos grupos que desobedecem às normas e práticas oficiais.

De acordo com as conclusões desses autores, existe uma discrepância entre o modelo oficial e as práticas informais. A distância entre esses dois mundos – o mundo da organização formal, que seria o mundo da racionalidade e do cálculo, e o mundo das práticas informais, relacionado aos sentimentos e à afetividade – produziria efeitos "disfuncionais" do ponto de vista da empresa, que não seguiriam a lógica da eficiência prescrita pela *one best way*. Baseando-se nesses estudos, Gouldner (1954) disse que a organização não é um instrumento transparente a serviço de objetivos previamente definidos pela direção (os "imperativos funcionais"), como propunham os autores da Escola Clássica de Administração.

Segundo esse autor, a dicotomia entre os objetivos "racionais", de um lado, e os sentimentos "irracionais", do outro, não existe. Consequentemente, não existe também a oposição entre a organização "oficial" e "racional" e a organização "informal" e "irracional". Com base nessas propostas, outros autores mostram como, na verdade, a partir do processo de institucionalização e da construção social da realidade, os diversos objetivos e estruturas sociais são frutos de escolhas feitas por indivíduos e grupos em dado momento (Berger e Luckmann, 1981). Uma vez institucionalizados, porém, as regras e os valores oficiais estruturam em parte as interações humanas, mas não as determinam.

Os primeiros trabalhos empíricos de Merton (1949) e Selznick (1980) já mostravam as consequências "disfuncionais" da estrutura burocrática, ressaltando o círculo vicioso de burocratização e a ineficiência do sistema.

No seu livro *Patterns of industrial bureaucracy*, Gouldner (1954) mostra que as funções "latentes" da regra:

- permitem o controle a distância.
- restringem as relações entre as pessoas, aumentando a impessoalidade na organização.
- restringem a arbitrariedade do superior e legitima a sanção.
- tornam possível a apatia, ou seja, o comportamento do subordinado que se limita a aplicar as normas ao caso concreto, sem esforço extra.
- geram um espaço de negociação entre o subordinado e a hierarquia. O chefe sempre tem a possibilidade de aplicar ou não a sanção e pode negociar com o subordinado. Este pode, por sua vez, reduzir sua atividade ao mínimo, "escondendo-se" atrás da regra e limitando a sua colaboração de forma legítima. As regras não são apenas um instrumento de controle na mão da hierarquia, mas também um espaço de negociação a serviço dos subordinados.

De acordo com o autor, independentemente dos problemas e disfunções do sistema, a burocracia seria um sistema que teria a sua funcionalidade e sua lógica próprias. Segundo a análise de Gouldner sobre a função das regras, a burocracia seria uma solução organizacional que tentaria evitar a arbitrariedade, o confronto entre os indivíduos e grupos e os abusos de poder.

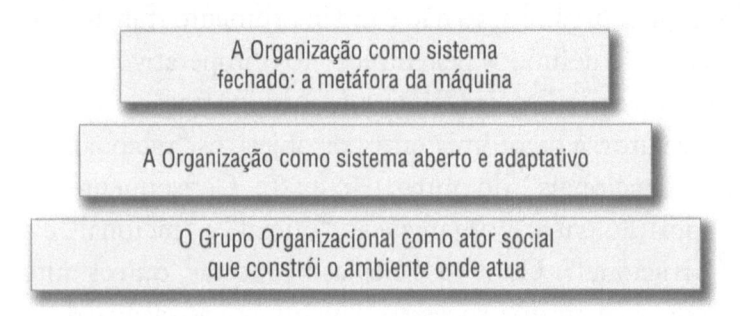

- A Organização como sistema fechado: a metáfora da máquina
- A Organização como sistema aberto e adaptativo
- O Grupo Organizacional como ator social que constrói o ambiente onde atua

Figura 9.2 As diversas visões da organização.

9.3 Uma evolução dos conceitos sobre o meio ambiente

A existência de fronteiras claras permitindo distinguir o interior da organização de seu exterior é uma premissa da Escola Clássica de Administração. No entanto, somente nos anos 1960 o meio ambiente passou a ser um dos temas centrais em administração, por uma corrente chamada "contingência estrutural" (Lawrence e Lorsch, 1969).

9.3.1 A organização que se adapta ao ambiente

Antes de Lawrence e Lorsch (1969), porém, Burns e Stalker (1961) realizaram um estudo pioneiro reunindo mais de 20 empresas inglesas que operavam em setores diferentes, com taxas distintas de concorrência e de mudança tecnológica. A partir desse estudo, eles elaboraram dois tipos ideais de organização, cada um adaptado a um tipo de setor ou "meio ambiente": as organizações mecânica e orgânica. Conforme os autores, a organização mecânica seria caracterizada pela formalidade, pela existência de um organograma detalhado e rígido, pela pouca comunicação entre os diversos setores em nível horizontal, privilegiando-se os níveis vertical e hierárquico e uma forte centralização do poder pela direção.

A organização orgânica se opõe ao primeiro modelo. Os papéis organizacionais não são explícitos, não se acentuando as diferenças em nível hierárquico; a comunicação se dá tanto em nível horizontal como no vertical e o poder de decisão é descentralizado e difuso. Os autores mostram que o **modelo mecânico** é mais frequente em um **contexto setorial estável** (pouca inovação tecnológica, demanda regular e previsível). O modelo orgânico seria uma opção mais frequente em um meio ambiente "turbulento", ou seja, com alta taxa de inovação e um mercado caracterizado por forte concorrência. Posteriormente, Emery e Trist (1965) propõem a ideia de que cada tipo de meio ambiente sociotécnico e econômico seria uma "trama causal", ou seja, um encadeamento de causas e efeitos que teriam como resultante a adoção pelas organizações de um tipo de estrutura adaptada às exigências e características do seu setor. Cada tipo de meio ambiente, entre os quatro definidos pelos autores, condicionaria a empresa a optar por um tipo de estrutura diferente. Eles identificaram setores "estáveis e difusos", "estáveis e concentrados", "instáveis e reativos" e finalmente "turbulentos".

As análises de Lawrence e Lorsch (1969) seguem essa mesma linha de argumentos. De acordo com os autores, toda organização, para poder trabalhar com um meio ambiente que não é homogêneo nem uno, mas ao contrário, diverso e segmentado, deve desenvolver setores especializados em determinadas tarefas, setores específicos, acentuando sua diferenciação interna. Ao mesmo tempo que se preocupa em diferenciar-se, tendo em vista seu caráter complexo, a empresa deve se preocupar em manter um mínimo de integração, criando estruturas e procedimentos organizacionais que controlem as tendências "centrífugas" das diversas partes que a compõem.

A partir de um estudo com base em seis empresas pertencentes a setores diferentes (estáveis, turbulentos etc.), os autores chegam à conclusão de que existe uma relação fundamental entre os níveis externos da organização (incerteza, diversidade, turbulência do meio ambiente e dos tipos de pressões sofridas pela empresa) e os níveis internos de integração, a diferenciação e os mecanismos de resolução de conflitos.

A questão fundamental encontrada nesse tipo de pesquisa é compreender a influência das características do meio ambiente sobre a tentativa de manter um equilíbrio entre o nível interno de diferenciação e de integração, tendo em vista a gestão dos conflitos e as contradições que resultam dessa tensão (Lawrence e Lorsch, 1969). Conforme os autores, o nível de desempenho de uma empresa crescerá à medida que suas estruturas e seus procedimentos internos levem em conta o equilíbrio entre diferenciação e integração, isto é, sejam bem-adaptados às exigências do meio ambiente sociotécnico e econômico da empresa.

Essa teoria confirma a relativização do *one best way* de Taylor, mostrando a contingência de cada situação. Os trabalhos anteriores de Woodward (1968) sobre a relação existente entre a tecnologia, os tipos de estrutura organizacional das empresas e o desempenho e os trabalhos de Burns e Stalker (1961) seguiam essa mesma linha de raciocínio. Essas pesquisas têm outro ponto em comum:

elas consideram que o meio ambiente impõe uma série de exigências objetivas à organização, das quais elas não podem "escapar", sob pena de terem uma queda de produtividade e desempenho.

Em uma analogia com a biologia, o modelo dos sistemas abertos (Bertalanffy, 1968) trabalha com a noção de adaptação contínua da organização ao meio ambiente e de seu ajuste (*fit*) interno às características deste sob pena de sofrer o processo de entropia (morte). A capacidade de reação do sistema às mudanças e a velocidade de sua resposta adaptativa são vistas como vantagens competitivas nesse modelo.

9.3.2 A organização "ativa" que constrói e influencia o seu meio ambiente de negócios

Outros autores desenvolveram, mais tarde, um modelo que leva em conta **os aspectos políticos da organização e as suas relações com o meio ambiente**. Trabalhos como os de Pfeffer e Salancik e os de Grandori reforçam o caráter ativo dos sistemas organizacionais, que têm influência sobre o curso dos acontecimentos e sobre as mudanças do seu setor, sendo considerados entidades que têm certa autonomia em relação ao meio ambiente e simplesmente não reagem a eles (Pfeffer e Salancik 1978; Grandori, 1999).

Os trabalhos desses autores se apoiam nas pesquisas realizadas por Thompson e McEwen (1958) e mostram que as organizações devem procurar controlar ativamente as incertezas geradas pelo seu setor, mais especificamente pelo seu meio ambiente imediato de atuação (*task-environment*), a fim de terem um bom desempenho. Os autores tentam compreender as estratégias desenvolvidas no interior das organizações para controlar essas incertezas, causadas pela dependência das empresas em relação aos recursos do meio ambiente. Estas últimas efetuam acordos e alianças estratégicas com outras organizações, influenciando nas mudanças de seu setor e constituindo um sistema político, ou seja, um "meio ambiente negociado". Esses autores contestam, dessa forma, o princípio de "adaptação organizacional" característico da "teoria dos sistemas abertos". As organizações são vistas como entidades políticas e ativas que têm uma influência considerável na construção do setor em que atuam, tentando controlar os recursos disponíveis e limitando a sua dependência em relação a eles (Thompson e McEwen, 1958).

Em outra perspectiva, Cyert e March (1963) tratam também do caráter político da organização, distinguindo internamente os níveis político e organizacional. Segundo esses autores, o primeiro mundo é o das relações estratégicas, confiado aos executivos que tomam as decisões tanto do ponto de vista interno como externo, constituindo uma "colisão dominante". O segundo mundo é o nível das rotinas organizacionais reservadas aos empregados. O primeiro nível estruturaria o trabalho do segundo com a criação de procedimentos e rotinas de ação.

Karl Weick (1976), combinando essas duas teorias e desenvolvendo essa questão, mostra que não se pode considerar a forma com a qual a organização administra e "negocia" o seu meio ambiente e determina suas ações como uma resultante das avaliações e estratégias determinadas somente pelos executivos que constituiriam o grupo ou "coalizão" dominante. De acordo com esse autor, a administração rotineira das relações e interfaces com o meio ambiente é o resultado do modo com o qual todos os indivíduos e grupos que compõem a organização, em todos os níveis, percebem e analisam as oportunidades "objetivas" e os limites no setor e interagem com os outros atores sociais. Weick diz ainda que os dados do meio ambiente não são nem estáveis nem objetivos uma vez que eles não podem ser considerados separadamente das condições que regulam a ação dos membros da organização e que são construídas interativamente ou *enacted*.

Baseando-se nos trabalhos de Peter Berger e Thomas Luckmann (1966) e Goffman (1959) (interacionismo simbólico), bem como nos trabalhos de etnólogos como Garfinkel (1967) e na psicologia cognitiva de Piaget (1962), Weick (1969) argumenta que as organizações só podem reagir aos dados ou aos problemas que foram previamente percebidos, reconhecidos e compreendidos pelos seus membros, que os integram como elementos de análise nas representações, nos gráficos e nos mapas causais que fazem da organização e de seus problemas. Desse modo, as organizações só podem reagir aos dados e aos elementos que seus membros instituíram (*enacted*) por meio de sua atividade cognitiva (Weick, 1969).

A partir dessa análise, os autores do neoinstitucionalismo dizem que o processo de institucionalização considera as interações dos indivíduos e as relações de poder das quais eles participam (DiMaggio e Powell, 1983).

Os autores do neoinstitucionalismo, reinterpretando o processo de institucionalização e objetivação da realidade descrito no interacionismo simbólico, propõem a análise estratégica das interações entre os diferentes grupos organizacionais que pertencem aos diversos níveis hierárquicos da empresa, para reconstituir as suas relações e compreender as formas de funcionamento e os jogos de poder próprios ao sistema organizacional em questão. A partir desse método, busca-se revelar as estruturas que norteiam a comunicação e o processo de cognição na empresa, ou seja, a forma de *enactement* ou de institucionalização da realidade característica desse grupo organizacional (Crozier e Friedberg, 1977).

Segundo essa corrente, as relações da organização com o meio ambiente se concretizam por meio de certos "interlocutores privilegiados" – membros da organização que a representam em encontros, reuniões, debates, conferências e acordos realizados com outras empresas, clientes, associações e organizações em geral. Essas pessoas se tornam os "porta-vozes" do seu segmento ou empresa nas outras organizações e negociam com seus representantes as decisões e condições da ação, tendo em vista cada caso concreto. Dessa maneira, constrói-se o "meio ambiente negociado", por meio de interações cotidianas e de negociações feitas pelos diversos membros da organização que interagem com diversos interlocutores de outros segmentos do mercado e de outras empresas, em suas relações rotineiras de trabalho. O impacto das decisões para o sistema variará conforme o nível de poder de cada interlocutor e da abrangência da decisão envolvida, é claro, mas nos seus diversos níveis a organização constitui um sistema político (Scott, 1987).

Sendo assim, ao buscarem se adaptar ao seu contexto de ação, procurando soluções para os problemas que percebem e representam em suas interações cotidianas de trabalho, os membros da organização instituem soluções e mecanismos de negociação que passam a influenciar o seu setor de atuação. Trata-se de um processo de interestruturação entre as diversas empresas e instituições características de um setor econômico (Powell e DiMaggio, 1991).

O objeto da pesquisa quanto ao meio ambiente organizacional não é mais a influência deste sobre a organização, mas quais são os mecanismos instituídos em um setor industrial que regulam a percepção que os atores (indivíduos, grupos e empresas) têm dos problemas desse setor, e que influenciam em sua ação e na reestruturação desse mesmo setor (Powell e DiMaggio, 1991; Friedberg, 1993).

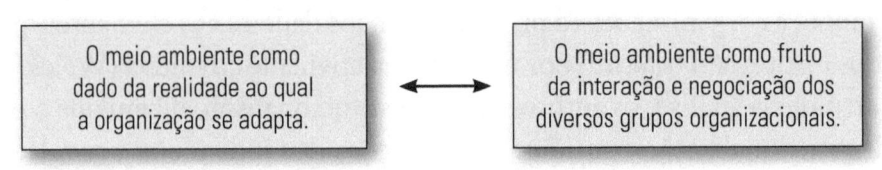

| O meio ambiente como dado da realidade ao qual a organização se adapta. | ⟷ | O meio ambiente como fruto da interação e negociação dos diversos grupos organizacionais. |

Figura 9.3 O meio ambiente.

Bibliografia

ALLISON, G, T. *Essence of decision*: Explaining the Cuban missile crises. Boston: Little Brown, 1971.
ARGYRIS, C. *Integrating the individual and the organization*. Nova York: John Wiley, 1964.
ATKINSON, A. *The economics of inequality*. Nova York: Oxford University Press, 1983.
BENNIS, W. *Changing organizations*. Nova York: McGraw-Hill, 1966.
BERGER, P.; LUCKMANN, T. *The social construction of reality*. Nova York: Doubleday, 1966.
_____. *A construção social da realidade*. Petrópolis: Vozes, 1981.
BERTALANFFY, L. V. *General systems theory*: Foundations, development and applications. Nova York: George Braziller, 1968.
BLAU, P. *The dynamics of bureaucracy*. Chicago: The University of Chicago Press, 1955.
BOUDON, R. *L'idéologie*. Paris: Seuil, 1991.

BURNS, T.; STALKER, G. M. *The management of innovation*. 3. ed. Londres: Tavistock Publications, 1961.

BURRELL, G.; MORGAN, G. *Sociological paradigms and organizational analysis*. Londres: Ashgate Publishing, 1994.

COHEN, M.; MARCH, J. *Leadership and ambiguity*: The American College President. Nova York: McGraw-Hill, 1974.

COHEN, M. et al. A garbage can model of organization choice. *Administrative Science Quarterly*, v. 17, p. 1-25, 1972.

CROZIER, M. *Le phénomène bureaucratique*. Paris: Seuil, 1964.

_____. *On ne change pas la société par décret*. Paris: Grasset, 1979.

CROZIER, M.; FRIEDBERG, E. *L'acteur et le systeme*. Paris: Seuil, 1977.

CYERT, R.; MARCH, J. *A behavioral theory of the firm*. Englewood Cliffs: Prentice-Hall, 1963.

DIMAGGIO, P. State expansion and organizational fields. In: HALL, R. H.; QUINN, R. E. (Eds.) *Organizational theory and public policy*. Beverly Hills: Sage, 1983.

_____, POWELL, W. The iron-cage revisited: Institutional isomorphism and collective rationality in organization fields. *American Sociological Review*, v. 48, n. 2, p. 147-160, 1983.

ELIOT, T. S. Systems. In: VOEGELIN, E. Wisdom and the magic of the extreme: A meditation. *The Southern Review*, v. 17, n. 2, p. 235-287, abr. 1981.

ELSTER, J. *Sour grapes*: Studies in the subversion of rationality. Cambridge, MA: Cambridge University Press, 1983.

EMERY, F.; TRIST, E. The causal texture of organizational environments. *Human Relations*, v. 18, p. 21-33, 1965.

ENRIQUEZ, E. *L'organisation en analyse*. Paris: PUF, 1991.

FAYOL, H. *General and industrial management*. Londres: Pitman, 1949.

FESTINGER, L. *A theory of cognitive dissonance*. Nova York: Harper, 1957.

FRIEDBERG, E. *Le pouvoir et la règle*. Paris: Seuil, 1993.

GARFINKEL, H. *Studies in ethnomethodology*. Englewood Cliffs: Prentice-Hall, 1967.

GOFFMAN, E. *The presentation of self in everyday life*. Nova York: Doubleday, 1959.

GOULDNER, A. *Patterns of industrial bureaucracy*. Glencoe: Free Press, 1954.

GRANDORI, A. *Organization and economic behavior*. Londres: Routledge, 1999.

GREMION, C. *Profession*: Décideurs. Pouvoir des hauts fonctionnaires et réforme de l'Etat. Paris: Gauthier-Villars, 1979.

HERZBERG, F. *Managerial choice*: To be efficient and to be human. Nova York: Dow-Jones Irwin, 1959.

_____. *Work and the nature of man*. Cleveland: The World Publishing Company, 1966.

HIRSCHMANN, A. *Exit voice and loyalty*. Cambridge: Harvard University Press, 1970.

JAQUES, E. Social systems as a defense against persecutory and depressive anxiety. In: KLEIN, M. *New directions in psychoanalysis*. Londres: Tavistock Publications, 1955.

LAWRENCE, P.; LORSCH, J. *Developing organizations*: Diagnosis and action. Reading: Addison Wesley, 1969.

LIKERT, R. *New patterns of management*. Nova York: McGraw-Hill, 1961.

LINDBLOM, C. The science of muddling through. *Public Administration Review*, v. XIX, p. 79-88, 1978.

MASLOW, A. H. *Motivation and personality*. Nova York: Harper, 1954.

MAYO, E. *The human problems of an industrial civilization*. Nova York: MacMillan, 1933.

McGREGOR, D. *The human side of enterprise*. Nova York: McGraw-Hill, 1966.

MERTON, R. K. Bureaucratic structure and personality. *Social Forces*, v. XVIII, p. 560-568, 1949.

MEYER, J. W.; SCOTT, R. W. *Organizational environments*: Ritual and rationality. Beverly Hills: Sage, 1981. p. 285-286.
MORGAN, G. *Images of organization*. Thousand Oaks: Sage, 1986.
MOTTA, F. P. *Teoria geral da administração*. São Paulo: Pioneira, 1973.
PAGÈS, M. et al. *L'emprise de l'organisation*. Paris: PUF, 1979.
PFEFFER, J.; SALANCIK, G. *The external control of organizations*: A resource dependence perspective. Nova York: Harper & Row, 1978.
PIAGET, J. *La construction du réel chez l'enfant*. Neuchâtel: Delachaux et Niestlé, 1962.
PONDY, L. *Organizational symbolism*. Geenwich: JAI, 1983.
POWELL, W.; DiMAGGIO, P. *The new institutionalism in organizational analyses*. Chicago: Chicago University Press, 1991.
SAINSAULIEU, R. *L'identité au travail*. Paris: Presses de la FNSP, 1977.
SCHEIN, E. H. *Organisational psychology*. Englewood Cliffs: Prentice-Hall, 1965.
SCOTT, W. The adolescence of institutional theory. *Administrative Science Quarterly*, v. XXXII, p. 493-511, 1987.
SELZNICK, P. *TVA and the grass roots*: A study of politics and organization. São Francisco: University of California Press, 1980.
SIMON, H. *Administrative behavior*. Nova York: MacMillan, 1947.
_____. A behavioral model of rational choice. *Quarterly Journal of Economies*, v. LXIX, p. 99-118, 1955.
_____. Rational choice and structure of the environment. *Psychological Review*, v. LXII, p. 129-138, 1956.
_____. From substantive to procedural rationality. In: LATSIS, S. (Ed.) *Method and appraisal in economics*. Cambridge: Cambridge University Press, 1957.
SMIRCICH, L. Studing organizations as cultures. In: MORGAN, G. (Ed.) *Beyond method*: Strategies for social research. Beverly Hills: Sage, 1983.
STRAUSS, A. *Mirrors and masks*: The search for identity. Glencoe: Free Press, 1959.
TAYLOR, F. *Principles of scientific management*. Nova York: Harper & Row, 1911.
THOMPSON, J.; McEWEN, W. Organizational goals and environment: Goal setting as an interaction process. *American Sociological Review*, v. XMIII, p. 157-167, 1958.
VASCONCELOS, I. *Os processos de formação e perda da identidade social no trabalho*: Um estudo crítico sobre a implantação da ISO 9001 na Bull França. 1997. Tese (Administração de Empresas) – Escola de Administração de Empresas de São Paulo, Fundação Getulio Vargas. São Paulo, 1997.
VROOM, V. H. *Work and motivation*. Nova York: John Wiley, 1964.
WEICK, K. *The social psychology of organizing*. Reading: Addison Wesley, 1969.
_____. Educational organizations as loosely coupled systems. *Administrative Science Quarterly*, v. 21, p. 1-19, 1976.
WEICK, K.; ORTON, J. Loosely coupled systems: A reconceptualization. *Academy of Management Review*, v. 15, n. 2, p. 203-223, 1990.
WOODWARD, J. *Industrial organizations*: Theory and practice. Oxford: Oxford University Press, 1968.
WRONG, D. The oversocialized conception of man in modern sociology. In: DEMERATH, N. J.; PETERSON, R. A. (Eds.) *System, change and conflict*. Nova York: The Free Press, 1977.

PARTE III

Enfoques teóricos pós-contingenciais

Capítulo 10

A cultura organizacional

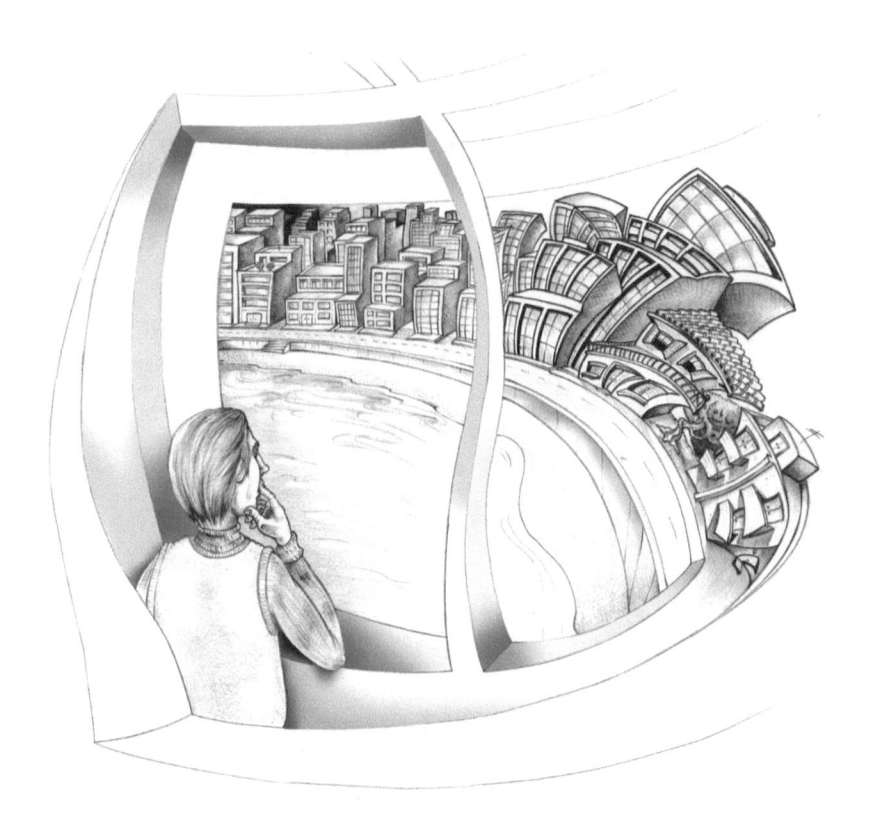

A realidade
Sempre é mais ou menos
Do que nós queremos.
Se nós somos sempre
Iguais a nós próprios.
(Fernando Pessoa, 1994)

10.1 Introdução

O tema cultura organizacional foi, desde os anos 1980, objeto de importantes estudos acadêmicos.[1] Linda Smircich, uma pesquisadora norte-americana, publicou em 1983 um importante artigo sobre cultura organizacional, ajudando a definir esse conceito. Segundo esse artigo clássico, o conceito de cultura organizacional normalmente é tratado de duas formas. Alguns autores consideram que a organização – empresas, entidades públicas etc. – tem uma cultura que muda com o passar do tempo. A cultura seria, assim, uma característica da organização. Outros consideram que ela não tem uma cultura, é uma cultura, ou seja, seria a expressão cultural dos membros da organização. A organização é vista assim como uma esfera cultural e simbólica e a cultura é utilizada como uma metáfora – uma imagem que nos ajuda a compreender melhor o sistema (Smircich, 1983; Morgan, 1996). Veremos essas duas abordagens a seguir. De qualquer forma, a abordagem cultura organizacional **foca o aspecto interno e relacional das organizações**.

Figura 10.1 Cultura organizacional: duas visões.

10.1.1 A cultura organizacional como variável – "a organização tem uma cultura"

A cultura pode ser uma variável – podemos considerar que a organização tem uma cultura, que muda com o tempo. De acordo com essa visão, define-se que

---

[1] Um artigo da revista norte-americana *Business Week*, publicado em 1980 e intitulado "Corporate culture: The hard to change values that spell success or failure" (Cultura corporativa – A dificuldade de mudar valores ligados ao sucesso ou fracasso), geralmente é reconhecido como um dos artigos que mais difundiram o conceito de cultura organizacional nas empresas e no grande público. Em setembro de 1983 foi dedicada uma edição especial do *Administrative Science Quarterly*, importante publicação norte-americana da área de administração de empresas, ao tema cultura organizacional. O tema tornava-se, assim, objeto de estudos acadêmicos nos Estados Unidos e em outros países. Na França, uma edição especial da *Revue Française de Gestion* difundiu essa temática em 1984. No Brasil, um dos primeiros estudos sobre o assunto foi elaborado pela Profa. Maria Esther de Freitas, que defendeu dissertação de mestrado na EAESP/FGV, publicando em 1991 o livro *Cultura organizacional – Formação, tipologias e impactos*, divulgando esse tema no meio acadêmico brasileiro.

a organização é um sistema, composto de subsistemas (um conjunto que tem partes diferentes, porém que funciona de forma integrada). Vimos essa definição na Parte I, ao tratar da teoria dos sistemas. Um dos subsistemas organizacionais é o subsistema humano e cultural, formado por dois elementos:

> **Um elemento informal**, ou seja, pelo conjunto de indivíduos que compõem a organização e pelas suas respectivas subculturas ou "visões de mundo".
> **Um elemento formal**, ou seja, a cultura oficial da empresa – as regras, os padrões, os valores e as formas de comportamento propagadas pelos dirigentes pelos meios de comunicação oficiais.

O subsistema humano e cultural, por sua vez, relaciona-se aos outros subsistemas da empresa – o subsistema gerencial, o subsistema estrutural, o subsistema estratégico e o subsistema técnico. Trata-se, assim, de compreender como os subsistemas humano e cultural se transformam e interagem com os outros subsistemas (Morgan, 1996).

Outro importante autor, Edgar Schein (1985), referiu-se à cultura organizacional como variável.

É importante ressaltar, no entanto, que a definição entre as organizações formal e informal, nesse caso, é apenas didática. Veremos que regras, normas e valores "oficiais" são institucionalizados na organização com base nas relações informais dos atores sociais, que constroem em conjunto, a partir de suas interações, a organização onde convivem diariamente, sendo também influenciados por essas regras e normas. Uma via de mão dupla, não podendo separar de fato esses elementos, que estão intimamente interligados, como vimos no Capítulo 4 ao abordarmos a racionalidade limitada. A organização integra elementos formais e informais e a dualidade entre esses elementos é artificial, mas ajuda a compreender melhor esses conceitos e apenas com esse fim é aqui utilizada.

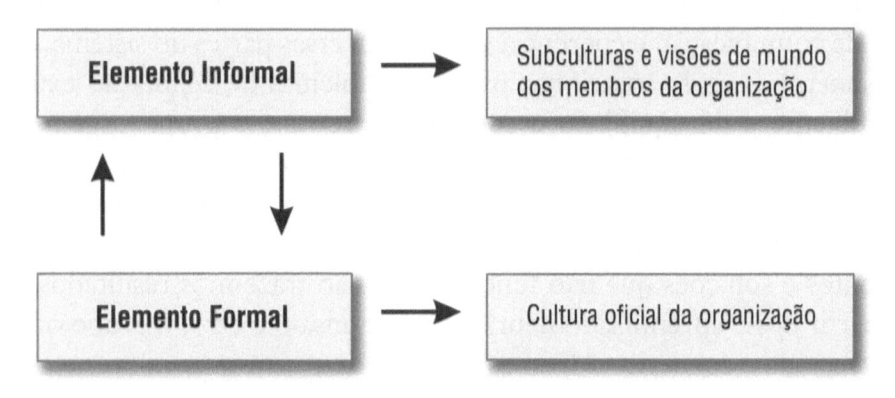

Figura 10.2 Variáveis do subsistema humano e cultural.

10.2 Conceitualizando a cultura organizacional segundo Schein

A cultura de uma organização, segundo Schein (1984), é percebida por meio da linguagem, dos símbolos e das imagens, das histórias e dos mitos, dos rituais e das cerimônias, dos hábitos e dos valores que permeiam essa organização, além dos seus objetos visíveis e físicos, tais como a arquitetura, os móveis, o espaço físico, a decoração etc.

Para esse autor, a origem dos elementos que compõem a cultura de uma organização está na luta pela sua sobrevivência. De acordo com a visão sistêmica, como vimos na Parte I, uma organização, tal qual um organismo, luta para fugir da "morte" (entropia). Dessa forma, para desenvolver-se e sobreviver, o grupo organizacional tem dois grandes problemas a solucionar: adaptar-se ao meio ambiente e manter sua coerência interna. Tratando-se de empresas, por exemplo, seus membros buscam adaptar-se ao seu meio ambiente de negócios, desenvolvendo novas estratégias empresariais, conquistando novos mercados, relacionando-se com clientes e fornecedores etc. No que se refere à sua coerência interna, o grupo organizacional busca manter o seu equilíbrio interno como sistema – o equilíbrio entre a diferenciação e a integração de seus subsistemas.

Como as diversas partes que compõem um organismo, cada subsistema organizacional deve ser capaz de executar com eficiência as funções que o caracterizam, porém deve integrar-se com os outros subsistemas organizacionais, uma vez que eles são interdependentes e funcionam em conjunto. Uma empresa, assim, tem diferentes departamentos capazes de elaborar suas funções com êxito – os departamentos de marketing, finanças, recursos humanos etc. Eles devem executar com sucesso as funções que lhe são específicas, porém deve haver uma preocupação dos dirigentes em integrá-los, desenvolvendo uma cultura, valores e padrões em comum, a fim de que os membros da organização possam trabalhar em conjunto e comunicar-se, integrando as estratégias e os objetivos gerais da organização, tendo uma visão global do sistema. De acordo com essa linha de argumentação, essa integração é importante, pois evita a consolidação de feudos e a falta de comunicação e coerência entre as diversas partes do sistema.

Em suma, buscando solucionar os seus problemas de adaptação externa ao meio ambiente e de equilíbrio e coerência internos, o grupo organizacional (conjunto de indivíduos que compõem a organização) descobre, a partir de suas experiências positivas, estratégias e padrões de comportamento que dão certo e funcionam e, por meio de seus fracassos e experiências negativas, outros comportamentos e soluções que não funcionam e não trazem os resultados desejados. A partir desse aprendizado heurístico, por ensaio e erro, o grupo organizacional seleciona e conserva as formas de comportamento, os valores e as regras que foram percebidos como responsáveis por seu sucesso e desenvolvimento.

Esses padrões culturais são um conjunto de premissas básicas (ou seja, conceitos, princípios, soluções, formas de comportamento) que foram estabelecidas e descobertas nesse processo de aprendizagem de solução de problemas de adaptação externa e de integração interna.

Essas premissas, tendo funcionado suficientemente bem, foram consideradas válidas, devendo ser ensinadas aos outros membros da organização como a forma correta de perceber, pensar e sentir em relação àqueles problemas. Essas premissas – conceitos, princípios, regras, formas de comportamento e solução de problemas – compõem a cultura da organização, segundo Schein. Elas passam a ser institucionalizadas como a maneira certa de agir em relação a certos tipos de problemas (Schein, 1984).

Desde que uma organização tenha uma cultura forte e a sua liderança (grupo de dirigentes no poder) permaneça estável, a cultura conseguirá sobreviver mesmo que existam elevadas taxas de substituição nos escalões inferiores ou entre membros de pouca influência na estrutura. Por exemplo, uma empresa, que conserva a mesma diretoria e grupos de gerentes no poder durante muitos anos, tem mais possibilidades de consolidar certos padrões culturais que outras em que os dirigentes vivem sendo substituídos. A IBM é um bom exemplo. Fundada por Thomas Watson, a empresa continuou a ser dirigida por seu filho Thomas Watson Jr. e por outros diretores alinhados com a visão dos fundadores durante muitos anos – o suficiente para consolidar uma cultura forte, composta de valores fortemente influenciados pelo fundador.

Nos anos 1990, diante da crise no setor de informática, a IBM substituiu sua diretoria, e o novo diretor-presidente, Louis Gestner, rompeu com diversos padrões culturais estabelecidos anteriormente, desde a época dos fundadores. Tendo sido diretor-presidente de uma grande empresa do setor alimentício, a Nabisco, e tendo ocupado altos postos de gerência em empresas como American Express, entre outras, ele trouxe uma nova visão de mercado e outros valores para uma empresa que antes baseava a sua estratégia em práticas consolidadas há anos na organização, voltadas primordialmente para o aprimoramento do produto e da tecnologia, em que baseava a sua imagem de marca, mas sem incorporar outras práticas de mercado. Não é fácil, no entanto, mudar rapidamente os padrões culturais e as práticas estabelecidas há anos e consolidadas no sistema organizacional.

Desde a entrada de Gestner, a IBM procedeu um programa de demissão em massa (*downsizing*) no qual mais de 30% de seus empregados saíram da empresa. Substituindo gerentes em posições importantes, diminuindo o seu tamanho, trazendo um executivo de outra área para presidi-la, a IBM conseguiu romper com alguns padrões culturais fortemente implantados em seu sistema, construídos e consolidados durante anos a fio e, mesmo assim, construiu a nova cultura a partir de elementos do antigo sistema. A mudança cultural implica ruptura em valores e formas de comportamento – em certezas adquiridas. Muitos resistem em mudar. Contudo, o novo sistema, mesmo rompendo com os padrões do primeiro, só pode ser construído com base na experiência anterior. Os indivíduos e as organizações só podem evoluir a partir do que são, mesmo que o aprendizado implique rupturas. A gestão da mudança e dos padrões culturais é um dos maiores desafios do grupo organizacional atualmente.

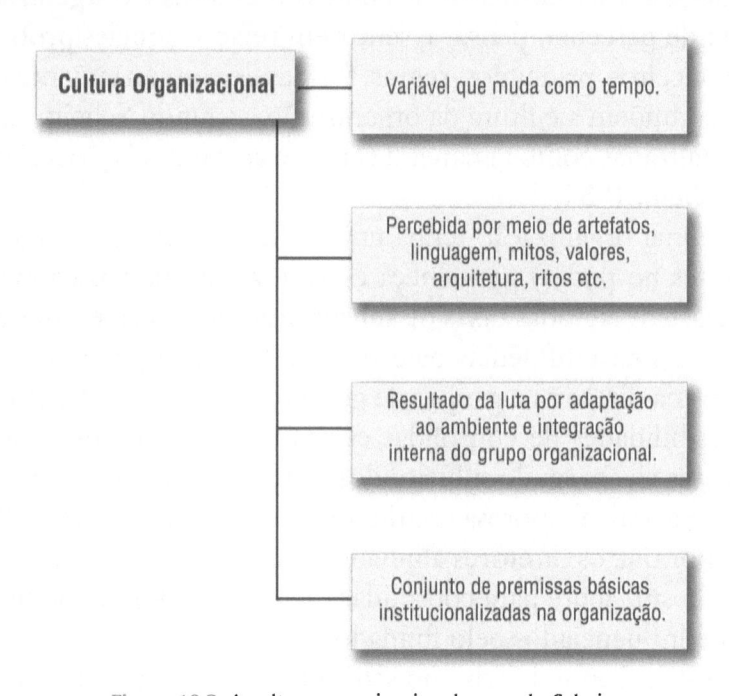

Cultura Organizacional
- Variável que muda com o tempo.
- Percebida por meio de artefatos, linguagem, mitos, valores, arquitetura, ritos etc.
- Resultado da luta por adaptação ao ambiente e integração interna do grupo organizacional.
- Conjunto de premissas básicas institucionalizadas na organização.

Figura 10.3 A cultura organizacional segundo Schein.

10.3 A cultura oficial e as subculturas da organização

Além das dificuldades trazidas pelas situações de mudança, existem outros desafios no que se refere à gestão do subsistema humano e cultural: a cultura de uma organização não é um todo sólido e bem-acabado, fácil de compreender. Isso se traduz por um conceito complexo, que apresenta diversas facetas. Como vimos anteriormente, o subsistema humano e cultural é composto pela cultura oficial da organização e pela cultura dos subgrupos organizacionais – diferentes conjuntos de indivíduos e atores sociais (membros da organização que interagem e constroem em conjunto o ambiente em que vivem e a própria organização). Pode haver em uma organização relativamente descentralizada uma cultura em comum e subculturas desenvolvidas em diferentes áreas ou departamentos. Em um hospital, por exemplo, existem elementos culturais e valores comuns a todos, que fornecem a missão e os objetivos da organização – buscar o atendimento efetivo aos doentes, salvando suas vidas, atender à comunidade por meio de certos serviços básicos etc. Cada grupo que compõe essa organização, no entanto, tem seus padrões e sua visão de mundo particular. Em nosso exemplo, o hospital, podemos considerar que médicos, enfermeiras e funcionários administrativos possuem uma linguagem, valores e maneiras de ver o mundo de forma diferente – uma vez que suas experiências de trabalho são diferentes umas das outras. Indivíduos que possuem experiências de trabalho similares tendem a desenvolver valores e visões de mundo semelhantes no que se refere à sua prática profissional. Isso se refere ao conceito de **identidade social**, desenvolvido pelos estudos dos pesquisadores do Instituto Tavistock de Londres nos anos 1950. Indivíduos que ocupam posições comparáveis em organizações similares, que executam o mesmo tipo de tarefa e têm acesso a experiências parecidas tendem a desenvolver valores, comportamentos, padrões e uma linguagem similar. Determinados profissionais, dada a sua formação, compartilham, por exemplo, certo tipo de conhecimento e de vocabulário e jargão profissional específico que só eles entendem. Assim o grupo define suas fronteiras e sua posição na sociedade. Utilizando os médicos como exemplo, o domínio de certas técnicas e de um vocabulário especializado caracteriza a profissão médica.

Esse conceito – identidade social – não é simples. Na maioria das vezes encontramos subgrupos dentro de outros subgrupos, até chegarmos ao indivíduo como unidade de análise. Por exemplo, os médicos têm um vocabulário em comum. Mas, de acordo com sua especialidade, grupos diferentes de médicos têm maneiras diversas de tratar certos problemas e analisá-los. Na mesma especialidade médica, encontramos ainda correntes e posições políticas diferenciadas. Isso ocorre também com outros profissionais: enfermeiras e funcionários administrativos, em um hospital, dependendo de seu trabalho específico e do departamento no qual estejam inseridos, possuem diferentes visões de mundo.

As organizações, assim, são complexas: têm diversos subgrupos de indivíduos que possuem seus próprios padrões culturais, formados a partir de suas experiências. Os membros de uma mesma organização, porém, possuem acesso a alguns padrões culturais comuns – que só os membros daquela organização têm – e que estabelecem as fronteiras do sistema organizacional. Podemos adotar outro exemplo: uma universidade pode ser conhecida por sua excelência e sua importância em dada comunidade.

No interior dessa universidade, existem diferentes faculdades, cada qual com suas características próprias. No interior de cada faculdade, diferentes professores, alunos e funcionários formam grupos com seus próprios padrões culturais. Trata-se de um sistema complexo. No entanto, podemos observar elementos culturais comuns aos membros dessa universidade, que a diferenciam de outra. O mesmo raciocínio pode ser utilizado para empresas privadas, organizações sem fins lucrativos, hospitais, empresas públicas, clubes, escolas, enfim, para os diversos tipos de organização. É possível encontrar padrões culturais próprios em cada tipo de sistema.

```
Identidade Social ──┬── Mudanças de elementos
                    │    culturais adquiridos durante
                    │    a socialização secundária.
                    │
                    └── Elementos culturais e
                         identitários comuns a indivíduos
                         que exercem a mesma profissão.
```

Figura 10.4 Identidade social.

10.4 As diferenças entre a cultura oficial e a cultura informal

As soluções, os princípios, as formas de comportamento e os padrões representativos da visão de mundo dos dirigentes são difundidos oficialmente na organização por meio de treinamentos, publicações (revistas e jornais internos, comunicados, regulamentos), discursos oficiais do diretor-presidente e dos gerentes etc. Porém, cada subgrupo organizacional tem sua própria visão de mundo, sua forma de pensar e solucionar problemas, seu mecanismo de decisão. Existem diferenças entre a cultura oficial – o que os dirigentes comunicam e propagam na organização – e o que realmente se pratica. Será que uma organização que propaga oficialmente valores como aprendizagem e autonomia realmente pratica esses valores? Ao observarmos o trabalho cotidiano dos indivíduos, eles realmente dispõem de possibilidades concretas de aprendizagem e autonomia de decisão?

A autonomia e a aprendizagem podem ser valores incorporados nas comunicações oficiais como elementos desejáveis para todos os membros da organização. Todavia, na realidade, quais grupos realmente têm a possibilidade de aprender e decidir por si próprios? Na prática, a organização que propaga oficialmente valores democráticos não pode ter uma estrutura burocratizada e centralizada? É interessante, então, observar os valores professados – os que são oficialmente propagados como os melhores pelos dirigentes – e os valores efetivamente praticados – o que realmente se faz. Essas são diferenças típicas das estruturas formal e informal – o que consta dos documentos oficiais e organogramas – e as práticas concretas e reais dos atores sociais, como vimos na Parte I, ao tratar da Escola de Relações Humanas (Argyris, 1993).

Quando estudarmos o capítulo dedicado às teorias ambientais, veremos que a teoria neoinstitucionalista nos explica por que as organizações adotam oficialmente certos padrões e formas de comportamento que "estão na moda" e, muitas vezes, na verdade, não seguem esses padrões. Por exemplo, existe, atualmente, o conceito de que estamos na era do conhecimento, em que todos devem aprender, desenvolver, saber operar a tecnologia atual – internet, telefonia digital etc. Difunde-se o conceito da "nova economia", da incorporação de novos padrões de conhecimento. O processamento rápido de informações é visto como fonte de vantagem competitiva e difunde-se o conceito de que todos devem saber lidar com informações, processá-las, interpretá-las e decidir rapidamente. Uma organização com indivíduos que saibam "pensar" e aprender teria, de acordo com essa visão, vantagens sobre as outras (Senge, 1990).

Seguindo esses conceitos, a maioria das organizações, em suas comunicações oficiais, diz estar atualizada e adaptada a esse novo mundo, tendo incorporado práticas que favoreçam o aprendizado e o desenvolvimento dos seus empregados. É importante, para conquistar novos clientes e ter boa imagem no mercado, que essas organizações mostrem, em sua cultura oficial, que incorporaram a tecnologia e que promovem a aprendizagem, enfim, que estão em dia com as transformações que ocorrem em nosso mundo. Como vimos, porém, na prática, independentemente do que falam ou comunicam por meio de seus dirigentes, as organizações incorporam em maior ou menor grau essas mudanças. Mesmo que a maioria delas comunique oficialmente o fato de que promove o aprendizado e incorpora práticas que favoreçam a autonomia de decisão e a descentralização, dependendo do setor, do mercado, do tipo de trabalho, essas práticas são incorporadas ou não, como veremos no Capítulo 11.

Valores professados pela cultura oficial → Valores efetivamente praticados da cultura informal

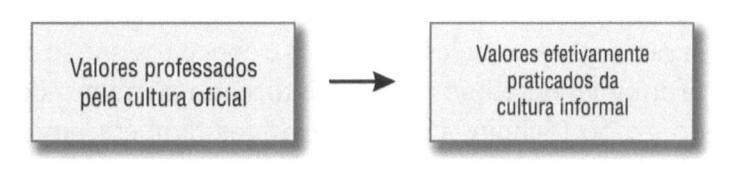

Figura 10.5 As ambiguidades discurso-prática.

10.5 O papel da liderança na mudança cultural

Dentro dessa visão que considera a cultura como uma característica da organização, uma variável, as organizações têm culturas que mudam com o tempo, dependendo dos problemas que elas têm de enfrentar, relativos à sua adaptação ao ambiente e à sua harmonia interna. Como, porém, ocorre a mudança dessa cultura? A mudança não gera confusão e conflitos entre as diferentes culturas e subculturas da organização?

Conforme Schein (1985), os dirigentes e líderes da organização desempenham um papel fundamental durante aqueles momentos em que o grupo se defronta com novos problemas e deve desenvolver novas respostas, soluções e estratégias para as situações. Assim, uma das funções cruciais da liderança é prover diretrizes – regras e estratégias – quando o modo habitual de fazer as coisas não funcione mais ou quando mudanças drásticas no ambiente exijam novas respostas. Nesse momento, a liderança deve não só garantir a descoberta de novas e melhores soluções, mas também proporcionar alguma segurança que ajude o grupo a tolerar as dificuldades do abandono das antigas maneiras estáveis de agir, enquanto as novas são aprendidas e experimentadas.

A cultura organizacional, para Schein, vai além das normas e dos valores de um grupo específico, no aspecto de que ela é **um último resultado de repetidos êxitos e acertos e um processo de gradual aquisição de certeza das coisas**. O que faz algo se tornar "cultural" é a qualidade de "ser tomado por certo", que torna as premissas básicas imunes ao questionamento. Quando encontramos a solução para um problema e ela funciona na maioria das vezes, incorporamos-na como parte de nosso acervo de conhecimentos e, quando nos deparamos com esse problema, implementamos-na. Adquirimos, dessa maneira, a convicção de sua validade nesse tipo de situação. Mudar essas convicções e valores adquiridos com a experiência não é tarefa simples. Normalmente os indivíduos e grupos de indivíduos resistem em mudar padrões já estabelecidos por meio de sua experiência.

No entanto, Schein nos mostra que a cultura é algo em perpétua formação, pois sempre há, em andamento, algum tipo de aprendizado sobre como se relacionar com o ambiente e administrar as questões internas. A organização e os indivíduos estão sempre submetidos a um processo de aprendizado, no qual mudar e questionar os valores anteriormente adquiridos faz parte do processo, como veremos no próximo capítulo.

O processo evolucionário não muda, porém, alguns elementos identitários profundos da organização – aqueles princípios e conceitos que se encontram assimilados tão profundamente que tenham se tornado elemento de estabilidade da existência do grupo (Schein, 1985). Indivíduos também possuem elementos profundos de sua identidade que estão bastante incorporados e dificilmente se transformam.

A cultura organizacional oficial tende a refletir as soluções que o grupo de dirigentes da organização e os membros que detêm maior poder perceberam e instituíram como as melhores, de acordo com seus interesses e objetivos específicos. Nesse sentido, a cultura organizacional oficial tem uma **função ideológica**: explicar e provar a validade das regras, das estruturas, dos valores e dos modos de funcionamento predominantes no sistema. Justifica-se porque as coisas devem ser assim, funcionar dessa forma e não de outra, de acordo com a visão dos grupos que detêm o poder. A cultura organizacional oficial oferece uma visão de mundo e explicações que devem ser razoáveis, claras e lógicas a fim de serem aceitas pelos outros membros da organização, para que esses aceitem o modo de funcionamento do sistema e não o contestem, encontrando sentido em seu trabalho cotidiano, algo no qual possam acreditar, no qual possam fundamentar as suas ações e justificá-las para si próprios. Assim, diz-se que a cultura oficial, em sua função ideológica, mascara as relações de poder – ao fornecer uma explicação da realidade que leva os membros da organização a aceitar certa estrutura e colaborar para preservá-la. Em geral, a estrutura a ser preservada, no entanto, beneficia mais a alguns grupos de indivíduos e menos a outros ao formular e difundir a cultura organizacional, sua visão de mundo. O grupo de dirigentes, na realidade, estaria lutando pela preservação de suas posições de controle, de prestígio e de poder no sistema.

De acordo com essa visão, propõem-se aos indivíduos estarem conscientes da função ideológica da cultura organizacional oficial e das posições de poder que ela representa e tenta preservar. Procura-se observar a prática organizacional e ver quem ganha e quem perde no sistema, quem é beneficiado e quem não é. Trata-se de um jogo de soma zero, em que há ganhadores e perdedores: há os que controlam os recursos e têm acesso a posições de prestígio e poder e os que realizam tarefas repetitivas e não encontram possibilidades de desenvolvimento e aprendizado. Tendo consciência das possibilidades e restrições oferecidas pelo sistema, os indivíduos podem reinterpretar, em seus níveis, a cultura organizacional oficial, questionando-a e formulando suas próprias interpretações da realidade. Esse questionamento, na verdade, contribuiria para a evolução do sistema, uma vez que ele não se estagnaria. O questionamento dos pressupostos do sistema é visto como necessário para a sua evolução e seu aprimoramento dentro de uma visão dialética da cultura e do aprendizado.

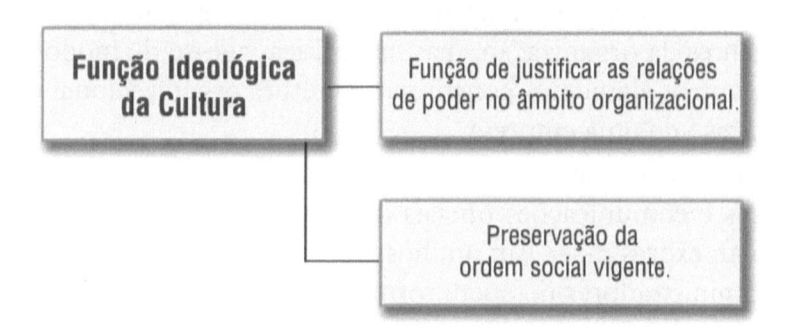

Figura 10.6 A função ideológica da cultura organizacional.

Pode-se observar a cultura de uma organização por meio dos seguintes elementos:

> **A prática de ritos coletivos** – por exemplo, a forma como novos membros são admitidos na organização (o trote aos calouros, na faculdade, é um rito de iniciação nesse sentido); a forma como os indivíduos sentam para almoçar – quem senta com quem, como se comportam, o que conversam, se existem restaurantes separados para executivos e operários ou não, a decoração do ambiente etc. –, esses elementos permitem perceber os valores predominantes no sistema – diferenciação hierárquica ou aparente democracia nas relações, formalidade ou informalidade etc.

> **A perpetuação de mitos ou de histórias na organização** – boatos, anedotas e histórias sobre os donos, fundadores, chefes e dirigentes de uma organização revelam muito sobre sua cultura. Normalmente não se sabe

o autor dessas histórias – elas circulam livremente entre os membros da organização.
- **A existência de tabus ou assuntos proibidos** – assuntos ou acontecimentos que não devem ser comentados ou são proibidos refletem a cultura predominante no sistema.
- **Normas de comportamento** – que forma de comportamento se espera dos indivíduos em cada ocasião; como cada um, dependendo de seu trabalho e de sua posição hierárquica, deve agir. Que tipo de roupa deve ser usada e por quem? Deve-se tratar o superior de forma mais ou menos formal? A organização é autoritária ou é possível tomar iniciativas?
- **Valores emergentes do grupo organizacional** – existem os valores oficiais, propagados pelos executivos e gerentes em seu discurso oficial – em suas comunicações verbais ou escritas, em revistas, cartazes, regulamentos e publicações da organização. Existem, no entanto, os valores reais e as formas de comportamento realmente praticadas na organização. Como os membros da organização (atores sociais) realmente se comportam? Existem diferenças significativas entre o que se fala e o que se faz? Propagam-se oficialmente a participação, a iniciativa e a autonomia como valores importantes da organização, mas, na prática, age-se de modo autoritário? Esses e outros elementos constituem a cultura organizacional ou empresarial, no caso de uma empresa.
- **A linguagem** – que expressões são utilizadas mais frequentemente nos discursos e comunicações oficiais dos dirigentes? Como cada grupo, em particular, expressa-se? Em um hospital, por exemplo, médicos, enfermeiras e administradores possuem formas diferenciadas de falar? Em uma fábrica, engenheiros e operários comunicam-se de forma diferente? Quais são essas formas de expressão e como elas revelam a cultura de cada grupo?
- **Atos simbólicos e formas de expressão em geral** – exemplos de outras formas de expressão que revelam elementos presentes na cultura organizacional são desenhos humorísticos, manifestos, reclamações, cartas etc.

A partir desses elementos, pode-se descrever a cultura de uma empresa e é possível mostrar suas transformações.

10.6 A descrição da cultura organizacional por meio de uma análise quantitativa

Nessa linha objetiva de análise, Hofstede(1980) descreveu a cultura organizacional como um conjunto de variáveis que podem ser medidas e avaliadas. Entre 1968 e 1972, o autor realizou uma pesquisa em uma grande multinacional norte-americana, que na época tinha filiais em mais de cem países. Os pesquisadores receberam mais de 116 mil questionários respondidos pelos empregados dessa empresa, que representavam 50 tipos de atividades profissionais diferentes e 66 nacionalidades. Cada questionário tinha 150 questões, que buscavam avaliar os valores, as percepções e os fatores de satisfação desses indivíduos. Hofstede selecionou questionários representativos de 40 países, verificando quais eram as características culturais de cada uma das filiais dessa grande empresa multinacional norte-americana. Ele analisou as seguintes características:

> **Distância do poder** (*power distance*) – nível de concentração da autoridade, ou seja, centralização ou descentralização de poder. Verifica-se o nível de igualdade e participação no acesso às informações e no processo de tomada de decisão.
> **Grau de planejamento e formalização** (*incertainty avoidance*) – grau em que se busca formalizar e estruturar as atividades a fim de evitar as incertezas.
> **Grau de individualismo ou solidariedade social** (*individualism* versus *collectivism*) – verificava-se a predominância de valores com base em uma atitude individualista (pessoas responsáveis por si próprias e por suas carreiras individuais) ou de valores que privilegiavam a solidariedade grupal.
> **Características culturais femininas ou masculinas** (*masculinity* versus *feminility dimensions*) – analisava-se a predominância de valores como flexibilidade, benefícios sociais, qualidade de vida, características julgadas femininas ou então a predominância de valores como ganho financeiro, relações informais, nível de comunicação.

O autor mostrou como as características culturais de cada uma das filiais (os valores predominantes em cada uma dessas organizações) eram fortemente influenciadas pelos valores nacionais, ou seja, pelos valores predominantes nos países onde essas filiais estavam instaladas. Apesar de essas organizações serem filiais da mesma multinacional norte-americana, que difundia fortes valores corporativos, elas apresentavam, segundo o país no qual estavam localizadas, características culturais distintas.

A pesquisa mostrou que as filiais instaladas em países latino-americanos, em alguns países europeus de origem latina e em países asiáticos tinham culturas em que as relações de poder eram mais concentradas e o acesso a informações e posições de poder eram desiguais. O poder estava concentrado nas mãos de uma elite. Nas filiais instaladas em países anglo-saxões, no entanto, a hierarquia era menos marcada nas relações cotidianas, uma vez que havia maior democracia no acesso a informações e no processo de tomada de decisão. Mais indivíduos participavam do sistema, que era mais descentralizado e oferecia maior autonomia de decisão.

Nos países ocidentais desenvolvidos (principalmente Estados Unidos e países europeus), as relações sociais eram marcadas pelo individualismo e privilegiavam resultados a curto prazo: os indivíduos concentravam-se assim no atingimento de suas metas e interesses particulares, vivendo o momento presente. Nos países asiáticos, no entanto, e em alguns países em desenvolvimento, as relações sociais eram baseadas em uma cultura coletiva e grupal, em que a inserção na comunidade e o desenvolvimento a longo prazo eram mais valorizados. Renunciava-se a recompensas e ganhos no presente para construir o futuro.

Os países escandinavos e europeus em geral, ao valorizarem mais a qualidade de vida, a igualdade nas relações, os benefícios sociais, a solidariedade social, tinham características mais femininas, enquanto os Estados Unidos, por exemplo, valorizando mais o sucesso individual, o consumo e o ganho financeiro em si, tinham características mais masculinas em comparação com países como França, Dinamarca, Suécia, especialmente marcados por características "femininas".

O estudo de Hofstede tornou-se um clássico e revelou resultados muito importantes, mostrando como valores culturais locais influenciam a cultura organizacional. No entanto, as conclusões desse estudo têm alguns limites metodológicos, uma vez que a população de cada uma das filiais é uma amostra estatística pequena da população do respectivo país, não podendo ser considerada verdadeiramente representativa da cultura local.

Outra crítica que se faz a esse estudo é o fato de que o questionário utilizado era um meio limitado de medir a complexidade de um sistema cultural mais abrangente, como a cultura de dado país.

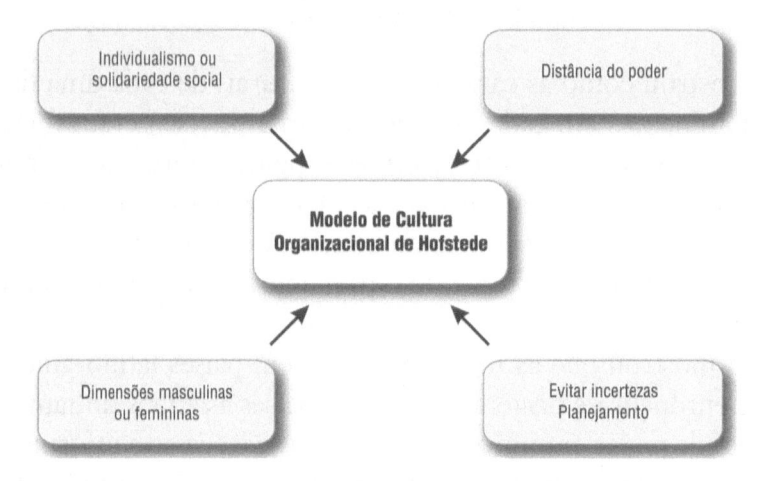

Figura 10.7 As dimensões culturais segundo Hofstede (1980).

O autor também não leva em consideração o conceito de identidade social ou valores ligados ao exercício de determinadas atividades ou profissões. Diversos estudos sociotécnicos já mostraram que os indivíduos que executam o mesmo tipo de trabalho ou têm a mesma profissão e trabalham em organizações similares, independentemente de sua nacionalidade, tendem a ter valores comuns, ligados ao seu exercício profissional. A cultura nacional é importante e influencia, assim, a cultura das organizações, mas de modo relativo existem outros elementos a ser considerados.

Como vimos, diversos autores consideram a cultura como uma variável. Schein (1980) trata da cultura organizacional como uma variável, porém elabora uma análise complexa desse tema, mostrando que os valores e a cultura organizacional são fruto de um aprendizado por ensaio e erro, no qual o grupo organizacional luta pela sobrevivência e define e institucionaliza formas de comportamento e soluções consideradas adequadas e transmitidas como os padrões a serem seguidos por todos os membros da organização.

Hofstede (1980), nessa linha objetivista, mede e compara variáveis culturais de filiais da mesma empresa em vários países diferentes e concentra sua análise na influência que a cultura nacional tem sobre a cultura organizacional.

10.7 A cultura organizacional como fator de produtividade

Alguns autores, entretanto, simplificam bastante o conceito de cultura organizacional e referem-se a ele como um elemento que pode ser manipulado e transformado pela alta gerência das empresas e organizações. Trata-se da **reificação** do conceito cultura organizacional – considerar a cultura um elemento já pronto e acabado, como uma ferramenta de administração. Segundo essa visão, considera-se o elemento cultura organizacional algo que pode ser criado e modificado artificialmente. A questão que se coloca, nesse caso, é a seguinte: como a direção pode criar e difundir uma cultura que estimule maior produtividade? Quais crenças e valores devem ser difundidos na organização a fim de obter maior desempenho dos indivíduos?

Thomas Peters e Robert Waterman, autores do livro *In search of excellence*, publicado em 1982, abordam essas questões. Eles estudaram diversas empresas e relacionaram o sucesso delas à integração entre suas estruturas, sistemas de administração e culturas. Segundo esses autores, a organização deve integrar sete variáveis, que eles chamaram modelo "7-S": estrutura, estratégia, sistemas, habilidades, mão de obra, estilo e valores compartilhados (em inglês, *structure, systems, skills, staff, style and shared values*). Para Peters e Waterman, a excelência – ou bons resultados – é um fator cultural. O valor "qualidade" deve ser um elemento cultural difundido conscientemente na organização. A cultura é considerada nessa análise uma forma de controlar os comportamentos individuais, de integrar os objetivos individuais aos objetivos da organização.

Busca-se difundir os valores oficiais (representativos da estratégia e dos objetivos organizacionais) por meio de treinamentos, cerimônias e mobilizações. Pretende-se, assim, oferecer aos indivíduos estímulos positivos para incentivar os comportamentos desejados, oferecendo-se a eles prêmios e recompensas. No entanto, reprimem-se os comportamentos vistos como negativos, punindo-os. De acordo com os autores, uma forma interessante de motivar a cultura da excelência é premiar publicamente indivíduos inovadores, que se comportaram dentro dos padrões desejados, obtendo os resultados esperados. Criam-se, então, mitos de sucesso nas organizações, modelos de comportamento e heróis (*stars*). Esses indivíduos passam a ser vistos como exemplos a serem seguidos e imitados. Essas ações estariam sob a responsabilidade dos gerentes simbólicos (*simbolic managers*), que procurariam construir com esses estímulos simbólicos uma cultura de "excelência" na empresa (Deal e Kennedy, 1982).

Uma empresa "excelente" teria as seguintes características:

- uma cultura voltada para a satisfação do consumidor;
- uma cultura voltada para a excelência e para a qualidade;
- uma liderança voltada para a difusão de valores representativos da estratégia e dos ideais da organização;
- uma estratégia de concentração nos mercados em que a empresa tenha competências específicas;
- procedimentos simples e claros;
- uma cultura forte baseada na difusão intensiva dos valores organizacionais, conservando-se, porém, o empreendedorismo e a autonomia de decisão dos indivíduos.

Os críticos dessa corrente, entre eles Nicole Aubert e Vincent de Gaulejac (1991), em seu livro *Le coût de l'excellence* (*O custo da excelência*), afirmam que com a "gestão simbólica" busca-se, na verdade, manipular os indivíduos e padronizar as subculturas da organização em nome de maior produtividade. Segundo alguns críticos, esse tipo de mobilização tem bons resultados somente a curto prazo. Cria-se uma mobilização em torno da implementação de uma nova ferramenta de administração (por exemplo, de um programa de qualidade total), estimulam-se intensivamente as pessoas a adotarem novas formas de comportamento e valores, difundem-se novos conceitos, realizam-se treinamentos e implementa-se o programa. Quando, porém, passa o clima de euforia inicial produzido por todos esses eventos, após certo período, quando se diminuem os estímulos, os sistemas começam a apresentar falhas e a produtividade cai. Uma das empresas citadas como exemplo de excelência por Peters e Waterman (1982) no livro *In search of excellence* conseguiu ótimos resultados a curto prazo, ganhando, até, um importante prêmio de qualidade norte-americano, o "Malcolm Baldridge". Pouco tempo depois de ganhar o prêmio, no entanto, a produtividade caiu significativamente e a empresa começou a apresentar problemas, mostrando os limites da chamada gestão simbólica e das teorias da motivação baseada em mobilizações e estímulos temporários (Aubert e De Gaulejac, 1991; Motta et al., 1995).

Essas ações descritas baseiam-se em uma interpretação muitas vezes superficial da concepção behaviorista do comportamento humano, em que se confunde motivação com condicionamento.

Como mostra Bergamini (1997), em um artigo muito esclarecedor sobre esse tema, o *behaviorismo* (ou comportamentalismo) é uma corrente de psicologia bem fundamentada por estudos sérios, com base nos trabalhos que Pavlov elaborou no início do século XX e que foram retomados por Edward Lee Thorndike e, posteriormente, por Skinner. Esse último autor formulou o conceito de "condicionamento operante", mostrando como, sobretudo em situações controladas em laboratório, os animais e também o ser humano podem ser condicionados e levados, por meio de estímulos positivos, como recompensas, e estímulos negativos, como certos tipos de punição, a adotar temporariamente os comportamentos desejados. Enquanto durarem os estímulos – sejam eles positivos ou negativos –, mantém-se o comportamento. No entanto, uma vez que os estímulos diminuam, os indivíduos necessitam de maiores reforços positivos e mais estímulos para voltar a agir. Bergamini mostra, assim, como o condicionamento sofre o efeito da transitoriedade: para conseguir o mesmo efeito que se obtinha antes, devem-se utilizar estímulos cada vez mais fortes, o que pode acarretar alto custo desses programas de treinamento, mobilizações e premiações com base nesses pressupostos.

Outro efeito relatado é o da quebra da continuidade de cerimônias, treinamentos e premiações; esses eventos são percebidos como estímulos positivos e como recompensas e, quando são interrompidos e não são mais realizados, esse fato é percebido pelo grupo organizacional como uma punição, trazendo efeitos adversos. Finalmente, programas de premiação e incentivos são muitas vezes percebidos como injustos pelos indivíduos que não são premiados ou não recebem recompensas, originando descontentamentos e insatisfações na organização (Bergamini, 1997).

O fato de o ser humano ser condicionável, especialmente em situações controladas, não significa que ele possa ser motivado por estímulos externos. Bergamini explica, portanto, como a motivação depende de elementos identitários profundos, das necessidades individuais e do sentido que cada um atribui à sua ação. Assim, nossos padrões culturais não são apenas uma variável que possuímos – eles são elementos identitários que integram o nosso ser – o que somos. Essa posição adota uma visão cognitivista do ser humano e considera que as organizações são expressões culturais dos grupos que a compõem. Desse modo, em vez de ter uma cultura, a organização é uma **expressão cultural** – uma esfera cultural e simbólica (Morgan, 1996).

10.8 A organização como fenômeno cultural

Para compreendermos a sociedade e a organização como fenômenos culturais, apresentaremos alguns elementos do interacionismo simbólico, corrente de análise que deriva da fenomenologia. Para compreender o interacionismo simbólico, apresentaremos brevemente a teoria do papel, derivada do trabalho de teóricos norte-americanos como William James (1994), Charles Cooley (1983) e George Herbert Mead (2013). O problema central dessa teoria sociológica pode ser definido da seguinte maneira: "Como os significados subjetivos se tornam artefatos objetivos? Como a atividade humana produz um mundo material?". Procuraremos analisar essas questões a seguir.

10.8.1 Interacionismo simbólico – "a metáfora teatral": o homem como "ator social"

De acordo com Berger e Luckmann (1989), teóricos importantes dessa corrente, devemos compreender a sociedade como uma realidade **objetiva** e concreta e, ao mesmo tempo, devemos considerar a sociedade também como uma realidade **subjetiva**, construída por nós. Isso significa dizer que, quando nascemos, o mundo nos é apresentado como algo objetivo e concreto, algo que está lá, independente de nossa vontade, como um universo composto de organizações, normas, regras e instituições já prontas e acabadas, que nos cabe apenas aceitar. Trata-se do fenômeno de **reificação da realidade**:[2] percebemos as organizações, regras, normas, ou seja, a sociedade e o mundo como objetos e "construtos" já prontos. Na realidade, esses elementos são artefatos culturais, fabricados pelos atores sociais. A sociedade não é um elemento já pronto e acabado, como parece à primeira vista. Construímos a sociedade, e a sociedade nos constrói ao mesmo tempo. Assim, ao nos expressarmos, influenciamos os outros indivíduos e também somos influenciados. Com base no que acreditamos, tomamos nossas decisões e agimos, construindo o mundo à nossa volta. Nesse sentido, somos **atores sociais** – indivíduos que agem e transformam o universo no qual vivem. Pode-se dizer, portanto, que o indivíduo **exterioriza** seu ser no mundo social e **interioriza** esse como realidade objetiva, em uma relação dialética com o mundo social.

---

[2] O fenômeno de reificação da realidade seria o equivalente a dizer "coisificação" da realidade. Percebemos os elementos que compõem a sociedade – organizações, regras e normas – como algo já pronto, que existe antes de nós e que nos cabe aceitar como nos é apresentado, como uma "coisa" ou um artefato já pronto. Na verdade, as organizações, regras e normas são elaboradas por seres humanos e por elas podem ser modificadas. Elas não são imutáveis.

10.8.2 O processo de socialização

A socialização é o processo pelo qual somos introduzidos ao mundo e à sociedade nos quais vivemos, interpretando e incorporando em parte os seus padrões culturais, constituindo, desse modo, os elementos básicos de nossa personalidade.

A socialização implica dois movimentos: a **internalização** – a incorporação por nós dos padrões, regras, valores e papéis sociais predefinidos e que nos são apresentados como dados objetivos da realidade – e a **externalização** – quando nos exprimimos e agimos em sociedade com base no que somos e acreditamos, influenciando o mundo à nossa volta e o modificando.

A socialização divide-se em **socialização primária** e **socialização secundária**.

a) Socialização primária

O processo de socialização primária é aquele em que o indivíduo se torna membro da sociedade a partir do contato com seus outros significativos, ou seja, com seus pais e parentes, pessoas próximas, que mediatizam o mundo para ele, apresentando-o como realidade objetiva, selecionando aspectos considerados importantes a serem transmitidos de acordo com sua posição na estrutura social e em função de suas idiossincrasias e racionalidades próprias (Berger, 1998). Mead (1934) descreveu esse processo e como formamos os primeiros elementos de nossa personalidade a partir da socialização primária. A criança descobre quem ela é ao aprender o que é a sociedade. Aprende a desempenhar certos papéis sociais – a ter os comportamentos que a sociedade espera dela. Aprende o que é "ser um bom filho", "ser obediente", "ser um bom irmão" etc. Dessa forma, os atores sociais incorporam (internalizam) os primeiros elementos que vão constituir os seus padrões culturais de base, a sua "visão de mundo" – a maneira como percebem e interpretam a realidade. Veremos posteriormente, a partir do conceito de grupo de referência, que indivíduos oriundos do mesmo estrato social tendem a desenvolver uma visão de mundo semelhante em muitos aspectos, compartilhando de elementos culturais como hábitos, crenças, valores e tradições.

b) Socialização secundária

Na socialização secundária passamos a conviver com outros significativos – outros indivíduos além do nosso círculo familiar. Vizinhos, colegas de escola e professores, colegas de trabalho passam a nos apresentar outros modos de pensar e outras formas de comportamento que passam a nos influenciar. Normalmente a socialização secundária se inicia em nosso contato com organizações às quais passamos a pertencer – escola ou trabalho. A internalização de conhecimentos técnicos e profissionais, com vocabulários e formas de comportamento específicos, faz parte da socialização secundária. Esta, no entanto, começa mais cedo, desde que a criança passa a compreender que não é só a mãe ou o pai ou membros do seu círculo familiar que esperam que ela se comporte de certa forma. A sociedade em geral fornece regras e normas de comportamento que devem ser seguidas, papéis sociais que devemos desempenhar. Cada um desses papéis tem um conjunto de expectativas e modos de comportamento associados a ele. A sociedade espera coisas diferentes de nós quando nos comportamos como filhos, como alunos ou colegas. Cada papel tem um vocabulário específico, o seu próprio *script* – o seu próprio texto e forma de expressão a ele associada. O papel oferece o padrão socialmente aceito, segundo o qual o indivíduo deve agir em uma situação ou em outra. Erwin Goffman (1959) define um papel como uma resposta tipificada a uma expectativa tipificada. Assim, por exemplo, um homem pode ter vários papéis: o de marido, o de pai, o de professor, o de colega de trabalho etc. – e ao desempenhar cada um desses papéis age de forma diferente, utiliza expressões verbais, não verbais e gestos próprios à sua interpretação.

A partir da socialização secundária, descobrimos grande número de comportamentos e papéis que a sociedade espera que desempenhemos no decorrer de nossa vida. De acordo com as influências que recebemos em nossa socialização primária e secundária incorporamos certas expectativas de papel: formamos conceitos do que podemos esperar de cada tipo de pessoa, de como devemos nos comportar em cada situação e com quem, do que devemos esperar "ser" na nossa vida – dos papéis que desempenharemos em nosso futuro. Dessa forma, podemos concluir que nossa cultura (valores, crenças, gostos etc.) e a nossa identidade (o que somos) não são elementos preexistentes: eles dependem de atos de reconhecimento social, do desempenho de nossos papéis e da aceitação de nosso grupo de referência. Como analisa Peter Berger, somos aquilo que os outros creem que sejamos, tal qual o reflexo de um espelho. Isso não significa que não tenhamos características próprias com as quais nascemos, que fazem parte de nossa herança genética. No entanto, a margem para a formação social dentro desses limites genéticos é bastante grande, como destaca esse autor:

> As identidades são atribuídas pela sociedade. É preciso ainda que a sociedade as sustente e com bastante regularidade. Uma pessoa não pode ser humana sozinha e, aparentemente, não pode apegar-se a qualquer identidade sem o amparo da sociedade. (Berger, 1998, p. 112)

Consequentemente, em nossa vida, somos influenciados pelos reconhecimentos ou não reconhecimentos que recebemos. Trabalhamos melhor quando estimulados pelos superiores. No entanto, sentimo-nos desajeitados e inaptos quando as pessoas à nossa volta nos consideram assim. Tal qual atores em um palco, desempenhamos melhor nossos papéis quando a plateia mostra sinais de que está gostando do espetáculo e somos influenciados em nosso desempenho pela percepção do fracasso de nossa representação.

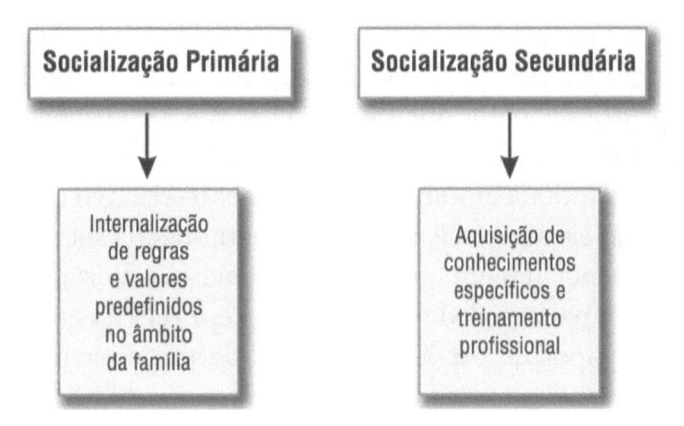

```
┌─────────────────────────┐         ┌─────────────────────────┐
│  Socialização Primária  │         │  Socialização Secundária│
└───────────┬─────────────┘         └───────────┬─────────────┘
            ▼                                   ▼
    ┌───────────────┐                   ┌───────────────┐
    │ Internalização│                   │  Aquisição de │
    │   de regras   │                   │ conhecimentos │
    │    e valores  │                   │  específicos e│
    │  predefinidos │                   │   treinamento │
    │   no âmbito   │                   │   profissional│
    │   da família  │                   │               │
    └───────────────┘                   └───────────────┘
```

Figura 10.8 Os processos de socialização do indivíduo.

10.9 A mudança dos padrões culturais

De acordo com o interacionismo simbólico, as influências que recebemos em nossa socialização primária fornecem os elementos de base que constituem o núcleo central de nossa personalidade e tais influências são mais difíceis de serem mudadas: esses elementos pré-estruturarão nossa percepção da realidade e nos influenciarão a vida toda. No entanto, os elementos culturais (valores, formas de comportamento etc.) que incorporamos durante a socialização secundária são mais superficiais, mais fáceis de serem mudados a partir de outras experiências e do aprendizado heurístico (por ensaio e erro), assim passamos a questionar alguns de nossos valores e hábitos e a incorporar outros. Nesse sentido, podemos dizer que não temos uma cultura. Somos uma cultura. Somos um conjunto de padrões culturais que constituem nossa identidade e nos fornecem os elementos básicos de nossa personalidade.

10.9.1 Um breve resumo da teoria dos papéis

Em resumo, os indivíduos apreendem os significados e se relacionam com os outros por meio de esquemas tipificados ou papéis sociais, verdadeiros *scripts* e códigos de conduta. Os papéis regulam a interação entre os indivíduos e lhes fornecem expectativas recíprocas, tendo em vista os diversos contextos sociais que experimentam em sua vida cotidiana. Os papéis tornam habituais certos tipos de comportamentos em determinadas situações e interações sociais. Dessa forma, os atores sociais tendem a agir de acordo com padrões preestabelecidos socialmente e por eles incorporados em sua socialização primária. Esses padrões pré-estruturam a sua ação, mas não a determinam. Os atores sociais identificam o tipo de contexto social vivido em sua experiência atual, interpretam a situação e procuram em seu repertório qual tipo de papel, código de conduta e linguagem é adequado ao cenário em questão, agindo em função desse referencial (Goffman, 1959). Esse autor ressalta ainda os diferentes tipos de repertório e conjunto de papéis incorporados por grupos sociais distintos. Faz referência, no entanto, à existência de padrões comuns que tornam possíveis a convivência de diferentes estratos da sociedade, formando um sistema social mais amplo.

No interior do estoque comum de conhecimento relativo a um grupo social, existem tipos de papéis acessíveis a todos os membros da sociedade ou, ao menos, aos atores potencialmente aptos a representá-los. Portanto, o estoque de conhecimentos de uma sociedade é estruturado em relação ao que é pertinente ou não para certos tipos de papéis específicos, correspondendo a determinado tipo de ator social.

A origem dos papéis é similar ao processo de rotinização e objetivação da realidade que constitui a origem das instituições. Toda conduta institucionalizada implica a existência de papéis. Dessa maneira, estes, como as instituições, são uma forma de controle e regulação do comportamento humano em sociedade (Motta et al., 1995).

Dependendo dos papéis que representa, o indivíduo é levado a interiorizar certos modos específicos de conhecimento e acumular determinadas informações, não somente do ponto de vista cognitivo, mas também emocional. Ele incorpora certos tipos de emoção, ética, valores e normas característicos dos papéis que desempenha e que interiorizou.

Desde que os comportamentos dos atores sociais são tipificados em determinados papéis, a obediência ou a não obediência aos tipos de papéis socialmente definidos deixa de ser opcional, ainda que, é claro, a severidade das sanções possa variar segundo cada caso. Os papéis representam a ordem institucional. É somente por meio das representações dos atores ao executar seus papéis que a instituição se manifesta na experiência real. A instituição, com o seu conjunto de ações programadas, é como o roteiro não escrito de uma peça de teatro. A direção da peça depende da execução reiterada dos seus papéis prescritos por atores vivos. Os atores encarnam os papéis e realizam o drama interpretando-o em uma dada cena. Nem a peça nem a instituição existem empiricamente fora desse contexto (Berger e Luckmann, 1967, p. 105).

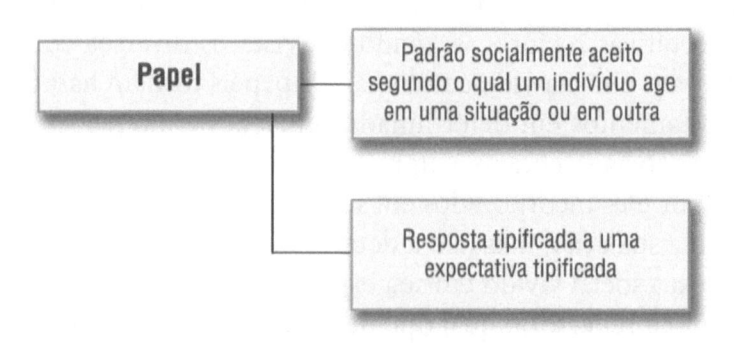

Figura 10.9 Definição de papel.

10.9.2 Os grupos de referência, conceito de diversidade cultural e a racionalidade limitada

Como vimos, a sociedade tem diversos grupos sociais diferenciados. Em relação a que grupo social nos comparamos, agimos ou mudamos? Surge aqui o conceito de **grupo de referência**. Este conceito foi usado por Herbert Hyman na década de 1940 (segundo Berger e Luckmann, 1967). Um grupo de referência é o conjunto de pessoas cujas opiniões e crenças são importantes para a formação de nossas próprias opiniões e valores. O grupo de referência nos proporciona um modelo de comparação. A partir dos valores desse grupo, por exemplo, medimos as nossas conquistas, nos comparamos com os outros e formamos nossa opinião do que é sucesso ou fracasso. O grupo de referência nos ajuda a constituir nossos objetivos pessoais e profissionais e as referências que guiam e orientam nossa ação. Pode-se referir a um grupo de amigos, membros de uma mesma associação ou organização, colegas de trabalho ou familiares.

Como discutido anteriormente, a convivência com pessoas próximas na socialização primária e secundária faz o indivíduo internalizar determinados conceitos e padrões de comportamento ligados ao seu grupo primário. Esses modelos de comportamento e códigos de conduta internalizados – papéis – serão associados a certo tipo de ator, dependendo de sua classe social, posição, *status*. Ou seja, cada um de nós forma conceitos de como cada tipo de pessoa, dependendo de sua idade, sexo, posição social, *status*, profissão etc., deve se comportar ou não em determinada situação. Essas são as expectativas de papel que incorporamos. Elas variam de sociedade para sociedade e também no interior de cada uma os diversos grupos sociais têm opiniões diferentes sobre comportamentos considerados adequados ou inadequados em seu meio social. Alguns comportamentos condenados em dado contexto social podem ser aceitos em outro e considerados adequados e corretos.

Essa relatividade cultural nos faz compreender que, dentro de certos limites, não existe uma racionalidade absoluta segundo a qual determinados comportamentos são desejáveis ou indesejáveis. Devem-se observar os padrões sociais próprios à sociedade, estrato social ou grupo de referência em que os valores e papéis sociais foram definidos e criados. Trata-se de compreender o conceito de **diversidade cultural**: a existência, em uma mesma sociedade, de valores, hábitos e práticas sociais, formas de pensamento diferentes umas das outras, cada qual com sua validade em seu contexto social.

Uma sociedade tem regras gerais definidas, por exemplo, em seu ordenamento jurídico – o que é considerado crime ou não, o que se pode ou não fazer, quais comportamentos serão punidos e quais serão aceitos. O Estado detém o monopólio dos meios de coação: é a única instituição que pode usar legitimamente meios de coação para reprimir certos tipos de comportamento considerados infração ou crime. O controle social dos grupos sociais, no entanto, é bem claro: os atores sociais que não se comportam dentro dos padrões estabelecidos e institucionalizados por seus grupos de referência são, muitas vezes, censurados abertamente, discriminados ou deixados de lado e ignorados. Cada indivíduo, dependendo de sua idade, religião, sexo, inserção social, possui uma racionalidade própria, influenciada por seu grupo de referência. Existem assim diferentes "razões", justificativas e modos de pensar igualmente válidos socialmente.

Grupo de referência → Grupo a partir do qual constituímos nossos objetivos pessoais e profissionais

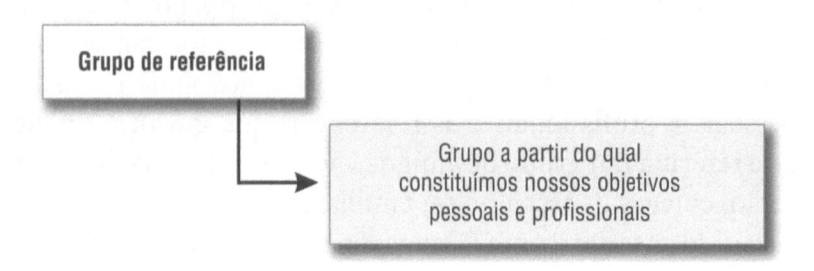

Figura 10.10 Definição de grupo de referência.

10.9.3 O conceito de lógica de ator, a racionalidade limitada e a "liberdade" de ação

O interacionismo simbólico concilia, assim, o pressuposto weberiano de liberdade de escolha humana (o conceito de que somos livres, dentro de certos limites sociais, para escolher entre diversas opções de ação) com o modelo parsoniano segundo o qual o sistema de valores é anterior a todos os outros sistemas sociais. Esses pressupostos levam à concepção do sistema de ação em uma perspectiva cibernética, em que os valores preexistentes no sistema social oferecem aos indivíduos não só os seus objetivos, mas também os meios sociais legítimos para atingi-los (regras e normas). Por conseguinte, nessa linha de argumentação, as crenças e valores dos indivíduos seriam os limites à sua capacidade de ação e à sua escolha. Porém, dentro desses limites, o homem é considerado um ser em princípio livre para decidir sobre o curso de suas ações ou decidir abster-se de agir, se disposto a aceitar as consequências da desobediência.

No entanto, se a sociedade tem um grande peso na determinação do que somos e pensamos e se existem fortes mecanismos de controle sociais, formais e informais, como falar em liberdade de escolha? Berger (1998) oferece uma visão interessante desse problema: como atores sociais, podemos observar os papéis sociais que desempenhamos e compreender que eles não são nossa única possibilidade de ação. São construtos sociais que não significam necessariamente a única maneira correta de agir. São relativos e representam uma visão de mundo possível, entre outras. É possível questionar esses padrões e escolher outras formas de ação. Podemos escolher outros papéis diferentes dos que desempenhamos atualmente, outras formas de ser e agir. Nossa escolha é limitada pelo repertório de papéis disponíveis e pelos aspectos centrais de nossa personalidade, formados em nossa socialização primária. Aspectos conscientes e inconscientes pré-estruturam nossa percepção e influenciam nossa ação. Contudo, dentro desses limites, é possível exercer alguma liberdade de escolha.

Como pudemos observar no Capítulo 4, existem, em uma sociedade, diversas **lógicas de ator**, ou seja, cada um de nós tem diferentes critérios que influenciam nossas decisões. Nesse capítulo sobre racionalidade limitada, Simon (1955), em seus estudos, mostrou que a racionalidade ou lógica de decisão de um indivíduo (lógica de ator) seria influenciada pelo seu presente e pelo seu passado, a partir do que Boudon (2001) chamou um **efeito de posição** (a decisão depende da posição que o ator social ocupa em um contexto de ação específico e que condiciona seu acesso às informações pertinentes) e um **efeito de disposição** (a decisão depende das características mentais, cognitivas e afetivas do indivíduo que decide, características essas que são pré-formadas por sua socialização passada). Nossas decisões dependem, portanto, das características desenvolvidas durante nossa socialização passada, mas dependem em muito também das influências, condições e problemas do "aqui e agora", do nosso presente (Boudon, 1991; Simon, 1955, 1957).

A "teoria da escolha racional", elaborada a partir das pesquisas realizadas por autores como Allison (1971), Gremion (1979), Cohen et al. (1972), March e Olsen (2005), com base no conceito de racionalidade limitada de Simon (1955, 1957), tenta compreender uma decisão a partir da estruturação do campo cognitivo dos atores sociais, ou seja, tentando ver como essa estruturação condiciona a percepção dos problemas pelos indivíduos, a emergência de soluções possíveis e a adoção de uma dessas soluções por meio de uma decisão efetiva (Allison, 1971; Gremion, 1979; Cohen et al., 1972). Essa teoria mostra como a formação dos critérios de decisão de um indivíduo é contingente e variável de acordo com o tipo de personalidade, com o tipo de situação e opções a ele oferecidas, destacando **o caráter incerto e dinâmico** do comportamento humano.

Ao decidir, cada um de nós é influenciado pelos nossos valores, gostos e padrões culturais de base, como vimos anteriormente (os elementos que se referem à nossa **disposição** – ao nosso estado mental ao decidir) e pelas informações que obtemos no momento de tomar a decisão. O acesso às informações depende de nossa **posição** nas estruturas social ou organizacional. Em uma organização, por exemplo, a secretária pode ter mais informações a respeito do comportamento de seus colegas de trabalho que seu chefe. O ascensorista que sobe e desce de elevador ouvindo as conversas dos outros empregados pode saber mais sobre o que acontece em certos setores que o gerente do setor. Porém, os gerentes possivelmente têm informações sobre o mercado, a situação financeira da organização e as prioridades estratégicas desta que outros atores sociais não dispõem.

Dependendo dos papéis sociais que interpretamos, de nossa posição hierárquica ou dos lugares que frequentamos, da tecnologia à qual temos acesso e de nossas fontes de informação, possuímos mais ou menos dados nos quais basear nossa decisão. Indivíduos com acesso à internet podem dispor, em alguns casos, de mais informações sobre algo que pretendem comprar ou sobre o mercado do que outros que não têm acesso a essa fonte de informação. Decidimos, assim, como base no que queremos ou pensamos em dado momento e com as informações que dispomos naquele instante. Esses elementos podem mudar posteriormente. Passamos a desejar outras coisas, nossas prioridades mudam ou obtemos outras informações que nos fariam tomar outra decisão. Consequentemente, essa teoria revela como as decisões são relativas a dado momento e a certo contexto social e como elas são contingentes. O nome **racionalidade limitada** mostra que o ser humano tem certos limites no seu processo decisório. Um desses limites é o acesso às informações. É impossível dispor de todas as informações sobre todas as possibilidades e opções possíveis. O ser humano tem também um limite cognitivo no processamento de informações. Mesmo que disponhamos de inúmeras informações fornecidas pelo computador ou sistemas de informação, na prática, na hora de decidir, os indivíduos costumam simplificar as suas opções a fim de poder lidar com a complexidade da situação. Decidimos pela primeira opção que nos parece satisfatória, dadas as informações que possuímos em determinado momento. Existem pressões de tempo, dinheiro, e os recursos alocados ao processo decisório, sejam eles cognitivos ou materiais, são limitados.

A decisão é sempre relativa a quem decide e ao contexto no qual ela foi tomada. Ela representa um pensamento ou uma racionalidade possível, entre outras. Pode-se dizer que existem diversas propostas possíveis, cada qual com seus limites, pontos fortes e fracos. Nessa linha de argumentação, pode-se considerar que não existe, assim, uma racionalidade superior e inquestionável.

Em suas reflexões teóricas sobre a teoria da tomada de decisão, autores como Elster (1983) Hirschmann (1970); Lindblom (1978); Cohen e March (1974); Weick (1976) reforçam esses argumentos, mostrando que:

> ➤ As preferências de um indivíduo ao decidir não são precisas, coerentes e determinadas, mas, ao contrário, são múltiplas, flexíveis e ambíguas (Cohen e March, 1974).

> Essas preferências não são necessariamente claras para o indivíduo antes de sua ação, contudo, podem ser descobertas ou se originam posteriormente, sendo criadas pela ação e por sua dinâmica (Hirschmann, 1970; Lindblom, 1978; Weick, 1976).
> Os critérios de decisão e as preferências do indivíduo não são estáveis e independentes das condições da escolha, porém, ao contrário, eles são adaptativos e influenciados pelo contexto de decisão (Elster, 1983).
> Os critérios de decisão e as preferências do indivíduo não são intangíveis, mas influenciados pela ação consciente ou inconsciente dos indivíduos que decidem (Elster, 1983).

Assim a ação humana não se limitaria aos objetivos que um indivíduo acredita possuir e nos quais ele acredita fundamentar sua ação cotidiana. A ação humana seria influenciada por elementos incertos e novos, que vão além dos princípios e ideais nos quais as pessoas imaginam basear sua ação. O contato com novas culturas, normas de comportamento e sistemas modifica em parte os critérios de decisão anteriores das pessoas.

10.10 A organização: esfera cultural e simbólica

A organização é uma minissociedade composta por diversos grupos de atores sociais, com diferentes valores e visões de mundo. Como vimos na primeira parte deste capítulo, a organização dispõe de uma cultura oficial – regras, valores oficiais, formas de comportamento, papéis sociais formalizados por meio do discurso dos dirigentes e dos documentos oficiais. Sendo assim, uma organização pode ter regras em que se exija dos empregados o cumprimento de um horário rígido, com procedimentos como "bater o ponto", vestir roupas formais, como terno e gravata, chamar o chefe de "senhor", não ter flexibilidade no horário ou no trabalho, utilizar um vocabulário formal. Outra organização, no entanto, pode conceder horário flexível, permitir que as pessoas trabalhem com roupas informais, chamem o chefe de "você", contem anedotas e façam brincadeiras etc. Trata-se de duas organizações com culturas organizacionais diferentes – com práticas diversas.

Cada uma dessas organizações, no entanto, terá muitos grupos de indivíduos com culturas e padrões de comportamento diferentes. A teoria do papel nos mostra que os indivíduos que desempenham trabalhos similares, utilizando o mesmo tipo de vocabulário, submetidos ao mesmo tipo de horário de trabalho e rotina, ao mesmo tipo de chefia e recebendo salários similares tendem a desenvolver padrões de comportamento, percepção e representação da realidade muito parecidos. Isso corresponde ao conceito de identidade social. Operários em certa linha de montagem, gerentes que executam trabalhos semelhantes, grupos de engenheiros que criam e codificam o mesmo tipo de software, grupos de enfermeiras que trabalham com o mesmo tipo de doentes, médicos que atuam na mesma especialidade, professores de disciplinas similares, entre muitos outros exemplos, tendem a desenvolver padrões culturais específicos ao seu grupo profissional.

Essas relações informais não acompanham, porém, o organograma da empresa. Frequentemente existem subgrupos dentro dos grupos: indivíduos que pertencem ao mesmo grupo profissional têm divergências de opinião e diferentes posições políticas. Contudo, apesar dessas diferenças e, independentemente de suas histórias individuais e de seu passado, os atores sociais passam muito tempo no ambiente de trabalho. O fato de possuírem as mesmas condições de trabalho e os mesmos espaços de interação, bem como o acesso e o controle do mesmo tipo de recursos, oferece aos indivíduos caminhos similares para se chegar à identidade e ao entendimento.

A mesma organização oferece a alguns indivíduos a possibilidade de trabalhar em atividades interessantes, nas quais possam aprender, refletir, debater e desenvolver suas habilidades relacionais e políticas. Outros, no entanto, não têm essa possibilidade, trabalham em tarefas mecanizadas e alienantes. O resultado dessa diferença é o fato de que alguns atores sociais podem diferenciar-se e obter reconhecimento social, sentindo-se vencedores e afirmando sua posição, ao menos algumas vezes, enquanto outros não possuem essa possibilidade dado seu tipo de trabalho. Esses últimos ficam presos de relações identificatórias e têm dificuldades em afirmar-se como indivíduos autônomos.

10.11 Cultura organizacional e poder

Os grupos que detêm mais poder na organização (normalmente os dirigentes) definem os padrões oficiais a serem seguidos pelos outros grupos – os valores e as formas de ação socialmente aceitos nesse sistema – e instituem mecanismos de controle social a fim de que esses padrões sejam efetivamente obedecidos. Esses padrões constituem a cultura organizacional oficial. Na prática, porém, esses comportamentos podem não ser totalmente aceitos ou obedecidos. Outros grupos questionam os padrões oficiais e tentam impor as suas definições de realidade e seus valores.

Podemos considerar a organização uma arena política onde existe o confronto entre várias "verdades", correspondendo às diversas formas de percepção e expressão dos diversos grupos organizacionais. Certos grupos conseguem impor "suas soluções" para os problemas, entre outras possíveis, buscando influenciar os outros. Essas soluções são baseadas em sua visão de mundo e sua interpretação da realidade, que será instituída e estabelecida na organização por meio de regras na criação de rotinas de trabalho e na estrutura organizacional, como "a verdade" e "a solução correta e superior" para todos.

Esses elementos serão "reificados" e percebidos pelos outros grupos como elementos objetivos da realidade, algo que não deve ser questionado. No entanto, no interior dessas regras e rotinas de trabalho criadas pelos grupos que detêm o poder, há o jogo de atores e os grupos organizacionais, que lutam na medida do possível para defender seus padrões culturais e sua visão de mundo, preservar o seu espaço de ação e sua autonomia. A organização evolui a partir desse confronto político e dessa dialética de poder. As regras pré-estruturam os espaços de ação dos diversos grupos organizacionais, mas ao mesmo tempo elas são fruto das interações entre os diversos grupos e representam o equilíbrio de poder na organização em dado momento, favorecendo o grupo ou a coalizão dominante. Os modelos cognitivos predominantes são questionados e surgem novos modelos. Nesse processo de mudança, os atores sociais constroem o que são e a sociedade em que vivem.

Bibliografia

AIDAR, M. et al. *Cultura organizacional brasileira*. Mudança organizacional. São Paulo: Atlas, 2000. p. 34-58.
ALLISON, G. T. *Essence of decision*: Explaining the Cuban missile crises. Boston: Little Brown, 1971.
ARGYRIS, C. *Knowledge for action*: A guide to overcoming barriers to organizational change. São Francisco: Jossey-Bass, 1993.
AUBERT, N.; DE GAULEJAC, V. *Le coût de l'excellence*. Paris: Seuil, 1991.
BERGAMINI, C. W. Motivação: Mitos, crenças e mal-entendidos. In: BERGAMINI, C.; CODA, R. (Eds.) *Psicodinâmica da vida organizacional*: Motivação e liderança. São Paulo: Atlas, 1997.
BERGER, P. *A construção social da realidade*. Petrópolis: Vozes, 1979.
_____. *Perspectivas sociológicas*: uma visão humanística. Petrópolis: Vozes, 1998.
BERGER, P.; LUCKMANN, T. *The social construction of reality*. Nova York: Doubleday & Co., 1967. p. 105.
_____. *A construção social da realidade*. Petrópolis: Vozes, 1989.
BOUDON, R. *L'idéologie*. Paris: Seuil, 1991.
_____. *The origin of values*. Londres Routledge, 2001.
COHEN, M.; MARCH, J. *Leadership and ambiguity*: The American college president. Nova York: McGraw-Hill, 1974.
COHEN, M. et al. A garbage can model of organization choice. *Administrative Science Quarterly*, v. 17, p. 1-25, 1972.
COOLEY, C. *Human nature and the social order*. Londres: Routledge, 1983.
DEAL, T.; KENNEDY, A. *Corporate cultures*. Reading: Addison-Wesley, 1982.
ELSTER, J. *Sour grapes*: Studies in the subversion of rationality. Cambridge, MA: Cambridge University Press, 1983.
FLEURY, M. T.; FISCHER, R. M. *Cultura e poder nas organizações*. São Paulo: Atlas, 1996.
FREITAS, M. E. *Cultura organizacional, formação, tipologias e impacto*. São Paulo: Makron Books, 1991.

GOFFMAN, E. *The presentation of self in every day life*. Garden City: Doubleday, 1959.
GREMION, C. *Profession*: Décideurs. Pouvoir des hauts fonctionnaires et réforme de l'État. Paris: Gauthier-Villars, 1979.
HIRSCHMANN, A. *Exit voice and loyalty*. Cambridge: Harvard University Press, 1970.
HOFSTEDE, G. *Culture's consequences*. Newbury Park: Sage Publications, 1980.
_____. *Cultures and organizations*: Software of the mind. Londres: McGraw-Hill, 1991.
JAMES, W. *Princípios de psicologia*. Madri: Fondo de Cultura Economica, 1994.
LINDBLOM, C. The science of muddling through. *Public Administration Review*, n. XIX, p. 79-88, 1978.
MARCH, J.; OLSEN, J. *Elaborating the new institutionalism, working paper, center for European studies*. Oslo: University of Oslo, 2005.
MEAD, G. H. *Mind, self and society*. Chicago: University of Chicago Press, 1934.
_____. *Mind, self and society*. Berlim: Heptagon, 2013.
MORGAN, G. *Imagens da organização*. São Paulo: Atlas, 1996.
MOTTA, F. C. et al. O novo sentido da liderança: Controle social nas organizações. In: WOOD JR., T. (Ed.) *Mudança organizacional*. São Paulo: Atlas, 1995. p. 117-149.
PESSOA, F. *Odes de Ricardo Reis*. Notas de João Gaspar Simões e Luiz de Montalvor. Lisboa: Ática, 1994.
PETERS, T. J.; WATERMAN, R. H. *In search of excellence*. Nova York: Harper & Row, 1982.
SCHEIN, E. Corporate culture: The hard-to-change values that spell success or failure. *Business Week*, p. 148-160, 27 Oct. 1980.
_____. Coming to a new awareness of organizational culture. *Sloan Management Review*, v. 25, n. 2, 1984.
_____. *Organizational culture and leadership*. São Francisco: Jossey-Bass, 1985.
_____. Culture: The missing concept in organization sciences. *Administrative Science Quarterly*, v. 41, n. 2, p. 229-240, 1996.
SENGE, P. *The fifth discipline*: The art and practice of the learning organization. Nova York: Doubleday, 1990.
SIMON, H. *A model of man*: Social and rational. Nova York: Wiley and Sons, 1955.
_____. From substantive to procedural rationality. In: LATSIS, S. (Ed.) *Method and appraisal in economics*. Cambridge: Cambridge University Press, 1957. v. 5.
SMIRCICH, L. Concepts of culture and organizational analysis. *Administrative Science Quarterly*, n. 28, 1983.
THÉVENET, M. *La culture d'entreprise*. Paris: PUF, 1993. (Collection Que sais je?)
WEICK, K. Educational organizations as loosely coupled systems. *Administrative Science Quarterly*, Mar. 1976.
_____. Organizational culture as a source of high responsibility. *California Management Review*, v. XXIX, n. 2, 1987.

Capítulo 11

A aprendizagem organizacional

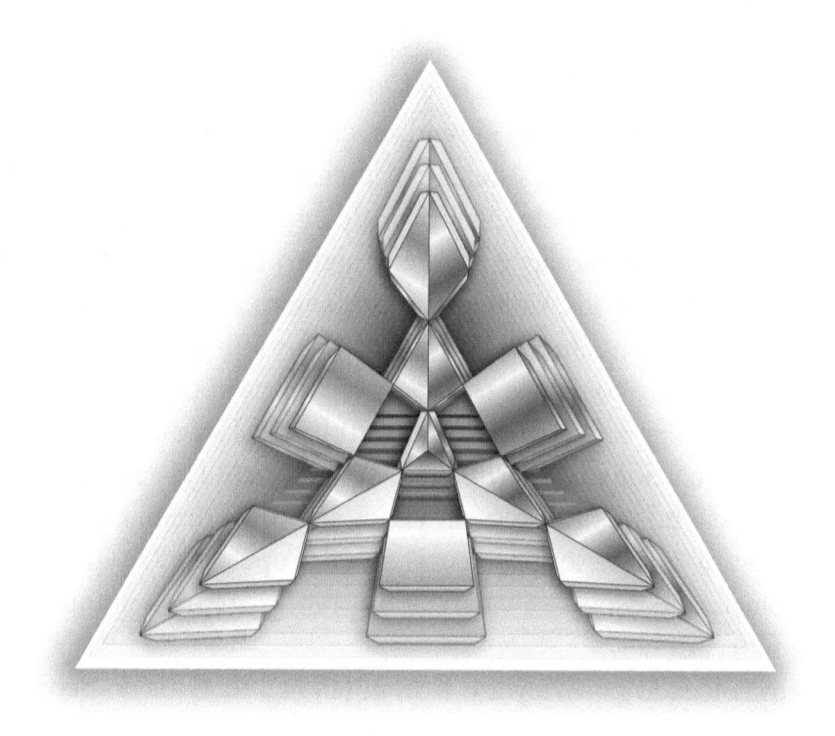

Ah! Se a gente pudesse se organizar com o equilíbrio das estrelas tão exatas nas suas constelações. Mas parece que a graça está na meia luz. Na ambiguidade.
(Lygia Fagundes Telles, *As horas nuas*. 2010)

11.1 Introdução

A importância conferida à aprendizagem no contexto da teoria das organizações não foi sempre tão grande quanto hoje em dia. Nas primeiras décadas do século XX, os gerentes, seguindo a concepção taylorista, dividiam o trabalho em tarefas específicas e cada operário, na linha de montagem, especializava-se em uma tarefa, não tendo uma visão global do processo de produção e não participando da concepção do próprio trabalho, uma vez que seguia as orientações dos engenheiros responsáveis pela concepção do processo produtivo. A qualificação profissional acima de certo nível era vista como prejudicial, dentro de um sistema em que os operários executavam tarefas mecanizadas e metódicas. Dessa forma, a mão de obra era treinada para executar as tarefas específicas que lhes eram designadas.

Nos anos 1940, Georges Friedmann (1964) mostrava como a racionalização taylorista do trabalho prejudicava a aprendizagem nas organizações e como os indivíduos eram limitados por esse sistema no desenvolvimento de suas habilidades.

Como mostramos, o modelo taylorista de organização do trabalho, com base na fragmentação de tarefas e no treinamento específico para a execução de movimentos padronizados, tinha como problemas a falta de visão do todo e a limitação do desenvolvimento das habilidades dos indivíduos. Esses efeitos só foram percebidos com o passar do tempo. A organização taylorista do trabalho, como vimos ao estudar a Escola de Administração Clássica, foi uma inovação importante e está relacionada a certo contexto histórico. Esse modelo foi seguido durante anos e ainda é utilizado em vários setores. Porém, com o passar do tempo, perceberam-se diversos problemas nele e propuseram-se aperfeiçoamentos e novas soluções. Passou-se a valorizar a aprendizagem e a autonomia como elementos importantes.

Como bem colocado por Meyer e Rowan (1991), teóricos do neoinstitucionalismo, as organizações costumam incorporar práticas administrativas e regras geralmente aceitas em seu setor produtivo, visando maximizar a sua legitimidade em seu ambiente de negócios e aumentar os seus recursos e a capacidade de sobrevivência. Isso significa que as organizações muitas vezes adotam valores, modelos de produção e ferramentas administrativas reconhecidos como superiores e "na moda" a fim de serem consideradas atualizadas e investirem em sua imagem institucional, conquistando clientes e mercados.

Durante muito tempo, o modelo taylorista era visto como o mais desenvolvido e adequado às organizações. Predominava um modelo de gestão de pessoas que tinha como pressuposto o fato de que o controle estrito dos indivíduos por meio das regras e normas burocráticas, a fragmentação de tarefas e a padronização das atividades implicava necessariamente maior produtividade e eficiência do sistema. As organizações adotavam a organização taylorista do trabalho, porque ela era vista como a mais eficiente e moderna de sua época.

Vários estudos sobre organizações, no decorrer do tempo, mostraram, porém, os problemas causados pelo modelo taylorista, como ele era concebido e aplicado inicialmente. Percebeu-se que existem diferenças entre as organizações formal e informal, entre o que se diz que deve ser feito e as práticas concretas nas organizações. As regras não são seguidas exatamente como foram elaboradas.

Meyer e Rowan mostram que, na verdade, a obediência estrita às normas é uma ficção. Na prática, existe o fenômeno do *decoupling* – a separação entre as normas e a prática administrativa. Os indivíduos encontram espaços de ajuste à regra, seguindo-a somente em certa medida. Muitos procedimentos são ritualizados e cerimonializados – têm a sua função social na organização, mas não são seguidos ao pé da letra. Os atores sociais procuram, assim, um mínimo de autonomia em relação ao seu trabalho (Meyer e Rowan, 1991).

Procedimentos normativos como as normas ISO 9000, por exemplo, são implantados, porém, no dia a dia, esses procedimentos não são seguidos como são propostos. Diversos estudos organizacionais clássicos confirmaram essa separação entre a estrutura organizacional formal e a estrutura informal e o fato de que nem sempre o controle estrito dos operários e a redução da autonomia de decisão levam a maior produtividade: Simon (1955), ao estudar o processo de tomada de decisão nas organizações e ao formular o conceito de racionalidade limitada; March, Olsen (1976) e Cohen (1974), ao formularem o conceito do *garbage can model* e ao observarem que as organizações burocráticas são frequentemente estruturas cujos elementos são interligados de forma sutil e relaxada (*loosely coupled*) e que, na prática, muitas regras não são obedecidas; Argyris (1992), ao estudar as atitudes dos atores sociais em relação à aprendizagem e à prática organizacional, mostrando que muitas vezes o discurso não é incorporado à ação e que os atores sociais possuem rotinas defensivas que impedem a adoção de certos procedimentos na prática. Todos esses autores confirmaram as limitações de um sistema com base estritamente nos princípios burocráticos descritos anteriormente. Mais do que isso, diversos estudos mostram que quando as normas são seguidas ao pé da letra o sistema não funciona por falta de flexibilidade. Uma das formas de protesto mais eficazes é a de os empregados seguirem exatamente o que dizem as normas e regulamentos, "trabalhar seguindo exatamente o que está escrito". O sistema, nesse caso, não funciona (Cohen et al., 1972; Cohen e March, 1974; March e Olsen, 1976).

Apesar dessas descobertas, muitos sistemas organizacionais ainda se baseiam na supervisão direta, no controle burocrático estrito e na redução da autonomia dos indivíduos e, consequentemente, da aprendizagem. Pouco a pouco, porém, o modelo taylorista de administração foi sendo questionado e foram surgindo novos modelos com base na valorização da aprendizagem e de valores como autonomia, flexibilidade e mudança. Normalmente, o conceito de aprendizagem organizacional é associado na literatura ao chamado modelo pós--industrial ou informacional de produção. Faremos uma breve exposição desses modelos a seguir.

11.2 O modelo industrial e o modelo pós-industrial

Vários autores defendem a evolução dos sistemas de produção atuais para o que seria um modelo pós-industrial ou informacional, revendo alguns conceitos fundamentais no campo da administração, como a padronização da produção, as economias de escala, os fatores de motivação dos grupos organizacionais e a estrutura organizacional. Autores como Alvin Toffler (1970, 1980) e Daniel Bell (1973) falam desde a década de 1970 em industrialismo e informacionalismo (ou pós-industrialismo).

Alvin Toffler (1970, 1980), em seus livros *Future shock* e *The third wave*, entre outros, formulou o conceito de "ondas de mudança". A primeira onda seria a revolução agrícola que influenciou a história da humanidade durante séculos; a segunda, o período industrial, e a terceira teria surgido após a Segunda Guerra Mundial e seria baseada na tecnologia da informação. Apesar de ser considerada exagerada em muitos sentidos, pois prevê mudanças radicais e bruscas no trabalho, nas relações familiares e na sociedade, a análise de Toffler influenciou significativamente estudos posteriores. Daniel Bell também analisou essas questões destacando o fato de que, com a emergência da sociedade pós-industrial, a estrutura burocrática tradicional sofrerá importantes mudanças e que um novo modelo de organização deve surgir: organizações que deem mais espaço ao desenvolvimento dos indivíduos e valorizem o conhecimento produzido por estes como fonte de criação de valor.

Castells (1999) também estuda o surgimento de uma nova estrutura social, associada ao informacionismo, fruto da reestruturação do modo capitalista de produção. Nesse novo modo de produção, a fonte de produtividade é ligada à tecnologia de geração de conhecimentos, de processamento da informação e de comunicação simbólica. A acumulação de conhecimentos e maiores níveis de complexidade no processamento da informação são variáveis importantes nesse modelo. Castells analisa profundamente essas mudanças. Faremos uma breve revisão desse contexto, uma vez que o conceito de aprendizagem organizacional está relacionado com ele.

11.2.1 Uma breve revisão do contexto social do modelo pós-industrial (informacional)

a) A globalização e a tecnologia de informação

Como coloca Castells, a partir da década de 1980 a maior circulação de bens e capitais tornou-se possível graças ao **modo informacional de desenvolvimento**. A tecnologia (internet, intranet, fax, novos modelos de telefonia digital etc.) permite o contato entre os diversos mercados, entre os vários países, instantaneamente, em tempo real, garantindo o acesso a informações, o trabalho a distância e a realização de investimentos econômicos rápidos, aumentando a velocidade com que circulam o capital e os produtos e serviços. Dessa maneira, no atual sistema econômico, o capitalismo informacional, o processamento da informação é continuamente concentrado na melhoria da tecnologia do processamento da informação como fonte da produtividade em um círculo virtuoso. Ou seja, novas tecnologias permitem processar informações melhor e mais rapidamente, sendo fonte de maior produtividade. São essas as características do nosso sistema econômico atual (Castells, 1999).

b) Uma sociedade multicultural

Outro ponto destacado por Castells é a diversidade cultural. O uso dessa tecnologia da informação faz que se propague um novo sistema de comunicação que fala cada vez mais uma linguagem universal digital, promovendo a integração global da produção e distribuição de palavras, sons e imagens. Pessoas com o mesmo tipo de interesse, valores e visões de mundo podem comunicar-se, trocando informações e constituindo redes multiculturais interativas. Nesse tipo de sociedade, a diversidade cultural é uma realidade: pessoas com diferentes princípios, valores, formas de comportamento e religião, por exemplo, agrupam-se por interesses semelhantes e mobilizam-se por conquistas sociais e políticas.

Domenico DeMasi (1999) também compara a sociedade industrial com a pós-industrial. O autor, ao analisar a sociedade industrial, mostra que, para a maioria dos indivíduos que realiza tarefas repetitivas, o trabalho não oferece realização pessoal e limita a aprendizagem, uma vez que esse sistema está comprometido com a produtividade e não com o desenvolvimento individual. Dessa forma, a realização pessoal e as oportunidades de desenvolvimento no trabalho seriam ainda privilégio de poucos. Dando sequência a essa análise, DeMasi analisa o futuro do trabalho e da sociedade pós-industrial, na qual haveria uma diminuição progressiva da jornada de trabalho, e o lazer (ou "ócio criativo") ofereceria aos indivíduos novas possibilidades de desenvolvimento e realização pessoal não encontradas no ambiente de trabalho atual. Como vemos, a aprendizagem, o desenvolvimento e a realização pessoal são valores que ganham importância na análise das organizações e da sociedade como um todo (Castells, 1999; DeMasi, 1999).

Em relação às organizações, são quatro os pontos fundamentais levantados pelos autores que tratam do modelo pós-industrial:

- **Concentração do foco de atenção na mudança organizacional** – A estrutura organizacional e a sua dinâmica se tornam objetos de estudo intensivo por parte dos pesquisadores e teóricos da administração.
- **Dimensão simbólica** – Buscam-se mecanismos de integração e de coesão organizacionais, valorizando a dimensão simbólica e cultural da empresa.
- **Aprendizagem organizacional e as organizações em aprendizagem** – Embora vários teóricos já tivessem estudado a aprendizagem nas organizações no início dos anos 1990, Peter Senge (1990) lança esse conceito em seu livro *The fifth discipline* (*A quinta disciplina*) e operacionaliza e divulga esses conceitos.
- **Autonomia individual** – Busca-se um equilíbrio entre a autonomia individual e a produtividade.

11.3 A aprendizagem e o modelo industrial

Em resumo, o modelo industrial baseia-se no tipo ideal da organização mecânica, definida nos anos 1960 por meio dos estudos sociotécnicos clássicos. Trata-se do modo taylorista de produção e da aplicação de processos científicos à produção industrial, a qual se baseia na divisão social do trabalho, na fragmentação programada das tarefas e no controle cerrado dos recursos humanos por meio da obediência à regra e da supervisão direta. Defende-se nesse modelo a existência de uma racionalidade superior, *one best way*. No que se refere à aprendizagem, no início predominava uma visão restritiva dela: o operário deveria obedecer e preocupar-se em desenvolver apenas as habilidades estritamente necessárias ao cumprimento de sua tarefa específica. Ele não deveria dispersar-se, ou seja, preocupar-se em desenvolver outras habilidades além das necessárias ao bom cumprimento de sua função e a obediência às ordens localizadas. Aprender significava ser bom no cumprimento de uma função específica, previamente designada ao empregado por seu superior imediato.

O Modelo Industrial

- Concentração de trabalhadores na indústria.
- Renda concentrada na mão dos países desenvolvidos.
- Divisão do trabalho.
- Fragmentação programada das tarefas.
- Separação entre a vida privada e a vida pública.
- Conceito estrito de família.
- Maior mobilidade social.
- Produção em massa e consumismo.
- Mecanização e automatização do trabalho humano.
- Predomínio "da melhor maneira" ou racionalidade absoluta.
- Sindicalismo como forte movimento social.
- Estabilidade e comunidade social como valores predominantes.
- Controles burocráticos e controle social.
- Aprendizagem de circuito simples (Argyris).

Figura 11.1 Características do modelo industrial.

11.3.1 Aprendizagem e modelo pós-industrial

Peter Senge, nos anos 1980, formulou o conceito de aprendizagem organizacional e organizações em aprendizagem (*learning organization*) como resultantes dessas mudanças tecnológicas e sociais descritas anteriormente – o surgimento da sociedade informacional e pós-industrial. Na verdade, as organizações em aprendizagem são um aperfeiçoamento do tipo ideal orgânico, desenvolvido também a partir de estudos sociotécnicos clássicos em oposição ao modelo mecânico.

Esse tipo de organização seria adaptado à era do conhecimento (*knowledge era*), em que a capacidade de interpretar rapidamente as informações complexas, dar sentido a elas e agir passa a ser fonte de criação de valor. De acordo com essa linha de argumentação, na sociedade pós-industrial, as empresas teriam então um interesse real, de ordem financeira, no desenvolvimento da capacidade cognitiva dos seus membros. Estes devem ter autonomia de ação, o que implica maior liberdade individual, contrariamente à chamada "superconformidade estrutural" descrita por Merton (1957). Significa que o indivíduo tem o "dever de discordar" e questionar os pressupostos básicos do sistema.

A autonomia é assim definida como a capacidade individual de lidar com informações complexas, dar um sentido a elas, formular um pensamento próprio e defendê-lo. Argumenta-se que, a partir da adoção de um modelo de gestão de pessoas com base na valorização do indivíduo e na sua capacidade de aprendizado, obter-se-á aumento no número de pessoas que "pensam" na organização. Dessa forma, a valorização da capacidade de reflexão e processamento de informações dos indivíduos aumentaria a capacidade de processamento de informações em todo o sistema organizacional. Como o processamento rápido de informações é fonte de maior produtividade, conclui-se que o aprendizado e o desenvolvimento da capacidade cognitiva dos indivíduos aumentam a produtividade das organizações no sistema capitalista informacional.

O Modelo Pós-Industrial (DeMasi, Castells)

- Aprendizado de circuito duplo (Argyris).
- Predominância do setor terciário (serviços).
- Globalização.
- Predomínio da tecnologia da informação garantindo rapidez nas comunicações (internet, telefonia digital, satélite, redes interativas).
- Processamento de informações como mecanismo de geração de valor e vantagem competitiva para as organizações.
- Mecanização de trabalhos rotineiros antes atribuídos ao homem.
- Diversidade cultural.
- Desregulamentação e descentralização.
- Aumento da complexidade dos sistemas técnicos e sociais.
- "Organizações em aprendizagem" (Senge).
- Identidades evolutivas.
- Conceitos como mudança contínua, transitoriedade, adaptabilidade, aprendizagem, contingência, autonomia, identidade, cultura, comunicação simbólica e diversidade consolidam-se como valores.
- Racionalidade limitada – formas de pensamento múltiplas, diversas racionalidades e "visões de mundo".
- Ambiente de trabalho e ambiente privado se confundem, graças à tecnologia da informação.
- Predomínio do presente como unidade temporal.
- *Homo ludus* (voltado para o lazer, dispondo de mais tempo livre para atividades que o realizem – comunicação, entretenimento e aprendizagem lúdica (sons e imagens) substituem o *Homo faber* do período industrial (DeMasi).

Figura 11.2 Características do modelo pós-industrial.

11.4 O modelo pós-industrial (informacional) e o "homem que aprende"

No modelo informacional, o *homo economicus* do modelo industrial é substituído pelo "homem que aprende". Reconhecemos aqui elementos do conceito de *homo complexus* apresentado no capítulo que trata das teorias sobre motivação e liderança, com base nas teorias de Herzberg, entre outros autores.

Nessa visão, o destino do ser humano é evoluir e buscar a autonomia de pensamento. O ser humano autônomo é reconhecido como um ser capaz de analisar informações, dar sentido a elas e encontrar soluções, aprendendo com suas experiências e sendo capaz de formular um pensamento próprio. Como analisa Daniel Bell (1973), esse modelo se baseia em um indivíduo menos vinculado e dependente da comunidade organizacional e mais voltado para si e para suas possibilidades de desenvolvimento.

O correlato dessa maior autonomia, no entanto, é a responsabilização pelos resultados da própria ação e a descentralização administrativa. O ator social (o indivíduo que interage com outros, construindo a sociedade onde vive) passa a ser responsável por sua carreira, seu aprendizado e suas realizações. Defende-se o valor de comunidade organizacional, mas como grupo de indivíduos que compartilham temporariamente interesses profissionais comuns e se organizam em torno de objetivos comuns (*community of purpose*).

A estabilidade é um valor criticado. Em um mundo de mudanças, as relações são transitórias e o indivíduo deve gerir sua carreira buscando novas oportunidades de aprendizado e desenvolvimento, mesmo que isso implique sucessivas mudanças. A organização age da mesma forma: a inserção do indivíduo na organização é temporária, está sempre sujeita a mudanças, tem um caráter contingente e depende da situação. Enquanto permanece na organização, no entanto, o indivíduo deve integrar-se a ela e basear sua ação em uma ética profissional que inclui esforçar-se para contribuir para o aperfeiçoamento do sistema e o atingimento de metas e objetivos.

Esse modelo solicita ao indivíduo que ele lide com alguns paradoxos e contradições importantes: ao mesmo tempo que deve integrar-se no sistema organizacional e trabalhar em equipe visando ao atendimento de certas metas e objetivos, deve manter-se atento ao próprio desenvolvimento e aprendizagem e à manutenção de uma rede – *network* de contatos, a fim de garantir sua empregabilidade. O ator social deve estar pronto para "integrar-se" temporariamente ao sistema, contribuindo efetivamente para seu desenvolvimento (o que significa ser um bom profissional), mas deve estar pronto a desvincular-se da organização quando necessário, inserindo-se rapidamente em um novo sistema. Lidar com múltiplos elementos da realidade, com a incerteza e com paradoxos como "integração/compromisso *versus* transitoriedade/mudança" passa a ser um desafio nesse contexto. Contudo, de acordo com essa linha de argumentação, o "homem que aprende" deve aceitar esses desafios, aprender e evoluir com eles, uma vez que a sua própria identidade é um elemento em construção. A organização não passa mais a ser responsável pelo bem-estar e proteção do indivíduo. Substitui-se o que muitos autores chamam uma ética "paternalista", na qual a organização oferecia proteção, segurança e benefícios em troca de obediência e lealdade irrestritas, por uma ética "profissional", na qual o indivíduo é o único responsável por sua carreira e seu desenvolvimento, devendo saber lidar com a insegurança e as incertezas típicas desse novo contexto social (Lewis, 2000; Mckinley e Scherer, 2000).

Mas o que significa aprender? Antes de tratarmos especificamente do conceito de aprendizagem organizacional, faremos uma breve revisão da teoria da aprendizagem.

11.5 Uma breve revisão do conceito aprendizagem

O modelo clássico de aprendizagem comportamentalista (behaviorista), derivado das teorias sobre condicionamento de Pavlov, da forma como foi sistematizado por Thorndike, baseia-se na ideia de que a aprendizagem implica uma série de operações precisas e reguladas que fundamentam a aquisição de uma aptidão nova ou de um comportamento novo. O indivíduo progride por ensaio e erro e evolui em resposta a estímulos que orientam o sentido de suas tentativas. A eficiência da aprendizagem é influenciada pelas leis do reforço e pela existência de uma situação em que o controle sobre os estímulos seja o maior possível (Thorpe e Schmuller, 1965).

As teorias sobre aprendizagem evoluíram com as teorias da personalidade para um modelo cognitivo com base no conceito de Gestalt. Surge assim o conceito de *insight* ou "instante de compreensão", no qual o indivíduo reestrutura a sua percepção das relações lógicas que constituem o objeto que busca apreender. Dessa forma, seu esforço cognitivo concentrado gera uma tensão que o leva a uma tomada de consciência brusca das relações entre as partes que compõem o sistema que busca conhecer. Ele compreende subitamente as relações entre os diversos elementos do sistema e atinge um novo patamar de conhecimento sobre o objeto de sua cognição.

Dewey, conforme Thorpe e Schmuller (1965), retoma esses conceitos e descreve a aprendizagem como uma experiência na qual os atores sociais solucionam problemas. Ele mostra que aprender é entrar em um processo heurístico (ensaio e erro) no qual, sequencialmente, o indivíduo formula uma hipótese, aplica-a e verifica o resultado de sua ação.

Dentro da corrente sociotécnica, alguns autores utilizam esses conceitos para relacionar aprendizagem, experiência e trabalho. Essa abordagem cognitivista baseada no conceito de Gestalt e *insight* propõe também que toda a aquisição de conhecimento põe em xeque a racionalidade e os valores anteriores do sujeito, uma vez que ele deve questionar sua antiga lógica de solução de problemas para adquirir nova forma de raciocínio e resolução de problemas. A aprendizagem é assim fundamentalmente baseada no questionamento e na mudança, englobando aspectos que envolvem a identidade dos indivíduos e grupos de atores sociais.

Para Carl Rogers (1976), o tipo de aprendizagem que mais influencia o indivíduo é aquele que ele adquire pela própria experiência, baseando-se em suas próprias impressões e descobertas.

Segundo essa visão, o aprendizado do adulto ocorre de modo heurístico por meio de um processo de ensaio e erro. O indivíduo adulto baseia seus julgamentos de valor em uma experiência profunda pela sobrevivência nas condições imediatas de cada situação. Essas experiências de sobrevivência e adaptação às condições concretas do "aqui e agora" levam os indivíduos a selecionarem os elementos da realidade que considerarão válidos e incorporarão dos outros elementos que serão rejeitados e não serão incorporados. Assim, baseando-se nos elementos que incorporam cognitivamente e passam a conhecer (valores, modos de comportamento, práticas etc.), os indivíduos constroem seus critérios de escolha (lógica de ator) que influenciarão suas ações futuras e definirão seus padrões identitários.

Dessa forma, na corrente sociotécnica, alguns autores aliam o conceito de aprendizagem à teoria organizacional. A organização, estruturando diferentes tipos de experiência e interações entre os atores sociais, influencia a forma como estes percebem a realidade, formulam seus julgamentos, selecionam os elementos de sua experiência cotidiana e constroem sua identidade (Sainsaulieu, 1977).

11.5.1 O modelo industrial e a aprendizagem de circuito simples

A aprendizagem de circuito simples costuma ser associada ao modelo "industrial", e à aprendizagem de circuito duplo, ao modelo "pós-industrial" ou informacional.

Essas definições baseiam-se no conceito desenvolvido por Chris Argyris. Esse autor, sob uma perspectiva cognitivista, definiu o *single looping learning* e o *double looping learning*, ou aprendizagem de circuito simples e aprendizagem de circuito duplo (Argyris, 1992).

A **aprendizagem de circuito simples** baseia-se na detecção do erro e na sua correção, preservando-se, no entanto, os pressupostos do sistema operacional, ou seja, os valores de base que inspiram o funcionamento do sistema. Tratando-se de processos de produção ou administrativos, pode-se dizer que se refere à melhoria contínua de processos, na qual se aprimora cada vez mais a eficiência de dado processo, aperfeiçoando sua prática e sua execução até um nível ótimo, sem questionar, no entanto, os valores de base do sistema ou suas etapas de funcionamento. Tratando-se de processos cognitivos individuais, pode-se também utilizar esse conceito. A aprendizagem de circuito simples refere-se ao indivíduo que incorpora novas práticas à medida que elas não contradigam seus pressupostos e valores de base. Não há questionamento de seus valores e suas práticas anteriores. Não há incorporação de novos comportamentos que questionem o seu sistema cognitivo, que bloqueiem a incorporação de informações contrárias a ele, que ameacem a sua autoimagem ou os elementos constitutivos de sua identidade, como veremos mais detalhadamente a seguir.

11.5.2 O modelo pós-industrial (informacional) e a aprendizagem de circuito duplo

A **aprendizagem de circuito duplo** envolve um processo de percepção e exploração das possibilidades do ambiente. Em primeiro lugar o indivíduo tem acesso a novas informações. Em segundo, comparam-se as informações obtidas com as normas de funcionamento de dado sistema ou processo, e depois se questionam a pertinência das normas de funcionamento do sistema e a iniciação de ações corretivas apropriadas, que podem envolver a mudança das práticas, valores e pressupostos do sistema ou processo antigo.

No que se refere aos processos produtivos e gerenciais, propõe-se questionar habitualmente suas bases de funcionamento, a partir de novas informações obtidas, redesenhando-se o processo ou incluindo modificações relevantes no sistema desde que se faça necessário, reconfigurando o processo produtivo, a tecnologia ou a organização. No que diz respeito ao sistema cognitivo dos indivíduos, a aprendizagem de circuito duplo leva ao questionamento das próprias formas de comportamento e à mudança.

Aprendizado de Circuito Simples

- Curva de aprendizado do sistema operacional.
- Não questiona os pressupostos básicos do sistema (Valores e modo de funcionamento).
- Aperfeiçoamento do sistema atual (melhoria do processo).

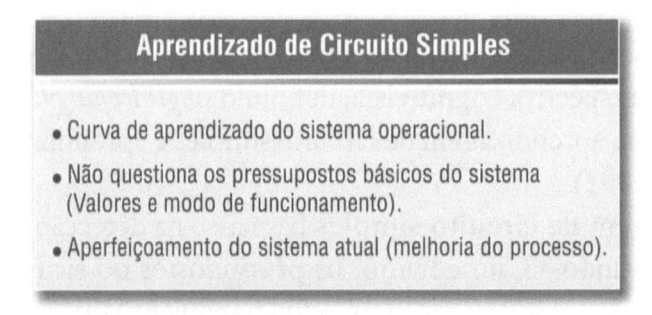

Figura 11.3 Aprendizagem de circuito simples (*single looping learning*).

> **Aprendizado de Circuito Duplo**
>
> - Percepção e exploração do ambiente e acesso a novas informações.
> - Comparação com o funcionamento do sistema atual.
> - Questionamento e reconfiguração do sistema.
> - Institucionalização da mudança.

Figura 11.4 Aprendizagem de circuito duplo (*double looping learning*).

11.5.3 A aprendizagem organizacional e o aprendizado de circuito duplo

O conceito de aprendizagem organizacional está relacionado à ideia de inovação social e tecnológica nas organizações. Dessa maneira, o conceito de aprendizagem organizacional refere-se à institucionalização de regras, aos procedimentos e aos estilos gerenciais que promovem a captação e o processamento rápido de informações novas permitindo o questionamento contínuo dos padrões cognitivos e técnicos predominantes no sistema organizacional em dado momento. O questionamento dos padrões existentes, com base em informações novas, permite a correção do curso da ação e a invenção e implantação de novos padrões e normas de referência em uma perspectiva evolutiva. Dessa forma, as organizações podem adaptar-se rapidamente às mudanças que ocorrem em seu setor produtivo e conquistar vantagem competitiva. O conceito de aprendizagem organizacional corresponde à institucionalização do aprendizado de circuito duplo nas organizações.

11.6 Detalhando o conceito de aprendizagem organizacional

A aprendizagem organizacional implica questionamento e mudança dos padrões de ação e formas de comportamento nas organizações, gerando inovação. Faremos uma revisão desse conceito, relacionando primeiro os conceitos de aprendizagem e mudança. Se aprendizagem implica mudança, a primeira questão que surge é a seguinte: **como é possível a mudança do comportamento dos indivíduos nas organizações e a inovação?**

Peter Senge em seu livro *The fifth discipline* (1990) integra os conceitos de aprendizagem organizacional e sistemas. O autor defende a ideia de que o pensamento sistêmico constitui a quinta disciplina a ser levada em consideração após outros elementos (disciplinas) como o domínio de si mesmo (*personal mastery*), a visão compartilhada, o aprendizado coletivo e os modelos mentais. Segundo o autor, o fato de as organizações considerarem-se sistemas compostos de diversas partes interconectadas e interdependentes, que interagem com o ambiente, favorece o aprendizado e a mudança nos comportamentos e práticas sociais. Senge (1990), na verdade, baseia-se em conceitos sociotécnicos clássicos desenvolvidos nos anos 1960 por autores como Emery e Trist, Burns e Stalker, Weick e Argyris, entre outros. O autor sistematiza assim uma série de conhecimentos de forma clara, tornando-os acessíveis ao grande público e popularizando o conceito de aprendizagem organizacional.

Senge argumenta que as "organizações controladoras" limitam a aprendizagem e a inovação, pois têm práticas que tolhem a liberdade do indivíduo, fazendo-o seguir estritamente as regras e inibindo sua criatividade e desenvolvimento. Ao contrário das organizações "controladoras", as "organizações em aprendizagem" (*learning organizations*) são baseadas em autonomia e *empowerment*, estimulando o aprendizado em todos os níveis hierárquicos como parte do próprio trabalho cotidiano dos atores sociais (Senge, 1990; Senge et al., 1994; Emery e Trist, 1973; Burns e Stalker, 1961; Weick, 1995; Argyris, 1992).

Senge adota a linha cognitivista que também fundamentou os estudos clássicos sobre aprendizagem desenvolvidos por Chris Argyris a partir dos anos 1950. Argyris baseia-se na pedagogia e no ideal educativo afirmando que os indivíduos guiam as suas ações a partir de seus valores e suas normas, interiorizados em sua socialização primária e secundária. É necessário procedermos a essa análise a fim de compreendermos como os indivíduos podem mudar seu comportamento, condição para o aprendizado de circuito duplo.

A **socialização primária**, da qual fala Argyris, refere-se aos valores básicos que incorporamos em nossa primeira infância, sob influência de nossa família ou dos indivíduos com quem temos mais contato e nos identificamos. A partir da socialização primária formam-se os elementos básicos da personalidade do indivíduo, parte central de sua identidade, difíceis de serem transformados. A socialização secundária refere-se aos valores, comportamentos e padrões culturais formados após a socialização primária, elementos adquiridos principalmente no treinamento técnico e na especialização profissional do indivíduo. Consequentemente, os setores mais amplos da sociedade, tais como amigos, vizinhos e principalmente elementos cognitivos adquiridos na inserção escolar e profissional, influenciam a formação da identidade do indivíduo. Porém, os elementos identitários e valores incorporados por este em sua socialização secundária podem ser mais facilmente "instrumentalizados" e modificados, uma vez que não pressupõem o alto grau de identificação dos elementos identitários incorporados durante a socialização primária. Os elementos culturais adquiridos na primeira infância pré-estruturam nossa percepção e integram nossa personalidade, enquanto, segundo Argyris, os elementos que incorporamos em nossa socialização secundária podem ser mais facilmente modificados, pois permitem sequências de aprendizagem mais facilmente controláveis dos pontos de vista afetivo e racional.

Dando sequência a esse tipo de argumentação, Argyris e Schön (1978), em sua teoria perspectiva da ação (*theory of action perspective*), mostram que os indivíduos agem de acordo com suas crenças e pressupostos – valores que embasam sua ação e oferecem padrões (*frames*) de interpretação da realidade. Parte desses padrões, crenças e pressupostos pode ser modificada, mudando, pois, a ação e o comportamento dos indivíduos, pressupostos da aprendizagem.

11.6.1 Identidade, mudança e aprendizagem: uma perspectiva não determinista

De acordo com a concepção cognitivista de aprendizagem, a ação humana – a maneira pela qual as pessoas tomam e implementam suas decisões – não segue uma lógica determinista. Adota-se assim o pressuposto defendido por Max Weber sobre a liberdade de ação e decisão do ser humano. Como vimos anteriormente, os valores recebidos na socialização primária (sob influência da família) pré-estruturam e influenciam a percepção e as escolhas dos atores sociais e indivíduos, mas não as determinam.

Os trabalhos clássicos de Festinger sobre a dissonância cognitiva reforçam o argumento de não determinação da ação humana e da possibilidade de aprendizado, ou seja, mudança de valores, hábitos adquiridos e práticas sociais. Em seu livro publicado em 1957, ele define processo cognitivo (o ato de conhecer) como todo conhecimento, opinião ou crença do indivíduo a respeito de si mesmo, de seu comportamento ou dos fatos relativos a um contexto de decisão. Segundo o autor, o indivíduo enfrentaria em várias ocasiões uma dissonância ou uma oposição entre várias cognições, encontrando-se em uma situação de impasse que provocaria uma sensação de "desconforto" psicológico, que ele tentaria reduzir com a adoção de várias estratégias possíveis: contestar seus valores de base adotando novos valores ou conservá-los, mudando sua ação (Festinger, 1957). Para solucionar suas contradições – o fato de sentir e pensar coisas diferentes –, o indivíduo pode mudar em parte seus valores ou conservá-los.

Como aprender significa, para a corrente cognitivista, **mudar o seu comportamento e, em parte, seus valores**, o ser humano, na redução de sua dissonância (ou desconforto produzido por suas contradições internas), pode incorporar uma nova informação, questionando seus valores de base e adotando novas práticas, ou pode decidir preservar suas práticas, valores e hábitos antigos, não incorporando a informação nova e resistindo à mudança. Nesse caso, não há aprendizado.

Concluindo, o contato com diferentes realidades e novas formas de ação antes desconhecidas pode gerar novos valores no indivíduo, provocando mudanças de comportamento e o aprendizado de circuito duplo.

11.6.2 Detalhando conceitos: a aprendizagem de circuito simples e a aprendizagem de circuito duplo

Como pudemos observar, Chris Argyris (1992), pela perspectiva cognitivista, fala do *single looping learning* e do *double looping learning* ou aprendizagem de circuito simples e aprendizagem de circuito duplo.

A **aprendizagem de circuito simples** baseia-se na detecção do erro e na sua correção, preservando-se, no entanto, os pressupostos do sistema operacional – os valores de base, que inspiram o seu funcionamento.

Retomando os elementos analisados no início deste capítulo, vimos que, tratando-se de processos de produção ou administrativos, pode-se dizer que a aprendizagem de circuito simples se refere à melhoria contínua de processos, ou seja, melhorando cada vez mais a eficiência de dado processo, aperfeiçoando-se a sua prática e a sua execução até nível ótimo, sem questionar, no entanto, os valores de base do sistema ou suas etapas de funcionamento.

Com relação aos processos cognitivos individuais, a aprendizagem de circuito simples refere-se ao indivíduo que incorpora novas práticas à medida que elas não contradigam os seus pressupostos e valores de base. Não há questionamento dos seus valores e das práticas anteriores. Não há incorporação de novos comportamentos que questionem o seu sistema cognitivo, que bloqueiem a incorporação de informações contrárias a ele, que ameacem a sua autoimagem ou os elementos constitutivos de sua identidade. Argyris e Schön (1978) descrevem as "rotinas defensivas" que impedem a adoção efetiva de práticas que se oponham às crenças básicas dos indivíduos.

Os indivíduos não adotam comportamentos ou não tomam conhecimento de informações que lhes produzam desconforto e angústia. Dessa forma, existe uma defasagem entre a "teoria adotada" (o que se diz que se faz) e a "teoria efetivamente praticada" (como realmente se age): os indivíduos podem dizer que são favoráveis à incorporação de certo tipo de comportamento, eles podem até acreditar na sua validade, mas um bloqueio cognitivo os impede de adotarem esses comportamentos na prática (Argyris e Schön, 1978). Outros autores também descrevem esse tipo de fenômeno relativo às barreiras cognitivas como bloqueio ao aprendizado (Weick, 1995).

Pesquisadores do Instituto Tavistock mostram desde a década de 1940 que a informação percebida como uma ameaça à identidade de alguns grupos organizacionais é sistematicamente ignorada ou reinterpretada, pois os atores sociais resistem a incorporar práticas e informações que desafiem o seu autoconceito ou sua autoimagem (Bion 1959; Jaques, 1955). Esses conceitos foram mais tarde transpostos para as organizações, para o grupo de indivíduos e para os atores sociais. Compreende-se assim algumas razões por que as pessoas não mudam seus comportamentos na prática e conservam suas crenças e valores anteriores, mesmo que digam o oposto.

Mais uma vez, retomando elementos abordados anteriormente, vimos que a **aprendizagem de circuito duplo** envolve um processo de percepção e exploração das possibilidades do ambiente. Em primeiro lugar, o indivíduo tem acesso a novas informações. Em segundo, comparam-se as informações obtidas com as normas de funcionamento de dado sistema ou processo e depois se questionam a pertinência das normas de funcionamento do sistema e a iniciação de ações corretivas apropriadas, que podem envolver a mudança das práticas, dos valores e dos pressupostos do sistema ou processo antigo.

A aprendizagem de circuito simples implica melhoria e aperfeiçoamento do sistema, mantidos as suas principais características e pressupostos. A inovação ou invenção e incorporação efetiva de novas formas de comportamento implicam aprendizagem de circuito duplo.

Quanto aos processos produtivos e gerenciais, a aprendizagem de circuito duplo tem lugar quando se questionam suas bases de funcionamento a partir de novas informações. Desse questionamento, redesenha-se o processo, incluem-se modificações relevantes no sistema ou reconfiguram-se o processo produtivo, a tecnologia e a organização.

No que se refere aos processos cognitivos individuais, novas experiências e o contato com novas realidades podem levar o indivíduo a questionar seus padrões cognitivos e valores anteriores e decidir mudar seu comportamento, adotando novos padrões de referência. Esses mecanismos de mudança não são necessariamente conscientes.

Pode ocorrer uma mudança identitária, com a adoção de novos valores e comportamentos pelo indivíduo, confirmando a teoria de Festinger (1957) da dissonância cognitiva, segundo a qual novas experiências podem gerar novos valores nos indivíduos, uma vez que valores e ação constituem um sistema não linear (não constituem necessariamente uma causa e um efeito).

A possibilidade de mudança efetiva de comportamento implica a aprendizagem de uma nova racionalidade, de novos critérios de decisão e solução de problemas, segundo a definição de aprendizagem dada por Dewey.

O indivíduo incorpora um novo sistema de regras, valores e critérios de decisão e novas práticas e hábitos.

No entanto, deve-se ressaltar que a mudança de valores é possível no que se refere aos padrões, formas de comportamento e regras adotados pelo indivíduo em sua **socialização secundária**.

Contudo, os elementos identitários incorporados na socialização primária (família, primeira infância) são difíceis de serem mudados e pré-estruturam e influenciam a percepção.

11.7 Mudança sistêmica e aprendizagem organizacional

Nesse sentido, aprendizagem significa mudança sistêmica (mudança nas diversas partes que compõem o todo e em suas inter-relações). A aprendizagem implica conflito e ruptura com o sistema anterior e a consolidação de um sistema novo. Com relação às organizações, a **aprendizagem organizacional** é concebida, nesse paradigma, como uma crise não regressiva (ou seja, uma ruptura com o sistema antigo, sem retorno possível) superada pela consolidação de um novo sistema social com novas práticas, comportamentos, valores e hábitos. A aprendizagem organizacional depende de um processo de mudança organizacional. A mudança gera contradições porque existe ruptura com o antigo sistema (com as antigas regras, estruturas e padrões); porém, apesar dessa ruptura, o novo sistema só pode ser construído a partir do sistema anterior, que oferece a única experiência humana disponível para a consolidação do novo. A nova organização surge da organização anterior, mesmo que para tanto sejam necessários conflitos e rupturas. O novo sistema modifica, porém incorpora elementos do sistema anterior. Constrói-se a nova organização a partir dos elementos da antiga.

A ideia de aprendizado individual ou organizacional envolve o conceito de mudança identitária e a superação das atitudes defensivas e da resistência à mudança. Essas condições são necessárias para o aprendizado em circuito duplo do qual fala Argyris. Os indivíduos e grupos organizacionais necessitam superar seus medos e suas rotinas defensivas se querem mudar seu comportamento na prática e não apenas no discurso.

A perspectiva psicodinâmica aplicada às organizações sugere que, para promover aprendizagem profunda, precisa-se levar em conta questões relativas a como os indivíduos lidam com o estresse e a ansiedade provocados por situações de mudança, bem como estes superam o medo e outras reações defensivas (Brown e Starkey, 2000; Hirschhorn,1997; Argyris, 1992, 1993; Vries, 1995; Enriquez, 1991; Frost e Robinson, 1999).

Essa teoria da aprendizagem baseia-se também no conceito de identidade formulado por Erickson, em que o indivíduo evolui e sua identidade está sempre em "construção" por meio da aprendizagem.

11.8 Identidade individual e organizacional: uma visão evolutiva

Para Erickson, o sentimento de identidade é um sentimento caracterizado pela percepção da própria unidade e de uma continuidade temporal, apesar das mudanças. Não obstante essas mudanças, conservam-se alguns elementos de base que garantem a coerência da personalidade. Nossa personalidade é composta de elementos básicos que permanecem e por outros elementos periféricos que se transformam e incorporam mudanças a partir de nossas experiências e de nossa história. A identidade é a percepção pelo indivíduo de que "existe em si semelhanças consigo mesmo" (elementos constantes que permanecem). Existe assim, em cada um de nós, uma continuidade nos procedimentos de síntese internos relativos ao nosso ego; existem também diferenças em relação aos outros que caracterizam nosso estilo individual como pessoa (Erickson, 1972).

A partir dessa visão, pode-se concluir que a identidade implica duas dimensões:

> **A dimensão da permanência** – em que o ego conserva algumas características básicas durante os processos biológico e histórico aos quais o indivíduo é submetido em sua vida.

> **A dimensão de busca por coerência na mudança** – tendo em vista os processos social e biológico que envolvem o indivíduo, a tarefa de seu ego é a de garantir uma função de síntese, um princípio de organização segundo o qual o ser humano se mantém como personalidade coerente cuja individualidade é percebida pelos outros, mesmo tendo em vista as transformações às quais está submetido.

A identidade do ser humano não é então o ponto de partida sobre o qual se constrói o mundo social, não é um elemento pronto, finalizado, ao contrário, é um conceito dinâmico, resultante do jogo de relações envolvidas nas experiências de sobrevivência, conflitos e questionamentos por ele vivenciados a cada momento. Possuímos um núcleo básico de personalidade, mas nos transformamos a partir de nossa história individual.

O mesmo ocorre com a identidade organizacional. Organizações são minissociedades compostas de grupos de indivíduos que interagem e constroem, em conjunto, o sentido de sua ação (Berger e Luckmann, 1967; Morgan, 1996).

Em resumo, como vimos no Capítulo 10, o indivíduo constrói o sentido de sua ação, em sua busca de coerência e compreensão de suas experiências. Grupos de indivíduos interagem – trocam informações, influenciam-se mutuamente – e constroem em conjunto o sentido de sua ação coletiva. Os valores que compõem o núcleo identitário do grupo organizacional também são continuamente questionados e reconstruídos.

11.9 Organizações em aprendizagem (*learning organizations*)

Como vimos, a aprendizagem organizacional ocorre quando se consegue implementar na organização um circuito duplo de aprendizagem (*double looping learning*), por meio de um círculo virtuoso no qual novas informações são utilizadas para desafiar ideias e conceitos já aceitos e bem estabelecidos. Desenvolvem-se assim novas perspectivas para o futuro.

Brown e Starkey (2000) mostram que, uma vez que se pretende implantar uma dinâmica de aprendizagem na organização, deve-se adotar o conceito de que a identidade dos indivíduos e das organizações são estruturas que se desenvolvem e evoluem.

As organizações em aprendizagem (*learning organizations*) devem desenvolver as seguintes condições, segundo esses autores:

- **Promover a análise crítica de seus procedimentos e de seus pressupostos de base.**
- **Promover a comunicação horizontal entre grupos de atores organizacionais e departamentos; implantar transparência nos procedimentos, garantindo acesso às informações.**
- **Atribuir um sentido comum à ação** (*organizational sensemaking*) (Weick, 1995). Para promover a aprendizagem, os executivos e a alta gerência devem tomar a iniciativa de romper com os modelos mentais (conceitos, pressupostos e valores) predominantes, reconstruindo com os atores organizacionais e grupos de indivíduos uma visão compartilhada de qual deve ser a nova identidade organizacional (o que a organização deve ser e se tornar em futuro próximo) (Senge, 1990).
- **Identificar e lidar com a resistência organizacional e com bloqueios afetivos gerados pelos mecanismos de defesa e pelas contradições que envolvem a mudança, dentro de um modelo psicodinâmico de intervenção** (Hirschhorn, 1997; Vries, 1995; Brown e Starkey, 2000). Como a mudança pode gerar estresse e ansiedade, profissionais especializados em lidar com esses problemas podem ajudar na sua compreensão.
- **Integrar os atores sociais na nova estrutura organizacional** e criar condições para que eles evoluam e desenvolvam novas habilidades a partir de seus conhecimentos anteriores, adaptando-se.

Diversos autores argumentam que os indivíduos podem adotar uma atitude favorável à mudança, "desdramatizando" essas situações e visualizando as situações de mudança como possibilidades de desenvolvimento pessoal e organizacional. Essa característica – a institucionalização do valor mudança como elemento sempre presente, fonte contínua de conhecimento, aprendizado e evolução – mostra uma etapa fundamental na consolidação da organização em aprendizagem.

11.9.1 Os limites deste modelo

Alguns autores, no paradigma psicodinâmico aplicado aos estudos organizacionais, mostram que o aprendizado e a superação dos bloqueios afetivos provocados pelas situações de mudança são possíveis, mas não são fáceis. Trata-se de um trabalho complexo. Como as estruturas intensas, frutos de uma ação adaptativa desenvolvida durante anos, não mudam rapidamente; a resistência à mudança pode ser diminuída à medida que se dê possibilidade de ação ao indivíduo, na nova estrutura organizacional, e utilize os meios de ação e cognição desenvolvidos na estrutura organizacional anterior para identificar-se com o novo projeto de organização proposto, adaptando parcialmente suas estratégias de ação às novas perspectivas que lhe são oferecidas. Isso significa efetuar um diagnóstico anterior do sistema social e de prever, dentro do processo de mudança organizacional, uma estrutura de transição que ofereça aos atores sociais um espaço de reconstrução identitária individual e/ou coletiva. Os indivíduos, para construir novas habilidades e formas de inserção social a fim de adaptar-se ao novo sistema, têm necessidade de usar seus conhecimentos anteriores.

Assim, no caso de mudança organizacional, os indivíduos necessitam desenvolver estratégias adaptativas correspondentes à nova situação, seja utilizando as suas antigas práticas sociais e normas de relação, seja criando novas formas de interação. A anomia, ou a incapacidade de reconstituir um novo universo de normas e novas interações, a confusão mental e a resistência ao novo são frequentemente a consequência de uma mudança radical na estrutura de poder e nas relações cotidianas de trabalho (Sainsaulieu, 1977).

Para consolidar uma organização em aprendizagem, são necessários indivíduos autônomos, que saibam questionar a própria ação, aprendendo com a experiência e reconstruindo o sentido de sua ação em uma nova situação (Senge, 1990). Dessa forma, as técnicas de gestão de pessoas que favoreçam a emancipação política dos indivíduos e o seu acesso a uma identidade autônoma, capaz de afirmar uma racionalidade própria, mostram-se mais adequadas a esse tipo de organização, uma vez que preparam indivíduos capazes de atribuir sentido à experiência e adaptar-se melhor a um mundo de mudanças rápidas e complexas.

11.9.2 A organização em aprendizagem como um "viveiro" de indivíduos autônomos

A aptidão de analisar as diversas opções e assumir riscos nas relações interpessoais e coletivas (ou seja, a capacidade estratégica de cada indivíduo) é fruto de um aprendizado concreto nas relações de trabalho. Ao menos no que se refere à aprendizagem por ensaio e erro (heurística) e à experimentação, as estruturas de trabalho têm uma influência desigual no desenvolvimento da capacidade cognitiva e analítica dos indivíduos, uma vez que alguns têm a oportunidade de experimentar um jogo relacional sutil, enquanto outros vêem limitadas suas oportunidades de desenvolvimento sociopolítico.

A adoção de um modelo de gestão de pessoas que promova o desenvolvimento cognitivo e político dos atores sociais passa a ser vista, nesse contexto, como fonte de vantagem competitiva, em um mundo complexo, que necessita de indivíduos ágeis, adaptativos e capazes de atribuir sentido à sua experiência. A organização em aprendizagem pretende ser um "viveiro" de indivíduos autônomos e capazes de aprender e questionar em uma "aprendizagem de circuito duplo" (*double looping learning*). Esses indivíduos com maior discernimento, com a capacidade de interpretar informações e atribuir sentido a elas e agir em função disso, agregariam valor ao produto e à empresa, com base nos pressupostos do modelo informacional ou pós-industrial do qual tratamos no início do capítulo.

11.10 Homogeneidade ou diversidade cultural? Dois modelos de gestão de pessoas

Como implantar um modelo de gestão de pessoas que promova a aprendizagem organizacional e implante estruturas de produção mais autônomas? Esta é uma das questões que surgem, e para a qual existem inúmeras respostas, mas, entre elas, recenseamos dois modelos de gestão de pessoas diferentes, que pretendem estimular a reflexão e o aprendizado na organização, concedendo maior autonomia aos indivíduos.

O primeiro modelo, no entanto, propõe criar um sistema homogêneo na organização, dando autonomia de decisão aos atores sociais, porém estipulando um processo decisório único. O segundo propõe a existência de um sistema culturalmente diverso, que promova valores como a diversidade cultural e o debate. Os modelos são os seguintes:

> Um **sistema instrumental** com base em uma concepção neoclássica do trabalho, que visa condicionar os indivíduos a adotarem as mesmas formas de representação da realidade e os mesmos padrões e critérios de decisão que os dos dirigentes, concedendo, porém, autonomia de decisão aos indivíduos à medida que eles adotem esses padrões de decisão quase obrigatórios (Brabet, 1993).

> Um **sistema político ou de arbitragem gerencial**, que visa criar um sistema de negociação entre partes autônomas, sob a orientação e o arbítrio dos dirigentes da organização, que têm a responsabilidade última pelos resultados da decisão (Brabet, 1993).

O modelo instrumental integra o conceito da autonomia e da aprendizagem – permitir aos atores sociais e indivíduos formularem soluções e decidirem, aprendendo com esse processo. Porém esse modelo mantém o conceito da *one best way*, não mais na execução do trabalho, mas do processo decisório. Ele pressupõe a existência de uma racionalidade superior e de um método melhor de interpretação da realidade e decisão.

Diante da questão de como se dar maior autonomia aos empregados, o problema que se coloca, segundo esse modelo, é "como fazer que a maioria dos indivíduos adote a forma de representação da realidade e os critérios e a forma de decisão considerados 'os melhores' pela direção?".

De acordo com o modelo instrumental, a adoção pela maioria dos empregados dos mesmos critérios e da mesma lógica de ação que os da direção geral homogeneizaria as decisões na empresa, reduzindo as incertezas e padronizando os comportamentos, pois os atores sociais não seguiriam apenas as rotinas e os padrões elaborados pelos dirigentes. Incorporando os procedimentos de decisão e os critérios destes, os indivíduos elaborariam em seus próprios níveis rotinas administrativas e decisões em consonância com a estratégia elaborada pelos executivos. Isso se refere à padronização e à homogeneização das formas de enação e decisão (*enactement*), ou seja, percepção da realidade, representação do problema, análise e decisão.

No entanto, para o modelo político (arbitragem gerencial), é a negociação política entre as diversas partes (que têm culturas, valores e formas de decisão diferentes) que construirá a base de confiança comum que permitirá a ação conjunta dos indivíduos e a construção da coesão necessária ao funcionamento da empresa. Os diretores são os árbitros dessa negociação. Deve haver acesso a informações e uma cultura comum para tornar a comunicação possível, mas a diversidade é advogada como fonte de inovação.

O modelo instrumental fornece uma solução que conduz à formação de um "sistema estreitamente articulado" (*tightly coupled system*) de acordo com a definição de Karl Weick, é um sistema organizacional homogêneo e racional, com "elos fortes" – regras precisas – que asseguram o controle das partes que compõem o todo. Esse sistema é mais fácil de ser controlado por procedimentos burocráticos tradicionais. Aparentemente, concede-se autonomia de decisão às partes, porém as regras e os mecanismos de interação e de decisão são controlados. Trata-se de uma autonomia limitada (Weick, 1995).

Segundo Weick, o *tightly coupled system* pode apresentar problemas diante da necessidade de propor soluções inovadoras. Com o aumento da velocidade das mudanças setoriais e com problemas novos a resolver, um sistema organizacional muito homogêneo, com base em formas de percepção, representação da realidade e critérios de decisão similares, tende a gerar o mesmo tipo de soluções, sem questionar o modelo cognitivo e a metodologia de análise que as geram, o que não favorece a inovação (Weick, 1995). Permanece-se dessa forma em um *single looping learning*, um aprendizado de circuito simples, segundo Argyris, um sistema com base sempre nos mesmos pressupostos, que não são questionados e, por isso, tende a não gerar soluções novas, apenas soluções que aprimoram o sistema existente (Argyris e Schön, 1978).

O modelo da organização em aprendizagem (*learning organization*) está mais próximo do modelo político de gestão de pessoas, que fornece soluções mais próximas do que Weick define como *loosely coupled systems*, sistemas que preservam a identidade e a particularidade de cada subsistema. Esse tipo de sistema preserva diversos padrões culturais que podem ser utilizados, no caso de mudanças radicais, como fontes de novas soluções.

Karl Weick mostra que as decisões baseiam-se em problemas que foram anteriormente percebidos e formulados pelos diversos grupos na empresa. Para tanto, esses problemas devem ser reconhecidos e representados por meio de "mapas", esquemas ou gráficos que materializem esses padrões cognitivos e possibilitem a discussão, o debate e a tomada de decisões. As organizações só podem reagir, assim, aos elementos do meio ambiente que seus membros tenham percebido e representado (*enacted*) por intermédio de sua atividade cognitiva (Weick, 1995).

O *loosely coupled system* (sistemas fracamente articulados) de Weick permite a diversidade cultural e o debate em torno de diferentes representações da realidade. Ele permite gerar várias opções de ação e verificar os diversos aspectos do problema, levando ao questionamento do paradigma cultural predominante e favorecendo o *double looping learning* – aprendizado de circuito duplo (Argyris e Schön, 1978). A diversidade cultural na organização passa então a ser um valor importante no contexto das organizações em aprendizagem.

Indivíduos com diferentes visões de mundo e valores, que debatem, podem demorar mais para chegar a um consenso, mas têm mais probabilidade de contribuírem com soluções mais complexas, que levem em consideração diversos elementos da realidade. Percebem-se assim mais alternativas, questionam-se mais os resultados e a solução final baseia-se em uma decisão tomada após a avaliação de diversas possibilidades de ação (Albert, Aschforth e Dutton, 2000; Caldas e Wood Jr., 1999).

Ao contrário, sistemas muito homogêneos que reproduzem a mesma visão de mundo e forma de pensamento tendem a não questionar os seus pressupostos de base e reproduzir os mesmos erros. Um grupo organizacional homogêneo pode comunicar-se mais rapidamente e originar menos conflitos, porém alguns estudos mostram que um grupo organizacional diverso é fonte de aprendizado e inovação.

Bibliografia

ALBERT, S.; ASCHFORTH, B. E.; DUTTON, J. E. Introduction to Special topic forum. Organizational identity and identification: Charting new waters and building new bridges. *The Academy of Management Review*, v. 25, n. 1, p. 13-17, 2000a.

_____. Special topic forum on organizational identity and identification. *The Academy of Management Review*, v. 25, n. 1, p. 10-13, 2000b.

ALTER, N. Logiques de l'entreprise informationnelle. *Revue Française de Gestion*, v. 7, n. 4, p. 27-38, juin-juil.-août, 1989.
ARGYRIS, C. *On organizational learning*. Cambridge, MA: Blackwell, 1992.
_____. *Knowledge for action*: A guide to overcoming barriers to organizational change. São Francisco: Jossey-Bass, 1993.
ARGYRIS, C.; SCHÖN, D. *Organizational learning*: A theory of action perspective. Reading: Addison-Wesley, 1978.
BELL, D. *The coming of post-industrial society*. Nova York: Basic Books, 1973.
BERGAMINI, C. *Motivação no trabalho*. São Paulo: Atlas, 1996.
BERGAMINI, C.; CODA, R. *Psicodinâmica da vida social*. São Paulo: Atlas, 1997.
BERGER, P.; LUCKMANN, T. *The social construction of reality*. Nova York: Doubleday, 1967.
BION, W. R. *Experiences in groups*. Nova York: Basic Books, 1959.
BLYTON, P.; TURNBULL, P. (Eds.) *Reassessing human resource management*. Londres: Sage, 1992.
BRABET, J. *Repenser la gestion des ressources humaines?* Paris: Economica, 1993.
BROWN, A. D.; STARKEY, K. Organizational identity and learning: A psychodynamic perspective. *The Academy of Management Review*, v. 25, n. 1, p. 102-120, 2000.
BURNS, T.; STALKER, G. M. *The management of innovation*. Londres: Tavistock Publications, 1961.
CALDAS, M.; WOOD JR., T. *Transformação e realidade organizacional*. São Paulo: Atlas, 1999.
CASTELLS, M. *A sociedade em rede*. São Paulo: Paz e Terra, 1999.
COHEN, M.; MARCH, J. *Leadership and ambiguity*: The American college president. Nova York: McGraw-Hill, 1974.
COHEN, M. et al. A garbage can model of organization choice. *Administrative Science Quarterly*, v. XVII, p. 1-25, 1972.
CYERT, R.; MARCH, J. *A behavioral theory of the firm*. Englewood Cliffs: Prentice-Hall, 1963.
DEJOURS, C. Intelligence pratique et sagesse pratique: Deux dimensions méconnues du travail réel. *Education Permanente*, n. 116, p. 22-34, 1993.
DeMASI, D. *O futuro do trabalho*: Fadiga e ócio na sociedade pós-industrial. Rio de Janeiro: José Olympio, 1999.
EISENHARDT, K. M. Paradox, spirals, ambivalence: The new language of change and pluralism. *The Academy of Management Review*, v. 25, n. 4, p. 703-706, 2000.
EMERY, F. E.; TRIST, E. L. *Toward a social ecology*. Londres: Tavistock Publications, 1973.
ENRIQUEZ, E. *L'organisation en analyse*. Paris: PUF, 1991.
ERICKSON, E. *Adolescence et crise*. La quête de l'identité. Paris: Flammarion, 1972.
FESTINGER, L. *A theory of cognitive dissonance*. Nova York: Prentice-Hall, 1957.
FRIEDMANN, G. *Le travail en miettes*. Paris: Gallimard, 1964.
FROST, P.; ROBINSON, S. The toxic handler: Organizational hero and casualty. *Harvard Business Review*, n. 77, p. 97-106, 1999.
HIRSCHHORN, L. *Reworking authority*. Cambridge, MA: The MIT Press, 1997.
HORTS, C. H. B. *Gérer les ressources humaines dans l'entreprise-concepts et outils*. Paris: Editions de l'Organisation, 1988.
JAQUES, E. Social systems as a defense against persecutory and depressive anxiety. In: KLEIN, M. (Ed.) *New directions in psycho-analysis*. Londres: Tavistock Publications, 1955. p. 478-498.
LEWIN, K. Frontiers en group dynamics. *Human Relations*, v. 1, n. 1, 1947.
LEWIS, M. W. Exploring paradox: Toward a more comprehensive guide. *The Academy of Management Review*, v. 25, n. 4, p. 760-476, 2000.
MARCH, J. G.; OLSEN, J. *Ambiguity and choice in organizations*. Bergen, NO: Universitetsforlaget, 1976.
MARTORY, B.; CROZET, D. *Gestion des ressources humaines*. Paris: Natan, 1988.
McKINLEY, W.; SCHERER, A. G. Some unanticipated consequences of organizational restructuring. *The Academy of Management Review*, v. 25, n. 4, p. 735-752, 2000.

MERTON, R. *Social theory and social structure*. Glencoe: Free Press, 1957.

MEYER, J. W.; ROWAN, B. Institutionalized organizations: Formal structure as myth and ceremony. In: POWELL, W.; DiMAGGIO, P. (Eds.) *The new institutionalism in organizational analysis*. Chicago: The University of Chicago Press, 1991. p. 63-83.

MINTZBERG, H. *Mintzberg on management*: Inside our strange world of organization. Nova York: The Free Press, 1989.

MORGAN, G. *Imagens da organização*. São Paulo: Atlas, 1996.

PERETTI, J. M. *Ressources humaines*. Paris: Vuibert, 1990.

POWELL, W.; DiMAGGIO, P. *The new institutionalism in organizational analysis*. Chicago: Chicago University Press, 1991.

ROGERS, Carl. *Teoria da personalidade*: Aprendizagem centrada no aluno. São Paulo: Santo Antônio, 1976.

SAINSAULIEU, R. *L'identité au travail*. Paris: Presses de la FNSP, 1977.

SCHULER, R. *Personnel and human resource management*. St. Paul: West, 1987.

SCHUTZ, A. *The problem of rationality in the social world*. Nova York: Economica, 1943.

SENGE, P. *The fifth discipline*: The art and practice of the learning organization. Nova York: Doubleday, 1990.

SENGE, P. et al. *The fifth discipline fieldbook*: Strategies and notes for building a learning organization. Londres: Nicholas Brealey, 1994.

SIMON, H. *Administrative behavior*. Nova York: Doubleday, 1947.

_____. A behavioral model of rational choice. *Quarterly Journal of Economies*, v. LXIX, p. 99-118, 1955.

STOREY J.; SISSON, K. Looking the future. In: STOREY, J. (Ed.) *New perspectives in human resource management*. Londres: Rutledge, 1989. p. 167-183.

STOREY J. *Developments in the management of human resources*. Oxford: Basil Blackwell, 1992.

TELLES, L. F. *As horas nuas*. São Paulo: Companhia das Letras, 2010.

THORPE, W.; SCHMULLER, M. *Les théories contemporaines de l'apprentissage et leur application à la pédagogie et à la psychologie*. Paris: PUF, 1965.

TOFFLER, A. *Future shock*. Londres: The Bodey Head, 1970.

_____. *The third wave*. Londres: William Collins Sons & Co., 1980.

VASCONCELOS, F.; VASCONCELOS, I. Identidade e mudança: O passado como ativo estratégico. In: ENCONTRO DE ESTUDOS ORGANIZACIONAIS – ENEO, 1., 2000, Curitiba. *Anais...* Curitiba: ENEO, 2000.

_____. Gestão de pessoas e identidade social: Um estudo crítico. *RAE – Revista de Administração de Empresas*, v. 1, jan.-mar. 2001.

VRIES, M. F. R. K. *Organizational paradoxes*: Clinical approaches to management. Nova York: Routledge, 1995.

WEICK, K. *Sensemaking in organizations*. Nova York: Sage, 1995.

WRONG, D. The oversocialized conception of man in modern sociology. In: DEMERATH, N. J.; PETERSON, A. *System, change and conflict*. Nova York: The Free Press, 1977.

ZUBOFF, S. *In the age of the smart machine*: The future of work and power. Nova York: Basic Books, 1988.

Capítulo 12

O poder nas organizações

É muito mais seguro ser temido do que ser amado.
(Maquiavel, *O Príncipe*, cap. XVII)

12.1 Introdução

Como bem colocam Pagès et al. (1987) e outros autores ao tratar de poder, esse tema é frequentemente analisado de quatro maneiras:

- **na perspectiva marxista** como um fenômeno de alienação econômica;
- **no nível psicanalítico** como um fenômeno psicológico de alienação, de dependência, de projeção e introjeção, da formação de sistemas de defesa etc.;
- **como um fenômeno político** de imposição e de controle sobre as decisões e sobre a organização do trabalho;
- **no nível ideológico** como um fenômeno de apropriação do significado e dos valores.

Essas quatro linhas de pesquisa não são necessariamente incompatíveis.

Neste capítulo, vamos nos aprofundar no poder como fenômeno organizacional político. A perspectiva psicanalítica será discutida no próximo capítulo.

Gareth Morgan (1996), em seu livro *Imagens da organização*, descreve bem a metáfora política, isto é, o fato de que as organizações podem ser vistas como arenas complexas onde os indivíduos buscam seus interesses particulares por intermédio dos meios oferecidos pelas estruturas e regras burocráticas. Na busca de seus interesses específicos, os atores sociais devem organizar a cooperação entre si. Como abordamos no Capítulo 4, os grupos de indivíduos perseguem objetivos específicos de acordo com suas "lógicas de ação" (também chamadas "lógicas de ator") e racionalidades locais. Ao tratarmos dessa concepção de organização como arena política, é importante especificar que os capítulos 4 e 5 oferecem as visões teóricas que são pressupostos dessa análise. Portanto, antes de procedermos à discussão do poder, recordaremos brevemente alguns conceitos básicos já tratados na Parte I.

12.2 O contexto de análise: o poder, a organização e a ação social

Habermas (2013), ao comentar os tipos de ação social definidos por Weber (2018), estabelece três tipos de ação, dois dos quais são considerados uma **ação social** (interação entre indivíduos ou grupos de indivíduos):

Tipos de Ação/Orientação	Ação Social Orientada para o Sucesso	Ação Social Orientada para a Compreensão
Ação não social	Ação instrumental	-------------
Ação social	Ação estratégica	Ação comunicativa

A tipologia "ação não social" discute ações simplesmente técnicas, que não envolvem interação entre indivíduos. Um exemplo é a operação de uma máquina por um técnico especializado. As ações não sociais voltadas para o sucesso são as **ações instrumentais** direcionadas para a eficiência administrativa ou técnica.

Tratando-se de ação social e política nas organizações, falamos em **ação estratégica**, ou seja, na capacidade de os indivíduos perceberem as oportunidades de ação, prever as consequências e os riscos de cada alternativa e assumir esses riscos executando a decisão. Essa capacidade não se manifesta necessariamente de modo consciente, como vimos no Capítulo 4, ao abordarmos o "homem que decide". Nesse capítulo, a ação estratégica é definida com base nos pressupostos da racionalidade limitada e integra os elementos cognitivos e afetivos do ser humano.

O modelo de Habermas prevê ainda **uma ação social não estratégica**, não voltada necessariamente para a realização de um interesse em jogo, e sim para a compreensão entre as partes. A esse tipo Habermas bem denominou "ação comunicativa".

Vamos nos concentrar, neste capítulo, ao tratarmos de poder, **na dimensão estratégica da ação social**.

12.3 Aprofundando conceitos básicos: o modelo político e estratégico de ação social

Relembraremos aqui alguns conceitos desenvolvidos na Parte I, necessários para nossa análise posterior.

a) Ação estratégica em grupo

Dentro desse paradigma, a maioria dos teóricos que analisam a burocracia e o poder considera que a ação coletiva e estratégica não é um fenômeno natural. Trata-se de um construto social. A organização é uma estruturação estratégica da ação coletiva que visa oferecer soluções específicas para a concretização de objetivos do grupo social. As regras burocráticas correspondem às soluções criadas por atores sociais relativamente autônomos, que buscam regular e instituir a cooperação a fim de atingir objetivos e metas comuns ao grupo social. As soluções organizacionais são contingentes (indeterminadas e arbitrárias), mudam com o tempo e são relativas a cada grupo organizacional.

b) Os efeitos inesperados da ação estratégica em grupo e as disfunções (jogos de poder)

Os efeitos inesperados das ações estratégica e coletiva correspondem à descrição das disfunções burocráticas feitas pelos autores apresentados no Capítulo 5

[Merton (1949), Gouldner (1954), Selznick (1971), Crozier (1977)] e por outros que seguem essa linha de análise. Esses efeitos inesperados da ação coletiva se devem ao fato de que existem nas organizações indivíduos com interesses múltiplos e divergentes, várias racionalidades e "lógicas de ator" igualmente válidas. No sistema organizacional, no dia a dia os atores sociais tomam diversas decisões de acordo com seus interesses específicos. Cada decisão, em sua esfera, é perfeitamente racional, no pressuposto da racionalidade limitada (lembramo-nos de que racional não significa necessariamente consciente, conforme mostramos no capítulo referente à teoria da decisão). As decisões em uma organização, vistas em conjunto, apresentam incoerências e incertezas, dado o fato de corresponderem a essas múltiplas racionalidades e interesses divergentes. São esses os efeitos inesperados da ação coletiva que, segundo Hirschmann (1970), são compensados pelo *slack* organizacional ou "reserva de recursos" que a organização dispõe e pode utilizar para compensar as incoerências do sistema.

c) Problemas da ação coletiva

Ainda nesse paradigma, como vimos no Capítulo 5, considera-se que as organizações sejam soluções institucionalizadas e construídas por um grupo com interesses em comum. São soluções artificiais que geram problemas de coordenação (os efeitos inesperados ou disfunções). A obtenção da cooperação entre diferentes atores sociais é um dos problemas principais da organização. A negociação entre os grupos organizacionais é uma forma de obter a cooperação, como veremos a seguir ao tratar do trabalho de Axelrod (1984).

d) Conceito de organização como arena política

A organização é um sistema de jogos estruturados. As regras e estruturas organizacionais operam de modo indireto e não determinam o comportamento dos atores sociais, mas induzem jogos de poder e comportamentos. Os atores sociais podem colaborar ou não, buscando negociar melhores condições de inserção no sistema e obter maior controle de recursos, atendendo aos seus objetivos e interesses pessoais. No entanto, ao lutarem pela realização de seus interesses pessoais, os atores sociais devem "jogar", ou seja, devem agir estrategicamente partindo das opções fornecidas pelo sistema, e dessa forma estarão mesmo em um nível mínimo cumprindo em parte os objetivos organizacionais.

e) As incertezas e o poder

O controle dos recursos organizacionais é distribuído de modo desigual. As organizações dependem de recursos materiais, tecnológicos e de certos tipos de competência técnica para o atingimento de suas metas formais. Alguns desses recursos são fundamentais para o funcionamento do sistema. Os atores sociais que controlam esses recursos detêm maior poder. Esses recursos constituem "zonas de incerteza pertinentes". Os atores sociais que controlam essas zonas – ou seja, que têm as competências fundamentais para o funcionamento da organização, competências das quais a organização depende para seu funcionamento e lucratividade – podem decidir colaborar ou não, disponibilizar esses recursos ou não. Sempre existe a ameaça velada de esses profissionais não colaborarem e privarem o sistema de seus recursos fundamentais. Os atores sociais que controlam os recursos fundamentais para a organização poderão se impor aos outros, influenciando os rumos do sistema organizacional e ganhando maior poder.

12.3.1 Conclusão da revisão teórica preliminar: negociação e estrutura burocrática

Com relação à negociação entre autoridade burocrática e subordinados, com base no uso das regras, outros conceitos básicos devem ser relembrados rapidamente.

Como mostramos no Capítulo 5, para Gouldner (1954), uma das tensões primordiais do sistema burocrático, que ele chama **efeitos primários**, é a divergência entre os interesses pessoais dos indivíduos e os objetivos formais do sistema organizacional. Para coordenar a ação dos indivíduos, objetivando a concretização das metas organizacionais, surgem as regras e os controles burocráticos que, por sua vez, produzem **efeitos secundários**. Essas tensões e conflitos emergem quando esses subsistemas e ferramentas são utilizados para supervisionar, monitorar e controlar a conduta dos indivíduos e os resultados do trabalho, ou seja, são típicos da administração. Gouldner aborda um aspecto frequentemente denominado problemas de transação (*agency problems*), tratados pela teoria da agência. Toda transação social (relacionamento entre partes envolvendo negociação) traz conflitos e tensões inerentes a ela, uma vez que os atores sociais têm interesses divergentes que devem ser compatibilizados. O conflito é algo inerente ao processo de negociação e à administração. Para tentar evitá-lo ou controlá-lo, existe uma tendência a aumentar os controles burocráticos ainda mais. A regra, porém, permite a negociação informal entre as partes no interior da organização. A regra estabelece um espaço de negociação e ajuste mútuo entre as partes.

Com base nesses conceitos básicos já discutidos no Capítulo 5, vamos debater o trabalho de Robert Axelrod sobre como construir a cooperação nas organizações.

12.4 A cooperação e o poder nas organizações

Robert Axelrod (1984), em seu livro *The evolution of cooperation*, procura responder à questão sobre como a cooperação emerge em um mundo constituído por indivíduos egoístas, em que cada um procura atingir seus interesses pessoais, buscando nas organizações os meios para tanto. O autor fala dessa questão mostrando que o maior problema ocorre quando a busca de interesses específicos em cada ator social conduz à criação de um sistema que prejudica a todos. O objetivo é criar um sistema em que a busca dos objetivos individuais dos atores sociais seja coordenada dentro de uma eficiência mínima que permita a concretização dos objetivos do grupo organizacional como um todo, beneficiando, ao menos parcialmente, os diversos indivíduos. Esse é o objetivo último da burocracia: organizar a cooperação. Como estruturar relações sociais de forma a conduzir à concretização dessa cooperação?

Axelrod utiliza **o jogo do dilema do prisioneiro**, uma estrutura de interação entre dois indivíduos, para exemplificar como se estrutura a colaboração entre dois atores sociais "egoístas", que perseguem interesses pessoais e específicos.

12.4.1 O dilema do prisioneiro e a estruturação da cooperação nas organizações

O jogo do dilema do prisioneiro (estrutura de relações sociais por meio do estudo da interação entre dois indivíduos) foi criado em 1950 por Merrill Flood (1951) e Melvin Dresher (1981), sendo formalizado matematicamente por Tucker (1978, p. 389-418). As características do jogo são as seguintes:

- O jogo tem dois jogadores.
- Cada jogador tem duas estratégias possíveis: a de cooperação e a de não cooperação.
- Cada jogador escolhe sua estratégia (opção de ação) sem ter conhecimento da estratégia de comportamento a ser escolhida pelo outro jogador, tanto na próxima rodada do jogo (próxima interação) como no futuro.
- Seja qual for a opção escolhida, a estratégia de não cooperação sempre oferece mais resultados e mais ganhos na primeira rodada que a estratégia de cooperação.

Pode-se visualizar a estrutura do jogo na matriz a seguir:

Opções do Jogador 1 (Linha) (*Row Player*)	Opções do Jogador 2 (Coluna) (*Column Player*)	
	Cooperar	**Não cooperar**
Cooperação	R = 3; R = 3 Recompensa (R) pela cooperação mútua	S = 0; T = 5 S = Total de ganhos do perdedor T = Ganho de quem não cooperou (*temptation to defect*)
Não cooperação	T = 5; S = 0 T = Ganho de quem não cooperou e S = Ganho do perdedor	P = 1; P = 1 Punição pela não cooperação mútua

Analisando essa matriz, como jogar esse jogo? Se o jogador 1 (jogador linha) cujas opções estão expressas nas linhas "cooperar" e "não cooperar", pensa que o jogador 2 cooperará e ele escolher cooperar, ganhará 3 pontos e o jogador 2 também ganhará 3 pontos. Caso o jogador 1 escolha não cooperar, pensando que o 2 cooperará, ele ganhará 5 pontos por ter enganado o jogador 2, não cooperando enquanto o outro escolheu cooperar. O jogo mostra que na primeira jogada, caso pense que o outro cooperará, vale a pena não cooperar, pois o ganho é maior, 5 pontos, ao contrário do ganho de 3 pontos caso os dois cooperem. Caso os dois não cooperem, terão de pagar 1 ponto como multa. A opção do meio, escolher cooperar, tem seu risco: o outro pode não cooperar. Mas, caso o outro coopere, os dois ganham 3 pontos. Caso o outro não coopere, o jogador que cooperou, tendo sido enganado e "feito de trouxa", perde tudo, tem ganho zero, enquanto o outro que enganou tem o ganho total de 5 pontos. Não cooperar na primeira jogada implica "tudo ou nada": ou ganha tudo por ter enganado o outro, totalizando 5 pontos, ou tem de pagar 1 ponto de punição, caso os dois tentem se "enganar mutuamente" não cooperando. Assim é uma boa opção cooperar se se pensa que o outro cooperará, pois se tem o ganho "seguro" de 3 pontos, e é bom não cooperar caso pense que o outro não cooperará. Nesse caso, evita-se cooperar quando o outro não cooperará, ou seja, evita-se que o outro ganhe tudo, 5 pontos, enquanto o "trouxa", o enganado, não ganha nada.

E as organizações? E a negociação, como entra nesse processo? Sabemos que as formas de interação entre os indivíduos nas organizações normalmente são contínuas, são relações sociais que duram. Portanto, é a duração do jogo que faz emergir a cooperação entre atores sociais que buscam interesses "egoístas" e específicos, diversos uns dos outros.

O que faz a cooperação possível, diz Axelrod (1984), é que os "jogadores" – os indivíduos em interação – vão se encontrar de novo na organização. Caso não coopere o tempo todo, a estratégia é perdedora: forma-se uma reputação de quem "não coopera" sempre e os outros não cooperarão também em relação a esse jogador a fim de não perderem tudo e não serem "feitos de trouxa" ou enganados. Nesse caso, o jogador que sempre é conhecido como não cooperando tem de pagar a multa de 1 ponto, pois sempre cai na situação "não cooperação" – "não cooperação".

12.4.2 Estratégias de cooperação

Algumas estratégias emergem desse jogo em termos de negociação para maximizar ganhos. Esse jogo, na verdade, representa de modo simplificado a ação estratégica dos atores sociais em organizações, mas permite lançar a discussão sobre o processo de negociação, ilustrando-o. As estratégias "ganhadoras" do jogo são as seguintes:

> Para manter ganhos constantes e médios, evitar conflitos que não são necessários e, quando o outro coopera, continuar a cooperar também até que o outro jogador adote uma estratégia não cooperativa.
> Responder a uma "não cooperação" com outra "não cooperação" a fim de mostrar que não "se deixa explorar" e não criar tal reputação, não pagando sempre o "salário do trouxa" – ganho zero enquanto o outro ganha 5 pontos.
> Caso seja necessário, voltar a jogar com indivíduos que não cooperaram, estabelecendo novas cooperações que podem oferecer ganhos futuros, caso seja interessante.
> Ter uma estratégia estável e comunicá-la claramente, permitindo ao outro adaptar-se à estratégia do adversário/sócio.

Axelrod (1984) não oferece "receitas de bolo" e estes não são "conselhos" ou prescrições. O autor trata de técnicas de negociação nas organizações e é bem crítico mostrando que, na realidade, muitas vezes optar pela não cooperação é uma estratégia que oferece maiores ganhos, principalmente se a interação é de curta duração ou tem duração limitada e fim previsto.

12.4.3 A emergência da cooperação em ambientes inóspitos

A cooperação, ao contrário do que mostra o senso comum, pode aparecer em ambientes aparentemente inóspitos e contrários a ela e se manter.

A cooperação pode aparecer mesmo em um sistema em que a lógica dos atores sociais é a retaliação incondicional. Um exemplo disso é a guerra. Caso a cooperação nasça entre pequenos grupos de indivíduos, mesmo em meio a uma guerra, ela pode durar. Cyert e March, no livro publicado em 1963, *A behavioral theory of the firm*, sobre o qual discutimos no Capítulo 4, mostra que a cooperação emergiu de forma inesperada entre soldados que viviam em trincheiras próximas na Primeira Guerra Mundial. No meio do conflito armado, os soldados da linha de ataque dos dois lados começaram a evitar atirar no inimigo para matar, desde que os soldados do outro lado fizessem o mesmo. Assim, prolongaram a guerra, mas evitaram baixas e fatalidades de ambos os lados. O que fez essa estratégia tornar-se possível era o modo antigo de se fazer a guerra: os soldados ficavam meses em trincheiras próximas, vivendo lado a lado. Havia, assim, uma continuidade nas interações de face a face e um desejo mútuo de preservar vidas dos dois lados. Desobedecendo às ordens superiores, os soldados adotaram essa atitude de cooperação onde menos se podia esperar.

Na matriz de jogo do dilema do prisioneiro, esse é o caso em que os dois jogadores escolhem cooperar e têm ganhos intermediários, 3 pontos cada um. Porém, como a interação vai continuar, eles ganham mais se adotarem uma estratégia intermediária e segura, ou seja, se ambos cooperarem permanentemente. Com isso, eles vão sempre ganhar 3 pontos, sendo essa a estratégia em que totalizam mais pontos. Quanto maior for a duração da interação, mais ganharão adotando esse tipo de estratégia.

Pensando nesse jogo como tendo uma duração indeterminada, vemos que o fato de um jogador cooperar e o outro não sempre implica um deles "ser feito de trouxa" e o outro sempre ganhar tudo. Na verdade, ocorrem poucos casos em que um dos jogadores escolhe sempre cooperar sabendo que o outro inevitavelmente não cooperará e "o fará de trouxa". É comum ocorrer isso na primeira vez apenas, depois o outro que cooperou começa a não cooperar também, "vingando-se", o que implica os dois perderem continuamente e pagarem 1 ponto de multa por terem escolhido sempre não cooperar. Logo a estratégia de "sempre não cooperar", tendo em vista um jogo com longa duração, não é uma estratégia que garanta bons ganhos, apesar de a não cooperação ser uma arma de negociação útil, como mostra o jogo.

Axelrod (1984) procura mostrar assim a estrutura da cooperação nas organizações. Quanto maior a duração da interação entre os jogadores e tendo eles interesses compatíveis, a estratégia "ganha-ganha" – ambos cooperam, os dois ganham – será a que melhor remunerará e oferecerá recompensas aos jogadores.

Essa análise procura explicar de modo lógico a realidade, como se fosse uma estrutura de jogo de negociação, em que gerir uma organização seria se preocupar em estruturar relações sociais do tipo "ganha-ganha", nas quais os jogadores, indivíduos envolvidos no processo de implementação de nova ferramenta organizacional, tecnologia ou modelo, por exemplo, tivessem ganhos concretos em adotar na prática o novo modelo ou ferramenta, cooperando de modo contínuo dentro de uma estrutura de jogo "ganha-ganha". Nesse caso, resistiriam menos em colaborar e a ferramenta ou modelo teria mais possibilidades de ser implementada na prática, ocorrendo a mudança de hábitos e as práticas sociais que permitiriam sua implantação de fato.

Apesar de útil, essa visão é, muitas vezes, criticada por simplificar em demasia as relações sociais e por ignorar aspectos complexos da realidade, como fenômenos afetivos, reações defensivas e outros fenômenos menos "racionais" ou lógicos. Permite, no entanto, exemplificar a questão e mostrar que muitas formas de "não cooperação" são possíveis e, dependendo do caso, do fato de a interação durar ou não, esta é a estratégia em que os atores sociais ganham mais, o que mostra os limites da regra burocrática nas organizações e sua contingência, sendo o conflito inerente à administração.

12.5 Organização, política e cultura

Essa visão oferece ainda uma definição pragmática de cultura: esta passa a ser vista como uma construção política, um instrumento que os atores sociais criaram e tornam a recriar para regular as suas interações de forma a obter um mínimo de cooperação necessária à concretização de objetivos do grupo organizacional. Enquanto hábitos, valores, formas de interação e conduta estiverem funcionando para regular as interações entre os indivíduos para a concretização dos objetivos da organização, essas formas de interação, valores e hábitos serão mantidos.

No momento em que se mostrarem não adaptados aos objetivos que se busca atingir, não serão mais mantidos, serão questionados e repensados e procurar-se-á mudar valores, concepções de mundo e hábitos por novos que ofereçam os recursos necessários à concretização da cooperação e ao atingimento das metas organizacionais.

Não se trata, porém, de um processo linear e mecânico, e sim de um processo complexo de interações políticas, em que vários modelos estão em jogo para substituir os anteriores. Os modelos defendidos pela coalizão dominante e pelos indivíduos que detêm recursos essenciais para a organização têm mais possibilidades concretas de serem implementados. A mudança depende da negociação entre os atores sociais porque a não cooperação, ou seja, a não adoção desses novos hábitos ou formas de comportamento necessários à implantação do novo modelo, sistema ou tecnologia, é uma ameaça sempre presente, uma vez que não se pode controlar todos o tempo todo. De acordo com esse paradigma, a inovação tecnológica, por exemplo, depende da inovação social e cultural.

Como já exemplificamos no Capítulo 5, a título de exemplo, a implantação da tecnologia do Sistema Integrado de Gestão *(Enterprise Resource Planning* – ERP) exige que os indivíduos disponibilizem as informações ou parte delas no sistema e o consultem efetivamente. Em uma organização dividida em feudos, em que os indivíduos "ganham mais" em não disponibilizar suas informações ou se sentem ameaçados por tal conduta, a implantação dessa tecnologia não funcionará, esse sistema será ignorado, não será utilizado na prática, uma vez que as informações não serão disponibilizadas pelos indivíduos ou o serão apenas parcialmente, dependendo do grau de departamentalização e isolamento dos indivíduos na organização na qual ele está sendo implementado. Seriam necessários, para a implantação efetiva da nova tecnologia, no caso do nosso exemplo, o Sistema Integrado de Gestão e a adoção de nova cultura nessa organização com a implantação de novos hábitos, valores e procedimentos, tornando "um bom negócio" os indivíduos ganharem recompensas ou possibilidades novas de promoção ou carreira ao adotar novo comportamento contrário ao antigo, disponibilizando as informações. Ainda de acordo com esse paradigma, é necessário que percam e seja uma "má opção de jogo" manter o comportamento antigo de isolamento entre departamentos e indivíduos, a fim de que os atores sociais mudem e utilizem a nova tecnologia de fato. Trata-se de uma visão bem pragmática da realidade.

A mudança organizacional apresenta-se como um desafio político a ser vencido, de acordo com essa concepção de organização. Propõe-se a elaboração de novo sistema de regras burocráticas que institua novas formas de cooperação nas organizações, o que por si só exige um processo de negociação e arbitragem entre as partes que contam para a criação do novo sistema.

Essa concepção de cultura, como "ferramental" adaptado à sobrevivência, é baseada em uma concepção de mobilidade humana. Para esse paradigma, os valores dos indivíduos, diante do impacto e da pressão por sobrevivência, são parcialmente modificados, dadas as novas forças às quais ele é submetido ao ingressar em novo sistema social. A mudança de valores e formas de comportamento é pressuposta nos elementos adquiridos durante a socialização secundária dos indivíduos em seu treinamento profissional e técnico e nos elementos que constituem sua identidade social. Mantém-se o pressuposto de que os elementos provenientes da socialização primária são difíceis de ser mudados e oferecem a base da identidade dos indivíduos, o núcleo de sua personalidade, como vimos no Capítulo 4 – "Os processos decisórios nas organizações e o modelo Carnegie (racionalidade limitada)" –, que oferece os pressupostos da análise aqui debatida.

Em resumo, a cultura, na visão aqui apresentada, é o resultado das escolhas estratégicas dos atores sociais. Ao escolher participar de uma organização, aderir a um modelo, inserir-se em certo sistema, o indivíduo fica sujeito a adotar determinado comportamento ou estratégia para sobreviver e acaba mudando hábitos e valores anteriores nessa luta por sobrevivência no sistema, em que também é influenciado pelos outros atores sociais com os quais tem de interagir e negociar.

A capacidade de "jogar" bem no sistema, ou a capacidade de ação estratégica, nessa perspectiva de "lidar bem com o poder" e conseguir boas soluções para si ganhando recursos dependeria das habilidades do indivíduo ou grupo em:

> descobrir as diversas oportunidades de ação, que podem ser mais ou menos claras, explícitas ou sutis;
> considerar e manter suas escolhas, assumindo os riscos inerentes a cada estratégia escolhida. Nesse caso, trata-se da cultura como capacidades relacionais e afetivas em perseverar nas estratégias escolhidas enquanto for necessário.

A cultura também é vista como capacidade de discernir essas possibilidades de ação e manter a visão escolhida, construindo suas interações sociais no sistema do qual o indivíduo participa.

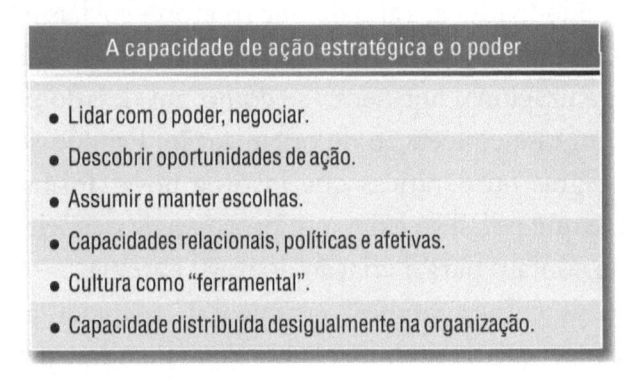

A capacidade de ação estratégica e o poder
• Lidar com o poder, negociar.
• Descobrir oportunidades de ação.
• Assumir e manter escolhas.
• Capacidades relacionais, políticas e afetivas.
• Cultura como "ferramental".
• Capacidade distribuída desigualmente na organização.

Figura 12.1 A capacidade de ação estratégica e o poder.

12.6 Atitudes e poder

De acordo com a visão parsoniana clássica, que coloca o sistema de valores como determinando os outros sistemas e funções sociais, o conceito de atitude exprime uma reação ou "balanço" que o indivíduo faz em relação às suas experiências passadas e que o conduz a desenvolver certa tendência de agir de um modo ou outro no futuro. Dessa forma, atitudes, para o paradigma parsoniano, são uma orientação ou propensão para a ação do indivíduo, que age no futuro baseando-se no seu passado.

Ao contrário dessa visão determinista, de acordo com o conceito de cultura e ação predominante na análise do poder aqui apresentada, as atitudes seriam inclinações para a ação, e **não mais tomadas em relação às experiências passadas dos indivíduos, mas em relação às suas possibilidades de ganho futuro**. O futuro estruturaria a ação presente dos indivíduos, como vimos na análise do dilema do prisioneiro. Não seria tanto com base em suas experiências passadas que o ator social agiria, mas baseando-se em suas possibilidades na negociação presente e no ganho futuro.

A necessidade de sobrevivência no presente e no futuro exerceria pressões sobre o indivíduo para que ele redefinisse pelo menos parcialmente suas perspectivas de ação, expectativas, valores e prioridades. Novas possibilidades de ação e a pressão social podem, de certa forma, mudar valores e atitudes passados, permitindo a aprendizagem de novas práticas sociais.

O paradigma aqui apresentado mostra que os sistemas organizacionais não distribuem as possibilidades de aprendizado igualmente. Muitos possuem a possibilidade de serem treinados em sua capacidade de ação estratégica e de como lidar com situações de poder, aprendendo a negociar e a "jogar" melhor de acordo com as regras do sistema. Outros, ao contrário, veem-se relegados a estruturas de trabalho em que devem sempre obedecer, não tendo oportunidades de tomar decisões ou treinar sua cognição, continuando a ser jogadores "atrofiados" e "negociadores limitados".

Essa perspectiva de análise expõe as organizações como sistemas sociais que treinam "bons jogadores", indivíduos que sabem processar informações, ativos e com voz na determinação de seu futuro ou indivíduos "apáticos" ou passivos, que repetem rotinas e procedimentos sem questioná-los, com pouca mobilidade social e cultural, apegando-se em demasia ao passado. Essa perspectiva mostra, porém, que não é o indivíduo que "decide" ser passivo ou atrofiado ou ainda ativo e bom negociador.

A análise revela que organizações são sistemas em que as partes são explicadas pelas propriedades do todo, logo são as forças desse sistema maior que causam impacto no indivíduo. Indivíduos que sabem negociar, após anos de pressão em ambientes que os limitam, perdem essas características e adotam comportamentos passivos. O oposto também é verdadeiro, segundo essa análise: os indivíduos antes submetidos a sistemas que os limitavam podem desenvolver-se uma vez submetidos a pressões sociais em que devam, para sobreviver, adotar outros comportamentos.

Essa teoria reconhece que essas estruturas cognitivas e essa capacidade política podem ser exercitadas e desenvolvidas sob pressão do sistema social e da luta pela sua sobrevivência. Contudo, ao contrário do que propõem os livros de "receitas fáceis" ou de autoajuda, elas não se desenvolvem de forma miraculosa ou simplista. A exposição contínua a estruturas que exijam essas capacidades do indivíduo, a pressão do grupo, a duração da experiência e a própria capacidade de aprendizado são características que contam nesse processo, como vimos no Capítulo 8.

Tratando-se de desenvolvimento organizacional, há uma tendência atual de criticar as organizações "controladoras" (como mostra o Capítulo 11), as quais inibiriam o desenvolvimento político dos indivíduos. Valorizam-se atualmente as chamadas "organizações em aprendizagem", que promoveriam a emancipação política daqueles que a compõem e seriam adaptadas ao modo de produção pós-industrial ou informacional. Peter Senge (2013) e outros autores propõem a transformação de organizações "controladoras" em organizações "em aprendizagem", as quais consideram "viveiros" de indivíduos mais emancipados e politicamente ativos. Isso corresponde a uma revalorização do modelo orgânico desenvolvido nos anos 1960, como vimos nos capítulos 6 e 7. Já na década de 1950, um importante pesquisador, Leonard Sayles, mostrava como as organizações mais burocratizadas geram indivíduos "apáticos", enquanto organizações mais politizadas desenvolvem indivíduos mais questionadores e ativos.

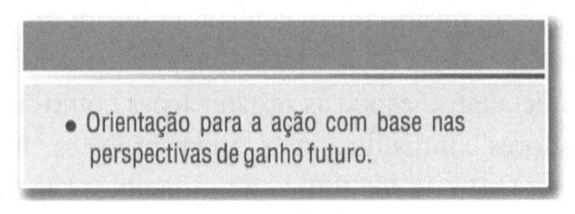

- Orientação para a ação com base nas perspectivas de ganho futuro.

Figura 12.2 Atitudes e poder.

12.6.1 Os estudos de Leonard Sayles

Leonard Sayles (1958) desenvolveu no fim dos anos 1950, nos Estados Unidos, um estudo em que mostrou o inter-relacionamento entre a capacidade de ação estratégica individual e a ação estratégica coletiva. O autor mostrou com suas pesquisas que existem quatro tipos de luta coletiva:

- A **apatia** caracteriza-se por uma vida de grupo passiva, poucas revoltas e a ausência de um líder ou a existência de um líder fraco.
- A **ação errática** implica forte dependência de um líder autoritário, muitas revoltas, porém irregulares, uma capacidade de mobilização maciça do grupo e certa desproporção entre a intensidade da luta e o objetivo perseguido.
- A **ação estratégica** distingue-se por pressão contínua e planejada do grupo por forte capacidade de negociação, sem depender exageradamente de um líder e pela existência de fortes compromissos sindicais.
- A **posição conservadora,** que corresponde a grupos específicos, coesos e fechados em si mesmos, orientados para a defesa de seus interesses particulares e que não envolvem necessariamente a ação sindical.

Sayles observou que as atitudes de apatia e os grupos erráticos eram mais frequentes em situações em que as condições de trabalho eram difíceis e os salários, baixos. No entanto, os grupos erráticos tinham maior capacidade de mobilizar-se que os grupos apáticos, porque seus membros tinham maior possibilidade de discutir e interagir no local de trabalho (ateliê, linha de montagem ou oficina).

Os membros dos grupos apáticos trabalhavam em linhas de montagem ou em equipes, executando tarefas diferentes e não tendo muitas oportunidades para trocar informações ou discutir em grupo.

Os membros dos grupos erráticos trabalhavam na linha de montagem em tarefas idênticas e podiam discutir eventualmente suas experiências similares correspondentes ao mesmo tipo de trabalho. Outro tipo de grupo errático eram os grupos de trabalho pequenos, nos quais os indivíduos realizavam e controlavam em parte um setor de atividade considerada importante no processo de produção.

Em contrapartida, os grupos estratégicos e conservadores correspondiam às operações individuais que exigiam uma mão de obra altamente qualificada, e na maioria das vezes os grupos eram homogêneos. Eles tinham alto grau de autonomia e de controle em relação ao seu trabalho e no caso dos grupos mais conservadores o salário alto e o prestígio na organização eram elementos importantes.

Os trabalhos de Sayles mostram que as formas de ação coletiva e a relação dos grupos com seus líderes não são independentes das condições de trabalho dos indivíduos. O grau de autonomia e controle que o indivíduo tem em relação às suas tarefas influencia sua atitude em grupo e sua reação ao fenômeno da liderança.

As diferentes condições de trabalho produzem oportunidades assimétricas para os indivíduos em desenvolver seu aprendizado relacional e se inserir em um grupo. A ação coletiva, dependente desses fatores, manifesta-se de formas distintas como nos mostra Sayles (1958).

12.7 Comentários finais

Como vimos no início do capítulo, o poder pode ser abordado sob diversas perspectivas. Apresentamos aqui apenas a visão das organizações como fenômeno político. Outro importante autor nesse campo, Stuart Clegg (1997), em seus trabalhos e no livro *Handbook of organizational behavior*, delimita o estudo do campo do poder e oferece ao pesquisador importantes pistas sobre diversas teorias e correntes que tratam dessa perspectiva. A perspectiva trabalhada neste capítulo embasa outras teorias e será retomada parcialmente no Capítulo 13, pois as teorias como a dependência de recursos, custos de transação, entre outras, fundamentam-se nos conceitos aqui retomados e sistematizados.

Bibliografia

AXELROD, R. *The evolution of cooperation*. Nova York: Basic Books, 1984.
CLEGG, S. Power. In: SORGE, A.; WARNER, M. (Eds.) *Handbook of organizational behavior*. Londres: Thomson, 1997. p. 181-192.
CROZIER, M. *Le phénomène bureaucratique*. Paris: Seuil, 1964.
_____. *On ne change pas la société par décret*. Paris: Grasset, 1979.
CROZIER, M.; FRIEDBERG, E. *L'acteur et le système*. Paris: Seuil, 1977.
CYERT, R.; MARCH, J. *A behavioral theory of the firm*. Englewood Cliffs: Prentice-Hall, 1963.
DRESCHER, M. *The mathematics of games of strategy*. Mineola, NY: Dover Publications, 1981.
FLOOD, M. *A preference experiment*. Research Paper. Santa Monica, CA: Rand Corporation, 1951.
FRIEDBERG, E. *Le pouvoir et la règle*. Paris: Seuil, 1993.
GOULDNER, A. *Patterns of industrial bureaucracy*. Glencoe: Free Press, 1954.
HABERMAS, J. Towards a theory of communicative competence. *Inquirity*, v. 13, p. 360-375, 1970.
_____. *Teoria do agir comunicativo*. São Paulo: WMF Martins Fontes, 2013.
HIRSCHMANN, A. *Exit, voice and loyalty*. Cambridge: Harvard University Press, 1970.
MAQUIAVEL, N. *O príncipe*. Trad. de Maurício Santana Dias. São Paulo: Penguin, 2010.
MARCH, J.; SIMON, H. *Organizations*. Nova York: Wiley-Macmillan, 1958.
MERTON, R. K. Bureaucratic structure and personality. *Social Forces*, v. XVIII, p. 560-568, 1949.
MORGAN, G. *Images of organization*. Thousand Oaks: Sage, 1986.
_____. *Imagens da organização*. São Paulo: Atlas, 1996.
PAGES, M. et al. *O poder nas organizações*. São Paulo: Atlas, 1987.
SAYLES, L. *Behavior of industrial work groups*: Prediction and control. Nova York: John Wiley & Sons, 1958.
SELZNICK, P. *TVA and the grass roots*. Berkeley: University of California Press, 1955.
_____. *Liderança na administração*: Uma interpretação sociológica. Rio de Janeiro: FGV, 1971.
_____. *TVA and the grass roots*: A study of politics and organization. São Francisco: University of California Press, 1980.
SENGE, P. *A quinta disciplina*. A arte e a prática da administração que aprende. São Paulo: Best-Seller, 2013.
TUCKER, L. R. The environmentally concerned citizen: Some correlates. *Environment and Behavior*, n. 10, p. 389-418, 1978.
WEBER, M. *Economia e sociedade*. Brasília: Editora UnB, 2018.

Capítulo 13

Teorias ambientais

*Determinismo ou Voluntarismo? Foco Estrutural ou Relacional?
O ambiente, suas diversas representações e seus paradoxos conceituais.*

13.1 Introdução

Antes de discutirmos as diversas teorias, apresentaremos algumas definições de meio ambiente. Tradicionalmente, o meio ambiente é uma denominação atribuída ao conjunto de forças externas que influenciam o modo pelo qual as organizações funcionam e obtêm recursos. Entre os recursos mais importantes do meio ambiente estão as matérias-primas, a energia, a mão de obra qualificada, as informações, bem como os recursos financeiros necessários à produção de bens e serviços que asseguram a sobrevivência de dada organização. Os bens e serviços produzidos por uma organização são frequentemente concentrados em um setor econômico e referem-se a um conjunto de clientes em mercados específicos (*organizational domain*). Os agentes econômicos, fornecedores, clientes e as outras organizações que atuam nesse setor constituem o **ambiente de tarefa** dessa organização. O conceito de ambiente de tarefa (*task environment*) proposto por Dill (1958) trata assim da especificidade do ambiente onde determinada organização atua. O ambiente de tarefa é aquele no qual a organização atua diretamente e que tem maior impacto sobre a capacidade da organização em atingir seus objetivos imediatos. Além dessa definição convencional de ambiente, existem outras visões possíveis, como vimos no Capítulo 10.

Fonseca e Machado-da-Silva (2001) comparam a definição convencional de ambiente apresentada antes com a abordagem cognitiva e a abordagem institucional. Para a abordagem cognitiva, o ambiente é expresso pelo conceito de **domínio cognitivo**, ou seja, o ambiente é concebido como um repositório de padrões culturais e de significados criados por indivíduos e organizações ao interagirem. Nesse caso, o ambiente é considerado uma realidade socialmente construída com base na atividade cognitiva dos grupos organizacionais e de suas formas de enação ou representação da realidade.

Para a abordagem institucional, o ambiente é concebido como um setor social formado por organizações que oferecem produtos e serviços semelhantes, porém interagem estipulando regras de funcionamento às quais as organizações do setor devem se conformar para obter legitimidade e sobreviverem. Essa perspectiva analisa, por exemplo, o papel dos modismos gerenciais em administração (Fonseca e Machado-da-Silva, 2001). Vamos abordar, brevemente, cada uma dessas perspectivas. Egri e Pinfield (1999) fazem um estudo detalhado dos conceitos de ambiente na teoria das organizações, apresentando várias perspectivas teóricas. A aplicação de conceitos ligados à internacionalização do ambiente de negócios e à globalização ao contexto brasileiro também tem sido alvo de estudos recentes em teoria das organizações (Bertero, 1999).

O objetivo deste capítulo é introduzir algumas das principais teorias recentes: a teoria da ecologia populacional, a perspectiva das organizações em rede, a teoria da dependência de recursos, a teoria dos custos de transação e a teoria neoinstitucionalista.

A primeira teoria, ecologia populacional, foca os **aspectos estruturais do ambiente** de uma perspectiva considerada determinista por muitos autores. Para essa teoria, são os fatores do ambiente que determinam a sobrevivência de populações de organizações de certo tipo em determinado ambiente. Segundo essa teoria, a organização tem pouca influência na determinação do seu destino, tendendo à inércia e à preservação de suas estruturas.

As demais teorias enfatizam os **aspectos relacionais e políticos do ambiente**.

A perspectiva das organizações em rede analisa os aspectos relacionais e políticos relativos à formação de redes e à criação de vínculos entre organizações. O ambiente é considerado um conjunto de organizações interconectadas baseadas em elementos e interesses comuns.

A teoria de dependência de recursos foca também o estabelecimento de vínculos e *links* entre organizações da perspectiva de que elas buscam controlar recursos escassos dos quais dependem para sua sobrevivência.

Já a teoria dos custos de transação segue a mesma linha de argumentação e será analisada rapidamente em conjunto com a teoria da dependência de recursos.

Por fim, o neoinstitucionalismo oferece uma perspectiva teórica complexa com base na qual analisa como os modelos e símbolos são institucionalizados em determinado ambiente, passando a ser fonte de legitimidade e recursos para as organizações.

Daremos aqui uma perspectiva resumida de cada teoria. A classificação apresentada (foco estrutural ou relacional do ambiente) visa apenas oferecer um primeiro referencial de entendimento e leitura, tendo em vista que as teorias a seguir não são equivalentes.

13.2 Teoria da ecologia populacional (*population ecology*)

Essa teoria foca os **aspectos estruturais** do ambiente. Dado o fato de que existem diversas formas organizacionais possíveis, ao estudar essa diversidade, os teóricos dessa corrente tentam explicar a tendência de alguns tipos de organização em predominarem durante um período em alguns ambientes específicos. Por que em alguns ambientes predominam organizações menores e orgânicas e, em outros, organizações maiores e mais burocratizadas? Quais são as razões da diversidade de formas organizacionais? Como e por que se dá o crescimento de "famílias" e "populações" de organizações de certo tipo em um setor específico? Essas são algumas das perguntas que a teoria da ecologia populacional tenta investigar.

Opondo-se à teoria da contingência estrutural, apresentada no Capítulo 7, os autores da ecologia populacional dizem que não é a maior flexibilidade ou a capacidade de uma organização em adaptar rapidamente suas estruturas internas às características de seu ambiente que garante o seu sucesso. Ou seja, não é o fato de serem orgânicas em ambientes complexos e turbulentos ou serem mecânicas em ambientes simples e previsíveis que assegura a adaptação das organizações ao ambiente e à sua sobrevivência. Para essa corrente, o *fit* ou adequação das formas organizacionais ao ambiente não é importante no que diz respeito à sobrevivência das organizações. **Organizações não se adaptam ao ambiente, ao contrário, tendem a ser inertes e conservar suas formas organizacionais originais. É o ambiente que as seleciona.** Veremos esses princípios a seguir.

13.2.1 Principais características da ecologia populacional

Hannan e Freeman publicaram no *American Journal of Sociology*, em 1977, o artigo "The population ecology of organizations", no qual lançam os primeiros pressupostos da ecologia populacional. Essa teoria foi elaborada utilizando como base a teoria de Darwin sobre a seleção das espécies, na qual ele mostra como são as características estruturais de um ecossistema que seleciona as espécies mais aptas à sobrevivência nesse ambiente, dadas suas características biológicas de base. Selecionadas pelo ambiente, essas espécies se reproduzem e sua população aumenta. Quando as características estruturais do ambiente se transformam, no entanto, outras espécies, com outras características biológicas, podem tornar-se mais aptas a sobreviver nesse novo ambiente, sendo selecionadas, enquanto a população anterior diminui, podendo até desaparecer.

Autores como Hawley (1950) e Campbell (1969) foram pioneiros em aplicar a teoria da seleção de espécies aos sistemas sociais. Além de Hannan e Freeman (1977), outros autores como Aldrich (1979) e Carroll (1984) desenvolveram importantes trabalhos em que aplicaram mais recentemente essas ideias às organizações. Assim, a teoria da ecologia populacional não analisa o ambiente do ponto de vista de uma organização (como a teoria da dependência de recursos que veremos a seguir), mas, ao contrário, **sua unidade de análise são grupos de organizações com características estruturais similares, formando populações de certo tipo**. Essa teoria procura estudar o **ciclo de vida das organizações**, ou seja, que fatores levam certas "comunidades" e conjuntos de organizações de um mesmo tipo a predominar em um determinao ambiente e, mais tarde, a desaparecer (Baum, 1999). Estudos nessa área, por exemplo, verificam quais são os fatores do ambiente de negócios que selecionam as estruturas, os tamanhos, os tipos de competência das organizações desse setor. Que mudanças socioeconômicas e estruturais em um setor tornam determinados grupos de organizações mais aptos à sobrevivência, selecionando dada população com características específicas?

Nessa análise, a organização, vista isoladamente, tem pouco poder sobre a determinação de seu destino. A dimensão estratégica ou política das organizações é pouco explorada. O ambiente é que determina o destino das populações organizacionais de certo tipo.

A teoria não nega o fato de que os dirigentes organizacionais tomam decisões localizadas e mudam em parte estruturas organizacionais. Essas mudanças podem ter impactos locais, contudo, têm pouco impacto a médio e a longo prazos sobre a seleção de populações organizacionais em determinado ambiente.

Organizações, na verdade, tendem à inércia, dizem os autores. Mesmo sendo influenciadas pelas ações de seus dirigentes, as formas organizacionais mudam, porém com lentidão, de maneira conservadora. **As organizações que melhor preservam suas rotinas e modos de procedimento originais são selecionadas pelo ambiente, dado seu alto grau de confiabilidade e estabilidade na prestação de serviços e fornecimento de produtos.** Como as organizações não influenciam os fatores do ambiente que as selecionam, não é o fato de mudarem de estrutura ou adaptarem-se que melhora suas possibilidades de sobrevivência. Elas só sobreviverão caso as características de sua população as tornem mais aptas à sobrevivência nesse ambiente, o que está fora de seu controle. Assim, no caso de ter a sorte de pertencer a uma população naturalmente selecionada como apta, é o fato de ter consolidado e preservado sua forma original que fará uma organização sobreviver.

Em resumo, a ecologia populacional diz que existe certa variedade de formas organizacionais em um ambiente, ou seja, diversos tipos de família de organizações com características diferentes umas das outras. Duas populações de organizações diferentes, por exemplo, organizações grandes ou pequenas, públicas ou privadas, mais ou menos burocratizadas, generalistas ou especialistas etc. vão competir por recursos no nicho em que atuam. Nesse nicho, certos tipos de estrutura são considerados mais legítimos, dado seu maior nível de confiabilidade e aceitação social, características conquistadas com base em sua eficiência em atender durante relativo período, de forma estável, às demandas do setor. De modo pragmático, esse tipo de população, ao demonstrar maior grau de confiabilidade e eficiência na prestação de serviços e criação de produtos, é selecionado por ser mais apto, ganhando maior legitimidade ainda e conquistando mais recursos. Essa população específica será selecionada e aumentará em uma dinâmica de crescimento e expansão populacional. Haverá durante um período a concentração dessa forma organizacional no setor e o declínio das outras populações. Quando as características estruturais do setor mudarem, outras populações serão selecionadas.

Estudos com base nessa teoria mostram que no início de seu ciclo de vida a população organizacional mais apta tende a crescer lentamente, substituindo de forma progressiva as antigas formas predominantes nesse mesmo setor. Após conquistar certo grau de confiabilidade e legitimidade no setor, essa população passa a ter um crescimento rápido e espetacular, atingindo seu pico. Em seguida há uma queda brusca, dado o aumento da competição e, finalmente, a população se estabiliza, até que ocorram mudanças nos fatores estruturais do ambiente. São os fatores externos às organizações (fatores econômicos e sociais) que determinam que tipo de característica ambiental as organizações deverão atender e que tipo de eficiência deverão ter.

Os critérios para definição das características de cada tipo de população variam de acordo com cada estudo.

Por exemplo, alguns estudos nessa área focam a inovação tecnológica. Novas organizações, fundadas com base em novo tipo de tecnologia, podem ameaçar organizações fundamentadas em modelos tecnológicos mais antigos, caso a nova tecnologia as tornem mais aptas a sobreviver nesse setor. Consideremos as empresas "ponto.com", predominantes na nova economia, que foram selecionadas em alguns setores como prestação de serviços de internet e biotecnologia. A teoria da ecologia populacional procura entender por que essa nova população de organizações emergiu e se consolidou em determinados nichos. Que características estruturais desses ambientes específicos favoreceram a seleção e retenção dessas formas organizacionais? Que fatores estruturais do ambiente levam essas organizações a predominar ainda em alguns setores específicos ou a tender ao declínio em outros? Por que elas são mais aptas nesses ambientes? Essas são perguntas relacionadas ao ciclo de vida das formas organizacionais de certo tipo que embasam a aplicação da teoria da ecologia populacional.

13.3 A perspectiva das organizações em rede (*network organizations*)

Em uma perspectiva totalmente oposta à da teoria da ecologia populacional, **focando o aspecto relacional do ambiente**, encontramos o conceito de organizações e estruturas em rede. Essa perspectiva salienta o aspecto político das organizações, bem como o estudo do poder, partindo do pressuposto que ambientes são realidades socialmente construídas com base no estabelecimento de acordos, *links*, vínculos e contatos entre os diversos grupos organizacionais.

Essa abordagem atualiza e modifica o conceito de organizações orgânicas desenvolvido nos anos 1960. Como vimos, as teorias pós-contingenciais baseiam-se, na verdade, nos princípios desenvolvidos anteriormente pelas diversas escolas de administração, atualizando-os e readaptando-os, mas, na realidade, poucas inovações de fato foram propostas.

As organizações em rede ou *network organizations* são com frequência descritas como organizações sem fronteiras. Uma estrutura em rede é formada por um conjunto de diferentes organizações cujas atividades são coordenadas por contratos, acordos e relações interpessoais, e não pela criação de estruturas hierárquicas formais, custosas e rígidas. Dado o fato de que uma estrutura em rede visa economizar custos, facilitar a coordenação e aumentar a flexibilidade das organizações interligadas na rede, em tese por ser mais orgânica, essa estrutura é mais adequada aos ambientes incertos e complexos predominantes hoje em dia. A fim de consolidar esses sistemas, estabelece-se uma rede de contatos e relações mútuas (*links* e vínculos interorganizacionais) que permitem coordenar as atividades das organizações envolvidas, que têm normalmente interesses econômicos comuns. Por exemplo, uma organização que antes englobava em sua estrutura formal diferentes produtos e serviços, fabricando suas próprias matérias-primas, pode escolher terceirizar essas atividades (*outsourcing*) estabelecendo novos contratos e acordos com seus fornecedores para coordenar essas atividades de produção agora terceirizadas, formando uma estrutura em rede.

Uma desvantagem é o fato de que a estrutura em rede diminui o controle que a organização tem das atividades e logo esse tipo de estrutura pode ser uma opção estratégica arriscada no caso da produção de certos tipos de bens e serviços fundamentais para essa organização. No caso de bens e serviços fundamentais para seu funcionamento, a organização pode optar em manter o maior controle de recursos, produzindo-os ela mesma, mesmo que isso implique maiores custos operacionais. A terceirização de atividades fundamentais pode deixar a organização muito dependente e vulnerável em relação ao seu fornecedor.

13.3.1 O contexto das organizações em rede

Nitin Nohria, em seu livro *Networks and organizations* (1992), em parceria com Eccles, apresenta os princípios das "organizações em rede". Para ele, existem três razões pelas quais as organizações em rede são um modelo que desponta atualmente:

> - **O sucesso das organizações "ponto.com"**. Para o autor, o modelo organizacional predominante na chamada "nova economia" é caracterizado pelas diversas interconexões horizontais que essas organizações têm entre si, *links* implementados pelas atividades profissionais de seus membros. Para Nohria, as novas indústrias de computadores e biotecnologia localizadas no Vale do Silício, na Califórnia, ou em Modena, na Itália, bem como no Japão, na Coreia, e em Taiwan são o reflexo do sucesso desse novo modelo

em rede, que se contrapõe às grandes corporações, caracterizadas por serem grandes, hierarquizadas e terem altos custos.

> A segunda razão citada por Nohria é **o desenvolvimento recente da tecnologia de informação, permitindo novas formas de comunicação**. Pode-se trabalhar de modo mais descentralizado e flexível, apesar da distância. Novos contatos profissionais podem ser estabelecidos, segundo esse modelo. Exemplos são as "organizações virtuais", formadas por indivíduos interligados pelas redes corporativas (*intranets*) etc. Novos padrões quanto a horário, hierarquia e possibilidades de trabalho a distância são oferecidos por essas tecnologias.

> Nohria salienta também o fato de que **o conceito de *network organization* tem ganhado legitimidade como objeto de pesquisa acadêmica**. Harrison White (2008), nos anos 1970, divulgou seus estudos sobre os sistemas sociais, enquanto redes de contatos interpessoais. Com base nessa iniciativa, os estudos acadêmicos têm-se intensificado, consolidando essa perspectiva.

13.3.2 Os princípios da perspectiva das organizações em rede

De modo geral, Nohria, em seu artigo "Is a network perspective a useful way of studying organizations?" (Nohria, 1992), define cinco premissas para o estudo das organizações em rede:

1. **Todas as organizações podem ser consideradas redes sociais e devem ser analisadas por essa perspectiva.**
   Para o autor, organizações em rede podem ser definidas como conjuntos de "nós" e interseções formados por pessoas e por grupos ligados a diferentes sistemas de relações sociais (amizade, transferência de fundos, participação em associações etc.). Independentemente de suas características (forma organizacional, tamanho, indústria), as organizações podem ser vistas da perspectiva de serem redes sociais nas quais diferentes indivíduos ou grupos estão interconectados. Consequentemente, a organização formal representada por organogramas não exprime por inteiro as características das organizações em rede. As relações informais e os contatos são fundamentais para esse entendimento. Existem redes e alianças "escondidas" e "subjacentes" que podem e devem ser desvendadas e compreendidas, segundo o autor. Essas últimas complementam as redes formais descritas em relatórios e organogramas oficiais.

2. **O ambiente é considerado também uma rede formada por organizações interconectadas entre si.**

Os grupos organizacionais constroem seu sistema de relações e influências mútuas, dando forma ao ambiente organizacional onde convivem. Analisar as redes de influência entre os grupos organizacionais e os contatos entre eles é fundamental para compreender a dinâmica de determinado ambiente. Fornecedores, clientes, consumidores, agentes administrativos e econômicos estão assim interligados em um dado setor. A dinâmica do ambiente depende da forma com que eles se relacionam e das *networks* que formam.

3. **As decisões e os comportamentos dos atores sociais em organizações podem ser compreendidos com base no estudo do sistema de relações de poder e pressões aos quais esses indivíduos estão submetidos.**

   Ao compreender a posição relativa de um tomador de decisões em uma dada *network* ou rede relacional, pode-se analisar a sua "lógica de ator" (conforme vimos no Capítulo 4) e elucidar as razões que o levaram a comportar-se de determinada maneira ou tomar certa decisão. Essas questões estão ligadas às redes de influência e poder de um sistema organizacional. Modelos de coesão, equivalência, proeminência, alcance e influência são utilizados para explicar as relações sociais nas organizações.

   Os **modelos de coesão** analisam os relacionamentos pessoais dos atores sociais e as razões pelas quais se agrupam, tendo em vista padrões culturais, identitários, afetivos etc.

   Os **modelos de equivalência** estudam a formação de uma rede com base em um indivíduo ou um grupo como ponto de interseção e contato entre dois diferentes subsistemas que, sem esse elemento, não se interconectam entre si. Indivíduos ou grupos podem ser elos entre diferentes grupos sociais.

   Os **modelos de proeminência** examinam a influência que grupos ou indivíduos possuem em determinadas redes. A influência pode estar ligada, por exemplo, ao número e ao tipo de intervenções que um indivíduo ou grupo exerce em dado sistema, formando opiniões ou divulgando fatos e conceitos.

   Os **modelos ligados ao alcance e à influência das redes relacionais** verificam em que medida um indivíduo ou grupo avançam em uma rede, aumentando seu poder, ao mesmo tempo que perseguem seus objetivos pessoais. O tamanho da *network* (a soma das relações sociais do indivíduo ou grupo) e o grau de organização ou dispersão da rede de contatos são variáveis estudadas por esses modelos.

4. **Um sistema de contatos e interconexões entre grupos organizacionais exerce pressões sobre os membros desse sistema, induzindo certos tipos de comportamento e jogo de poder.**

Trata-se de um processo de construção social. As redes podem ser consideradas estruturas formais que induzem certos tipos de relação social e jogo de poder, mas também podem ser estudadas como processos sociais que geram forças e dinâmicas passíveis de mudar a própria estrutura da *network* ou rede.

5. **Ao comparar as organizações, devem-se considerar as características das *networks* e redes mais amplas nas quais essas organizações estão inseridas** (Nohria e Ghoshal, 1991). O estudo da estratégia empresarial passa a ser influenciado pelo conceito de organizações em rede. Manuel Castells (1999), em seu estudo sobre os sistemas sociais e econômicos, adota essa perspectiva.

No Brasil, os autores utilizam o conceito de organizações em rede de uma perspectiva crítica, aplicando-o a realidades como pequenas e médias empresas, entre outras (Faria, 2001a, 2001b).

13.4 A teoria da dependência de recursos (*resource dependence theory*)

Apresentaremos a seguir duas teorias que estão inter-relacionadas: a da dependência de recursos e a dos custos de transação. Veremos que quanto maior a dependência que uma organização tem da outra para a obtenção de recursos, maiores os custos de transação.

13.4.1 A teoria da contingência estrutural e a teoria da dependência de recursos

Como vimos nos capítulos 6 e 7, dedicados aos sistemas abertos e à teoria da contingência estrutural, as organizações são consideradas sistemas inseridos em sistemas maiores aos quais devem adaptar-se a fim de sobreviver. Trata-se do conceito de *fit* ou adequação estrutural. De acordo com a teoria da contingência estrutural, em um ambiente complexo, com muitas mudanças, envolvendo produtos de alta tecnologia e mão de obra qualificada, a organização deve ter estruturas autônomas e diferenciadas do tipo orgânico. Em um ambiente simples, contudo, com poucas mudanças e tarefas repetitivas, a organização deve adotar formas mecânicas. Essas teorias colocam a organização em uma posição passiva, de pura adaptação ao ambiente. Que ambiente é esse, no entanto? Uma variável totalmente independente das organizações que nele interagem, um ente "imaterial" e abstrato? A teoria da dependência de recursos e a teoria dos custos de transação oferecem outra visão do ambiente, criticando essa visão passiva das organizações.

13.4.2 A teoria da dependência de recursos e o ambiente socialmente construído

De modo similar à teoria dos sistemas abertos e à teoria da contingência estrutural, a teoria da dependência de recursos reconhece que as organizações são dependentes de seus ambientes no que se refere aos recursos de que necessitam para sobreviver e crescer. Porém, essa teoria apresenta uma visão bem menos passiva das organizações que a contingência estrutural e ainda bem menos determinista que a da ecologia populacional, como veremos a seguir.

O grau de dificuldade que dada organização terá em obter os recursos dos quais necessita para sobreviver, segundo a teoria da dependência de recursos, dependerá da complexidade, do dinamismo e da riqueza do meio ambiente no qual essa organização está inserida. O grau de controle que uma organização tem de recursos essenciais dos quais depende (logo, seu grau de dependência de outras organizações que possam fornecer esses recursos) é um aspecto importante considerado nessa teoria. A variável poder é importante nessa análise interorganizacional: quanto maior for a dependência que a organização "A" tem da organização "B" para a obtenção de recursos raros, maior o poder que essa última exercerá sobre a primeira.

Por exemplo, os dirigentes de uma organização procurarão influenciar o controle desses recursos raros por meio de redes de relações pessoais e influências mútuas, convidando outros dirigentes de instituições bancárias, governamentais, profissionais etc. a fazer parte do comitê de direção de sua organização.

De acordo com essa teoria, os aspectos a serem observados por dirigentes e executivos são as oportunidades e ameaças de seu ambiente.

Sendo assim, quando novas organizações estabelecem-se em certo meio ambiente aumentando a demanda por novos recursos, quando consumidores e clientes não mais têm necessidade de produtos ou serviços e se retiram do mercado, quando a oferta de subsídios ou recursos financeiros e energéticos diminui, nessas situações, os recursos fundamentais tornam-se escassos e passam a custar mais, aumentando a incerteza e a competição entre as organizações nesse ambiente. A fim de evitar a diminuição dos recursos disponíveis, as organizações tentam influenciar ativamente o curso dos acontecimentos em seu meio ambiente e as interações com as outras organizações, diz a teoria da dependência de recursos. Para tanto, as organizações buscam ser ativas politicamente para garantir seu acesso aos recursos necessários à sua sobrevivência e aumentar sua segurança. Constatamos assim que, para essa teoria, as organizações, não devem adaptar-se de modo passivo a um ambiente externo a elas e "imaterial". O ambiente passa a ser visto como o resultado de um processo de estruturação interorganizacional, pelo qual os diversos grupos organizacionais tentarão influenciar-se mutuamente para controlar os recursos e diminuir a incerteza. Na construção de seu ambiente, as organizações buscam:

- influenciar a ação das outras organizações presentes em seu ambiente para limitar a competição, aumentar sua segurança e garantir seu acesso aos recursos;
- atender às demandas e necessidades de outras organizações em diferentes ambientes visando obter recursos dessas organizações.

A influência que uma organização B terá sobre a organização A dependerá do controle que B tiver dos recursos vitais para a outra. Quanto mais especializados e raros forem esses recursos, maior será o poder e a influência da organização B, que dela depende para a obtenção desses recursos. Bens de alta tecnologia, difíceis de serem produzidos e substituídos, aportam mais recursos para a organização que os produz.

Quanto mais próxima a organização que produz o recurso raro para a outra organização estiver de uma situação de monopólio, maior será seu poder de barganha. Se existirem muitos fornecedores, diminuirão a dependência e o poder que uma organização tem sobre a outra e logo diminuirá também o valor dos recursos. A escassez do bem ou serviço aumenta o valor da remuneração para a organização que produz esse bem ou serviço fundamental para a sobrevivência de outra organização. O controle da incerteza é visto como fonte de poder, em um conceito próximo ao que Michel Crozier (Crozier e Friedberg, 1997) utiliza quando fala sobre a "zona de incerteza pertinente", conforme apresentamos no Capítulo 12.

Idealmente, uma organização busca ser autônoma em relação aos recursos dos quais necessita para a sua sobrevivência, portanto não precisa submeter-se ao poder de outra. No entanto, o ideal é que ela tenha o monopólio no fornecimento de recursos raros e indispensáveis para outras organizações, aumentando seu poder e o valor dos bens e serviços que produz. Assim terá o controle total de seus próprios recursos e maximizará seu ganho em relação às outras. Essa é uma situação rara. Na maioria das vezes, existem interdependências organizacionais em um setor e organizações não são nem inteiramente autônomas nem totalmente dependentes, necessitando negociar umas com as outras.

Esses conceitos foram desenvolvidos com base nos trabalhos clássicos de Thompson sobre a ação organizacional, apresentados no Capítulo 7 (Thompson, 1967). Eles podem ser aplicados também às diversas partes de uma mesma organização: em uma organização divisionalizada, por exemplo, algumas unidades de negócio ganham poder dentro da organização à medida que os produtos que fabricam e comercializam tornam-se mais importantes para o ambiente que os produzidos por outras unidades de negócio da mesma organização. A estrutura de poder correspondente aos recursos do ambiente tem seu reflexo nas estruturas de poder internas das organizações e vice-versa.

13.4.3 As interdependências organizacionais

Como vimos, as organizações desenvolvem dependências em dois níveis: **em relação às organizações de outros setores e em relação às organizações de seu próprio setor.**

As organizações podem desenvolver **interdependências simbióticas complementares**, não competitivas. Um exemplo é a relação horizontal fornecedor-cliente, quando o *output* ou produto de uma organização serve de matéria-prima ou *input* para a outra.

No entanto, as organizações são **competitivas** quando estão no mesmo setor e disputam produtos e serviços escassos dos quais ambas necessitam para sua sobrevivência.

Ao tentarem influenciar seu ambiente, as organizações devem realizar alianças e acordos estratégicos que lhes permitam controlar melhor os recursos. Como o estabelecimento de vínculos interorganizacionais implica negociação e concessões, logo, perda relativa da liberdade, as organizações procuram desenvolver estratégias nas quais consigam maior segurança e controle de recursos ao mesmo tempo que procuram manter o máximo de autonomia possível. Porém, sempre há um "preço" a pagar em relação à escolha estratégica, conforme mostrado no Capítulo 12, dedicado ao poder, na análise do dilema do prisioneiro: quanto mais formalizado for o vínculo que uma organização estabelecer com a outra para controlar recursos escassos, maior será a perda de autonomia dessa organização.

Quando duas organizações estabelecem um vínculo formal, por exemplo, quando se associam e fundam uma empresa em conjunto, constituindo uma *joint venture*, ambas perdem parte importante de sua autonomia. Todavia, quanto mais informal o vínculo (acordos verbais entre líderes, contratos simples e alianças temporárias), maior o grau de autonomia mantida pelas organizações.

Ao realizarem um acordo, os dirigentes buscam pesar os riscos e ver o nível de formalidade necessário para garantir o controle dos recursos fundamentais.

De modo geral, **quanto maior o risco de ficar sem os recursos de que necessita, mais formal será o acordo que a organização estabelecerá com a outra da qual depende**. Uma empresa-cliente que tem uma necessidade fundamental de uma matéria-prima rara, sem a qual terá um grande prejuízo, em uma situação em que existem poucos fornecedores desta, procurará talvez adquirir e incorporar o fornecedor para assegurar seu acesso a essa matéria-prima indispensável em todas as ocasiões, diminuindo a incerteza. Contratos de fusão e aquisição, contudo, são formais e implicam despesas muito altas com advogados, negociação e com o próprio processo de compra. Portanto, os riscos e as vantagens são normalmente medidos e busca-se encontrar a melhor solução formal e o vínculo mais apropriado à situação.

Em resumo, a teoria da dependência de recursos (Zald, 1970; Thompson, 1967; Pfeffer e Salancik, 1978) analisa o ambiente do ponto de vista de dada organização (*focal organization*), ou seja, analisa quais são as estratégias desenvolvidas por um grupo organizacional em suas relações com os outros para preservar e aumentar seus recursos fundamentais.

Um dos fatores-chave de análise é a capacidade estratégica do grupo organizacional, ou seja, sua capacidade política em negociar e estruturar relações de poder. O grupo organizacional é visto aqui como um ator social ante outras organizações, com as quais interage e constrói seu ambiente (Scott, 1987). Considera-se que existem diferentes racionalidades relativas a cada grupo organizacional, logo, adota-se o pressuposto da racionalidade limitada.

A teoria da dependência de recursos associa-se à outra teoria que compartilha de pressupostos similares, a teoria dos custos de transação. Em conjunto, essas abordagens oferecem uma análise interessante da prática organizacional.

13.5 A teoria dos custos de transação

Ao explicarmos a teoria dos custos de transação, repetiremos parcialmente alguns dos conceitos apresentados antes com a finalidade de deixar mais clara a associação entre essas duas correntes.

Custos de transação são necessários para negociar, monitorar e controlar as trocas entre organizações, indivíduos e agentes econômicos. A busca de informações, a realização de contratos, a burocracia – procedimentos para controlar e processar documentos, registrar contratos e patentes, custos com advogados, transporte, tecnologias, por exemplo – são alguns dos custos necessários para efetivar trocas comerciais e interações entre indivíduos e agentes econômicos.

Segundo a teoria dos custos de transação, um dos principais objetivos das organizações é minimizar os custos envolvidos nas trocas de recursos com o meio ambiente e com as outras organizações, economizando tempo e recursos (Williamson, 1975).

Utilizando a teoria da racionalidade limitada de Simon como pressuposto teórico (o modelo Carnegie apresentado no Capítulo 4), a teoria dos custos de transação mostra que os indivíduos, bem como os grupos organizacionais, possuem uma capacidade limitada de obter e interpretar informações (Simon, 1957). Dessa forma, quanto mais complexo e incerto for o ambiente, quanto mais rápidas forem as mudanças, maiores serão as dificuldades para obter e processar informações e negociar; consequentemente, maiores serão os custos de transação. Essa teoria diz que os agentes econômicos e as organizações, em um ambiente complexo e instável, procuram controlar as mudanças, influenciando o curso delas. As organizações não são assim estruturas passivas que se adaptam ao ambiente, mas são formadas por grupos de indivíduos que interagem e buscam estruturar, de forma ativa, regras, leis e mecanismos de troca em seu meio ambiente de negócios. Em tese, quanto mais incerto for o ambiente, mais as organizações reagirão procurando controlar essa incerteza por meio de alianças e contratos, logo maiores serão os custos de transação (necessários para a busca de informação e efetivação desses contratos, alianças e mecanismos de controle).

Associando os princípios da teoria da dependência de recursos e da teoria dos custos de transação, pode-se dizer que **quanto maior for a dependência que uma organização tem dos recursos fornecidos pela outra** (por exemplo, que um cliente tem de um fornecedor), **maior será o tipo de controle que essa organização procurará exercer sobre a outra,** a fim de reduzir a incerteza e a dependência. Por sua vez, **quanto maior for o nível de controle que uma organização tentar exercer sobre a outra para reduzir a incerteza, maiores serão os custos de transação envolvidos nessa operação** (Jones e Hill, 1988). **Quanto maior for a dependência de recursos entre organizações, maiores serão os custos de transação.**

Com o advento do estoque zero, por exemplo, as montadoras de automóveis ficaram dependentes de que seus fornecedores entregassem a matéria-prima necessária para a fabricação de automóveis dentro do prazo e do padrão de qualidade exigido, uma vez que atrasos nas entregas e defeitos trariam consequências desastrosas, tais como a paralisação da produção de carros, com implicações no custo de mão de obra e energia. Tendo em vista esse problema, muitas empresas-clientes começaram a aumentar seus controles e auditorias em seus fornecedores de peças. Cada auditoria, porém, envolvia altos custos de transação, em relação ao tempo e custo de mão de obra. O conceito de segurança em qualidade total e o surgimento da ISO 9000 se deram, entre outros fatores, a uma tentativa de unificar os procedimentos de auditoria, terceirizando-os para entidades supraorganizacionais credenciadas que poderiam emitir o certificado ISO 9000 após uma única auditoria. Dessa forma, cada empresa-cliente não precisaria mais realizar uma auditoria em cada fornecedor nem as empresas fornecedoras necessitariam sofrer auditorias de vários clientes. A ISO 9000 permitiu assim reduzir os custos de transação (Vasconcelos, 2000a).

Em geral, as organizações buscam diminuir sua dependência de fornecedores-chave realizando acordos com eles, incorporando-os ou estabelecendo alianças.

Estratégias como a terceirização de bens e serviços, alianças estratégicas, fusões e aquisições, entre outros diferentes tipos de contrato, implicam diferentes tipos de custo de transação, fornecendo também controles maiores ou menores de uma organização sobre a outra. De acordo com essa visão, como vimos anteriormente, o ideal do ponto de vista do grupo organizacional é estudar que tipo de vínculo desenvolverá com as diversas organizações com as quais se relaciona, buscando sempre diminuir os riscos e custos envolvidos e mantendo o maior grau de autonomia possível.

Como podemos observar, essas teorias privilegiam o grupo organizacional como unidade de análise, diferenciando-se em grande medida da análise da ecologia populacional. Enquanto a teoria da dependência de recursos foca mais as interações políticas do ponto de vista de dada organização (*focal organization*), a ecologia populacional foca sua análise nos fatores estruturais do ambiente como determinantes da dinâmica nele.

Um dos limites dessa teoria é que, ao focar a análise em uma organização específica e nos *links* que esta estabelece com outras, ignora as influências do ambiente institucional (leis, comportamentos miméticos de outras organizações etc.). Esses aspectos são tratados pela teoria neoinstitucional.

Em resumo, uma rede (*network*), como mostra Lazzarini (2008) é um conjunto de pessoas ou empresas (denominadas tecnicamente nós) interligadas por meio de relações dos mais diversos tipos (laços). Lazzarini exemplifica redes que se constituíram através da realização de alianças estratégicas (como nos mostra a teoria da dependência de recursos), ou seja, as empresas se reuniram para partilhar recursos, atuar conjuntamente em um mercado, por meio de uma aliança estratégica realizada para diminuir os seus custos de transação e garantir o acesso a vários recursos (maior número de clientes e passageiros pelo oferecimento de muitas possibilidades de rotas de voo), no caso do exemplo a seguir, das companhias aéreas.

Lazzarini (2008, p. 8) cita, assim, o seguinte:

> Quando viajamos para um destino internacional, utilizamos muitas vezes o serviço de mais de uma companhia. Passageiros que saem de Goiânia, por exemplo, com destino a Miami, utilizam conexões envolvendo alguma empresa aérea nacional e alguma empresa internacional. Se quisermos viajar por diferentes parte do mundo, vamos utilizar os serviços de várias companhias localizadas em vários países distintos. Para facilitar essas conexões, muitas dessas empresas têm estabelecido alianças de compartilhamento de vôo (*codesharing*): uma empresa vende todo o trajeto entre as cidades A-B-C sendo B uma cidade intermediária ou ponto de conexão. Porém, é possível que o trajeto A-B seja realizado pelo parceiro da firma que vendeu a passagem, em vez da companhia em si.

Nesse exemplo, Lazzarini mostra que as empresas aéreas fazem uma aliança de compartilhamento de recursos, emprestando recursos uma às outras, como aviões, tripulação, estrutura de atendimento em terra, facilitando que os passageiros cheguem aos diversos destinos. Normalmente essas alianças estratégicas reúnem também milhas, bônus de viagem, entre outras vantagens para os clientes. Assim, alianças como Star Alliance, One World, Sky Team são exemplos em que encontramos organizações em rede (*network organizations*) e partilhamento de recursos como propõe a teoria de dependência de recursos.

Sérgio Lazzarini (2008, p. 9) em seu livro *Empresas em rede*, cita também como exemplo o trabalho conhecido de Charles Kirschbaum e Flávio Vasconcelos (2007) publicado na *RAE – Revista de Administração de Empresas*, da FGV, sobre a rede de músicos estabelecida no Brasil entre 1958 e 1969. Como mostra Lazzarini (2008), uma forma de mapear os relacionamentos interpessoais surgidos entre os músicos é verificar se determinado intérprete gravou uma canção elaborada por certo compositor.

> Desta forma, é possível que este músico assuma dois papéis: de compositor ou de intérprete. Tom Jobim, João Gilberto, Caetano Veloso, Chico Buarque etc., frequentemente assumiam papéis duplos, e por isso acabavam aparecendo duas vezes (na rede), dependendo se está como intérprete ou compositor.

Lazzarini, ao comentar o trabalho de Kirschbaum e Vasconcelos (2007), mostra que entre 1958 e 1961 existiam duas redes desconectadas entre si: a rede da Jovem Guarda (Roberto e Erasmo Carlos e outros) e a da Bossa Nova (com João Gilberto, Tom Jobim, Vinícius de Moraes e outros). A Bossa Nova, com Chico Buarque, Francis Hime, além de outros autores, estavam em uma rede desconectada da Jovem Guarda.

Foi o movimento Tropicalista, com Caetano, Gilberto Gil, Maria Bethânia e Gal Costa, que, gravando músicas das duas redes, uniram as produções delas nos discos dos tropicalistas.

O clássico disco *Tropicália ou Panis et Circenses*, de 1968, é uma evidência que se estabelece entre os diversos estilos de música" (Lazzarini, 2008, p. 9).

Em uma organização em rede, laços fortes são laços com pessoas que conhecemos e somos próximos (amigos, famílias, colegas próximos). Laços fracos, são laços com indivíduos e organizações mais distantes ("estranhos"), não tão próximos.

Dependendo da situação, como vimos na teoria da dependência de recursos, laços mais fortes ou mais fracos vão embasar diferentes acordos, tais como a terceirização de serviços, a realização de *joint ventures* ou, ainda, alianças estratégicas ou fusão e aquisição.

Como vimos, existem os laços fortes, que são aqueles estabelecidos com pessoas e organizações próximas e conhecidas, amigas, e existem os laços fracos, estabelecidos com pessoas e organizações mais distantes, também do ponto de vista de proximidade psicológica e amizade ou coleguismo. Este conceito não envolve necessariamente a distância física, mas a proximidade tendo em vista relacionamento entre pessoas e instituições já estabelecido e relações de confiança. Isso pode estar relacionado com a distância física (o que normalmente ocorre) sendo empresas da mesma região mais próximas, ou não necessariamente, em um mundo interconectado atualmente pela internet, telefonia celular etc. Depende de se analisar cada relacionamento para estabelecer se se trata de laços mais fortes ou fracos.

Como mostra Jones (2001, p. 121) *"a network structure is a cluster of different organizations whose actions are coordinated by contracts and agreements rather than through a formal hierarchy of authority"* ou seja, "uma organização em rede é um conjunto de diferentes organizações cujas ações são coordenadas por contratos e acordos, e não por uma hierarquia formal de autoridade". Trata-se, assim, de um tipo de organização mais orgânica.

Conforme Jones, quanto maior for a dependência que uma empresa tem dos recursos controladas pela outra, laços fortes deverão ser estabelecidos para reduzir o risco e para a organização que depende da outra ter mais controle sobre ela e os recursos que possui. Neste caso, os custos de transação (custos envolvidos para a realização dos contratos, negociação, aspectos jurídicos etc.) serão maiores, porque o risco é maior e os contratos serão mais formais.

A contrário, quando os riscos envolvidos forem menores e menor a dependência que uma organização tem dos recursos controlados pela outra, o *link* estabelecido entre estas organizações poderá ser um laço mais fraco, em que a primeira organização influenciará aquela da qual depende, mas com contratos menos formais que envolvem um custo de transação mais baixo, porque o risco é menor.

Os *links* (laços) estabelecidos entre as organizações e os contratos podem ser simbióticos (onde há complementaridade no relacionamento – exemplo, fornecedor e cliente) ou uma *joint venture* (novo negócio criado em sociedade), neste caso *links* cooperativos, ou ainda podem ser *links* competitivos, entre organizações que estão em competição mas podem realizar parcerias e acordos tendo em vista colaborações específicas em um dado contexto, temporárias ou mais permanentes.

Quando o risco não é tão alto, a dependência que uma organização tem da outra é menor, indo-se da dimensão formal para a informal, pode-se estabelecer contratos de longo termo, escritos; e depois criar *networks* por meio de contratos (como os *clusters*), grupos de empresa concorrentes ou não, mas que estabelecem contratos de cooperação *clusters* (ou grupos de cooperação e inovação) e partilham suas descobertas e equipes de pesquisa, desenvolvimento e tecnologia, laboratórios de pesquisa e equipamentos para reduzir custos e inovar em conjunto em uma determinada área em que a inovação contínua é fundamental para a sobrevivência. Os *clusters* na área de tecnologia da informação no Silicon Valley, na região da Caliórnia, Estados Unidos, são um exemplo.

Em outros tipos de contrato a organização pode ter que investir mais se o risco for maior, e a dependência que ela tem de outra empresa grande, se for o caso de uma participação acionária minoritária na outra empresa, pode ter de desembolsar ainda mais se o risco for maior, assim como a dependência do recurso que a outra empresa controla. Neste último caso, somente uma participação minoritária na outra empresa pode não ser suficiente, dependendo da alta dependência do recurso que a outra empresa possui. A primeira pode precisar criar uma nova empresa com a outra organização, uma *joint venture*, por meio de um contrato mais caro ainda e formal. Assim sendo, *joint venture* significa novo negócio, criado pela sociedade formal entre duas empresas. Isto é realizado no caso de cooperação entre empresas e de uma grande dependência de recurso que uma empesa tem da outra, com maior necessidade de controle para reduzir a incerteza.

No entanto, organizações que competem pelos mesmos recursos e clientes, podem criar associações de empresas de um dado setor de atuação (por exemplo uma associação de empresas do setor automotivo) para negociar com o governo novas leis, ou tentar atuar no setor em conjunto, reduzindo riscos. Uma federação de indústrias de uma certa região ou ainda uma Junta Comercial são associações deste tipo. Empresas concorrentes também podem desenvolver alianças estratégicas (ponte aérea entre duas regiões, por exemplo) para controlar recursos, e, por fim, uma empresa que realmente necessita controlar a outra pode comprá-la, realizando uma fusão ou aquisição, reduzindo a concorrência, o que é ainda mais caro. É claro que estas ações todas são reguladas por lei, por contratos específicos que visam resguardar a legalidade e ética das ações. Neste último caso, fusão e aquisição, o contrato é mais formal e os custos de transação maiores, porque visa reduzir riscos altos da empresa com esta ação, controlando um mercado ou setor da economia, por exemplo.

Atualmente, na segunda década do século XXI, um período de rápidas inovações, sobretudo voltadas para o desenvolvimento sustentável, como carros elétricos, autônomos e conectados, internet das coisas; física quântica; carros solares; usinas de fusão nuclear que estão sendo desenvolvidas para não oferecer os riscos de outras; impressão em 3D; novas formas de gerar energia elétrica (painéis solares, energia eólica, oceânica, solar, entre outras), a partir de fontes de energia sustentáveis; computadores quânticos; Big Data; fábricas inteligentes controladas por computadores, assim como serviços de agências bancárias digitais, automatização de vários serviços; desenvolvimento do ensino a distância e de faculdades que estimulam o ensino e o pensamento crítico e criativo; desenvolvedores de *start ups*; fundos de *venture capital* para financiamento de inovações; cidades inteligentes etc. Todas estas inovações em produtos e serviços, e outras ainda, na área de saúde humana exige a cooperação de empresas, o surgimento de *clusters* de inovação para reduzir custos e traz a proposta de novas formas organizacionais pós-burocráticas e novos modelos organizacionais mais favoráveis à inovação, como veremos no Capítulo 16.

13.6 O neoinstitucionalismo (*the new institutionalism*)

13.6.1 O processo de institucionalização

A teoria neoinstitucionalista deriva do conceito de institucionalização e dos trabalhos institucionais de Selznick (1955) apresentados no Capítulo 5.

O que é institucionalização, a base dessa teoria? Como podemos definir esse termo? Um conceito institucionalizado é algo "tomado como certo" (*taken for granted*) para dado grupo social. Esse conceito torna-se uma "verdade" aceita naturalmente para os membros desse grupo social, inspirando suas ações e práticas sociais.

Segundo Peter Berger e Thomas Luckmann (1967) e de acordo com a corrente do interacionismo simbólico, a institucionalização ocorre sempre que houver uma tipificação recíproca de papéis e ações rotineiras por tipos de ator. Institucionalizar regras, por exemplo, é torná-las habituais e rotineiras. A institucionalização gera, pois, efeitos práticos importantes: um valor institucionalizado é um valor que inspira ações concretas por parte dos atores sociais.

A institucionalização é um processo composto de três momentos: a externalização, a objetivação e a internalização. Peter Berger e Thomas Luckmann (1967) descrevem esse processo mostrando que a externalização é a forma como interpretamos nossas ações como tendo um sentido externo separado de nós mesmos. Ao agirmos no mundo social, ao praticarmos um ato, podemos contemplar e julgar o efeito desse ato no mundo social, de forma externa a nós, ou seja, o impacto de nossas ações sobre os outros e o ambiente. Mais tarde, essa realidade construída por nós e pelos que nos cercam, com base em nossas ações e interpretações da realidade, é percebida como um elemento objetivo, imutável e intangível, acima de nós, que nos cabe aceitar. As organizações são construídas pelos indivíduos que nelas interagem todos os dias, porém estes as consideram como entidades abstratas acima deles. Trata-se do fenômeno da objetivação da realidade (ou reificação).[1] Posteriormente essas estruturas cognitivas, regras, valores e modelos construídos e institucionalizados pelo grupo social são internalizados por seus membros, determinando a estrutura subjetiva de sua consciência. Normas, regras e valores construídos pelo grupo social são transmitidos pelos processos de socialização primária e secundária para outros indivíduos desse grupo, reproduzindo esse imaginário social, como descrevemos no Capítulo 11 (Berger e Luckmann, 1967).

A institucionalização é assim o processo pelo qual atores individuais transmitem o que é socialmente definido como real (Zucker, 1987), o que corresponde a um processo de fabricação de "verdades".

Em uma organização existe o confronto entre muitas "verdades", correspondendo às diversas formas de percepção e enação dos diversos grupos organizacionais e das diversas racionalidades existentes (Simon, 1957). Certos grupos conseguem impor "suas soluções" para os problemas, entre outras possíveis, buscando influenciar os outros. Essas soluções são baseadas em sua visão de mundo e sua interpretação da realidade, que será instituída na organização por meio de regras, na criação de rotinas de trabalho e na estrutura organizacional, como "a verdade" e "a solução correta e superior". Esses elementos serão "reificados" e percebidos pelos outros grupos como elementos objetivos da realidade. O ambiente é formado por diversos grupos organizacionais produtores de símbolos e modelos cognitivos e normativos. Essa dinâmica se dá também no nível do ambiente: diversas organizações buscam influenciar-se mutuamente, estabelecendo quais modelos e símbolos predominarão em determinado ambiente e serão institucionalizados, tornando-se habituais e rotineiros e influenciando a ação dos outros (Zucker, 1987).

13.6.2 Os setores institucionais

O neoinstitucionalismo, dessa forma, considera as organizações como "atores sociais" que interagem e moldam o ambiente. Meyer e Scott (1991), assim definem setores institucionais:

> são setores sociais em que predominam um conjunto de regras e normas às quais as organizações devem se conformar se elas pretendem sobreviver e receber apoio e obter legitimidade de outras organizações, agentes econômicos, governamentais e privados.

---

[1] *Res* significa coisa, em latim. Reificação pode ser entendida como "materialização" ou "coisificação". É atribuir a elementos mutáveis e contingentes, como regras, modelos sociais e cognitivos, frutos da criação humana e, logo, modificáveis, um caráter intangível e permanente, como se esses modelos pairassem acima de nós e tivessem de ser aceitos sem questionamento por corresponderem à "verdade".

Como vimos, existem estruturas organizacionais, modelos, tecnologias e também padrões culturais e formas de representação da realidade predominantes em uma organização, bem como em um setor institucional. Essas soluções e esses modelos instituídos favorecem interesses de poder de alguns grupos, que conseguem que sua racionalidade predomine sobre as demais. Esses modelos são reificados, reproduzidos e imitados. Eles passam a ser o padrão de qualidade a ser seguido pelos outros indivíduos, grupos e organizações, sendo vistos, às vezes, como a única solução possível em um determinado contexto, quando, na realidade, são uma forma de ação ou representação possível entre outras. Criam-se assim os **mitos** e **modelos** que influenciam a ação de indivíduos e organizações.

São as seguintes questões que se colocam: **quais são os mecanismos de criação e institucionalização de modelos em dado setor? A que tipo de organização ou grupo esses mecanismos favorecem? Como esses modelos se transformam?**

Scott (1987) mostra que as organizações não adotam esses modelos e formas de representação que estão "na moda" por simplesmente acreditar que eles são os "melhores". Os indivíduos e organizações os adotam por serem esses modelos **fonte de legitimidade, reconhecimento e recursos, permitindo aos atores sociais e organizacionais aumentar sua capacidade de sobrevivência em certo meio**.

Esse argumento vai além de uma dimensão puramente cognitivista do processo de institucionalização (Berger e Luckmann, 1967) e introduz a dimensão estratégica (Scott, 1987). Fonseca e Machado-da-Silva (1991) analisam as diferenças entre as teorias estratégicas convencionais, a abordagem cognitivista e a abordagem institucional. As teorias estratégicas convencionais são baseadas no pressuposto da racionalidade absoluta (a busca "da melhor maneira") e do ser humano visto como ser racional e autônomo, que procura maximizar resultados (*homo economicus*). O paradigma cognitivista admite a existência de várias racionalidades possíveis e foca o ser humano como agente psicossocial, que formula suas estratégias conforme percepções, padrões culturais específicos e interpretações compartilhadas da realidade.

Por fim, a abordagem institucional considera o homem um ator social, que formula suas estratégias conforme os significados atribuídos às regras de funcionamento organizacional, institucionalizadas na sociedade. Esses autores também diferenciam as representações da organização nestes três paradigmas. A organização é sucessivamente conceitualizada nestas três abordagens como sistema racional, universo cognitivo (reservas de conhecimentos e artefatos simbólicos) e arena social (Fonseca e Machado-da-Silva, 2001).

Observamos assim que a teoria neoinstitucionalista, a terceira perspectiva apresentada pelos autores, vai além da análise cognitivista em suas proposições. Essa parece ser uma tendência geral em estratégia: até conceitos mais tradicionais em estratégia, como o de sistemas de controle, com base na visão do *homo economicus*, evoluíram para uma abordagem cognitivista, com o surgimento dos modelos psicossociais do controle de gestão. Posteriormente, o conceito de controle estratégico incorporou a visão do homem como ator social e da organização como arena política, fundamentos da teoria neoinstitucionalista (Silva, 2001; Motta et al., 1995).

13.6.3 As formas de incorporação de modelos cognitivos pelas organizações

Como vimos, a incorporação de um modelo normativo ou cognitivo ocorre quando ele corresponde a um interesse concreto, seja do ponto de vista dos atores sociais seja do das organizações.[2]

A decisão de incorporar o modelo e sua prática terá em seguida influências sobre os sistemas cognitivo e normativo do indivíduo ou dos grupos organizacionais que os adotaram. O nível de influência exercido pelo modelo sobre os atores sociais será proporcional ao grau de adesão desses. Em seguida, os indivíduos e grupos organizacionais interpretarão as normas e agirão no mundo social, influenciando, por sua vez, a evolução do próprio modelo, em uma relação dialética.

DiMaggio e Powell (1991) propuseram uma tipologia sobre os processos que conduzem uma organização a mudar sua estrutura e adotar os modelos cognitivo e normativo instituídos por certos grupos e por outras organizações em um dado setor institucional.

O neoinstitucionalismo considera as associações profissionais, corporativistas e o Estado como atores importantes no processo de criação e moldagem das organizações (Vasconcelos e Vasconcelos, 2000b). Essas últimas, com base na estratégia definida pelos dirigentes, adotam modelos normativos e estruturais por meio de quatro formas de institucionalização:

➤ a coerção;
➤ a normalização;
➤ a indução;
➤ o mimetismo organizacional.

Esses processos de incorporação dos modelos predominantes em determinado setor pelas organizações estão inseridos em um fenômeno geral chamado

---
[2] Adota-se o pressuposto da racionalidade limitada, conforme descrito no Capítulo 4.

pelos autores isomorfismo estrutural, ou a tendência de as organizações de um mesmo setor possuírem estruturas, regras, modelos cognitivos e tecnologias similares. Necessitando sobreviver e ganhar recursos, a maioria das organizações adotará os modelos instituídos no setor. Após determinado tempo, terá, consequentemente, modelos e formas similares, em uma tendência à homogeneização dessas estruturas (DiMaggio e Powell, 1991).

13.6.3.1 A coerção

Segundo DiMaggio e Powell (1991), a imposição de estruturas organizacionais e modelos pode ocorrer pela força ou autoridade legítima. O Estado é o único detentor do monopólio do uso legítimo da força ou da violência. Os autores observaram que a imposição feita por uma autoridade vista como legítima gera menos resistências, é mais estável e concretiza-se com mais rapidez que a imposição feita unicamente pela força. Os grupos organizacionais adotam assim formas de comportamento, regras e estruturas por "força de lei", porque são obrigados a isso sob pena de sanções governamentais, por exemplo. A imposição de critérios regulando a atividade industrial (nível de poluição permitido, adoção de filtros nas fábricas, critérios de segurança) sob pena de retirar-se a licença de funcionamento, fechando o negócio, é um exemplo dessa forma de imposição de modelos pelo Estado, em sua atividade de controle social.

No entanto, o Estado, como entidade, tem um poder muito mais amplo, podendo influenciar o curso de toda uma sociedade por meio da imposição de modelos cognitivos e normativos.

Alguns trabalhos aplicam a teoria neoinstitucional ao contexto brasileiro e mostram que, em nosso país, o uso de mecanismos coercitivos pelo Estado brasileiro é frequente e a aceitação passiva desses mecanismos faz parte de nossa cultura nacional. A história do Brasil revela o alto grau de conformismo da população, que busca evitar conflitos e conciliar interesses. Outras características são a nossa tradição patrimonialista e a tendência ao exercício autoritário do poder (Da Matta, 1978; Velho, 1999). Esses elementos cognitivos são predominantes em nosso imaginário social e moldam práticas sociais e organizacionais em nossa sociedade.

No Brasil, formas de institucionalização coercitivas favorecem práticas administrativas e culturais caracterizadas pelo excessivo formalismo, produzindo uma legislação pouco adaptada à nossa realidade. Essa inadaptação das leis e regras às necessidades concretas da vida cotidiana bem como o individualismo predominante em nossa cultura explicam o famoso "jeitinho brasileiro", como descrevem Roberto da Matta e Gilberto Velho.

Assim, a predominância de certas formas de institucionalização em uma sociedade, sobretudo no âmbito do exercício do poder governamental, tem um impacto importante sobre as práticas sociais e modelos cognitivos dessa mesma sociedade, influenciando as identidades locais e os mecanismos de produção de significado (Machado-da-Silva et al., 1999, 2001; Vasconcelos e Vasconcelos, 2000b).

13.6.3.2 A normalização ou a autorização

Esse tipo de mecanismo institucional envolve a autorização ou a legitimação das estruturas adotadas pela organização com base no reconhecimento de sua validade feito por uma entidade supraorganizacional (Scott, 1987).

O órgão que dá a autorização de utilização de sua marca, ao contrário do Estado, não pode impor seu modelo normativo às outras organizações, como no modo de institucionalização coercitivo. Essas devem escolher voluntariamente se querem aderir a esse modelo, incorporando-o ou não. Esse órgão é considerado "supraorganizacional" porque tem o poder dado pelas organizações de todo um setor produtivo de conferir a elas a autorização para o uso de uma marca de prestígio após auditoria. No caso de essas organizações terem efetivamente implantado os modelos produtivo e normativo defendidos por essa entidade "supraorganizacional", elas poderão usar a marca, que poderá ser fonte de prestígio ou diferenciação no mercado ou ainda lhe dar autorização de exportar seus produtos para certos mercados, serem fornecedoras de algumas empresas, participar de concorrências etc., como é o caso das normas ISO 9000, ISO 14000, prêmios qualidade e outros controles desse tipo. Cria-se com frequência no setor um sistema de jogos de poder e pressões que torna "quase obrigatória" a adesão a essa marca ou certificado instituído, sobretudo para as organizações que queiram continuar atuando em certos mercados ou conquistar novos clientes.

Em determinado momento, estar certificado pela "ISO 9000" passou a ser praticamente uma obrigação para a sobrevivência em certos mercados, manutenção de clientes e obtenção de recursos fundamentais para as organizações. Alguns trabalhos mostram que diversas organizações montavam "fachadas" a fim de "passar a auditoria ISO 9000" e não praticavam de fato as prescrições da norma, em uma implantação "instrumental". Outras passavam no exame, porém incorporavam os procedimentos parcialmente. Todas, porém, podiam utilizar a marca ISO 9000 e disputar mercados, independentemente de seguirem de fato as regras ou não. Isso fez que aumentassem os controles, pois a ISO 9000 passou a perder credibilidade, dada essa política puramente instrumental de várias empresas. Esse fato mostra outro conceito desenvolvido pelo neoinstitucionalismo: a incorporação de modelos pode se dar de forma cerimonial, na aparência. Mesmo adotados de forma superficial, esses mitos e modelos continuarão a ser fonte de vantagens e recompensas em dado setor, uma vez que a prática organizacional está na maioria das vezes dissociada das regras e modelos, como veremos no decorrer deste capítulo (Vasconcelos, 2000a; Vasconcelos e Vasconcelos, 2001b).

13.6.3.3 A indução

Existem casos em que os agentes econômicos do setor não têm o poder ou a autoridade para impor ou pressionar as outras organizações a adotar seus modelos ou normas, seja pela força ou por uma autorização de funcionamento como a descrita anteriormente. Nesse caso, esses agentes econômicos utilizam estímulos financeiros indiretos para convencer as organizações a se moldarem segundo seus modelos, aceitando suas proposições. Os agentes econômicos podem prometer subsídios, empréstimos a taxas favoráveis abaixo do mercado, ajuda técnica de pessoal especializado e outros tipos de assistência e recurso às organizações que aceitarem adotar seu modelo.

Normalmente, nesse caso, o agente financeiro especifica as condições que tornam as organizações aptas a receber os subsídios, os financiamentos ou o reembolso parcial de seus custos. A organização que recebe a ajuda econômica deve provar à outra que ela está em conformidade com suas exigências.

DiMaggio (1983), estudando as ações do Estado norte-americano por meio do National Endowment for the Arts, organização governamental, mostra como o governo federal, que não tinha autoridade legítima sobre o governo dos estados nem força para impor suas normas, utilizava essa política de indução distribuindo subsídios e financiamentos visando obter a adesão dos estados e municípios norte-americanos à política federal.

13.6.3.4 O mimetismo organizacional ou a "aquisição" de um modelo ou estrutura

Como vimos, existem vários modelos normativos em determinado setor. As normas editadas pelas entidades normalizadoras ou certificadoras e pelas instituições de controle servem como modelos (como as normas ISO 9000), mas também as estruturas organizacionais, os modelos de produção, as tecnologias e as ferramentas de administração desenvolvidos e adotados pelas empresas líderes do setor podem ser considerados modelos a serem seguidos pelas outras empresas, como mostram as atividades ligadas ao *benchmarking*. Tecnologias como os sistemas integrados de gestão (SIG), ferramentas administrativas como a reengenharia, programas de qualidade total, prêmios como o Prêmio Nacional de Qualidade (PNQ) ou o norte-americano "Malcolm Baldridge" etc. são exemplos de modelos e ferramentas que ficaram famosos, servindo de referência para as organizações depois de estabelecidos em dado setor institucional.

Existem casos, portanto, em que os dirigentes de uma organização decidem implementar de fato em sua empresa certo modelo organizacional e produtivo, porque consideram que seu modelo atual está ultrapassado ou não é tão eficiente quanto o modelo a ser "adquirido". Nesse caso, além do prestígio e dos interesses instrumentais associados a essa ação (imagem de marca ou diferenciação no mercado), busca-se em certa medida maior eficiência e produtividade, por meio de uma administração por objetivos. Adota-se o modelo, pois se considera que ele é superior ao atual, além de famoso. Quando a empresa se inspira em outra organização e incorpora o modelo desta adaptando-o às suas necessidades, esse fenômeno é chamado, pelos autores, "mimetismo organizacional".

Scott (1987) relata, com base em suas observações, que em comparação às mudanças impostas ou induzidas, as mudanças "adquiridas" são menos superficiais. Os líderes da organização envolvida estão, nesse caso, mais implicados nesse processo de mudança que do modo habitual.

O neoinstitucionalismo é uma teoria esclarecedora, que nos ajuda a compreender as mudanças atuais, uma vez que nos mostra que as organizações não adotam necessariamente modelos, ferramentas e estruturas por estas serem "melhores" ou mais eficientes, mas porque adotá-las torna-se um fator fundamental para a obtenção de legitimidade em um setor produtivo. Uma organização que não incorpora, pelo menos de modo superficial ou cerimonial, certas ferramentas de administração, certos jargões, símbolos e modos de funcionamento vistos pelos formadores de opinião como os melhores em dado momento será considerada ultrapassada e poderá perder clientes.

Algumas consequências resultam dessa constatação:

a) **A separação entre teoria e prática organizacional** (*decoupling*). As organizações não funcionam na prática como está descrito em suas regras, modelos formais e organogramas. As ferramentas implementadas, por se tratarem de modismos necessários para a obtenção de legitimidade no meio e na preservação de mercados, muitas vezes, na prática não são utilizadas por não se adequarem às reais necessidades do grupo social e aos interesses concretos e jogos de poder, passando a existir para "constar". Em muitos casos, esses modelos atendem às demandas concretas da organização e são parcialmente empregados. Dependendo do modo de institucionalização, como vimos antes, o grau de adesão aos modelos varia. Estudos recentes sobre o comportamento das empresas brasileiras de internet mostram que elas têm um acentuado comportamento mimético, incorporando modelos e padrões de empresas norte-americanas para ganhar legitimidade no setor. É importante ter os modelos, porém constatou-se que não há comprometimento dessas organizações com a eficiência técnica com eles ou com a geração de resultados. Vemos assim que a incorporação desses padrões e modelos institucionalizados no setor desvincula-se da prática organizacional, pois simplesmente o fato de adotar com formalidade esses modelos e aderir nominalmente às modas valorizadas no setor traz recursos para essas empresas, que obtêm credibilidade no meio. Estudos em outras áreas confirmam esses argumentos (Vasconcelos, 2001a; Scott e Meyer, 1991; Caldas e Wood JR., 1999; Vasconcelos et al., 2002; Protil, 2001).

b) **A política de ignorar a infração à regra.** Os chefes e supervisores, conscientes da distância entre a teoria e a prática, desde que preservados os limites mínimos de eficiência, toleram parcialmente infrações às regras e a não utilização de ferramentas "oficiais", deixando um espaço para os subordinados se adaptarem às regras, conforme suas necessidades concretas e as necessidades da organização. Trata-se da política consciente de "fazer vistas grossas" (*overlooking*). Vários estudos mostraram que quando as regras burocráticas são seguidas de modo estrito e rigoroso, o sistema organizacional não funciona. Uma das formas mais eficazes de greve é quando os funcionários vão trabalhar, mas seguem as regras "ao pé da letra", sem nenhuma flexibilidade. O sistema organizacional, nesse caso, fica paralisado. Outra razão para os dirigentes tolerarem em certa medida a desobediência às regras é o fato de que os mecanismos de vigilância e controle burocrático custam muito caro. Vigiar o cumprimento das regras o tempo todo exige uma estrutura organizacional pesada, com maior número de gerentes (que terão, nesse caso, menor número de subordinados) e instrumentos burocráticos de controle. As reações dos indivíduos ao excesso de controle (resistência à mudança, reações defensivas, não colaboração) também são conhecidas. Nesse caso, as organizações funcionam com base em um nível de confiança mútua que se estabelece tacitamente entre as partes, como nos mostram Meyer e Rowan (1991). Essa confiança no bom senso dos subordinados e no respeito mínimo a certos padrões de eficiência permite aos gerentes e superiores ignorarem determinadas transgressões às regras e práticas oficiais dando autonomia aos indivíduos. Pode-se considerar que até mesmo os sistemas burocráticos estritos são, na prática, mais "relaxados" (*loosely coupled*) do que aparentam ser à primeira vista. Esses autores descrevem os rituais de boa-fé e de confiança: os encontros dos executivos com os subordinados, os discursos, as declarações positivas, celebrações etc. A manutenção desse cerimonial permite o ajuste dos atores sociais às estruturas formais e o funcionamento das organizações (Meyer e Rowan, 1991, p. 59).

c) **A cerimonialização de controles e inspeções.** As organizações procuram evitar auditorias e controles oficiais que possam explicitar erros e o não cumprimento de regras. Adotam, pois, a estratégia de "manter as aparências" (*maintenance of face*). Frequentemente esses controles – auditorias e inspeções – são cerimonializados, ou seja, não são "para valer": o gerente, ao inspecionar uma unidade, ignora erros e transgressões para não denunciar oficialmente os problemas existentes, ferindo o equilíbrio organizacional. Mantêm-se as aparências dentro de certos limites a fim de garantir a estabilidade do grupo organizacional, evitando conflitos e rupturas desnecessárias. Normalmente essa tolerância existe apenas quando há um nível de comprometimento do grupo com a eficiência e a sobrevivência da organização, como descrito antes. Abusos acima de certo limite não são tolerados, pois isso afetaria a lógica de boa-fé e confiança que fornecem a base do sistema (Meyer e Rowan, 1991, p. 58).

Esses estudos mostram que quanto maior for o grau de institucionalização de modelos e regras em dado ambiente ou organização, maior será a cerimonialização dos seus procedimentos. Ou seja, sistemas muito burocratizados e formalizados terão alto grau de cerimonialização desses procedimentos. Esse tipo de tolerância (evitar denúncias oficiais, "fazer vista grossa" a certos erros) **não significa fraudar o sistema ou agir de má-fé** (Meyer e Rowan, 1991, p. 58). Significa criar um sistema flexível que funcione na maioria das vezes e no qual, se, por um lado, os dirigentes demonstram certo grau de tolerância, por outro, em caso de problemas técnicos ou de outra natureza, possam contar também com a tolerância dos atores organizacionais, a quem pode ser necessário solicitar esforços extras e um comprometimento e uma dedicação além das regras e do regime de trabalho especificado pelas normas. Nesse caso, conta-se com o fato de que os atores organizacionais também vão se desdobrar, quando necessário, a fim de fazer o sistema organizacional funcionar.

13.6.4 Os mecanismos de institucionalização em um setor produtivo

O neoinstitucionalismo coloca questões importantes: quais são os mecanismos de institucionalização predominantes em dado setor produtivo? Quais são os formadores de opinião? Como se constroem socialmente e perpetuam os mitos, símbolos e modelos que regularão as atividades das organizações em um setor institucional? Como se cria o mito de que determinada tecnologia é superior à outra e que sua simples aplicação "revolucionará" todo um setor, do dia para a noite? São esses mitos "racionais", dizem Meyer e Rowan (1991), que geram a mudança em um setor, em um "efeito dominó". Por exemplo, certa tecnologia será defendida por *experts* e formadores de opinião baseando-se em determinado número de argumentos e razões que serão aceitos pela maioria, tornando-se "verdades". "Gurus", *experts* e consultores defenderão as razões pelas quais uma tecnologia é superior e deve ser incorporada por todos, formando a opinião pública. Uma vez institucionalizadas, essas estruturas, regras e tecnologias passam a ser incorporadas pelas organizações do setor, umas após as outras. Essas organizações tenderão, após certo tempo, por força de sobrevivência, a ter estruturas e ferramentas similares, o que significa dizer que se tornarão isomórficas.

Algumas crenças e alguns mitos passam assim a predominar, influenciando a ação das organizações. Por exemplo, algumas crenças como a de que a reengenharia (demissão em massa dos empregados), cortando custos, resolveria todos os problemas da organização ou ainda que os sistemas integrados de gestão (SIG) revolucionariam a administração, passam a nortear a atividade organizacional em diversos setores durante determinado período. Organizações com problemas financeiros, a fim de elevar o preço de suas ações no mercado e "dar satisfação" aos acionistas, foram obrigadas a realizar importantes operações envolvendo corte de pessoal para ganhar credibilidade no mercado, dando sinais de recuperação. Vários estudos mostram que a reengenharia não é uma solução milagrosa que provoca necessariamente a recuperação da organização. Muitas vezes essa técnica tem o efeito contrário: a organização perde seus principais talentos, que são os primeiros a sair, obtendo novas posições em empresas concorrentes. Em dado momento, no entanto, essa prática organizacional estava tão fortemente institucionalizada que organizações que pretendiam obter recursos de novos investidores eram obrigadas a estar de acordo com essa técnica.

A adoção dos sistemas integrados de gestão passou a ser também associada com as *learning organizations* e com o paradigma pós-industrial. Para ser atualizada, uma organização tinha de ter, de modo obrigatório, sistemas de informação atualizados. Independentemente de suas necessidades concretas, muitas organizações passaram então a adotar essa tecnologia.

13.6.5 Mecanismos de institucionalização e ambiente

Meyer e Rowan (1991) afirmam que são esses mecanismos de institucionalização que geram a mudança em dado setor, e não as trocas da organização com seu ambiente, como propõe a teoria dos sistemas abertos. Segundo os autores, o fato de o ambiente ser simples ou complexo não influi sobre a dinâmica da mudança das organizações de determinado setor. O ambiente pode ser mais ou menos regulamentado, ou seja, o grau de institucionalização pode variar de ambiente para ambiente, mas esse conceito difere do simples conceito de *fit* estrutural, ou o fato de uma organização adotar uma estrutura mecânica em um ambiente simples e previsível ou uma estrutura orgânica em um ambiente complexo. Para o neoinstitucionalismo, é o grau de conformidade das organizações aos modelos institucionalizados no setor, independentemente de quais sejam esses modelos, que garante sua sobrevivência.

Os autores mostram que a compreensão das redes relacionais – como os agentes econômicos, profissionais, grupos de pressão e organizações se relacionam e influenciam uns aos outros – pode conduzir à compreensão de como os mitos são criados e difundidos em um setor. Organizações não são assim estruturas inertes formadas por agentes passivos que se adaptam ao ambiente. São as organizações e os atores sociais que constroem, com base em suas interações, as regras e estruturas do ambiente e o setor produtivo em que atuam.

Organizações poderosas forçam sua rede de contatos – fornecedores, por exemplo – a se adaptar às suas regras e estruturas. O caso da ISO 9000 é típico: as organizações que participam da Organização Internacional de Normalização – International Organization for Standardization (ISO) – fixaram um sistema de regras mínimo e criaram o certificado ISO 9000, forçando seus fornecedores a adotar esses padrões. Esses fornecedores, por sua vez, forçaram seus fornecedores a adotar a ISO 9000 e, por fim, em um efeito "cascata", centenas de milhares de organizações, no decorrer dos anos, adotaram esse padrão, que, nesse momento, deixou de ser considerado fonte de diferenciação e prestígio no mercado, banalizando-se. Novos padrões passaram então a ser criados (Vasconcelos, 2000a).

Enfim, estudos neoinstitucionalistas analisam quais são os mecanismos de produção e institucionalização de símbolos em determinado setor.

Alguns autores referem-se aos trabalhos do sociólogo francês Pierre Bourdieu sobre poder, criação e transmissão do imaginário simbólico em um campo específico para explicar como esses padrões são criados e transmitidos. Os autores mostram que, para Bourdieu (1989), o conceito de *habitus* refere-se ao conjunto de "ferramentas" simbólicas adquiridas pelos atores sociais dentro do campo político. Este é formado pelo conjunto de forças que disputam o capital social (contatos sociais entre os poderosos) pela manipulação simbólica da vida social. Dessa forma, o controle da produção dos significados sociais seria a principal fonte de poder dentro do campo, fornecendo os modelos a serem adotados pelos outros grupos sociais e organizações (Carvalho e Lopes, 2001; Vieira e Misoczky, 2000; Misoczky, 2001; Leão Jr., 2001).

Estudos brasileiros recentes das relações de poder em dado campo, bem como sua produção simbólica e difusão de significados, complementam os estudos com base no neoinstitucionalismo: a institucionalização de novas culturas nas organizações (Rodrigues e Carrieri, 2001), os conflitos e as relações de poder no processo de institucionalização e criação de significados na organização (Dias e Loiola, 2001), o papel da mídia no processo de difusão e institucionalização de significados (Ferraz e Fischer, 2001; Dias e Loiola, 2001).

13.6.6 A adoção de modelos institucionalizados e o conservadorismo dos tomadores de decisão

A estrutura de poder no campo faz que os dirigentes das organizações adotem ferramentas e modelos validados e aceitos externamente, porque esta também é uma solução mais segura para seus dirigentes. A adoção de tecnologias e estratégias consideradas superiores em certo meio preserva as posições de poder dos tomadores de decisão no caso de fracasso, uma vez que estes sempre podem defender suas escolhas com os clientes e os acionistas baseando-se nos argumentos e modelos aceitos pela maioria no setor produtivo. A adoção de tecnologias e formas de organização alternativas oferece maior risco para os dirigentes no caso de fracasso, visto que essas ferramentas não se beneficiam dos mitos institucionalizados no ambiente.

Há algumas décadas, por exemplo, os gerentes dos então chamados Centros de Processamento de Dados (CPDs) adquiriam preferencialmente os sistemas da IBM, pagando mais caro para beneficiar-se da forte imagem de marca, sinônimo de qualidade e de tecnologia avançada. O fato é que os gerentes dos CPDs escolhiam comprar os produtos da IBM, mesmo pagando mais caro, para defender sua decisão no caso de falha dos sistemas, mostrando que haviam "escolhido o melhor" e aplicado bem o dinheiro da empresa. Independentemente do fato de esses sistemas serem decerto superiores aos demais do ponto de vista técnico, a institucionalização da marca da IBM, como sinônimo de qualidade superior e a atitude conservadora dos gerentes dos CPDs para defender suas posições foi um fator importante nas vendas e na expansão da empresa.

Meyer e Rowan (1991) dizem que a sobrevivência das organizações em dado setor é parcialmente influenciada por sua produtividade ou eficiência técnica. Essa sobrevivência depende mais da capacidade dos líderes e dirigentes das organizações em desenvolver redes interpessoais e interorganizacionais e influenciar a institucionalização das regras, estruturas e tecnologias que determinarão o curso dos fatos em seu setor. Formar opinião, lançar marcas e tecnologias, "criar modas" e mitos, moldar seu ambiente, são essas as habilidades que os líderes organizacionais buscam ter nesse contexto, aumentando seu capital social e poder.

Além dessa capacidade política, estar de acordo com as estruturas e normas vigentes também favorece a sobrevivência das organizações em um setor econômico. Vivemos em uma sociedade do espetáculo e da imagem, na qual, para muitos, "parecer" pode ser mais importante que desenvolver de fato competências específicas (Wood JR., 2002). Com base nessa análise, cabe-nos lançar as seguintes questões: em que medida se inova realmente no campo de administração? E em que medida administrar não se tornou, nos dias de hoje, o ato de lançar ou seguir novas modas, reformatando-se e vestindo-se com novas roupagens, ferramentas, modelos e soluções antigos, para criar e recriar incessantemente a ilusão do novo?

13.7 A escola do design: o modelo SWOT e sua comparação com a teoria dos recursos da firma (resource based view)

13.7.1 A escola do design e o modelo SWOT (Strengths, Weakness, Opportunities and Threats – Forças (da empresa), Fraquezas (da empresa), Ameaças (do meio ambiente) e Oportunidades (do meio ambiente))

Na escola do design há uma forma de planejamento estratégico que é o modelo SWOT (Forças e Fraquezas, Ameaças e Oportunidades da Organização). Nele, a empresa faz a avaliação externa do meio ambiente de negócios, das ameaças e oportunidades do mercado para então, tentar evitar as ameaças e, se possível, transformá-las em oportunidades. Além de aproveitar outras oportunidades existentes. Deste modo, ela elabora uma estratégia para transformar as ameaças em oportunidades. Por exemplo, a Blockbuster, empresa de aluguel de DVD, percebeu a ameaça de novas tecnologias no mercado há alguns anos, como a TV a cabo, o *pay per view*, a Netflix, e outras tecnologias. Tinha um negócio mecanicista: lojas físicas, onde se alugavam filmes; porém, a Blockbuster tinha dinheiro e uma imagem de marca muito forte, sendo conhecida no mundo todo. Sendo assim poderia também criar um serviço *pay per view* levando filmes diretamente à casa do cliente digitalmente, criando uma *joint venture* com uma empresa que já tivesse esta tecnologia (que ela Blockbuster não tinha) e alavancar o negócio utilizando sua marca conhecida, sua enorme base de clientes e o dinheiro que tinha para investir. Adquirindo tecnologia que não possuía e contratando pessoal especializado em tecnologia digital neutralizou, assim, sua fraqueza de não ter tecnologia implementando uma estratégia, transformando a ameaça em oportunidade.

Empresas de tabaco, que produzem cigarros, podem diversificar, uma vez que seu mercado está cada vez mais se reduzindo, e criar uma nova marca (pois a marca ligada ao cigarro passou a ter uma conotação negativa) com o dinheiro que possuem e investir em outros negócios, como alimentos e bebidas, entre outros, visto que seu negócio ligado ao fumo pode, progressivamente, desaparecer.

Esses são alguns exemplos de como analisar o mercado em suas ameaças e oportunidades, e utilizar suas forças e suprir fraquezas, vencendo-as, para implementar uma nova estratégia, como propõe o modelo SWOT.

Como vimos nos capítulos 6 e 7, relativo à teoria da contingência estrutural, esta teoria segue os seguinte princípios:

> Não existe "A melhor maneira" – racionalidade absoluta taylorista (modelo industrial).
> Cada forma organizacional possui o seu lugar (o seu ambiente).
> Ambientes estáveis (tarefas rotineiras, previsíveis, pouca competição) pedem formas organizacionais mecânicas.
> Ambientes turbulentos (muita competição, alta tecnologia, incerteza e mudança) pedem formas organizacionais orgânicas

Da mesma forma que na teoria da contingência estrutural, o raciocínio da escola do design é ser proativo, detectar, através do raciocínio estratégico e do modelo SWOT as ameaças e oportunidades do meio ambiente e agir antes que os outros concorrentes, o mais rapidamente possível, para se formular uma estratégia que permitirá utilizar as forças da organização e neutralizar as fraquezas e desenvolver novas competências se necessário para transformar as ameaças do meio ambiente em oportunidades, ou em linguagem bem simples, "tranformar o limão em limonada". A ideia é que quem for mais proativo, agir mais rapidamente que os outros, transformando as ameaças do meio ambiente em oportunidades e utilizando as forças da organização e neutralizando as fraquezas para implementar a estratégia, e quem fizer isso mais rápido e melhor (sendo proativo) para se adaptar ao meio ambiente de negócios terá vantagem competitiva sobre os outros.

13.7.2 Adaptando a organização ao ambiente

Selznick em *Leadership in administration* (1957) fala em competências distintivas da empresa e da necessidade de adequar interno ao externo, adaptar o design da empresa ao meio ambiente de negócios, como propõe a teoria da contingência estrutural. Chandler em seu livro *Strategy and structure* (1962) mostra que a estrutura (o design da empresa) segue a estratégia da adaptação da empresa ao meio ambiente de negócios e à formulação de procedimentos para nele atuar. Andrews (apud Learning et al., 1965, em *Business policy*), também trata desta escola. Henry Mintzberg, Bruce Ahlstrand e Joseph Lampel (2010) em seu livro *Safári de estratégia*, descrevem bem a escola do design, ao mostrar que ela tem os seguintes princípios:

- A estratégia como um processo deliberado de pensamento consciente.
- A estratégia não é um dom natural – ela pode ser aprendida.
- A ação decorre da razão.
- A responsabilidade pela estratégia é do executivo principal, o estrategista.
- A estratégia deve ser mantida **simples** e **informal**.
- Cada estratégia deve ser única, diferenciada.
- A estratégia deve ser explícita.
- Estratégia como perspectiva de ação.

A estratégia deve ter:

a) Consistência: não deve apresentar objetivos e políticas mutuamente inconsistentes.
b) Consonância: deve representar uma resposta adaptativa ao ambiente externo e às mudanças críticas que ocorrem dentro dele.
c) Vantagem: deve propiciar a criação e/ou manutenção de uma vantagem competitiva na área de atividade selecionada.
d) Viabilidade: não deve sobrecarregar os recursos disponíveis, nem criar problemas insuperáveis.

O estrategista deveria avaliar:

- Mudanças na sociedade – mudanças no comportamento e gosto dos clientes, tendências populacionais.
- Mudanças governamentais – novas legislações, novas exigências governamentais.
- Mudanças econômicas – taxas de juro, de câmbio, crises econômicas, mudanças no PIB e na renda dos consumidores.
- Mudanças na competição – adoção de novas tecnologias, impactos e novos concorrentes, mudanças nos preços e novos produtos.
- Mudanças nos fornecedores.
- Mudanças no mercado – novos produtos e tecnologias e seus impactos, novos mercados, obsolescência de produtos.

O **modelo SWOT** (*Strengths, Weakness, Opportunities and Threats* – Forças (da empresa), Fraquezas (da empresa), Ameaças (do meio ambiente) e Oportunidades (do meio ambiente)), em linguagem mais informal, diz-se que é uma visão "de fora para dentro" que analisa a empresa internamente, a **partir do seu meio ambiente de negócios**.

Trata-se de ser **proativo** para rapidamente evitar as ameaças e aproveitar as oportunidades existentes e, se possível, transformar as ameaças em oportunidades. Uma empresa que comercializa cigarros, por exemplo, enfrenta cada vez mais a ameaça de ver drasticamente reduzido o seu número de clientes, tendo em vista a adoção de hábitos mais saudáveis por parte da população e a criação de leis cada vez mais restritivas que impedem o fumo em praticamente todos os lugares. A empresa pode, assim, criar uma nova marca fantasia (um novo nome) não relacionado ao seu negócio de venda de cigarros e utilizar os lucros atuais obtidos com seu negócio de cigarros para investir em outras áreas relacionadas à alimentação e a hábitos saudáveis e ir diminuindo os seus investimentos na área de cigarros, utilizando os lucros deste (seu ponto forte – ter capital) para criar uma nova marca relacionada a produtos e serviços de setores considerados mais saudáveis, como alimentos, bebidas energéticas para atletas, e outras áreas de atuação (a antiga marca é considerada um ponto fraco por estar relacionada a cigarros), fazendo que a tendência de venda de seus produtos e serviços cresçam.

Empresas que veem seus negócios ameaçados por uma nova tecnologia podem se associar a outras que detém tecnologia e formar *joint ventures* para explorar novos mercados.

Assim, as perguntas do modelo SWOT estão relacionadas aos desafios que a empresa deve vencer para sobreviver e se adaptar, criar vantagem competitiva no meio ambiente de negócios, detectando antes das outras, de forma **proativa**, as ameaças e oportunidades, explorando suas forças e neutralizando suas fraquezas, sabendo desenvolver novas forças (contratando novo pessoal especializado para adquirir competência que não tinha, desenvolvendo nova tecnologia com outras empresas, dentre outras possibilidades) para vencer as ameaças e desafios do meio ambiente de negócios antes que as outras, desenvolvendo vantagem competitiva. O olhar e a análise do estrategista, no entanto, se dá a partir do meio ambiente de negócios, para avaliar suas forças e fraquezas internas, desenvolvendo nova estratégia para aí agir, transformando ameaças em oportunidades.

Com relação à estratégia temos:

- Fixação de objetivos.
- Auditoria externa do meio ambiente (ameaças e oportunidades) – modelo SWOT.
- Auditoria interna (forças e fraquezas da organização) modelo SWOT.

> Avaliação da estratégia (análise da viabilidade da estratégia a ser implementada).
> Operacionalização da estratégia (plano para implementação).
> Programação (plano) para implementação da estratégia.

Mintzberg, Ahlstrand e Lampel (2010) questionam o papel do planejamento estratégico nos dias de hoje falando da importância das estratégias emergentes e associando essa ideia à de empreendedorismo interno nas organizações e também de empreendedorismo em geral.

Segundo Jay Barney (1991), a teoria dos recursos da firma (ou *resource based view*) desde o início trabalha este conceito de empreendedorismo associando-o à estratégia. Apresentaremos a seguir uma breve visão da teoria dos recursos da firma e da teoria das capacidades dinâmicas, associando em detalhes estes conceitos ao conceito de empreendedorismo, intraempreendedorismo e de gestão estratégica de pessoas.

13.7.3 Teoria dos recursos da firma (*resource based view* – RBV)

Desde Penrose (1959), a abordagem dos recursos da firma se faz presente em análises de fatores explicativos do desenvolvimento das empresas, mas a massa de ideias que se convencionou denominar teoria dos recursos, surgiu de fato na década de 1980, como alternativa à posição dominante da organização industrial. O conceito central desta corrente (Barney, 1991), é que a fonte da vantagem competitiva se encontra primariamente nos recursos e competências desenvolvidos e administrados pelas empresas e, somente secundariamente, na base das indústrias nas quais estas se posicionam (Vasconcelos e Cyrino, 2000). Esta corrente considerada voluntarista, supondo que as decisões dos executivos e dos empreendedores, frutos de escolha deles, têm sim maior impacto no resultado das firmas e das organizações, contrariamente a Michel Porter (1980), que atribui maior poder às forças estruturais do meio ambiente de negócios. Porter, em uma teoria determinista, considera que as forças econômicas e sociais do meio ambiente de negócios estruturam o mercado com muito mais determinismo que as decisões tomadas pelos executivos, que tem impacto pequeno na direção que a empresa segue e nos resultados. A teoria dos recursos da firma, cujo principal autor é Jay Barney, difere, assim, da visão de Porter, por ser voluntarista e dar maior força e poder de impacto às decisões dos executivos e empreendedores nos resultados que a empresa alcança.

A teoria dos recursos da firma é, portanto, uma escola de estratégia que valoriza muito mais a história de uma empresa em particular e o empreendedorismo, e considera que o meio ambiente de negócios não é uma entidade externa à organização à qual esta deve se apenas adaptar, rapidamente, sendo proativa, como quer a escola do design, explicada anteriormente pelo modelo SWOT. Pretendendo ser o meio ambiente de negócios um construto estratégico e político da empresa, que age de maneira **ativa** realizando alianças estratégicas com outras empresas por meio de fusões, aquisições, *joint ventures* e acordos, também com o governo, os fornecedores e clientes, e lançando rapidamente novos produtos dentro da lógica do modelo Valor, Raridade, Imitabilidade e Organização (VRIO), a *resource based view*, ou teoria dos recursos da firma, propõe uma visão "de dentro para fora" da empresa, pretendendo que é esta, por meio de suas competências centrais e de seus processos de inovação radical, que cria o mercado e estrutura o meio ambiente de negócios, ativamente, de forma empreendedora. Esta teoria propõe empresas menores, que se concentrem em alguns mercados, ou uma grande empresa, mas concentrada em torno de competências essenciais para utilizar todos os seus recursos e habilidades para serem as primeiras em alguns mercados específicos, inovando rapidamente e tendo resultados melhores que as outras naqueles segmentos específicos.

Recursos da firma englobam todos os ativos, capacidades, processos organizacionais, atributos, informação e conhecimento administrado por uma empresa, que a possibilita conceber e implementar estratégias que contribuam com sua eficiência e efetividade (Barney, 1991).

Barney e Hesterly (2007) enfatizam que, provido da visão embasada em recursos, é possível criar um conjunto de instrumentos para avaliar em totalidade os diversos recursos e capacidades que uma organização pode deter, como também o potencial de cada um deles para criar vantagens competitivas. Assim, de acordo com esses autores, é possível visualizar as forças e as fraquezas internas de uma organização. O instrumento principal para se dirigir essa avaliação interna é denominado modelo VRIO, como visto anteriormente. Tal modelo diz respeito a quatro pontos-chave que se deve levantar sobre um recurso e/ou uma capacidade para definir seu potencial competitivo, são eles, mais detalhadamente:

> **Valor**, em que o recurso possibilita que a organização explore certa oportunidade ambiental e/ou neutralize determinada ameaça do ambiente, ganhando vantagem competitiva e lucro em contrapartida;
> **Raridade**, em que o recurso é gerenciado atualmente somente por um pequeno número de organizações concorrentes e é difícil de se obter ou produzir;
> **Imitabilidade**, em que as organizações sem o recurso afrontam uma desvantagem de custo para adquiri-lo ou desenvolvê-lo; e

> **Organização**, em que as políticas e procedimentos da firma estão sistematizados para fornecer suporte à exploração de seus recursos valiosos, raros e custosos para copiar/imitar.

Sendo assim, uma empresa que desenvolveu uma tecnologia protegida por patente, durante vários anos, que outras empresas não podem copiar, possui reserva de mercado e um recurso raro e inimitável porque protegido legalmente por um certo número de anos. Em se tratando de serviços isso também é possível. Um restaurante que possui uma localização única que outros não podem ter (por exemplo na Torre Eiffel), uma organização com pessoal especializado e *experts* que possuem um conhecimento específico e valioso (em tecnologia, por exemplo) que outras organizações não têm, ou ainda uma empresa que tenha uma marca valiosa e conhecida, difícil de ser copiada a curto prazo, ou ainda uma rede de distribuição ampla, difícil de ser criada rapidamente, todos estes são recursos raros ou difíceis de imitar. A existência deste recurso ou recursos em uma organização explica sua vantagem competitiva inicial e seu sucesso sobre as outras.

Entretanto, existe a ressalva de que quando tratamos de ambientes com alto nível de incerteza, ambiguidade e complexidade, como, por exemplo, indústrias emergentes, fragmentadas ou em vias de processo de internacionalização, as mudanças de circunstância passam a ser fortes ameaças a sobrevivência das organizações. Neste contexto, há situações de concorrência schumpeteriana, que alteram a base econômica de toda a indústria pelo processo de destruição criativa, da emergência de novas estratégias, formas organizacionais, tecnologias e competências (Schumpeter, 1982). Raciocínio que complementa, de certa forma, a teoria de Barney e Hesterly (2007), que exalta o fato de que um recurso que hoje produz vantagem competitiva para uma empresa, porque obedece ao modelo VRIO, **pode no futuro ser imitado**, desconstituindo assim seu valor. A empresa, ao ter um produto ou serviço que obedece à lógica do VRIO, pode desenvolver vantagem competitiva temporária, porque, algum dia, este recurso vai ser imitado ou desenvolvido por outras. As empresas, como veremos a seguir, devem, segundo esta teoria, ir além de desenvolver vantagem competitiva temporária.

A visão baseada em recursos considera a capacidade de intraempreendedorismo em uma empresa, ou seja, a capacidade de selecionar e manter indivíduos com alta autonomia que proponham ideias inovadoras, sejam capazes de criar uma equipe e gerir um projeto inovador com sucesso como se fosse seu próprio negócio, esta capacidade está relacionada com a gestão estratégica de pessoas e é fonte de vantagem competitiva para a organização por ser um recurso valioso e raro. A capacidade de inovação contínua é muito importante nesta lógica para se inovar buscando sempre a lógica do VRIO para desenvolver vantagem competitiva sustentável (que dure no tempo).

13.7.4 Vantagem competitiva: *resource based view* e a teoria das capacidades dinâmicas

Nunes e Vasconcelos (2008) mostram em seu trabalho extenso de revisão de literatura que existem diferentes abordagens que buscam explicar como as empresas atingem vantagem competitiva (entenda-se vantagem competitiva como a obtenção de resultados consistentemente superiores à concorrência), entre elas, pode-se destacar duas visões, como explicitado:

a) A que entende a vantagem competitiva como um atributo de posicionamento exterior à organização, vinculada à estrutura do mercado e à natureza da competição em diferentes indústrias. Dentre os principais defensores dessa corrente encontra-se Porter e seu modelo de estratégia competitiva baseado nas forças que dirigem a concorrência na indústria; trata-se de uma visão determinista da natureza da estratégia, que valoriza a estrutura do setor e da indústria e suas grandes forças, e, enquanto não mudarem estas forças, que mudam lentamente, a indústria tende a conservar a mesma dinâmica. A história de uma firma individual é pouco considerada nesta visão, que valoriza mais grandes movimentos das forças do setor e de conjuntos de firmas com dadas características no setor, analisadas como um conjunto de firmas com as mesmas características e logo a mesma dinâmica. Porter considera que é o setor que determina os resultados das firmas (sendo uma teoria determinista como a ecologia populacional).

b) A que relaciona a vantagem competitiva aos atributos internos diferenciadores da firma, valorizando muito mais a ação do gestor de uma firma individual e o empreendedorismo, sendo uma teoria de caráter voluntarista, que confere mais poder às decisões dos gestores para explicar os resultados.

Nessa tendência encontramos fundamentalmente duas correntes: a da *resource based view* e a das capacidades dinâmicas. Para ambas, a vantagem competitiva repousa para além das forças de mercado, vinculando-se à capacidade da firma desenvolver recursos internos difíceis de serem imitados.

Vasconcelos e Cyrino (2000) sinalizam que, em relação à teoria da vantagem competitiva, a concorrência para a RBV se dá entre recursos e competências em vez de uma concorrência entre produtos. Seguindo nessa linha, Barney (1991) frisa que a vantagem competitiva de uma organização no presente pode deixar de sê-la caso outros consigam copiá-la, a não ser que a organização desenvolva uma vantagem competitiva sustentável, que possua características difíceis de serem praticadas pelos competidores. E para conquistar uma vantagem competitiva sustentável, ele argumenta que há quatro categorias de recursos fundamentais: capitais financeiro, físico, humano e organizacional.

Ao analisar essa tendência, Teece (2000) pontua que, para a RBV, o que uma firma pode fazer não é apenas função das oportunidades que ela encontra, mas depende também, e prioritariamente, do que ela pode controlar e desenvolver internamente (de suas competências essenciais). Penrose (1959) argumenta que as organizações devem ser entendidas como estruturas administrativas, que unem e coordenam atividades individuais e grupais como uma coleção de recursos produtivos, que podem ser divididos em físicos e humanos. Considerando as organizações contemporâneas como um aglomerado de recursos, a RBV abarca essa concepção de organização proposta por Penrose (1959), uma das primeiras a defender a firma como um conjunto de recursos, e não como uma função abstrata de transformação de insumos.

Sorucco (2011) mostra que a empresa deve sempre inovar, continuamente, buscando a lógica do VRIO, para desenvolver vantagem competitiva sustentável, que dure no tempo. A grande capacidade da firma é saber **inovar** continuamente, por exemplo, patenteando suas inovações e garantindo sempre a inimitabilidade de seus produtos.

O trabalho desenvolvido pelos teóricos do *resource based view* associa-se com o de Prahalad e Hamel (1990), na medida em que estes defendem que a competitividade da organização deve pautar-se no desenvolvimento de competências essenciais (*core competencies*). Essas competências devem seguir os critérios de "difícil imitabilidade" e os demais critérios do VRIO, oferecer reais benefícios aos clientes e prover acesso a diferentes mercados, estimulando um ambiente de aprendizado rápido que deve ser colocado em prática antes que os concorrentes o façam.

Para esses autores, a forma mais poderosa para fazer face à competição está vinculada à habilidade de identificar, cultivar e explorar competências essenciais que tornem seu crescimento possível dentro da lógica do VRIO (Prahalad e Hamel, 1990). Trata-se, para eles, de garantir um portfólio de *core competencies* em vez de um portfólio de negócios.

As *core competencies*, para esses autores, são o resultado de um aprendizado coletivo, relacionado especialmente a como integrar múltiplas correntes de tecnologias, como organizar o trabalho e entregar valor ao cliente. Encontramos aqui um ponto fundamental da RBV: as *core competencies* devem ser claramente identificadas pelos clientes como diferenciadoras. Para os autores, as reais fontes de vantagem competitiva devem ser encontradas na habilidade de consolidação de tecnologias e capacidade de produção em competências que permitam rápida adaptação às mudanças e/ou novas oportunidades.

No entanto, como pontua Foss (1996 apud Vasconcelos e Cyrino, 2000), a RBV tem limitações:

a) A ênfase na noção de equilíbrio, ameaçada pelo contexto atual de fortes incertezas, ambiguidade e complexidade.
b) A ênfase em recursos discretos, quando na verdade o que se observa no seio da firma é um arranjo relativo entre vários recursos.
c) O papel secundário atribuído ao ambiente, o que pode ser um limitador da teoria ante ao papel predominante que têm as condições ambientais.

Além disso, a perspectiva da RBV, foca claramente em estratégias para exploração dos ativos existentes na firma, mas, como argumenta Teece (2000), para ter vantagem competitiva é fundamental para a firma o desenvolvimento de novas capacidades. Para esse autor, se o controle sobre recursos escassos é a fonte de vantagem competitiva, temas como desenvolvimento de novas capacidades, gestão de ativos intangíveis e aprendizado tornam-se fundamentais. Essa percepção levou ao desenvolvimento de uma nova abordagem no tratamento da vantagem competitiva, qual seja, a teoria das capacidades dinâmicas.

13.7.5 Teoria das capacidades dinâmicas

A *resource based view* evoluiu para um conceito que envolve "capacidades dinâmicas". Teece (2000) identifica que os vencedores no mercado global atualmente são aqueles que demonstram capacidade de resposta rápida, flexibilidade na inovação de produtos e capacidade gerencial de efetivamente coordenar e desdobrar competências internas e externas. Para ele, as firmas não são reprodução do mercado, são domínios onde as atividades são organizadas numa forma diferente do mercado. A habilidade de alcançar novas formas de vantagem competitiva traduz-se no que ele define como "capacidade dinâmica", entendida como a capacidade organizacional de integrar, construir e reconfigurar as competências internas e externas para lidar com o rápido ambiente de mudança.

Em outras palavras, este conceito refere-se à capacidade da organização em se renovar e adaptar suas competências centrais ao longo do tempo.

A teoria das "capacidades dinâmicas" apresenta-se como uma resposta à questão da competitividade em ambientes de alta complexidade e mudança, na qual o que diferencia a firma é sua competência de acumular e combinar novos recursos em novas configurações, mais do que o seu estoque de recursos atuais. Essa capacidade depende da aptidão em aprendizagem da organização.

Pelo conceito de capacidade dinâmica é possível entender que não basta às organizações disporem de um acúmulo de recursos raros, difíceis de imitar e assim obter vantagem competitiva. Para que esta vantagem competitiva seja sustentável, como vimos, é necessário que estas possuam uma capacidade de resposta no tempo, que gere inovação rápida, associada à capacidade gerencial de coordenar e realocar, de forma efetiva, as competências internas e externas. Para Teece (2000), o termo capacidade está associado ao papel gerencial de adaptar, integrar e reconfigurar as habilidades, os recursos e as competências organizacionais internas e externas em um ambiente em mudança. A empresa têm que ter capacidade de inovar tanto incrementalmente quanto radicalmente no tempo, e o grupo organizacional ser resiliente além dos indivíduos terem a perspectiva de aprender novas competências, reciclar-se e entender que o importante é aprender a aprender.

Para este autor, são vários os fatores que podem determinar as competências distintivas e as capacidades dinâmicas da firma, os quais ele organiza em três categorias:

a) **Processos**: Refere-se à forma como as coisas são feitas, as rotinas ou os padrões de prática e de aprendizagem.
b) **Posições**: domínio de tecnologia e propriedade intelectual da firma, seus ativos complementares, base de clientes, relações com fornecedores internos e externos de uma maneira geral. Trata-se do conhecimento e dos ativos difíceis de serem copiados, bem como dos ativos reputacionais e relacionais da firma.
c) *Paths*: Alternativas estratégicas disponíveis. De acordo com Teece (2000), o caminho que a firma pode seguir é função da sua posição corrente e das alternativas à frente. A posição corrente, por sua vez, é frequentemente determinada pelo caminho anteriormente seguido. Portanto, para essa teoria, as decisões do passado contam e são determinantes para as alternativas do futuro.

Para a teoria das capacidades dinâmicas, a vantagem competitiva está atrelada às rotinas de alta *performance* que são operadas dentro da firma, refletidas em processos e posições. Juntam-se a eles os caminhos e decisões do passado, que por sua vez vinculam as dependências tecnológicas e delineiam o caminho do futuro.

13.7.6 Síntese da argumentação

Tratando-se de gestão estratégica de recursos humanos ou "gestão por competências", associada à teoria dos recursos da firma (*resource based view*) e à teoria das capacidades dinâmicas (*dynamic capabilities*), como mostra nossa revisão de literatura, a sequência se dá da seguinte maneira:

a) A firma conseguirá vantagem competitiva enquanto os seus recursos forem valiosos, raros, difíceis de imitar (modelo VRIO); as patentes, por exemplo, são importantes pois garantem reserva de mercado por um certo número de anos.

b) Aos recursos da firma correspondem certas capacidades financeiras, organizacionais, mercadológicas, métodos de gestão da inovação e de projetos estratégicos de P&D etc., que lhe garantem vantagem competitiva.

c) Cada firma possui um conjunto de competências essenciais (*core competences*) em torno das quais se organiza.

d) As competências essenciais responsáveis pelo sucesso da firma hoje não serão as mesmas do futuro.

e) Para que uma firma desenvolva vantagem competitiva sustentável, precisará desenvolver continuamente novos produtos ou reconfigurar os seus recursos existentes de maneira que estes permaneçam sendo valiosos, raros e difíceis de imitar. Para tanto, é fundamental que ela inove continuamente.

f) Para inovar, a firma necessitará que o grupo organizacional (funcionários internos) e os fornecedores externos de serviços terceirizados (como no caso dos prestadores de serviços de P&D) saibam atualizar continuamente suas competências e que seja capaz de aprendizado de circuito duplo (*double looping learning*). A firma, para inovar, deve se organizar de acordo com os princípios das organizações em aprendizagem (*learning organizations*), compreendendo a mudança, que é parte natural do processo de inovação.

g) A gestão estratégica de recursos humanos deve, pois, treinar e desenvolver os indivíduos para que estes possam desenvolver suas competências, evoluindo em conjunto com a firma. Isso se dá tanto no desenvolvimento dos funcionários internos como no recrutamento de serviços de profissionais terceirizados de alto nível de qualificação (professores, pesquisadores) no qual as competências de todos estejam alinhadas com as competências que foram definidas como estratégicas e essenciais para a empresa em um dado período, em seu planejamento estratégico.

13.7.7 Definição de competências

As competências dos indivíduos, como vimos no Capítulo 3, serão definidas como um conjunto de conhecimentos (conjunto de conteúdos técnicos que a pessoa domina em um dado momento), habilidades (*know-how*) – saber produzir resultados práticos, concretos, operacionais, transformando o conhecimento em resultados) e atitudes (propensão psicológica para agir de uma certa forma, partilhado informações, sabendo conviver em equipe para inovar). Do exposto, de acordo com esta argumentação, a empresa que recrutar indivíduos com um bom conjunto de conhecimentos, habilidades e com uma atitude favorável à mudança, ao trabalho em equipe e dispostos a aprender terá mais facilidade em inovar continuamente e em desenvolver vantagem competitiva sustentável.

A gestão de pessoas política ou por competências, conforme definida no Capítulo 3, se adequa mais a este tipo de gestão. Assim, a firma estabelece as suas *core competences* ou competências essenciais, de acordo com a sua estratégia, em torno da qual desenvolverá seus produtos e serviços. Por exemplo a IBM optou redefinir há alguns anos suas competências essenciais vendendo a área de computadores pessoais hardware e software e mantendo os *mainframes* ou grandes computadores hardware e software e desenvolvendo a área de serviços como consultoria, para a qual comprou uma empresa de consultoria e a desenvolveu no conceito IBM.

Após definir as competências essenciais na qual se concentrará, e os projetos estratégicos relacionados a cada uma delas, a firma necessita mapear seus recursos e pessoas que têm competências que dão suporte a cada uma dessas competências essenciais estratégicas e projetos estratégicos. Assim a empresa alinha suas competências essenciais de caráter estratégico com as competências de grupos organizacionais e de pessoas. Por se tratar de pessoas, a firma deve alinhar as competências dos grupos e das pessoas que compõem os grupos às suas competências essenciais e estratégicas, inovando continuamente (inovações radicais e incrementais). A grande capacidade da empresa, assim, é a de inovar radicalmente nas áreas em que definiu suas competências essenciais, buscando o VRIO, para estar sempre à frente das outras inovando, e para as pessoas, a habilidade é "aprender a aprender" desenvolvendo novos conteúdos e formas de trabalho que acompanham estas mudanças. Treinamentos e orientação adequada aos colaboradores para que aprendam novas tecnologias e competências organizacionais alinhadas com as novas competências estratégicas é fundamental neste contexto.

É recomendado, para maior conhecimento das diferentes escolas de pensamento em estratégia das organizações, a leitura do livro *Safari de estratégia*, de Henry Mintzberg, Bruce Ahlstrand e Joseph Lampel (2010).

13.8 Uma breve visão da teoria do posicionamento estratégico de Michel Porter

Entre as diversas escolas de estratégia, o pensamento dominante se divide em três: a escola do design, a do planejamento e a do posicionamento.

Já foi comentado de maneira introdutória neste capítulo a escola do design, e também sugerido o livro de Mintzberg, *Ascenção e queda do planejamento estratégico*. Faremos, brevemente, a exposição de alguns dos principais conceitos da Escola de Posicionamento de Michel Porter. Em 1980 Porter publicou seu primeiro livro no qual propunha a escola de estratégia: o livro *Competitive strategy*.

A escola do posicionamento determina que poucas estratégias ou posições a serem ocupadas pelas empresas são desejáveis em cada setor. Propõe assim estratégias genéricas básicas para as empresas.

Para esta escola, as estratégias são posições genéricas que podem ser identificadas no mercado. Este, nesse sentido, é de ordem econômica (seguindo lógicas de economistas e da economia) e é competitivo. Para escolher a estratégia, deve-se fazer cálculos quantitativos e analíticos, escolhendo a estratégia entre as estratégias genéricas possíveis.

Cada mercado tem uma estrutura baseada em forças que controlam o setor e o mercado e selecionam as melhores estratégias genéricas possíveis para as firmas.

Os analistas responsáveis por determinarem as estratégicas da empresa passam as suas opções para os gerentes, que as implementam. A estrutura do mercado seleciona as melhores estratégias genéricas possíveis que, por sua vez vão influenciar a estrutura organizacional.

Michel Porter identifica 5 forças em cada setor econômico ou mercado em que as organizações competem e influenciam a concorrência das organizações:

a) Ameaça de novos participantes no setor – novas empresas que pretendem entrar em um setor e competir com outras que já estão estabelecidas e, para tanto, precisam superar as "barreiras de entrada" neste setor. Muitas dessas barreiras sugerem um setor onde as empresas que já estão estabelecidas convivem de forma colaborativa com baixa concorrência. Quanto há poucas barreiras de entrada em um setor, mais fáceis de serem superadas, a competição é mais difícil e acirrada.

b) Poder de barganha dos fornecedores da empresa – como os fornecedores querem cobrar os maiores preços possíveis, as empresas vivem em um equilíbrio para procurar encontrar preços mais acessíveis em relação aos seus fornecedores e para tanto buscam ter várias opções de fornecimento de matérias-primas, enquanto os fornecedores tentam ser únicos, indispensáveis, e fidelizar as empresas-clientes.

c) Poder de barganha dos clientes da empresa – os clientes preferem poder escolher entre várias empresas para terem vantagem nos preços, enquanto as empresas preferem ser únicas em seus serviços e produtos para poderem cobrar preços maiores de seus clientes. A quantidade que os clientes comprarem, além da informação de que dispõem para escolher as empresas das quais comprarão, são fatores que vão influenciar no equilíbrio de poder neste caso específico, bem como na quantidade de empresas e de clientes que fornecem produtos ou serviços.

d) Ameaça de produtos substitutos – produtos ou tecnologias e formas novas de serviço podem surgir para substituir e ameaçar as posições das empresas com seus clientes, o que pode intensificar a rivalidade entre os concorrentes.

e) As empresas podem escolher a diplomacia pacífica, colaborando umas com as outras, ou optar por concorrer fortemente com outras do setor.

As duas principais estratégias de uma empresa são a concorrência pelo custo ou a concorrência pela diferenciação e qualidade do produto. Estas podem ser realizadas em nichos de mercado específicos ou em grandes mercados, dependendo da escolha da empresa. Neste último caso, o "foco" da estratégia se concentra em linhas de produtos, tipos de consumidores específicos ou em determinados mercados geográficos.

O valor é a diferença entre o preço de venda do produto ou serviço e o preço de custo para a empresa produzi-lo. O ideal neste caso é fabricar ou oferecer o produto e/ou serviço com a maior qualidade possível ao menor custo. Assim pode-se cobrar mais dos clientes pois a qualidade do produto ou serviço é alta.

Porter propõe também barreiras à mobilidade das empresas, que torna difícil a mudança de estratégia. Para ele, as grandes empresas devem buscar manter a estabilidade e segurança, não economizar com despesas de baixo custo, que garantem seu sucesso, e mudar quando necessário.

Porter também tem em vista que se examine a cadeia de valor de uma empresa, ou seja, que se analise de forma sistemática todas as atividades que a empresa desempenha e como é a sinergia entre as empresas, se estão relacionadas umas com as outras para a produção de valor.

Mintzberg (2003) propõe a escola das configurações estratégicas, descrevendo tipos de empresa quais sejam: de estrutura funcional, burocrática profissional, burocrática mecanicista (burocracia mecânica), divisionalizada e de estrutura adocrática (*adhocracia*). Essas escolas seguem estruturas mais orgânicas ou mecânicas (ver capítulos 6 e 7). Para aprofundamento sugerimos o livro de Mintzberg (2003), *Criando organizações eficazes*.

Mintzberg, Ahlstrand e Lampel (2010) em *Safári de estratégia*, brevemente mencionado, descrevem 10 escolas de pensamento em estratégia que são interessantes para, em um primeiro momento, conhecer de forma genérica as diversas escolas existentes em estratégia empresarial e as críticas a cada uma delas para depois se aprofundar nos originais citados pelo autor.

Bibliografia

ALDRICH, H. E. *Organizations and environments*. Englewood Cliffs: Prentice-Hall, 1979.

BARNEY, J. B. Firm resource and sustained competitive advantage. *Journal of Management*, v. 17, n. 1, 1991.

BARNEY, J. B.; HESTERLY, W. S. *Administração estratégica e vantagem competitiva*. São Paulo: Pearson Prentice, 2007.

BAUM, J. Ecologia organizacional. In: CALDAS, M. et al. (Orgs.) *Handbook de estudos organizacionais*. São Paulo: Atlas, 1999. v. 1, p. 137-195.

BERGER, P.; LUCKMANN, T. *The social construction of reality*. Nova York: Doubleday, 1967.

BERTERO, C. Da internacionalização à globalização na perspectiva brasileira. In: CALDAS, M. et al. *Handbook de estudos organizacionais*. São Paulo: Atlas, 1999. v. 1, p. 435-436.

BOURDIEU, Pierre. *O poder simbólico*. Lisboa: Difel, 1989.

CALDAS, M.; WOOD JR., T. Modas e modismos em gestão: Pesquisa exploratória sobre a adoção e implementação de ERP. In: ENCONTRO ANUAL DA ASSOCIAÇÃO NACIONAL DOS PROGRAMAS DE PÓS-GRADUAÇÃO E PESQUISA EM ADMINISTRAÇÃO – EnANPAD, 23., 1999, Foz do Iguaçu. *Anais...* Foz do Iguaçu: ANPAD, 1999.

CAMPBELL, D. Variation and selective retention in socio-cultural evolution, general systems. *Yearbook of the Society for General Systems Research*, General Systems, v. 14, p. 69-85, 1969.

CARROLL, G. R. Organizational ecology. *Annual Review of Sociology*, v. 10, p. 71-93, 1984.

CARVALHO, C.; LOPES, F. Convergência estrutural e processual entre teatros e museus no Rio Grande do Sul. In: ENCONTRO ANUAL DA ASSOCIAÇÃO NACIONAL DOS PROGRAMAS DE PÓS-GRADUAÇÃO E PESQUISA EM ADMINISTRAÇÃO – EnANPAD, 25., 2001, Campinas, *Anais...* Campinas: ANPAD, 2001.

CARVALHO, C.; VIEIRA, M. Contribuições da perspectiva institucional para o estudo das organizações. In: ENCONTRO ANUAL DA ASSOCIAÇÃO NACIONAL DOS PROGRAMAS DE PÓS-GRADUAÇÃO E PESQUISA EM ADMINISTRAÇÃO – EnANPAD, 23., Foz do Iguaçu, 1999. *Anais...* 1999, Foz do Iguaçu: ANPAD, 1999.

CASTELLS, M. *A sociedade em rede*. São Paulo: Paz e Terra, 1999.

CHANDLER JR., A. D. *Strategy and structure*. Chapters in the history of the industrial entreprise. Cambridge, MA: MIT Press, 1962.

CROZIER, M. FRIEDBERG, E. E. *L'acteur et le systeme*. Paris: Seuil, 1977.

DA MATTA, R. *Carnavais, malandros e heróis*. Rio de Janeiro: Zahar, 1978.

DIAS, C.; LOIOLA, E. Conflito, cooperação e aprendizado nos complexos agroindustriais: O caso do Instituto Biofábrica de Cacau de Ilhéus, Bahia. In: ENCONTRO ANUAL DA ASSOCIAÇÃO NACIONAL DOS PROGRAMAS DE PÓS-GRADUAÇÃO E PESQUISA EM ADMINISTRAÇÃO – EnANPAD, 25., 2001, Campinas. *Anais...* Campinas: ANPAD, 2001.

DILL, W. R. Environment as an influence on managerial autonomy. *Administrative Science Quarterly*, v. 2, p. 409-443, 1958.

DiMAGGIO, P. J. State expansion and organizational fields. In: HALL, R.; QUINN, R. E. (Eds.) *Organization theory and public policy*. Beverly Hills: Sage, 1983. p. 147-161.

DiMAGGIO, P. J.; POWELL, W. *The new institutionalism in organizational analysis*. Chicago: The University of Chicago Press, 1991.

EGRI, C.; PINFIELD, L. As organizações e a biosfera: Ecologia e meio ambiente. In: CLEGG, S. R.; HARDY, C. ; NORD, W. R. (Orgs.) *Handbook de estudos organizacionais*. Modelo de análise em novas questões em estudos organizacionais. Organizadores da edição brasileira M. Caldas, R. Fachin, T. Fisher. São Paulo: Atlas, 1999. v. 1, p. 363-400.

EMERY, F. E.; TRIST, E. I. The casual texture of organizational environments. *Human Relations*, n. 18, p. 21-32, 1965.

FARIA, A. Teorias de estratégia, estratégias de pequenas empresas e estratégias teóricas: Estudo de caso em rede assimétrica no setor de telecomunicações no Brasil. In: ENCONTRO ANUAL DA ASSOCIAÇÃO NACIONAL DOS PROGRAMAS DE PÓS-GRADUAÇÃO E PESQUISA EM ADMINISTRAÇÃO – EnANPAD, 25., 2001, Campinas. *Anais*... Campinas: ANPAD, 2001a.

_____. Redes e cooperação vertical sob uma abordagem reflexiva de realismo crítico: Repensando o relativismo e o debate entre organizações e estratégia. In: ENCONTRO ANUAL DA ASSOCIAÇÃO NACIONAL DOS PROGRAMAS DE PÓS-GRADUAÇÃO E PESQUISA EM ADMINISTRAÇÃO – EnANPAD, 25., 2001, Campinas. *Anais*... Campinas: ANPAD, 2001b.

FERRAZ, C.; FISCHER, T. Liderança e meditação da identidade: A palavra dos líderes e a voz da mídia. In: ENCONTRO ANUAL DA ASSOCIAÇÃO NACIONAL DOS PROGRAMAS DE PÓS-GRADUAÇÃO E PESQUISA EM ADMINISTRAÇÃO – EnANPAD, 25., 2001, Campinas. *Anais*... Campinas: ANPAD, 2001.

FESTA, M. P. *Práticas de gestão e cultura intraempreendedora*: Um estudo sobre as práticas de gestão que contribuem para uma cultura organizacional capaz de gerar intraempreendimentos. 2013. Dissertação (Mestrado em Administração) – Fundação Educacional Inaciana. São Paulo, 2013.

FONSECA, V.; MACHADO-DA-SILVA, C. Indivíduo, organização e ambiente: Bases para a conversação entre três perspectivas de estudo da estratégia em organizações. In: ENCONTRO ANUAL DA ASSOCIAÇÃO NACIONAL DOS PROGRAMAS DE PÓS-GRADUAÇÃO E PESQUISA EM ADMINISTRAÇÃO – EnANPAD, 25., 2001, Campinas. *Anais*... Campinas: ANPAD, 2001.

FOSS, N. J. Research in strategy, economics, and Michael Porter. *Journal of Management Studies*, v. 33, n. 1, p. 1-24, 1996.

HANNAN, M. T.; FREEMAN, J. The population ecology of organizations. *American Journal of Sociology*, v. 82, p. 929-964, 1977.

HAWLEY, A. *Human ecology*. Nova York: Ronald Press, 1950.

JONES, G. R. *Organizational theory*: Texts and cases. Nova Jersey: Prentice Hall, 2001.

JONES, G. R.; HILL, W. L. Transaction cost analysis of strategy-structure choice. *Strategic Management Journal*, v. 9, p. 159-172, 1988.

KIRSCHBAUM, C.; VASCONCELOS, F. C. de. Tropicália: Manobras estratégicas em rede de músicos. *Revista de Administração de Empresas*, v. 47, n. 3, p. 10-26, 2007.

LAZZARINI, S. G The impact of membership in competing firm constellations: Evidence on the operational performance of global Airlines. *Strategic Managemeny Journal*, v. 28, p. 345-367, 2007.

_____. *Empresas em rede*. São Paulo: Thomson Learning, 2008.

LEÃO JR., F. Formação e estruturação de campos organizacionais: Um modelo para análise do campo cultural. In: ENCONTRO ANUAL DA ASSOCIAÇÃO NACIONAL DOS PROGRAMAS DE PÓS-GRADUAÇÃO E PESQUISA EM ADMINISTRAÇÃO – EnANPAD, 25., 2001, Campinas. *Anais*... Campinas: ANPAD, 2001.

LEARNED, E. P. et al. *Business policy*: Text and cases. Irwin: Homewood. 1965.

MACHADO-DA-SILVA, C. et al. A teoria institucional. In: CALDAS, M. et al. (Orgs.) *Handbook de estudos organizacionais*. São Paulo: Atlas, 1999. v. 1, p. 220-226.

MACHADO-DA-SILVA, C. et al. Formalismo como mecanismo institucional coercitivo de processos relevantes de mudança na sociedade brasileira. In: ENCONTRO ANUAL DA ASSOCIAÇÃO NACIONAL DOS PROGRAMAS DE PÓS-GRADUAÇÃO E PESQUISA EM ADMINISTRAÇÃO – EnANPAD, 25., 2001, Campinas. *Anais...* Campinas: ANPAD, 2001.

MASCARENHAS, A. O. *Gestão estratégica de pessoas*: evolução, teoria e crítica. São Paulo: Cengage Learning, 2008.

MEYER, J.; ROWAN, B. Institutionalized organizations: Formal structure as myth and ceremony. In: DIMAGGIO, P.; POWELL, W. (Eds.) *The new institutionalism in organizational analysis*. Chicago: The University of Chicago Press, 1991. p. 1-41.

MINTZBERG, H. *The rise and fall of strategic planning*. Nova York: Free Press, 1994.

_____. *Criando organizações eficazes*. São Paulo: Atlas, 2003.

_____. *Ascenção e queda do planejamento estratégico*. Porto Alegre: Bookman, 2004.

MINTZBERG, H.; AHLSTRAND, B.; LAMPEL, J. *Safari de estratégia*. Porto Alegre: Bookman, 2010.

MISOCZKY, M. C. Campo e poder e ação em Bourdieu: Implicações de seu uso em estudos organizacionais. In: ENCONTRO ANUAL DA ASSOCIAÇÃO NACIONAL DOS PROGRAMAS DE PÓS-GRADUAÇÃO E PESQUISA EM ADMINISTRAÇÃO – EnANPAD, 25., 2001, Campinas. *Anais...* Campinas: ANPAD, 2001.

MOTTA, F. P. et al. O novo sentido da liderança: Controle social nas organizações. In: WOOD JR., T. *Mudança organizacional*. São Paulo: Atlas, 1995.

NOHRIA, N. Is a network perspective a useful way of studying organizations? In: NOHRIA, N.; ECCLES, R. *Networks and organizations*. Boston: Harvard Business School Press, 1992.

NOHRIA, N.; ECCLES, R. *Networks and organizations*. Boston: Harvard Business School Press, 1992.

NOHRIA, N.; GHOSHAL S. *Distributed innovation in the "differentiated network" multinational*. Working paper. Boston: Harvard Business School, 1991.

NUNES, L. H., VASCONCELOS, I. F. F. G. de. *Expatriação de executivos*. São Paulo: Thomson Learning, 2008.

PENROSE, E. *The theory of the growth of the firm*. Nova York: John Wiley, 1959.

PFEFFER, J.; SALANCIK, G. R. *The external control of organizations*. Nova York: Harper & Row, 1978.

PORTER, M. *Competitive strategy*: Techniques for analyzing industries and competitors. Nova York: Free Press, 1980.

_____. *Competitive advantage*: Creating and sustaining superior performance. Nova York: Free Press, 1985.

_____. What is strategy. *Harvard Business Review*, v. 74, n. 6, p. 61-78, Nov.-Dec. 1996.

PRAHALAD, C. K.; HAMEL, Gary. The core competence of the corporation. *Harvard Business Review*, n. 3, p. 79-91, May-Jun., 1990.

PROTIL, R. Avaliação da implementação de um sistema computacional de gestão empresarial integrada (ERP) em uma cooperativa agrícola. In: CONGRESSO DA SBI AGRO-AGROSOFT, 2., Campinas, 2001. *Anais...* Campinas: Agrosoft, 2001.

QUINN R. E. *Organizational theory and public policy*. Beverly Hills: Sage, 1983. p. 147-161.

RODRIGUES, S.; CARRIERI, A. As transformações nas significações culturais em uma empresa de telecomunicações: De empresa pública a filial privada. In: ENCONTRO ANUAL DA ASSOCIAÇÃO NACIONAL DOS PROGRAMAS DE PÓS-GRADUAÇÃO E PESQUISA EM ADMINISTRAÇÃO – EnANPAD, 25., 2001, Campinas. *Anais...* Campinas: ANPAD, 2001.

SCHUMPETER, J. A. *A teoria do desenvolvimento econômico*. São Paulo: Abril Cultural, 1982.

SCOTT, W. R. The adolescence of institutional theory. *Administrative Science Quarterly*, v. 32, p. 493-511, 1987.

SCOTT, W. R.; MEYER, J. W. The organization of societal sectors. Propositions and early evidence. In: DiMAGGIO P.; POWELL, W. (Eds.) *The new institutionalism in organizational analysis*. Chicago: The University of Chicago Press, 1991. p. 83-107.

SELZNICK, P. *TVA and the grass roots*. Berkeley: University of California Press, 1955.

_____. *Leadership in administration*: A sociological interpretation. Evanson, IL: Row, Peterson, and Company, 1957.

SILVA, E. D. Del control de gestión hacia el control estratégico. In: ENCONTRO ANUAL DA ASSOCIAÇÃO NACIONAL DOS PROGRAMAS DE PÓS-GRADUAÇÃO E PESQUISA EM ADMINISTRAÇÃO – EnANPAD, 25., 2001, Campinas. *Anais*... Campinas: ANPAD, 2001.

SIMON, H. *Models of man*. Nova York: John Wiley, 1957.

SORUCCO, M. P. *Adoção da forma da organização inovadora sustentável como fonte de vantagem competitiva*. 2011. Dissertação (Mestrado) – Centro Universitário da Fundação Educacional Inaciana. São Paulo, 2011.

TEECE, D. J. Economic analysis and strategic management. *California Management Review*, n. 26, p. 87-110, Mar. 1984.

_____. Strategies for managing knowledge assets: The role of firm structure and industrial context. 2000. Disponível em: http://robertoigarza.files.wordpress.com/2008/03/art-strategies-for-managing-knowledge-assets-teece-2000.pdf. Acesso em: 16 jun. 2021.

TEECE, D. J.; PISANO, G. *The dynamic capabilities of firms*: An introduction. *Industrial and corporate Change*, n. 3, p. 537-556, Mar. 1994

THOMPSON, J. D. *Organizations in action*. Nova York: McGraw-Hill, 1967.

VASCONCELOS, F. C. de. *Incerteza e estratégias miméticas*: Um estudo sobre isomorfismo estrutural entre internet e *start-ups* no Brasil. Relatório de Pesquisa do Núcleo de Pesquisas e Publicações da FGV/EAESP, 2001.

VASCONCELOS, F. C. de; CYRINO, A. B. *Vantagem competitiva*: os modelos teóricos atuais e a convergência entre estratégia e teoria organizacional. *Revista de Administração de Empresas*, São Paulo, v. 40, n. 4, p. 20-37, out.-dez. 2000.

VASCONCELOS, I. de. *Assurance qualité et changement organisationnel*: La mise en place de l'ISO 9001 dans deux grands constructeurs informatiques français. 2000. Thèse (Doctorat) – École des Hautes Études Commerciales, Paris. Paris, 2000a.

VASCONCELOS, I. F. G. de. ISO 9001 em empresas de informática na França. ENCONTRO DE ESTUDOS ORGANIZACIONAIS – ENEO, 1., 2000, Curitiba. *Anais*... Curitiba: ENEO, 2000b.

VASCONCELOS, I. de.; VASCONCELOS, F. C. Isomorfismo estrutural e os limites da normalização: Dois estudos de caso sobre a implantação das normas ISO 9000 em empresas de informática na França. In: ENCONTRO DE ESTUDOS ORGANIZACIONAIS DA ANPAD, 2., 2000, Curitiba. *Anais*... Curitiba: ENEO, 2000.

VASCONCELOS, I. F. G. de; VASCONCELOS, F. C. de. Identidade e mudança: o passado como ativo estratégico. *Revista Organizações e Sociedade*, v. 8, n. 21, p. 45-57, 2001a.

VASCONCELOS, I. F. G. de; VASCONCELOS, F. C. de. ISO 9000, consultants and paradoxes: A sociological analysis of quality assurance and human resource techniques. In: ENCONTRO ANUAL DA ASSOCIAÇÃO NACIONAL DE PÓS-GRADUAÇÃO E PESQUISA EM ADMINISTRAÇÃO – EnANPAD, 25., 2001, Campinas. Anais... Campinas: ANPAD, 2001b.

VASCONCELOS, I. de. et al. Technology and organizational change: A case study at a Brazilian agroindustry. 2002 BUSINESS ASSOCIATION FOR LATIN AMERICAN STUDIES – BALAS Conference, University of Tampa. Tampa, Estados Unidos, 20-23 mar. 2002.

VELHO, G. *Individualismo e cultura*. Rio de Janeiro: Zahar, 1999.

VIEIRA, M. M. F.; LEÃO, F. P. de S. Jogos de poder: O processo de mudança e institucionalização no Museu de Arte Moderna do Recife. In: ENCONTRO ANUAL DA ASSOCIAÇÃO NACIONAL DOS PROGRAMAS DE PÓS-GRADUAÇÃO E PESQUISA EM ADMINISTRAÇÃO – EnANPAD, 24., 2000, Recife. *Anais...* Recife: ANPAD, 2000.

VIEIRA, M. M. F.; MISOCZKY, M. C. Instituições e poder: Explorando a possibilidade de transferências conceituais. In: ENCONTRO DE ESTUDOS ORGANIZACIONAIS DA ANPAD, 1., 2000, Curitiba. *Anais...* Curitiba: ENEO, 2000.

WHITE, H. *Identity and control*: How social forms emerge. Princeton: Princeton University Press, 2008.

WILLIAMSON, O. *Markets and hierarchies.* Nova York: The Free Press, 1975.

WOOD JR., T. *Empresas neuróticas e executivos nervosos.* São Paulo: Negócios, 2002.

ZALD, M. N. Political economy: A framework for comparative analysis. In: MAYER, N.; ZALD, N. *Power in organizations.* Nashville: Vanderbilt University Press, 1970.

ZUCKER, L. G. Institutional theories of organizations. *Annual Review of Sociology*, v. 13, p. 443-464, 1987.

Capítulo 14

Psicanálise organizacional e psicodinâmica, pós-modernidade e tendências futuras

Em que medida o homem perceberá que deve se confrontar com uma história tumultuosa, regida pelo diálogo chocante de Eros e de Thanatos, em que os grupos sociais correm riscos, nem sempre sabem o significado do que fazem; uma história que oscila entre sentido e não sentido, o ser e o não-ser, sem finalidade preestabelecida?
(Enriquez, 1991; adaptação nossa)

14.1 Introdução

Os pesquisadores do Instituto Tavistock de Londres, desde a época da Segunda Guerra Mundial até meados da década de 1960, lançaram as bases do conhecimento da psicanálise organizacional e da psicodinâmica. Wilfred Bion, Eric Trist, Harold Bridger, Elliot Jaques, Kenneth Rice, Eric Miller, entre outros pesquisadores famosos, foram os pioneiros nesse tipo de pesquisa.

Desde os anos 1960, autores franceses, como Christophe Dejours, Eugène Enriquez, Vincent de Gaullejac, Max Pagès, Alain Chanlat, Jean-François Chanlat, Gilles Amado, entre outros, vêm aperfeiçoando essa linha de pesquisas e desenvolvendo estudos nessa área.

Mais recentemente, autores como Kets de Vries, Peter Frost, Howard Schwartz, Larry Hirchhorn, Yiannis Gabriel, Michel Diamond, entre outros, fundaram a International Society for the Psychoanalytic Study of Organizations, onde vêm desenvolvendo importantes estudos em psicodinâmica organizacional, revalorizando essa disciplina. Esses autores argumentam que a tendência das organizações atuais é de maior espontaneidade e "pessoalização" do ambiente de trabalho. Evoluímos no conhecimento das organizações e percebemos que elas não são essas estruturas "racionais" que aparentam ser. A compreensão dos aspectos aparentemente "irracionais" e afetivos que ocorrem na esfera organizacional torna-se fundamental nesse contexto.

14.2 O paradigma de estudos da psicanálise organizacional e a pesquisa

Burrell e Morgan (1979) propõem uma classificação detalhada dos principais paradigmas vigentes em sociologia das organizações.

O paradigma radical humanista se concentra em uma abordagem subjetiva das organizações que considera a interpretação de cada indivíduo e de cada grupo social em sua análise, assumindo que existem diferentes interpretações, culturas e subculturas e, logo, diferentes realidades subjetivas. As teorias pertencentes a este modelo consideram que a mudança social, quando ocorre, é radical, sendo influenciada por disputas de diferentes formas de visão de mundo e ideologias. O existencialismo de Jean-Paul Sartre, a teoria da ação comunicativa de Habermas, o pós-modernismo e a dialética hegeliana são teorias que se enquadram neste aqui. Apesar de serem diferentes teorias, compartilham estes pressupostos de base – a visão subjetiva da realidade e a sociologia da mudança radical.

O paradigma radical estruturalista é o marxismo, que considera a mudança radical por meio da luta de classes sociais o motor da história. O marxismo, através da visão objetiva da realidade, crê que não se trata apenas de uma luta de ideias, mas de uma luta objetiva que tem lugar na realidade social pela conquista dos meios de produção. Este modelo trabalha, então, com a visão objetivista da realidade social e com a sociologia da mudança radical.

A sociologia interpretativa trabalha com o pressuposto de que a sociedade tende à regulação social, ou seja, à busca de harmonia social, sendo os conflitos passageiros e o objetivo é resolvê-los para a construção de uma sociedade mais evoluída. Este paradigma também acredita que a realidade é subjetiva, e que a visão de mundo dos diferentes indivíduos e grupos sociais corresponde a diversas interpretações da realidade possíveis. Sendo assim, a visão subjetiva e a sociologia da regulação social convivem juntas neste modelo. Exemplos desta corrente são o trabalho de Max Weber, o interacionismo simbólico, a fenomenologia, entre outras correntes.

O funcionalismo trabalha com a mesma visão do paradigma anterior de que a sociedade tende a buscar a harmonia social e os conflitos são resolvidos para que a sociedade possa evoluir. Porém, este modelo lida com a visão objetivista da realidade, ou seja, se preocupa em estudar, como em ciências naturais (física, biologia, geologia etc.), a sociedade como uma realidade objetiva, constituída por leis concretas, aplicadas a todos. Trata-se de um paradigma quase determinista. Autores como Talcott Parsons, Émile Durkheim, entre outros, fazem parte deste modelo.

A psicodinâmica das organizações, desenvolvida com base no trabalho dos pesquisadores do Instituto Tavistock de Londres, está inserida no paradigma weberiano da sociologia interpretativa. Trata-se de uma visão subjetiva da realidade ("construção social da realidade") e de uma análise da sociedade que privilegia os mecanismos de regulação social. Os conceitos que embasam essa análise estão em consonância com a visão do interacionismo simbólico (Berger e Luckmann, 1967), como vimos no Capítulo 10, e com uma visão que associa a análise psicodinâmica com a análise do discurso e com as narrativas dos atores sociais (Motta e Freitas, 2000). Os trabalhos de Linda Smircich (1983a,b) sobre metodologia e cultura, bem como os estudos de Yiannis Gabriel, oferecem perspectivas interessantes de pesquisa para os cientistas dessa área (Smircich, 1983a; Gabriel, 1999; Hirchhorn, 1993).

14.3 O paradigma psicodinâmico e a organização burocrática

Quando o indivíduo perde o reconhecimento social atribuído às suas habilidades, ou seja, quando seu trabalho e seus conhecimentos não são mais considerados "válidos", "importantes" ou "positivos", há perda de autoestima e aumento de sua insegurança e do seu nível de ansiedade. Nesse momento, seus mecanismos de defesa (*self-defense mechanisms*) entram em ação, como veremos a seguir. Antes de compreendermos como os mecanismos de defesa se intensificam no ambiente de trabalho produzindo resistências à mudança e outras reações, faremos uma breve retrospectiva de alguns conceitos básicos da psicanálise organizacional, sobretudo dos trabalhos pioneiros de Melanie Klein (1965a,b) e dos de Elliot Jaques (1955), que se baseou nos trabalhos de Melanie Klein para mostrar como o adulto utiliza a organização como mecanismo de defesa.

14.3.1 Alguns conceitos básicos da psicanálise: subdivisões da personalidade

De modo bastante simplificado, a fim de relembrar rapidamente alguns conceitos básicos que permitirão a leitura deste capítulo, podemos dizer que, segundo o estudo da psicanálise freudiana, o aparelho psíquico compõe-se de três elementos: o id, o ego e o superego.

O **id** compreende a parte mais primitiva, desorganizada e desestruturada da personalidade. É constituído por conteúdos inconscientes e pelos instintos que buscam a contínua gratificação. O **id** não conhece regras ou juízos de valor ou valores morais, e busca sempre a satisfação imediata atuando de acordo com o **princípio do prazer** (Freud, 1957; Gabriel, 1999).

O **ego** é responsável pelo contato da psique com a realidade externa e contém elementos conscientes e inconscientes. O ego age sempre de acordo com o **princípio da realidade** (parte organizada da personalidade), procurando unir e conciliar aos reivindicações do id (instintos, fantasias e desejos) e do superego (moral e regras sociais) com as do mundo externo. Em outras palavras, ao ego cabe encontrar formas socialmente aceitas de satisfazer às necessidades e os instintos do id, para permitir a sobrevivência do indivíduo em sociedade. O ego também é responsável pela manutenção da coerência interna da personalidade do indivíduo, interpretando as transformações de sua vida biológica dentro de uma continuidade histórica, organizando a dimensão da permanência e coerência em meio à mudança. Freud e Ana Freud mostraram que o indivíduo desenvolve defesas quando se sente ameaçado. Essas defesas do ego, chamadas reações defensivas, visam minimizar o impacto destrutivo da realidade e proteger o indivíduo contra a dissolução de sua personalidade e anomia. As reações defensivas acompanham o sentimento de ansiedade que surge diante da percepção de ameaça ou perigo iminente (Freud, 1957; Gabriel, 1999).

O **superego** representa as regras morais, a ética, o que é definido como certo ou errado em uma sociedade. O superego atua como um juiz, um árbitro, impondo punições para infrações aos padrões e às regras estabelecidos e gerando o sentimento de culpa quando tais padrões são desafiados. Ao superego estão ligados os princípios do ego-ideal ou do dever ser. Quando o ser humano se aproxima de seu ideal, o ego é recompensado e uma das manifestações é tornar-se objeto de amor narcisista. Dessa forma, além de agente organizador da vida psíquica e das reações defensivas, o ego se torna objeto de amor próprio, alvo das pulsões da libido. O mito de Narciso vem da filosofia grega, fazendo alusão à história do jovem homem de excepcional beleza que se apaixona por si próprio (Freud, 1957). O excesso em qualquer uma das dimensões é estudado por Freud como dando origem a patologias. O equilíbrio e a "saúde mental" são obtidos quando o indivíduo consegue direcionar parte de sua libido para si próprio, desenvolvendo autoestima, mas também mostra interesse e satisfação por objetos externos, próprios à sua vida social e biológica (Gabriel, 1999).

14.3.2 Os eixos principais da psicanálise

Rapidamente, vamos rever aqui alguns dos principais eixos da psicanálise:

> - **A ligação entre a realidade psíquica e a realidade histórica** – Lendas, mitos, crenças, ritos e valores, elementos do simbolismo e imaginário social representam as manifestações coletivas dessa mesma sociedade, que regem a vida psíquica da comunidade e a convivência entre os indivíduos (Enriquez, 1991).
> - **O jogo de duas pulsões antagônicas e intrincadas: a pulsão da vida (Eros) e a pulsão da morte (Thanatos)** – Em 1920, Freud admitiu como hipótese duas pulsões antagônicas que regeriam a existência e a evolução dos indivíduos. Eros, a pulsão da vida, permite o estabelecimento de vínculos sociais e elos entre os indivíduos e, com isso, a criação de uma ordem humana e de uma ordem social. Sentimentos comumente descritos como amor, amizade, solidariedade, entre outros, indispensáveis para os fundamentos e a perpetuação das instituições, são associados a essa forma pulsional. Thanatos, a pulsão da morte e destruição, representa a externalização da angústia humana e é uma das outras forças motrizes da sociedade (Enriquez, 1991).
> - **O papel determinante do ser humano no edifício social** – Freud atribuiu ao indivíduo e ao líder um lugar eminente na construção social, seja este fenômeno ligado à destruição e à guerra ou à criação de nova civilização.
> - **A civilização e a organização como renúncia à satisfação das pulsões** – As organizações e o funcionamento da sociedade exigem sublimação de pulsões e o adiamento de recompensas por meio do princípio de realidade do ego. Os indivíduos canalizam sua energia vital para a construção da civilização.

14.4 Os estudos pioneiros de Melanie Klein e de Eliot Jaques

Após termos revisto rapidamente alguns conceitos fundamentais da psicanálise, faremos uma breve revisão dos trabalhos de Klein e Jaques, autores clássicos do campo da psicodinâmica organizacional. Eliot Jaques, na época em que era pesquisador do Instituto Tavistock de Londres, nos anos 1950, baseando-se nos estudos de Melanie Klein (1965a,b) sobre a relação da mãe com o recém-nascido, estudou os sistemas sociais como forma de defesa contra a ansiedade depressiva e o medo. **O autor mostrou que as organizações e estruturas sociais oferecem regras e um conjunto de valores aos indivíduos, com base nos quais estruturam seu cotidiano de forma segura, encontrando sentido na vida deles.** As regras evitam a espontaneidade e os conflitos. A mudança nas regras e nos sistemas de valores desestrutura, ao menos temporariamente, esses sistemas de referência, aumentando a ansiedade, a insegurança e o medo nas organizações, consequentemente, ativando os **mecanismos de defesa** (*self-defense mechanisms*) dos indivíduos, que reagem ao sentimento de angústia que sentem crescer dentro si em decorrência da mudança brusca em suas rotinas e representações mentais.

Alguns dos mecanismos de defesa descritos por Jaques, com base nos trabalhos de Melanie Klein (1965a,b), são os seguintes: introjeção e identificação por projeção e a clivagem – separação das pulsões e dos objetos.

14.4.1 Introjeção e identificação por projeção

Com a **introjeção**, as representações dos objetos e das pessoas que fazem parte da realidade externa ao indivíduo são incorporadas por este e se tornam parte de sua vida interior. Simultaneamente ocorre a **identificação por projeção**, quando o indivíduo atribui às pessoas e aos objetos externos sentimentos diversos, principalmente sentimentos de amor e ódio (Jaques, 1955).

Os soldados, no Exército, ao se identificar com seu comandante, fazendo dele seu líder, obedecendo-lhe e seguindo-o cegamente na guerra, depositando sua vida e seu destino em suas mãos, estão presos por forte identificação positiva, compartilhando da mesma projeção que faz desse comandante um herói ou líder valoroso a ser seguido.

14.4.2 A clivagem – separação das pulsões e dos objetos

Segundo Klein (1965a,b), todos nós, desde crianças, sofremos com a "ansiedade depressiva", com a angústia e o medo da morte, naturais em todo ser humano. A essa força se opõe a nossa energia vital ou pulsão de vida. Como vimos anteriormente, Freud utiliza os mitos gregos de Thanatos (deus da morte) e Eros (deus do amor) para expressar esse paradoxo básico de todo ser humano sobre o qual se baseia a psicanálise (Enriquez, 1991).

Retomando os princípios da psicanálise, Melanie Klein estuda o mundo psíquico dos adultos com base em suas raízes na infância (Klein, 1965a,b). Ela retrata o fenômeno da transferência que faz o indivíduo reviver na psicanálise as emoções de sua socialização primária e transferir para o psicanalista essas emoções. Essa importante pesquisadora procurou responder à seguinte questão: quais são as emoções e sensações básicas da psique infantil, fundamento da vida afetiva do adulto?

Segundo Klein, o bebê possui duas emoções primárias: frustração (angústia) e conforto (prazer). A criança sofre com o desconforto físico (fome, frio) e sente angústia. O conforto que a mãe lhe dá e os cuidados que esta lhe proporciona são forças benéficas, que o aliviam de sua angústia e desconforto e lhe trazem bem-estar. Ambas as sensações da criança em seus primeiros meses de vida (frustração e prazer) são associadas a um único objeto, a mãe, porque ela representa para a criança todo o seu mundo, fonte de todas as suas sensações. Consequentemente, a criança tem uma atitude ambígua em relação à mãe, vivendo uma dualidade básica de sentimentos.

O equilíbrio entre essas duas dimensões é importante. Melanie Klein (1965a,b) estudou bebês durante a Segunda Guerra Mundial, alguns dos quais foram privados de cuidados maternos e alimento. Ela descobriu que bebês abandonados muito cedo, desde seu nascimento, eram incapazes de aceitar alimento novamente após longo período de privação, frustrações e maus-tratos. Durante o período de dificuldades, a angústia e ansiedade dessas crianças atingiam um ponto máximo e, tomadas por esses sentimentos, elas introjetavam imagens negativas de si próprias, desenvolvendo forte agressividade e projetando sentimentos negativos que as impediam de receber alimento novamente. Muitos bebês, nesse caso, morreram de inanição, não tendo conseguido recuperar-se, mesmo quando o alimento lhes era oferecido após certo tempo e eles voltavam a receber cuidados (Klein, 1965a,b).

Klein estudou também o comportamento de bebês que, após passar por um período de privação alimentar, angústia, ansiedade e frustrações, conseguiram aceitar comida de novo. Terminado o período de necessidades, essas crianças superaram inconscientemente o ressentimento adquirido com tal situação. A diferença entre esses bebês e os que morreram de inanição foi o fato de que eles puderam, antes de passar por privações, introjetar e consolidar uma imagem positiva de si próprios, porque tinham sido bem tratados durante um tempo, de modo regular, no início de sua vida. Assim, conseguiram "agarrar-se" novamente à imagem positiva, superando o sofrimento.

Dessa forma, diz Klein, se a mãe é incorporada no mundo interior da criança como um "objeto bom", um ser no qual ela pode ter confiança, "uma boa provedora", a criança desenvolve um elemento de força ligado ao seu ego e introjeta uma imagem positiva de si que será útil em suas futuras identificações, ajudando-a a sobreviver mais tarde em situações difíceis que atravessará em sua vida adulta.

14.5 Os trabalhos de Elliot Jaques

Com base nos estudos de Melanie Klein (1965a,b), Elliot Jaques (1955) mostra que os adultos também introjetam sentimentos ambíguos com relação a um mesmo objeto externo, separando suas pulsões positivas e negativas e apegando-se às pulsões positivas para sobreviver em certo meio. Mesmo que a psique adulta tenha um grau de organização e sofisticação maior, encontra suas raízes no mundo infantil. Em suas experiências posteriores, o adulto será influenciado por suas representações passadas. Dessa forma, a organização na qual o indivíduo trabalha, ao ser fonte de recursos, reconhecimento e recompensas, pode ser visualizada como "mãe provedora", base de sobrevivência, relação fundamental, e inspira sentimentos positivos no indivíduo, no que diz respeito à sua autoestima e ao seu valor social, base de sua identidade. No entanto, a organização também é fonte de frustrações e ansiedade, havendo sempre a ameaça velada de retirar os mesmos recursos que provê (salário, realização, promoções, reconhecimento social) e, nesse momento, inspira sentimentos negativos, acentuando o medo e a angústia no indivíduo. Esses sentimentos geram confusão e perturbam o sujeito, uma vez que acentuam suas representações positivas de si próprio e de sua vida, gerando prazer, ou reforçam representações negativas, proporcionando medo e insegurança e ativando os mecanismos de defesa do ego dos quais falamos anteriormente.

Em algumas situações o indivíduo, com medo de perder o emprego, por exemplo, necessitando preservar sua relação imediata com a chefia, fundamental para sua sobrevivência na empresa, pode fazer de tudo para não entrar em conflito com o chefe e, nesse caso, atribui a culpa por problemas em seu departamento ou por uma situação ruim a outras pessoas, evitando magoar-se com seu chefe imediato. Refere-se a uma atitude inconsciente de "encontrar bodes expiatórios" (*scapegoating*), indivíduos que possam ser culpados por erros e problemas que o ameacem.

Um exemplo típico dessa reação defensiva em organizações citada por Jaques é a atitude da tripulação de um navio no caso de crise: a culpa pelos problemas do navio é atribuída sempre ao imediato (ao segundo oficial, subcomandante), uma vez que a figura do capitão é preservada e associada ao "bom pai". Os membros da tripulação se identificam e se apegam a ele em busca de conselho e proteção, culpando o segundo oficial em comando pelos problemas. O mesmo ocorre nas empresas. Como no caso do capitão do navio, para preservar as relações fundamentais para sua sobrevivência nas organizações, os indivíduos polarizam suas emoções e encontram pessoas ou grupos que possam ser imputados como culpados pelos problemas do sistema. Procuram assim, inconscientemente, preservar as relações necessárias à sua progressão ou sobrevivência na organização, culpando grupos ou indivíduos que não os ameace. Dessa maneira, arrumam "válvulas de escape" para aliviar sua tensão emocional, porém, ao mesmo tempo, lutam por sua permanência no sistema.

Jaques (1955), Bion (1991) e outros importantes pesquisadores do Instituto Tavistock, citados na introdução, estudaram os mecanismos de defesa nas organizações. Alguns desses mecanismos encontrados nas organizações, principalmente nas interações entre grupos, são os seguintes (Gabriel, 1999):

14.5.1 Os mecanismos de defesa

- **Regressão** – Quando o adulto, ao se sentir ameaçado, adota comportamentos tipicamente infantis ou adolescentes característicos de seu desenvolvimento psíquico.
- **Formação de reação** – O grupo ou indivíduo manifesta excessivamente o comportamento oposto ao desejado ou esperado, reforçando os aspectos contrários aos que o ameaçam. Manifestação de excessiva calma em um ambiente turbulento e provocador, comportamento demasiadamente questionador em um ambiente convencional ou o oposto são exemplos desse tipo de reação.
- **Projeção** – Atribuição de seus próprios desejos (especialmente as pulsões de destruição) a terceiros.
- **Introjeção ou identificação** – Refere-se ao conjunto de similitudes que reconhecemos em outros indivíduos, grupos ou objetos externos e que conduz a identificações positivas ou negativas.
- **Negação (*denial*)** – A recusa obstinada do ego em perceber a realidade ou o estímulo externo que lhe ameace.
- **Isolamento** – A separação das emoções das lembranças ou dos estímulos que as geraram. Assim, uma lembrança dolorosa pode ser incorporada pela consciência quando é dissociada de assuntos a ela diretamente relacionados.
- **Clivagem** – Como vimos, separação das pulsões positivas e negativas inspiradas por um mesmo objeto.
- **Racionalização** – Explicações de "senso comum" mascaram as reais razões que inspiraram a ação do grupo ou dos indivíduos.
- **Sublimação** – Pode ser considerada um mecanismo de defesa no qual o indivíduo não altera a energia entre instinto e objeto, mas modifica a energia do instinto. Esse nome deriva do processo químico pelo qual o sólido se transforma em gás. Baseando-se nos trabalhos de Nietzsche (1968), Freud (1957) relata por meio desse processo a dessexualização da libido e sua transformação em trabalhos criativos e objetivos ligados ao trabalho, à inspiração e à ação social. Essa força se torna assim um processo vital para a construção da civilização humana.

É necessário salientar que o ego é inconsciente em seus processos de defesa. **Os mecanismos de defesa não são assim estratégias conscientes para se lidar com situações difíceis. São expressões inconscientes que podem ser avaliadas *a posteriori* pela psicanálise, que por meio de um longo processo permite a descoberta e o entendimento desses processos complexos.**

Jaques, em seus estudos, mostra como as organizações podem funcionar como mecanismos de defesa socialmente estruturados.

14.6 A burocracia como mecanismo de defesa contra a ansiedade e o medo nas organizações

Tendo em vista os estudos de Klein e Jaques, a psicodinâmica organizacional considera as regras burocráticas como um conjunto estruturado de defesas psicológicas. Os indivíduos escondem-se atrás de regras e normas, procurando estruturar seu tempo e suas relações com os outros indivíduos a fim de evitar a espontaneidade e a pessoalidade nas relações com os outros. As interações espontâneas podem gerar conflitos e desentendimentos. As regras oferecem modelos de comportamento e limites à interação e à manifestação das emoções, oferecendo estabilidade e segurança. Além disso, oferecem critérios explícitos que podem ser utilizados para a resolução de conflitos. As regras e normas asseguram a impessoalidade quando tratamos com os outros.

Mas como as regras oferecem segurança? As regras fazem isso ao estruturar um "caminho certo", ao padronizar e estabelecer formas "corretas" de se comportar e trabalhar, um modo seguro já definido de antemão e aceito por todos, no qual podemos nos apoiar (Diamond, 1993). A mudança nas regras já conhecidas, nas quais os indivíduos se apoiam e estruturam seu cotidiano, gera insegurança e ansiedade, porque o novo sistema de regras, ao estabelecer novas formas de interação e comportamentos desejáveis, quebra hábitos seguros e familiares, bem como representações antigas. Surgem novos conceitos do que é "correto", "bom", "positivo" ou "negativo". Habilidades e comportamentos são considerados positivos ou negativos em um sistema de regras e valores específicos e em relação a uma racionalidade própria. A mudança nesse sistema de regras, ao institucionalizar novos valores, privilegia novas habilidades e perfis, mudando as representações e formas de comportamento tidas como desejáveis. Frequentemente, indivíduos considerados "bons" no antigo sistema serão desvalorizados no novo sistema, perdendo com rapidez reconhecimento e recursos. Caso a mudança no sistema de regras seja brusca, as antigas representações de si próprio podem entrar em choque com a "nova realidade" instituída na organização pelo novo sistema de regras, gerando anomia (perda das referências e dos padrões nos quais o indivíduo se apóia) e crise de identidade no indivíduo.

Mudanças bruscas na organização e a institucionalização de novos valores fazem que o reconhecimento do grupo social seja retirado de alguns e atribuído a um novo conjunto de habilidades e comportamentos. A perda súbita do reconhecimento social muda de forma radical as representações e o conceito que o indivíduo tem de si e do valor social de sua atividade, gerando reações defensivas. Um exemplo disso ocorre com frequência nos setores técnicos. Especialistas em uma tecnologia valorizada durante anos em uma organização subitamente podem vê-la ser considerada obsoleta e o conhecimento que acumularam durante anos de investimento pode perder o valor do dia para a noite. Rapidamente o valor social que lhes é atribuído é retirado e novas habilidades passam a ser valorizadas. Quanto mais brusca e radical for a mudança, maior será o nível de ruptura e sofrimento provocado por ela. Dejours (1999) trabalha bem a dimensão do sofrimento nas organizações em seus textos. Existem importantes estudos adaptados à realidade brasileira com base nesse paradigma, que também trabalham a dimensão do sofrimento nas organizações pela ótica da psicodinâmica organizacional (Betiol e Tonelli, 2001).

14.7 O "metamodelo" transformacional de gestão de pessoas e a psicodinâmica organizacional

Em resumo, vimos que certo conjunto de regras e estruturas burocráticas ajuda os indivíduos a organizar seu cotidiano, suas relações interpessoais e seu tempo, fornecendo-lhes um caminho "seguro" no qual eles se apoiam e baseiam sua vida.

Mudanças nessas estruturas e regras (logo, nas formas pelas quais os indivíduos se relacionam e vivem) produzem medo e ansiedade, uma vez que devem aprender novas formas de convivência e trabalho, reorganizando suas representações mentais e afetividade.

Esse aumento do nível de ansiedade e medo na organização ativará as reações defensivas do ego, fazendo aumentar conflitos, agressividade e problemas nas organizações. Como gerir esses processos (Caldas, 1999a; 2000)?

Em um contexto organizacional no qual as mudanças são mais frequentes, é importante compreender esse círculo vicioso que se repete constantemente nas organizações: o conhecido fenômeno da resistência à mudança provocado pelas reações defensivas dos atores sociais. Trata-se do paradoxo básico da ação gerencial descrito por Merton (1949) nos anos 1950 em seus estudos: os efeitos desejados e indesejados da ação gerencial. Como lidar com esse paradoxo gerencial? Não há respostas simples ou prescrições. No entanto, a psicodinâmica organizacional, ao lidar com paradoxos humanos básicos, envolvendo a dimensão da permanência e da mudança, as pulsões positivas e negativas, a clivagem e o conflito, oferece-nos elementos importantes para compreender melhor essas questões (Hirchhorn, 1993).

Como nos capítulos anteriores, conceitualizamos **paradoxos como realidades socialmente construídas com base em percepções simplificadas dos atores sociais, que, ao tentarem atribuir sentido à sua experiência, representam os sistemas complexos nos quais estão inseridos em torno de duas percepções contraditórias que passam a orientar sua ação**.

Os problemas organizacionais são frequentemente descritos pelos indivíduos como variação de duas dimensões opostas que os confundem e incomodam, gerando dissonância cognitiva (Festinger, 1957).

Um desses paradoxos é a existência simultânea em uma organização de dois estados aparentemente inconsistentes, duas realidades opostas e aparentemente irreconciliáveis como "autonomia e conformidade", "novo e velho", "aprendizagem e mecanização do trabalho", "liberdade e vigilância", "ordem e caos" (Eisenhardt, 2000). O equilíbrio dinâmico entre essas dimensões é sugerido por autores que propõem o que seria um metamodelo transformacional de gestão de pessoas, também chamado por outros autores de "gestão das contradições" (Brabet, 1993). Na verdade, não se trata de um modelo, mas de proposições amplas e críticas, que questionam modelos prescritivos e trabalham com o conceito de transitoriedade e contingência, como veremos a seguir.

14.7.1 Características das teorias transformacionais

O "metamodelo" transformacional de gestão de pessoas afirma a ambivalência e a contradição interna, os aspectos psíquicos, a complexidade dos processos de socialização, os fenômenos simbólicos e inconscientes.

Ele é, na verdade, um metamodelo, um conjunto de teorias e ideias dispersas, pois não assume uma posição conformista quanto ao *status quo*, propondo sua contínua invenção e reinvenção, redefinindo novas formas de organização, de relações entre indivíduos, grupos, empresas e sociedade, recusando modelos totalitários de mudança. A contingência de cada situação é sempre relembrada, propondo-se um conjunto de ideias no qual a especificidade de cada forma de representação e de cada racionalidade é vista como correspondendo ao contexto estratégico, cultural e socioeconômico no qual a organização está inserida.

Em resumo, esse metamodelo propõe como ideias centrais e objetivos:

> A organização é constituída por atores sociais, sendo considerada um sistema psicológico, político e histórico.

> A organização apresenta convergências e divergências essenciais, frutos de uma dialética de evolução contínua a ser gerida em permanência.

> Os atores são ao mesmo tempo racionais e irracionais, possuindo pulsões de vida e de morte (Eros e Thanatos).
> As referências teóricas são múltiplas (sociologia, economia, história, psicanálise, psicologia cognitiva, construtivismo, filosofia etc.).
> A postura metodológica é eclética, adotando, entre outros, a análise crítica e discursiva, comparativa e histórica, pesquisa-ação.
> A eficiência econômica é diferente da eficiência social, gerando consequências diversas.
> O meio ambiente é socialmente construído.
> Observa-se a valorização da diversidade cultural e dos aspectos éticos da decisão.
> A mudança é simultaneamente central e local (ordem/desordem).
> As decisões são contingentes, não existindo modelo ideal de comportamento e de estrutura organizacional.

Alguns manuais de recursos humanos como os de Storey e Sisson, Blynton e Turnbull tentam incorporar essas análises na prática cotidiana dos procedimentos típicos de recursos humanos. Caldas e Wood Jr. foram pioneiros ao desenvolver trabalhos no Brasil nessa área (Brabet, 1993; Storey e Sisson, 1989; Storey, 1992; Blynton e Turnbull, 1992; Caldas e Wood Jr., 1999).

Observa-se, nessas proposições, uma mudança ética:

> A valorização de uma ética baseada na comunicação e na argumentação, na articulação de diferenças culturais e na elaboração coletiva de um projeto de empresa (Pesqueux et al., 1999; Sainsaulieu, 1987; Heckscher e Dennellon, 1999; Apel, 1999; Habermas, 1992; Vasconcelos e Vasconcelos, 2001).
> A criação de "espaços organizacionais" protegidos ou "zonas de experimentação", nas quais se permita aos atores organizacionais se ajustarem às transformações contínuas da organização e contribuírem de forma válida com o processo de mudança (Schein e Vries, 2000; Sainsaulieu, 1987).

14.8 A título de ilustração: um estudo de caso em uma empresa de informática francesa

Esse estudo de caso foi realizado em 1994 na fábrica de uma grande empresa multinacional norte-americana do setor de informática, em sua filial francesa. A fábrica, na região parisiense, passava por um processo de *downsizing* (reengenharia) elaborado por um escritório de consultoria internacional, especializado nesses procedimentos. Pretendia-se reduzir 40% da mão de obra e dos custos de produção.[1]

Essa fábrica, aberta nos anos 1960, era responsável pela produção de circuitos eletrônicos integrados com base em duas tecnologias: a bipolar, antiga e tradicional, implantada nos anos 1970, e a FET/CMOS, pela qual se fabricavam circuitos de alta densidade. Quase toda a produção de *chips* dessa fábrica era exportada, sendo responsável por 85% da produção de circuitos integrados dessa empresa multinacional.

Os produtos fabricados nessa unidade consistiam em *chips* de 4 MB de memória (tecnologia bipolar ABL – *Advanced Bipolar Line* – e tecnologia FET/CMOS) e *chips* de 16 MB de memória (tecnologia Luna). Nesse estudo de caso, vamos analisar a organização da linha de montagem dos *chips* de 16 MB, produzidos pela tecnologia mais avançada da época (1994). Essa tecnologia deveria ser substituída no ano 2000 por uma nova tecnologia que permitiria fabricar *chips* com capacidade para 64 MB de memória. Naquela época, no entanto, os *chips* de 16 MB (permitindo arquivar na memória de um *chip* o equivalente a 800 páginas digitadas) eram tidos como os mais modernos, e a tecnologia que permitia a sua fabricação – linha ACL, *Advanced Cross Line* (Luna), desenvolvida por essa grande multinacional norte-americana em conjunto com uma grande empresa alemã – era considerada uma tecnologia de ponta, que exigiu grandes investimentos, o que implicava um controle estrito da linha de montagem, dada a enorme quantidade de dinheiro envolvida e a fragilidade do produto. O que nos interessa estudar aqui são os aspectos organizacionais do caso e as reações defensivas dos atores sociais.

14.8.1 A organização da linha Luna – ACL, *Advanced Cross Line*

Os empregados da linha ACL trabalhavam em turnos de "2 × 8", o que significava trabalhar uma semana durante o período da manhã (das 6h5 às 14h15), depois uma semana durante o período da noite (das 14h14 às 22h25), voltando a trabalhar depois no período da manhã e novamente no período da noite, alternadamente. A unidade na qual trabalhavam era totalmente isolada das demais unidades de produção da fábrica, tendo em vista que era necessário manter uma esterilização completa do ambiente de trabalho, dado o fato de que um grão de poeira poderia estragar a produção dos *chips*, formados de unidades muito pequenas. O lugar de trabalho era, então, totalmente isolado por vidros. Antes de ingressar na sala de trabalho, os funcionários tomavam uma "ducha" de produto químico, em um processo de esterilização completa. Durante o trabalho, organi-

---

[1] Esse estudo de caso foi realizado durante o Mémoire de Diplome d'Études Approfondies (equivalente a mestrado) da coautora deste livro na Universidade de Paris IX Dauphine, sob a direção do professor Michel Liu, realizado entre novembro de 1993 e setembro de 1994.

zado de forma taylorista, com base em tarefas repetitivas organizadas por "posto de trabalho", os funcionários utilizavam roupas especiais parecidas com as dos "astronautas": para que não contaminassem o ambiente.

Todo dia, ao chegar para o trabalho, os funcionários (14 homens e seis mulheres) cumpriam o ritual da mudança de roupa e da "ducha de descontaminação". Com esse ritual, segundo eles, ao trocar suas roupas "civis" pelo uniforme inflado e ao colocar o capacete, tinham a sensação de deixar o "mundo normal" e entrar em um ambiente "à parte", em um mundo "completamente artificial", segundo suas declarações.

Cumprindo turnos de oito horas, dispunham de 45 minutos de almoço (ou jantar) e duas pausas de 15 minutos.

A necessidade de um ambiente totalmente esterilizado, sem poeira, devia-se ao fato de que o espaço entre as conexões elétricas dos *chips* media 0,5 mícron (medida especial), e um simples grão de poeira podia provocar defeitos em toda a linha de montagem. O trabalho dos empregados era totalmente mecânico e automático; eles obedeciam ao comando do engenheiro-chefe da linha de montagem e todos os seus movimentos eram gravados, filmados e analisados por um computador. Dado o grande custo do processo de fabricação e as enormes perdas financeiras provocadas por acidentes ou falhas, o controle de seus movimentos era estrito. O fato de o computador "gravar" todos os seus movimentos e analisar eventuais falhas e problemas fazia que os indivíduos se sentissem sempre vigiados.

Eles se sentiam trabalhando em uma "prisão", em um ambiente artificial onde *o ar era mais puro que o da MontBlanc* (a montanha mais alta da Europa) *e que o de uma sala de operações cirúrgicas de um hospital.*

Não dispunham de muita autonomia em seu trabalho: no máximo, podiam escolher entre a solução "A" e a solução "B", de acordo com regras definidas em detalhe. Eles deviam sempre consultar os dados do computador para justificar suas decisões, porque o computador gravava todos os dados e a sequência da produção (temperatura, ordem das ações, tempo etc.). A autonomia de que dispunham era limitada ao Controle Estatístico de Procedimentos (CEP) no qual deviam obedecer aos parâmetros fixados pelos engenheiros. A partir do momento em que a máquina que controlavam produzia peças que não estavam dentro desses parâmetros, o operador devia consultar imediatamente o computador e ajustá-la.

Para os operadores, o computador (o sistema de informações que os filmava e registrava seu trabalho) era um "dedo-duro", porque mostrava aos engenheiros se o erro tinha sido da máquina ou deles, operadores.

> *Nós não podemos fugir da verdade expressa pelo computador, nós nos sentimos controlados o tempo todo. Não existe argumentação possível com o computador. O sis-*

tema é fechado e implacável, rígido. Nós nos sentimos fracos, prisioneiros diante do computador, uma vez que ele tem sempre razão, todos os dados estão gravados.[2]

A maioria dos operadores, diante de um erro, esperava passivamente o veredicto do engenheiro de produção, que se baseava apenas nos dados do sistema de informação. Alguns, no entanto, tentavam construir uma argumentação qualquer e justificar sua ação com base nesses mesmos dados. No entanto, parecia ser difícil mostrar uma atitude ativa diante desse controle rígido:

> *Nós não temos muito a fazer diante de um erro: é impossível alterar-se os dados gravados no computador; o sistema é como Deus todo-poderoso: ele está lá, ele tem razão, ele controla tudo. Então, tudo bem, a gente aceita e fica em nosso canto, em paz.*[3]

O nível de alienação de alguns operadores diante do controle exercido pelo computador, às vezes, impressionava:

> *Eu pego um chip, coloco-o embaixo da câmara de vídeo e aperto um botão que executará testes de controle de qualidade. A partir disso, o computador fará nesse chip 170 testes elétricos em menos de um minuto. Eu vejo os números e a interpretação do computador. Se houver defeito de fabricação, devo refazer os testes. Se eles mostram que ainda há defeitos, então devo chamar o engenheiro. Mas veja só: eu trabalho nessa sala envidraçada, nesse ambiente artificial, com essa roupa, essa luz branca, e eu não vejo o tempo passar, eu não sei avaliar quantos chips eu testo por hora de trabalho. Já faz três anos que eu faço esse trabalho e não compreendo o significado desses testes, porque o computador interpreta tudo. A única coisa que faço é seguir as instruções dele, quando se constata que há erros de fabricação ou não.*[4]

Os funcionários dessa linha de montagem, no entanto, sentiam-se orgulhosos de trabalhar com uma tecnologia sofisticada e um produto caro, que lhes conferia uma posição especial na organização.

No início, pretendia-se construir uma unidade totalmente isolada e foi criado, até mesmo, um restaurante próprio dentro dessa unidade, o que permitiria aos empregados saírem da sala de trabalho, almoçarem (ou, dependendo do turno, jantarem) na própria unidade esterilizada, contaminando-se o mínimo possível, antes de tomarem de novo a ducha de esterilização a fim de voltarem ao ambiente de trabalho.

---

[2] Extratos das entrevistas dos operários da IBM França da fábrica de Corbeil Essones, região parisiense (Vasconcelos, 1994b).
[3] Extratos das entrevistas dos operários da IBM França da fábrica de Corbeil Essones, região parisiense (Vasconcelos, 1994b).
[4] Extratos das entrevistas dos operários da IBM França da fábrica de Corbeil Essones, região parisiense (Vasconcelos, 1994b).

A preocupação com a "limpeza" do ambiente era enorme, como já foi explicado, uma vez que a poeira podia produzir defeitos no produto, gerando grandes perdas financeiras.

O fato de existir um restaurante na própria unidade, ainda que exigisse dos funcionários a desinfecção por meio da ducha, de qualquer forma, manteria um nível de controle maior sobre o ambiente, diminuindo a contaminação, pois eles não sairiam da unidade.

Depois de alguns meses de trabalho, porém, os funcionários diziam ser impossível trabalhar em um ambiente tão artificial, em um trabalho tenso, que exigia um nível de controle tão grande e com pouca autonomia.

14.8.2 O problema: queda da produtividade

A rotina rígida de trabalho, o porte de uma roupa pesada, que os fazia se sentir "uns iguais aos outros", a falta de liberdade, o fato de trabalhar e comer em uma unidade isolada, convivendo com o mesmo grupo, fizeram o nível da produtividade começar a cair.

Diante da queda sistemática da produtividade, apesar de todos os esforços para corrigir essa situação, a empresa promoveu um grupo de estudos entre os operadores, psicólogos e consultores para entender os problemas responsáveis por esse resultado.

Por meio de um conjunto de entrevistas e testes, chegou-se à conclusão de que os operadores "não aguentavam" a pressão de passar horas a fio em um ambiente tão diferente do "mundo normal", portando roupas "pesadas" que os "deformavam", deixando-os tensos. A sensação de isolamento de outros colegas pertencentes a outros setores da fábrica, a falta de liberdade em controlar seus movimentos mesmo na hora do almoço (ou jantar, dependendo do horário do turno), quando continuavam confinados à unidade, o controle burocrático realizado pelo sistema de informação (chamado por eles informalmente "o computador"), e a jornada de trabalho "árida" foram as características mencionadas como responsáveis pelos problemas de produção.

O grupo de seis mulheres manifestou, no entanto, **uma característica diferente do grupo de homens**: o uso do uniforme, que limitava seus movimentos e *deixava-as pesadas, deformadas, com dificuldade de locomoção*, foi apontado por elas como o principal problema do grupo. As mulheres dessa unidade, ao contrário dos homens, constituíram um grupo social unido: compartilhavam suas sensações e dificuldades.

A maioria dos homens, contudo, manifestou descontentamento não com os uniformes ou equipamentos, mas com o fato de estarem isolados dos amigos e colegas de outras unidades e por nem mesmo na hora do almoço terem liberdade de socializar-se e conversar com quem quisessem.

Após essas constatações, foram feitas modificações na organização do trabalho, conforme relatado a seguir.

14.8.3 As soluções

Os operadores foram autorizados a almoçar e jantar no restaurante comum às outras unidades. Eles foram autorizados a colocar suas roupas de "civis" e a frequentar o mesmo ambiente que os operadores das outras unidades, não ficando mais isolados na hora do almoço, podendo sentar e conversar com quem desejassem.

Apesar de só terem 45 minutos de almoço (ou jantar) e perderem tempo trocando de roupa e dirigindo-se à outra unidade para realizar sua refeição (o que os deixavam praticamente com 30 minutos para se alimentar), os operadores mostraram-se bem mais à vontade depois dessa modificação, tolerando melhor o confinamento durante o restante do período.

As mulheres, além disso, adotaram o hábito de se maquiar para o almoço – a liberdade de se fazer o oposto ao esperado, ao determinado pela regra, reassumindo um controle temporário das características individuais básicas, como o próprio corpo e a própria aparência, mostrou-se fundamental para esse grupo. A dimensão "estética", "pessoal" e criativa era assim expressa – elas se sentiam menos despersonalizadas durante breve período.

Para os engenheiros entrevistados, todavia, essa conduta das operadoras parecia "ilógica e irracional", um "desperdício" de tempo e de recursos. A ideia de alguém passar maquiagem, ou seja, "sujar-se" com produtos químicos que impregnam a pele e que são de difícil limpeza, para depois de 40 minutos ter de tomar outra "ducha de descontaminação" parecia absurda para a chefia, diante da lógica burocrática. Afinal, toda a cultura da unidade e sua organização estavam baseadas em uma extrema preocupação com a limpeza, descontaminação e ordem do ambiente.

Essa atitude era compartilhada por cinco das seis operadoras. Apenas uma delas não gostava de se maquiar. Todas as outras mostravam satisfação em se arrumar, assumir controle sobre a própria aparência e sobre seus movimentos, nem que fosse durante o almoço (ou jantar). Esse intervalo era necessário para ajudar-lhes a tolerar um trabalho considerado "impessoal" e "estressante" e reduzir a sensação de confinamento e artificialidade do ambiente de trabalho.

A flexibilidade e a tolerância com comportamentos tidos como "irracionais" diante da lógica dos engenheiros mostraram-se aqui fundamentais para assegurar a volta aos padrões de produtividade costumeiros por parte das operárias.

Os homens da unidade, por sua vez, incomodando-se menos com os uniformes, aumentaram sua produtividade tolerando melhor o confinamento à medida que podiam almoçar no restaurante comum, sentando-se com quem quisessem, expressando-se e socializando-se livremente. Muitos dos 16 operadores tinham sido transferidos de outras unidades onde tinham amigos e companheiros e, ao contrário das seis operadoras da unidade, não formavam um grupo coeso. Reencontrar seus pares de outras unidades mostrava-se assim importante para eles. A expressão de suas afinidades, camaradagem ou afetividade durante a hora da refeição era uma característica essencial para eles.

Precisamos observar que esta era uma mão de obra altamente qualificada e difícil de ser treinada, por isso a empresa tinha interesse em manter esses operadores na companhia, fazendo concessões. Outro elemento importante é que essas concessões a comportamentos aparentemente "irracionais" (caso utilizemos outras formas de explicação) mostraram-se fundamentais nesse caso, pois os operadores voltaram a trabalhar bem, em bom ritmo, cometendo menos erros, aumentando a produtividade, o que era bom negócio para a empresa.

Depois dessas mudanças ocorridas na companhia, a tecnologia e o sistema de vigilância passaram a ser utilizados como mais uma das fontes de monitoramento de erros existentes, mas perderam o caráter absoluto que tinham no sistema. É importante dizer que foi constatado que os operadores não cometiam erros *de propósito* para pressionar negociações, o que seria facilmente percebido. Na verdade, como vimos nesta seção, a vigilância excessiva decerto aumenta a ansiedade e as reações defensivas inconscientes dos indivíduos, sendo possível, pois, um aumento no número de erros. Esse efeito do controle burocrático é descrito como "efeito panóptico", como veremos a seguir. Shoshana Zuboff (1988), professora de recursos humanos de Harvard, desenvolveu importantes trabalhos nos quais mostrou como a tecnologia pode ser utilizada como forma de vigilância e controle burocrático, com efeitos negativos para a produtividade. Nesse caso, é interesse da empresa colaborar e descobrir a causa de problemas, pois também perde dinheiro nesse processo.

14.9 O panóptico como forma de controle organizacional e vigilância

Bentham (1748-1832),[5] filósofo inglês fundador do "utilitarismo", desenvolveu a arquitetura de uma instalação penitenciária bastante especial, o panóptico, que tratava de um princípio apropriado tanto para prisões quanto para fábricas, escritórios, hospitais, escolas, casernas, reformatórios, entre outros (Pinochet, 2002). O panóptico tem servido de metáfora para outros filósofos, como Foucault (1979,

---
[5] O autor criou o utilitarismo que caracterizava o "anseio do homem por felicidade" e devia ser traduzido no impulso de integrar todas as manifestações da vida ao objetivo da valorização do capital, a fim de convencer as pessoas a enxergarem sua própria "felicidade", justamente pelo fato de poderem se fazer "úteis" dentro do capitalismo.

1987), em seus estudos sobre o poder e também é utilizado para criticar o excessivo uso da regra e da vigilância como fonte de ansiedade, estimulando as reações defensivas dos atores sociais, como vimos anteriormente. Mas o que é o panóptico?

Do aspecto arquitetônico, o panóptico consiste no projeto de uma prisão, uma construção em anel, em cujo centro se encontra a cadeira (encoberta por cortinas) do "inspetor" e cuja periferia é destinada às celas, apartadas entre si, dos presos ou dos alunos. Muitos cárceres de trabalho forçado foram construídos segundo esse modelo. O refinado objetivo da disposição é fazer que os presos se sintam permanentemente observados e controlados, sem saber se a cadeira do inspetor está de fato ocupada. Os detentos devem "a partir de si próprios", de modo progressivo e automático, comportar-se como se fossem observados, mesmo que não seja o caso. O panóptico, para Bentham (1995), era um modelo da sociedade de mercado "ideal", não passava de uma "máquina de responsabilidade" para condicionar os indivíduos ao comportamento compatível ao mercado. Os mecanismos de submissão e abnegação deviam converter-se em "traços intrínsecos da conduta" das pessoas. Essa ditadura liberal de ensino objetivou-se em estruturas arquitetônicas e organizacionais, em símbolos e em mecanismos psíquicos. Bentham (1995) aperfeiçoou incessantemente aparatos sociais de adestramento humano, entre eles podemos citar: a solitária, as carteiras de identidade, as tarjetas de identificação na campainha dos prédios e os escritórios de vastas dimensões. Em 1804, ele sugeriu tatuar um número em todos os ingleses. Ao mesmo tempo, Bentham foi um fervoroso democrata. Todos, desde o garoto de recados até o ministro, deveriam contribuir para o "controle público", isto é, observar a si mesmos e aos outros para dar corda todo dia ao relógio comum da auto-opressão.

A máquina universal é autorregulativa, pois o mercado necessita de indivíduos autorregulativos, que se adaptem "automaticamente" às necessidades das organizações.

Bentham (1995) considerou que o poder da vigilância deveria ser visível (o presidiário teria a visão da torre) e inverificável (ele nunca deveria saber o momento em que estaria sendo observado, mas deveria estar ciente de que poderia estar sendo).

Shoshana Zuboff (1988), em seus estudos sobre a interação entre a tecnologia e os sistemas sociais, estudou uma fábrica chamada Cedar Bluffs. Nela, tal qual em nosso estudo de caso, havia um sistema de computador (*overview system*) que vigiava toda a linha de montagem, gravando todos os movimentos dos operários para detectar o menor erro, bem como os responsáveis por esses defeitos. Mantinha-se assim um sistema de registros de todos os empregados atualizados. Esse sistema mudou as relações sociais na fábrica. Anteriormente, os engenheiros e supervisores tinham uma relação mais próxima e pessoal com seus subordinados, uma vez que, segundo eles, dependiam dessa relação para obter informações confiáveis sobre o funcionamento da linha de montagem e seus problemas. Com a instalação do sistema informatizado de vigilância, os engenheiros e supervisores não precisavam se aproximar mais dos subordinados para ter acesso a informações. Foram então se distanciando deles e aumentaram na organização a hierarquização e a separação de funções, assim como a impessoalidade no ambiente de trabalho. **Não era mais necessário conversar ou trocar ideias, logo as pessoas evitavam a pessoalidade e a proximidade umas com as outras.** Dispondo de um sistema detalhado e confiável de controle, os supervisores e engenheiros responsáveis pela linha de montagem se sentiam muito mais seguros em detectar os culpados por erros e falhas e dar-lhes as advertências e punições necessárias de forma burocrática. O mecanismo de controle diminuía sua insegurança quanto a eventuais erros na linha de montagem, além de evitar relações humanas que consideravam difíceis de gerir. Esse sistema funcionava, pois, como um mecanismo de defesa para os gerentes e supervisores, uma estrutura burocrática de controle que os protegia de sua ansiedade por erros e lhes fornecia segurança.

O contrário ocorria, porém, com os trabalhadores na linha de montagem. Antes, no caso de erros, podiam dialogar com seus superiores e tentar influenciar suas decisões e negociar soluções. Agora, dependiam do julgamento "frio" e "imaterial" da ferramenta tecnológica, que detectava erros e responsáveis com precisão de milésimos de segundo. Zuboff (1988) retrata que esses trabalhadores passaram a ter problemas, o número de erros na linha de montagem aumentou e a produção caiu, curiosamente de modo similar ao nosso estudo na França, realizado dez anos depois.

Em nosso país existem diversos estudos nessa área. Alguns feitos em supermercados mostram como a vigilância obsessiva e o controle levam ao aumento considerável das lesões por esforços repetitivos e como a mudança está associada ao estresse ocupacional (Nascimento e Bulgacov, 1999; Silva e Alcadipani, 2001).

A crítica do excessivo controle burocrático é pertinente, visto que, ao menos em tese, a tendência é que caminhemos para organizações mais orgânicas, em que a autonomia e a maior "pessoalização" do controle de trabalho passam a ser elementos importantes a ser considerados nos estudos organizacionais e em que, em vez do medo como fator de regulação social, se fala em confiança.

14.10 Paradigma pós-moderno, estudos críticos, pessoalização e confiança como forma de regulação social nas organizações?

Quais são as tendências atuais nos estudos organizacionais?

Anthony Giddens (1990), ao tratar das consequências da modernidade, estuda novas formas de integração social típicas da pós-modernidade. Novas formas de criatividade, estruturação do tempo e do espaço e interações surgem nesse contexto. As organizações passam a ser estudadas dentro de contextos mais amplos, sociais, filosóficos e históricos. Não há mais fronteiras tão claramente definidas entre os campos. Esses novos objetos de estudo são mostrados em congressos e fóruns de discussão da área, nos quais são apresentados trabalhos que mais tarde serão publicados em revistas científicas.[6] Alguns livros servem como referência para definir determinados princípios de estudos pós-modernos (Harvey, 2000; Arac, 1986; Giddens, 1990).

Destacaremos brevemente aqui alguns estudos estrangeiros e nacionais, a título de exemplo. Os estudos seguem diversas linhas e tendências de análise e os citados aqui servem para ilustrar algumas tendências de pesquisa.

a) **Organizações "teatrais" e espetaculares, estudos sobre identidade organizacional e universos de significação e legitimação simbólicos.**

   As organizações são consideradas cenas de espetáculos, esferas simbólicas, em uma retomada das metáforas teatrais. O conceito de identidade individual e organizacional é redefinido. Uma das teorias mais importantes surgidas na área é a de Luc Boltanski e Thévenot sobre os diversos universos de significação e legitimação organizacionais e identitários. Outros estudos nacionais e estrangeiros também trabalham dimensões correlatas (Boltanski e Thévenot, 1991; Sainsaulieu, 1987; Alter, 1990; Whetten e Godfrey, 1998; Wood Jr., 2001; Vasconcelos e Vasconcelos, 2002).

b) **Estética organizacional, tempo, filosofia, poder, religiosidade e estudos críticos**

   A estética organizacional e suas diversas manifestações, até mesmo metáforas ligadas ao corpo e organismo (Ramírez, 1991; Hassard et al., 2000), e a estruturação do tempo e do espaço (Ancona et al., 2002) são temas recorrentes. A filosofia aplicada, a teoria crítica e a história, as narrativas, os conceitos como capital social e os trabalhos de Pierre Bourdieu (1979) voltam a ser relacionados aos estudos organizacionais. Até temas mais

---

[6] A Academy of Management dos Estados Unidos, um dos principais fóruns de discussão de pesquisadores de teoria organizacional, tem importantes subdivisões que reúnem pesquisadores por temas. Entre elas, História da Administração (*Management History*), a subdivisão de estudos ligados ao Gênero e Diversidade Organizacional (*Gender and Diversity in Organizations*) etc. A Academia possui um congresso anual, normalmente realizado em agosto, em que se organizam pré-conferências de estudos críticos (*critical theory*). Nelas, frequentemente são debatidos temas ligados ao paradigma pós-modernista. O Encontro Anual da Associação Nacional dos Programas de Pós-Graduação em Administração (EnANPAD) é um congresso brasileiro que se tornou um importante fórum de debates e apresentação de estudos em teoria organizacional e outros temas. Outro fórum de discussão essencial em teoria organizacional é o congresso do European Group of Organizational Studies (Egos), que reúne pesquisadores europeus, mas está aberto a todos.

controversos como estudos ligados à religiosidade e às mitologias locais ressurgem nos estudos organizacionais (Losano, 1992; Habermas, 1994; Lewis e Grimes, 1999; Elsbach et al., 1999; Pentland, 1999; Adler e Seok--Woo, 2002; Weaver e Agle, 2002; Misoczky, 2001; Junquilho, 2001).

c) **Análise do discurso, ambivalências e paradoxos**

A desconstrução e a análise do discurso, bem como as contradições práxis/discurso, são análises frequentes, privilegiadas pela pós-modernidade. Aplica-se a semiótica aos estudos organizacionais, à arte e a outras formas de expressão. Analisam-se as ambiguidades, os paradoxos e as ambivalências do discurso e mesmo o silêncio como forma de expressão (Lewis e Grimes, 1999; Weick, 1999; Eisenhardt, 2000; Morrison e Milliken, 2000; Lengler e Cavedon, 2001; Faria e Meneghetti, 2001; Cabral, 2001; Alves, 2002).

d) **Estudos de gênero, diversidade e pós-modernidade**

Marta Calas e Linda Smircich, em um importante texto, "Past postmodernism? Reflections and tentative directions", associam estudos sobre gênero e sobre a condição modernista aos estudos pós-modernistas e à teoria organizacional. A diversidade cultural e organizacional também é um tema recorrente. Enfim, as formas de discurso crítico em geral são privilegiadas (Scott, 1986; Calas e Smircich, 1999, Segnini, 1999; Betiol, 2000; Fleury, 1999; Cramer et al., 2001; Freitas, 2000). Enfim, existe uma tendência geral à "pessoalização" das relações de trabalho. A crítica da autoridade burocrática já foi feita. Atualmente, em teoria organizacional, foram estabelecidos de forma clara as forças e os limites da regra como forma de regulação social humana. Esse tema, no entanto, volta a ser debatido em teoria das organizações como forma de destacar os estudos pós--modernos (Hirchhorn e Vasconcelos, 1999).

e) **Estudos ligados ao poder**

Tratando-se de psicodinâmica organizacional, os estudos de Tavistock mostraram desde os anos 1950 que o medo e a ansiedade são constitutivos da psique humana e existirão enquanto houver seres humanos, apenas se manifestarão de outras maneiras, à medida que nossa sociedade se transforme. A maior "pessoalização" das relações de trabalho traz consigo novas formas de medo e de poder nas organizações. Menos regras assustam, uma vez que estas protegem, ajudam a evitar conflitos e fornecem um caminho "seguro" no qual podemos nos apoiar. O aumento da espontaneidade e do "face a face" aumenta a ansiedade dos indivíduos, porque os deixa mais dependentes das pessoas e porque exige novas habilidades gerenciais e comunicacionais. Novas formas de poder se afirmam nas organizações. O poder com base na regra formal é substituído pelo poder de persuadir, impressionar e seduzir pelo chamado carisma. Tendo em vista esses fatores, o estudo de fenômenos como identificação e influência mútuas voltam à moda no estudo das organizações (Weierter, 2001). Essa tendência traz temas interessantes ao campo, como o estudo da confiança e comprometimento organizacional (como criar laços de confiança entre os indivíduos e as novas formas de regulação social nas organizações atuais e a crítica desses procedimentos (Marks et al., 2001; Williams, 2001; Gambetta, 1988; Lane e Bachmann, 1998; Faria e Oliveira, 1999).

14.11 Considerações finais

Os pesquisadores e os estudiosos do campo organizacional, frequentemente, dividem as teorias e o conhecimento em paradigmas como "moderno" e "pós-moderno", "industrial" e "pós-industrial", a fim de organizar as informações, obter referências e comunicar ideias de forma didática. Como mostram os próprios estudos de psicodinâmica, o ser humano tem necessidade de padrões e referências até para interagir e viver em sociedade. Na prática, porém, na resolução de nossos problemas cotidianos, fazemos adaptações de soluções já conhecidas e também inventamos elementos novos. Começamos uma nova era ou continuamos a mesma história? A teoria psicodinâmica nos mostra que o passado não se opõe necessariamente ao futuro. Ele pode ser a base de sua construção. E esse processo nunca acaba...

Bibliografia

ADLER, P.; SEOK-WOO, K. Social capital: Prospects for a new concept. *Academy of Management Review*, v. 27, n. 1, p. 17-40, jan. 2002.

ALTER, N. *La gestion du désordre en entreprise*. Paris: L'Harmattan, 1990.

ALVES, M. A. *Terceiro setor, o dialogismo polêmico*. 2002. Tese (Doutorado em Administração) – Fundação Getulio Vargas/Escola de Administração de Empresas de São Paulo. São Paulo, 2002.

ANCONA, D. et al. Taking time to integrate temporal research. *The Academy of Management Review*, v. 26, n. 4, p. 512-530, Oct. 2002.

APEL, K. O. *L'ethique à l'âge de la science*. Lille: PUF, 1999.

ARAC, J. *Postmodernism and politics*. Minneapolis: University of Minnesota Press, 1986.

ARGYRIS, C. *Knowledge for action*: A guide to overcoming barriers to organizational change. São Francisco: Jossey-Bass, 1993.

ARGYRIS, C.; SCHÖN, D. *Organizational learning*: A theory of action perspective. Nova York: Basic Books, 1978.

AUBERT, N.; GAULEJAC V. *Le coût de l'excellence*. Paris: Seuil, 1991.

BENTHAM, J. *The panopticon writings*. Londres: Verso, 1995.

BERGER, P.; LUCKMANN, T. *The social construction of reality*. Nova York: Doubleday, 1967.

BETIOL, M. *Ser administradora é o feminino de ser administrador?* Primeira Conferência da Rede Aliança. Paris: École des Hautes Études Commerciales – HEC, 2000.

BETIOL, M. I.; TONELLI, M. J. A trama e o drama numa intervenção: A análise sob a ótica da psicodinâmica do trabalho. In: ENCONTRO ANUAL DA ASSOCIAÇÃO NACIONAL DOS PROGRAMAS DE PÓS-GRADUAÇÃO EM ADMINISTRAÇÃO – EnANPAD, 25., 2001, Campinas. *Anais...* Campinas: ANPAD, 2001.

BION, W. *Experiences in groups*. Londres: Routledge 1991.

BLYNTON, P.; TURNBULL, P. *Reassessing human resource management*. Londres: Sage, 1992.

BOLTANSKI, L.; THÉVENOT, L. *De la justification*: Les economies de la grandeur. Paris: Gallimard, 1991.

BOURDIEU, P. *A distinção*: crítica social do julgamento. Porto Alegre: Zouk, 1979.

BRABET, J. *Repenser la gestion des ressources humaines?* Paris: Economica, 1993.

BROWN, A. D.; STARLEY, K. Organizational identity and learning: A psychodynamic perspective. *The Academy of Management Review*, v. 25, n. 1, p. 102-120, 2000.

BURRELL, G.; MORGAN, G. *Sociological paradigms and organizational analysis*. Londres: Ashgate Publishing, 1979.

CABRAL, A. C. A. A análise do discurso como estratégia de pesquisa no campo da administração: um olhar inicial. In: ENCONTRO ANUAL DA ASSOCIAÇÃO NACIONAL DOS PROGRAMAS DE PÓS-GRADUAÇÃO EM ADMINISTRAÇÃO – EnANPAD, 25., 2001, Campinas, *Anais...* Campinas: ANPAD, 2001.

CALÁS, M, B.; SMIRCICH, L. Past postmodernism? Reflections and tentative directions. *The Academy of Management Review*, Academy of Management, v. 24, n. 4, p. 649-671, Oct., 1999.

CALDAS, M.; SMIRCICH, L. Past postmodernism? Reflections and tentative directions. *The Academy of Management Review*, v. 24, n. 4, p. 649-671, Oct. 1999a.

_____. Do ponto de vista da mulher: Abordagens feministas em estudos organizacionais. In: CALDAS, M. et al. *Handbook de estudos organizacionais*. São Paulo: Atlas, 1999b. p. 330-333.

CALDAS, M. P. A demissão e alguns significados psicológicos da perda do emprego para o indivíduo. In: ENCONTRO ANUAL DA ASSOCIAÇÃO NACIONAL DOS PROGRAMAS DE PÓS-GRADUAÇÃO EM ADMINISTRAÇÃO – EnANPAD, 23., Foz do Iguaçu, 1999. *Anais...* Foz do Iguaçu: ANPAD, 1999.

_____. M. P. *Demissão*. São Paulo: Atlas, 2000.

CALDAS, M. P.; WOOD JR., T. *Transformação e realidade organizacional:* Uma perspectiva brasileira. São Paulo: Atlas, 1999.

CHANLAT, J. *O indivíduo na organização*: dimensões esquecidas. 2. ed. São Paulo: Atlas, 1993. v. 2.

_____. *O indivíduo na organização*: dimensões esquecidas. 3. ed. São Paulo: Atlas, 1996. v. 1.

_____. *O indivíduo na organização*: dimensões esquecidas. 1. ed. São Paulo: Atlas, 1996. v. 3.

CRAMER, L. et al. As representações sociais das relações de gênero na educação superior: A inserção do feminino no universo masculino. In: ENCONTRO ANUAL DA ASSOCIAÇÃO NACIONAL DOS PROGRAMAS DE PÓS-GRADUAÇÃO EM ADMINISTRAÇÃO – EnANPAD, 25., 2001, Campinas. *Anais...* Campinas: ANPAD, 2001.

DEJOURS, C. *A loucura do trabalho*: Estudo de psicoterapia do trabalho. São Paulo: Cortez, 1987.

_____. *O fator humano*. Rio de Janeiro: Fundação Getulio Vargas, 1999.

DIAMOND, M. A. Bureaucracy as externalized self-system: A view from the psychological interior. In: HIRSCHHORN, L.; CARONE, B. *The psychodynamics of organizations*. Filadélfia: Temple, 1993. p. 219-236.

EISENHARDT, K. M. Paradox, spirals, ambivalence: The new language of change and pluralism. *The Academy of Management Review*, v. 25, n. 4, p. 703-706, 2000.

ELSBACH, K. et al. Special topic forum on theory development: Evaluation, reflections and new directions. *The Academy of Management Review*, v. 24, n. 4, p. 619-626, Oct. 1999.

ENRIQUEZ, E. *Da horda ao Estado*. Rio de Janeiro: Jorge Zahar, 1983.

_____. *L'organisation en analyse*. Paris: PUF, 1991.

_____. *A organização em análise*. Petrópolis: Vozes, 1997.

FARIA, J. H.; MENEGHETTI, F. K. Discursos organizacionais. In: ENCONTRO ANUAL DA ASSOCIAÇÃO NACIONAL DOS PROGRAMAS DE PÓS-GRADUAÇÃO EM ADMINISTRAÇÃO – EnANPAD, 25., 2001, Campinas. *Anais*... Campinas: ANPAD, 2001.

FARIA, J. H.; OLIVEIRA, S. N. Gestão da qualidade: A dimensão político-cognitiva-afetiva do desempenho organizacional. In: ENCONTRO ANUAL DA ASSOCIAÇÃO NACIONAL DOS PROGRAMAS DE PÓS-GRADUAÇÃO EM ADMINISTRAÇÃO – EnANPAD, 23., Foz do Iguaçu, 1999. *Anais*... 1999, Foz do Iguaçu: ANPAD, 1999.

FERNANDES, S. R. P. Transformações no mundo no trabalho e a saúde psíquica: A ótica do estresse ocupacional. *Organizações & Sociedade*, v. 6, n. 16, set.-dez. 1999.

FESTINGER, L. *A theory of cognitive dissonance*. Nova York: Harper, 1957.

FLEURY, M. T. *Gerenciando a diversidade cultural*: Experiências de empresas brasileiras. In: ENCONTRO ANUAL DA ASSOCIAÇÃO NACIONAL DOS PROGRAMAS DE PÓS-GRADUAÇÃO EM ADMINISTRAÇÃO – EnANPAD, 23., 1999, Foz do Iguaçu. *Anais*... Foz do Iguaçu: ANPAD., 1999.

FOUCAULT, M. *Discipline and punish*: The birth of the prison. Nova York: Vintage Books, 1979.

_____. *Vigiar e punir*: Nascimento da prisão. Petrópolis: Vozes, 1987.

FREITAS, M. E. *Cultura organizacional, identidade, sedução e carisma?* Rio de Janeiro: Fundação Getulio Vargas, 2000.

FREUD, S. The id and ego. In: RICKMAN, J. (Ed.) *A general selection from the works of Sigmund Freud*. Nova York: Doubleday Anchor Books, 1957.

FROST, P.; ROBINSON, S. The toxic handler: organizational hero and casuality. *Harvard Business Review*, v. 77, p. 97-106, 1999.

GABRIEL, Y. *Organizations in depth, the psychoanalysis of organizations*. Londres: Sage, 1999.

GAMBETTA, D. *Trust, making and breaking cooperative relations*. Oxford: Basil Blackwell, 1988.

GIDDENS, A. *The consequences of modernity*. Stanford: Stanford University, 1990.

GOFFMAN, E. *Manicômios, prisões e conventos*. São Paulo: Perspectiva, 1999.

GOODMAN, P. et al. Special topic forum on time and organizational research. *The Academy of Management Review*, v. 26, n. 4, p. 498-507, Oct. 2001.

HABERMAS, J. *Ethique de la discussion*. Paris: Cerf, 1992.

_____. *The new conservatism*: Cultural criticism and the historians' debate. Cambridge, MA: MIT Press, 1994.

HARVEY, D. *The condition of postmodernity*. Malden: Blackwell, 2000.

HASSARD, J. et al. *Body and organization*. Londres: Sage, 2000.

HECKSCHER, C. *White-collar blues*. Nova York: Basic Books, 1995.

HECKSCHER, C.; DONNELLON, A. *The post-bureaucratic organization*. Thousands Oaks: Sage, 1994.

HIRCHHORN, L. *Reworking authority*. Filadélfia: Temple University Press, 1997.

_____. Psychodynamics of safety. In: HIRCHHORN, L.; BARNETT, C. *The psychodynamics of organizations*. Filadélfia: Temple, 1993. p. 142-163.

HIRCHHORN, L.; VASCONCELOS, F. *Social resonance*: A psychological theory. Filadélfia: Center For Applied Research (CFAR), 1999.

JAFFEE, D. *Organization theory* – Tensions and change. Nova York: McGraw-Hill, 2001.

JAQUES, E. Social Systems as a defense against persecutory and depressive anxiety. In: KLEIN, M. *New directions in psycho-analysis*. Londres: Tavistock Pubications, 1955.

JOHNSON, R. *She*. A chave do entendimento da psicologia feminina. São Paulo: Mercuryo, 1987.

JUNG, C. G. *Psicologia do inconsciente*. Petrópolis: Vozes, 2014.

JUNQUILHO, G. S. Condutas gerenciais e suas raízes: Uma proposta de análise à luz da teoria da estruturação. In: ENCONTRO ANUAL DA ASSOCIAÇÃO NACIONAL DOS PROGRA-

MAS DE PÓS-GRADUAÇÃO EM ADMINISTRAÇÃO – EnANPAD, 25., 2001, Campinas. *Anais...* Campinas: ANPAD, 2001.

KERN, S. *The culture of time and space.* Londres: Weidenfeld, 1983.

KLEIN, M. *New directions in psycho-analysis.* Londres: Tavistock Publications, 1955.

_____. *Contributions to psycho-analysis.* Londres: Hogarth Press, 1965a.

_____. Notre monde adulte et ses racines dans l'enfance. In: LEVY, A. *Psychologie sociale.* Paris: Dunod, 1965b. p. 43-63.

LACAN, J. *The first complete edition in English.* Nova York: W. W. Norton & Company, 2007.

LANE, C.; BACHMANN, R. *Trust within and between organizations, conceptual issues and empirical applications.* Oxford: Oxford University Press, 1998.

LENGLER, J. F.; CAVEDON, N. R. *De templo do consumo a representação mitológica:* Um olhar etnográfico desconstrutivo sobre os ritos no shopping center. In: ENCONTRO ANUAL DA ASSOCIAÇÃO NACIONAL DOS PROGRAMAS DE PÓS-GRADUAÇÃO EM ADMINISTRAÇÃO – EnANPAD, 25., 2001, Campinas. *Anais...* Campinas: ANPAD, 2001.

LEWIS, M. W. Exploring paradox: toward a more comprehensive guide. *The Academy of Management Review,* Nova York, 25, n. 4, p. 760-776, 2000.

LEWIS, M. W.; GRIMES, I. A. Metatriangulation: building theory from multiple paradigms. *The Academy of Management Review,* v. 24, n. 4, p. 672-690, Oct. 1999.

LOSANO, M. *Histórias de autômatos:* Da Grécia antiga à Belle Époque. São Paulo: Companhia das Letras, 1992.

LYOTARD, J. *The postmodern condition.* Minneapolis: University of Minnesota Press, 1984.

MARKS, M. et al. A temporally based framework and taxonomy of team processes. *The Academy of Management Review,* v. 26, n. 3, p. 356-376 Jul. 2001.

MERTON, R. K. Bureaucratic structure and personality. *Social Forces,* v. XVIII, p. 560-568, 1949.

MISOCZKY, M. C. Campo de poder e ação em Bourdieu: Implicações de seu uso em estudos organizacionais. In: ENCONTRO ANUAL DA ASSOCIAÇÃO NACIONAL DOS PROGRAMAS DE PÓS-GRADUAÇÃO EM ADMINISTRAÇÃO – EnANPAD, 25., 2001, Campinas. *Anais...* Campinas: ANPAD, 2001.

MORRISON, E. W.; MILLIKEN, F. Organizational silence: A barrier to change and development in a pluralistic world. *The Academy of Management Review,* v. 25, n. 4, p. 706-725, Oct. 2000.

MOTTA, F. C. P.; FREITAS, M. E. *Vida psíquica e organização.* Rio de Janeiro: Fundação Getulio Vargas, 2000.

MOTTA, F. C. P. et al. O novo sentido da liderança: Controle social nas organizações. In: WOOD JR., T. *Mudança organizacional:* Aprofundando temas atuais em administração. São Paulo: Atlas, 1995.

NASCIMENTO, M. R.; BULGACOV, S. *Mudança organizacional e estresse ocupacional.* In: ENCONTRO ANUAL DA ASSOCIAÇÃO NACIONAL DOS PROGRAMAS DE PÓS-GRADUAÇÃO EM ADMINISTRAÇÃO – EnANPAD, 23., 1999, Foz do Iguaçu. *Anais...* Foz do Iguaçu: ANPAD. 1999.

NIETZSCHE, F. *The will to power.* Nova York: Basic Books, 1968.

PAGÈS, M. et al. *O poder nas organizações.* São Paulo: Atlas, 1987.

PENTLAND, B. Building process theory with narrative: From description to explanation. *The Academy of Management Review,* v. 24, n. 4, p. 711-724, Oct. 1999.

PESQUEUX, Y. et al. *Mercure et Minerve:* Perspectives philosophiques sur l'entreprise. Paris: Ellipses, 1999.

PINOCHET, L. H. C. *Controle social, psicodinâmica e tecnologia:* Uma análise crítica da implantação de sistemas de segurança em informática em ambiente internet. 2002. Dissertação (Mestrado) – Pontifícia Universidade Católica do Paraná. Curitiba, 2002.

RAMÍREZ, R. *The beauty of social organization.* Munique: Accedo, 1991.

ROCHA, A. S.; BASTOS, A. V. B. Comprometimento do empregado e contextos organizacionais em mudança: O caso do Banco do Brasil. In: ENCONTRO ANUAL DA ASSOCIAÇÃO NACIONAL DOS PROGRAMAS DE PÓS-GRADUAÇÃO EM ADMINISTRAÇÃO – EnANPAD, 23., 1999, Foz do Iguaçu. *Anais...* Foz do Iguaçu: ANPAD, 1999.

SAINSAULIEU, R. *Sociologie de l'organisation et de l'entreprise.* Paris: PFNSP, 1987.

_____. *Des sociétés en mouvement*: La ressource des institutions intermédiaires. Paris: Desclée de Brouwer, 2001.

SCHEIN, E.; VRIES, M. F. R. K. Cross talk on organizational therapy. *The Academy of Management Executive*, v. 14, n. 1, p. 31-51, Feb. 2000.

SCOTT, J. W. Gender: A useful category of historical analysis. *American Historical Review*, v. 91, p. 1053-1075, 1986.

SEGNINI, L. R. P. Nota técnica: Do ponto de vista do Brasil: Estudos organizacionais e a questão do feminismo. In: CALDAS, M. et al. *Handbook de estudos organizacionais.* São Paulo: Atlas, 1999. p. 330-333.

SHEPPARD, D. *Image and self-image of women in organizations.* Apresentado para a ANNUAL CONFERENCE OF THE CANADIAN RESEARCH INSTITUTE FOR THE ADVANCEMENT OF WOMEN, Montreal, 1984.

SILVA, R. C.; ALCADIPANI, R. Manda quem pode, obedece quem tem juízo: A consolidação da disciplina através da participação na siderúrgica rio-grandense. In: ENCONTRO ANUAL DA ASSOCIAÇÃO NACIONAL DOS PROGRAMAS DE PÓS-GRADUAÇÃO EM ADMINISTRAÇÃO – EnANPAD, 25., 2001, Campinas. *Anais...* Campinas: ANPAD, 2001.

SMIRCICH, L. Studying organizations as cultures. In: MORGAN, G. *Beyond method*: Strategies for social research. Beverly Hills: Sage, 1983a.

_____. Organizations as shared meanings. In: PONDY, L. *Organizational symbolism.* Greenwich: JAI, 1983b.

STOREY, J. *Developments in the management of human resources.* Oxford: Basil Blackwell, 1992.

STOREY, J.; SISSON, K. Looking the future. In: STOREY, J. *New perspectives in human resource management.* Londres: Routledge, 1989. p. 167-183.

SULLIVAN, H. S. *The interpersonal theory of psychiatry.* Nova York: W. W. Norton, 1953.

VASCONCELOS, I.; VASCONCELOS, I. *La gestion symbolique à IBM France.* 1994. (Dissertation) – Diplôme d'Études Approfondis (DEA), Université Paris IX. Dauphine, Paris, 1994b

VASCONCELOS, I.; VASCONCELOS, F. Gestão de recursos humanos e identidade social: Um estudo crítico. RAE – *Revista de Administração de Empresas*, v. 42, n. 1, p. 64-78, jan.-mar. 2002.

_____. *Identidade e mudança*: o passado como ativo estratégico. *Revista Organização e Sociedade*, v. 8, n. 21, p. 45-58, maio-ago. 2001.

VRIES, M. F. R. K. *Organizational paradoxes*: Clinical approaches to management. Nova York: Routledge, 1995.

WEAVER, G.; AGLE, B. Religiosity and ethical behavior in organizations: A symbolic interactionist perspective. *The Academy of Management Review*, v. 27, n. 1, p. 77-97, 2002.

WEICK, K. Theory construction as disciplined reflexivity: Tradeoffs in the 90s. *The Academy of Management Review*, v. 24, n. 4, p. 796-807, Oct. 1999.

WEIERTER, S. J. The organization of charisma: Promoting, creating and idealizing. *Organization Studies*, Berlim: Walter de Gruyter, v. 22, n. 1, p. 91-116, 2001.

WHETTEN, D.; GODFREY, P. *Identity in organizations, building theory through conversations.* Londres: Sage, 1998.

WILLIAMS, M. In whom we trust: Group membership as an affective context for trust development. *The Academy of Management Review*, v. 26, n. 3, p. 377-396, Jul. 2001.

WOOD JR., T. *Organizações espetaculares.* São Paulo: Fundação Getulio Vargas, 2001.

ZUBOFF, S. *In the age of the smart machine.* Nova York: Basic Books, 1988.

Capítulo 15

Filosofia, ética, responsabilidade social de empresa e sustentabilidade

15.1 A sociedade pós-industrial e a globalização: cenário de fundo para os movimentos ambientalistas

Manuel Castells (1999b) propõe em seu livro *A sociedade em rede* o surgimento de uma nova estrutura social associada ao informacionismo, fruto da reestruturação do modo capitalista de produção. Nesse novo modo de produção, a fonte de produtividade é ligada à tecnologia de geração de conhecimentos e do processamento de informações. Assim, a tecnologia, ao permitir o contato entre diversos mercados, em tempo real, e garantir o acesso às informações, ao trabalho a distância e à realização de investimentos econômicos rápidos, aumentaria a velocidade de circulação de capitais, produtos e serviços.

Um dos efeitos da rápida circulação de informações pela mídia é o fato de que novos valores são rapidamente institucionalizados em âmbito mundial, tendo em vista a repercussão rápida de notícias e imagens nos diversos mercados. A rápida circulação de informações decorrente da nova tecnologia de informação e das telecomunicações permite também às empresas transnacionais imporem às subsidiárias suas políticas globais e, assim, a padronização de práticas organizacionais aumenta. Essa nova estrutura permite a criação de mercados globais e de uma sociedade organizada em rede, como já vimos no início do Capítulo 13).

Além disso, o advento da internet, das redes sociais como Facebook e Instagram, WhatsApp, Twitter e de outras formas de comunicação permitiu a diversos grupos sociais organizarem-se em vários países e promoverem globalmente movimentos de defesa de direitos, valores e princípios, por meio de organizações "virtuais" (Castells, 1999b).

Dessa forma, diversos movimentos sociais organizam-se promovendo ações e defendendo a institucionalização e a adoção de valores e princípios, buscando apelo mediático e pressionando governos. A seguir, descreveremos alguns desses movimentos.

15.2 Os movimentos ambientalistas

Castells (1999b), ao analisar a sociedade em rede, destaca que vivemos atualmente o avanço de expressões poderosas de algumas identidades coletivas que "desafiam a globalização e o cosmopolitismo em função da singularidade cultural e do controle das pessoas sobre suas vidas e ambientes".

Assim, alguns movimentos sociais se opõem aos desdobramentos sociais, econômicos, culturais e ambientais da globalização, enquanto outros reforçam esses aspectos.

A sociedade global, segundo Castells (1999b), é constituída, do ponto de vista sociotécnico, da organização em rede com suporte das novas tecnologias da informação (internet, celular etc.). Para o autor, o conceito de rede parte de uma definição bastante simples: "rede é um conjunto de nós interconectado, mas que por sua maleabilidade e flexibilidade oferece uma ferramenta de grande utilidade para dar conta da complexidade da configuração das sociedades contemporâneas sob o paradigma informacional" (1999b, p. 498). As redes são formadas por interconexões entre indivíduos e podem sempre se expandir, com a adição de novos participantes a ela, a partir da comunicação entre pessoas que compõem esta rede em particular na qual aqueles que dela fazem parte devem possuir e compartilhar a mesma linguagem e símbolos, sejam estes expressos por códigos de comunicação ou por meio de valores e objetivos comuns. Uma sociedade pode ser analisada como formada por redes abertas capazes de inovar, conforme o caso, de forma dinâmica, podendo integrar novos participantes ou mudar sua estrutura e seus membros.

Os movimentos ambientais são tratados pelo autor como sendo um tipo específico de movimento social da sociedade informacional, como mostraremos a seguir.

15.2.1 Os diversos movimentos ambientais

Castells (1999b) mostra que, nos anos 1990, 80% dos norte-americanos e mais de dois terços dos europeus consideravam-se ambientalistas. Os partidos políticos passaram a adotar em suas plataformas as "causas" ligadas à ecologia e à proteção do ambiente. Os governos e as instituições internacionais multiplicavam programas e legislações sobre esse tema.

O autor também demonstra que grandes empresas, até mesmo as responsáveis por emissão de poluentes, passaram a tratar da questão ambiental.

O mundo atualmente se tornou mais complexo do que a divisão simplista que propunha desenvolvimento para os países pobres e preservação para os países ricos. Com os complexos acordos de desenvolvimento sustentável como o Pacto de Paris, que será revisto e ampliado em futura reunião em Glasgow, mas com certeza preservado e se possível ampliado, o que se propõe é uma análise mais complexa das possibilidades reais de desenvolvimento para cada país e para cada região, tendo em vista os compromissos de inovação e desenvolvimento sustentáveis para todo o planeta.

Também descreve a institucionalização de novos valores ligados ao meio ambiente e ao desenvolvimento sustentável; além de mostrar que, sob a égide do ambientalismo, existem diversos movimentos sociais, cada qual propondo ideias diferentes.

Castells, apesar de reconhecer o processo de institucionalização de novos valores relacionado ao ambientalismo, trata de um paradoxo discurso – prática ligado a esses movimentos sociais, afirmando que é a dissonância entre a teoria e a prática que caracteriza o ambientalismo como uma nova forma de movimento social descentralizado, multiforme e orientado a demonstrar a existência de temas fundamentais que atingem a maioria das pessoas, por meio da formação de redes sociais com um alto grau de penetração.

O ambientalismo, nome genérico para um conjunto de movimentos sociais denominados "ambientalistas" que visa promover medidas de preservação do meio ambiente, da fauna e da flora, luta contra todas as formas de poluição promovendo o desenvolvimento e a inovação sustentáveis para a proteção ambiental e para a obtenção de melhores condições de vida para o ser humano, buscando maior justiça social, combate à pobreza e desenvolvimento econômico.

O autor propõe as seguintes classificações para os movimentos ambientalistas, mostrando suas diversidades de propósito.

15.2.2 Movimentos voltados para a preservação da natureza

A proposta desses movimentos, tais como o Sierra Club, a Auduborn Society, a Wilderness Society, National Wildlife Federation, entre outros, é a preservação da natureza ou da vida selvagem em suas mais diversas formas, dentro de parâmetros razoáveis sobre o que pode ser conquistado no atual sistema econômico e institucional. Também lutam contra o desenvolvimento econômico descontrolado e os órgãos oficiais ineficientes de proteção à natureza.

Esses movimentos recebem doações da elite e de empresas e atuam por meio de *lobbies* e pressões políticas para a instauração de políticas públicas que defendam suas causas, porém dentro das regras do sistema social maior, agindo por meio de seus representantes.

15.2.3 Movimentos ligados às comunidades locais que visam defender seu espaço

Organizações como Citizen's Clearinghouse for Hazardous Wastes, uma instituição de combate ao lixo tóxico, é um exemplo desse tipo de movimento. Conforme Castells, ela foi criada por ocasião do despejo acidental de substâncias tóxicas nas Cataratas do Niágara. De acordo com a organização, em 1984 havia 600 grupos lutando contra o lixo tóxico. Em 1988, este número aumentou para 4.700 grupos, mostrando o crescimento exponencial desses movimentos, possibilitado pela internet.

Este movimento ambientalista propõe o desenvolvimento sustentável e o combate à poluição para permitir uma vida mais saudável em um meio ambiente preservado e limpo para todos, independentemente de origem, nacionalidade ou riqueza.

Os valores defendidos pelo movimento são, pois, a "justiça ambiental" e a justiça social, ou seja, os membros de classes sociais mais abastadas não devem ser os únicos a terem direito a uma comunidade urbana saudável, livre de lixo tóxico ou poluição. Este direito é de todos os cidadãos.

15.2.4 O ambientalismo contracultural

Para Castells (1999a), contracultura é a tentativa deliberada de viver segundo normas diversas e contraditórias em relação às institucionalmente reconhecidas pela sociedade e de se opor a essas instituições com base em princípios e crenças alternativas. O autor cita movimentos ambientalistas radicais como o Earth First ou o Sea Shepards, o movimento de libertação dos animais e o ecofeminismo. Os "gurus" desses movimentos são pessoas como Arne Naess e George Sessions, que, como mostra Castells, o bem-estar e o desenvolvimento da vida humana e não humana na terra têm valor em si mesmos, independentemente da utilidade do mundo não humano para servir aos propósitos do homem.

Eles chegam a propor ações de sabotagem contra barragens e contra a extração de madeiras, entre outros atos; os movimentos de libertação dos animais, que atuam contra a utilização de cobaias, também estão ligados ao fundamentalismo ecológico de forma militante.

Já o ecofeminismo, por exemplo, considera que o desrespeito à natureza é decorrente de práticas "patriarcais" e "machistas", sendo assim, trabalha contra todo tipo de dominação em nome da preservação do ambiente, associando valores de preservação à natureza ao gênero feminino.

Uma importante associação vinculada ao ambientalismo contracultural é o Greenpeace, fundado em Vancouver, em 1971, baseando sua plataforma em manifestações antinucleares. Sua sede é em Amsterdã e, em 1994, como mostra Castells (1999a), já contava com 6 milhões de membros no mundo todo.

O Greenpeace defende principalmente ações imediatas para defender com urgência a vida no planeta, que está ameaçada; pretende ser testemunha dos fatos, do que realmente ocorre, por fim, tem uma atitude pragmática realmente voltada para a ação e para "fazer as coisas acontecerem" (Castells, 1999a).

Esse movimento preocupa-se em organizar campanhas específicas em torno de metas palpáveis, atraindo a atenção da mídia e procurando conscientizar a população sobre certas questões ambientais forçando, assim, empresas e governos a negociar.

Como uma verdadeira organização multinacional estruturada em redes descentralizadas em vários países onde possui comitês, o movimento tem também uma sede "central" que fornece as diretrizes das políticas a serem desenvolvidas pela organização, como mencionado.

A internet é fundamental para debates, trocas de informações, promoção de ações, como a organização de passeatas, o que muito facilita a existência e a penetração dos movimentos sociais.

15.2.5 A política verde

Os partidos "verdes" procuram implementar políticas voltadas para a ecologia e preservação do meio ambiente conquistando um eleitorado específico, dentro do sistema institucional vigente. Assim, eles se diferenciam dos outros movimentos sociais por estarem associados ao sistema político-eleitoral.

Segundo análise de Castells, os movimentos ambientalistas possuem um grande poder de institucionalização de suas propostas na sociedade, tendo em vista sua capacidade de adaptação às condições de comunicação e mobilização apresentadas pelo novo paradigma tecnológico (mídia, internet etc.).

Sendo assim, o noticiário de TV, o rádio e os jornais são o instrumento de divulgação dos ambientalistas.

Os princípios do ambientalismo, ligados às questões humanistas e a ações dramáticas e "heróicas", são apreciados pela maioria das pessoas, e a difusão deles é fonte de legitimidade para esses movimentos.

No entanto, o ambientalismo não é apenas um movimento de conscientização, pois por meio de sua vertente política (os partidos verdes), de organizações que fazem *lobbies* e pressões no governo, o movimento tenta influenciar leis, ações governamentais, ações empresariais etc.

Em se tratando do ambiente de negócios, diversas empresas "compram" a causa ambientalista em busca de novos consumidores e negócios. Como resposta a esses mercados e às pressões da sociedade civil organizada, surge o modelo das organizações inovadoras sustentáveis, que é institucionalizado como um ideal a ser seguido pelas empresas, especialmente aquelas do setor elétrico, que são pressionadas a substituir os combustíveis fósseis para geração de energia elétrica (petróleo e carvão) por fontes de energia renováveis não poluentes, como energia solar e das marés, ondas, biomassa, hidrelétrica e eólica, entre outras.

O modelo das organizações inovadoras sustentáveis é institucionalizado em diversos setores institucionais, ou seja, setores sociais em que predominam um conjunto de regras e normas às quais as organizações devem se conformar se pretendem sobreviver, receber apoio e obter legitimidade de outras organizações e da sociedade. As instituições controlam a conduta humana mediante padrões, ou seja, noções que determinam a ordem social (Scott e Meyer, 1991).

Segundo DiMaggio e Powell (1991), a adoção de modelos normativos e estruturais ocorre por meio de quatro formas de institucionalização: a coerção, a normalização, a indução e o mimetismo organizacional. Estes mecanismos institucionais relacionam-se para a manutenção ou mudança de valores e práticas culturais. O processo de incorporação e conformidade com as características ambientais é denominado de isomorfismo estrutural, uma tendência entre as organizações em constituir estruturas, normas, modelos cognitivos e tecnologias similares.

A coerção organizacional é o processo de institucionalização realizado pela imposição de estruturas organizacionais por meio de autoridade legítima ou força, de garantia de estabilidade e rápida concretização. Por força da lei, grupos sociais adotam a imposição de critérios que regulam as atividades organizacionais e sociais (DiMaggio e Powell, 1991).

Como argumentamos, o modelo das organizações inovadoras sustentáveis é uma resposta organizacional às pressões ambientais e institucionais, e está sendo adotado por diversas organizações em vários setores.

Apresentaremos a seguir o conceito das organizações inovadoras sustentáveis.

15.3 Descrição do modelo das organizações inovadoras sustentáveis

Segundo Barbieri e Simantob (2007), em uma concepção schumpteriana, a inovação traz progresso econômico e consiste essencialmente na alocação de recursos produtivos em usos ainda não experimentados. O autor adota o conceito de destruição criativa de Schumpeter, mostrando como o antigo é continuamente substituído pelo novo em nossa sociedade atual.

De acordo com a perspectiva sociotécnica, a inovação técnica traz a inovação social, com o redesenho de formas gerenciais e papéis na organização. Assim, uma invenção torna-se uma inovação somente quando é aceita e integrada pelo sistema social da organização (Motta e Vasconcelos, 2003).

Nesse conceito, inovações técnicas provocam impacto interno na organização, em seu sistema social, mas também podem impactar as comunidades humanas locais (cidades, comunidades culturais) e o meio ambiente.

Dessa forma, além de se preocuparem com o estudo da inovação técnica, pesquisadores das organizações, que pretendem adotar o modelo da organização inovadora sustentável, devem se preocupar em estudar os reais impactos que as inovações tecnológicas desenvolvidas por essas organizações causam internamente na organização, no meio ambiente e também nas comunidades humanas locais.

Conforme Barbieri e Simantob (2007), organização sustentável é aquela que procura ao mesmo tempo ser economicamente eficiente, respeitar a capacidade de suporte do meio ambiente e ser instrumento de justiça social, promovendo a inclusão social, a proteção às minorias e aos grupos vulneráveis, o equilíbrio entre os gêneros etc.

Assim, segundo os autores, "para a comunidade europeia, a responsabilidade social das empresas é um conceito por meio do qual elas passam a integrar preocupações sociais e ambientais nas operações dos seus negócios e nas interações com outras partes interessadas" (Barbieri e Simantob, 2007, p. 104).

Os autores citam ainda, a visão do instituto Ethos, uma organização composta de várias empresas brasileiras comprometidas com a promoção da responsabilidade social. Para este instituto, responsabilidade social empresarial é a forma de gestão definida pela relação ética e transparente da empresa com todos os públicos com os quais ela se relaciona e pelo estabelecimento de metas empresariais compatíveis com o desenvolvimento sustentável da sociedade, preservando recursos ambientais e culturais para as gerações futuras, respeitando a diversidade e promovendo a redução das desigualdades sociais (Barbieri e Simantob, 2007, p. 104).

15.3.1 Comparação dos princípios das *learning organizations* com os das organizações inovadoras sustentáveis

Agora, vamos comparar brevemente as organizações em aprendizagem (*learning organizations*) com as organizações de desenvolvimento sustentável.

As organizações em aprendizagem são grupos organizacionais compostos de indivíduos com formas diferentes de pensar que aprendem continuamente (Vasconcelos e Mascarenhas, 2007).

Segundo pesquisadores, resumidamente, as organizações em aprendizagem apresentariam as seguintes características:

a) Promoveriam análise crítica de seus procedimentos e de seus pressupostos de base, questionando tecnologias, processos, design de produtos e serviços, entre outros (Argyris, 2005). Promoveriam assim a melhoria contínua de processos, mas também o redesenho de procedimentos, tecnologias e valores (*double looping learning*), estes últimos, fonte de inovação.
b) Promoveriam a comunicação e integração horizontal entre os diversos departamentos, implementando transparência nos procedimentos e garantindo o acesso às informações.
c) Atribuiriam sentido comum à ação (*organizational sensemaking*).
d) Lidariam com os fenômenos de resistência à mudança e bloqueios cognitivos próprios ao aprendizado.
e) Em se tratando de inovação, promoveriam o ajuste do sistema social ao técnico (redesenho de novos papéis sociais e treinamento dos indivíduos para se adequarem aos novos papéis).
f) Implementariam a gestão estratégica de pessoas ou gestão por competências, além de maior meritocracia.
g) Implementariam procedimentos de planejamento estratégico que levariam em consideração as estratégias emergentes e proposições da base organizacional.

Desse modo, a organização em aprendizado seria desenhada para inovar continuamente, a fim de produzir vantagem competitiva sustentável para a organização, estando sempre à frente das concorrentes em seus processos de inovação sustentável.

Já as organizações inovadoras sustentáveis em seu modelo iriam além da proposta das organizações em aprendizagem, porque, nesse caso, além de inovar simplesmente, a organização deve inovar de forma sustentável, de acordo com os princípios do desenvolvimento sustentável, preocupando-se com três pilares:

1. **Social**. A preocupação com o impacto social das inovações nas comunidades humanas envolvidas e na organização (evitar o desemprego, combater a exclusão social e a pobreza, valorizar a diversidade organizacional etc.). Cada uma dessas questões pode ser mais ou menos relevante, dependendo do negócio ou setor envolvido.
2. **Ambiental**. Evitar e eliminar o lixo tóxico, evitar os diversos tipos de poluição, impedir a emissão de CO_2, manifestar preocupação com a preservação da fauna e flora locais, e tomar medidas nesse sentido, entre outras questões, e desenvolver tecnologias para promover a sustentabilidade e a proteção do meio ambiente.
3. **Econômico**. A atividade da organização inovadora sustentável visa ao lucro empresarial e à geração de vantagem competitiva sustentável, mas com desenvolvimento socioeconômico das regiões/comunidades onde a empresa atua (Barbieri e Simantob, 2007).

Essas exigências tornam o processo de inovação mais sofisticado e exigente, o que requer da organização maior esforço para atender tecnicamente esses requisitos. A inovação seria sustentável tendo em vista ações de desenvolvimento sustentável, conforme definições descritas a seguir.

15.4 Ética e filosofia como base da sustentabilidade: Habermas e a teoria da ação comunicativa

Como muitas iniciativas teóricas, a chamada teoria da ação comunicativa ou ética da comunicação baseia-se nos estudos da Escola de Frankfurt, cuja atividade principal era realizar uma reflexão filosófica e política sobre a sociedade alemã no pós-guerra.

O pós-guerra, a partir de 1960, foi um período de grande evolução da administração de empresas, com os conceitos de organização orgânica, a teoria dos sistemas abertos de Bertalanffy (ver capítulos 6 e 7), o questionamento dos princípios tayloristas e a defesa de maior democracia nas relações de trabalho, a valorização do trabalho humano e o surgimento da psicanálise organizacional influenciada pelos estudos do Instituto Tavistock de Londres, o surgimento do conceito de resiliência, entre outros, como veremos no Capítulo 16. Tratou-se de um período de reconstrução da sociedade e do conceito de racionalidade humana, no qual a Escola de Frankfurt e autores como Jürgen Habermas tiveram um papel fundamental.

Jürgen Habermas, filósofo e sociólogo alemão, nascido em 18 de junho de 1929, em Dusseldorf, e atualmente com 91 anos de idade, assim como Theodor W. Adorno, participa da tradição da teoria crítica e do pragmatismo, sendo membro da Escola de Frankfurt. Dedicou a vida ao estudo da democracia, especialmente por meio de suas teorias do agir comunicativo, da política deliberativa e da esfera pública, e desenvolveu a teoria da ação comunicativa influenciado por Kant e Marx. Formado pelas universidades de Frankfurt e de Bonn, tornou-se professor famoso mundialmente, filósofo e sociólogo respeitadíssimo pela teoria da ação comunicativa e pelo esforço para reconstruir a crença na racionalidade humana e na esperança da democracia.

Nesse período de reconstrução da sociedade na crença da possibilidade de uma razão humana substantiva e democrática, Habermas (1992) propõe na teoria da ação comunicativa em que razão e ética têm de estar reunidas de forma legítima. Para tanto, Habermas (1992) e Apel (1987) restabelecem o valor da razão, estabelecendo condições de legitimidade que se realizam pela comunicação intersubjetiva (entre os indivíduos) por meio do diálogo estruturado segundo regras democráticas. Na visão de Habermas existe a proposta do predomínio de uma visão positiva e na superação da crise da razão. Pesqueux e Vasconcelos (2017), no artigo "L'éthique de la discussion fondée sur les imperatifs de la communication et de l'argumentation et la responsabilité sociale d'entreprise", mostram que, no período de reconstrução e de esperança, Habermas (1992) propõe que a sociedade deve ser analisada e explicada a partir do que ela ainda não é. De acordo com o pensamento habermasiano, a partir do estabelecimento de condições para a legitimidade da comunicação intersubjetiva é possível chegar a uma ética comum ao grupo social.

15.4.1 A escolha entre duas atitudes racionais

À exigência de uma ética racional, afirmada diante de contradições da irracionalidade, deve-se fazer uma escolha entre duas atitudes racionais, escolha que visa esclarecer a teoria da ação comunicativa. A partir de uma constatação dos fatos, ou seja, da pluralidade de valores em nossa sociedade, a necessidade e a obrigação de tolerância com os diversos valores são necessárias. A teoria da ação comunicativa faz referência a Kant, mas se desenvolve a partir do pensamento filosófico de Aristóteles.

A pluralidade de visões de mundo da sociedade é bem explicitada. Segundo Platão, existe uma visão de bem universal e transcedente. Já para Aristóteles, a experiência e a proposição do que é bom e dos valores relacionados ao bem estão relacionadas às diferentes experiências humanas e às diversas formas de racionalidade.

Para Habermas (1992), a razão está ligada à moral e a grande questão a ser respondida é: Como ser moral?, Como se chegar à definição do que é o bem?, Como agir?.

Ao contrário da proposta kantiana, como já mencionamos, a universalidade na definição dos valores e da ética não será atingida por meio de uma consciência moral solitária. Assim, a teoria da ação comunicativa propõe a superação do cientificismo e do positivismo e, consequentemente, da razão puramente instrumental, propondo também a superação de uma filosofia baseada na "boa" consciência do sujeito solitário, como propunha Kant. Para Habermas, a comunicação ocorre a partir de um diálogo democrático entre diferentes sujeitos, logo, a comunicação é "intersubjetiva" e baseada em regras democráticas que pressupõem a igualdade no direito de se expressar dos que dialogam.

A "verdade" não pode ser descoberta em uma simples relação "consciência – mundo", mas sim por meio de um diálogo que tenta, da mesma forma, estabelecer uma conexão com o mundo. A justiça e a verdade são estabelecidas de acordo com critérios definidos pelo grupo social. Segundo Habermas (1992), "a comunicação é a razão que nos une". Trata-se, na verdade, de fazer aparecer uma nova concepção da ética e da razão por meio da reunião delas em uma experiência que permite relacionar as duas: a comunicação.

Como mencionamos, a necessidade de uma ética racional afirmada diante do império da ciência objetiva e da luta contra os abusos da irracionalidade confirmou-se pelo fato de que uma tal ética é pressuposta pela comunicação.

Segundo certos pressupostos, a comunicação visa superar uma concepção absoluta da verdade metafisicamente incerta e um relativismo que desqualificaria toda verdade universal.

Habermas (1992) distingue dois tipos de atividade, uma estratégica (veja a teoria de Michel Crozier, nos capítulos 5 e 12), cujo único objetivo é a eficiência ou o sucesso voltado para recompensas e ganhos financeiros futuros e que funciona utilizando a ameaça de sanção ou perspectiva de gratificação. O segundo tipo de atividade é a comunicativa.

A atividade comunicativa realmente desinteressada tem outra finalidade. A força da argumentação, aqui, é sua capacidade de gerar uma motivação racional distinta de um simples efeito de influência em relação a quem ela se dirige. A teoria da ação comunicativa de Habermas propõe então que a comunicação existe entre diferentes indivíduos (intersubjetiva) e deve ocorrer de forma democrática, com todos os participantes tendo condições iguais de se expressar, ouvindo e falando com franqueza e honestidade, para que possam compreender uns aos outros e com as questões com as quais estão tratando. O objetivo da comunicação habermasiana é o "entendimento" das questões e a compreensão mútua entre os que se comunicam, mesmo que pensem de maneiras diferentes.

Habermas (1992) distingue assim os três grandes critérios de uma verdadeira comunicação:

1. Ou o mundo em questão é objetivo, aquele do estado das coisas existentes, e pode gerar um saber partilhado que exige uma obrigação de justificação no que diz respeito à verdade dos fatos.

    Por exemplo, para os participantes de uma equipe de inovação e pesquisa e desenvolvimento realmente conseguir resultados e inovar, estes indivíduos precisam compartilhar honestamente os resultados de pesquisa baseados em fatos existentes, com franqueza, para juntos poderem chegar à descoberta científica e à inovação de fato. Acordos mundiais sobre sustentabilidade, como o Pacto de Paris ou COP 21 (2016-2017), também são negociados por meio de uma comunicação franca e clara sobre a verdade dos fatos científicos relacionados ao aquecimento da Terra.

2. Ou o mundo é social – conjunto de relações interpessoais legitimamente estabelecidas no seio do grupo social – e o critério de validade é o da justiça, do que é justo.

    Ações que visam promover justiça social – por exemplo, quando os membros de uma empresa discutem democraticamente ações sociais que a empresa fará com relação à comunidade, ou mesmo na empresa, ações de grupos de apoio, e o pagamento por mérito –, envolvem avaliações e comunicações que buscam ser justas para reforçar a cultura da meritocracia.

3. Ou o mundo é um mundo subjetivo pessoal – conjunto de proposições relativas à experiência vivida – e o critério de validade é o da sinceridade.

    Em relacionamentos familiares, de amor e de amizade, a busca da compreensão do outro por meio do diálogo, da sinceridade mostra-se fundamental nesse caso.

    A comunicação franca e sincera no trabalho, que permite o aprendizado comum e a resolução de problemas, tende a ser também uma tendência do futuro nas organizações. (Ver o Capítulo 16 que discute a proposta de modelos pós-burocráticos.)

    No mundo corporativo, a IBM nos anos 1970 já buscava institucionalizar ao menos alguns canais nos quais se podia, em anonimato, falar francamente, como o programa "Fale francamente", de cartas anônimas que explicitavam uma situação e eram respondidas pelos ouvidores da empresa também preservando o anonimato.

A General Electric, que procura ser uma empresa sustentável e lucrativa, mas apenas com produtos provenientes de pesquisa em desenvolvimento e também inovação sustentável, afirma, oficialmente, que pretende institucionalizar a cultura da franqueza nas contribuições em reuniões de inovação e de avaliação de desempenho dos colaboradores, ao passo que narra as dificuldades em institucionalizar essa cultura, há mais de dez anos, porém acreditando que, apesar das dificuldades, ela é necessária para a inovação sustentável e à eficiência (conforme o site da empresa na internet em 2020).

Nos três casos, o ato de comunicação faz referências a normas comuns ao locutor e ao auditor sem as quais o ato de comunicação não pode existir de maneira coerente e legítima.

Esse ato de comunicação pressupõe a existência de valores e de uma ética na qual ele se baseia. Assim que um debate se instaura, os interlocutores reconhecem implicitamente a existência de valores como a verdade dos fatos, a justiça dos atos e a sinceridade dos julgamentos. Se o interlocutor recusa a referência a esses princípios, a comunicação torna-se impossível; assim como na moral kantiana, a possibilidade de mentira destruiria toda a moral. Os indivíduos não são ingênuos e uma comunicação franca só ocorre na empresa se a liderança – os gerentes, diretores e chefes de equipe – realmente dá o exemplo e os grupos subordinados perceberem que eles realmente valorizam este tipo de diálogo franco baseado em fatos para resolver problemas, inovar e explorar novas oportunidades. Ao perceber que a liderança age de forma coerente neste sentido, a equipe pode desenvolver um diálogo franco e claro para que tudo dê certo. Mas caso percebam que a proposta de franqueza é apenas superficial e não efetivamente seguida na prática, os indivíduos não falarão francamente mas sim o que a chefia espera ouvir, não o que realmente pensam. Sendo assim, cabe à liderança agir de forma coerente valorizando a franqueza para que a equipe siga o exemplo e adote a mesma atitude com relação ao trabalho em equipe e à inovação.

Os princípios fundamentais da ética da comunicação (teoria da ação comunicativa) pressupõem então a existência de uma comunicação entre diferentes sujeitos ao termo de uma discussão bem conduzida. Não se tem ética sem comunicação e sem comunicação autêntica. A teoria da ação comunicativa reúne assim ética e comunicação intersubjetiva dentro de um princípio de tolerância, democracia e ação política. Para que a ação comunicativa ocorra, além de seguir as regras de legitimidade explícitas mencionadas, que devem ser aceitas pelo grupo social que interage, é fundamental **que a comunicação** dos membros do grupo **seja baseada** em um princípio de igualdade de direitos. Como diz Apel, "É esta exigência de um reconhecimento recíproco das pessoas como sujeitos de uma argumentação lógica e não apenas o uso correto da capacidade de compreensão do indivíduo que justifica que se fale de uma 'ética da lógica'. Desse modo, analisando as diversas formas de comunicação, pode-se depreender quais fundamentos morais embasaram essa comunicação" (1987, p. 62).

Sendo assim, a filosofia moral tem uma função que é depreender a ética subjacente a cada forma de comunicação. No entanto, segundo Habermas (1992), a função dos filósofos atualmente não é a de determinar em termos absolutos quais comportamentos adotar em uma ou outra situação.

Tendo em vista o pluralismo totalmente justificado dos projetos e das diversas formas de vida, os filósofos não podem mais dar instruções universalmente válidas sobre o sentido da vida. Como filósofos, resta-lhes a atitude de análise reflexiva dos procedimentos graças ao que se pode responder em geral às questões éticas, ou seja, às formas de comunicação que conduzem à formulação de uma ética pelo grupo social. O significado do que representa um comportamento moral, nós o aprendemos antes de toda filosofia. Isso ocorre em nossa piedade com relação à integridade ofendida de outro, da mesma maneira no sofrimento em relação à própria identidade ferida ou no medo que acompanha o ataque a essa forma de identidade. As experiências próprias à socialização primária relativas à proteção, à ajuda solidária e à equidade impregnam nossas instituições e nos educam bem mais do que poderiam fazer todos os argumentos possíveis, como mostra Habermas em seu livro *Éthique de la discussion* (1992, p. 164-165).

O filósofo não pretende ditar sua moral ao homem comum. Esta já existe nos seus atos antes de toda análise filosófica e ética. Kant também já havia constatado isso. A filosofia, no entanto, tem a tarefa de compreender os pressupostos da moral e os seus critérios de legitimidade, os quais superam as diversas formas de racionalidade, fazendo apelo a uma exigência de universalidade. Assim, a questão "Quais são os critérios de legitimidade que produzem a comunicação entre os membros de um dado grupo social que produzirá o que é considerado ético para este grupo?" pode ser respondida pelo filósofo.

Com base no questionamento do filósofo, na ética da discussão se situa, ao nível dos critérios de legitimidade da comunicação, duas grandes questões: se os critérios de legitimidade da comunicação foram seguidos, se é possível a sua aplicação e sua realização (relação que existe entre pressupostos, princípios fundadores e realidade da ação moral).

15.4.2 A base da legitimidade da razão comunicativa

A questão dos fundamentos de legitimidade da teoria da ação comunicativa poderia ser expressa da seguinte maneira: Por que ser moral, de forma geral?. Esta questão é definida por Apel (1987) como o fundamento racional do ser moral.

A escola da teoria da ação comunicativa se opõe ao relativismo contemporâneo. Em um mundo pluralista, com muitas minorias e diferentes racionalidades e formas de vida e valores, a teoria da ação comunicativa afirma a necessidade de encontrar critérios éticos que considerem a questão humana acima de preocupações unicamente ligadas ao conceito de comunidades. De fato, a corrente que defende as comunidades múltiplas afirma a existência da diversidade das culturas e da legitimidade igual de todas as culturas. Certas culturas afirmam ter sido excluídas no passado. Sendo assim, o direito ao reconhecimento da diversidade, à diferença e a prática da tolerância conduzem a afirmação de um relativismo importante para a expressão das diversas culturas. Todas as culturas têm assim de forma democrática o direito de se expressar. No entanto, deve-se buscar mais do que isso. A coexistência de culturas diferentes só pode ser legítima em direito e durável se forem reconhecidos por todos os princípios comuns a todos, que vão além da mera constatação da diversidade humana e do direito de se expressar. Existe assim elementos comuns a todos nós quando considerados seres humanos. Dessa maneira, os mesmos valores humanos fundamentais podem ser expressos de modo diferente de acordo com a cultura em questão. Quando se compreende que os seres humanos partilham os mesmos valores fundamentais de base, apenas exprimindo-os de maneiras diferentes, dependendo da cultura em questão, pode-se encontrar possibilidades de diálogo entre as diversas culturas. Portanto, elementos universais, como o respeito aos direitos humanos, aos direitos constitucionais e legais atribuídos a todos, ao conceito de cidadania, entre outros, devem estar acima da preocupação individual ou de uma cultura particular.

O interesse da teoria da ação comunicativa para a administração de empresas reside na tentativa de conciliação relativa à pluralidade de nossas sociedades e a exigência de uma universalidade afirmada pela ética. Na empresa, esse conceito conduz à necessidade não de uma simples tolerância, mas também de um debate que pode levar a um acordo que seria símbolo de certo tipo de universalidade de direitos e interesses. O caráter universal desse acordo é conquistado pelo confronto de ideias. Assim, a importância do discurso com base ética, contra a violência, poderia ser traduzida como o reconhecimento da negociação, parte essencial da fundação da empresa. Empresa e ética pressupõem a existência de formas de pensamentos diferentes, conflitos possíveis, mas debates criativos e fecundos, com a condição, no entanto, de que uma comunicação que se manifesta nessas discussões seja uma verdadeira comunicação.

Habermas (1992), dessa maneira, reconhece a importância da comunicação, inclusive na empresa, mas ele relaciona essa comunicação a uma exigência e a uma obrigação de "verdade", que é a base do seu conceito de racionalidade e que lhe faz rejeitar formas de comunicação puramente estratégicas e instrumentais. É possível existir este tipo de racionalidade nas empresas, porém em contextos específicos.

A teoria da ação comunicativa oferece um paradigma de racionalidade que não é mais aquele da razão positivista, científica, objetiva e neutra, nem aquele de uma razão estratégica manipuladora e instrumental, mas o de uma razão prática. Essa racionalidade é especialmente visível na atividade comunicativa, mas pode ser exercida de forma bem mais extensiva em todo o campo da ética. Assim, a razão comunicativa repousa na afirmação de uma racionalidade ética diante dos exageros do positivismo e do subjetivismo, bem como dos exageros da irracionalidade. A ideia é que por meio da comunicação é possível determinar o que é justo, além da busca da realização individual e da expressão de diferentes culturas, o que é justo para o grupo social, descobre-se por meio da ação comunicativa. Existe nas empresas espaço para a busca por ética e responsabilidade social. Faremos a seguir uma breve revisão do conceito de responsabilidade social de empresa e, posteriormente, proporemos uma visão habermasiana do conceito de responsabilidade social de empresa.

15.5 A emergência do conceito de responsabilidade social de empresa

Nos Estados Unidos, no final do século XIX, surge a noção de responsabilidade social da empresa, que interroga as relações entre a empresa e a sociedade. Em 1938, Chester Barnard, na obra *The functions of the executive*, confere ao dirigente uma função moral: deve criar códigos de ética, assim como suscitar um clima favorável à "floração de condições morais" (Pesqueux e Vasconcelos, 2013).

Em 1962, Milton Friedman (Pesqueux e Vasconcelos, 2013) afirmou que a única responsabilidade social da empresa é gerar lucro. O modelo de Freidman centrava no controle dos custos de agência, os quais limitavam a resposabilidade do gerente e faziam com que este se preocupasse apenas com a maximização dos juros dos acionistas. Autores como Reynaud e Freeman (Pesqueux e Vasconcelos, 2013) propuseram que a satisfação das partes interessadas (todos que tinham relação com a empresa) garantia o bom funcionamento da empresa e assim o seu rendimento. Para essa corrente, a responsabilidade social empresarial consiste em "identificar e satisfazer os interesses daqueles que são afetados pelas ações da organização" (Pesqueux e Vasconcelos, 2013). Os acionistas, a diretoria, todos os outros funcionários, clientes e fornecedores são as principais partes interessadas afetadas pela empresa. Outros autores, no entanto, a partir dos anos 1970, propõem que as empresas têm que ter responsabilidades sociais que vão além das obrigações econômicas, contratuais ou legais.

Em 1979, Manne e Wallich (Pesqueux e Vasconcelos, 2013) adicionam a essa perspectiva um novo dado: a decisão de cada empresa de estender suas responsabilidades e de responder às expectativas da sociedade de forma mais abrangente por meio de suas ações de responsabilidade social têm de ser puramente voluntária por parte da empresa.

15.5.1 A teoria das partes interessadas (ou intervenientes) (TPI)

Este conceito, que surgiu pela primeira vez na literatura de administração de empresas em uma nota do Stanford Research Institute (SRI) em 1963, estende a noção de *stockholder* (os acionistas) aos grupos "sem o suporte dos quais a empresa não poderia existir". A empresa tem então uma responsabilidade para com esses grupos, chamados de *stakeholders*, ou seja, partes interessadas" (acionistas, assalariados, consumidores, fornecedores, clientes etc.). Emshoff e Freeman, em 1978 (Pesqueux e Vasconcelos, 2013) definiram *stakeholder* (ou parte interessada) como "qualquer grupo cujo comportamento coletivo pode afetar de modo direto o futuro da organização, mas que não sofre controle direto)". A nova missão é estabelecer uma governança socialmente responsável que vai além da simples coexistência aceitável entre *stakeholders* (Relatório da Comissão Europeia, 2001, p. 135)

A empresa torna-se responsável por seus relacionamentos com acionistas e assalariados e também com fornecedores, clientes, vizinhos, bancos, comunidades locais, sociedade em geral etc.

A teoria das partes interessadas (TPI) insiste no fato de que as organizações econômicas não são unicamente submetidas a uma obrigação de legitimidade e de justiça. Para Freeman (1984), o objetivo da TPI seria o de questionar a separação artificial entre um mundo econômico dominado pelo interesse e o oportunismo em relação a um mundo ético marcado pela busca do bem comum e da equidade.

15.5.2 A pirâmide das necessidades

Pesqueux e Vasconcelos (2013) citam que Carroll (1984) definiu responsabilidade social como um modo de administrar a empresa para que fosse lucrativa, que respeitasse a lei e a ética. Para Carroll, o feito de gerar lucros e o feito de respeitar a lei são duas condições essenciais para compreender a atuação de uma empresa para com a ética e para a sociedade na qual opera. No modelo proposto em 1991, Carroll hierarquiza os quatro tipos de obrigações, de responsabilidades das empresas, sendo principalmente econômicas (base da pirâmide), legais, éticas e, com menor importância, as filantrópicas (a parte superior da pirâmide).

1. As responsabilidades econômicas de uma empresa, segundo Carroll, são suas razões de ser: trata-se de satisfazer os consumidores com produtos e serviços de que precisam, proporcionando assim um benefício e assegurando a perenidade da empresa, e tendo lucro. Com isso, geram-se empregos e pagam-se impostos para a sociedade.

2. A responsabilidade legal: a empresa deve atuar respeitando a lei, que define o que é ético ou não.

3. A empresa também tem de se comportar de modo ético. Para Carroll, essas responsabilidades obrigam a empresa a fazer o que é percebido como certo, justo e honesto, ainda que elas não sejam obrigadas legalmente.

4. Por fim, no topo da pirâmide estão as responsabilidades filantrópicas da empresa, que consistem em implementar ações capazes de melhorar a qualidade de vida dos assalariados, da comunidade local e da sociedade.

Para Carroll (1984), as duas primeiras responsabilidades são exigidas pela sociedade, a terceira é esperada e a quarta é desejada.

O conceito de responsabilidade social de empresa evolui desde sua criação, passando de um conceito teórico a um conceito cada vez mais prático, já que hoje se desenvolve numa perspectiva de desenvolvimento sustentável, fenômeno cuja importância não parou de crescer desde sua conceituação.

Em 1983, a Assembleia Geral das Nações Unidas solicitou à Comissão Mundial sobre o Meio Ambiente e Desenvolvimento a elaboração de uma proposta de novas estratégias na área do meio ambiente. Em 1987, o relatório Brundtland, sobrenome da presidente desta comissão, a norueguesa Harlem Brundtland, colocou as bases do desenvolvimento sustentável, listando as políticas e comportamentos necessários para permitir ao planeta se desenvolver dando igual importância às práticas econômicas e às práticas ambientais e sociais. A expressão e definição de "desenvolvimento sustentável" surgiram neste relatório: "o desenvolvimento sustentável é aquele que procura satisfazer as necessidades da geração atual, sem comprometer a capacidade das gerações futuras de satisfazer as suas próprias necessidades" (Pesqueux e Vasconcelos, 2013). Trata-se de um conceito que, assim como a teoria da ação comunicativa de Habermas, visa trazer esperança na reconstrução da racionalidade humana e na ação do ser humano para preservar o planeta e a humanidade. A responsabilidade social de empresa seria então a aplicação do conceito de desenvolvimento sustentável no mundo da empresa.

O conceito do *triple bottom line* (ou dos três princípios de base) define que a empresa deve atuar dentro dos princípios de desenvolvimento sustentável, produzindo tecnologia limpa e inovações sustentáveis para agir no desenvolvimento econômico das regiões onde atua, oferecendo programas sociais para beneficiar as comunidades humanas na qual se insere, e finalmente preservando o meio ambiente e desenvolvendo ações favoráveis nele. Trata-se de desenvolvimento econômico, social, com benefício para a comunidade humana, e também do meio ambiente, com ações de preservação e proteção. São três as dimensões: econômica, social e ambiental.

Assim a responsabilidade social de empresa significa, sobretudo, que as empresas contribuem, voluntariamente, para melhorar a sociedade e proteger o meio ambiente, em associação com as partes interessadas, numa perspectiva de desenvolvimento sustentável.

Segundo as Nações Unidas, o desenvolvimento sustentável visa trazer maior justiça social, ou seja, uma redução drástica nas desigualdades sociais relativas a salários, nível de vida, acesso à alimentação, educação, moradia e saúde. Trata-se da igualdade social e da garantia dos direitos sociais básicos daqueles que vivem em situação precária. Trata-se de ações de inclusão social e diminuição da pobreza e, por meio de ações de solidariedade coletiva, a busca da melhoria das condições sociais daqueles que vivem em situação precária. Dessa forma, todos têm direito a acesso à alimentação, à moradia, à saúde e à educação. Um país com maior igualdade social e solidariedade é um país mais desenvolvido.

A inovação sustentável e o desenvolvimento de tecnologias limpas, que permitem a diminuição da poluição, do efeito estufa, e a preservação do meio ambiente, são amplamente incentivados de acordo com os princípios do desenvolvimento sustentável. Assim, fontes de energia renováveis, como a energia solar, eólica, de marés etc., o carro elétrico ou solar, entre outras ações, são incentivadas atualmente, como veremos ainda neste capítulo.

15.6 A necessidade de preservar o meio ambiente e evitar o aquecimento global

Como demonstrado por Sagan (2009), a contribuição para o aquecimento da Terra depende do grau de brilho do Sol e do grau de reflexão do planeta. A Terra reflete parte da luz e do calor recebidos do Sol e do espaço, e tudo o que não é refletido de volta para o espaço é absorvido pelo solo, por nuvens e pelo ar. A vida do ser humano depende de um equilíbrio de gases invisíveis ao olho humano, que mantêm o efeito estufa – mas um pouco de efeito estufa é fundamental para conservar o calor do planeta e sua temperatura média, consideradas as estações, de 13 °C. Porém a liberação em excesso de CO_2 pode aumentar muito o efeito estufa, o que tem levado a Terra a aquecer exageradamente no decorrer dos séculos. Disso decorre o risco de a Terra se tornar comparável a Vênus, cuja atmosfera repleta de CO_2 leva o planeta a ter uma temperatura media de 450 °C, imprópria para a vida humana.

Conforme Sagan, à medida que não somente a população da Terra aumenta, como também nossa capacidade tecnológica, lançamos na atmosfera uma quantidade cada vez maior de gases absorventes no espectro infravermelho, que aumentam o efeito estufa (aquecimento da Terra). Há mecanismos naturais que removem esses gases do ar, mas a liberação deles na atmosfera tem ocorrido em um ritmo superior aos mecanismos de remoção. Ao queimar combustíveis fósseis e destruir as florestas (as árvores eliminam o CO_2) e convertê-las em madeira, os seres humanos são responsáveis pela introdução de 7 bilhões de toneladas de dióxido de carbono no ar a cada ano (Sagan, 2009). O metano, outro gás que provoca efeito estufa, tem aumentado na atmosfera, por causa da agricultura e da indústria. O aumento de clorofluorcarbonos a um ritmo de 3,5% ao ano também contribui para o aquecimento do planeta ao diminuir a camada de ozônio da atmosfera.

As consequências do aquecimento global – as temperaturas atuais já são as mais altas dos últimos 150 mil anos (Sagan 2009) – podem ser a ocorrência de secas rigorosas no interior, tempestades violentas e enchentes no litoral. Sendo assim, medidas urgentes devem ser tomadas para diminuir o aquecimento global e a poluição, tendo em vista a preservação da humanidade que já possui uma história de civilização de 10 mil anos – e de todas as espécies no planeta. Como é de conhecimento, cientistas, astrônomos, biólogos, químicos, físicos, geógrafos, dos principais laboratórios científicos do mundo, apontam a necessidade do controle do efeito estufa, da poluição e do aquecimento global, para a preservação da humanidade (Vasconcelos et al., 2019).

Nessa discussão, encontra-se a sinergia entre as disciplinas de ciências de administração de empresas, de administração pública e de economia. Para implantar essas mudanças, são necessárias inovações radicais que permitam a geração de energia por meio de fontes limpas e renováveis (energia eólica, solar, hidrelétrica, entre outras) e a adaptação das formas de trabalho e das indústrias (incluindo agricultura e pecuária) a tecnologias não poluentes, por isso a importância do conceito de desenvolvimento sustentável e inovação sustentável. Assim, as formas de consumo sustentável, a educação das populações, as cidades inteligentes e planejadas, os carros elétricos com baterias recicláveis, ou solares, o controle da natalidade e das doenças e o advento da inteligência artificial, Big Data e das fábricas inteligentes 4.0 estão interligados. Trata-se de medidas conjuntas da administração pública e do terceiro setor (ONGs e associações) e da administração de empresas que promovem a inovação sustentável e a justiça social (Vasconcelos et. al, 2019).

Pouco a pouco o mundo vai se conscientizando dessa realidade confirmada por dados científicos, da necessidade de reduzir o efeito estufa, de preservar o meio ambiente, do desenvolvimento sustentável e da inovação sustentável. Por isso, a ECO-92, Conferência das Nações Unidas sobre o Meio Ambiente e Desenvolvimento, que ocorreu no Rio de Janeiro, em 1992, e contou com a assinatura de mais de cem países, o Pacto de Kyoto e mais recentemente a COP 21, ou Pacto de Paris (2016-2017), foram importantes neste sentido. O Pacto de Paris (COP 21) contou com a aprovação dos mais de 196 países que fazem parte da Convenção – Quadro das Nações Unidas sobre a Mudança do Clima (United Nations Framework Convention on Climate Change – UNFCCC) para reduzir emissões de gases de efeito estufa em prol do desenvolvimento sustentável, com o compromisso de manter o aumento da temperatura media global em menos de 2 °C acima dos níveis pré-industriais, e de empregar esforços para estabelecer limites referentes ao aumento da temperatura a 1,5% no máximo acima dos níveis pré-industriais. O Pacto de Paris foi um sucesso nesse sentido, pois fixou metas ambiciosas para que essa realidade ocorra. Também fixou metas por país, estabelecendo-se certa quantidade de gases de efeito estufa que cada país pode emitir. Para o cumprimento das metas, como mostra Tirole (2017), prêmio Nobel de Economia, é necessário objetivos claros para os diversos países quanto à emissão de carbono, auditorias verdes para acompanhar o cumprimento dos objetivos, um imposto relativo à emissão de carbono e um preço universal para o direito de emitir gases de efeito estufa, o que torna inviável aos países que queiram emitir mais do que o permitido.

A proposta do Pacto de Paris é que, após 2050, não haja mais emissão e gases de efeito estufa, e a meta é que o aquecimento fique no máximo em 1,5 °C, comparável aos níveis pré-industriais.

A realização deste Pacto mostra que é fundamental que a humanidade desenvolva um diálogo que defenda os interesses do planeta e do meio ambiente, um diálogo democrático de inspiração habermasiana que envolva comunicação ética, pragmática e democrática. Os críticos reconhecem que o Pacto de Paris foi um avanço, mas ainda é necessário que seja cumprido. Organizações como IBM, Microsoft, Apple, Facebook, Google (Alphabet), e vários estados norte-americanos, entre eles os mais ricos (Califórnia e Nova York), independentemente da posição central do governo federal norte-americano, afirmam que cumprirão as diretrizes do Pacto de Paris e que concordam com todos seus termos.

Trata-se de um processo de discussão também da sociedade civil (não apenas do governo federal ou central dos diversos países envolvidos), resultado de um processo de cidadania deliberativa. Em 2021, retomando o compromisso que o presidente Obama tinha firmado assumindo e assinando o Pacto de Paris, o presidente norte-americano Joe Biden, no primeiro mês de sua posse como presidente, voltou a colocar os Estados Unidos no Pacto de Paris, voltando a assumir os compromissos de cumprir as metas do Pacto para os Estados Unidos, contrariando assim a política do presidente republicano anterior e fazendo novamente os Estados Unidos apoiarem a política global de proteção ao meio ambiente, felizmente. O apoio da China às políticas do Pacto também é fundamental, pois Estados Unidos e China são os países que mais contribuem para o efeito estufa, e logo devem adotar urgentemente uma política de preservação ao meio ambiente e combate ao efeito estufa.

Como mostra Fernando Tenório (2008), no livro *Tem razão a administração?*, os expoentes da Escola de Frankfurt, como Max Horkheimer, Theodor Adorno, Herbert Marcuse, críticos da racionalidade instrumental, e Jürgen Habermas, com sua proposta centrada na racionalidade comunicativa, influenciaram sua definição de gestão social. "O adjetivo social qualificando o substantivo gestão será entendido como o espaço privilegiado de relações sociais no qual todos têm direito à fala, sem nenhum tipo de coação" (Tenório, 2008, p. 160). Tenório define também o termo cidadania deliberativa, que acompanha o conceito de gestão social: "a legitimidade das decisões deve ter origem em processos de discussão orientados pelo princípio da inclusão, do pluralismo, da igualdade participativa, da autonomia e do bem comum" (p. 162).

Retomando o que discutimos sobre Max Weber no Capítulo 5, trata-se de valorizar mais a *Wertrationalitat*, ou racionalidade valorativa substancial ou, ainda, a racionalidade substantiva. A racionalidade valorativa substancial, voltada para valores e o conteúdo da ação, é um processo diverso da adequação meios-fins. A racionalidade substantiva voltada para valores é dirigida para a elaboração de referências que fixam o conteúdo que serve de base para a ação baseada em certos valores. Praticar ações que cumpram os valores escolhidos, direcionadas para a afirmação destes valores, é o objetivo buscado, independentemente das expectativas de sucesso financeiro ou sucesso imediato, gerando ações que se orientam para as propriedades intrínsecas do ato e julgadas por fazerem cumprir os valores escolhidos com eficiência, independentemente de ganhos financeiros ou recompensas materiais.

Retomando o que já foi dito por Habermas (1992), a comunicação é intersubjetiva entre os diversos sujeitos que podem pensar diferente (como mostra o conceito de cidadania deliberativa de Tenório) e a comunicação democrática pode ser observada.

Em resumo, para Habermas:

1. Ou o mundo em questão é objetivo, aquele do estado das coisas existentes, e pode gerar um saber partilhado que exige uma obrigação de justificação no que diz respeito à verdade dos fatos.

    Por exemplo, para uma equipe de inovação e pesquisa e desenvolvimento realmente conseguir resultados e inovar, os participantes desta equipe precisam compartilhar honestamente resultados de pesquisa baseados em fatos científicos existentes, com franqueza, para juntos poderem chegar à descoberta científica e à inovação de fato. Acordos mundiais sobre sustentabilidade, como o Pacto de Paris ou COP 21 (2016-2017), também são negociados por meio de uma comunicação franca e clara sobre a verdade dos fatos científicos relacionados ao aquecimento da Terra.

2. Ou o mundo é social – conjunto de relações interpessoais legitimamente estabelecidas no seio do grupo social – e o critério de validade é o da justiça, do que é justo.

    Ações que visam promover a justiça social, por exemplo, quando os membros da empresa discutem democraticamente ações sociais que esta fará com relação à comunidade, ou mesmo com a empresa, ações de grupos de apoio para colaboradores, e o pagamento por mérito, envolvem, em muitos casos, avaliações e diálogos com os colaboradores que buscam ser justos para reforçar a cultura da meritocracia.

3. Ou o mundo é um mundo subjetivo pessoal – conjunto de proposições relativas à experiência vivida – e o critério de validade é o da sinceridade.

    A comunicação franca e sincera no trabalho, que permite o aprendizado comum e a compreensão mútua entre os membros de uma equipe e a resolução de problemas, bem como a inovação, tende a ser também uma tendência do futuro nas organizações, que, em decorrência das inovações contínuas e da evolução mais rápida da sociedade, necessitam ser mais resilientes; e na implementação da mudança, muitas organizações concluem que o diálogo franco e direto das equipes sobre dificuldades em comum pode ajudar a encontrar solução para os problemas, ou seja, uma comunicação do tipo habermasiana nas organizações tende a ser cada vez mais necessária.

A definição desses critérios traz uma perspectiva de esperança de recuperação da crença na racionalidade humana proposta por Habermas, que está presente também no conceito amplo de responsabilidade social de empresa.

Como mostra Jones (2001) em seu livro *Organizational theory*, a perspectiva estrita de responsabilidade social de empresas considera que uma empresa se comporta de modo socialmente responsável desde que aja dentro da lei formal e atue de acordo com as regras (muitas vezes não escritas) da sociedade onde atua. Milton Friedmann (Friedmann e Friedmann, 2002), defensor dessa corrente, afirma que para a organização ter responsabilidade social deve obedecer às regras de base de uma sociedade como está na lei escrita e nos costumes éticos e práticas éticas da sociedade, e, dentro da lei e da ética, a organização é livre para agir como quiser.

Para a corrente dominante atualmente, é necessário ir além dessa visão. A perspectiva ampla de responsabilidade social de empresa propõe que, como os indivíduos, as organizações (conjuntos de indivíduos) são também agentes morais e têm a responsabilidade de investigar cada ponto de vista conforme uma perspectiva moral. Assim, mesmo quando as leis ou a ética social não são aplicáveis a uma situação específica, a organização tem obrigação de agir moralmente fazendo o maior bem possível ou adotando a alternativa menos prejudicial às partes interessadas (acionistas, clientes internos e externos, colaboradores, sociedade).

Assim, os princípios de "agir com o outro como você gostaria que agissem com você mesmo", sabendo que "fazer o certo" ou a "ação correta" é a ação ética, e dentro da lei, que se preocupa com o bem de todos ou da maioria.

Nessa perspectiva, as organizações realmente devem se preocupar com o desenvolvimento e a inovação sustentável, como mencionado antes, perspectiva que traz também uma visão de maior esperança e justiça social e a proposta de organizações mais resilientes e substantivas no futuro (baseadas nas definições de Habermas).

Com relação ao Pacto de Paris (COP 21), os críticos o consideram um avanço, mas o desafio é cumprir o acordo. Como citado, as principais empresas do setor da informática, como Facebook, Google (Alphabet), IBM, Microsoft, Apple, e os estados mais ricos dos Estados Unidos, como Nova York e Califórnia, afirmam que, independentemente da posição oficial do governo federal norte-americano pretendem cumprir as metas do Pacto de Paris, como expressaram no movimento "We are still in" ("Nós ainda estamos dentro").

Essas empresas e esses estados supracitados representam a maior riqueza dos Estados Unidos, se expressam e agem de acordo com os princípios do Pacto, independentemente da posição oficial do governo norte-americano. O presidente eleito em 2020, Joe Biden, que assumiu em 2021, cumpriu o compromisso de campanha eleitoral de fazer os Estados Unidos voltarem a apoiar o Pacto de Paris, assumindo suas metas, o que foi importante tendo em vista que é fundamental o apoio dos Estados Unidos e da China, países que mais despejam gases de efeito estufa na atmosfera, e que devem assumir uma política de proteção do meio ambiente e combate ao aquecimento global para que o Pacto de Paris realmente possa ter sucesso em suas metas.

15.7 Pesquisas sobre meio ambiente e análise crítica

Organizações como o International Society of Third Sector Research (ISTR), a Universidade John Hopkins, a Association pour le Développement de l'Enseignement et de la Recherche sur la Responsabilité Sociale de l'Entreprise (Aderse) (França) ou ainda o Transformare (www.transformare.adm.br) propõem a perspectiva de pesquisa analítica e crítica ao mostrar a situação ambiental e social como ela realmente se apresenta por meio de dados fundamentados em pesquisa. Muitos trabalhos nessa linha também são apresentados pela Academy of Management (www.aom.org), que tem uma divisão de pesquisa Environment, voltada para o estudo do meio ambiente, e também uma divisão de Critical Management Studies (teoria crítica) e de gestão social e ambiental. Os trabalhos no European Group of Organizational Studies (Egos) (www.egosnet.org) e na Associação Nacional de Ensino de Pós-Graduação e Pesquisa em Administração (ANPAD) (www.anpad.org.br) também tratam desses temas.

Abordaremos novamente esse assunto no Capítulo 16, sobre mudança organizacional, resiliência e inovação.

A respeito das pesquisas sobre essa temática, é importante relembrar o documento conhecido como Agenda 21, lançado na Conferência das Nações Unidas sobre o Meio Ambiente e Desenvolvimento (CNUMAD/Unced), realizada no Rio de Janeiro, de 3 a 14 de junho de 1992. Também chamada de "Cúpula da Terra", foi o marco definitivo para a inclusão do conceito de desenvolvimento sustentável nas políticas governamentais e, como consequência, reforçando esse tema também como relevante para pesquisas científicas em diversas áreas de conhecimento, inclusive na área de administração. Como mencionado, este encontro, a ECO-92, que teve a participação de 175 países e 102 chefes de estado e de governo, originou a Agenda 21, volume de 40 capítulos e 800 páginas, que lançou definições fundamentais e metas importantes, que, passados quase 25 anos, merecem ser revistas quanto ao que efetivamente foi implementado e aos desafios para o futuro. Entre os temas tratados, há a relação entre meio ambiente e economia, e assuntos relacionados, como clima, energia, água, tecnologia, comércio internacional, pobreza e população.

A Agenda 21 está dividida em quatro seções:

1. Dimensões sociais e econômicas: políticas internacionais que ajudem no combate à miséria e às desigualdades sociais, tornando possível o desenvolvimento sustentável.
2. Conservação dos recursos fundamentais para o desenvolvimento econômico, preservando o meio ambiente para gerações futuras.
3. Movimentos sociais e seu fortalecimento na sociedade (principalmente organizações não governamentais).
4. Meios de implementação dessas políticas, sejam financeiros ou jurídicos, a fim de que se possam realmente implementar os programas de desenvolvimento sustentável.

Após 25 anos da ECO-92, muito ainda está por ser feito, e os estudos científicos sobre responsabilidade social e desenvolvimento sustentável são fundamentais, bem como temas como inclusão social, diversidade, justiça social, inovação sustentável, combate à pobreza, direitos humanos, que são muito relevantes na área de administração, até mesmo estudos críticos que analisem as contradições presentes nas políticas públicas e nas empresariais nesse setor; entre o que se aprega e o que realmente é concretizado de fato. Após o Pacto de Paris (2016-2017), quais serão as ações que realmente se concretizarão? Conseguiremos diminuir o efeito estufa e trazer maior inclusão e justiça social, além do desenvolvimento sustentável? As pesquisas e a análise crítica poderão responder a essas questões.

Bibliografia

APEL, K.O. *L'éthique a l'age de la science*. Lille: PUF, 1987.
ARGYRIS, C. *On organizational learning*. Cambridge, MA: Blackwell, 2005.
BARBIERI, J. C.; SIMANTOB, M. *Organizações inovadoras sustentáveis*. São Paulo: Atlas, 2007.
BARNARD, C. *The functions of the executive*. Cambridge: Harvard University Press, 1938.
BRUNO, S. F. *O modelo das organizações inovadoras sustentáveis e sua aplicação no setor elétrico brasileiro*. 2008. 44-46 f. Dissertação (Mestrado em Administração de Empresas) – Centro Universitário da FEI. São Paulo, 2008.
CARROLL, G. R. Organizational ecology. *Annual Review of Sociology*, v. 10, p. 71-93, 1984.
CASTELLS, M. O verdejar do ser: O movimento ambientalista. In: CASTELLS, M. *O poder na identidade*. Rio de Janeiro: Paz e Terra, 1999a. p. 141-165.
_____. *A sociedade em rede*. Rio de Janeiro: Paz e Terra, 1999b.
COMISSÃO MUNDIAL SOBRE MEIO AMBIENTE E DESENVOLVIMENTO. *Nosso futuro comum*. Rio de Janeiro: Fundação Getúlio Vargas, 1991.
COSTA, P. R. da. Energias renováveis do mar. In: SEMINÁRIO SERGIPANO DE ENERGIAS RENOVÁVEIS, out. 2006.

DIMAGGIO, P.; POWELL, W. *The new institutionalism in organizational analysis*. Chicago: The University of Chicago Press, 1991.

EMSHOFF, J. R; FREEMAN, R. F. *Stakeholder management*. Working paper from the Wharton Applied Research Center. Pensilvânia: University of Pennsylvania, 1978.

FREEMAN, R. E. *Strategic management*: a stakeholder approach. Boston: Pitman, 1984.

FRIEDMANN, M.; FRIEDMANN, R. *Capitalism and freedom*. Chicago: University of Chicago Press, 2002.

HABERMAS, J. *Éthique de la discussion*. Paris: Cerf, 1992.

HORKHEIMER, M.; ADORNO, T. *Dialética do esclarecimento*. Rio de Janeiro: Zahar, 1985.

JONES, G. *Organizational theory*. Englewood Cliffs: Prentice Hall, 2001.

MACHADO-DA-SILVA, C. L.; GONÇALVES, S. A teoria institucional. In: CALDAS, M. et al. (Orgs.) *Handbook de estudos organizacionais*. São Paulo: Atlas, 1999. v. 1, p. 220-226.

MEYER, J.; ROWAN, B. Instituonalized organizations: Formal structure as myth and ceremony. In: DIMAGGIO, P.; POWELL, W. (Ed.) *The new institutionalism in organizational analysis*. Chicago: The University of Chicago Press, 1991. p. 1-41.

MOTTA, F. C. P.; VASCONCELOS, I. F. F. G. de. *Teoria geral da administração*. São Paulo: Thomson Learning, 2003.

PESQUEUX, Y.; VASCONCELOS, I. F. F. G. de. Teoria da ação comunicativa e responsabilidade social empresarial: Uma proposta de Pesquisa. *Cadernos EBAPE.BR*, v. 10, n. 1, p. 30-41, 2013.

_____. L'éthique de la discussion fondée sur les imperatifs de la communication et de l'argumentation et la responsabilité sociale d'entreprise. In: CONGRES DE L'ADERSE, 14. 2017, Bordeaux. *Anais...* Bordeaux: ADERSE, 2017.

PESQUEUX, Y.; SIMON, E.; VASCONCELOS, I. F. F. G. de. (Eds.) *L'entreprise durable et le changement organisationnel*. Paris: EMS Management & Societé, 2014.

PESQUEUX, Y. et al. Habermas et Apel: Une éthique fondée sur les imperatifs de la communication et de l'argumentation. In: PESQUEUX, Y. et al. (Org.) *Mercure et Minerve*: perspectives philosophiques sur l'entreprise. Paris: Ellipses, 1999. p. 163-177.

REIS, L. B. *Geração de energia elétrica*: Tecnologia, inserção ambiental, planejamento, operação e análise de viabilidade. 3. ed. Barueri: Manole, 2003.

RELATÓRIO CENÁRIO BRASILEIRO. Revolução energética: Perspectivas para uma energia global sustentável. Greenpeace, 2007.

SAGAN, C. *Bilhões e bilhões*. São Paulo: Companhia de Bolso, 2009.

SCOTT, W. R.; MEYER, J. W. The organization of societal sectors: Proposition and early evidence. In: DIMAGGIO, P.; POWELL, W. (Ed.) *The new institutionalism in organizational analysis*. Chicago: The University of Chicago Press, 1991. p. 83-107.

STIGLITZ, J. E. *Globalização*: Como dar certo. São Paulo: Companhia das Letras, 2007.

TAVARES, W. M. *Produção de eletricidade a partir da energia maremotriz*. Brasília, DF: Câmara dos Deputados, 2005.

TENÓRIO, F. *Tem razão a administração?* Ijuí: Unijuí, 2008.

TIROLE, J. *Economics for the common good*. Nova Jersey: Princeton University Press, 2017.

VASCONCELOS, I. F. F. G. de.; MASCARENHAS, A. O. *Organizações em aprendizagem*. São Paulo: Thomson Learning, 2007.

VASCONCELOS, I. F. F. G. de. et al. Dossiê inovação: inovação tecnológica radical e mudança organizacional: A institucionalização de organizações resilientes e formas de trabalho mais substantivas. *Cadernos EBAPE.BR*, Rio de Janeiro, v. 1, n. 4, dez. 2019.

Capítulo 16

Identidade social, mudança organizacional, organizações pós-burocráticas e resiliência

16.1 O paradigma do interacionismo simbólico

Vasconcelos (2000), em sua tese de doutorado, mostra que Peter Berger e Thomas Luckmann, autores representativos do interacionismo simbólico (Berger e Luckmann, 1989; Strauss, 1955, 1991), adotam uma visão da conduta humana na qual o papel dos valores é preponderante. Para essa corrente, a socialização primária seria a base da construção da identidade do indivíduo e o fundamento de seus critérios de decisão: de acordo com os pressupostos do interacionismo simbólico, o indivíduo age segundo suas crenças. Dessa forma, para esses autores, o momento básico da interiorização dos valores é a infância pós-edipiana, mas a interiorização de normas e regras prolonga-se durante toda a vida do indivíduo, tendo em vista a sua participação em novos universos de interação. O interacionismo simbólico concilia, assim, o pressuposto weberiano de liberdade de escolha humana com um modelo segundo o qual o sistema de valores é anterior a todos os outros sistemas sociais: a interiorização de normas e as decisões tomadas pelos atores sociais seriam sempre reguladas pela preexistência de valores incorporados pelo indivíduo em sua socialização primária. Esses pressupostos levam a conceber o sistema de ação em uma perspectiva sistêmica, em que os valores preexistentes no sistema social oferecem aos indivíduos não só seus objetivos, mas também os meios sociais legítimos para atingi-los (regras, normas e papéis sociais).

Desse modo, nessa linha de argumentação, as crenças e os valores dos indivíduos seriam os limites à sua capacidade de ação e à sua escolha. Porém, dentro desses limites, o homem é considerado um ser, em princípio, livre para decidir sobre o curso de suas ações ou decidir abster-se de agir. Isso vale, principalmente, para ações consideradas voluntárias, isto é, que pertencem à esfera das relevâncias volitivas, e não das impostas. O significado dessas ações surge exatamente em razão de se "comportar de um modo, e não de outro". Dessa maneira, mesmo no domínio das situações impostas, as ações do homem não são inteiramente predeterminadas. Até na situação mais coercitiva, um homem pode decidir não agir conforme lhe é ordenado, se estiver disposto a aceitar as consequências da desobediência (Schutz, 1943). Peter Berger afirma a esse propósito:

> Por um momento vêmo-nos realmente como fantoches. De repente, porém, percebemos uma diferença entre o teatro de bonecos e nosso próprio drama. Ao contrário dos bonecos, temos a possibilidade de interromper nossos movimentos, olhando para o alto e divisando o mecanismo que nos moveu. Este ato constitui o primeiro passo para a liberdade. (Berger e Luckmann, 1989, p. 34)

Em resumo, essa visão conceitualiza a realidade social como fruto de uma construção humana, mediante a interação e a negociação dos diversos grupos sociais, que interpretam a realidade segundo critérios preexistentes, característicos de sua cultura. Ao agirem, no entanto, os indivíduos influenciam e transformam esses mesmos critérios e padrões nos quais basearam sua ação em um processo dialético de reinterpretação e reconstrução da realidade social. Consequentemente, reconhece-se, ainda que de forma parcial, certo grau de liberdade ao ser humano no que se refere às suas escolhas e critérios de decisão. Os padrões culturais e valores representam, porém, grande peso no processo decisório segundo essa linha de análise.

16.2 Identidade, valores e comportamento

Renaud Sainsaulieu (1977), em seu modelo sobre identidade no trabalho, diferente do interacionismo simbólico, desenvolve uma argumentação na qual considera a ação humana no trabalho ainda menos determinada pelos valores incorporados na socialização primária.

Baseando-se nos trabalhos de Simon (1955, 1956, 1957) sobre a racionalidade limitada, segundo a qual a racionalidade ou a lógica de decisão de um indivíduo seria influenciada pelo seu presente e pelo seu passado, a partir do que Boudon (1991) chamou de "efeito de posição"[1] e de "efeito de disposição",[2] Sainsaulieu

---
[1] A decisão depende da posição que o ator social ocupa em um contexto de ação específico e que condiciona seu acesso às informações pertinentes.
[2] A decisão depende das características mentais, cognitivas e afetivas do indivíduo que decide, características essas pré-formadas por sua socialização passada.

(1977) mostra, em seu modelo, como os critérios de decisão de um ator social no momento presente são influenciados, sim, por sua socialização passada, mas dependem em muito também das influências, das condições e dos problemas do "aqui e agora".

Os trabalhos sobre a racionalidade limitada destacam o caráter incerto e dinâmico do comportamento humano.

Os trabalhos de Festinger sobre a dissonância cognitiva reforçam o argumento de não determinação da ação humana. Em seu livro *A theory of cognitive dissonance*, publicado em 1957, Festinger define processo cognitivo como todo conhecimento, opinião ou crença do indivíduo a respeito de si mesmo, de seu comportamento ou dos fatos relativos a um contexto de decisão. Segundo o autor, o indivíduo enfrentaria, em várias ocasiões, uma dissonância ou uma oposição entre várias cognições, ficando em uma situação de impasse que provocaria uma sensação de "desconforto" psicológico, a qual ele tentaria reduzir por meio da adoção de várias estratégias possíveis: contestar seus valores de base, adotando novos valores, ou conservá-los, mudando sua ação.

Assim, essa argumentação questiona o princípio da anterioridade do sistema de valores sobre outros sistemas sociais, mostrando, pelos estudos de Festinger e de outros autores, que os valores não determinam o comportamento assim como este não determina aqueles.

Essas duas variáveis não seriam explicadas por uma lógica linear de causa-efeito, mas constituiriam um sistema. Os novos comportamentos de um indivíduo poderiam originar novos valores, fazendo-o questionar seus valores antigos, ou poderiam, ao contrário, ter o efeito de reforçar ainda mais estes últimos. Em resumo, podemos afirmar que essas pesquisas e as teorias de Festinger sobre dissonância cognitiva permitem libertar o indivíduo do que Wrong (apud Sainsaulieu, 1977) chamou de uma concepção "hipersocializada" do ser humano, que busca unicamente no passado dos indivíduos e em suas experiências de socialização marcantes a explicação de seus comportamentos presentes.

Podemos concluir que a capacidade de ação estratégica, ou seja, a capacidade de perceber as oportunidades de ação, prever as consequências e os riscos de cada alternativa e assumir esses riscos executando a decisão, objetivando recompensas, sucesso e reconhecimento, varia de pessoa para pessoa, segundo a origem social e o meio cultural, e é fundamental para a construção da identidade do indivíduo a partir de suas interações em sua atividade cotidiana de trabalho. A capacidade de ação estratégica pode ser melhorada e exercitada por intermédio das interações com os outros indivíduos em diversos tipos de situação.

Adotando, pois, o pressuposto teórico de não determinação da conduta humana pelo sistema de valores, como explicitado, sobretudo no trabalho, Sainsaulieu (1977) desenvolve seu modelo de identidade baseado nos estudos de Erikson apresentados a seguir. Para este último, o sentimento de identidade é um sentimento caracterizado pela

> percepção da própria unidade e de uma continuidade temporal. Em relação ao seu aspecto subjetivo, a identidade é a percepção pelo indivíduo de que existem em si semelhanças consigo mesmo e uma continuidade nos procedimentos de síntese internos relativos ao seu ego; existem também diferenças em relação aos outros que caracterizam o seu estilo individual enquanto pessoa. (Erikson, 1972, p. 37)

A partir dessa visão, podemos concluir que a identidade implica duas dimensões:

1. *Sameness* – a dimensão da permanência – em que o ego conserva algumas características básicas durante o processo biológico e histórico ao qual o indivíduo é submetido em sua vida.
2. Coerência – tendo em vista o processo social e o processo biológico que envolvem o indivíduo, a tarefa de seu ego é garantir uma função de síntese, um princípio de organização segundo o qual o ser humano se mantém como personalidade coerente cuja individualidade é percebida pelos outros, mesmo considerando as transformações às quais está submetido.

Assim, o conceito de identidade é utilizado por Sainsaulieu em seu modelo para expressar o sentimento de permanência e continuidade que o indivíduo experimenta em suas relações sociais e que ele perde no caso de pressões extremas. Em relação à vida cotidiana, o conceito de identidade refere-se ao esforço do indivíduo em realizar uma síntese de sua ação, equilibrando as forças internas e as externas que influenciam essa ação, a qual é fruto da inter-relação de sua realidade interior e da realidade externa construída pelo grupo social.

16.2.1 A importância do conflito e do reconhecimento social para a construção da identidade

Segundo Sainsaulieu (1977), o reconhecimento dos outros é um dos elementos fundamentais na construção da identidade do indivíduo, que ocorre de modo dinâmico, a partir de suas interações sociais "aqui e agora".

Christophe Dejours (1993, p. 20) reforça a importância do reconhecimento do grupo social na formação da identidade, ressaltando que, "no mundo subjetivo, o sentido dado ao trabalho depende de jogos de identidade e participação: o que o indivíduo espera de seu trabalho é também uma retribuição moral: o reconhecimento".

Dejours destaca a importância do "reconhecimento de utilidade" (utilidade social, econômica e técnica das contribuições particulares e coletivas à organização) e do "julgamento de beleza" (validade ética, estética), ambos conferidos pela hierarquia, pelos pares ou pelo grupo social e que influem na percepção que os indivíduos desenvolvem sobre o valor social de seu trabalho e no conceito que desenvolvem de si próprios (Dejours, 1993).

Sainsaulieu (1977) mostra como uma das forças motrizes da evolução da personalidade individual e da luta por reconhecimento social é a experiência do conflito nas interações humanas. É na experiência do conflito em sociedade que o sistema social interage com o sistema individual da personalidade, que essas duas esferas se entrecruzam. O conceito de identidade designa a parte do sistema de personalidade do sujeito que reage permanentemente à estrutura do sistema social. A identidade exprime essa busca da força e de recursos que permitam a expressão do desejo individual em sociedade, ou seja, o sujeito procura, permanentemente, a possibilidade de obter o reconhecimento dos outros sobre o fato de que ele é alguém detentor de um desejo individual e autônomo. O conceito de identidade designa a luta pela permanência dos meios sociais do reconhecimento de si e a capacidade do sujeito de atribuir sentido à sua experiência.

Bergamini e Coda (1997), ao tratarem de liderança, mostram como a identificação com um líder e com o sentido que este atribui à ação leva os indivíduos a adotarem certos padrões de conduta. Os autores expõem como a liderança é um processo de construção social da realidade baseado no poder.

Sainsaulieu desenvolve essa mesma linha de argumentação. Outros autores realizaram posteriormente pesquisas que reforçam esses argumentos (Albert, Ashforth e Dutton, 2000).

O modelo de Sainsaulieu (1977) sobre a construção da identidade no trabalho é uma releitura de Hegel (1941) e do reconhecimento de si no mundo social

Sainsaulieu baseia-se nos trabalhos de Hegel a fim de fundamentar seu modelo. Analisando a filosofia hegeliana, o autor salienta a interdependência entre o lado cognitivo (compreensão do mundo, acesso à racionalidade) e o lado afetivo (o jogo de relações entre os desejos). O indivíduo não é capaz de completar o processo de obtenção da "compreensão do mundo", da qual fala Hegel e do desenvolvimento de sua capacidade de raciocínio, se ele não é reconhecido em suas relações afetivas como alguém que detém de forma autônoma um desejo. Uma dialética paralela que envolve, de um lado, o nível do desejo e, de outro, o nível da razão constitui, então, o indivíduo completo.

A luta entre os desejos dos diferentes indivíduos abrange uma relação social cujo objeto é o reconhecimento de si próprio pelos outros. É vencendo esse conflito que o ser humano pode obter o reconhecimento de sua individualidade. A identidade do ser humano não é, então, o ponto de partida sobre o qual se constrói o mundo social, mas, ao contrário, é um conceito dinâmico, é o resultado do jogo de relações envolvidas nas experiências de luta e conflito por ele vivenciadas a cada momento.

Desse modo, um ponto fundamental da filosofia hegeliana é mostrar como as experiências conflituosas do indivíduo terão mais tarde consequências importantes sobre sua identidade e sua "visão de mundo", ou seja, na formação de sua lógica de ator, seus critérios de decisão. É o desejo de apropriação do objeto que marca o começo da relação dialética que conduz ao reconhecimento do indivíduo pelos demais (à sua diferenciação).

No decorrer do processo de expressão do desejo e de apropriação do objeto, o sujeito encontra inevitavelmente, uma vez que ele vive em sociedade, um outro indivíduo cujo desejo concorre com o dele em relação ao mesmo objeto, e, nesse confronto de desejos, nasce a dialética do "mestre e do escravo", que conferirá ao indivíduo o reconhecimento de si próprio mediante o reconhecimento dos outros. Ele se reconhecerá, então, a partir do julgamento social de seu valor. O valor que o indivíduo atribui a si próprio depende da medida social de seu valor.

Na linguagem hegeliana, podemos dizer que o que permite ao indivíduo sustentar o seu desejo por algo é a possibilidade concreta de vencer tendo em vista as relações de poder que o cercam. O indivíduo deve ter condições sociais mínimas para enfrentar a luta e poder sair-se vencedor pelo menos algumas vezes, a fim de poder sair da cadeia contínua de identificações com os poderosos que o envolve e afirmar sua própria individualidade, diferenciando-se finalmente.

As desigualdades no acesso aos recursos e ao poder nas relações entre adultos, principalmente no ambiente de trabalho, têm como consequência o fato de que vários indivíduos não podem impor sua diferença aos outros, vivendo a fundo os conflitos e vencendo-os ao menos em parte. Alguns privilegiados têm acesso aos meios concretos de impor a sua diferença, fazendo os outros aceitarem suas ideias e a sua mediação, impondo os seus significados e o seu pensamento. A "morte simbólica", ou seja, a impossibilidade de refletir e criar por si próprio, de atribuir sentido aos objetos e à experiência, pode gerar a confusão mental, anomia e perda da identidade.[3]

---

[3] Segundo a análise de Hegel, uma luta até a "morte" (entre aspas, porque quer dizer que um ganha e outro perde) – esta luta se estabelecerá entre os dois desejos de posse do objeto, uma vez que, na busca de reconhecimento de sua força pelo outro, o indivíduo luta, na realidade, para obter o reconhecimento de seu ser e de sua autonomia. Consequentemente, além do objeto, o ser humano tem necessidade do outro ser humano para reconhecer a sua força e a sua validade como indivíduo autônomo, que se diferencia dos outros por uma série de características particulares. Não existe, pois, conciliação possível nesse tipo de dialética, já que a vitória representa o reconhecimento pelo outro do ser individual e perder significa renunciar a esse reconhecimento e submeter-se. Para que haja reconhecimento, é necessário que um dos indivíduos esqueça ou renuncie ao seu próprio desejo de reconhecimento e aceite reconhecer o desejo do outro e sua força. Nesse caso, o "escravo" (o que perdeu ou renunciou ao conflito e ao reconhecimento) coloca-se a serviço do reconhecimento do desejo do outro, preservando-se da luta, mas perdendo, em parte, a autonomia na orientação de suas atividades. O mestre adota o conflito como forma de ação, arriscando-se à "morte", mas ganha o trabalho do outro a serviço do reconhecimento do seu desejo. A dialética do mestre e do escravo, nesse contexto, está inserida em uma realidade social particular, ou seja, esse confronto é concreto e ocorre em situações específicas, dependendo dos meios e recursos controlados por cada um de acordo com sua posição dentro da organização.

De acordo com esse paradigma, o acesso à identidade é o resultado de um processo conjunto de identificação e de diferenciação que se expressa nas relações intersubjetivas em dois níveis:

> no nível da relação afetiva de identificação que não envolve relações de conflito;
> no nível político, do jogo de poder social, em que o indivíduo se desliga do primeiro nível impondo sua diferença.

Podemos, então, pensar na hipótese de que se a identidade da criança e seu desejo são fortemente ligados à história de suas identificações sucessivas, a identidade do adulto depende também dos meios sociais que ele dispõe para sustentar sua diferença nos conflitos e, assim, sair da cadeia de identificações (Sainsaulieu, 1977). A luta pelo poder não é, então, um fim em si, mas o sinal de um jogo mais profundo que envolve a personalidade dentro de uma relação social que se prolonga no tempo e no espaço (Vasconcelos, 2000).

Concluindo, podemos observar que as relações cotidianas de trabalho oferecem um espaço no qual o indivíduo pode exercitar-se em seu caminho de busca pelo entendimento, na constituição de uma racionalidade própria. Como os meios de obter o reconhecimento dos outros são repartidos desigualmente, as chances de os indivíduos diferenciarem-se e afirmarem uma racionalidade própria são distintas. É muito importante e fundamental destacar aqui que Hegel fala em "luta" dialética de ideias e concorrência dentro de meios honestos e éticos para atingir os fins a partir de um debate de ideias que serão mais ou menos aceitas pela sociedade.

16.2.2 As diversas "vias" de acesso à experiência e à identidade no trabalho

O sujeito dispõe de um passado cultural, de hábitos adquiridos por meio dos processos de identificação característicos de sua socialização primária e secundária, mas o universo social do trabalho, em que ele arrisca "aqui e agora", pode representar, para ele, uma realidade totalmente diferente de sua realidade passada. O perigo do presente obriga-o a confrontar as características de percepção, análise e julgamento desenvolvidas por ele no decorrer de sua história passada com as aptidões necessárias à sua sobrevivência na situação presente. Os valores anteriores, adaptados à sua realidade passada, podem não assegurar mais o sucesso nas relações presentes, e a aprendizagem de novas capacidades estratégicas por intermédio das relações de trabalho pode levá-lo a tomar consciência de outras lógicas de ação e realidades que não correspondem, necessariamente, à sua lógica ou ao seu meio de socialização. Os recursos intelectuais, afetivos e cognitivos por ele desenvolvidos no passado, os seus valores e a sua visão de mundo podem não ser mais suficientes para ajudá-lo a compreender, decidir e agir na situação presente.

O confronto com seus próprios valores e características de base será mais forte à medida que o indivíduo se sinta oprimido pela nova realidade e busque compreendê-la. Ele reverá, então, sua lógica de ação e buscará uma nova visão de mundo que integre suas experiências passadas, mas também que explique suas novas percepções e sensações, permitindo-lhe encontrar novos meios de ação.

Assim, a aptidão de analisar as diversas opções e assumir riscos nas relações interpessoais e coletivas (ou seja, a capacidade estratégica de cada indivíduo) é fruto de um aprendizado concreto nas relações de trabalho. Pelo menos no que se refere à aprendizagem por heurística e à experimentação, a estrutura de trabalho tem influência desigual no desenvolvimento da capacidade cognitiva e analítica dos indivíduos, uma vez que alguns têm a oportunidade de experimentar um jogo relacional sutil, enquanto outros veem limitadas as suas oportunidades de desenvolvimento sociopolítico.

Independentemente das histórias individuais e do passado, os atores sociais passam muito tempo no ambiente de trabalho. O fato de possuírem as mesmas condições de trabalho e os mesmos espaços de interação, bem como o acesso e o controle do mesmo tipo de recursos, oferece aos indivíduos caminhos similares de acesso à identidade e ao entendimento.

Seguindo alguns dos pressupostos da escola sociotécnica, Sainsaulieu (1977) propõe quatro modelos, a partir de suas pesquisas. Cada modelo reflete tipos de lógicas de ator e critérios de decisão distintos. Não se trata da descrição de quatro tipos de "personalidade coletiva", mas da descrição de diferentes processos de estruturação da experiência e acesso à identidade no trabalho. Assim, atores sociais submetidos às mesmas condições de trabalho durante certo tempo tendem a desenvolver estratégias e modos de diferenciação similares, partilhando também valores comuns e uma racionalidade própria ao seu grupo organizacional.

16.2.3 O modelo da retirada estratégica

São indivíduos que renunciam à luta por sucesso e reconhecimento no ambiente profissional. Eles procuram realizar as suas tarefas de acordo com o mínimo solicitado na regra e envolver-se o menos possível com o trabalho. Procuram dedicar-se a outros setores da vida – família, clubes, associações – e limitar sua atuação profissional ao estritamente necessário. Nesse grupo, predomina grande fraqueza nas relações de identificação horizontal entre pares. Eles costumam, no entanto, identificarem-se muito com a figura do chefe. A relação de autoridade não é apenas aceita, mas reivindicada. Esse grupo é composto de operários pouco qualificados em trabalhos, como construção civil, em que a atividade sindical é desorganizada e dispersa, e também os trabalhos informais de baixo custo e de imigrantes não legalizados.

Tal grupo caracteriza-se pela apatia e pela ausência de mobilização individual ou coletiva. Para esses indivíduos, identificarem-se com este ou aquele chefe constitui o único meio de afirmar a sua diferença diante de outros colegas. Eles possuem poucas possibilidades de desenvolver seu lado político e sua capacidade de ação estratégica, pois evitam as relações conflituosas e renunciam de antemão à tentativa de "fazer valer" suas ideias e opiniões, ficando prisioneiros de processos verticais de identificação e tendo, dessa maneira, pouca autonomia.

16.2.4 O modelo da solidariedade democrática

Ao contrário do modelo da retirada estratégica, encontramos, em nossas pesquisas, alguns grupos que recusam as identificações verticais, envolvendo-se pouco com os chefes e superiores, mas desenvolvendo uma solidariedade corporativa entre pares bastante forte. Em primeiro lugar, os executivos, diretores e gerentes possuem grande solidariedade entre si e mostram-se satisfeitos com o controle exercido pelos seus subordinados. Em segundo, os profissionais (engenheiros programadores e codificadores de novos sistemas, por exemplo), também têm forte solidariedade corporativa de grupo e exercem poder sobre seus subordinados. Por fim, os operários, que detêm uma especialização ou técnica particular, também têm solidariedade de grupo e mostram-se satisfeitos com o controle exercido sobre seus subordinados, outros operários menos qualificados.

São os profissionais qualificados (engenheiros programadores e codificadores de novos sistemas), os executivos e os diretores das organizações, principalmente estes grupos, e também os operários que possuem especialização na técnica que utilizam em seu trabalho e tiveram a oportunidade de se qualificar mais tecnicamente que os outros operários. Estes grupos supracitados ficam satisfeitos com o controle exercido sobre seus subordinados, e no caso dos operários especializados, mais qualificados, com o poder exercido sobre outros operários menos qualificados, seus subordinados.

Os membros do grupo de gerentes e diretores, principalmente, e também os engenheiros são realmente capazes de manter relações interpessoais diferenciadas no plano afetivo e cognitivo, liberando-se das identificações horizontais, sendo capazes de defender a própria opinião ou ponto de vista em relação aos colegas, recusando a autoridade que se pretende exercer sobre eles. Esses grupos têm, assim, a capacidade de exercer o poder, tendo boa capacidade de ação estratégica.

Também os operários especializados em uma mesma profissão são, geralmente, "companheiros" de corporação e partilham valores próprios à sua profissão e têm mais autonomia que os outros operários.

Entre essas duas situações extremas descritas, um grupo que desenvolve uma estratégia de evasão, apatia e recusa de conflitos, incapacidade de lidar com situações envolvendo o poder, e outro grupo que mostra familiaridade com posições de poder e de mando, sendo capaz de autonomia e diferenciação, encontramos outras estratégias de ação.

16.2.5 O modelo da unanimidade

Dois grupos enquadram-se nesse modelo: os operários que trabalham em linhas de montagem, sem nenhuma especialização particular, envolvendo-se em um trabalho repetitivo e mecânico, desenvolvido em conjunto com seus colegas, vivem uma experiência profissional de identificação horizontal com pares e vertical com líderes do sistema social operário e, dessa forma, encontram meios para afirmar a sua diferença como grupo perante os administradores e chefes. Cada indivíduo sente-se, assim, profundamente ligado ao grupo, por meio do qual se diferencia, não agindo separadamente. Esse modelo da fusão operária compreende a identificação do grupo com um líder de seu grupo que interpreta os acontecimentos, defende suas posições e orienta suas relações com a chefia, propondo mobilizações quando necessário. Esse tipo de grupo normalmente adota estratégias do tipo "tudo ou nada", realizando fortes mobilizações para obter seus objetivos.

O outro grupo que desenvolve uma estratégia semelhante, no modelo da unanimidade, são os burocratas e funcionários administrativos, de escritório, que evitam conflitos fortes com seus colegas a fim de respeitar o código burocrático de igualdade formal no sistema. Essa é uma maneira de controlar o favoritismo, evitando-se amizades estreitas ou identificação com a chefia. As pesquisas indicam, no entanto, que, se a igualdade burocrática formal é ameaçada por reformas ou se as regras que lhes asseguram direitos são mudadas, esses indivíduos, que normalmente evitam conflitos, são capazes de iniciar fortes mobilizações para defender os meios que garantem suas posições no sistema e seus direitos (aposentadoria integral, bônus, promoções, plano de carreira, tudo isto previsto na burocracia etc.). As ações políticas desse grupo, dada a sua capacidade estratégica limitada, como o grupo dos operários supracitados, são erráticas – o grupo emprega muita força para obter vitórias menores ou pouca mobilização para questões maiores e mostra dificuldades na negociação e no debate político.

16.2.6 O modelo das afinidades seletivas

Grupos que dispõem de maior mobilidade na organização – jovens executivos e *trainees*, consultores –, em virtude de mudarem sempre de ambiente, de pretenderem seguir uma carreira rápida, mediante sucessivas promoções, desenvolvem uma estratégia individual de ação, identificando-se com colegas e chefes temporariamente e reconstituindo suas relações e suas identificações tão logo atinjam novas posições na organização.

Esses indivíduos não gostam de envolver-se politicamente com grupos, uma vez que pretendem manter sua mobilidade individual e não ser limitados em sua ação pelas imposições e restrições que envolvem a ação coletiva. Normalmente, eles são dotados de boa capacidade estratégica, relacional e política. Sua recusa de agir em grupo, no entanto, impede-os de desenvolver as capacidades cognitivas e relacionais próprias a esse tipo de ação. São normalmente indivíduos mais jovens, saídos de excelentes escolas, inteligentes, que querem construir uma *network* (rede) e relacionamentos para promoção rápida e buscam sempre aumentar sua qualificação profissional por meio de realização de cursos de especialização e pós-graduação *strictu sensu*. Almejam uma carreira rápida e sabem negociar desenvolvendo cada vez mais sua capacidade de ação estratégica. São jovens executivos, engenheiros, gerentes etc. No futuro, serão parte do grupo solidariedade democrática, desenvolvendo as estratégicas de ação e aprimorando cada vez mais sua capacidade de ação estratégica na organização, sendo muito voltados para o trabalho.

Podemos observar que a organização, estruturando diferentes vias de acesso à experiência, à autonomia e à capacidade de ação estratégica, oferece meios de afirmação de identidades desiguais aos indivíduos. Quando o indivíduo não dispõe de nenhum meio para medir o resultado de suas relações e o seu valor social, uma vez que praticamente não tem acesso ao reconhecimento, dado o seu tipo de atividade, então, o desejo concentra-se no imaginário puro e o indivíduo, prisioneiro de identificações aos poderosos, reproduz o pensamento daqueles que são capazes de defender e impor suas ideias. Na ocasião em que os meios de ser reconhecido como o autor de uma ação concreta só são acessíveis pela ação coletiva, porque cada indivíduo é muito fraco para vencer sozinho, a fusão entre os desejos, realizada por meio de um processo de identificação projetiva recíproca entre pares, é reforçada. Quando, finalmente, o indivíduo dispõe de meios suficientes para obter sozinho o reconhecimento de suas ações pelos outros, ele pode conciliar por si próprio o desejo, a reflexão e a ação, propondo uma racionalidade própria e autônoma. Desse modo, o exercício pleno da democracia e da cidadania é um luxo limitado aos poucos que conseguem diferenciar-se no sistema organizacional. O desenvolvimento da capacidade cognitiva e política dos indivíduos é um fator importante no processo de diferenciação de identidades.

16.3 As políticas de gestão de recursos humanos e a identidade social

É possível relacionarmos os diversos tipos de identidade social às práticas de gestão de recursos humanos predominantes nas organizações. Existem modelos de gestão de pessoas que propõem o desenvolvimento político e cognitivo dos atores sociais na organização e incorporam as dimensões do conflito e do debate, favorecendo a emergência de identidades do tipo "solidariedade democrática" e "afinidades seletivas" anteriormente descritas. Outros modelos sugerem práticas opostas, que, ao reduzirem a autonomia dos atores organizacionais, limitam o seu desenvolvimento cognitivo e politização. Apresentaremos, a seguir, duas tipologias: o modelo instrumental de gestão de recursos humanos e o modelo político (ou gestão por competências). Esses modelos foram recenseados em uma pesquisa abrangente realizada nos Estados Unidos e na França nos anos 1990 por pesquisadores do Centre d'Études et de Formation Approfondie en Gestion (Cefag). Essa pesquisa, coordenada por Julienne Brabet, da Université de Montpellier, dividiu-se em duas partes: primeiro, avaliaram-se, criticamente, as práticas de gestão de pessoas implementadas em mais de 50 organizações, além de analisarem os discursos dos gerentes da área. Chegou-se, assim, a duas tipologias que pareciam orientar as ações dos profissionais e práticas empresariais na época. Após isso, examinou-se um número considerável de livros e manuais de recursos humanos franceses e anglo-saxões, que confirmaram a tipologia encontrada nas práticas gerenciais e entrevistas com gerentes. Trata-se, pois, de um recenseamento das práticas e modelos didáticos por meio dos quais as organizações e indivíduos representam sua experiência.

As organizações, os profissionais do setor e os livros de administração que embasam sua análise no modelo instrumental propõem um corpo teórico composto dos seguintes conceitos:

> O mercado impõe-se à empresa, considerada um instrumento racional de produção, cuja estratégia é definida por seus diretores em razão das pressões do mercado, do setor e dos valores organizacionais.

> A gestão de recursos humanos tem a função de implantar essa estratégia, buscando a maximização do resultado econômico e melhor *performance* dos empregados, uma vez que, em tese, toda a comunidade organizacional será beneficiada pelo aumento da produtividade.

> O pagamento por produtividade e o valor "igualdade de oportunidades" são características importantes desse modelo, que é baseado no conceito de eficiência econômica e no argumento de que a eficiência social gera a eficiência econômica e vice-versa.

> Os indivíduos devem ter mais autonomia, mas somente na medida em que esse desenvolvimento seja útil à empresa. Sendo assim, os empregados são considerados seres utilitaristas e condicionáveis pelas ações baseadas no conceito de estímulo–resposta, mediante uma interpretação própria e muitas vezes simplificada das técnicas behavioristas. Os profissionais de recursos humanos, nesse modelo, consideram possível a implementação de programas baseados nesses conceitos, levando os indivíduos a adotar os comportamentos esperados, medindo-se as respostas aos estímulos dados, comparando-as aos resultados da produção e aos investimentos realizados no programa. Não se fala em atores sociais, mas em agentes.

A gestão de recursos humanos tem, assim, o seguinte papel:

> avaliar as necessidades e os recursos dos grupos organizacionais;
> descrever os cargos e prové-los segundo um recenseamento sistemático dos candidatos, por meio de procedimentos de seleção "objetivos";
> avaliar os cargos e as *performances* dos empregados, remunerando-os equitativamente a fim de motivá-los;
> treinar os indivíduos, melhorar as condições de trabalho, informar, comunicar e assegurar relações sociais satisfatórias.

A participação dos grupos organizacionais é considerada importante a fim de obter a sua adesão à estratégia da empresa.

Existem outras características ainda a serem consideradas:

> empresa é considerada um organismo adaptativo;
> meio ambiente "natural" é visto como um dado da realidade;
> planejamento estratégico, seleção e gestão de recursos humanos são coordenados pelos profissionais da área;
> atores sociais são condicionáveis ("agentes"): estratégia utilitarista determinada em razão das pressões do mercado e do setor e dos valores dos dirigentes;
> pressuposto de convergência de interesses da comunidade organizacional. A organização segue um modelo ideal baseado na harmonia social e no desenvolvimento de uma estratégia "ótima" para atingir os objetivos econômicos contingentes.

Além dessas características, a mudança organizacional é percebida como fruto de decisões estruturadas por uma diretoria central, a qual possuiria a totalidade das informações necessárias sobre as pressões setoriais e a estrutura da concorrência, além do poder de definir a política a ser seguida e de decidir os melhores meios de ação, tendo em vista os problemas da organização. A mudança normalmente é imposta *top-down* (Brabet, 1993).

16.3.1 O modelo político (ou arbitragem gerencial; estratégico; gestão por competências)

O modelo político de gestão de pessoas foi criado a partir dos estudos de Herzberg (1966) sobre motivação e dos estudos do Instituto Tavistock de Londres, que embasaram o movimento da "democracia industrial" surgido nos anos 1960 nos países escandinavos. Programas como o de melhoria das condições de trabalho, a humanização do trabalho, a reestruturação das tarefas (enriquecimento e ampliação) e a criação dos grupos semiautônomos de produção são alguns dos movimentos inspirados nessas teorias. O debate político e a auto-organização eram os valores defendidos.

Esse modelo diferencia-se do instrumental, sobretudo pela incorporação da ideia de conflito e divergência, tendo em vista os diferentes interesses dos atores organizacionais. Reconhece-se a existência de várias lógicas de ator e critérios de ação válidos, considerando-se o modelo da racionalidade limitada de Simon (1947), segundo o qual toda a racionalidade é relativa ao ator social que decide, não existindo uma racionalidade absoluta inquestionável. Apesar de se reconhecer a existência de conflitos na organização, os dirigentes buscam superá-los por meio da negociação, obtendo a coesão entre as partes envolvidas no processo de decisão. Um bom gerente, segundo esse modelo, é um árbitro que tem como objetivo obter essa coesão integrando os interesses particulares dos diferentes grupos de atores sociais, visando à obtenção de uma solução negociada com a direção da empresa, resultando em uma espécie de "pacto político".

As políticas de gestão de pessoas da empresa são vistas como mutantes e contingentes, sendo soluções temporárias e características de situações específicas a partir de um diagnóstico organizacional. Apesar disso, os profissionais da área pretendem organizar a gestão a começar de um modelo ideal a ser concretizado a longo prazo, envolvendo o desenvolvimento qualitativo da mão de obra, a autonomia e a democratização das relações.

Alguns dos exemplos dessas proposições são o manual de Beer (2000), que descreve o curso da Harvard Business School, e o manual de Weiss (2012), com um capítulo escrito por Edgar Morin.

As principais características do modelo político compreendem:

- eficiência econômica negociada, não correspondendo, necessariamente, à eficiência social em curto prazo (aceitação de conflitos, buscando-se, no entanto, absorvê-los mediante negociação política);
- meio ambiente negociado e construído;
- avaliação dos resultados feita pelos grupos organizacionais envolvidos no processo de decisão;
- ator-chave de recursos humanos é a direção-geral da empresa;
- empresa construída socialmente por meio da ação política dos diversos grupos organizacionais;
- decisões racionais e éticas referindo-se à resolução de conflitos, à obtenção do consenso e às questões de poder;
- indivíduos vistos como atores políticos válidos com potencial de desenvolvimento positivo, buscando concretizar ativamente seus próprios interesses ("cidadania nas organizações");
- modelo ético aplicado à organização (Vasconcelos e Vasconcelos, 2000).

Nesse modelo, a mudança organizacional é percebida como uma resposta a um meio ambiente negociado e estruturado pelas organizações do setor, as quais influenciam ativamente o rumo dos acontecimentos e dos fatos característicos de sua indústria. Os indivíduos são percebidos como atores participando e influenciando nessa mudança, nos seus diversos níveis de atuação.

Considera-se que eles possuem, naturalmente, uma margem de manobra em seu nível organizacional e, por isso, a negociação é vista como necessária à boa implantação da estratégia. A organização é um espaço de jogo estratégico entre os atores sociais, que têm margens de atuação maiores ou menores dentro dessa arena política. A mudança, implantando soluções sempre contingentes e temporárias, prevê a realização de objetivos de longo prazo, como os da qualificação crescente da mão de obra, do desenvolvimento de habilidades e competências e o da democratização das relações no trabalho. O desenvolvimento econômico da empresa deve beneficiar, além dos acionistas, a sociedade global e os grupos organizacionais. Esse modelo está ligado ao conceito de progresso e construção de uma harmonia social a longo prazo, a despeito dos conflitos e divergências.

Os conceitos apresentados serão utilizados na análise a seguir. Procuramos integrar os processos de formação da identidade no trabalho com os dois modelos de gestão de pessoas recenseados na pesquisa mencionada. Podemos, assim, verificar como as práticas de gestão de pessoas, estruturando as relações de trabalho, favorecem a emergência de diversas formas de identidade social.

Atores sociais autônomos, acostumados a práticas de gestão de pessoas voltadas para o modelo político, apresentam dificuldades em se adaptar a mudanças que visem reduzir sua autonomia e cercear-lhes a liberdade de negociação e participação nas decisões organizacionais. Esse tipo de mudança é percebido como um retrocesso e, frequentemente, desperta reações de resistência.

Considera-se, na metodologia para estudar este tipo de mudança, que o observador externo deve procurar identificar as formas de expressão características da visão de mundo de cada grupo organizacional. Para tanto, o pesquisador deverá observar:

➤ a prática de ritos coletivos;
➤ a perpetuação de mitos ou histórias sobre a organização, em particular sobre aqueles que detêm o poder;
➤ a existência de tabus;
➤ as normas de comportamento e como cada grupo reage a elas;
➤ os valores e a ética orientadores da ação concreta dos diversos grupos, muitas vezes, valores opostos aos divulgados oficialmente;
➤ as comunicações oficiais e os símbolos associados a elas.

Linda Smircich (1983a) trata desse tipo de pesquisa salientando que o conhecimento gerado por essa metodologia pode ser classificado como "conhecimento subjetivo".

Nesse tipo de método, o que caracteriza a ciência positivista, ou seja, as relações do tipo sujeito/objeto, é substituído por relações do tipo sujeito/sujeito, em que o pesquisador focaliza sua atenção nos significados partilhados intersubjetivamente. Tal método tem como pressuposto que o conhecimento não é independente do pesquisador. Este apreende as significações das ações do grupo por meio da sua interação com os membros da organização e, assim, ele tem uma visão global dos significados e imagens partilhados pelos membros do grupo organizacional. É importante ressaltar que um estudo de caso traz informações válidas que permitem aprofundar certos aspectos de uma teoria ou refutá-la, mas, por não obedecer a técnicas estatísticas, não podemos fazer afirmações genéricas (Smircich, 1983a, 1983b).

A metodologia insere-se nos pressupostos do paradigma interpretativo definido por Burrel e Morgan (1994), dentro da tradição sociológica weberiana. Esse método é compatível com correntes teóricas como o interacionismo simbólico e estudos culturais e etnográficos que seguem uma tradição fenomenológica de pesquisa.

16.4 A mudança organizacional e a gestão de pessoas

A mudança organizacional é concebida, neste estudo, como fruto de uma ruptura, passível de gerar contradições porque o novo sistema deve ser construído a partir do construto social anterior. A resistência à mudança é um fenômeno comum e pode ser diminuída à medida que se proporcione possibilidade de ação ao indivíduo, dentro da nova estrutura, de utilizar os meios de ação e cognição desenvolvidos na estrutura organizacional anterior para identificar-se com o novo projeto de organização proposto, adaptando, parcialmente, suas estratégias de ação às novas perspectivas que lhe são oferecidas.

O modelo político de gestão de pessoas, que promove o debate e a discussão, permite aos indivíduos treinarem sua capacidade de ação estratégica e afirmarem identidades autônomas e diferenciadas, mais próximas do modelo da solidariedade democrática. A mudança autocrática, no entanto, pode levar à anomia e à adoção de atitudes de evasão como o modelo da retirada estratégica.

Uma gestão de pessoas que favoreça a emancipação política do indivíduo e seu acesso a uma identidade autônoma, capaz de afirmar uma racionalidade própria, mostra-se mais adequada às organizações atuais, uma vez que prepara indivíduos capazes de atribuir sentido à experiência e de se adaptar melhor a um mundo de mudanças rápidas e complexas, e que, logo, estarão mais aptos a colaborarem efetivamente nos processos de inovação organizacional e mudança.

16.5 O estudo da mudança organizacional

Como vimos, um conceito varia de acordo com um paradigma de pesquisa. Conceitos como cultura organizacional, poder, organização, classe social, variam de acordo com o paradigma de administração de empresas, de sociologia, de antropologia em relação ao qual são estudados. Gareth Morgan (1996), em seu livro *Imagens da organização*, ao estudar a organização a partir de metáforas como máquina (taylorismo), sistemas abertos (empresas orgânicas), sistemas políticos (poder), sistemas culturais ou como cérebros (organização em aprendizagem, conhecimento e inovação), entre outras imagens, ilustra diversos paradigmas de análise aplicados à administração de empresas.

Burrell e Morgan (1994) classificam, entre outros métodos de pesquisa, a etnometodologia (adaptada à administração de empresas por autores como Linda Smircich 1983a,b) como método adequado à corrente do interacionismo simbólico, corrente interpretativa ou weberiana de pesquisa, conforme descrito a seguir. Dessa forma, os autores destacam quatro dimensões que originam quatro paradigmas de pesquisa, dispostos a seguir.

Dimensão sociológica da mudança radical (o pressuposto de que a sociedade evolui sempre a partir do questionamento e da mudança radical e do conflito). A intersecção entre a perspectiva sociológica da mudança radical, com o subjetivismo (foco na visão de mundo dos indivíduos e grupos sociais, diferentes visões de mundo dependendo do grupo e do indivíduo) e com a concepção de voluntarismo (o pressuposto de que os seres humanos são livres em sua suas escolhas), produz o paradigma do radical-humanismo. Este paradigma embasa-se em uma concepção subjetiva da realidade, entretanto, concentra-se na dimensão do conflito social. Os trabalhos da escola de Frankfurt (Adorno, Habermas etc.), de Jean-Paul Sartre, entre outros, encontram-se nesse paradigma.

A intersecção entre a perspectiva sociológica da mudança radical (que, como vimos anteriormente, foca na análise dos conflitos sociais e na mudança radical) com o objetivismo e com a concepção de determinismo social (os seres humanos são determinados em suas escolhas por forças sociais, têm pouca capacidade de escolher livremente suas ações voluntariamente), produz o paradigma do radical-estruturalismo, que, em suma, prioriza a dimensão do conflito, salientando que ele é inerente à realidade social, e que por meio da luta pela apropriação pelos bens de produção e a luta de classes, por meio do materialismo dialético, a sociedade evolui (marxismo).

A intersecção entre a perspectiva da regulação social (pressuposto de busca contínua da harmonia social pela humanidade, evitando conflitos, e focando na evolução sempre para melhores patamares sociais – os conflitos sendo considerados como algo a ser superado para buscar-se a harmonia social novamente), ou seja, a evolução da sociedade, e sua intersecção com o objetivismo e o determinismo social (pouca ou nenhuma liberdade de livre escolha pelos indivíduos) produz o paradigma funcionalista, que tem como pressuposto o conceito de integração social e harmonia, almejando a compreensão dos fundamentos da cooperação, da manutenção da realidade social e/ou da evolução da mesma por meio de pressupostos de harmonia social. Tal corrente contempla a realidade social como produto de leis e métodos de regulação que transcendem a vontade humana, sendo concedidos propósitos que condicionam e influenciam a ação do indivíduo; se os conflitos existem são para serem superados buscando-se novos patamares de cooperação social.

Dimensão subjetiva – A intersecção entre a perspectiva da integração social e harmonia social (como descrito no paradigma 3) com o subjetivismo ou voluntarismo (pressuposto de que o ser humano é livre para escolher entre várias possibilidades de ação, desde que aceite as consequências de seus atos) produz o paradigma da sociologia interpretativa, que conceitua a realidade social como consequência de uma construção humana, por meio da interação e negociação dos diferentes grupos sociais, que compreendem a realidade de acordo com critérios preexistentes, característicos de sua cultura. Ao agir, entretanto, indivíduos influenciam e modificam esses mesmos critérios e padrões nos quais embasaram suas ações, em um decurso dialético de reinterpretação e reconstrução da realidade social. Nesta corrente, encontram-se os trabalhos de Max Weber e o interacionismo simbólico, fundamento deste capítulo, por meio dos trabalhos de Peter Berger e Thomas Luckmann (1989).

Vejamos os paradigmas propostos por Burrell e Morgan (1994).

O paradigma radical humanista se concentra em uma abordagem subjetiva das organizações que considera a interpretação de cada indivíduo e de cada grupo social em sua análise, assumindo que existem diferentes interpretações, culturas e subculturas e, logo, diferentes realidades subjetivas. As teorias pertencentes a este modelo consideram que a mudança social, quando ocorre, é radical, sendo influenciada por disputas de diferentes formas de visão de mundo e ideologias. O existencialismo de Jean-Paul Sartre, a teoria da ação comunicativa de Habermas, o pós-modernismo e a dialética hegeliana são teorias que se enquadram neste aqui. Apesar de serem diferentes teorias, compartilham estes pressupostos de base – a visão subjetiva da realidade e a sociologia da mudança radical.

O paradigma radical estruturalista é o marxismo, que considera a mudança radical por meio da luta de classes sociais o motor da história. O marxismo, através da visão objetiva da realidade, crê que não se trata apenas de uma luta de ideias, mas de uma luta objetiva que tem lugar na realidade social pela conquista dos meios de produção. Este modelo trabalha, então, com a visão objetivista da realidade social e com a sociologia da mudança radical.

A sociologia interpretativa trabalha com o pressuposto de que a sociedade tende à regulação social, ou seja, à busca de harmonia social, sendo os conflitos passageiros e o objetivo é resolvê-los para a construção de uma sociedade mais evoluída. Este paradigma também acredita que a realidade é subjetiva, e que a visão de mundo dos diferentes indivíduos e grupos sociais corresponde a diversas interpretações da realidade possíveis. Sendo assim, a visão subjetiva e a sociologia da regulação social convivem juntas neste modelo. Exemplos desta corrente são o trabalho de Max Weber, o interacionismo simbólico, a fenomenologia, entre outras correntes

O funcionalismo trabalha com a mesma visão do paradigma anterior de que a sociedade tende a buscar a harmonia social e os conflitos são resolvidos para que a sociedade possa evoluir. Porém, este modelo lida com a visão objetivista da realidade, ou seja, se preocupa em estudar, como em ciências naturais (física, biologia, geologia etc.), a sociedade como uma realidade objetiva, constituída por leis concretas, aplicadas a todos. Trata-se de um paradigma quase determinista. Autores como Talcott Parsons, Émile Durkheim, entre outros, fazem parte deste modelo.

Neste capítulo, apresentamos a mudança organizacional, baseada nas definições anteriormente mencionadas, que se enquadram no paradigma interpretativo, o quarto paradigma explicado, que faz parte da corrente weberiana de pesquisa.

16.5.1 Mudança e resiliência organizacional

Como observamos no artigo "Organizações pós-burocráticas e resiliência organizacional: A institucionalização de formas de comunicação mais substantivas nas relações de trabalho" (Vasconcelos et al., 2017), o conceito de resiliência normalmente está ligado à resposta da organização a eventos disruptivos, por meio de adaptação positiva em um novo patamar de complexidade, superando a situação de ruptura (por exemplo, uma inovação radical, que leva a empresa a redesenhar o modelo de negócio, as formas de trabalho e interações) e implementando a mudança com êxito. O conceito de inovação radical em tecnologia já traz a ideia de ruptura e adaptação positiva do grupo organizacional para um novo patamar de complexidade, após o redesenho das formas de trabalho, do modelo de negócios, dos produtos e/ou serviços que acompanham a inovação radical em tecnologia. Assim, a inovação radical exige uma organização inovadora e resiliente, que saiba mudar e se adaptar à mudança de paradigma devido à inovação, quando for este o caso. Salienta-se que a ruptura tecnológica não necessita de ruptura com a história da organização ou do grupo organizacional, mas mudança, sim, em maior ou menor grau, a partir do sistema anterior, ainda que esta mudança apresente algum tipo de ruptura com o sistema social anterior, em maior ou menor grau. Trata-se de oferecer condições aos indivíduos de se adaptarem ao novo desenho organizacional e formas de trabalho, a partir do trabalho anterior. Trata-se ainda do paradigma sociotécnico, que mostra que uma inovação tecnológica radical exige também o redesenho do sistema social (dos papéis sociais e formas de interação), da organização e produz uma inovação social, em maior ou menor grau. Ao ser conduzida com sucesso, a mudança permite a adaptação dos indivíduos às novas formas de trabalho.

Diversas situações produzem rupturas e exigem resiliência organizacional:

a) Rupturas provocadas pela própria organização quando inova radicalmente.
b) Rupturas provocadas por crises econômicas e/ou políticas.
c) Rupturas provocadas por organizações concorrentes, que inovam radicalmente, mudando o meio ambiente de negócios.

d) Rupturas provocadas por mudanças na legislação induzidas pelo governo ou organismos reguladores internacionais (Vasconcelos et al., 2017).

Muitos autores citam a resiliência organizacional como a qualidade necessária à organização que inova radicalmente diversas vezes, no decorrer de vários anos, e logo tem que redesenhar suas formas de trabalho e mudar frequentemente, em sua história, para manter vantagem competitiva sustentável, podendo até mesmo ter que mudar o seu design organizacional (Mintzberg, 2000). Veremos que a *resource based view*, a teoria dos recursos da firma, que propõe que uma organização empreendedora no modelo VRIO (valor, raridade, imitabilidade e organização), como explicado no Capítulo 13, necessita inovar radicalmente várias vezes para ter vantagem competitiva sustentável, prevê uma organização inovadora resiliente que inova sempre, e muda, para ter vantagem competitiva sustentável, seguindo o modelo VRIO. Segundo os trabalhos de Mintzberg (2000), uma organização inovadora resiliente se estruturaria como uma *adhocracia*, ou como nos mostra Heckscher (2007; Herckscher e Donnellon, 1994) nos seus trabalhos sobre a organização pós-burocrática, em uma organização pós-burocrática ou interativa, existem formas de trabalho e colaboração que mais favorecem a inovação e a mudança quando necessária.

Se a organização é resiliente, ou seja, se a organização (grupo social) consegue frequentemente enfrentar situações de ruptura com êxito, inovando tecnicamente e também socialmente e aprendendo com esta dinâmica, e atingindo novos níveis de complexidade e estabilidade, a resultante é que, mesmo enfrentando rupturas sucessivas, ainda que com intervalos de tempo de estabilidade entre essas sucessivas rupturas, podemos dizer que a organização é estável de forma dinâmica, pois sucessivamente atinge patamares de estabilidade mais complexos, em um equilíbrio dinâmico. Kathleen Eisenhardt (1990) menciona em seus trabalhos a contínua polarização entre ordem e caos nas organizações, na busca de um equilíbrio dinâmico a partir do paradoxo que existe de forma constante nas organizações. Quando se organiza um setor, outro setor se desorganiza e deve ser reestruturado, e o gestor sempre está atuando entre as duas dimensões de ordem e caos, para evitar a entropia (tendência à desordem do sistema organizacional).

Mostraremos que a teoria dos recursos da firma (*resource based view*) e a teoria das capacidades dinâmicas, ao exigir que a organização persiga o modelo VRIO inovando radicalmente várias vezes e sendo empreendedora, propõe na prática o modelo de uma organização inovadora resiliente, que consiga mudar várias vezes no decorrer de sua história.

São vários os exemplos de inovações radicais: o telefone celular e sua evolução no que se refere à telefonia fixa; a câmara digital em relação à câmara tradicional; o computador pessoal para a antiga máquina de escrever; o DVD para a tecnologia VHS; o carro elétrico e conectado à internet das coisas, autônomo em relação ao carro movido à gasolina ou álcool; as fábricas inteligentes 4.0; o Big Data; a inteligência artificial; os computadores quânticos; a impressão 3D; energia solar, eólica, de marés, hidrólise; as cidades planejadas; as aceleradoras de *start ups* (serviços); agências bancárias digitais; fundos de gestão de *start ups*; entre vários exemplos possíveis.

16.5.2 A estratégia da empresa como fonte de desenvolvimento de vantagem competitiva

Como analisamos em detalhe no Capítulo 13, há diferentes abordagens que buscam explicar como as empresas atingem vantagem competitiva (entenda-se vantagem competitiva como a obtenção de resultados consistentemente superiores à concorrência). Dentre elas, podem-se destacar duas visões:

1. A que entende a vantagem competitiva como um **atributo** de posicionamento **exterior** à organização, vinculada à estrutura do mercado e à natureza da competição em diferentes indústrias. Entre os principais defensores dessa corrente, encontra-se Porter (2005) e seu modelo de estratégia competitiva baseada nas forças que dirigem a concorrência na indústria (Nunes, Vasconcelos e Jaussaud, 2003).
2. A que relaciona a vantagem competitiva aos **atributos internos** diferenciadores da firma. Nessa tendência, encontramos fundamentalmente duas correntes: a da *resource based view* e a das capacidades dinâmicas. Para ambas, a vantagem competitiva está além das forças de mercado, vinculando-se à capacidade da firma de desenvolver recursos internos difíceis de serem imitados (Nunes, Vasconcelos e Jaussaud, 2003).

16.5.3 A teoria dos recursos da firma

A teoria dos recursos da firma (*resource based view* – RBV) é baseada no entendimento de que a fonte de vantagem competitiva está fundamentada nos recursos (físicos, financeiros e também intangíveis e invisíveis) e nas competências desenvolvidas pela firma, na qual os fatores de mercado têm peso apenas secundário (Barney, 1991).

Analisando essa tendência, Teece, Pisano e Shue (2000) pontuam que, para a RBV, o que uma firma pode fazer não é apenas em razão das oportunidades que ela encontra, mas depende também, e prioritariamente, do que ela pode controlar e desenvolver internamente.

Penrose (1959) argumenta que as organizações devem ser entendidas como estruturas administrativas, que unem e coordenam atividades individuais e grupais, e como uma coleção de recursos produtivos, que podem ser divididos em físicos e humanos. Ao se considerar as organizações contemporâneas um aglomerado de recursos, a RBV abarca essa concepção de organização proposta por Penrose, uma das primeiras a defender a firma como um conjunto de recursos, e não como uma função abstrata de transformação de insumos em produtos.

Seguindo nessa linha, Barney (1991) frisa que a vantagem competitiva de uma organização no presente pode deixar de sê-la no futuro, caso outros consigam copiá-la, a não ser que a organização desenvolva uma vantagem competitiva sustentável, a partir de características difíceis de serem praticadas pelos competidores. E para conquistar uma vantagem competitiva sustentável, Barney argumenta que há quatro categorias de recursos fundamentais – capitais financeiro, físico, humano e organizacional – os quais devem seguir alguns critérios:

1. O critério do **valor**: os gestores deveriam verificar se os recursos da organização adicionam valor pela sua capacidade de explorar oportunidades e neutralizar ameaças.
2. O critério da **raridade**: é relevante o fato de outras empresas possuírem ou não o recurso valioso.
3. O critério da **imitabilidade**: as patentes protegem cópias de inovações por um período de tempo (normalmente dez anos), garantindo assim a imitabilidade.
4. **Organização**: um ponto importante é avaliar se a empresa está organizada para explorar, em sua totalidade, o potencial competitivo de seus recursos ou não. Barney (1991) mostra que a cultura organizacional, a estrutura organizacional e a política de gestão de pessoas podem ser recursos diferenciais da firma, que obedeçam aos critérios mencionados, e que sejam responsáveis pelo desenvolvimento de vantagem competitiva. Assim, formas de gestão de pessoas são, segundo os autores da RBV, capacidades organizacionais fundamentais que, ao serem diferenciais raros, que agregam valor, difíceis de imitar, permitem às empresas o desenvolvimento de vantagem competitiva ao menos temporária.

O trabalho desenvolvido pelos teóricos da RBV associa-se com o desenvolvido por Prahalad e Hamel (1994) na medida em que estes últimos defendem que a competitividade da organização deve pautar-se no desenvolvimento de competências essenciais (*core competencies*). Essas competências devem seguir os critérios de difícil imitabilidade, oferecer reais benefícios aos clientes e prover acesso a diferentes mercados, estimulando um ambiente de aprendizado rápido que deve ser colocado em prática antes que os concorrentes o façam.

Como argumentam Teece, Pisano e Shue (2000), no entanto, para ter vantagem competitiva sustentável não basta inovar radicalmente de acordo com características do modelo VRIO por um período de tempo apenas. Deve-se inovar continuamente buscando-se as características do VRIO a fim de que se possa ter vantagem competitiva sustentável.

Essa percepção levou ao desenvolvimento de uma nova abordagem no tratamento da vantagem competitiva, qual seja a teoria das capacidades dinâmicas. (Nunes, Vasconcelos e Jaussaud, 2003).

16.5.4 A teoria das capacidades dinâmicas

A RBV evoluiu para um conceito que envolve "capacidades dinâmicas". Segundo Teece, Pisano e Shue (2000), a teoria das "capacidades dinâmicas" apresenta-se como uma resposta à questão da competitividade em ambientes de alta complexidade e mudança, na qual o que diferencia a firma é a sua capacidade de acumular e combinar novos recursos em novas configurações, mais do que seu estoque de recursos atuais. Essa capacidade depende da capacidade de aprendizagem da organização.

Pelo conceito de capacidade dinâmica, é possível entender que não basta às organizações disporem de um acúmulo de recursos raros, difíceis de imitar e assim obterem vantagem competitiva temporária. É necessário que elas possuam uma capacidade de resposta no tempo, que gere inovações radicais rápidas, associadas à capacidade gerencial de coordenar e realocar, de forma efetiva, as competências internas e externas da empresa para sempre continuar inovando.

Para Argyris (2000), inovação, implica aprendizagem de circuito duplo, como definido antes, ou seja, o questionamento de regras e normas vigentes e a proposição de um novo sistema social e uma nova técnica que desafiem os pressupostos de base do modelo anterior. Aprendizagem, por sua vez, implica mudança de comportamentos, formas relacionais, tecnologias, serviços etc. Estes conceitos não podem ser dissociados.

Porém, quando mudam as tecnologias (quando ocorre a inovação de produtos e serviços) muitas vezes mudam também as formas de gestão da organização.

O que era visto como positivo passa a ser visto como inadequado, obsoleto etc. A organização pode implantar novos *softwares*, modos de serviço, e para tanto implementar novas maneiras de gestão, e exigir dos indivíduos novos tipos de comportamento (trabalho em equipe, autonomia etc.). Os indivíduos, habituados aos padrões de comportamento anteriores que "davam certo", poderão ter, muitas vezes, dificuldades de se adaptar aos novos modos relacionais e adotar os comportamentos exigidos pelo novo sistema organizacional (pelo "sistema de ação concreta").

Portanto, como dizem Crozier e Friedberg (1981), tratando-se de inovação radical (e, consequentemente, de mudança), a aprendizagem não é só técnica, mas também é relacional – aprendizagem de novas formas de interação social, de trabalho, a adoção de novas formas de comportamento, a adoção de novas alianças estratégicas. Um indivíduo, que antes trabalhava bem de maneira isolada, pode ter dificuldades em se adaptar a um novo modo de trabalho em equipe. A constituição de um novo sistema de ação concreta acompanha o processo de inovação. É importante considerar que o indivíduo que era "vencedor" e tinha uma posição de prestígio e sucesso no antigo sistema organizacional, por deter conhecimentos de técnicas consideradas fundamentais para a organização, vai querer também continuar a ser "vencedor" e a ter sucesso no novo sistema organizacional. No entanto, no processo de inovação e aprendizagem e desenvolvimento de novas competências técnicas que passarão a embasar o futuro da organização, esse indivíduo, que antes detinha as competências responsáveis pelo sucesso na organização, deverá se inserir no novo sistema, renegociando suas posições, encontrando uma posição e desenvolvendo novas alianças estratégicas. Se ele não fizer isso, perderá posições e prestígio, e poderá ser fonte de resistência à mudança, por não aceitar "perder" e transformar-se em um fracasso no novo sistema. Tendo desenvolvido uma identidade social na organização, durante anos, de "vencedor", terá dificuldades e sofrerá com a ruptura no sistema, o que motivará sua resistência (Vasconcelos e Vasconcelos, 2002a). A mudança, assim, não é algo simples, pois implica ruptura sistêmica, em maior ou menor grau, reconstrução de jogos de poder, construção de novas alianças políticas e novas formas identitárias. A mudança brusca pode inclusive provocar no indivíduo anomia (perda das normas de referência) e grande sofrimento. Dada essa condição, a desdramatização da mudança e a inserção de indivíduos na empresa que tenham habilidade de negociar, transformar-se e reciclar-se ao mesmo tempo que a organização o faz, evoluindo, passa a ser uma competência valorizada nos indivíduos por esta corrente, que fala em identidades evolutivas, tanto da organização quanto do indivíduo. Se a mudança é difícil, pois implica ruptura, a construção de um novo sistema organizacional, afirmam esses autores, só se faz a partir das competências e das práticas anteriores, pois mesmo que a mudança envolva, por exemplo, a despedida em massa de funcionários, muitos dos atores sociais deverão permanecer, e estes deverão reciclar seus conhecimentos e desenvolver novas competências, para continuarem no novo sistema.

Nesse cenário, entra o papel da gestão estratégica de pessoas, ou gestão de competências, no sentido de prover treinamentos e desenvolvimento de competências estratégicas adaptado às *core competences* e aos interesses estratégicos gerais da firma.

Há dificuldades, no entanto, no aprendizado de novas competências. Segundo Crozier e Friedberg (1991), os atores sociais que detêm o conhecimento de uma técnica fundamental para a organização, por meio da qual ganha dinheiro, detêm o controle do que se costuma chamar "zona de incerteza pertinente". Assim, uma *expertise* ou conhecimento técnico difícil de ser adquirido e que garanta o sucesso financeiro da organização dá aos atores sociais que detêm este conhecimento mais poder e prestígio no sistema organizacional, enquanto esse conhecimento for fonte de ganho financeiro para a firma. Quando se inovam produtos e serviços, mudam-se as competências essenciais da firma, e, consequentemente, mudam as zonas de incerteza pertinente (as competências fundamentais que fazem diferença para a organização). Na maioria das vezes, os antigos grupos organizacionais, detentores das antigas competências, que controlavam a partir delas as antigas zonas de incerteza pertinentes, perdem poder, e novos grupos organizacionais, detentores do novo conhecimento útil para a organização, ganham poder, pois passam a controlar as novas zonas de incerteza pertinentes. Como vimos, fenômenos de resistência à mudança são, assim, normais, pois alguns indivíduos e grupos perderão poder e prestígio em razão da inovação, enquanto outros ganharão recursos, prestígio e poder. Novas articulações políticas e alianças estratégicas deverão ser feitas em torno das novas competências válidas para o sistema.

Os indivíduos e grupos detentores dos antigos conhecimentos válidos no sistema anterior poderão possivelmente adquirir novos conhecimentos válidos no novo sistema organizacional e se articular em torno das novas competências técnicas válidas no novo sistema, passando também a controlar as novas zonas de incerteza pertinentes, como faziam no passado.

Isso, porém, exige esforço para adquirir as novas habilidades, bem como articulação política e negociação com os novos grupos emergentes no sistema. Cabe à gestão estratégica de pessoas promover os arranjos organizacionais necessários à transformação do sistema, atuando como facilitadora destes processos.

Essas zonas de incerteza são as que os indivíduos procuram dominar na busca de suas estratégias, e podem estar relacionadas ao domínio exclusivo de diferentes tipos de recursos, como pontuam Crozier e Friedberg (1981):

- ao domínio de competências específicas;
- ao domínio de relações com parceiros sociais importantes;
- ao domínio das informações e dos processos de comunicação;
- ao domínio das regras organizacionais fundamentais.

Dominar uma zona de incerteza, seja ela de qual natureza for, é fundamental no jogo de poder das organizações. Logo, podemos depreender que é da natureza dos atores organizacionais buscarem a perpetuação de suas zonas de incerteza como forma de dominar os jogos a seu favor. Essa conclusão reforça a dificuldade de mudança que comentamos anteriormente, e pode limitar a capacidade de aprendizagem e inovação. Como colocam Crozier e Friedberg (1981), a dificuldade da mudança está intimamente relacionada ao fato de os atores sociais serem "prisioneiros" dos sistemas de ação que dominam, e que lhes garantem o controle sobre determinadas zonas de incerteza.

16.5.5 A aprendizagem de novas competências

Há diferentes abordagens para o conceito de competências e para o processo que gera seu aprendizado. Como descreve Dutra, Hipolito e Silva (2000), há uma linha de definição norte-americana que compreende competência como um conjunto de qualificações, entendidas como conhecimentos, habilidade e atitudes, que permitem ao indivíduo atingir um desempenho superior. São partidários dessa abordagem autores como Boyatzis (1982), dentre outros. De acordo com essa linha de pensamento, as competências podem ser previstas ou estruturadas de forma a permitir um padrão de avaliação, e são desenvolvidas fundamentalmente por processos de treinamento. O conhecimento é o conjunto de conteúdos que uma pessoa adquire em um dado momento; a habilidade é a capacidade de transformar o conhecimento em resultado operacional, o saber fazer, obtendo resultados concretos. A atitude, ou tendência de agir de determinada maneira, implica contratar pessoas que saibam trabalhar em equipe, e também com autonomia, com boa capacidade de relacionamento e dividindo informação quando necessário para inovar. O chamado "aprender a aprender" para atualizar-se também é valorizado. O treinamento é nesse contexto entendido como a forma de aquisição de padrões superiores de desempenho, que de acordo com Zarifian (2001) ocorre por intersecção de três elementos:

1. saber: incorporar conhecimentos;
2. saber fazer: adquirir habilidades;
3. saber agir: desenvolver atitudes.

LeBortef (2003) e Zarifian (2001) entendem que a competência é, na verdade, **a expressão prática** de um conjunto de conhecimentos, habilidades e atitudes. É capacidade de o indivíduo mobilizar seus recursos para dar uma resposta prática às situações com as quais se depara. Zarifan deixa claro que a competência é uma "inteligência prática", apoia-se nos conhecimentos previamente adquiridos e os transforma em função das demandas de maior complexidade com que a pessoa se depara em novas situações. Assim, o conjunto de conhecimentos, habilidades e atitudes preexistente, formado a partir de experiências anteriores, constituem a base para que o indivíduo busque novas respostas quando depara com situações imprevistas. LeBortef, fortalecendo essa linha de raciocínio, atesta que competência é a capacidade de colocar em prática aquilo que se sabe, numa circunstância nova. Concluindo o raciocínio desses autores, só faz sentido falar em competência em ação vinculada ao saber ser e ao saber mobilizar conhecimentos em diferentes contextos (Dutra, Hipolito e Silva, 2000).

O aprendizado de novas competências, fundamental no contexto das capacidades dinâmicas para a construção de vantagem competitiva sustentável pela firma, implica, pois, aplicar conhecimentos, habilidades e atitudes num novo contexto, diferente dos contextos de domínio anterior, com maior complexidade e menor previsibilidade. Essa é a base para o desenvolvimento da capacidade de ação estratégica preconizada por Crozier e Friedberg (1981). Em resumo, a firma, para inovar e desenvolver vantagem competitiva sustentável, necessita de indivíduos que, além da capacidade em desenvolver novos conhecimentos técnicos e novas habilidades, sejam capazes de desenvolver novas alianças estratégicas e novas formas relacionais ao redor das novas zonas de incerteza pertinentes, surgidas em torno das novas competências fundamentais para o sucesso da organização, oriundas do processo de inovação e mudança.

16.6 Fases da mudança organizacional

16.6.1 Fase 1: negociação de novas posições, cargos e salários e formas de trabalho

Na primeira fase da mudança, redesenham-se formas de trabalho, de remuneração e interação que acompanharão a mudança tecnológica em razão da inovação radical. Em seguida, negocia-se com os grupos e indivíduos na empresa quais serão suas novas formas de trabalho, interação, remuneração e posições na empresa, bem como sua permanência ou não na organização. Após a conclusão dessa fase, quando os indivíduos sabem quanto ganharão, como trabalharão, a quais mudanças terão que se adaptar e suas novas perspectivas e posições e salários, e concordam e compreendem as mudanças e a nova organização na qual estarão, **ou as questionam**, aberta ou veladamente, e renegociam, passa a ser importante ajudá-los a desenvolver as novas competências, a se comunicar entre si para desenvolverem as novas formas de trabalho (Vasconcelos et. al, 2017).

16.6.2 Fase 2: comunicação para o aprendizado de novas formas de interação e trabalho considerando a nova tecnologia

Na organização inovadora resiliente, a comunicação passa a ser fundamental para a consolidação da mudança.

O sentido de uma ação é construído a partir da interação dos indivíduos em um dado contexto histórico e social. Desta forma, toda interpretação e criação de sentido está relacionada a um momento histórico e a uma situação social específica e a interpretação deve levar em conta estes fatores. A partir dos sentidos criados pelo grupo, seus membros interagem, interpretam e podem agir compartilhando valores, expectativas e códigos de linguagem que fornecem os significados comuns ao grupo e possibilitam a compreensão entre seus membros.

Os indivíduos em conjunto constroem os universos de significação, a linguagem, os sentidos e os valores que constituem a sociedade e as instituições às quais pertencem. Por sua vez, as instituições e organizações criadas por estes mesmos indivíduos formam os novos membros da sociedade, os mais jovens, nestes mesmos sentidos e valores comuns. Estes novos membros recebem todo o acervo cultural e social como uma realidade anterior a eles, que já foi construída, portanto difícil de mudar. Porém, a mudança é possível uma vez que estes questionam ao menos em parte o acervo cultural e social que lhes foi transmitido pelas gerações anteriores como uma realidade "pronta" e, por sua vez, agem para mudar em maior ou menor grau esta realidade.

Sendo assim, as pessoas podem até aceitar as novas formas de trabalho, de carreira, de remuneração e suas novas posições na hierarquia após concluída a fase de definição da nova organização e de negociação, mas para a consolidação da segunda fase da mudança, ou seja, a implementação efetiva dessas novas formas de trabalho e organização, as pessoas podem precisar aprender juntas os novos modos de interação e trabalho e assim agirem em conjunto para consolidar as mudanças planejadas. Portanto, grupos de indivíduos que nunca antes tinham trabalhado juntos terão de interagir e trabalhar em equipe pela primeira vez, superando dicotomias e paradoxos em razão de diversas lógicas de ação por vezes incompatíveis, e precisarão aprender a se comunicar para interagirem e construírem as novas formas de trabalho e os significados que permearão essas maneiras de interação. Em fusões e aquisições, este tipo de situação é muito comum, bem como em planos de reestruturação da empresa.

Para tanto, poderão precisar de treinamentos e de indivíduos que facilitem a comunicação entre eles e os ajude a desenvolver novas formas de interação e de competências na organização e a superar paradoxos cognitivos, que podem impedir a criação de um sentido comum para a ação.

Tendo em vista essa questão, uma comunicação mais substantiva e menos estratégica se faz necessária neste momento.

Como mostram Vasconcelos e Pesqueux (2017), uma vez resolvidas questões como permanência no trabalho, remuneração, promoções etc., os indivíduos, na execução do próprio trabalho, buscam realização, concretizar ideais, conhecimento, e muito de sua comunicação é sincera, pois, querendo se adaptar à nova organização e consolidar a mudança, necessitam superar bloqueios de aprendizagem e desenvolver juntos novas formas de comunicação e novas competências. Sendo assim, surge uma comunicação mais substantiva de inspiração habermaisana.

16.6.3 Uma comunicação mais substantiva nas organizações

Segundo Vasconcelos e Pesqueux (2017), ou o mundo em questão é objetivo, o do estado das coisas existentes, e pode conduzir a um saber partilhado no qual existe uma obrigação de justificação, referindo-se à verdade dos fatos (equipes de inovação que trabalham juntas procurando realizar descobertas científicas e necessitam partilhar informação e conhecimento para juntas produzirem uma inovação científica); ou o critério em questão é social (conjunto de relações interpessoais legitimamente estabelecidas com o grupo social); e o critério de validade é o da justiça (definição das políticas de gestão de pessoas por competências na organização, tendo em vista a meritocracia e reconhecimento por objetivos e metas atingidas produzindo o sentimento de justiça e equidade no grupo organizacional); ou ainda o mundo da comunicação é subjetivo e pessoal e o critério de validade é o da sinceridade (quando os indivíduos partilham suas experiências de trabalho pessoais e suas visões de mundo para juntos se adaptarem ao novo sistema organizacional e assim trabalharem, compreendendo melhor diversas questões em equipe).

Em resumo, na proposta das organizações inovadoras resilientes, há formas de comunicação muito mais substantivas nas quais os indivíduos constroem juntos o sentido do trabalho e conseguem consolidar um novo sistema organacional em patamares mais complexos de tecnologia e interação; e tendo portanto, sucesso no processo de mudança organizacional.

16.6.4 A proposta de um modelo de organização pós-burocrático

Como mostra Vasconcelos (2002), segundo o conceito weberiano de tipo ideal, a inexistência concreta de um exemplar de organização pós-burocrática completa não desautoriza a constituição do tipo ideal pela composição das características parciais de várias outras organizações.

Para muitos autores, as organizações do futuro – *adhocracias* (Mintzberg, 2000), as organizações pós-burocráticas ou colaborativas (Heckscher e Donnellon, 1994;Vasconcelos e Pesqueux, 2017) – serão muito mais substantivas em suas formas de comunicação e voltadas à inovação e ao desenvolvimento sustentáveis, como mostra as diretivas mostradas no Pacto de Paris, assinado entre 2015 e 2016 por 196 países e que aponta para o desenvolvimento de organizações mais substantivas e preocupadas com o futuro da humanidade e do planeta.

Segundo Vasconcelos et al. (2017), Heckscher e Donnellon (1994) propõem uma empresa colaborativa ou pós-burocrática na qual o diálogo entre equipes busque mais o entendimento de questões fundamentais, favorecendo a troca de conhecimento e inovação (logo, um trabalho mais baseado em um tipo de comunicação habermasiana) para superar os limites da organização burocrática.

> O diferencial da empresa colaborativa, ou pós-burocrática, a base de sua principal força, é o fato dela permitir que as pessoas usem seu conhecimento e capacidade para avançar na busca da missão comum. É o tipo de empresa onde os subordinados sabem mais do que seus chefes sobre certos problemas se trabalham com várias equipes, o que permite acessar perspectivas diferentes. É onde os subordinados compreendem profundamente as necessidades dos clientes. É essencial para o sucesso do sistema que eles possam desafiar seus chefes, propor novas idéias, criticar e argumentar quando necessário. Existe uma espécie de diálogo aberto. (Heckscher e Donnellon, 1994, p. 11; tradução nossa)

As empresas orgânicas, em seu modelo, já apresentavam vários questionamentos sobre o modelo burocrático e formas de comunicação e trabalho mais flexíveis e menos baseadas nas regras e procedimentos. Vários autores definem assim o tipo organizacional pós-burocrático como organizações simbolicamente intensivas, produtoras de consenso pela institucionalização do diálogo. Essas organizações seriam caracterizadas por (1) constituir grupos de trabalho flexíveis e forças-tarefa temporárias com objetivos claros, (2) criar espaços para diálogo e conversação, (3) enfatizar confiança mútua, (4) usar o conceito de missão como ferramenta estratégica, (5) disseminar informação, criar redes de difusão e recuperação de conhecimento, (6) criar mecanismos de *feedback* e avaliação de *performance* por *peer review*, e (7) criar capacidade de resiliência e flexibilidade na organização.

Muitos questionam a existência de uma organização pós-burocrática, mas, a despeito disso, vários autores propõem modelos teóricos do que seria uma organização desse tipo.

Mintzberg (2000), em seu livro *Criando organizações eficazes*, propõe as *adhocracias*, mostrando que o impulso é empreendido pela assessoria de suporte em direção à colaboração e à inovação na tomada de decisão, e em direção à coordenação por ajuste mútuo para se estruturar a organização.

> [...] temos uma estrutura altamente orgânica, com pouca formalização do comportamento; sua especialização do trabalho é altamente horizontalizada, baseada em treinamento formal, tendência a agrupar especialistas das unidades funcionais para propósitos da organização divididos em pequenas equipes temporárias por projeto, baseadas no Mercado, que visam à execução de um trabalho específico; confia nos instrumentos de interligação para encorajar o ajustamento mútuo, mecanismo-chave de coordenação interna e entre as equipes; e adota a descentralização seletiva das equipes localizadas em vários pontos da organização, envolvendo vários grupos formados por gerentes de linha, especialistas operacionais e assessores. Inovar significa romper padrões estabelecidos. Portanto, a organização inovadora não pode confiar em padronização para a coordenação e deve evitar as armadilhas da estrutura burocrática. (Mintzberg, 2000, p. 283)

Para Heckscher e Donnelon (1994), as formas pós-burocráticas ou com características pós-burocráticas seriam organizações mais resilientes, com maior capacidade de diálogo entre seus membros, com capacidade de inovação e de responder às situações de mudança e ruptura com maior sucesso, reconstituindo-se em um novo grau de estabilidade e complexidade. Por conseguinte, o perfil questionador, o raciocínio inquisidor e crítico, a comunicação direcionada para maior compreensão das questões e a comunicação confiável em torno dessas questões (uma comunicação mais substantiva e habermasiana) seriam características dos sistemas organizacionais mais resilientes e pós-burocráticos.

A ruptura tecnológica não é necessariamente uma ruptura com a história da organização ou com a comunidade humana organizacional. Os indivíduos que já estão há muitos anos na organização podem ser incentivados a mudar e se integrar às novas atividades, tecnologias e formas de trabalho sempre que isso for possível, conforme Vasconcelos et al. (2019).

Conforme esses autores, uma das distinções que Heckscher (2007) faz das firmas do século XX e das formas pós-burocráticas é que, na dimensão da estratégia, a burocracia está voltada para a produção em massa, e as organizações pós-burocráticas para solução de problemas.

Na burocracia, o sistema de regras e normas é rígido, há hierarquia de comando, padrões de desempenho definidos que contribuem para que a organização seja constituída por especialistas, o que dificulta a colaboração em virtude de cada um exercer sua tarefa localmente e num contínuo, muitas vezes isoladamente. A empresa colaborativa ou pós-burocrática forma equipes de projetos temporários e solução de problemas, e, mesmo que temporárias, e seus membros vindos de lugares distintos, colaboram em equipe para um fim comum para atingir os indicadores de desempenho, solucionando problemas em conjunto, a partir de diferentes habilidades e *expertises*.

Um dos desafios é como desenvolver o consenso em pessoas com vasta diversidade de habilidades e visões de mundo.

O conceito de *cluster* de inovação implica a coordenação de equipes de várias firmas parceiras que trocam conhecimentos e combinam habilidades para desenvolver resultado superior na inovação. Coordenar essas equipes e levá-las à cooperação trata-se de um desafio da atualidade, como mostra os *clusters* de cooperação do Silicon Valley na Califórnia. Este tipo de trabalho reforça o conceito de empresa colaborativa e pós-burocrática.

> Colaboração estendida ocorre quando as relações entre os membros da organização fluem e estão em um processo de mudança. As fronteiras são mais flexíveis e as habilidades e capacidades de seus membros são diversas. As equipes, nesse caso, muitas vezes são compostas por colaboradores externos à organização como parceiros de negócio. As colaborações estendidas parecem mais com uma rede, com um "cluster" que estão colaborando basicamente com suas experiências e conhecimentos e nessa sinergia conseguem contribuir para um resultado superior. (Heckscher, 2007, p. 5)

Na pós-burocracia, os indivíduos seriam avaliados pelos resultados e capacidade de "entrega" (Dutra, Hipolito e Silva, 2000).

Argyris (2000) mostra que mesmo quando os indivíduos querem colaborar e trabalhar em conjunto, implementando a mudança, existem muitas vezes bloqueios cognitivos que dificultam a mudança. Os indivíduos, já adaptados ao sistema anterior, às rotinas já existentes, que forneciam um caminho já trilhado e conhecido para lidar com as incertezas, obter resultados e ter sucesso, podem ter medo da mudança por ter que se adaptar a novas rotinas desconhecidas, lidando com novas incertezas e tendo que formular novas estratégias de ação e frequentemente aprender novas competências. Grupos de indivíduos que trabalhavam separadamente e terão que passar a dialogar e trabalhar em conjunto; indivíduos que trabalhavam isoladamente e terão que trabalhar em equipe; a perda de autonomia de trabalho ou a concessão de muita autonomia para quem nunca trabalhou de forma autônoma, todas essas mudanças podem gerar bloqueios à colaboração entre indivíduos e grupos. Pode ser o caso de estar ocorrendo paradoxos cognitivos.

16.7 Paradoxos

Paradoxos são elementos contraditórios e opostos que não fazem sentido quando considerados em conjunto ou simultaneamente por indivíduos ou grupos. Lewis (2000), ao analisar os estudos de Merton, afirma que como decorrência de toda ação social e criação de regras, uma dimensão cognitiva será reforçada por um conjunto de regras e controles e procedimentos. Com o tempo, haverá uma reação oposta à regulamentação dessa dimensão que foi reforçada pela regra. Como exemplo, regras que reforçam políticas de gestão para centralização dos procedimentos na organização gerarão pressões sociais para a descentralização; políticas de gestão voltadas para procedimentos de diferenciação da matriz, por exemplo, em relação às subsidiárias, gerarão pressões para a integração. Merton (1966) (ver Capítulo 5) mostra que paradoxos são próprios à ação social. Em resumo, e como veremos em detalhe no Capítulo 17, um paradoxo é a representação da experiência, dos sentimentos, das crenças e interações por meio de dois estados aparentemente inconsistentes, duas realidades opostas e aparentemente irreconciliáveis como, por exemplo, "autonomia e conformidade", "novo e velho", "aprendizagem e mecanização do trabalho", "liberdade e vigilância" etc. Vasconcelos et al. (2019) mostram que os paradoxos podem ser "construções cognitivas" existentes nas mentes de diversos grupos, que deixam de dialogar ou de trabalhar em conjunto porque têm representações muito diferentes do seu trabalho ou do que deve ser a empresa e de como se deve trabalhar. Essas diferentes representações do trabalho e da empresa muitas vezes constituem dimensões paradoxais que parecem inconciliáveis e impedem o trabalho conjunto. Os grupos se polarizam em torno dessas posições como o "grupo que defende a posição A" e o "grupo que defende a posição não-A", formando dois grupos: "nós" e "eles". Mesmo que isso ocorra de forma velada e não ostensivamente, o trabalho em conjunto fica dificultado.

16.8 Facilitadores da mudança

Vários autores defendem a atuação de facilitadores da mudança, ou seja, indivíduos normalmente de fora da empresa que trabalham para articular a comunicação entre diferentes grupos da organização quando estes têm entendimento diverso e contraditório da realidade organizacional, representando-a de forma oposta, o que impede toda a ação comum.

Nesse momento, a atuação do agente de mudança torna-se chave ao realizar um diagnóstico de quais dificuldades impedem a comunicação entre os indivíduos na organização (Vasconcelos et al., 2019). O agente de mudança pode mapear as diferentes representações da realidade e da organização dos diversos grupos interpretando as representações e imagens e construindo uma rede de significados de cada grupo, para compreender como esses padrões de significado estão relacionados e compreender o que motiva as ações e reações dos diversos grupos. Por exemplo, na implementação da ISO 9000 em uma organização, pode haver reações bem diferentes e muitas vezes paradoxais de grupos em relação a essa ferramenta de gestão, e cada grupo ter suas razões, significados e argumentos para reagir de determinada maneira. Então se constrói uma tipologia para compreender como esses diferentes posicionamentos se relacionam e se existem paradoxos entre eles ou não.

Após o diagnóstico, o agente de mudança pode tentar iniciar um processo de negociação de significados e posições para tentar construir pouco a pouco uma visão compartilhada da realidade e permitir o diálogo, a ação e o trabalho comum de todos.

Quando as dimensões forem muito paradoxais e a situação crítica, e não for possível construir uma visão consensual da realidade, poderão ser encontradas formas de conviver com o paradoxo. Situar os grupos em locais diferentes na organização, em horários diferentes etc.

De acordo com Cameron e Quinn (1988), há duas possibilidades de se lidar com paradoxos cognitivos nas organizações: ou realiza-se a chamada "gestão do paradoxo" em uma visão mais funcionalista e "resolve-se" o paradoxo, mostrando que, na verdade, tratava-se de um "falso paradoxo", pois é possível construir uma visão compartilhada da realidade, ou aprende-se a conviver com as dimensões paradoxais. Em uma visão crítica, Eisenhardt (1990) entende que a organização é um sistema complexo em uma sociedade em mutação, logo, sujeita a contradições lógicas todo o tempo. Dessa forma, a chamada "ordem" é uma ilusão diante da complexidade, pois o "caos" e a tendência à entropia estão sempre presentes. Assim, gestores e indivíduos deveriam aprender a trabalhar com dimensões paradoxais na organização, típicas da mudança.

O agente de mudanças ajudaria a encontrar soluções para viabilizar a comunicação entre os grupos para permitir o trabalho comum ou para encontrar soluções para aprender a conviver com os paradoxos. Muitas vezes, são vários paradoxos e múltiplas dimensões.

Paradoxos podem provocar dissonância cognitiva e desconforto psicológico, logo, soluções para conviver com os mesmos, se necessário, são buscadas para favorecer o trabalho na organização.

Jean Tirole (2017), prêmio Nobel de Economia, mostra como foi complexa a negociação do Pacto de Paris para o meio ambiente, assinado por mais de 196 países. O diálogo e a negociação entre os países, cada um com objetivos específicos, contaram com facilitadores de mudança e uma comunicação democrática baseada em fatos científicos, necessários para solucionar os impasses e realizar o acordo, que foi exemplo de cidadania deliberativa. Recordando o que disse Tenório (2008, p. 52): "a cidadania deliberativa ou legitimidade das decisões políticas deve ter origem em processos de discussão, orientados pelos princípios da inclusão, do pluralismo, da igualdade participativa, da autonomia e do bem comum".

Em seguida, a busca para o cumprimento do acordo foi um desafio, mas progressos foram feitos sem dúvida, até muitos críticos reconheceram. As maiores empresas do setor de informática dos Estados Unidos (Facebook, Apple, Microsoft, Google (Alphabet) e IBM) e os governos de Nova York, da Califórnia e de outros estados, como vimos no Capítulo 15, afirmam que, independentemente da posição do governo federal norte-americano, vão cumprir o Pacto de Paris e exigir o cumprimento por parte de seus fornecedores. Trata-se de um exemplo de organização temporária em rede, do tipo pós-burocrático colaborativo (Heckscher e Donnellon, 1994), cuja comunicação substantiva (habermasiana), teve sucesso, lidando com a complexidade, levando ao consenso e ao acordo.

Em se tratando de grupo de empresas, no qual a equipe precisa colaborar para atingir metas e resultados, o que resultará no sucesso de todos, e atingimento dos objetivos com o reconhecimento por parte da organização; a comunicação franca entre os membros da equipe e o compartilhamento de fatos ligados ao trabalho e a busca de soluções mostra-se cada vez mais fundamental para superar paradoxos (ou aprender a conviver com eles) e atingir os resultados esperados, sobretudo em uma época de inovação contínua, tanto incremental como radical, em um mundo cada vez mais complexo.

Bibliografia

ALBERT, S.; ASHFORTH, B.; DUTTON, J. Special topic forum on organizational identity and identification. *The Academy of Management Review*, v. 25, n. 1, p. 10-13, jan. 2000.

ALLISON, G. T. *Essence of decision*: explaining the Cuban missile crises. Boston: Little Brown, 1971.

ARGYRIS, C. *On organizational learning*. Cambridge, MA: Blackwell, 2000.

BARLACH, L. *O que é resiliência humana?* Uma contribuição para a construção do conceito. 2005. Tese (Doutorado) – Universidade de São Paulo. São Paulo, 2005.

BARNEY, J. Firm resources and sustained competitive advantage. *Journal of Management*, v. 17, n. 1, p. 99-120, 1991.

BEER, M. *Strategic human resource management*. Boston: Harvard Business University, 2000.

BERGAMINI, C. W.; CODA, R. *Psicodinâmica da vida organizacional*. São Paulo: Atlas, 1997.

BERGER, P.; LUCKMANN, T. *A construção social da realidade*. Petrópolis: Vozes, 1989.

BESSEYRE DES HORTS, C. H. *Gérer les ressources humaines dans l'entreprise*. Paris: Editions de l'Organisation, 1988.

BLUMER, H. *Simbolic interactionism*: Perspective and method. Berkeley: University of California Press, 1986. p. 1-60.

BLYTON, P., TURNBULL, P. *Reassessing human resource management*. Londres: Sage, 1992.

BOUDON, R. *L'idéologie*. Paris: Seuil, 1991.

BOYATZIS, R. *The competent manager*: A model for effective performance. Nova York: Wiley, 1982.

BRABET, J. *Repenser la gestion des ressources humaines?* Paris: Economica, 1993.

BROWN, A. D.; STARKEY, K. Organizational identity and learning: A psychodynamic perspective. *Academy of Management Review*, v. 25, n. 1, p. 102-120, 2000.

BURREL, G.; MORGAN, G. *Sociological paradigms and organisational analysis*. Londres: Ashgate Publishing, 1994.

CAMERON, K. S.; QUINN, R. Organizational paradox and transformation. In: QUINN, R. E.; CAMERON, K. S. (Eds.) *Paradox and transformation*: Toward a theory of change in organization and management. Cambridge, MA: Ballinger, 1988.

COHEN, M.; MARCH, J. *Leadership and ambiguity*: The American college president. Nova York: McGraw-Hill, 1974.

COHEN, M.; MARCH, J.; OLSEN, J. P. A garbage can model of organization choice. *Administrative Science Quarterly*, v. XVII, p. 1-25, 1972.

CROZIER, M.; FRIEDBERG, E. *Acteur et le systeme*. Paris: Seuil, 1981.

CYERT, R.; MARCH, J. *A behavioral theory of the firm*. Englewood Cliffs: Prentice-Hall, 1963.

CYRINO, A. B. *Transformations stratégiques et reconfiguration des compétences organisationnelles*: Une analyse des banques privées de détail au Brésil pendant la période 1986-1997. Paris: École des Hautes Études Commerciales, 2004.

DEJOURS, C. Intelligence pratique et sagesse pratique: Deux dimensions meconnues du travail reel. *Education Permanente*, Paris, v. 3, n. 116, p. 47-70, 1993.

DENAHRT, J.; DENAHRT, R. Building organizational resilience and adaptive management. *Handbook of adult resilience*. Nova York; Londres: The Guilford Press, 2010. p. 333-349.

DUTRA, J.; HIPOLITO, J. A.; SILVA, C. Gestão de pessoas por competências: O caso de uma empresa do setor de telecomunicações. *RAC – Revista de Administração Contemporânea*, v. 4, n. 1, p. 161-176, jan.-abr. 2000.

EISENHARDT, K. M. Paradox, spirals, ambivalence: The new language of change and pluralism. *Academy of Management Review*, v. 25, n. 4, p. 703-706, 1990.

ELSTER, J. *Sour grapes*: Studies in the subversion of rationality. Cambridge, MA: Cambridge University Press, 1983.

ERIKSON, E. *Adolescence et crise*: La quête de l'identité. Paris: Flammarion, 1972.

FESTINGER, L. *A theory of cognitive dissonance*. Nova York: Prentice-Hall, 1957.

GODET, M. Prospective et technologies: virages et mirages. Academie des Technologies. 2011. Disponível em: <http://www.laprospective.fr/dyn/francais/ouvrages/prospective-technologique--academie--2.pdf>. Acesso em: 16 jun. 2021.

GOLDSCHMIDT, C. C. *Resiliência*: Um estudo exploratório da percepção de gestores sobre o constructo, nas dimensões humana e organizacional. 2015. Dissertação (Mestrado) – Fundação Getulio Vargas-EBAPE. Rio de Janeiro, 2015.

GREMION, C. *Profession*: Décideurs. Pouvoir des hauts fonctionnaires et réforme de l'Etat. Paris: GauthierVillars, 1979.

HAMEL, G.; PRAHALAD, C. K. *Competindo pelo futuro*: Estratégias inovadoras para obter o controle do seu setor e criar os mercados de amanhã. São Paulo: Atlas, 1994.

HECKSCHER, C. *The collaborative enterprise*. New Haven: Yale University Press, 2007.

HECKSCHER C.; DONNELLON, A. *The post-bureaucratic organization*. Thousand Oaks, CA: Sage, 1994.

HEGEL, F. *La phénomenologie de l'esprit*. Paris: Aubier, 1941.

HERZBERG, F. *Work and the nature of man*. Cleveland: The World Publishing Company, 1966.

KLEIN, M. *Contributions to psycho-analysis*. Londres: Weidenfeld, 1965.

KOJÈVE, A. *Introduction à la lecture de Hegel*. Paris: Gallimard, 1989.

LeBOTERF, G. *Desenvolvendo a competência dos profissionais*. Porto Alegre: Bookman, 2003.

LEWIS, M. Exploring paradox: Toward a more comprehensive guide. *Academy of Management Review*, v. 5, n. 4, 2000.

LINDBLOM, C. The science of muddling through. *Public Administration Review*, v. XIX, p. 79-88, 1978.

MARTORY, B.; CROZET, D. *Gestion des ressources humaines*. Paris: Natan, 1988.

MERTON, R. K. Estrutura burocrática e personalidade. In: WEBER, M. et al. *Sociologia da burocracia*. Rio de Janeiro: Zahar, 1966.

MINTZBERG, H. *Criando organizações eficazes*. São Paulo: Atlas, 2000.

MORGAN, G. *Imagens da organização*. São Paulo: Atlas, 1996.

NUNES, L.; VASCONCELOS, I. de.; JAUSSAUD, J. Expatriação de Executivos. São Paulo: Thomson, 2003. (Col. Debates em Administração).

PARSONS, T. *Sociétés*: Essai sur leurs evolutions compares. Paris: Dunod, 1973.

PENROSE, E. T. *The theory of the growth of the firm*. Nova York: Wiley, 1959.

PERETTI, J. M. *Ressources humaines*. Paris: Vuibert, 1990.

PESQUEUX, Y.; VASCONCELOS, I. de. L'éthique de la discussion fondée sur les imperatifs de la communication et de l'argumentation et la responsabilité sociale d'entreprise. Communication. In: CONGRES DE L'ADERSE, Bordeaux, 2017.

PESQUEUX, Y. et al. Habermas et Apel: Une Ethique fondée sur les imperatifs de la communication et de l'argumentation. In: *Mercure et Minerve*. Perspectives philosophiques sur l'entreprise. Paris: Ellipses, 1999.

PORTER, M. *Estratégia competitiva*. São Paulo: GEN; Atlas, 2005.

POWELL, W.; DIMAGGIO, P. *The new institutionalism in organizational analyses*. Chicago: Chicago University Press, 1991.

PRAHALAD, C.; HAMEL., G. *Competindo pelo futuro*: Estratégias inovadoras para obter o controle do seu setor e criar os mercados de amanhã. Rio de Janeiro: Elsevier, 1994.

_____. *The core competence of the corporation*. Cambridge: Harvard Business Review, 2016.

QUINN, R.; CAMERON, K. *Paradox and transformation*: Toward a theory of change in organization and management. Nova York: Ballinger, 1988.

SAINSAULIEU, R. *L'identité au travail*. Paris: Presses de la PNSP, 1977.

_____. La régulation culturelle des ensembles organisées. *L'Année Sociologique*, v. 5, n. III, p. 195-217, 1983.

SCHULER, R. *Personnel and human resource management*. St. Paul, MS: Basic Books, 1987.

SCHUTZ, A. The problem of rationality in the social world. *Economica*, Nova York, v. 10, n. 38, p. 130-149, 1943.

SIMON, H. *Administrative behavior*: A study of decision making processes in administrative organization. Nova York: The Free Press, 1947.

_____. A behavioral model of rational choice. *Quarterly Journal of Economics*, v. LXIX, p. 99-118, 1955.

_____. Rational choice and structure of the environment. *Psychological Review*, v. LXII, p. 129-138, 1956.

_____. From substantive to procedural rationality. In: LATSIS, S. (Ed.). *Method and appraisal in economics*. Cambridge, MA: Cambridge University Press, 1957.

SMIRCICH, L. Organizations as shared meanings. In: PONDY, L. (Ed.) *Organizational symbolism*. Greenwich: Jal, 1983a.

_____. Studying organizations as cultures. In: MORGAN, G. (Ed.) *Beyond method*: Strategies for social research. Beverly Hills: Sage, 1983b.

SPINK, M. J.; MEDRADO, B. Produção de sentidos no cotidiano: Uma abordagem teórico-metodológica para análise das práticas discursivas. In: SPINK, M. J. (Org.) *Práticas discursivas e produção de sentidos no cotidiano*: Aproximações teóricas e metodológicas. São Paulo: Cortez, 1999.

STOREY, J. *Developments in the management of human resources*. Oxford: Basil Blackwell, 1992.

STOREY, J.; SISSON, K. Looking the future. In: SOREY, H. (Ed.) *New perspectives in human resource management*. Londres: Routledge, 1989. p. 167-183.

STRAUSS, A. *Mirrors and masks*: The search for identity. Glencoe: Free Press, 1955.

_____. Une perspective en termes de monde social. In: BASZANGER, I. (Ed.). *La trame de la negociation*: Sociologie qualitative et interaccionisme. Paris: L'Harmattan, 1991.

TEECE, D.; PISANO, G.; SHUE, A. *Dynamic capabilities and strategic management*. Oxford: University Press, 2000.

TENORIO, F. *Tem razão a administração?* Ijuí: Editora Unijuí, 2008.

TIROLE, J. *Economics for the common good*. Nova Jersey: Princeton University Press, 2017.

TOFLER, A. *Le choc du future*. Paris: Folio 1970.

TRANSFORMARE. Centro Franco Brasileiro de Estudos Avançados em Organizações, Inovação e Sustentabilidade. Disponível em: <www.transformare.adm.br>. Acesso em: 16 jun. 2021.

VASCONCELOS, I. de. *Assurance qualité et changement organisationnel*: Une comparaison de la mise en place de l'ISO 9001 chez deux constructeurs informatiques français. 2000. Theses (Doctorat en Gestion d'Entreprises) – École des Hautes Etudes Commerciales – HEC. França, 2000.

VASCONCELOS, F. C. de; CYRINO, A. B. Vantagem competitiva: Os modelos teóricos atuais e a convergência entre estratégia e teoria organizacional. *RAE – Revista de Administração de Empresas*, v. 40, n. 4, out.-dez. 2000.

VASCONCELOS, I. F. F. G. de; IRIGARAY, H. A. R. Dossiê inovação. *Cadernos EBAPE.BR*, Rio de Janeiro, v. 17, n. 4, out.-dez. 2019.

VASCONCELOS, I. F. de; PESQUEUX, Y. Resiliência organizacional e teoria da ação comunicativa: uma proposta de uma agenda de pesquisa. *Revista de Administração da UNIMEP*, v. 15, n. 4, set.-dez., 2017.

VASCONCELOS, I. F. F. G. de; VASCONCELOS, F. C. de. Identidade e mudança: O passado como ativo estratégico. In: ENCONTRO DE ESTUDOS ORGANIZACIONAIS (ENEO), 1., 2000, Curitiba. *Anais...* Curitiba: ENEO, 2000.

VASCONCELOS, I. F. F. G. de; VASCONCELOS, F. C. de. The Limits of ISO 9000 Consulting Methods: Toward a Multidimensional Framework. In: BUONO, A. *Developing knowledge and value in management consulting*. Greenwich: IAP Press, 2002a. p. 33-61.

_____. Gestão de recursos humanos e identidade social: Um estudo crítico. *RAE – Revista de Administração de Empresas*, São Paulo, v. 42 n. 1, jan.-mar., 2002b.

VASCONCELOS, I. F. G. de; VASCONCELOS, F. C. de. *Paradoxos organizacionais*. Uma visão transformacional. São Paulo: Thomson Learning, 2004.

VASCONCELOS, I. F. F. G. de et al. Resiliência organizacional e inovação sustentável: Um estudo sobre o modelo de gestão de pessoas de uma empresa brasileira de energia. *Caderno EBAPE.BR*, Rio de Janeiro, v. 13, n. 4, out.-dez. 2015.

_____. Organizações pós-burocráticas e resiliência organizacional: A institucionalização de formas de comunicação mais substantivas nas relações de trabalho. *Cadernos EBAPE.BR*, v. 15, ed. esp., Rio de Janeiro, set. 2017.

WEICK, K. Educational organizations as loosely coupled systems. *Administrative Science Quarterly*, p 20-33, mar. 1976.

WEISS, D. *Leadership-driven HR*: transforming HR to deliver value for the business. Nova York: Wiley, 2012.

ZARIFIAN, P. *O modelo da competência*. São Paulo: Editora Senac, 2010.

_____. *Objetivo competência:* Por uma nova lógica. São Paulo: Atlas, 2001.

Capítulo 17

Os paradoxos da mudança e a inovação

Parte I
Introdução

A orientação teórica que divide a nossa sociedade em um modelo industrial e pós-industrial vem ganhando cada vez mais espaço e importância no estudo das organizações (Castells, 1999). Vários estudos acadêmicos nacionais e internacionais relatam o fato de que as organizações atuais mudam rapidamente o seu discurso a fim de adaptar-se às modificações que ocorrem nos processos produtivos e na gestão de pessoas, porém a implementação prática dessas mudanças não ocorre de modo tão rápido quanto no discurso. Dado o período de transição, a distância entre a teoria professada e a prática efetiva nas organizações aumenta, surgindo mais contradições entre discurso e prática, o que tem consequências para a produtividade.

O conceito de paradoxos organizacionais, tema clássico em administração desde os anos 1950, volta a ganhar espaço nos estudos organizacionais, tendo em vista os problemas emergentes nas organizações que envolvem contradições cada vez maiores entre o discurso e a prática. Após realizar uma revisão bibliográfica em 176 estudos e artigos representativos da produção acadêmica sobre o tema paradoxos, constatamos que esses estudos inserem-se em estudos críticos que seguem três linhas de análise: trabalhos baseados na crítica à burocracia, na corrente psicodinâmica e no interacionismo simbólico e na sociologia interpretativa.

17.1 O contexto teórico do tema paradoxos: mudança e transformação como temas emergentes – formulação do problema de pesquisa

A formulação deste capítulo nos levou a realizar uma primeira fase de revisão bibliográfica sobre o tema paradoxos organizacionais.

A revisão de literatura mostrou diversos estudos acadêmicos importantes que tratam do conceito de paradoxos organizacionais, tema relevante com grande poder explicativo, tendo em vista os problemas emergentes nas organizações atuais – uma crescente contradição entre os modelos professados e os modelos efetivamente praticados.

Constatamos por meio desta pesquisa que em teoria das organizações, principalmente na literatura norte-americana, o discurso atual está baseado em torno dos conceitos de **mudança e transformação**, tanto no contexto macroeconômico como no contexto das organizações vistas isoladamente (Jaffee, 2001). Vários autores defendem a evolução dos sistemas de produção atuais para um modelo pós-industrial ou informacional, revendo alguns conceitos fundamentais no campo da administração, como a padronização da produção, as economias de escala, os fatores de motivação dos grupos organizacionais e a estrutura organizacional (Hirschhorn, 1997).

Castells (1999), Domenico De Masi (2000) e outros autores estudam o surgimento de uma nova estrutura social, associada ao informacionismo, fruto da reestruturação do modo capitalista de produção. Neste novo modo de produção, a fonte de produtividade é ligada à tecnologia de geração de conhecimentos, de processamento da informação e de comunicação simbólica. A acumulação de conhecimentos e maiores níveis de complexidade no processamento da informação são variáveis importantes neste modelo. Castells analisa profundamente essas mudanças e transformações na sociedade atual. Entre as principais transformações, Castells e De Masi, entre outros, citam as seguintes.

17.1.1 A globalização e a tecnologia de informação

Como coloca Castells (1999), a partir da década de 1980 a maior circulação de bens e capitais tornou-se possível graças ao **modo informacional de desenvolvimento**. A tecnologia (internet, intranet, novos modelos de telefonia digital, redes sociais como Facebook, Instagram, Twitter e WhatsAp etc.) permite o contato entre diversos mercados, entre diversos países, instantaneamente, em tempo real, garantindo o acesso a informações, ao trabalho a distância e à realização de investimentos econômicos rápidos em muitos mercados, aumentando a velocidade com que circulam o capital e os produtos e serviços. Dessa forma, no atual sistema econômico, o capitalismo informacional, o processamento da informação é continuamente focalizado na melhoria da tecnologia do processamento da informação como fonte da produtividade, em um círculo virtuoso. Ou seja, novas tecnologias permitem processar informações melhor e mais rapidamente, sendo fonte de maior produtividade. São estas as características do nosso atual sistema econômico (Castells, 1999).

17.1.2 Uma sociedade multicultural

Outro ponto salientado por Castells é a diversidade cultural. Além disso, o uso da tecnologia da informação faz com que se propague um novo sistema de comunicação que fala cada vez mais uma linguagem universal digital, promovendo a integração global da produção e distribuição de palavras, sons e imagens. Pessoas com o mesmo tipo de interesse, valores e visões de mundo podem comunicar-se, trocando informações e constituindo redes multiculturais interativas. Nesse tipo de sociedade, a diversidade cultural é uma realidade: pessoas com diferentes princípios, valores, formas de comportamento, religião agrupam-se por interesses semelhantes e mobilizam-se por conquistas sociais e políticas.

Domenico De Masi (2000) também compara a sociedade industrial com a pós-industrial. Ao analisar a sociedade industrial, mostra que, para a maioria dos indivíduos que realizam tarefas repetitivas, o trabalho não oferece realização pessoal e limita a aprendizagem, uma vez que esse sistema está comprometido com a produtividade e não com o desenvolvimento individual. Dessa forma, a realização pessoal e as oportunidades de desenvolvimento no trabalho seriam ainda privilégio de poucos.

Dando sequência a essa análise, De Masi estuda o futuro do trabalho e da sociedade pós-industrial, na qual haveria uma diminuição progressiva da jornada de trabalho, e o lazer (ou "ócio criativo") ofereceria aos indivíduos novas possibilidades de desenvolvimento e realização pessoal não encontradas no ambiente de trabalho atual. Como vemos, a aprendizagem, o desenvolvimento e a realização pessoal são valores que ganham importância na análise das organizações e da sociedade como um todo (Castells, 1999; De Masi, 2000).

Em se tratando das organizações, são quatro os pontos fundamentais levantados pelos autores que tratam do modelo pós-industrial:

1. **A concentração do foco de atenção na mudança organizacional.** A estrutura organizacional e a sua dinâmica tornam-se objetos de estudo intensivo por parte dos pesquisadores e teóricos da administração (Woodman et al., 2001).
2. **A dimensão simbólica.** Busca-se mecanismos de integração e de coesão organizacionais, valorizando-se a dimensão simbólica e cultural da empresa (Heracleous e Barrett, 2001).
3. **A aprendizagem organizacional e as organizações em aprendizagem.** Embora vários teóricos, como Argyris e Shön (1978), já tivessem estudado

a aprendizagem nas organizações, no início dos anos 1990 Peter Senge lança este conceito em seu livro *A quinta disciplina* e operacionaliza e divulga esses conceitos (Senge, 1990; Arthur e Aiman-Smith, 2001).
4. **A autonomia individual.** Busca-se um equilíbrio entre a autonomia individual e a produtividade (Arthur e Aiman-Smith, 2001).

Diversos acadêmicos dizem que as organizações devem transformar-se rapidamente, tendo em vista a adaptação a cenários socioeconômicos contingentes e mutantes, que se transformam velozmente. Nesse sentido, o tema mudança organizacional ressurge com vigor no cenário acadêmico atual e novas teorias surgem a fim de estudar as novas proposições (Woodman et al., 2001; Lovelace, Shapiro e Weingart, 2001).

Essa corrente de pesquisa argumenta que o período de transição entre os modelos industrial e pós-industrial exige mudanças importantes tanto no discurso das organizações quanto nas formas de produção e gestão de pessoas (Dutton et al., 2001). Essas mudanças, no que se refere à gestão simbólica, à concessão de maior autonomia individual, entre outros fatores, são difíceis de serem implementadas. As mudanças no discurso ocorrem muito rápido atualmente, enquanto as mudanças efetivas nos sistemas produtivos ocorrem de modo mais cadenciado, como propõem Lindblom em seu artigo clássico "The science of muddling through", mostrando etapa por etapa como a organização evolui a partir da experiência anterior. Para o autor, uma decisão deve ser considerada em conjunto com outras decisões passadas e futuras, e não isoladamente (Lindblom, 1959). A cadência na implementação das decisões e a mudança rápida do discurso provocam então um aumento da distância entre o discurso professado pelas organizações e o discurso efetivamente praticado por elas, gerando contradições e um aumento dos paradoxos nas organizações atuais, tema de nossa pesquisa teórica (Pettigrew, Woodman e Cameron, 2001).

A conclusão desses estudos é que o mundo atual é caracterizado pela ambiguidade e pluralidade de representações, discursos, perspectivas e sentimentos, sendo necessário aos indivíduos saber lidar com essas ambiguidades e com essa pluralidade.

> *Several unanticipated themes emerge. The most central is paradox. Paradox is the simultaneous existence of two inconsistent states, such as between innovation and efficiency, collaboration and competition, or new and old. Rather than compromising between the two [...] vibrant organizations, groups and individuals change by simultaneously holding the two states. This duality of coexisting tensions creates an edge of chaos, not a bland halfway point between one extreme and the other. The*

management of this duality hinges on exploring the tension in a creative way that captures both extremes, thereby capitalizing on the inherent pluralism within the duality. (Eisenhardt, 2000, p. 703)

17.2 O contexto socioeconômico das organizações atuais e a crescente contradição entre discurso e prática empresarial

Como vimos nas seções anteriores, segundo vários autores, as organizações vivem atualmente uma época de dualidades porque, dada a transição do modelo industrial para o pós-industrial, os papéis sociais e a política de gestão de pessoas nas organizações estão sendo redefinidos (Alter, 1989; Castells, 1999; De Masi, 2000; Koike e Mattos, 2000; Guimarães et al., 2000; Vasconcelos e Vasconcelos, 2001; Soares e Hanashiro, 2002).

Um dos pressupostos dessas análises é que organizações "controladoras" (Senge, 1990) tenderiam a se transformar em organizações em "aprendizagem" (*learning organizations*) para se adaptarem à sociedade pós-industrial (Soares e Hanashiro, 2002; Teixeira, Hastenreiter e Souza, 2001; Soares e Pimenta, 2000; Storino, 2000; Munoz, Duarte e Gantois, 2000; Silva et al., 2002).

Muitas dessas mudanças, porém, refletem-se nos modelos oficiais professados, mas não são implementadas na prática. A corrente neoinstitucionalista mostra que frequentemente as organizações incorporam estruturas e ferramentas não apenas porque sejam mais eficientes, mas também porque foram institucionalizadas em seu setor como sendo "as melhores" e a sua adoção passa a ser fonte de legitimidade e recursos no meio (Meyer e Rowan, 1991; Fonseca e Machado-da-Silva, 2001; Caldas e Wood Jr., 1999a; Vasconcelos e Vasconcelos, 2001; Carvalho e Lopes, 2001; Vieira e Misoczky, 2001; Leão JR., 2001; Pacheco, 2001; Teixeira, Hastenreiter e Souza, 2001; Seleme e Andrade, 1999; Souza, 2000; Soares e Pimenta, 2000; Capelle e Brito, 2002; Barbosa, Ferraz e Lopes, 2002; Muller e Vieira, 1999; Loiola e Rocha, 2000, Fleury e Fleury, 2000; Faria e Meneguetti, 2001b; Resende e Paula, 2000; Demajoravic e Sanches, 1999).

Meyer e Rowan mostram que, na verdade, a obediência estrita às normas é uma ficção. Na prática, existe o fenômeno do *decoupling* – a separação entre as normas e a prática administrativa. Os indivíduos encontram espaços de ajuste à regra, seguindo-a somente em certa medida. Muitos procedimentos são ritualizados e cerimonializados – possuem a sua função social na organização, mas não são seguidos ao pé da letra (Meyer e Rowan, 1991).

A revisão de literatura revela que a crescente contradição entre os modelos pregados como ideais nos sistemas organizacionais no que se refere à qualificação profissional e à relação de trabalho (modelos repetidos em treinamentos e comunicações internos, frequentemente como uma nova "religião") e as práticas de gestão de pessoas provocam percepções contraditórias nos atores sociais (Vasconcelos, Alves e Pesqueux, 2012; Faria e Meneguetti, 2001b). Muitos se sentem cobrados de acordo com os novos padrões propostos – participação, iniciativa, inovação – quando na realidade não recebem treinamento ou condições para desenvolverem novas competências e mostrarem-se à altura das novas exigências de *performance*. A distância entre o que lhes é exigido e as reais condições de trabalho aumenta o medo e o estresse nas organizações, prejudicando a produtividade (Lewis, 2000; Eisenhardt, 2000; Faria e Meneguetti, 2001b; Capelle e Brito, 2002). Assim, o conceito de paradoxo volta a ser amplamente aplicado aos estudos organizacionais.

Dos 176 estudos pesquisados nesta revisão da literatura, aproximadamente metade revê e atualiza estudos clássicos sobre esse tema de uma perspectiva crítica. A maioria dos estudos baseia-se em autores clássicos que estudam as disfunções burocráticas e fazem a crítica da burocracia, como Merton, Selznick e Blau. Merton era originariamente pesquisador do Instituto Tavistock de Londres. Muitos dos estudos recuperam e atualizam os estudos do Instituto, revendo autores como Bion, Melanie Klein, entre outros, e associam temas como mudança organizacional, reações defensivas, psicodinâmica e paradoxo.

Os estudos pesquisados que pareceram mais consistentes baseiam-se nos estudos clássicos, atualizando-os de uma perspectiva crítica. Um dos melhores estudos pesquisados sobre o tema paradoxos, que explora as ligações teóricas fortes entre os estudos clássicos do tema paradoxos e os estudos atuais justificando esse procedimento, é o artigo "Change and development in a pluralistic world: The view from the classics", de Kilduff e Dougherty (2000), publicado na *Academy of Management Review*, argumenta que uma revisão crítica dos clássicos é fundamental para embasar a compreensão dos estudos atuais:

> *Classic writings, from the circle perspective, provide a common ground of concepts, theories and ideas about which competing schools can agree or disagree. This common ground is a prerequisite for the disciplined reflexivity that is intrinsic to theory development. Change and pluralism in our research and theory are best served by development journeys that revisit and critique the best work of the past and the present.* (Kilduff e Dougherty, 2000, p. 782)

O tema paradoxos ressurge como objeto de pesquisa porque mostra-se atual, dado o contexto socioeconômico das organizações mencionado antes. Dessa forma, estudos críticos, baseados no paradigma pós-moderno, tratam cada vez mais de temas que envolvem ambiguidade, subjetividade e dualidade, criticando a lógica burocrática a partir da retomada dos estudos clássicos de crítica à burocracia.

Alguns autores oferecem, então, o contexto desses estudos, que tratam de temas como confiança como forma de regulação social nas organizações, estruturação do tempo e do espaço, diversidade organizacional, análise do discurso, estética organizacional, filosofia, religiosidade, universos de significação e legitimação simbólicos, identidade organizacional, entre outros temas. Os livros de Harvey (1992), Arac (1986) e Giddens (1990) apresentam o cenário geral dessas pesquisas críticas e criticam a modernidade e a sociedade dela derivada, baseada no controle burocrático. Os estudos pós-modernos e críticos baseiam-se, pois, na crítica da burocracia e propõem como pano de fundo de pesquisa um modelo "metatransformacional" das organizações. Trata-se de um metamodelo porque é mais um conjunto de teorias e ideias dispersas inter-relacionadas por temas que percorrem os estudos críticos afirmando a ambivalência e as contradições internas das organizações, os aspectos psíquicos, a complexidade dos processos de socialização e a reação dos indivíduos nas organizações. O pano de fundo dessas correntes de pesquisa, as teorias transformacionais, nas quais as pesquisas de paradoxo se inserem em sua maioria, tratam da organização a partir das seguintes ideias centrais:

1. A organização é constituída de atores sociais, sendo considerada um sistema psicológico, político e histórico.
2. A organização apresenta convergências e divergências essenciais, frutos de uma dialética de evolução contínua, a ser gerida em permanência.
3. Os atores organizacionais são ao mesmo tempo racionais e irracionais, possuindo pulsões de vida e de morte (tema recorrente da psicanálise e psicodinâmica organizacional).
4. As referências teóricas são múltiplas (sociologia, economia, história, psicodinâmica, psicologia cognitivista, construtivismo, filosofia etc.).
5. A postura metodológica é eclética, adotando-se, entre outras formas, a análise crítica e discursiva, comparativa e histórica, a pesquisa-ação.
6. A eficiência econômica não é ligada à eficiência social.
7. O meio ambiente é considerado uma realidade socialmente construída e não um dado objetivo da realidade.
8. A diversidade cultural e os aspectos éticos da decisão são valorizados.
9. A mudança é estudada em seus efeitos locais e globais (ordem-desordem).
10. As decisões são estudadas em seu aspecto contingente e específico, não existindo um único modelo ideal de comportamento e de estrutura organizacional a ser seguido (crítica a uma única racionalidade superior ou modo de ação *one best way*).

Concluindo, a revisão bibliográfica revela assim que o tema paradoxos organizacionais é um assunto relevante atualmente, associado ao conceito de mudança organizacional e à transformação, presente de modo recorrente nos estudos nacionais e estrangeiros pesquisados.

Os estudos pesquisados dividem-se em três correntes:

a) Estudos baseados na crítica à burocracia e ao controle burocrático – baseados nos trabalhos clássicos de Merton e Selznick sobre paradoxos organizacionais, vários autores atuais retomam os trabalhos clássicos, os reveem e atualizam e elaboram pesquisas atuais fundamentadas nesses pressupostos.
b) Estudos baseados no paradigma psicodinâmico – baseados nos trabalhos clássicos do Instituto Tavistock de Londres nos anos 1950 (autores como Melanie Klein, Elliot Jaques, Bion etc.), vários estudos atuais trabalham o conceito de paradoxos associados a essa linha de análise.
c) Estudos baseados na sociologia interpretativa e no interacionismo simbólico – vários trabalhos retomam a fenomenologia e os clássicos de Berger e Luckmann e Goffman para estudar temas como identidade, mudança, comunicação e análise do discurso, papéis, associando-os ao tema paradoxos.

A seguir, para cada uma dessas linhas, serão apresentados os pressupostos básicos de pesquisa, baseados nos clássicos, e as propostas dos estudos atuais.

17.3 A primeira corrente de crítica à burocracia e o conceito de paradoxos organizacionais

O tema paradoxos organizacionais na literatura estrangeira tem sido analisado por uma grande quantidade de textos, em diferentes correntes de pesquisa (Kets de Vries, 1995; Koot, Sabelis e Ybema, 1996; Hatch e Erhlich, 1993; Murnighan e Conlon, 1991; Vince e Broussine, 1996). Recentemente uma edição da *Academy of Management Review* foi inteiramente dedicada ao tema, servindo de guia inicial para os pesquisadores que desejarem se aprofundar no assunto (Eisenhardt, 2000).

Marianne Lewis, ao pesquisar o tema, mostra que o termo "paradoxo" tem se tornado banal e utilizado de forma displicente por muitos autores, gerando clichês sobre o assunto (Lewis, 2000). Realizando uma revisão aprofundada em pesquisas norte-americanas feitas a partir dos anos 1990, Davis, Maranville e Obloj (1997) encontraram o termo paradoxo em mais de 300 artigos e estudos.

O termo é utilizado para representar proposições ou pedidos conflituosos ou mutuamente excludentes e perspectivas opostas.

Seguindo uma perspectiva sociotécnica baseada em definições mais rigorosas e derivada dos trabalhos do Instituto Tavistock de Londres nos anos 1950, principalmente na área psicologia social, autores como Merton, Selznick e outros tratam do termo paradoxo associando-o a disfunções na organização (Harris, 2007; Eisenhardt e Westcott, 1988; Murnighan e Conlon, 1991).

Esses trabalhos baseiam-se nos estudos de Festinger, desenvolvidos também no Instituto Tavistock, mostrando que o paradoxo é algo inerente à ação social. Também mostram que os indivíduos costumam representar suas experiências mais significativas e a realidade complexa na qual se inserem em torno de duas dimensões mutuamente excludentes que se alternam. Essa tendência à polarização é uma forma de simplificar a realidade a fim de poder decidir e agir, e de o indivíduo ou grupo lidar com os elementos complexos à sua volta, aos quais ele é vulnerável (Festinger, 1957).

Em suma, a fim de atribuir sentido e compreender os sistemas contraditórios e ambíguos nos quais estão inseridos, os indivíduos têm a tendência a polarizar suas percepções em torno de elementos opostos (Lewis, 2000).

Consequentemente, começam a agir em função dessa percepção polarizada, que corresponde à sua representação subjetiva da realidade. **Os problemas organizacionais e as interações sociais passam a ser descritos pelos indivíduos e grupos como variação de duas dimensões opostas que os confundem e incomodam, gerando dissonância cognitiva** (Festinger, 1957; Bartunek, 1988). **Em resumo, um paradoxo é a representação da experiência, dos sentimentos, crenças e interações por meio de dois estados aparentemente inconsistentes, duas realidades opostas e aparentemente irreconciliáveis como "autonomia e conformidade", "novo e velho", "aprendizagem e mecanização do trabalho", "liberdade e vigilância"** (Eisenhardt, 2000). A própria organização é representada pelos diversos grupos que a compõe de forma ambígua e dual. O fato de os indivíduos lidarem com realidades complexas às quais são vulneráveis por meio de representações paradoxais foi provado pelos trabalhos de Festinger e de outros pesquisadores do Instituto Tavistock. A seguir será feita uma revisão desses trabalhos a fim de compreender como o conceito de paradoxo se insere nessa linha de argumentação.

17.3.1 Pressupostos básicos desta corrente: a integração dos aspectos afetivos e cognitivos do ser humano

Os trabalhos de Festinger sobre a dissonância cognitiva são muito importantes para mostrar como as percepções do ser humano às interações complexas às quais ele é vulnerável são baseadas em uma representação paradoxal da experiência. No livro *A theory of cognitive dissonance*, publicado em 1957, o autor define cognição como todo conhecimento, opinião ou crença do indivíduo a respeito de si mesmo, de seu comportamento ou dos fatos relativos a um contexto de decisão. Segundo o autor, o indivíduo enfrentaria em várias ocasiões, especialmente naquelas às quais ele se encontra afetivamente vulnerável, uma dissonância ou uma oposição entre várias cognições e emoções, encontrando-se em uma situação de impasse que provocaria uma sensação de "desconforto" psicológico, a qual ele tentaria reduzir pela adoção de várias estratégias possíveis: contestar os seus valores de base, adotando novos valores, ou conservá-los, mudando sua ação. Uma ação nova pode estar em contradição com crenças antigas e gerar desconforto e angústia que devem ser solucionados para que o indivíduo volte ao estado normal. Mudar suas crenças a fim de justificar a sua ação nova ou reafirmar a crença antiga, condenando sua ação atual, podem ser reações do indivíduo que se encontra nessa situação e que pretende assim restabelecer seu equilíbrio emocional. Uma expressiva quantidade de trabalhos atuais retoma esses argumentos (Festinger, 1957; Koot, Sabelis e Ybema, 1996; Ford e Backoff, 1988; Cannon, 1996; Davis, Maranville e Obloj, 1997; Sabelis, 1996).

17.3.2 A não determinação da ação humana como pressuposto de pesquisa

Os estudos dessa linha de argumentação seguem a perspectiva weberiana do estudo da ação social e consideram que **os valores de um indivíduo não determinam sua decisão, forma de agir ou seu comportamento**. Alguém pode inovar seu comportamento, agindo de forma que contrarie seus valores de base.

Novas formas de ação e comportamento não determinam necessariamente a adoção pelo indivíduo de novos valores. Ele pode reafirmar seus valores antigos. Essas duas variáveis não seriam explicadas por uma lógica linear de causa-efeito, mas constituiriam um sistema. Os novos comportamentos e novas ações de um indivíduo poderiam originar novos valores, fazendo-o questionar os seus valores antigos, ou poderiam, ao contrário, ter o efeito de reforçar ainda mais estes últimos (Cannon, 1996). Alguém pode agir de uma forma totalmente inesperada, impulsivamente, de uma maneira como nunca agiu antes e se surpreender com seu próprio comportamento. O comportamento novo, inédito, pode fazer o indivíduo questionar seus valores anteriores e a partir de sua nova experiência, mudar crenças e padrões estabelecidos anteriormente. Padrões afetivos e cognitivos estão assim integrados em nosso processo de tomada de decisões (Rangan, 2000; Luque e Sommer, 2000; Ford e Ford, 1994).

Retomando a argumentação que acabou de ser apresentada, os estudos pesquisados sobre paradoxos baseiam-se no seguinte pressuposto sobre a percepção humana: **Ao conhecer a realidade complexa e representá-la a fim de tomar uma decisão, em seu processo de escolha, os indivíduos tendem a representar esta mesma realidade a partir de duas dimensões opostas – crenças, valores, perspectivas, sentimentos – e o processo de decisão visa reduzir o "desconforto" provocado pela oposição entre esses elementos subjetivos básicos.** O sujeito, porém terá que conviver com tensões entre polos opostos frequentemente, pois esse confronto faz parte de sua atividade perceptiva e cognitiva e de seu processo de evolução. Nem toda decisão gera a polarização em torno de dimensões opostas, mas frequentemente em sua vida o sujeito se vê às voltas com os efeitos do paradoxo gerado pelo processo de dissonância cognitiva, principalmente quanto às interações, experiências ou perspectivas que o afetam pessoalmente (Ford e Ford, 1988). O conceito de paradoxo está assim, nessa corrente, associado ao conceito de "lógica de ator" – ou seja, a formação dos valores, critérios de decisão e escolha, bem como representação da realidade de cada indivíduo ou grupo de indivíduos.

> Em suma, de acordo com essa corrente, a representação da realidade por meio de elementos opostos e conflitantes (os paradoxos) é um elemento inerente ao ato de conhecer e ao processo de tomada de decisão do ser humano e está associada à teoria da racionalidade limitada como base teórica. (Kelly, 1955)

17.4 A crítica da burocracia e a teoria da racionalidade limitada

A linha que critica a burocracia, mostrando suas disfunções e a ilusão da busca por coerência e controle perfeitos, segue a definição de paradoxos de Merton, que serão vistos no decorrer deste capítulo. Essa corrente segue o pressuposto da racionalidade limitada, que será descrito a seguir como etapa necessária para a compreensão dessa corrente de pesquisa. Herbert Simon e o grupo que ele coordenou nos anos 1940 e 1950 no Carnegie Institute of Technology propuseram o conceito de que a **racionalidade é sempre relativa ao sujeito que decide**, não existindo uma única racionalidade tida como superior. O conceito da racionalidade limitada influenciará a teoria da decisão e terá importantes consequências para os estudos das organizações e dos paradoxos. Nesse paradigma, não existe uma visão "irracional", mas diversas racionalidades e representações diferentes, relativas aos indivíduos e grupos organizacionais específicos, o que se deve ao fato de que indivíduos e grupos de indivíduos sempre possuem uma visão parcial e limitada da realidade e são influenciados também por pressões de ordem afetiva.

De acordo com essa linha de argumentação, não é possível para um tomador de decisões ter acesso a todas as possibilidades de ação, medindo todas as opções, tendo em vista a impossibilidade física do cérebro humano acessar todas as informações e processá-las e o alto custo envolvido nesse processo. Considerando a escassez de recursos, gerentes e administradores contentam-se em obter um número limitado de informações, um nível **satisfatório**, que lhes permita identificar os problemas e algumas soluções alternativas. Dessa forma, na prática, os gerentes e administradores não buscam todas as soluções possíveis para um problema específico, o que seria impossível, mas apenas soluções satisfatórias e aceitáveis. Pressupõe-se nesses estudos, de forma pragmática, que o tomador de decisões não busca os modelos mais racionais, completos ou perfeitos, ao contrário, aceita soluções satisfatórias e razoáveis, muitas vezes fixando critérios minimamente aceitáveis de *performance* e, ao encontrar uma solução que corresponda a esses critérios mínimos, toma a decisão e a implementa (Klein, 1965; Bouchiki, 1998). Pode-se depreender desses estudos que a racionalidade ou lógica de decisão de um indivíduo é influenciada pelo seu presente e passado, ou seja, a lógica de decisão de um indivíduo é influenciada por um **efeito de posição** (ela depende da posição que o indivíduo, considerado aqui um ator social, ocupa em um contexto de ação específico e que condiciona o seu acesso às informações pertinentes) e um **efeito de disposição** (a decisão depende das características mentais, cognitivas e afetivas do indivíduo que decide, características que são em parte pré-formadas por sua socialização passada) (Boudon, 1991). Dessa forma, a organização distribui informações de modo assimétrico. Dependendo do acesso à tecnologia, do tipo de atividade, das interações com outros indivíduos, da profissão, dos problemas que deve resolver e de suas responsabilidades, os indivíduos tomarão conhecimento de um tipo de informações específico que influenciará sua escolha.

Desse modo, a teoria da racionalidade limitada argumenta que os indivíduos terão sempre uma visão parcial da realidade e, logo, suas representações dessa mesma realidade possuem um caráter específico, contingente e subjetivo, além de serem paradoxais, quando são especialmente vulneráveis à interação ou decisão.

> Em um dado momento, em uma organização, podem coexistir múltiplas representações paradoxais da realidade organizacional. Pesquisas de caráter etnográfico ajudam a mapear quais são essas representações, a que grupos ou indivíduos pertencem e quais são as representações mais frequentes da realidade organizacional em um dado momento. (Lewis e Dehler, 2003)

Em resumo, em se tratando do processo de tomada de decisão nas organizações, baseado na teoria da racionalidade limitada (Simon, 1947), em suas reflexões teóricas sobre a teoria da tomada de decisão, Elster (1983), Hirschmann (1970), Lindblom (1959), Cohen e March (1974) mostram que:

> As preferências de um indivíduo ao decidir não são precisas, coerentes e determinadas, mas, ao contrário, são múltiplas, flexíveis e ambíguas (Cohen e March, 1974).
> Os critérios de decisão e as preferências do indivíduo não são estáveis e independentes das condições da escolha, mas, ao contrário, são adaptativos e influenciados pelo contexto de decisão (Elster, 1983).
> Os critérios de decisão e as preferências do indivíduo não são intangíveis, mas são influenciados pela ação consciente ou inconsciente dos indivíduos que decidem (Elster, 1983).

17.4.1 A corrente crítica da burocracia e o processo de decisão como forma de lidar com o paradoxo

Muitos dos trabalhos analisados tratam do processo de síntese dos paradoxos. Ou seja, estudos em psicologia social, especialmente os estudos baseados no conceito de dissonância cognitiva mencionados antes, mostram que os conflitos entre valores, crenças e sentimentos opostos provocam angústia e estresse no indivíduo, grupo ou organização (Frost e Robinson, 1999). O grupo social tende, pois, a resolver os conflitos pontuais entre dimensões opostas quebrando a polarização entre as representações que constituem um paradoxo específico a fim de diminuir a angústia e o estresse e tomar uma decisão específica. O processo de escolha e decisão – decidir apegar-se a uma das dimensões que constituem o paradoxo, agindo em uma dada direção, ou encontrar soluções pragmáticas de conciliação –, desfaz a representação paradoxal inicial, presente na percepção do indivíduo ou grupo, e libera a energia destes indivíduos e grupos para dedicarem-se à solução de novos problemas, que por sua vez envolverão novas representações paradoxais e desencadearão um novo processo decisório.

Por intermédio desse processo contínuo de solução de problemas, lidando com representações paradoxais da realidade, indivíduos, grupos e organização evoluem, acumulando conhecimento sobre si próprios e as dinâmicas do grupo social no qual interagem.

Alguns estudos argumentam que é possível transcender a polarização em questões pontuais, envolvendo, por exemplo, os efeitos indesejados de uma decisão gerencial específica. No entanto, em nível global, na organização, sempre haverá dualidades, ambiguidades e paradoxos presentes, uma vez que são constitutivos do próprio grupo social.

Por exemplo, Leana e Barry (2000), no estudo "Stability and change as simultaneous experiences in organizational life" argumentam que os gerentes e seus subordinados enfrentam constantemente, em suas decisões cotidianas, uma dualidade entre as dimensões estabilidade e mudança. Dependendo do quanto sejam vulneráveis às questões que estejam em jogo, a dualidade pode ser difícil de lidar, gerando bloqueios psicológicos. Frequentemente esses indivíduos conseguem realizar um processo de síntese e chegar a uma decisão específica o que reduz a polarização entre essas duas dimensões em um dado momento, em um caso específico, porém a dualidade entre as dimensões estabilidade e mudança continuará presente na organização como um todo, por ser constitutiva do sistema maior e por estar sempre presente.

> *Change and resistance to it, flexibility and stability – these are simultaneous forces affecting both individual actors and organizational actions. [...] Both stability and change are simultaneously present in organizations, and both are a necessary part of organizations' effective functioning over the long term.* (Leana e Barry, 2000)

Esses argumentos mostram que as representações paradoxais e a busca contínua por dimensões opostas são constitutivas da vida organizacional. Mesmo se em um dado processo cognitivo e decisório ocorrer a superação da percepção paradoxal, a bipolaridade e a ambiguidade estarão sempre presentes no grupo social (Kelley, 1971; Peters e Waterman, 1982).

17.4.2 O conceito de paradoxos organizacionais e mudança

Merton (1949) foi um dos primeiros autores a tratar do tema paradoxos organizacionais, criticando a chamada ilusão de controle por parte dos gerentes e burocratas e mostrando que esse controle não é possível, pois sempre existem disfunções. Merton descreve assim os problemas da personalidade burocrática – do excessivo apego às regras e a busca por uma excessiva coerência e harmonia organizacional que não são possíveis. O autor alega que a contradição e o conflito são parte constitutiva das organizações. Dessa forma, Merton (1936) afirma em seu texto "The unanticipated consequences of purposive social action" que **toda ação social produz um paradoxo básico, tendo consequências contraditórias, dado ao fato de que, para cada efeito desejado de uma ação, existe uma série de efeitos secundários, não desejados ou previstos, que se contrapõem aos efeitos buscados pelos indivíduos ao agir.** Assim, para cada efeito "positivo" (*intended consequence*) existe um efeito que contraria as expectativas dos gerentes e administradores (*unintendend consequence*). A existência dessas contradições inerentes à ação social provoca tensões nas organizações que conduzem a fenômenos como a resistência organizacional e a emergência de conflitos (Merton, 1949).

McKinley e Scherer atualizam essa perspectiva para as organizações atuais, analisando especialmente os processos de mudança e reestruturação organizacionais.

> *Following Merton, we do not assume that these unanticipated consequences are undesirable simple because they are unforeseen by the executives implementing restructuring. The production of cognitive order in top executives and the disordering of environments might be seen as either good or bad for managers, organizations or environments, depending on one's perspective. Restructuring involves a paradox, because a second unanticipated consequence of this purposive management strategy is the long-term disordering of the environment.* (McKinley e Scherer, 2000, p. 736)

Dessa forma, os autores mostram que, em organizações atuais, os processos de reestruturação e mudança organizacional geram coerência e produzem sentido para os dirigentes, mas sua implementação produz perda de sentido e confusão no ambiente organizacional, levando a médio prazo à elaboração de um novo processo de reestruturação. Sendo assim, a mudança produz para alguns coerência e para outros um sentimento de caos e desordem, ao mesmo tempo. Essa ambiguidade está sempre presente e não pode ser reduzida. Jaffee (2001) atualiza também os trabalhos de Merton, tratando do tema paradoxos em uma perspectiva crítica.

Criticando também o controle burocrático pela ilusão de obter harmonia social e eliminar conflitos, Selznick mostra como os paradoxos, ou seja, a polarização entre dimensões opostas, estão sempre presentes nas organizações. Selznick (1955) observou em seu estudo clássico *TVA and the grass roots* alguns paradoxos e disfunções burocráticas típicas da organização, apresentando **a contradição entre teoria e prática, discurso e ação**. Institucionalizaram-se novos conceitos, modelos e expressões como "democracia", "política do povo" na Tennessee Valley Authority (TVA), mas a tentativa de implementar essas políticas mostrou as discrepâncias entre o discurso e prática.

Outra contradição observada por Selznick foi o dilema provocado entre **participação e escolha seletiva**. O ideal de participação total dos empregados nem sempre era compatível com as pressões de tempo das decisões.

A terceira contradição referia-se às **dimensões da perenidade e volatilidade das políticas administrativas**.

O quarto paradoxo descrito pelo autor referia-se **ao conformismo e à inovação**. A tendência dos burocratas da TVA a se apegar às normas e procedimentos formais bloqueava a inovação e a renovação administrativa.

Outros autores utilizam os paradoxos como instrumento analítico para estudar as organizações. Blau e Scott (1970), por exemplo, descrevem alguns paradoxos próprios à administração.

O paradoxo comunicação e coordenação, segundo eles, explica-se pelo fato de que o livre fluxo de comunicação tem um papel importantíssimo na solução dos problemas administrativos, aliviando as ansiedades geradas pelos processos de tomada de decisões. O debate entre pessoas com opiniões diversas, porém, dificulta a coordenação, pois a comunicação irrestrita cria uma batalha de ideias que torna difícil o acordo (Blau e Scott, 1970).

O segundo paradoxo analisado por eles refere-se ao planejamento administrativo e à iniciativa e criatividade. O avanço tecnológico no mundo moderno exige das organizações uma enorme criatividade. Entretanto, a necessidade de planejamento persiste e, junto com ela, a de controle. A maior parte dos mecanismos de controle, porém, inibe a iniciativa e a criatividade individual. Eles acreditam que tais paradoxos são manifestações do dilema maior entre ordem e liberdade. Longe de lastimar tais oposições, porém, sustentam que são as responsáveis pelo desenvolvimento das organizações, pois esse é um processo essencialmente dialético (Blau e Scott, 1970).

Lawrence e Lorsch (1967) tratam também de alguns paradoxos organizacionais, sendo, para eles, a contraposição entre diferenciação e integração das estruturas organizacionais um dos principais paradoxos. Segundo os autores, toda organização, ao mesmo tempo que se preocupa em diferenciar-se tendo dado o seu caráter complexo, deve se preocupar em manter um mínimo de integração, criando estruturas organizacionais que controlem as tendências "centrífugas" das diversas partes que a compõem. Eles buscam compreender a influência das características do meio ambiente sobre a tentativa de manter-se um equilíbrio entre o nível interno de diferenciação e de integração, tendo em vista a gestão dos conflitos e as contradições que resultam dessa tensão (Lawrence e Lorsch, 1967; Jaffee, 2001).

Trabalhos atuais sobre reestruturações e mudança organizacional salientam a ambiguidade e a pluralidade das organizações ao mostrar que a busca por harmonia e controle burocrático é ilusória e há necessidade em conviver-se com contradições e polarizações, buscando lidar com elas e seus efeitos, pois são constitutivas das organizações.

A seguir, será apresentada a segunda corrente citada, a psicodinâmica organizacional, que trata principalmente dos efeitos dos paradoxos no sistema organizacional: estresse, conflito, e como lidar com eles.

17.5 A segunda corrente: a psicodinâmica e os efeitos dos paradoxos – conflitos e estresse no sistema organizacional

Como visto anteriormente, os estudos atuais sobre paradoxos são em sua maioria críticos e retomam os trabalhos clássicos sobre a crítica à burocracia e também os trabalhos do Instituto Tavistock, eles que seguem a linha da psicodinâmica e psicanálise organizacional em uma análise crítica da realidade. Essa revisão de literatura mostrou que os trabalhos de autores do Instituto Tavistock, como Eric Trist, Harold Bridger, Elliot Jaques, Kennet Rice, Eric Miller, Wilfred Bion, Melaine Klein, entre outros, são retomados por autores atuais na perspectiva dos estudos sobre paradoxos e seus efeitos. Autores atuais como Kets de Vries (1995), Schein e Ketz de Vries (2000), Frost e Robinson (1999), Larry Hirschorn (1997), Yiannis Gabriel (1999), Michel Diamond (1993) fundaram a International Society for the Psychoanalytic Study of Organizations e o tema paradoxos organizacionais tem sido recorrente nos trabalhos deles. Em uma linha de estudos de origem francesa, autores como Christophe Dejours (1993), Enriquez (1991), Vincent de Gaulejac (2007), Pagès (1987), Alain Chanlat (1984) e Jean-François Chanlat (1996) tratam desse tema. A linha da psicodinâmica tende a estudar os efeitos dos paradoxos para as organizações e para os indivíduos. Antes de rever os estudos recentes, será feita uma breve revisão dos clássicos que fundamentam os trabalhos atuais sobre o tema.

17.5.1 A dualidade básica do ser humano segundo a linha psicodinâmica: uma revisão dos clássicos

Segundo esses estudos e essa linha de argumentação, a representação ambígua e paradoxal da realidade é algo constitutivo da mente humana. Baseando-se nos trabalhos de Freud sobre a ambiguidade de pulsões que caracteriza todo o ser humano, dividido entre a pulsão de vida (Eros) e a pulsão de morte (Thanatos), entre os polos de construção e desconstrução, Melanie Klein (1965) mostra que o ser humano, desde criança, tem que lidar com essa dualidade e polaridade básicas, buscando um equilíbrio contínuo entre essas duas dimensões representadas pelo *id* e pelo *superego*. Melanie Klein mostra como o adulto constrói sua vida psíquica a partir da construção de sua afetividade desde que é criança. Assim, das estruturas que compõem a personalidade, **id, ego e superego**, o ego seria o princípio de realidade, parte organizada da personalidade, que procura unir e conciliar as reivindicações do id (instintos, fantasias e desejos) e do superego (moral e regras sociais) com as do mundo externo. Assim, a personalidade básica do indivíduo já é estruturada sobre uma estrutura polarizada.

Elliot Jaques (1955), a partir dos estudos de Melanie Klein, mostra que a organização na qual o indivíduo trabalha, por ser fonte de recursos, reconhecimento e recompensas, e também fonte de privações, frustrações e punições, **é percebida pelo indivíduo de forma ambígua e dual**, ao mesmo tempo como um objeto "bom" e um objeto "mau", "positivo e negativo" etc. Para sobreviver e permanecer na organização, o indivíduo tende a reduzir a bipolaridade de suas percepções, lidando com essas duas dimensões e apegando-se ao aspecto "positivo" da sua percepção, fazendo uma síntese de seu paradoxo. Trata-se do fenômeno da clivagem ou separação de pulsões do qual falam os autores. Essa polarização, sendo constitutiva da percepção humana, ocorre sempre. O indivíduo ou grupo de indivíduos faz a síntese de uma polarização e logo outra ressurgirá em uma atividade contínua.

Transpondo essas constatações para a realidade organizacional, outros estudos mostram que especialmente em processos de reestruturação e mudança organizacional (quando estão sendo questionados vários procedimentos e modos de organização), tanto as representações polarizadas e paradoxais da realidade quanto as reações defensivas, o estresse e a angústia que costumam acompanhar essas representações cognitivas tendem a aumentar, pois os indivíduos se sentem ameaçados e tentam compreender a realidade que os cerca simplificando-a a fim de lidar com ela (Ketz de Vries, 1995; Lane e Bachmann, 1996).

O estresse tende a aumentar em caso de mudança de regras porque as estruturas burocráticas "protegem" e oferecem segurança. De fato, as regras oferecem um caminho certo e seguro para os indivíduos, que estruturam suas vidas em torno delas, buscando segurança e proteção (Diamond, 1993). A mudança nas regras produz insegurança e estresse. No entanto, as estruturas burocráticas também "sufocam" e os indivíduos projetam seus desejos por novas realidades em seu desejo por mudança. A busca por segurança e por dinamismo são dimensões opostas que se alternam nas organizações (Gabriel, 1999).

A partir dessa constatação, ou seja, do aumento das representações paradoxais, da angústia e do estresse em processos de mudança organizacional, muitos trabalhos argumentam que os indivíduos, sob pressão, podem ficar prisioneiros de representações paradoxais que os bloqueiam, impedem-os de decidir e impedem sua ação, o que pode ser prejudicial para a saúde mental deles, pois tais bloqueios produziriam ainda mais estresse, em um círculo vicioso (Dejours, 1993; Enriquez, 1997).

Há também estudos que tratam dos efeitos desses bloqueios afetivos em nível organizacional – os bloqueios afetivos derivados dessas representações paradoxais da realidade impedem o processo de mudança organizacional de concretizar-se, com consequências negativas para o grupo (Caldas e Wood JR., 1999a; Chanlat, 1996).

Outros estudos argumentam ainda que, dado esse contexto, é fundamental reconhecer e lidar com a resistência organizacional e com bloqueios afetivos gerados pelos mecanismos de defesa e pelas contradições que envolvem a mudança, em um modelo psicodinâmico de intervenção (Hirshhorn, 1997; Kets de Vries, 1995; Brown e Starkey, 2000).

Os paradoxos e os conflitos gerados não são considerados "bons" ou "maus" na maioria desses estudos. Podem ser positivos para os indivíduos e negativos para a organização ou vice e versa, dependendo do ponto de vista. Mesmo que a polarização no caso específico se resolva, tende a renascer tanto para o indivíduo quanto para a organização em outro patamar, mais tarde, pois trata-se de um elemento constitutivo da realidade humana.

Alguns estudos sugerem três formas de lidar com paradoxos, as quais podem estar inter-relacionadas:

> **Aceitação**. Alguns pesquisadores, como Schneider (1990), Cameron e Quinn (1998), Murnigham e Conlon (1991), entre outros, advogam que a aceitação da dualidade e da ambiguidade faz parte da realidade organizacional, e que lidar com dimensões opostas, incoerentes e com a tensão decorrente desse estado faz parte da realidade atual, cada vez mais complexa e ambígua. Os indivíduos podem resolver questões pontuais, decidir e agir, porém a dualidade e a polarização voltarão em um momento posterior, como parte constitutiva do processo evolucionário do indivíduo e da organização. Logo, a convivência com tensões provocadas por polos opostos, coexistindo em um mesmo momento tanto no indivíduo quanto no grupo ou na organização, e a aceitação dessas dualidades fazem parte do processo evolutivo. A renúncia ao sonho do controle absoluto e da busca perfeita por coerência e harmonia no sistema social faz parte dessa proposição.

> **Confrontação**. A destruição do paradoxo e da bipolaridade por meio do apego a uma das dimensões, seja o polo "positivo" ou o polo "negativo" desta. Estudos em psicodinâmica, desde os clássicos até os mais atuais, o fato de que os indivíduos, em um dado momento, podem possuir representações da organização mutuamente excludentes – a organização pode ser percebida assim simultaneamente como um objeto "bom", fonte de recompensas, e um objeto "mau", fonte de frustrações. Essa percepção simultânea e antagônica do mesmo objeto gera uma reação defensiva (fenômeno de clivagem) que leva o indivíduo ou grupo a separar as projeções positivas das negativas e apegar-se a uma delas.

O indivíduo ou grupo se apegará às pulsões positivas para sobreviver no sistema organizacional e nele permanecer ou se apegará ao polo negativo para justificar o desligamento dele. Os estudos tratam de várias reações defensivas, tais como regressão, formação de reação, negação, isolamento, clivagem, racionalização ou sublimação. Essas reações defensivas são mecanismos inconscientes para lidar com o estresse provocado pela dicotomia e polarização de pulsões, que, na verdade, são formas de percepção da realidade e projeções subjetivas. Esses processos podem gerar bloqueios afetivos temporários nas organizações, impedindo os indivíduos ou grupos de agir, gerando resistência organizacional, limitação da comunicação entre grupos e afetando o sistema social de modo geral. Os estudos mais críticos descrevem apenas esses fenômenos e se opõem a qualquer intervenção, por considerar que são complexos. Outros pesquisadores defendem os modelos psicodinâmicos de intervenção e propõem que uma ação terapêutica nas organizações, principalmente nos processos de mudança, nos quais psicólogos e especialistas orientariam debates e discussões de pontos de vista, pode levar os indivíduos a compreender suas representações, apegando-se a uma das dimensões e acabando com a polarização, decidindo, enfim, e obtendo uma harmonia transitória, até a eclosão de novas polarizações, em um processo contínuo. (Vince e Broussine, 1996; Smith e Berg, 1987; Watzlawick, Weakland e Fisch, 1974; Kets de Vries, 1995; Schein e Kets de Vries, 2000; Lane e Bachmann, 1996; Hirschhorn e Barnett, 1993; Enriquez, 1997; Dejours, 1993; Frost e Robinson, 1999).

▶ **Transcendência.** Rothenberg (1979) argumenta que representações paradoxais são muitas vezes realidades subjetivas, projeções de indivíduos ou grupos, mas a polarização não necessariamente encontra suporte consistente nos fatos da realidade externa. Assim, o indivíduo ou grupo pode superar a bipolaridade de modo diferente do anterior, não se apegando a uma das dimensões, mas encontrando elementos na realidade que os permitam chegar a uma síntese entre as duas dimensões. Assim, em termos de sua percepção, passarão pelas fases da tese, antítese, eventual bloqueio ou não, e caminharão para uma síntese ou compreensão de que, no caso específico, as dimensões aparentemente irreconciliáveis em sua realidade subjetiva podem ser conciliadas na realidade exterior a ser construída pelo grupo social (Denilson, Hoojberg e Quinn, 1995; Amason, 1966; Rothenberg, 1979; Handy, 1994; Farson, 1996; Westenholz, 1993; Smith e Berg, 1987; Ropo e Hunt, 1995; Poole e Van de Ven, 1989). Lewis (2000), em seu importante artigo "Exploring paradox: Toward a more comprehensive guide", mostra em suas pesquisas que os paradoxos mais citados na literatura anglo-saxônica são os de aprendizado (*paradoxes of learning*), os da organização e do ato gerencial (*paradoxes of organizing*) e os de afiliação a grupos (*paradoxes of belonging*). Tratamos até aqui dos trabalhos que abordam os paradoxos em uma perspectiva associada à teoria crítica, dentro do paradigma pós-moderno, retomando os trabalhos clássicos de crítica à burocracia de Merton, Selznick e outros autores, ou à perspectiva psicodinâmica com base nos trabalhos dos pesquisadores do Instituto Tavistock.

Existem, no entanto, cada vez mais trabalhos sobre paradoxos que seguem outra corrente, baseada em uma **visão construtivista da realidade, na sociologia interpretativa [interacionismo simbólico, na noção de enação e nos trabalhos de Weick (1979)]**.

Essa visão, baseada no construtivismo e na fenomenologia, possui todo um corpo teórico específico e não é derivada dos trabalhos específicos de crítica à burocracia e ao controle burocrático ou aos seus efeitos. A visão construtivista e fenomenológica, ao tratar de paradoxos, foca a atenção principalmente nos fenômenos de **aprendizagem e comunicação** nas organizações. Trataremos dessa corrente a seguir.

17.6 Corrente construtivista, o interacionismo simbólico e as pesquisas sobre o tema paradoxos organizacionais

17.6.1 A visão construtivista da aprendizagem

As teorias sobre aprendizagem construtivistas são baseadas no conceito de *Gestalt*, que significa totalidade. Carl Rogers (1961) baseia-se no conceito de *insight* ou "instante de compreensão" para mostrar como o indivíduo reestrutura a percepção das relações lógicas que constituem o objeto que busca apreender. Dessa forma, o esforço cognitivo concentrado do indivíduo gera uma tensão que o leva a uma tomada de consciência brusca das relações entre as partes que compõem o sistema ou totalidade que busca conhecer. O indivíduo compreende subitamente as relações entre os diversos elementos do sistema, após conhecer várias de suas partes, e atinge um novo patamar de conhecimento sobre o objeto de sua cognição. Dewey (2002) retoma esses conceitos e descreve a aprendizagem como uma experiência na qual os atores sociais solucionam problemas. Ele mostra que aprender é entrar em um processo heurístico (ensaio e erro) no qual, sequencialmente, o indivíduo formula uma hipótese, a aplica e verifica o resultado de sua ação. Na corrente sociotécnica, alguns autores utilizam esses conceitos para relacionar aprendizagem, experiência e trabalho. Essa abordagem cognitivista, baseada no conceito de *Gestalt* e *insight*, propõe que toda a aquisição de conhecimento coloca em cheque a racionalidade e os valores anteriores do sujeito, uma vez que ele deve questionar sua antiga lógica de solução de problemas a fim de adquirir uma nova forma de raciocínio e resolução. A aprendizagem é assim fundamentalmente baseada no questionamento e na mudança, logo no confronto entre experiências.

Para Carl Rogers (1961), o tipo de aprendizagem que mais influencia o indivíduo é aquela que ele adquire por meio da própria experiência, baseando-se em suas próprias impressões e descobertas.

Segundo essa visão, o aprendizado do adulto ocorre de modo heurístico, por meio de um processo de ensaio e erro. O indivíduo adulto baseia seus julgamentos de valor em uma experiência profunda pela sobrevivência nas condições imediatas de cada situação. Essas experiências de sobrevivência e adaptação às condições concretas do "aqui e agora" levam os indivíduos a selecionar os elementos da realidade que considerarão válidos e incorporarão dos outros elementos que serão rejeitados e não serão incorporados.

Valendo-se do aprendizado heurístico por ensaio e erro, na visão fenomenológica e hegeliana, o indivíduo evolui em três fases: tese, antítese e síntese. A compreensão do objeto, do seu contrário e a síntese faz com que ele evolua para um patamar superior de compreensão, para um sistema superior que incorpora o primeiro. O sujeito constrói os seus conceitos básicos e a própria identidade com base nessa dialética.

17.6.2 O paradoxo básico da construção da identidade individual e organizacional

Vários estudos atuais que seguem essa linha baseiam-se em Erikson (1972) e desenvolvem argumentos que mostram que o sentimento de identidade é **caracterizado pela percepção da própria unidade e de uma continuidade temporal, apesar das mudanças.** Altera-se, porém, apesar dessas mudanças, conserva-se alguns elementos de base que garantem a coerência da personalidade. Esta compõe-se de elementos básicos que permanecem, e por outros elementos periféricos que se transformam e incorporam mudanças valendo-se de nossas experiências e de nossa história. A identidade é a percepção pelo indivíduo de que "existem em si semelhanças consigo mesmo" (elementos constantes, que permanecem). Há assim, em cada indivíduo, uma continuidade nos procedimentos de síntese internos relativos ao ego; existindo também diferenças em relação aos outros que caracterizam o estilo individual do sujeito (Erikson, 1972).

Com base nessa visão, pode-se concluir que, segundo esta argumentação, a identidade implica conciliação contínua de duas dimensões paradoxais:

1. **A dimensão da permanência**, na qual o ego conserva algumas características básicas durante o processo biológico e histórico ao qual o indivíduo é submetido em sua vida.
2. **A dimensão de busca por coerência na mudança.** Tendo em vista os processos social e biológico que envolvem o indivíduo, a tarefa de seu ego é garantir uma função de síntese, um princípio de organização segundo o qual o ser humano se mantém como personalidade coerente cuja individualidade é percebida pelos outros, mesmo considerando as transformações às quais está submetido. Nesse sentido, nessa visão construtivista e fenomenológica, cabe ao ego fazer a síntese entre aspectos diametralmente opostos – a permanência e a mudança.

A identidade do ser humano não é considerada o ponto de partida sobre o qual se constrói o mundo social, não é um elemento pronto, finalizado, mas, ao contrário, é um conceito dinâmico, "é o resultado do jogo de relações envolvidas nas experiências de sobrevivência, conflitos e questionamentos por ele vivenciados a cada momento" (Brown e Starkey, 2000). **Nessa perspectiva construtivista, administrar as incoerências e paradoxos frutos do choque de experiências do indivíduo é uma tarefa constitutiva do ego.**

O mesmo ocorre com a identidade organizacional. Organizações são minissociedades compostas de grupos de indivíduos que interagem e constroem, em conjunto, o sentido de sua ação (Berger e Luckmann, 1989; Morgan, 1996).

Em resumo, segundo essa perspectiva, o indivíduo constrói o sentido de sua ação, em sua busca de coerência e compreensão de suas experiências. Grupos de indivíduos interagem – trocam informações, influenciam-se mutuamente – e constroem em conjunto o sentido de sua ação coletiva. Os valores que compõem o núcleo identitário do grupo organizacional também são continuamente questionados e reconstruídos. O grupo organizacional deve buscar coerência na mudança e sempre reconstruir o sentido, o que é feito por meio da cultura organizacional (Schein, 1984).

17.6.3 A criação do sentido nas organizações e *retrospective sense making* de Weick

Weick (1979), de modo diferente dos argumentos baseados na racionalidade limitada, argumenta que as explicações e justificativas que os indivíduos e grupos de indivíduos dão sobre sua ação **são racionalizações *a posteriori* criadas pelo indivíduo ou grupo para justificar a própria ação, buscando coerência** entre sua história passada e sua história presente e construindo assim o **sentido comum** (*retrospective sense making*).

Baseando-se nos trabalhos de Peter Berger, Thomas Luckmann e Goffman (interacionismo simbólico), bem como nos estudos de etnólogos como Garfinkel e na psicologia cognitiva de Piaget, Weick argumenta que as organizações só podem reagir aos dados ou aos problemas que foram previamente percebidos, reconhecidos e compreendidos pelos seus membros, que os integram como elementos de análise nas representações, nos gráficos e mapas causais que fazem da organização e de seus problemas. Desse modo, as organizações só podem reagir aos dados e aos elementos que seus membros instituíram (*enacted*) por meio de sua atividade cognitiva (Weick, 1979).

Diversos estudos tratam então dos paradoxos como contradições e fenômenos que atrapalham a construção de sentido comum pelo grupo organizacional e, logo, dificultam sua ação.

Os indivíduos exercem papéis nas organizações e se comunicam para construir o sentido comum de sua ação.

Esses estudos trabalham com a concepção da organização como fenômeno cultural, com base na teoria do papel, derivada do trabalho de teóricos norte-americanos como William James, Charles Cooley e George Herbert Mead, base da sociologia fenomenológica. A organização é considerada um conjunto de papéis, *scripts*, representações. Os estudos atuais que lidam com essa corrente tratam de paradoxos e contradições no exercício dos papéis organizacionais. Descreveremos a seguir os pressupostos desses estudos.

17.6.4 Um breve resumo da teoria dos papéis

Retomando os estudos clássicos que tratam dos paradoxos no exercício de papéis contraditórios nas organizações, verifica-se que têm como pressupostos que os indivíduos apreendem os significados e se relacionam com os outros por meio de esquemas tipificados ou papéis sociais, verdadeiros *scripts* e códigos de conduta. Os papéis regulam a interação entre os indivíduos e lhes fornecem expectativas recíprocas tendo em vista os diversos contextos sociais que experimentam em sua vida cotidiana. Os papéis tornam habituais certos tipos de comportamentos em determinadas situações e interações sociais. Dessa forma, os atores sociais tendem a agir de acordo com certos padrões preestabelecidos socialmente e por eles incorporados em sua socialização primária. Esses padrões pré-estruturam a sua ação, mas não a determinam. Os atores sociais identificam o tipo de contexto social vivido em sua experiência atual, interpretam a situação e procuram em seu repertório qual o tipo de papel, código de conduta e linguagem são adequados ao cenário em questão, agindo em razão desse referencial. A maioria desses estudos considera as organizações cenas de espetáculo e retomam os trabalhos de Berger e Luckmann e de Goffman. Analisando o discurso, mostram que existem diferentes tipos de repertório para diferentes conjuntos de papéis incorporados por grupos sociais distintos. Padrões comuns tornam possível a convivência entre diferentes estratos da sociedade, formando um sistema social mais amplo.

No interior do estoque comum de conhecimento relativo a um grupo social, existem tipos de papéis que são acessíveis a todos os membros da sociedade, ou, ao menos, aos atores potencialmente aptos a representá-los. Dessa forma, o estoque de conhecimentos de uma sociedade é estruturado como pertinente ou não para certos tipos de papéis específicos correspondendo a um certo tipo de ator social.

Dependendo dos papéis que representa, o indivíduo é levado a interiorizar certos modos específicos de conhecimento e acumular determinadas informações, não somente do ponto de vista cognitivo, mas também emocional. Ele incorpora alguns tipos de emoção, ética, valores e normas característicos dos papéis que desempenha e que interiorizou. Papéis incompatíveis com repertórios incompatíveis impedem os indivíduos de se comunicar e construir um sentido comum para sua ação, como propõe Weick.

17.6.4.1 Os paradoxos e a teoria dos papéis nos estudos atuais

Os trabalhos atuais tratam do conceito de paradoxos ao abordar temas como as dificuldades dos indivíduos em conciliar papéis sociais diferentes e contraditórios, que, ao mesmo tempo, exigem posturas, éticas, vocabulário e posicionamentos opostos. Contradições que dificultam o aprendizado organizacional e a comunicação, logo a criação de um sentido comum para a ação (*organizational sensemaking*).

Em razão das variáveis internas e externas intervenientes, é natural o surgimento de conflitos, que podem ser genericamente chamados conflitos de papéis e ser de vários tipos.

1. O conflito interno que ocorre quando as expectativas de papel de um participante do grupo organizacional são incompatíveis entre si (*intrasender*).
2. O conflito que ocorre quando as expectativas de dois ou mais participantes do grupo são incompatíveis (*intersender*).

3. O caso de as expectativas de um papel serem incompatíveis com as expectativas de outro desempenhado pela mesma pessoa em outro contexto (*interrole*).
4. O conflito interno que ocorre quando as expectativas de uma pessoa se chocam com as expectativas do conjunto de papéis em que está inserida (conflito pessoal de papel). As origens e as consequências dos conflitos de papéis narradas nesses trabalhos podem ser resumidas na afirmação de que **expectativas contraditórias de papéis provocam pressões opostas de papéis, que geralmente afetam a experiência emocional de uma pessoa, intensificando os conflitos internos, aumentando a tensão associada com vários aspectos do trabalho, reduzindo a satisfação com o trabalho e dominando a confiança nos superiores e na organização como um todo**. O conflito de papéis tem um custo muito grande para o indivíduo em termos emocionais e interpessoais e também representa um alto custo para a organização. Muitos desses estudos reforçam o caráter negativo desses paradoxos e contradições.

Nos estudos pesquisados, na perspectiva construtivista, há dois tipos: os que consideram o paradoxo uma etapa necessária para o processo evolutivo do ser humano, baseado na dialética hegeliana básica tese-antítese-síntese. O paradoxo aqui é considerado constitutivo do ser humano, base da formação de sua identidade, processo cognitivo e entendimento.

Outros estudos focam a atenção nos efeitos pontuais do exercício de papéis ao mesmo tempo contraditórios e paradoxais. Nesse caso, o paradoxo relacionado a papéis é visto em seu caráter negativo e disfuncional. A maioria dos estudos brasileiros pesquisados insere-se na linha construtivista-cognitivista, que trata do tema paradoxos, mesmo sem usar essa denominação, e seus efeitos na análise do discurso na aprendizagem organizacional, na formação da identidade dos indivíduos, na cultura organizacional e no processo de mudança.

17.7 Metodologia de pesquisa etnográfica e paradoxos

17.7.1 Metodologia para estudo de caso: metodologia etnográfica e interacionismo simbólico fenomenológico

A etnometodologia trabalha com o conceito de interação social, objeto também do interacionismo simbólico. Segundo Berger e Luckmann (1989), os indivíduos apreendem os significados e se relacionam com os outros por meio de esquemas tipificados ou papéis sociais, verdadeiros *scripts* e códigos de conduta.

Os papéis regulam a interação entre os indivíduos e fornecem expectativas recíprocas tendo em vista os diversos contextos sociais que vivenciam em sua vida cotidiana.

Em resumo, os papéis tornam habituais certos tipos de comportamentos em determinadas situações e interações sociais. Os atores tendem a agir de acordo com certos padrões preestabelecidos socialmente e por eles incorporados em sua socialização primária. Esses padrões pré-estruturam sua ação, mas não a determinam, de acordo com o paradigma weberiano que embasa essa corrente. Os atores sociais identificam o tipo de contexto social vivido em sua experiência atual, interpretam a situação e procuram em seu repertório qual é o tipo de papel, código de conduta e linguagem adequados ao cenário em questão, agindo em função desse referencial (Goffman, 1959). O autor ressalta ainda os diferentes tipos de repertório e conjunto de papéis incorporados por grupos sociais distintos. E, também faz referência, no entanto, à existência de padrões comuns que tornam possíveis a convivência de diferentes estratos da sociedade, formando um sistema social mais amplo.

A etnometodologia considera que cada grupo ou subgrupo social tem a sua forma particular de interagir, debater e negociar, criando um verdadeiro "mundo ou minimundo cultural" que lhe é próprio. Cada mundo social possui práticas e hábitos sociais particulares e também formas de luta e negociação política características (Goffman, 1959).

Conforme essa corrente, a organização, lugar de interseção entre vários mundos sociais distintos, é uma verdadeira arena política complexa, na qual podemos observar diversas formas de debate e ação. Segundo Peter Berger, o estudo das organizações permite observar os conflitos entre visões de mundo e interesses divergentes e os processos políticos característicos deste fenômeno.

> o pesquisador não deve apenas investigar quais são os mundos sociais que estão representados nesta arena mais larga (a organização), mas também quais são os segmentos pertencentes a cada um destes mundos sociais [...] A compreensão da evolução, da mudança e do funcionamento de uma organização exige um exame das relações enraizadas nestes mundos e minimundos sociais ou em suas intersecções. Certas organizações, sem dúvida a maior parte, devem ser vistas como arenas onde os membros dos diversos mundos sociais têm interesses diversos, buscam objetivos diferentes e lutam, propondo ou desfazendo alianças políticas a fim de atingir seus objetivos. Uma teoria das organizações ignorando estas preocupações pode nos conduzir a conclusões equivocadas. (Berger e Luckmann 1989, p. 50)

O pesquisador, baseando-se no interacionismo simbólico e na etnometodologia, interrogará de forma apropriada sobre: quais são os diferentes mundos sociais próprios à organização a ser estudada; qual é a sua origem; como se formam os padrões culturais e a visão de mundo de cada grupo organizacional; como se constituem como grupo a fim de colaborar com outros segmentos da organização; quais são os conflitos entre os diversos grupos; quais são as razões possíveis e prováveis desses conflitos e as soluções e formas de negociação buscadas pelos diversos grupos. Deve desvendar, em suma, as diversas formas de identidade social encontradas na organização e o seu inter-relacionamento na arena política organizacional.

O pesquisador deve tentar esclarecer as formas de regulação do sistema social da organização que estuda, e esclarecer, entre outras, as seguintes questões:

- Quais são os critérios organizacionais de legitimidade e de autoridade?
- Qual é o tipo de ameaça mais frequente na organização, tendo em vista o uso da força e de outros meios coercitivos? Quais são os aspectos comportamentais que mais se buscam reprimir na organização estudada?
- Quais são os valores que prevalecem na organização, ou seja, qual é sua cultura dominante? Qual é a cultura do grupo dirigente?
- Como as culturas e interesses dos outros grupos se relacionam com a visão de mundo predominante na organização?
- Qual é a forma de percepção, representação da realidade e os critérios de decisão e ação (ou seja, a forma de *enactement*) predominantes no sistema? É possível descrever esse processo?
- Quais são as outras formas de enação (*enactement*) existentes na organização, características de outros grupos?
- Como se originam os diversos papéis e expectativas de papéis tendo em vista a cultura organizacional?
- Quais são as principais formas de controle social na organização estudada? E as reações dos diversos grupos a essas formas de controle?

Essas são algumas das principais questões, entre outras, que podem surgir no processo de pesquisa.

Peter Berger e Thomas Luckmann também definem os papéis como forma de controle organizacional.

> Desde que os comportamentos dos atores sociais são tipificados em determinados papéis, a obediência ou a não obediência aos tipos de papéis socialmente definidos deixa de ser opcional, ainda que, é claro, a severidade das sanções possa variar segundo cada caso. Os papéis representam a ordem institucional. É somente através das representações dos atores ao executar

> seus papéis que a instituição se manifesta na experiência real. A instituição, com o seu conjunto de ações programadas, é como o roteiro não escrito de uma peça de teatro. A direção da peça depende da execução reiterada dos seus papéis prescritos por atores vivos. Os atores encarnam os papéis e realizam o drama interpretando-o em uma dada cena. Nem a peça e nem a instituição existem empiricamente fora deste contexto. (Berger e Luckmann, 1989, p. 70)

Goffman (1959) define papel social no mesmo sentido que Peter Berger e Thomas Luckmann, chamando de "papel social" a atualização dos direitos e deveres relacionados a um dado *status*. Para estes autores, o "papel social" na verdade refere-se a um conjunto de papéis (modelos de ação preestabelecidos que são desenvolvidos durante uma representação).

Segundo o interacionismo simbólico, a construção de tipologias de papéis é um correlato necessário à institucionalização da conduta. As instituições são incorporadas na experiência individual por meio dos papéis, que, objetivados linguisticamente, constituem um elemento essencial do mundo objetivamente disponível em toda sociedade. Representando esses papéis, o indivíduo participa de um mundo social. Interiorizando-os, o mesmo mundo torna-se, para ele, subjetivamente real.

No interior do estoque comum de conhecimento relativo a um grupo social, existem tipos de papéis que são acessíveis a todos os membros da sociedade, ou ao menos aos atores potencialmente aptos a representá-los. A origem dos papéis é similar ao processo de rotinização e objetivação da realidade que constitui a origem das instituições. Toda conduta institucionalizada implica a existência de papéis, que, como as instituições, são uma forma de controle e regulação do comportamento humano em sociedade.

Dependendo dos papéis que representa, o indivíduo é levado a interiorizar certos modos específicos de conhecimento e acumular determinadas informações, não somente do ponto de vista cognitivo, mas também emocional. Ele incorpora certos tipos de emoção, ética, valores e normas característicos dos papéis que desempenha e que interiorizou, o que implica uma distribuição social do conhecimento.

O estoque de conhecimentos de uma sociedade é estruturado no que é pertinente ou no que não é pertinente para certos tipos de papéis específicos correspondendo a um certo tipo de ator social.

Dessa forma, para compreender as organizações por meio do paradigma do interacionismo simbólico, o pesquisador deve estudar o sistema político, as negociações e as estratégias de cada grupo e os processos de transmissão de um dado universo simbólico (como a cultura predominante na empresa ou a ação ideológica do grupo dirigente).

17.7.2 O interacionismo simbólico fenomenológico e a etnometodologia em comparação com os demais métodos de pesquisa.

Gibson Burrell e Gareth Morgan (1994, p. 30) em *Sociological paradigms and organizational analysis* classificam a etnometodologia, método apropriado à corrente do interacionismo simbólico, entre outros métodos de pesquisa, para estudar:

> **A dimensão sociológica da mudança radical ou conflito** entre classes ou grupos sociais.
> **A dimensão sociológica da regulação social, ou integração** e harmonia social.
> **A dimensão objetiva** – a realidade social vista como um dado objetivo, determinando ou condicionando a ação humana.
> **A dimensão subjetiva** – a realidade vista como fruto de uma construção social a partir das interações entre indivíduos e grupos sociais. Nega-se o pressuposto de determinismo social, aceitando-se em maior ou menor grau o conceito de liberdade de ação humana (voluntarismo).

Essas quatro dimensões originam quatro paradigmas de pesquisa em sociologia:

1. A intersecção entre a dimensão sociológica da mudança radical (conflito) com o subjetivismo e com o conceito de voluntarismo gera o paradigma do radical-humanismo. Um exemplo dessa corrente é o **radical-humanismo** que se baseia em uma concepção subjetiva da realidade, porém concentra-se na dimensão do conflito social. Um dos exemplos dessa corrente é o existencialismo, baseado nos trabalhos de Jean-Paul Sartre.
2. A intersecção da dimensão sociológica da mudança radical (conflito) com o objetivismo e com o conceito de determinismo social gera o paradigma do radical-estruturalismo. O **radical-estruturalismo** prioriza a dimensão do conflito, salientando que é inerente à realidade social. Um dos exemplos desse paradigma é o marxismo, segundo o qual o conflito, expresso pela luta de classes, é a base da dialética, motor da história.
3. A intersecção da dimensão da integração (harmonia social) com o objetivismo e determinismo social gera o paradigma funcionalista. O **funcionalismo** reforça o conceito de integração, buscando compreender os fundamentos da cooperação, da manutenção da realidade social ou sua evolução por meio de pressupostos de harmonia social. Essa corrente considera a realidade social produto de leis e modos de regulação que transcendem a vontade humana,

sendo dados objetivos que condicionam e influenciam a ação humana. Os trabalhos de Durkheim, entre outros, são exemplo desse paradigma.

4. A intersecção da dimensão da integração (harmonia social) com o subjetivismo ou voluntarismo gera o paradigma da sociologia interpretativa. O paradigma da sociologia interpretativa conceitualiza a realidade social como fruto de uma construção humana, por meio da interação e negociação dos diversos grupos sociais, que interpretam a realidade segundo critérios preexistentes, característicos de sua cultura. Ao agirem, no entanto, os indivíduos influenciam e transformam esses mesmos critérios e padrões nos quais basearam sua ação em um processo dialético de reinterpretação e reconstrução da realidade social.

Apesar de reconhecer o fenômeno da objetivação e retificação da realidade social (o fato de que as instituições são percebidas normalmente pelos indivíduos como um dado objetivo da realidade e não um construto humano), esse paradigma propõe que a realidade social é um conjunto de conceitos, valores e *frames* expressos, cujo conjunto constitui o universo simbólico ou o imaginário de um dado sistema social. Esses valores e representações são normalmente aceitos pelos atores sociais em questão e considerados verdadeiros. A realidade, dessa forma, é definida como uma série de crenças partilhadas intersubjetivamente entre os membros de um dado grupo social.

A metodologia utilizada pelos estudos pesquisados insere-se no quarto paradigma, uma vez que segue os princípios do interacionismo simbólico fenomenológico e adota uma metodologia que se adapta a esses princípios, seguindo também a tradição etnográfica.

Tanto a etnometodologia como o interacionismo simbólico fenomenológico, seguindo a tradição da fenomenologia, consideram a realidade do ponto de vista ontológico um conjunto complexo de tipificações, intersubjetivamente partilhado pelos membros de um dado grupo social. O conceito de tipo ideal de Weber, tido por ele uma ferramenta metodológica, é considerado por essas duas correntes como a origem dos papéis sociais e da tipificação do comportamento, que se concretiza por meio da criação e da manutenção desses modelos ideais.

De fato, Garfinkel (1967, p. 47), em seus estudos sobre etnometodologia, confirma esse ponto de vista ao dizer que "a realidade social é feita de uma rede de tipificações que é utilizada pelos indivíduos quando estes se sentem pressionados, a fim de explicar as diversas situações por eles vivenciadas".

Dessa forma, o investigador começa a pesquisa de campo com um tema de pesquisas e algumas premissas e ideias, mas não com hipóteses fechadas. A construção da teoria e a confirmação ou não das hipóteses se faz progressivamente, à medida que ele vai observando novos fatos e criando seu diário de pesquisa (Garfinkel, 1967, p. 48).

No começo do trabalho, o pesquisador terá muitas informações novas e deve reformular várias vezes suas hipóteses iniciais e conclusões. À medida que seu trabalho vai chegando ao fim e ele vai criando uma teoria que explique bem os fatos, as novas observações deverão confirmar suas hipóteses, fazendo-o detalhar mais sua teoria. Elas trarão, no entanto, menos informações inéditas.

17.7.3 A atitude do pesquisador na pesquisa de campo

O pesquisador deve manter uma distância racional e emocional do objeto de seu estudo para buscar ter certa neutralidade e imparcialidade com relação a sua análise mesmo que em pesquisa interpretativa de base fenomenológica na qual o conhecimento se produz em interações sujeito-sujeito em entrevistas e em observações e observações participantes se assume que o pesquisador seja influenciado e influencie nas interações pessoais. Mesmo que a neutralidade seja impossível neste caso, o pesquisador deve ainda buscar ter a máxima imparcialidade possível. Desse modo ele vai interagir com os diferentes grupos na organização estudada procurando retirar o máximo de dados possíveis e compreender a lógica de ação de cada grupo social e de cada indivíduo encontrado na organização e mergulhando na interioridade dos diferentes atores sociais buscando compreendê-los. Após a coleta de dados o pesquisador tentará recuperar a sua exterioridade a organização e ser o máximo imparcial e neutro possível na análise dos dados, descrevendo a lógica de ação e as razões de cada grupo organizacional, analisando estas múltiplas racionalidades para possibilitar a compreensão do que ocorre no sistema organizacional estudado.

Quando utiliza esse método proposto, o pesquisador deve estar consciente de que a experiência concreta dos atores sociais é seu principal instrumento de pesquisa. **Privilegia-se, pois, nesse tipo de trabalho, a técnica de entrevista como o meio principal para obter informações sobre a organização.** Para serem úteis, as entrevistas devem fornecer ao pesquisador essa "imersão" na experiência dos entrevistados.

O próprio processo de pesquisa lida com paradoxos. **Em cada entrevista, reproduz-se a tensão entre os polos interno e externo, entre a interioridade e a exterioridade.** O pesquisador deve procurar entender a subjetividade do seu interlocutor, porém sem se envolver, reconhecendo padrões e lidando com os elementos subjetivos captados na interação. Para o pesquisador, o campo é um terreno desconhecido, que deve explorar, e para tanto, deve ter uma atitude aberta diante do seu interlocutor, mostrando seu interesse pelo que o entrevistado tem a dizer, e, por meio de questões abertas, permitir a ele falar de seu trabalho, descrever a situação segundo sua própria interpretação etc.

A passividade não é uma atitude desejável nesse paradigma. O pesquisador deve ter uma atitude de "escuta ativa", demonstrando ao interlocutor que ele é um ouvinte atento, devendo, para tanto, colocar questões e esclarecer suas dúvidas.

Uma crítica possível a essa atitude do pesquisador é o fato de que o material por ele coletado por meio das entrevistas não refletirá a realidade "objetiva", mas a visão subjetiva do entrevistado. Berger e Luckmann (1989, p. 35) dizem a esse propósito que:

> O mundo da vida cotidiana não é considerado somente como um dado da realidade objetiva pelos membros de uma sociedade, tendo em vista a sua busca de sentido em suas vidas. Este mundo (o da vida cotidiana) também se origina em seus pensamentos e em suas ações e é mantido como realidade através deles. O pesquisador deve tentar esclarecer a origem do conhecimento na vida cotidiana, ou seja, as objetivações dos processos subjetivos e das significações que constroem o mundo do senso comum intersubjetivo.

17.7.4 O caráter paradoxal da realidade social

Conforme Berger e Luckmann, a sociedade possui uma dimensão objetiva artificial e é construída graças às ações que exprimem um sentido subjetivo. É esse o caráter dual da sociedade em termos da artificialidade objetiva e da significação subjetiva, que justamente determina a realidade social. O problema central da teoria sociológica pode ser definido da seguinte forma: Como os significados subjetivos tornam-se artefatos objetivos?, Como a atividade humana produz um mundo material?. A compreensão adequada da realidade social implica uma pesquisa sobre a maneira pela qual a realidade é construída, sendo este o trabalho do pesquisador em teoria das organizações. Os autores dizem ainda a esse respeito que:

> A vida cotidiana se apresenta como uma realidade interpretada pelos homens, possuindo para estes um sentido subjetivo, formando um mundo coerente. Nós consideramos esta realidade como objeto de nossa análise. O método que nós pensamos ser o mais adaptado à clarificação das origens do conhecimento na vida cotidiana é a análise fenomenológica, um método descritivo, empírico mas não científico, no sentido definido pelas Ciências empíricas. (Berger e Luckmann, 1989, p. 75)

Buscando compreender a lógica organizacional, a etnometodologia não permite a compreensão da realidade organizacional a partir de uma racionalidade *a priori*, expressa por meio de hipóteses de pesquisa "fechadas". O pesquisador deve, em uma perspectiva fenomenológica própria, tentar compreender a lógica e a racionalidade próprias das relações e interações dos subgrupos organizacionais.

Segundo Roland Reitter (1993), o pesquisador se situa diante do seu campo de pesquisas como um leitor diante de um texto. Ele deve decifrar os símbolos um a um, e é ele, em função de sua sensibilidade, que encontrará um sentido para os fatos observados. Sua compreensão será consciente e inconsciente e se concentrará em alguns temas centrais importantes que nortearão sua pesquisa. O pesquisador deve decifrar os símbolos organizacionais e tentar compreender como cada grupo de atores elabora sua interpretação da realidade e quais são as suas possibilidades de ação, a partir de sua visão de mundo e de seus interesses concretos. "Como o ator organizacional, o pesquisador deve compreender a realidade humana da empresa, ou seja, o que diferencia o formal do informal, a realidade do contrato psicopolítico tácito" (Reitter, 1993, p. 35).[1]

Para o autor, o observador externo deve concentrar-se na parte visível da identidade dos grupos e da organização, ou seja, observar:

> A prática de ritos coletivos.
> A perpetuação de mitos ou histórias sobre a organização, em particular sobre aqueles que detêm o poder.
> A existência de tabus.
> As normas de comportamento e como cada grupo reage a elas.
> Os valores e a ética que orientam a ação concreta dos diversos grupos, muitas vezes valores opostos aos divulgados oficialmente.
> As comunicações oficiais e os símbolos associados a elas etc.

Segundo Linda Smircich (1983b), o conhecimento gerado por essa metodologia pode ser classificado como "conhecimento subjetivo". Neste tipo de método, o que caracteriza a ciência positivista, ou seja, as relações do tipo sujeito-objeto, é substituído por relações do tipo sujeito-sujeito, nas quais o pesquisador focaliza sua atenção nos significados partilhados intersubjetivamente.

Esse método tem como pressuposto que o conhecimento não é independente do sujeito cognoscente. O fato de que o pesquisador analise e interprete os dados e que o trabalho final seja a expressão da mediação da realidade feita por ele confirma esse aspecto. Esse método dá origem a um trabalho interpretativo que não pretende ser neutro.

---

[1] No original "*Comme l'acteur organisationnel, le chercheur doit comprendre la réalité humaine de l'entreprise, c'est-a-dire l'ecart entre le formel et l'informei, la réalité du contrat psychopolitique tacite*".

17.7.5 O paradoxo discurso-ação na pesquisa

O pesquisador, nesse método, tenta ver a realidade organizacional como seus membros a veem e tenta apreender as interpretações dos diversos grupos organizacionais tendo em vista essa mesma realidade. A partir dessa análise, ele produz uma imagem da realidade observada, deixando seu trabalho disponível para os diversos grupos organizacionais, a fim de permitir a reflexão e avaliação deles. A imagem organizacional refletida pelo trabalho do pesquisador pode até ser diferente da imagem que os diversos grupos organizacionais pensam ter da empresa (Smircich, 1983b)

O pesquisador aprende com os membros do grupo, participando diretamente de suas atividades, observando-os, formulando questões sobre suas atividades e escutando-os com atenção.

O pesquisador deve estar atento à mensagem verbal e à mensagem não verbal de seu interlocutor, uma vez que às vezes existe uma contradição importante entre o nível do discurso e o nível da ação.

Como afirma Goffman (1959, p. 37):

> [...] sabendo que o ator social se apresenta normalmente em uma posição favorável, os outros indivíduos devem observar dois aspectos: uma parte composta essencialmente do discurso verbal, que o ator pode facilmente manipular como bem pretende, e uma parte constituída sobretudo de expressões indiretas que lhe são difíceis de controlar. Os seus interlocutores podem então utilizar os aspectos de seu comportamento expressivo mais dificilmente controláveis a fim de verificar o valor do que ele comunica através dos aspectos que controla. Isto mostra uma assimetria fundamental no processo de comunicação: o ator percebe um fluxo de sua comunicação (o discurso), mas espectadores conhecem mais um (as expressões não-verbais).

Busca-se a abordagem interativa. O pesquisador apreende as significações das ações do grupo por meio da sua interação com os membros da organização. Desse modo, ele terá uma visão global dos significados e das imagens sobre a organização partilhadas pelos membros do grupo organizacional. Ele obtém esta visão pela análise dos dados coletados com as várias fontes de informação: entrevistas, documentos, observação participativa, desenhos etc. Devem-se elaborar os temas-chave a serem estudados e criar as categorias de análise e pesquisa. É muito importante ressaltar-se que um estudo de caso traz informações válidas em si, permitindo aprofundar certos aspectos de uma teoria ou refutá-la, mas, logicamente, por não obedecer a técnicas estatísticas, não se pode fazer afirmações genéricas correspondentes às organizações em geral. Podem-se observar tendências, pelo discurso, mas não fazer generalizações quantitativas (Smircich, 1983b).

Bibliografia

AIDAR, M. et al. Cultura organizacional brasileira. In: WOOD JR., T. (Ed.). *Mudança organizacional.* São Paulo: Atlas. 2000. p. 34-58.

ALBERT, S.; ASHFORTH, B.; DUTTON, J. Organizational identity and identification: Charting new waters and building new bridges. *The Academy of Management Review*, v. 25, n. 1, p. 13-18, Jan. 2000a.

_____. Special topic forum on organizational identity and identification. *The Academy of Management Review*, v. 25, n. 1, p. 10-13, 2000b.

ALTER, N. Logiques de l'entreprise informationnelle. *Revue Française de Gestion*, n. 74, p. 27-38, juin-juil-août 1989.

AMASON, A. C. Distinguishing the effects of functional and dysfunctional conflict on strategic decision making: Resolving a paradox for top management teams. *Academy of Management Journal*, v. 39, p. 123-148, 1996.

ANTUNES, R. *Adeus ao trabalho?* São Paulo: Cortez, 1995.

ARAC, J. *Postmodernism and politics.* Minneapolis: University of Minnesota Press, 1986.

ARGYRIS, C. *Knowledge for action*: A guide to overcoming barriers to organizational change. São Francisco: Jossey-Bass, 1993.

_____. C. *On organizational learning.* Cambridge, MA: Blackwell, 1992.

ARGYRIS, C.; SCHÖN, D. *Organizational learning*: A theory of action perspective. Reading, Ma.: Addison-Wesley, 1978.

ARTHUR, J.; AIMAN-SMITH, L. Gainsharing and organizational learning: An analysis of employee suggestions over time. *The Academy of Management Journal*, v. 44, n. 4, Aug. 2001.

AUBERT, N.; DE GAULEJAC, V. *Le côut de l'excellence.* Paris: Seuil, 1991.

BARBOSA, A. C. Q. Gestão de competências em organizações: Um mosaico de experiências em Minas Gerais. In: ENCONTRO ANUAL DA ASSOCIAÇÃO NACIONAL DOS PROGRAMAS DE PÓS-GRADUAÇÃO EM ADMINISTRAÇÃO – EnANPAD, 25., 2001, Campinas. *Anais...* Campinas: ANPAD, 2001.

BARBOSA, A. C. Q.; FERRAZ, D.; LOPES, D. Competências nas organizações: O discurso e a prática na gestão de pessoas. In: ENCONTRO ANUAL DA ASSOCIAÇÃO NACIONAL DOS PROGRAMAS DE PÓS-GRADUAÇÃO EM ADMINISTRAÇÃO – EnANPAD, 26., 2002, Salvador. *Anais...* Salvador: ANPAD, 2002.

BARTUNEK, J. M. The dynamics of personal and organizational reframing. In: QUINN, R. E.; CAMERON, K. (Eds.) *Paradox and transformation:* Toward a theory of change in organization and management. Cambridge, MA: Balinger, 1988. p. 137-162

BELL, D. *The coming of post-industrial society.* Nova York: Basic Books, 1973.

BERGAMINI, C. W. *Motivação no trabalho.* São Paulo: Atlas, 1996.

_____. Motivação: mitos, crenças e mal-entendidos. In: BERGAMINI, C. W.; CODA, R. (Eds.) *Psicodinâmica da vida organizacional*: Motivação e liderança. São Paulo: Atlas, 1997. p. 69-93.

BERGAMINI, C. W.; CODA, R. *Psicodinâmica da vida social.* São Paulo: Atlas, 1997.

BERGER, P. *Perspectivas sociológicas:* Uma visão humanística. Petrópolis: Vozes, 1998.

BERGER, P.; LUCKMANN, T. *A construção social da realidade.* Petrópolis: Vozes, 1989.

BERNARDES, M. E. Learning organizations em empresas brasileiras: Um estudo de caso: Foz do Iguaçu In: ENCONTRO ANUAL DA ASSOCIAÇÃO NACIONAL DOS PROGRAMAS DE PÓS-GRADUAÇÃO EM ADMINISTRAÇÃO – EnANPAD, 23., 1999, Foz do Iguaçu. *Anais...* Foz do Iguaçu: ANPAD, 1999.

BESSEYERE DES HORTS, C.-H. *Gérer les ressources humaines dans l'entreprise.* Paris: Editions de l'Organisation, 1988.

BION, W. R. *Experiences in groupes.* Nova York: Basic Books, 1959.

BITENCOURT, C. A gestão de competências gerenciais e a aprendizagem organizacional. In: ENCONTRO ANUAL DA ASSOCIAÇÃO NACIONAL DOS PROGRAMAS DE PÓS-GRA-

DUAÇÃO EM ADMINISTRAÇÃO – EnANPAD, 25., 2001, Campinas. *Anais...* Campinas: ANPAD, 2001.

BLAU, P. M. *The dynamics of bureaucracy*. Chicaco: University of Chicago Press, 1955.

BLAU, P. M.; SCOTT, W. R. *Organizações formais*. São Paulo: Atlas, 1970.

BLYTON, P.; TURNBULL, P. (Eds.) *Reassessing human resource management*. Londres: Sage, 1992.

BOUCHIKI, H. Living with and building on complexity: A constructivist perspective on organizations. *Organization*, v. 2, p. 217-232, 1998.

BOUDON, R. *L'ideologie*. Paris: Seuil, 1991.

BRABET, J. *Repenser la gestion des ressources humaines?* Paris: Economica, 1993.

BROWN, A. D.; STARKEY, K. Organizational identity and learning: A psychodynamic perspective. *The Academy of Management Review*, v. 25, n. 1, p. 102-120, 2000.

BURNS, T.; STALKER, G. M. *The management of innovation*. Londres: Tavistock Publications, 1961.

BURRELL, G.; MORGAN, G. *Sociological paradigms and organizational analysis*. Londres: Ashgate Publishing, 1994.

CALDAS, M. P.; WOOD JR., T. Modas e modismos em gestão: Pesquisa exploratória sobre adoção e implementação de ERP. In: ENCONTRO ANUAL DA ASSOCIAÇÃO NACIONAL DOS PROGRAMAS DE PÓS-GRADUAÇÃO EM ADMINISTRAÇÃO – EnANPAD, 23., 1999, Foz do Iguaçu. *Anais...* Foz do Iguaçu: ANPAD, 1999a.

CALDAS, M.; WOOD JR., T. *Transformação e realidade organizacional*. São Paulo: Atlas, 1999b.

CAMERON, K. S.; QUINN, R. Organizational paradox and transformation. In: QUIN, R. E.; CAMERON, K. S. (Eds.) *Paradox and transformation:* Toward a theory and change in management. Cambridge, MA: Ballinger, 1998. p. 12-18

CANNON, T. B. *Welcome to the revolution*: Managing paradox in the 21st century. Londres: Pitman, 1996.

CAPPELLE, M. C.; BRITO, M. Relações de poder no espaço organizacional: O caráter disciplinar das práticas de gestão de pessoas em uma organização de desenvolvimento de software. In: ENCONTRO ANUAL DA ASSOCIAÇÃO NACIONAL DOS PROGRAMAS DE PÓS--GRADUAÇÃO EM ADMINISTRAÇÃO – EnANPAD, 26., 2002, Salvador. *Anais...* Salvador: ANPAD, 2002.

CARRIERI, A. P.; RODRIGUES, S. As transformações nos significados culturais em uma empresa de telecomunicações: De empresa pública a filial privada. In: ENCONTRO ANUAL DA ASSOCIAÇÃO NACIONAL DOS PROGRAMAS DE PÓS-GRADUAÇÃO EM ADMINISTRAÇÃO – EnANPAD, 25., 2001, Campinas. *Anais...* Campinas: ANPAD, 2001.

CARVALHO C.; LOPES, F. Convergência estrutural e processual entre teatros e museus no Rio Grande do Sul. In: ENCONTRO ANUAL DA ASSOCIAÇÃO NACIONAL DOS PROGRAMAS DE PÓS-GRADUAÇÃO EM ADMINISTRAÇÃO – EnANPAD, 25., 2001, Campinas. *Anais...* Campinas: ANPAD, 2001.

CARVALHO, L. C.; ESTEVES, M.; PARET, B. Percepções de empresários de empresas de pequeno porte sobre conhecimento, informação e aprendizagem. In: ENCONTRO ANUAL DA ASSOCIAÇÃO NACIONAL DOS PROGRAMAS DE PÓS-GRADUAÇÃO EM ADMINISTRAÇÃO – EnANPAD, 23., 1999, Foz do Iguaçu. *Anais...* Foz do Iguaçu: ANPAD, 1999.

CARVALHO, M. R. O. Redes sociais: Convergências e paradoxos na ação gerencial. In: ENCONTRO ANUAL DA ASSOCIAÇÃO NACIONAL DOS PROGRAMAS DE PÓS-GRADUAÇÃO EM ADMINISTRAÇÃO – EnANPAD, 26., 2002, Salvador. *Anais...* Salvador: ANPAD, 2002.

CASTEL, R. Da indigência à exclusão e à desfiliação: Precariedade do trabalho e vulnerabilidade relacional. In: LANCETTI, A. (Org.) *Saúde e loucura 4*. São Paulo: Hucitec, 1993. p. 25-43.

CASTELLS, M. *A sociedade em rede*. São Paulo: Paz e Terra, 1999.

CAUDURO, F. et al. O processo de mudança e aprendizagem no *call center* de uma empresa de telecomunicações. In: ENCONTRO ANUAL DA ASSOCIAÇÃO NACIONAL DOS PROGRA-

MAS DE PÓS-GRADUAÇÃO EM ADMINISTRAÇÃO – EnANPAD, 26., 2002, Salvador. *Anais...* Salvador: ANPAD, 2002.

CHANLAT, A. et al. *Gestion et culture d entreprise, le cheminement d'hydro-Quebec.* Montreal: Quebec/Amerique Litterature, 1984.

CHANLAT, J.-F. *O indivíduo na organização.* São Paulo: Atlas, 1996.

COHEN, M.; MARCH, J. *Leadership and ambiguity*: The American College President. Nova York: McGraw-Hill, 1974.

COHEN, M.; MARCH, J.; OLSEN, J. P. A garbage can model of organization choice. *Administrative Science Quarterly*, v. XVII, p. 1-25, 1972.

CYERT, R.; MARCH, J. *A behavioral theory of the firm.* Englewood Cliffs: Prentice-Hall, 1963.

DAVIS, A. S.; MARANVILLE, S. J.; OBLOJ, K. The paradoxical process of organizational transformation: Propositions and a case study. *Research in Organizationl Change and Development*, v. 10, p. 275-314, 1997.

DE GAULEJAC, V. *Gestão como doença social*: Ideologia, poder gerencialista e fragmentação social. São Paulo: Ideias e Letras, 2007.

DE MASI, D. *O futuro do trabalho*: Fadiga e ócio na sociedade pós-industrial. Rio de Janeiro: José Olympio, 2000.

DEAL, T.; KENNEDY, A. *Corporate cultures.* Reading, MA: Addison-Wesley, 1992.

DEJOURS, C. Intelligence pratique et sagese pratique: deux dimensions meconnues du travail reel. *Education Permanente*, n. 116, p. 22-34, 1993.

DEMAJORAVIC, J.; SANCHES, C. Aprendizado e indústria ambiental: Perspectivas para as organizações. In: ENCONTRO ANUAL DA ASSOCIAÇÃO NACIONAL DOS PROGRAMAS DE PÓS-GRADUAÇÃO EM ADMINISTRAÇÃO – EnANPAD, 23., 1999, Foz do Iguaçu. *Anais...* Foz do Iguaçu: ANPAD, 1999.

DENILSON, D.; HOOJBERG, R.; QUINN, R. Paradox and performance: Toward a theory of behavioral complexity in managerial leadership. *Organization Science*, v. 6, p. 524-540, 1995.

DIAMOND, M. Bureaucracy as externalized self system: A view of the psychological interior. In: HIRSCHHORN, L.; CARONE, B. *The psychodinamics of organizations.* Philadelphia: Temple, 1993. p. 219-236.

DIAS, C.; LOIOLA, E. Conflito, cooperação e aprendizado nos complexos agroindustriais: O caso do instituto biofábrica de cacau de Ilhéus. In: ENCONTRO ANUAL DA ASSOCIAÇÃO NACIONAL DOS PROGRAMAS DE PÓS-GRADUAÇÃO EM ADMINISTRAÇÃO – EnANPAD, 25., 2001, Campinas. *Anais...* Campinas: ANPAD, 2001.

DUTTON, J. E. et al. Moves that matter: Issue selling and organizational change. *Academy of Management Review*, Aug. 2001.

EISENHARDT, K. M. Paradox, spirals, ambivalence: The new language of change and pluralism. *The Academy of Management Review*, v. 25, n. 4, p. 703-706, 2000.

EISENHARDT, K. M.; WESTCOTT, B. J. Paradoxical demands and the creation of excellence: The case of just-in-time manufacturing. In: QUINN, R. E.; CAMERON, K. S. (Eds.) *Paradox and transformation:* Toward a theory of change in organization and management. Cambridge, MA: Ballinger, 1988. p. 169-194.

ELSTER, J. *Explaining technical change.* Cambridge: Cambridge University Press, 1983.

ENRIQUEZ, E. *L'organisation en analy*se. Paris: PUF, 1991.

_____. *Les jeux du pouvoir et du desir dans l'entreprise.* Paris: Desclée de Brouwer, 1997.

ERIKSON, E. *Adolescence et crise*: La quête de l'identité. Paris: Flammarion, 1972.

FARIA J. H.; MENEGUETTI, F. As novas formas de controle psicológico no trabalho. In: ENCONTRO ANUAL DA ASSOCIAÇÃO NACIONAL DOS PROGRAMAS DE PÓS-GRADUAÇÃO EM ADMINISTRAÇÃO – EnANPAD, 25., 2001, Campinas. *Anais...* Campinas: ANPAD, 2001.

_____. Discursos organizacionais. In: ENCONTRO ANUAL DA ASSOCIAÇÃO NACIONAL DOS PROGRAMAS DE PÓS-GRADUAÇÃO EM ADMINISTRAÇÃO – EnANPAD, 26., 2002, Salvador. *Anais...* Rio de Janeiro: ANPAD, 2002.

FARSON, R. *Management of the absurd*: Paradoxes in leadership. Nova York: Simon and Schuster, 1996.
FERNANDES, C.; ANGELONI, M. A aprendizagem organizacional nas organizações do conhecimento. In: ENCONTRO ANUAL DA ASSOCIAÇÃO NACIONAL DOS PROGRAMAS DE PÓS-GRADUAÇÃO EM ADMINISTRAÇÃO – EnANPAD, 24., 2000, Florianópolis. *Anais*... Rio de Janeiro: ANPAD, 2000.
FESTINGER, L. *A theory of cognitive dissonance*. Nova York: Prentice-Hall, 1957.
FLEURY, M. T.; FISCHER, R. M. *Cultura e poder nas organizações*. São Paulo: Atlas, 1996.
FLEURY, M. T.; FLEURY, A. Desenvolvimento de competências em diferentes ambientes empresariais. In: ENCONTRO ANUAL DA ASSOCIAÇÃO NACIONAL DOS PROGRAMAS DE PÓS-GRADUAÇÃO EM ADMINISTRAÇÃO – EnANPAD, 24., 2000, Florianópolis. *Anais*... Rio de Janeiro: ANPAD, 2000.
FONSECA, V. E.; MACHADO-DA-SILVA, C. Indivíduo, organização e ambiente: bases para a conversação entre três perspectivas de estudo da estratégia em organizações. In: ENCONTRO ANUAL DA ASSOCIAÇÃO NACIONAL DE PÓS-GRADUAÇÃO EM ADMINISTRAÇÃO – EnANPAD, 25., 2001. Campinas. *Anais*... Campinas: ANPAD, 2001.
FORD, J. D.; BACKOFF, R. Organizational change in and out of dualities and paradox. In: QUINN, R. E.; CAMERON, K. S. (Eds.) *Paradox and transformation*: Toward a theory of change in organization and management. Cambridge, MA: Ballinger, 1988. p. 81-121
FORD, J. D.; FORD, L. W. Logics of identity, contradiction and attraction in change. *Academy of Managemetn Review*, v. 19, p. 756-795, 1994.
FREITAS, M. E. *Cultura organizacional, formação*. Tipologias e impacto. São Paulo: Makron Books, 1991.
FRIEDMANN, G. *Le travail en miettes*. Paris: Gallimard, 1964.
FROST, P.; ROBINSON, S. The toxic handler: Organizational hero and casualty. *Harvard Business Review*, v. 77, p. 97-106, 1999.
GABRIEL, Y. *Organizations in depth, the psychoanalysis of organizations*. Londres: Sage, 1999.
GARFINKEL, H. *Studies in ethnomethodology*. Englewood Cliffs, NJ: Prentice-Hall, 1967.
GIDDENS, A. *The consequences of modernity*. Standford: Standford University Press, 1990.
GOFFMAN, E. *The presentation of self in every day life*. Garden City, N. Y: Doubleday, 1959.
GUIMARÃES, R. A. et al. Explorando o construto aprendizagem organizacional no setor público: Uma análise em órgão do poder executivo federal brasileiro. In: ENCONTRO ANUAL DA ASSOCIAÇÃO NACIONAL DOS PROGRAMAS DE PÓS-GRADUAÇÃO EM ADMINISTRAÇÃO – EnANPAD, 24., 2000, Florianópolis. *Anais*... Rio de Janeiro: ANPAD, 2000.
HANASHIRO, D. M.; DIAS, W. F. O sistema de teletrabalho: Algumas implicações de um ambiente virtual. In: ENCONTRO ANUAL DA ASSOCIAÇÃO NACIONAL DOS PROGRAMAS DE PÓS-GRADUAÇÃO EM ADMINISTRAÇÃO – EnANPAD, 26., 2002, Salvador. *Anais*... Rio de Janeiro: ANPAD, 2002.
HANDY, C. *The age of paradox*. Cambridge, MA: Harvard Business School Press, 1994.
HARIS, A. S. *Living with paradox*: An introduction to Jungian psychology. Albany, NY: Brooks & Cole, 1996.
HARRIS, R. *Imperium-Rome*. Londres: Hutchinson, 2007.
HARVEY, D. *Condição pós-moderna*: Uma pesquisa sobre as origens da mudança cultural. São Paulo: Loyola, 1992.
HATCH, M. J. Irony and the social construction of contradiction in the humor of a management team. *Organization Science*, v. 8, p. 275-288, 1997.
HATCH, M. J.; EHRLICH, S. B. Spontaneous humour as an indicator of paradox and ambiguity in organizations. *Organization Studies*, v. 14, n. 4, p. 505-526, 1993.
HERACLEOUS, L.; BARRETT, M. Organizational change as discourse: Communicative actions and deep structure in the context of information technology implementation. *Academy of Management Journal*, v. 44, p. 755-779, Aug. 2001.

HIRSCHHORN, L. *Reworking authority*. Cambridge, MA: The MIT Press, 1997.

HIRSCHHORN, L.; BARNETT, C. K. (Eds.) *Labor and social change*. The psychodynamics of organizations. Filadélfia: Temple University Press, 1993.

HIRSCHMANN, A. *Exit voice and loyalty*. Cambridge, MS.: Harvard University Press, 1970.

HOFSTEDE, G. *Culture's consequences*. Newbury Park, CA: Sage, 1980.

_____. *Cultures and organizations*: Software of the mind. Londres: McGraw-Hill. 1991.

JAFFEE, D. *Organization theory*: tensions and change. Cambridge: Thomson Learning, 2001.

JAQUES, E. Social systems as a defense against persecutory and depressive anxiety. In: KLEIN M. (ed.). *New directions in psychoanalysis*. Londres: Tavistock Publications, 1955. p. 478-498.

KELLEY, H. *Attribution in social interaction*. Nova York: General Learning Press, 1971.

KELLY, G. *The psychology of personal constructs*. Nova York: Norton, 1955.

KETS DE VRIES, M. F. R. *Organizational paradoxes*: Clinical approaches to management. Nova York: Routledge, 1995.

KILDUFF, M.; DOUGHERTY, D. Change and development in a pluralistic world: the view from. *Academy of Management Review*, v. 25, n. 4, p. 777-782, 2000.

KLEIN, M. *Contributions to psycho-analysis*. Londres: Hogarth Press, 1965.

KLEIUN, J. A. The paradox of quality management: Commitment, ownership and control. In: HERCKSCHER, C.; DONNELLON, A. (Eds.) *The postbureaucratic organization*: New perspectives on organizational change. Thousand Oaks, CA: Sage, 1994. p. 178-194

KOIKE, K.; MATTOS, P. L. Entre a *epistemê* e a *prhonesis*: Antigas lições para a aprendizagem em administração. In: ENCONTRO ANUAL DA ASSOCIAÇÃO NACIONAL DOS PROGRAMAS DE PÓS-GRADUAÇÃO EM ADMINISTRAÇÃO – EnANPAD, 24., 2000, Florianópolis. *Anais...* Rio de Janeiro: ANPAD, 2000.

KOOT, W.; SABELIS, I.; YBEMA, S. (Eds.) Epilogue In: _____. *Contradictions in context*: Puzzling over paradox in contemporary organizations: Amsterdã: VU University Press, 1996. p. 208-212.

LANE, C.; BACHMANN, R. The social constitution of trust: Supplier relations in Britain and Germany. *Organizations Studies*, v. 17, n. 3, p. 365-395, May 1996.

LAWRENCE, P.; LORSCH, J. *Organization and environment*: Managing differentiation and interaction. Boston, MA: Harvard University Press, 1967.

LEANA C.; BARRY, B. Stability and change as simultaneous experiences in organizational life. *The Academy of Management Review*, v. 25, n. 4, p. 753-759, out. 2000.

LEÃO JR., F. P. Formação e estruturação de campos organizacionais: Um modelo para análise do campo cultural. In: ENCONTRO ANUAL DA ASSOCIAÇÃO NACIONAL DOS PROGRAMAS DE PÓS-GRADUAÇÃO EM ADMINISTRAÇÃO – EnANPAD, 25., 2001, Campinas. *Anais...* Campinas: ANPAD, 2001.

LEONARD-BARTON, D. Core capabilities and core rigidities: A paradox in managing new product development. *Strategic Management Journal*, v. 13, p. 111-125, 1992.

LEWIN, K. Frontiers in group dynamics. I. Concept, method and reality in social science. *Human Relations*, v. 1, p. 5-40, 1947.

LEWIS, M. W. Exploring paradox: Toward a more comprehensive guide. *The Academy of Management Review*, v. 25, n. 4, p. 760-776, 2000.

LEWIS, M. W.; DEHLER, G. E. Learning through paradox: A pedagogical strategy for explogy contradictions and complexity. *Journal of Management Education*, v. 4, n. 6, p. 708-725, 2003.

LEWIS, M. W.; GRIMES, A. J. Metatriangulation: Building theory from multiple paradigms. *Academy of Management Review*, v. 24, p. 672-690, 1999.

LINDBLOM, C. The science of muddling through. *Public Administration Review*, v. 19, p. 79-88, 1959.

LOIOLA, E.; ROCHA, M. C. Aprendizagem e novas tecnologias: O caso da Condata. In: ENCONTRO ANUAL DA ASSOCIAÇÃO NACIONAL DOS PROGRAMAS DE PÓS-GRADUAÇÃO EM ADMINISTRAÇÃO – EnANPAD, 23., 1999, Foz do Iguaçu. *Anais...* Foz do Iguaçu: ANPAD, 1999.

_____. Aprendendo a aprender: Análise de três estudos de caso em aprendizagem organizacional a partir do construtivismo. In: ENCONTRO ANUAL DA ASSOCIAÇÃO NACIONAL DOS PROGRAMAS DE PÓS-GRADUAÇÃO EM ADMINISTRAÇÃO – EnANPAD, 24., 2000, Florianópolis. *Anais*... Rio de Janeiro: ANPAD, 2000.

LOVELACE, K.; SHAPIRO, D.; WEINGART, L. Maximizing cross-functional new product teams innovativeness and constraint adherence: a conflict communications perspective. *The Academy of Management Journal*, v. 44, n. 4, Aug. 2001.

LUQUE, M. F.; SOMMER, S. The impact of culture on feedback behvior. *Academy of Management Review*, v. 25, n. 4, p. 829-849, 2000.

MACHADO-DA-SILVA, C. et al. Formalismo como mecanismo institucional coercitivo de processos relevantes de mudança na sociedade brasileira. In: ENCONTRO ANUAL DA ASSOCIAÇÃO NACIONAL DOS PROGRAMAS DE PÓS-GRADUAÇÃO EM ADMINISTRAÇÃO – EnANPAD, 25., 2001, Campinas. *Anais*... Campinas: ANPAD, 2001.

MARCH, J. G.; OLSEN, J. *Ambiguity and choice in organizations*. Bergen, NO: Universitetsforlaget, 1976.

MARTORY, B.; CROZET, D. *Gestion des ressources humaines*. Paris: Natan, 1988.

MCKINLEY, W.; SCHERER, A. G. Some unanticipated consequences of organizational restructuring. *The Academy of Management Review*, v. 25, n. 4, p. 735-752, 2000.

MEAD, G. H. *Mind, self and society*. Chicago: University of Chicago Press, 1934.

MERTON, R. K. Bureaucratic structure and personality. *Social Forces*, v. XVIII, p. 560-568, 1949.

_____. R. K. *Social theory and social structure*. Glencoe: Free Press, 1957.

MEYER, J. W.; ROWAN, B. Institutionalized organizations: Formal structure as myth and ceremony. In: POWELL, W.; DIMAGGIO, P. (Eds.) *The new institutionalism in organizational analysis*: Chicago: The University of Chicago Press, 1991. p. 41-62, 63-83.

MORGAN, G. *Imagens da organização*. São Paulo: Atlas, 1996.

MOTTA, F. C.; VASCONCELOS, I. F. F. G.; WOOD JR. T. O novo sentido da liderança: Controle social nas organizações. In: WOOD JR. T. (Ed.). *Mudança organizacional*. São Paulo: Atlas, 2000. p. 117-149.

MULLER, L.; VIEIRA, M. M. Rotinas organizacionais defensivas: Um estudo sobre as formas de manifestação durante o processo de mudança organizacional. In: ENCONTRO ANUAL DA ASSOCIAÇÃO NACIONAL DOS PROGRAMAS DE PÓS-GRADUAÇÃO EM ADMINISTRAÇÃO – EnANPAD, 23., 1999, Foz do Iguaçu. *Anais*... Foz do Iguaçu: ANPAD, 1999.

MUNOZ, R.; DUARTE, M.; GANTOIS, M. A implantação da ISO-9002 e a aprendizagem organizacional: O caso da Construtora Santa Helena. In: ENCONTRO ANUAL DA ASSOCIAÇÃO NACIONAL DOS PROGRAMAS DE PÓS-GRADUAÇÃO EM ADMINISTRAÇÃO – EnANPAD, 24., 2000, Florianópolis. *Anais*... Rio de Janeiro: ANPAD, 2000.

MURNINGHAN, J. K.; CONLON, D. The dynamics of intense work groups: A study of British String Quartets. *Administrative Science Quarterly*, v. 36, n. 2, p. 165-186, 1991.

NAISBITT, J. *Global paradox*. Nova York: Avon, 1994.

O'CONNOR, E. S. Paradoxes of participation: textual analysis and organizational change. *Organization Studies*, v. 16, p. 769-803, 1995.

PACHECO, F. L. O ambiente institucional como agente de mudança organizacional: O caso do Teatro Apolo-Hermilo. In: ENCONTRO ANUAL DA ASSOCIAÇÃO NACIONAL DOS PROGRAMAS DE PÓS-GRADUAÇÃO EM ADMINISTRAÇÃO – EnANPAD, 25., 2001, Campinas. *Anais*... Campinas: ANPAD, 2001.

PAGES, M. et al. *O poder das organizações*. São Paulo: Atlas, 1993.

PERETTI, J. M. *Ressources humaines*. Paris: Vuibert, 1990.

PETERS, T. J.; WATERMAN JR., R. H. In: _____. *Search of excellence*. Nova York: Harper & Row, 1982.

PETTIGREW, A.; WOODMAN, R.; CAMERON, K. Studying organizational change and development: Challenges for future research. *The Academy of Management Journal*, v. 44, n. 4, p. 716-737, Aug. 2001.

POOLE, M. S.; VAN DE VEN, A. H. Using paradox to build management and organization theories. *Academy of Management Review*, v. 14, p. 562-578, 1989.

POWELL, W.; DIMAGGIO, P. *The new institutionalism in organizational analyses*. Chicago: Chicago University Press, 1991.

PUTNAM, L. L. Contradictions and paradoxes in organizations. In: THAYER, L. (Ed.) *Organizational behavior*: The state of sciences. Norwood, NJ: Ablex Publishing, 1986. p. 109-167.

RANGAN, H. *Of myths and movements*. Londres: Verso Books, 2000.

REITTER, R. *Culture et identité*. Jouy en Josas: Groupe HEC, 1993.

RESENDE, P.; PAULA, T. Inovações modernizantes e novos requerimentos da formação profissional: Um estudo de caso. In: ENCONTRO ANUAL DA ASSOCIAÇÃO NACIONAL DOS PROGRAMAS DE PÓS-GRADUAÇÃO EM ADMINISTRAÇÃO – EnANPAD, 24., 2000, Florianópolis. *Anais...* Florianópolis: ANPAD, 2000.

RIBEIRO, C. et al. Laboratório de aprendizagem: uma experiência em uma empresa municipal de limpeza urbana. In: ENCONTRO ANUAL DA ASSOCIAÇÃO NACIONAL DOS PROGRAMAS DE PÓS-GRADUAÇÃO EM ADMINISTRAÇÃO – EnANPAD, 23., 1999, Foz do Iguaçu. *Anais...* Foz do Iguaçu: ANPAD, 1999.

RODRIGUES, S. B. Commodification of scientific knowledge and deification of innovation: Implications for knowledge management. In: ENCONTRO ANUAL DA ASSOCIAÇÃO NACIONAL DOS PROGRAMAS DE PÓS-GRADUAÇÃO EM ADMINISTRAÇÃO – EnANPAD, 24., 2000, Florianópolis. *Anais...* Florianópolis: ANPAD, 2000.

ROGERS, C. *On becaming a person*. Boston: Houghton Mifflin Co., 1961.

ROPO, A.; HUNT, J. G. Entrepreneurial processes as virtuous and vicious spirals in a changing opportunity structure: A paradoxical perspective. *Entrepreneuship Theory and Practice*, v. 19, n. 3, p. 91-111, 1995.

ROTHENBERG, G. *The art of warfare in the age of Napoleon*. Indiana: Indiana University Press, 1979.

SABELIS, I. Temporal paradoxes: Working with cultural diversity in organizations. In: KOOT, W.; SABELIS, I.; YBEMA, E S. (Eds.) *Contradictions in context*: Puzzling over paradoxes in contemporary organizations. Amsterdã: VU University Press, 1996. p. 171-191.

SAINSAULIEU, R. *L'identité au travail*. Paris: Presses de la Fondation Nationale de L'Institut d'Etudes Politiques, 1977.

_____. La régulation culturelle des ensembles organisées. *L'Année Sociologique*, v. 5, n. III, p. 195-217, 1983.

SAKUDA, L. *Teletrabalho*: Desafios e perspectivas. 2001. Dissertação (Mestrado) – Escola de Administração de Empresas de São Paulo, Fundação Getulio Vargas. São Paulo, 2001.

SCHEIN, E. Coming to a new awareness of organizational culture. *Sloan Management Review*, v. 25, n. 2, p. 3-16, Winter 1984.

_____. *Organizational culture and leadership*. São Francisco: Jossey-Bass, 1985.

_____. Culture: The missing concept in organization sciences. *Administrative Science Quarterly*, v. 41, n. 2, p. 229-240, 1996.

SCHEIN E.; KETZ DE VRIES. Crosstalk on organizational therapy. *Academy of Management Executive*, v. 14, n. 1, p. 31-51, Feb. 2000.

SCHNEIDER, K. J. *The paradoxical self*: Toward an understanding of our contradictory nature. Nova York: Insight Books Thompson, 1990.

SCHULER, R. *Personnel and human resource management*. St. Paul, MS: West Publishing Co., 1987.

SCHUTZ, A. *The problem of rationality in the social world*. Nova York: Economica, 1943.

SELEME, A.; ANDRADE, A. Campo de aprendizagem: Otimizando a mudança organizacional. In: ENCONTRO ANUAL DA ASSOCIAÇÃO NACIONAL DE PÓS-GRADUAÇÃO EM ADMINISTRAÇÃO – EnANPAD, 23., 1999, Foz do Iguaçu. *Anais...* Foz do Iguaçu: ANPAD, 1999.

SELZNICK, P. *TVA and the grass roots*. Berkeley: University of California Press, 1955.

SENGE, P. M. *The fifth discipline*: The art and practice of the learning organization. Nova York: Doubleday, 1990.

SENGE, P. M. et al. *The fifth discipline fieldbook*: Strategies and notes for building a learning organization. Londres: Nicholas Brealey, 1994.

SILVA, J. R. et al. Operadores de *call center*: inconsistências e desafios da gestão de pessoas. In: ENCONTRO ANUAL DA ASSOCIAÇÃO NACIONAL DOS PROGRAMAS DE PÓS-GRADUAÇÃO EM ADMINISTRAÇÃO – EnANPAD, 26., 2002, Salvador. *Anais...* Salvador: ANPAD, 2002.

SIMON, H. *Administrative behavior*. Nova York: Doubleday, 1947.

_____. A behavioral model of rational choice. *Quarterly Journal of Economics*, v. LXIX, p. 99-118, 1955.

SMIRCICH, L. Organizations as shared meanings. In: PONDY, L. (Eds.) *Organizational symbolism*. Greenwich: JAL, 1983a.

_____. Studying organizations as cultures. In: MORGAN, G. (Eds.) *Beyond method*: strategies for social research. Bervely Hills: Sage, 1983b.

_____. Concepts of culture and organizational analysis. *Administrative Science Quarterly*, v. 28, 1983c.

SMITH, K.; BERG, D. *Paradox of group life*. São Francisco: Jossey-Bass, 1987.

SOARES, M. T.; HANASHIRO, D. M. O desenvolvimento de organizações de aprendizagem: A contribuição da gestão estratégica da qualidade. In: ENCONTRO ANUAL DA ASSOCIAÇÃO NACIONAL DOS PROGRAMAS DE PÓS-GRADUAÇÃO EM ADMINISTRAÇÃO – EnANPAD, 26., 2002, Salvador. *Anais...* Salvador: ANPAD, 2002.

SOARES, R.; PIMENTA, S. O homem e a máquina: De operador a expectador. In: ENCONTRO ANUAL DA ASSOCIAÇÃO NACIONAL DOS PROGRAMAS DE PÓS-GRADUAÇÃO EM ADMINISTRAÇÃO – EnANPAD, 24., 2000, Florianópolis. *Anais...* Florianópolis: ANPAD, 2000.

SOUTO, A. J.; SÁ, M. A. Evolução do trabalho tecnológico: Impactos sobre recursos humanos na indústria. In: ENCONTRO ANUAL DA ASSOCIAÇÃO NACIONAL DOS PROGRAMAS DE PÓS-GRADUAÇÃO EM ADMINISTRAÇÃO – EnANPAD, 26., 2002, Salvador. *Anais...* Salvador: ANPAD, 2002.

SOUZA, Y. Conversação e aprendizagem organizacional: Perspectivas para a investigação. In: ENCONTRO ANUAL DA ASSOCIAÇÃO NACIONAL DOS PROGRAMAS DE PÓS-GRADUAÇÃO EM ADMINISTRAÇÃO – EnANPAD, 24., 2000, Florianópolis. *Anais...* Florianópolis: ANPAD, 2000.

STOREY J. *Developments in the management of human resources*. Oxford: Basil Blackwell, 1992.

STOREY J.; SISSON, K. Looking the future. In: SOTREY (Ed.). *New perspectives in human resource management*. Londres: Routledge, 1989. p. 167-183.

STORINO, G. O conceito de *learning organization* aplicado a administração pública brasileira. In: ENCONTRO ANUAL DA ASSOCIAÇÃO NACIONAL DOS PROGRAMAS DE PÓS-GRADUAÇÃO EM ADMINISTRAÇÃO – EnANPAD, 24., 2000, Florianópolis. *Anais...* Florianópolis: ANPAD, 2000.

TEIXEIRA, F.; HASTENREITER, H.; SOUZA, C. Diferenças entre inovação tecnológica e desempenho: evidências de uma rede de aprendizado. In: ENCONTRO ANUAL DA ASSOCIAÇÃO NACIONAL DOS PROGRAMAS DE PÓS-GRADUAÇÃO EM ADMINISTRAÇÃO – EnANPAD, 25., 2001, Campinas. *Anais...* Campinas: ANPAD, 2001.

THÉVENET, M. *La culture d'entreprise*. Paris: PUF, 1993. (Collection "Qui Sais-je").

THOMPSON, M. P. Being, thought, and action. In: QUINN, R. E.; CAMERON, K. S. (Eds.) *Paradox and transformation*: Toward a theory of change in organization and management. Cambridge: Ballinger, 1988. p. 123-136.

THORPE, W.; SCHMULLER, M. *Les théories contemporaines de l'apprentissage et leur application à la pédagogie et à la psychologie*. Paris: PUF, 1965.

TOFLER, A. *Future shock*. Londres: The Bodey Head, 1970.

_____. *The third wave*. Londres: William Collins Sons & Co, 1980.

VASCONCELOS, F.; VASCONCELOS, I. Identidade e mudança: O passado como ativo estratégico. In: ENCONTRO DE ESTUDOS ORGANIZACIONAIS - ENEO, 1., 2000, Curitiba, *Anais...* Curitiba: ENEO, 2000.

VASCONCELOS, I.; VASCONCELOS, F. Gestão de pessoas e identidade social: Um estudo crítico. *RAE - Revista de Administração de Empresas*. v. 1. jan.-mar. 2002.

VASCONCELOS, I. F. F. G.; ALVES, M. A.; PESQUEUX, Y. Responsabilidade social corporativa e desenvolvimento sustentável: Olhares habermasianos. *Revista de Administração de Empresas*, v. 52, n. 2, p. 148-152, 2012.

VASCONCELOS, I.; VASCONCELOS, F. ISO 9000, Consultants and paradoxes: A sociological analysis of quality assurance and human resource techniques. In: ENCONTRO ANUAL DA ASSOCIAÇÃO NACIONAL DOS PROGRAMAS DE PÓS-GRADUAÇÃO EM ADMINISTRAÇÃO - EnANPAD, 25., 2001, Campinas. *Anais...* Campinas: ANPAD, 2001.

VIEIRA, M. M.; MISOCZKY, M. C. F. Instituições e poder: Explorando a possibilidade de transferências conceituais. In: ENCONTRO DE ESTUDOS ORGANIZACIONAIS - ENEO, 1., 2000, Curitiba, *Anais...* Curitiba: ENEO, 2000.

VINCE, R.; BROUSSINE, M. Paradox, defense and attachment: Accessing and working with emotions and relations underlying organization change. *Organizational Studies*, v. 17, p. 1-21, 1996.

WATZLAWICK, P.; WEAKLAND, J. H.; FISCH, R. *Changes*: Principles of problem formation and problem resolution. Nova York: Norton, 1974.

WEICK, K. Educational organizations as loosely coupled systems. *Administrative Science Quarterly*, v. 21, n. 1, p. 1-10, Mar. 1976.

_____. *The social psychology of organizing*. Nova York: McGraw-Hill, 1979.

_____. Organizational culture as a source of high responsibility. *California Management Review*, v. XXIX, n. 2, 1987.

_____. *Sensemaking in organizations*. Nova York: Sage, 1995.

WEICK, K.; WESTLEY, F. Organizational learning affirming an oxymoron. In: CLEGG, S.; HARDY, C.; NORD, W. (Eds.) *Handbook of organization studies*. Thousand Oaks, CA: Sage, 1996. p. 440-458.

Sensemaking in organizations. Nova York: Sage, 1995.

WESTENHOLZ, A. Paradoxical thinking and change in frames of reference. *Organization Studies*, v. 14, n. 37-58, 1993.

WOODMAN, R. et al. Special research forum: change and development journeys into a pluralistic world. *Academy of Management Journal*, v. 44, n. 4, p. 697-714, Aug. 2001.

WRONG, D. The oversocialized conception of man in modern sociology. In: DEMERATH, N. J.; PETERSON, R. A. (Eds.) *System, change and conflict*. Nova York: Free Press, 1977.

YBAMA, S. A duck-billed platypus in the theory and analysis of organizations: combinations of consensus and dissensus. In: KOOT, W.; SABELIS I.; YBEMA, S. (Eds.) *Contradictions in context*: Puzzling over paradoxes in contemporary organizations. Amsterdã: VU University Press, 1996. p. 39-61

ZUBOFF, S. *In the age of the smart machine*: The future of work and power. Nova York: Basic Books, 1988.

Parte II

17.8 Modernismo, modernismo crítico (estudos organizacionais críticos) e pós-modernismo: convergências e divergências

> *Em meio à modernidade em Paris com as reformas nos boulevares de Haussmann, em 1860, Baudelaire mostra como a modernização da cidade leva à modernização da alma dos seus cidadãos, que buscam encontrar a si mesmos na nova sociedade "em meio à angústia e beleza do caos* (Baudelaire, apud Berman, 1988)

O artigo de Burrell e Cooper, "Modernismo, pós-modernismo e análise organizacional: uma introdução", publicado na *RAE – Revista de Administração de Empresas*, da FGV, v. 46, n. 1, jan.-mar. 2006, introduz o debate atual, em ciências humanas, entre as posições antagônicas conceituais de "modernismo" e "pós-modernismo" e discute suas implicações na análise organizacional. O debate focaliza a natureza do "discurso" (informação, conhecimento, comunicação) e seu papel nos sistemas sociais.

> Modernismo é aquele momento em que o homem se inventa, em que ele não mais se vê como reflexo de Deus ou da natureza. Sua fonte histórica está na filosofia iluminista do século XVIII, que escolheu a Razão como o mais alto dos atributos humanos. A razão, de acordo com Kant, é pensarmos por nós mesmos e deixarmos de depender de alguma autoridade externa para nos decidirmos. Implica, portanto, um senso crítico no qual temos que desenvolver nossos poderes de discriminação racional e ter a coragem de expressá-los quando for apropriado. (Burrell e Cooper, 2006, p. 89)

A crítica à burocracia iniciou-se com o próprio Weber, como mostram os autores.

> Weber introduziu no estudo dos sistemas sociais modernos, em que a organização burocrática tinha criado a "gaiola de ferro" da moderna ordem econômica, cujos efeitos significativos foram purgar o mundo do aural e do mágico. Em outras palavras, Weber nos fez ver a organização moderna como um processo que simbolizava a racionalização e a objetivação da vida social. (Burrell e Cooper, 2006, p. 89)

O discurso do modernismo apoia-se em critérios transcendentes, porém antropocêntricos, como "progresso" e "razão", que são diversamente exemplificados na obra de Bell, Luhmann e Habermas (este último um expoente do modernismo crítico). Habermas propõe o modelo da ação comunicativa, que visa ao entendimento e à compreensão, e que deve obedecer a certas regras de comunicação garantindo a democracia nos debates, e cuja forma de comunicação pode ser observada. Habermas e a escola de Frankfurt, no modernismo crítico, também utilizam a ideia de Weber de progresso e a análise dialética hegeliana como inspiração de suas propostas. Em contraste, o discurso pós-moderno (representado aqui principalmente pela obra de Lyotard, Derrida, Foucault, Deleuze e Guattari) analisa a vida social em termos de paradoxo e indeterminação, rejeitando assim o agente humano como centro do controle racional e do entendimento. O artigo (Burrel e Cooper, 2006) considera duas visões contrastantes do processo organizacional que seguem essas abordagens antagônicas ao discurso. No modelo modernista, a organização é vista como ferramenta social e extensão da racionalidade humana. Na visão pós-moderna, a organização é menos a expressão do pensamento planejado e da ação calculada e mais uma reação defensiva a forças intrínsecas do corpo social que constantemente ameaçam a estabilidade da vida organizada. Dependendo da abordagem da pesquisa, o conceito de paradoxos organizacionais pode ser analisado de acordo com a abordagem do modernismo crítico ou de acordo com a abordagem pós-modernista.

O modernismo crítico preocupa-se em fazer proposições baseando-se no modo de raciocínio tese-antítese-síntese (ou proposição), a partir da crítica e proposição posterior que pretende ser uma resposta à crítica trazendo uma nova direção e esperança. "Os teóricos críticos veem o projeto modernista (e Iluminista da razão humana) como doente e veem esperança na reconstrução e redirecionamento das partes boas redirecionando o futuro" (Alvesson e Deetz, 1999, p. 232).

O pós-modernismo considera o projeto iluminista baseado na razão humana como tendo fracassado. Tem como base desvendar as ideologias e agendas ocultas por trás das proposições, considerando que, seja qual for a proposição, esta serve a um interesse ou ideologia. Dessa forma, concentra-se em revelar interesses que servem a cada ideologia e não em fazer novas proposições. Tanto o pós-modernismo quanto a teoria crítica posicionam seus trabalhos em relação a quatro grandes pontos do pensamento ocidental que são: (1) a relação poder/conhecimento com influências de Nietzsche; (2) um construcionismo influenciado pela experiência e pela linguagem tendo em vista a hermenêutica fenomenológica e o estruturalismo linguístico (Saussure); (3) uma teoria do conflito social embasada em Marx; (4) um sujeito humano complexo que vem de Freud (Alvesson e Deetz, 1999, p. 230).

Ambos os movimentos criticam a dominação e buscam resgatar as classes e os indivíduos que sofrem por causa das desigualdades sociais. Tendo em vista esses quatro posicionamentos, o primeiro deles ou a relação poder/conhecimento leva à consciência de que toda forma de conhecimento e proposição é vinculada a um interesse de poder específico de um grupo social ou ideologia; a segunda proposição mostra que toda a comunicação está vinculada a contextos sócio-históricos determinados; o terceiro princípio nega qualquer desenvolvimento histórico social único e estabelece que as perspectivas sociais; históricas e linguísticas estão dentro de divisões sociais materialmente produzidas; e o quarto estabelece uma pessoa complexa, muitas vezes guiada por conflitos e alienada, e nem sempre um sujeito consciente, autônomo e unitário, que é um ideal a ser buscado.

Tendo uma base comum, no entanto, as respostas dos dois movimentos são diferentes. Como vimos, segundo Alvesson e Deetz, os autores da teoria crítica, em especial Habermas, Adorno, Horkheimer e Marcuse, criticam a dominação, mas visam propor soluções e redirecionar o futuro para uma maior esperança, pois reconhecem as potencialidades positivas do projeto Iluminista de valorização da razão universal do ser humano. Como colocam ainda Alvesson e Deetz (1999, p. 232):

> O ponto central disso é a crítica da dominação e o modo pelos quais aqueles subjulgados participam ativamente da própria subjulgação. Ao intelectual ativamente astuto está determinado um papel ativo na produção de um entendimento esclarecido. A esperança é prover foros tais que, segmentos diferentes da sociedade e interesses humanos diferentes possam fazer parte de um diálogo histórico melhor, mais moral, de forma que cada um possa contribuir igualmente com as escolhas, visando produzir um futuro para todos.

Habermas (1987b) acredita na intersubjetividade e na razão humana a partir da comunicação intersubjetiva que obedece certas condições, e na racionalidade humana que possui um caráter universal, no que todos os humanos têm em comum, e que nos leva a conceitos como direitos humanos, cidadania, racionalidade humana, entre outros. Procura viabilizar ainda os ideais iluministas da modernidade, por meio de sua crítica, mas proposição de direcionamentos futuros a partir das potencialidades positivas encontradas.

Para os pós-modernistas, as propostas são outras. Burrell e Cooper (2006, p. 90) mostram que:

> O discurso pós-moderno começa com a ideia de que os sistemas têm sua própria vida, o que os torna independentes do controle humano. Os sistemas apenas expressam a si mesmos, e só podemos entendê-los pela análise de seu próprio funcionamento autorreferencial. Para o pensador pós-moderno, os sistemas não têm significados ou propósitos. Tudo são projeções humanas nas quais assumimos, sem crítica, que o mundo existe apenas para nós e pelas quais nos colocamos no centro de controle das coisas. Como o mundo é basicamente autorreferencial, não é nem pró-humano nem anti-humano; simplesmente é. O pós-modernismo, portanto, descentra o agente humano de sua autoelevada posição de "racionalidade" narcísica e mostra-lhe que é essencialmente um observador-comunidade que constrói as interpretações do mundo, não tendo essas interpretações nenhum *status* absoluto ou universal.

Dessa forma, a localização das proposições históricas, literárias, linguísticas e sociais são relativas aos interesses das comunidades e minorias que as propõem, sendo interpretações e ligadas aos seus interesses, não pretendendo ter caráter absoluto ou universal. Os pós-modernistas decretam o fracasso do projeto modernista e iluminista referente à razão humana.

Os pós-modernistas, ao contrário dos modernistas críticos (Habermas e Escola de Frankfurt), não propõem um futuro específico e tratam do sujeito fragmentado, que possui uma classe social um gênero e um contexto sócio-histórico, mas está vinculado a comunidades locais também fragmentadas e nelas sobrevive, em um futuro no qual não se sabe a direção. A denúncia de ideologias e agendas ocultas, de formas de dominação, e o resgate de grupos marginalizados e análise de conflitos são as propostas. O intelectual também só pode agir de forma local e circunstancial, como os demais. O futuro é adiado, não há projeção de futuro, e a resistência e leituras alternativas são propostas.

Os modernistas críticos, como Habermas, fazem proposições que atualmente podem ser levadas para a área de desenvolvimento sustentável e sustentabilidade também, como mostram Vasconcelos, Alves e Pesqueux (2012, p. 148) no texto "Responsabilidade social corporativa e desenvolvimento sustentável: Olhares habermasianos".

> Trataria da avaliação ético-normativa da racionalidade das decisões administrativas por uma racionalidade comunicativa, com base no envolvimento dos stakeholders em debates travados em condições não distorcidas; para se ter uma comunicação próxima do "discurso ideal" (habermasiano). (Habermas, 1987a)

Segundo Vasconcelos, Alves e Pesqueux (2012), a apropriação da teoria da ação comunicativa para a administração de empresas reside na tentativa de conciliação relativa com a pluralidade da sociedade e a exigência de uma universalidade afirmada por meio da ética (Deetz, 1992). Na empresa, esse conceito conduz à necessidade não de uma simples tolerância, mas de um debate que pode levar a um acordo que seria símbolo da universalidade de direitos e interesses. O caráter universal desse acordo é conquistado pelo confronto de ideias, não de pessoas. Assim, a importância do discurso, em vez da violência, como base ética seria traduzido como o reconhecimento da negociação, parte essencial da fundação dessa empresa. Empresa e ética pressupõem a existência de modos de pensamentos diferentes, conflitos possíveis, sustentados por debates criativos e fecundos, produzindo uma verdadeira comunicação.

> Habermas, nesse momento do desenvolvimento do seu pensamento, reconheceu a importância da comunicação, inclusive na empresa, mas ele relaciona essa comunicação a uma exigência e a uma obrigação de verdade que é a base do seu conceito de racionalidade e que lhe faz rejeitar formas de comunicação puramente estratégicas e instrumentais. É possível existir esse tipo de racionalidade nas empresas, porém em contextos específicos. (Vasconcelos, Alves e Pesqueux, 2012, p. 148)

Em termos de desenvolvimento sustentável, existe, como é possível no modernismo crítico, uma proposta para o futuro de caráter universal. A expressão "desenvolvimento sustentável" derivou do relatório Brundtland (1987), das Nações Unidas, assim como a sua definição: "o desenvolvimento que procura satisfazer as necessidades da geração atual, sem comprometer a capacidade das gerações futuras de satisfazer as suas próprias necessidades".

Segundo Vasconcelos, Alves e Pesqueux (2012), baseando-se nos seus trabalhos mais recentes sobre democracia e política de Habermas (1996, 1998, 2001), procura-se compreender as ações de responsabilidade social corporativa (RSC) em contextos de criação de espaços deliberativos e de globalização.

Atualmente, fóruns de debate científicos internacionais e congressos, como a sessão do Critical Management Studies da Academy of Management, o European Group of Organizational Studies (Egos), o International Society for the Third Sector Research (ISTR), a Associação Nacional de Pesquisa e Pós-Graduação em Administração (ANPAD), entre outros fóruns de debate, visam tratar de pesquisas na área de teoria crítica e também de pós-modernismo. Outras conferências, como o Standing Conference in Organizational Symbolism (SCOS) criada na Europa em 1981, foram pioneiras no estudo desses temas. O Colóquio de Poder Local, que ocorria a cada ano no Brasil, também era um fórum privilegiado de debates sobre esses temas.

Anthony Giddens (1990), no livro *The consequences of modernity*, mostra que a modernidade surgiu no século XVII e que até hoje, apesar das discussões pós-modernas, predomina, e que vivemos em um período de "alta modernidade", no qual as consequências da modernidade estão se tornando cada vez mais radicalizadas e universais do que nunca.

Euripedes Falcão Vieira e Marcelo Milano Falcão Vieira no livro *A dialética da pós-modernidade* (2004) concordam com a conclusão de Giddens ao afirmar que:

> A economia globalizada é uma realidade de resultado na evolução e nas transformações do capitalismo, pelo que não poderia ter outro contexto, a ela se podem creditar os primeiros anúncios da sociedade global, com suas utopias e realidades. Não é lógico esperar que ocorra uma ruptura drástica no processo de evolução da Economia Global. (Vieira e Vieira, 2004, p. 72)

|I| 17.9 Pensamento crítico no Brasil: *Insights* de Guerreiro Ramos, Tragtenberg e de Fernando Prestes Motta – Sugestões para aprofundamento em pesquisa

No artigo "A regulação no contexto brasileiro: reflexões inspiradas em Guerreiro Ramos, Maurício Tragtenberg e Fernando Prestes Motta", Duarte de Souza Rosa Filho e Maria Ceci Misoczky (2004) adotam uma perspectiva interpretativista-construcionista e oferecem aos leitores reflexões inspiradas na produção teórica de Alberto Guerreiro Ramos, Maurício Tragtenberg e Fernando C. Prestes Motta. Estes autores, expoentes da vertente crítica do pensamento brasileiro em administração, como mostram Duarte Rosa Filho e Maria Ceci Misoczky, propiciam *insights* importantes para que se considere o tema formação e reforma do estado brasileiro no contexto da nossa formação social em uma perspectiva crítica.

A seguir, selecionamos partes do artigo supracitado de Rosa Filho e Misoczky, que analisam o pensamento de Guerreiro Ramos, Tragtenberg e Fernando Motta, principais autores do pensamento crítico em administração no Brasil, que atualmente são representados também por Duarte de Souza Rosa Filho e Maria Ceci Misoczky, junto de Alketa Peci, Fernando Tenório, Rafael Alcadipani, Marcelo Milano Falcão Vieira (2004), na produção que ele deixou, e também por outros estudiosos como José Henrique de Faria e Francis Kanashiro Meneguetti e seus principais coautores, e ainda por Maurício Serva, Francisco Gabriel Heidtmann, Ana Paula Paes de Paula, Thomaz Wood Jr., Flávio Carvalho de Vasconcelos, Maria José Tonelli, Miguel Pinto Caldas, Alexandre de Pádua Carrieri, Mario Aquino Alves, Maria Esther de Freitas, Carlos Osmar Bertero, Silvia Vergara, Eduardo Davel, Márcio Sá, Ariadne Scalfoni Rigo, Ariston Azevedo, Luiz Alex Silva Saraiva, Liliana Segnini, Tânia Fischer, Rosimeri Carvalho, Valéria Fonseca, Eloise Livramento Dellagnelo, Susana Braga Rodrigues, Helio Arthur Reis Irigaray, Maria Thereza Leme Fleury, Rosa Maria Fischer, Roberto Costa Fachin, Ana Cristina Braga Martes, Ana Cristina Limongi-França e Isabella F. Gouveia de Vasconcelos, entre tantos outros que também atuam nessa área do conhecimento, como a equipe de gestão de pessoas da Universidade de São Paulo (USP). Muitos desses autores se reúnem também no Congresso Brasileiro de Estudos Organizacionais (CBEO), atualmente na VI edição.

Além disso, os trabalhos de Charles Kirchbaum, Antônio Carvalho Neto, João Marcelo Crubellate, André Ofenhejm Mascarenhas, Darcy Mitiko Hanashiro, Maria Luísa Mendes Teixeira, Silvia De Domenico, Miguel Eduardo Moreno Anez, Anatália Saraiva Guimarães, Dalila Alves Corrêa, Mateus Ponchio, Zila Mesquita e Marlene Catarina Melo na área de gestão de pessoas e estudos organizacionais, também se enquadram nessa área de estudos críticos em maior ou menor grau. Não é possível aqui citar todos os autores nacionais que fazem parte desta linha de estudos críticos ou que ao menos parcialmente já escreveram sobre o tema. Há muitos outros escritores nacionais neste paradigma. Citamos aqui apenas alguns, a fim de contribuir brevemente com um panorama nacional de pesquisas na área.

Rosa Filho e Mizoczky (2004, p. 3), inspirados em Guerreiro Ramos (1965, p. 123), destacam "a necessidade de desenvolver exigências próprias para pensar nossa realidade brasileira, deixando de obedecer mimeticamente às variações da produção teórica estrangeira, que passaria a ser considerada apenas como subsídio e não mais como paradigma ou modelo". De acordo com esse pensamento, as pesquisas estrangeiras podem ser consideradas importantes subsídios de análise, porém os autores brasileiros deveriam se preocupar com a análise da realidade brasileira e utilizar também teorias pertinentes a ela, escritas por brasileiros, e não apenas citar ou adotar teorias e autores estrangeiros de maneira automática e sem preocupação com o contexto social brasileiro de análise. A utilização de teorias e autores estrangeiros pode ser importante, mas de forma coerente e aplicada à análise da realidade brasileira quando for o caso, considerando o nosso contexto social e histórico.

Como mostram ainda Rosa Filho e Misoczky (2004, p. 3),

> Guerreiro Ramos (1989) afirma, ao fazer a crítica da razão moderna, que a mesma está baseada no cálculo utilitário das consequências (razão instrumental) em contraposição à razão substantiva. Baseado em Max Weber, Guerreiro Ramos (1989, p. 5) apresenta a distinção entre: racionalidade formal e instrumental, que é estabelecida por uma expectativa de resultados, ou "fins calculados" (para se obter recompensas); e racionalidade substantiva, ou relativa a valor, que é determinada de forma independente das expectativas de obter êxito (e recompensas), não sendo característica de nenhuma ação humana interessada para a obtenção de resultados posteriores à mesma (sendo praticada apenas porque se acredita nos valores que embasam a ação em si mesma, independentemente de recompensas).

Maurício Serva (1997) foi um dos autores que desenvolveu também posteriormente este tema em suas pesquisas sobre organizações substantivas, assim como Mário Aquino Alves (2002), em seus trabalhos sobre o terceiro setor (já em sua tese de doutorado).

Rosa Filho e Misoczky (2004, p. 4) mostram que

> baseando-se em Habermas (1987), Guerreiro Ramos (1989) considera que a vida humana nas sociedades industriais avançadas sofre coação política por parte das forças produtivas e que, para superar esta coação, é necessária

a abertura do espaço político para o debate, com o objetivo de orientar o processo social. Ao abordar a teoria substantiva da vida humana associada, baseada na razão substantiva, Guerreiro Ramos (1989, p. 27) introduz a palavra "regulação" referindo-se ao debate baseado em valores, como a essência da forma política de vida e como requisito essencial para apoiar "qualquer bem regulada vida humana associada em seu conjunto".

Rosa Filho e Mosiczky (2004, p. 7), ao analisar Tragtenberg (1974, p. 22), colocam que a administração é uma organização formal burocrática que se constitui de modo pleno no Estado, muitos séculos antes do aparecimento das empresas privadas. Mostram que Tragtenberg

> [...] apoia-se em Hegel para formular o conceito de burocracia como poder administrativo e político: "onde o Estado aparece como organização acabada, considerado em si e por si, que se realiza pela união íntima do universal e do individual". Entende-se esta união íntima do universal e do individual como o interesse universal, criado pelo Estado e no seio da sua unidade, como maior instância que integra os interesses específicos e particulares, sem retirar a oposição recíproca dos mesmos. Para Tragtenberg (1974) esta oposição recíproca dos interesses se manifesta através dos interesses dos vários grupos da sociedade, localizados no exterior do Estado, os quais são administrados pelas corporações, sindicatos e classes através de suas autoridades: presidentes e administradores. [...]
> Ainda a partir de Hegel, Tragtenberg (1974) afirma a diferença entre o interesse universal, expresso pelo Estado, e os interesses particulares da sociedade civil. Desta forma, para este autor, o conceito de burocracia tem sua base assentada nesta diferenciação e a mesma surge como elemento mediador entre governantes e governados. (Rosa Filho e Misoczky, 2004, p. 7)

Analisando o conceito de democracia, Rosa Filho e Misoczky (2004, p. 8) mostram que,

> [...] segundo Tragtenberg, para Weber, democracia [...] significa influência decisiva da vontade das massas na administração da economia.
> [...] Tragtenberg (1974, p. 141) afirma que Weber aceitava o papel da burocracia na sociedade de massas, mas combatia "o domínio absoluto da burocracia sobre a sociedade". Para Weber (1997) a ação da burocracia, que é racional quando limitada à sua esfera, torna-se irracional quando atinge outras esferas.
> O Estado tem a ficção jurídica de representar o interesse universal, mas é lógico que os interesses individuais dos diversos grupos continuam a existir fora do Estado, e a possuir organizações, associações, sindicatos e grupos sociais que os representam.

Continuando a analisar Tragtenberg e esse tema, Rosa Filho e Misoczky (2004, p. 8) apresentam ainda que, segundo Tragtenberg, "Weber (1997) vê no voto a única arma disponível contra o poder da burocracia, aliada ao direito de inquérito que o Parlamento dispõe".

Finalmente, em seu ensaio teórico, os autores destacam a temática relativa à produção intelectual de Fernando Cláudio Prestes Motta, como podemos ver a seguir. Rosa Filho e Misoczky (2004, p. 9) afirmam, ao tratar de burocracia, estado e dominação, que

> Ao analisar o Estado, Motta (1981, p. 24) o define como produto de uma sociedade de classes e, portanto, uma estrutura de dominação, ou seja, "um poder organizado e estruturado que permite à classe dominante do ponto de vista econômico tornar-se dominante também do ponto de vista político, garantindo para si a apropriação do excedente econômico". Segundo este autor, inspirado nos aparelhos ideológicos de Althusser (1980), o Estado possui três tipos de aparelhos: repressivo; ideológico, que transmite Ideias de interesse da classe dominante, como as escolas; e econômico. Motta (1981) menciona, também, que as organizações são estruturas de poder, porque detêm fontes de poder como o monopólio do saber (sigilo burocrático), a identificação dos seus membros com a mesma, meios para recompensar e aplicar punições. Ao fazê-lo, as organizações burocráticas exercem controles, submetem e reprimem outras organizações, bem como seus membros ou aqueles que estão subordinados a ela, de acordo com os seus objetivos.

Em sua revisão, ainda, Rosa Filho e Misoczky (2004, p. 10) afirmam que Motta e Alcadipani (1999) relacionam o formalismo da burocracia brasileira com o jeitinho brasileiro, considerando as características culturais brasileiras: "O jeitinho é o processo de atingir objetivos a despeito de determinações contrárias, funcionando como uma válvula de escape diante de imposições e determinações". Seria uma forma de se considerar o lado humano da demanda do indivíduo, tendo em vista a rigidez das regras burocráticas.

Os autores ainda destacam alguns elementos importantes do pensamento de Fernando Cláudio Prestes Motta:

> Motta (1990, p. 46) afirma também que "a busca do que é específico na administração é mais do que uma tarefa impossível sem o estudo da sociedade e da política". As razões para isto residem em que, além da administração ser um fato político e social, também é o cerne da atual sociedade burocrática, uma vez que as organizações estão presentes em todas as suas facetas. (Rosa Filho e Misoczky, 2004, p. 10)

Dessa forma, no artigo "A regulação no contexto brasileiro: reflexões inspiradas em Guerreiro Ramos, Maurício Tragtenberg e Fernando Prestes Motta", Rosa Filho e Misoczky (2004, p. 13) permitem, também, "mostrar a fertilidade e atualidade de Ideias contidas na obra destes pensadores brasileiros – Guerreiro

Ramos, Maurício Tragtenberg e Prestes Motta – os quais seguem merecendo a maior consideração por parte de alunos e pesquisadores da administração no contexto brasileiro".

Outra contribuição muito importante para a análise dos principais autores críticos no Brasil foi o artigo de Ana Paula Paes de Paula et al. "A tradição e a autonomia dos estudos organizacionais críticos no Brasil", publicado na *RAE – Revista de Administração de Empresas*, v. 50, n. 1, p. 10-23, 2010.

Neste artigo, Ana Paula Paes de Paula et al. realizaram uma pesquisa "desenvolvida nos mesmos moldes do levantamento sobre a produção científica brasileira na área dos Estudos Organizacionais Críticos na década de 1990 realizado por Davel e Alcadipani (2003), com algumas diferenças".

Como mostram os autores, a diferença entre os dois levantamentos foi o período coberto (1980-2008), a inclusão dos *Anais dos Eneos* (Encontro de Estudos Organizacionais) e o foco na área de Organizações do Enanpad (Encontro Nacional de Pós-Graduação e Pesquisa em Administração). Ana Paula Paes de Paula et al. analisaram conceituados periódicos brasileiros, como *Revista de Administração de Empresas* (RAE), *Revista de Administração Contemporânea* (RAC), *Revista de Administração Pública* (RAP), *Revista de Administração* (RAUSP), revista *Organização & Socieda*de (O&S), *Anais dos Eneos* (2000, 2002, 2004, 2006, 2008) e da área de Organizações do EnANPAD (1981-1982, 1984-1986, 1988, 1989, 1990-2008). Para classificar cada artigo como crítico, utilizaram os mesmos critérios de Davel e Alcadipani (2003), ou seja, os três parâmetros definidores das fronteiras dos estudos organizacionais críticos: a) a visão desnaturalizada da administração, b) a desvinculação da *performance*, e c) a intenção emancipatória, temas que já tinham sido analisados por Eduardo Davel e Rafael Alcadipani em sua pesquisa em 2003.

Davel e Alcadipani (2003, p. 75), ao definir esses critérios, mostram que os estudos críticos em administração, tendo uma visão desnaturalizada da administração, "consideram a organização como uma construção sócio-histórica, tornando-se importante compreender como as organizações são formadas, consolidadas e transformadas no interior e no exterior".

Com relação à definição de intenção desvinculada da *performance*, afirmam sobre os Estudos Críticos em Administração (ECA), que:

> Outro traço fundamental dos ECA se deve ao fato de que tais estudos não buscam desenvolver conhecimentos que contribuam para a maximização de *outputs* contra um mínimo de *inputs*. Ou seja, os ECA não visam a celebrar conhecimentos inscritos em uma lógica instrumental de cálculo dos meios com relação aos fins ou que melhorem o desempenho econômico das organizações. Os estudos considerados como não críticos obedecem

ao princípio da *performance* que subordina o conhecimento à eficiência, à eficácia e à lucratividade. Em uma perspectiva não crítica, a *performance* refere-se a um imperativo em torno do qual todo conhecimento ou prática deve ser gerado, sem jamais deixar espaço a questionamentos nem a dúvidas. O desenvolvimento de uma pesquisa na abordagem crítica não se preocupa em gerar conhecimento em função da melhoria da *performance* econômica da organização. Permanece subjacente a esse processo de desenvolvimento uma visão da emancipação que é de natureza parcial e realizável na administração e nas práticas organizacionais de todos os dias, buscando promover teorias e práticas administrativas que carreguem menos exclusão e dominação.

Adotando essas definições, Ana Paula Paes de Paula et al. (2010, p. 14) analisaram 6.450 artigos e selecionaram 515 deles (7,99%) como sendo críticos. Os autores também propuseram uma classificação temática, definida ao longo do levantamento, que enfatiza um pouco mais a intenção emancipatória, com a inclusão de temas como Autogestão e Autonomia, que são muito evidentes nos estudos nacionais:

- Poder e Ideologia: artigos que tratam de questões como exploração, repressão, relações de poder, dominação e disciplina.
- Autogestão e Autonomia: artigos que enfatizam a questão da emancipação e da autonomia dos sujeitos e grupos sociais.
- Teoria Organizacional: artigos que tratam da epistemologia crítica, das racionalidades que permeiam as organizações e de formas alternativas de analisar as organizações.
- Novas tecnologias e condições de trabalho: artigos que criticam os impactos das novas tecnologias nas condições de trabalho dos indivíduos e grupos sociais.
- Ensino e Pesquisa em Administração: artigos que criticam as condições de ensino no mundo do *management* e o caráter funcionalista das pesquisas realizadas na área, ou propõem formas de pedagogia crítica e pesquisa engajada.
- Crítica do *management*: artigos que criticam o uso de tecnologias gerenciais visando melhoria de *performance* e mostram os seus efeitos perversos para os indivíduos e organizações.
- Sofrimento físico e psíquico: artigos que criticam o sofrimento humano e a administração da subjetividade a partir de uma perspectiva psicossocial.
- Gênero: artigos que criticam a dominação patriarcal, as relações assimétricas entre homens e mulheres e as condições de vida e trabalho das mulheres.

> Gestão Pública e cidadania: artigos voltados para gestão pública que enfatizam a exclusão social e propõem alternativas de inclusão cidadã. (Paula et al., 2010, p. 14).

Paula et al. (2010, p. 14) mostram também que Guerreiro Ramos e Tragtenberg anteciparam em suas obras preocupações com o sujeito nas organizações.

Em Ramos (1956), as raízes dessa preocupação se encontram na proposição da redução sociológica inspirada na fenomenologia, que é uma das bases do existencialismo e ganha corpo em seu último livro, que trata da racionalidade substantiva como o fundamento de uma nova ciência das organizações. Já nos livros de Tragtenberg (1974), há referências precoces à administração da subjetividade que seria promovida pela sociedade da informação, inspiradas por sua visão libertária e emancipatória, que advém das leituras anarquistas que permeiam suas obras.

Paula et al. (2010, p. 13) fazem as seguintes proposições baseadas na análise dos artigos científicos, visando avaliar a produção brasileira na área de estudos organizacionais críticos:

1. as obras de Guerreiro e Tragtenberg influenciaram os estudos organizacionais brasileiros durante as décadas de 1980 e 1990, fundando uma tradição autônoma de Estudos Organizacionais Críticos (EOC) no Brasil;
2. há quatro categorias de pesquisadores no campo dos estudos organizacionais críticos no Brasil:

> os seguidores de Guerreiro, que utilizam seu pensamento como referência em seus trabalhos iniciais;
> os heterodoxos, que buscam seu próprio caminho de crítica se colocando na contramão das ideias tradicionalmente estabelecidas, a exemplo do que recomendavam Guerreiro e Tragtenberg;
> os seguidores da corrente *Critical Management Studies* (CMS), que é mais recente e se baseia nos princípios de seus fundadores;
> os estudiosos do sujeito e sua subjetividade nas organizações, temática que já era abordada por esses dois autores em suas obras e que foi intensivamente explorada pelos autores críticos de língua francesa a partir década de 1980. (Paula et al., 2010, p. 13)

Davel e Alcadipani (2003) analisam as características do que constituiria um estudo crítico. Estes autores, no artigo "Estudos críticos em administração", mesmo título do livro precursor no assunto, publicado no início dos anos 1990 (Alvesson e Willmott, 1992a) e que desencadeou uma proliferação de publicações, colóquios, conferências, *workshops* e redes acadêmicas concebidas para discutir aquilo que poderíamos denominar "administração crítica", Davel e Alcadipani (2003) descrevem e analisam as características e a importância dos Estudos Críticos no Brasil.

Os pesquisadores em estudos críticos, ao se preocuparem com a obtenção de maior justiça nas organizações e a diminuição das desigualdades referentes às diversas minorias de raça, gênero etc., podem contribuir para a melhoria da qualidade de vida e maior humanização no trabalho (Vergara e Branco, 2001; Vasconcelos, Motta e Pinochet, 2003).

Paula et al. (2003) concluem que os autores mais citados nos artigos críticos brasileiros analisados são os seguintes: Guerreiro Ramos, Jungen Habermas, Michel Foucault, Karl Marx, Max Pagès, M. Alvesson, Mauricio Tratengberg, Eugene Enriquez, Marcuse, Willmott, Christophe Dejours, Horkheimer, Theodor Adorno, M. Parker.

Paula et al. também utilizaram os seguintes critérios para selecionar os artigos críticos que pesquisaram conforme os três critérios dos estudos críticos apresentados neste capítulo.

Quadro 17.1   Critérios de seleção dos artigos críticos

CRITÉRIOS QUESTÕES-CHAVE
Visão desnaturalizada
A organização e/ou a teoria são tratadas como inseridas em contextos sócio-históricos específicos, como entidades relativas? O discurso organizacional é apresentado como suscetível de falhas, contradições e incongruências? Os aspectos de dominação, controle, exploração e exclusão na teoria ou na prática são revelados e/ou questionados?
Desvinculação da *performance*
A preocupação com a melhoria de ganhos pecuniários, *performance*, rentabilidade, lucratividade e/ou produtividade orienta a pesquisa? O conhecimento gerado está submetido às questões de melhoria da *performance*, eficiência, eficácia e/ou lucratividade?
Intenção emancipatória
Os modos de exploração, dominação ou controle que inibem a realização do potencial humano são identificados, denunciados ou levados em consideração? A emancipação das pessoas e a humanização da organização fazem parte dos objetivos do artigo?

Fonte: Davel e Alcadipani (2003, p. 77).

Neste sentido, Segnini e Alcadipani, no texto "Poder e resistência nas organizações: a propósito das contribuições de Fernando C. Prestes Motta", mostram como o pensamento de Max Pagès e Eugene Enriquez também influenciaram Prestes Motta em seu pensamento, que analisa criticamente a administração em seus trabalhos. Segnini e Alcadipani (2014, p. 345) afirmam:

> É nítido, aqui, Prestes Motta rechaçando um pensamento organizacional gerencialista em favor de uma visão mais reflexiva da realidade organizacional.
> Prestes Motta mostra em seus trabalhos que a organização apodera-se de seus membros, realizando políticas mediadoras em quatro níveis de atuação: econômico, político, ideológico e psicológico. Oferece, em cada um desses níveis, salários e carreira, autonomia, humanismo e sedução e prazer. Em contrapartida, exige trabalho disciplinado com vistas ao lucro e à expansão, submissão ao controle burocrático e eficiência (Prestes Motta, 1984a, p. 20). A partir da obra de Pagés et al. (1987), Prestes Motta (1984a) segue na sua discussão a respeito do papel das empresas na transmissão da ideologia que a define como "um conjunto de valores e crenças que visa a manutenção de uma determinada ordem social, ocultando os elementos que a ameaçam e lhe são inerentes". (Prestes Motta, 1984a, p. 19).

A obra completa de Fernando Claudio Prestes Motta pode ser analisada no site, disponível em: http://www.fernandoprestesmotta.com.br.

17.10 Outros autores de sociologia das organizações

O artigo "Identidade, legitimação social e teoria organizacional: contribuições de uma análise sociológica da política de gestão de pessoas da Natura", de Isabella Vasconcelos e Flávio Vasconcelos, publicado na *O & S*, v. 10, n. 27, maio-ago. 2003, inspirou esta apresentação da teoria de Luc Boltanski e Laurent Thevenot (1979).

O conceito de identidade é utilizado por Sainsaulieu (1977) em seu modelo para expressar o sentimento de permanência e continuidade que o indivíduo experimenta em suas relações sociais e que ele perde no caso de pressões extremas. Ainda, segundo Sainsaulieu, o reconhecimento dos outros é um dos elementos fundamentais na construção da identidade do indivíduo, que ocorre de modo dinâmico, a partir de suas interações sociais "aqui e agora".

Christophe Dejours (1993) também destaca a importância do reconhecimento do grupo social, que pode ser um reconhecimento da utilidade social, econômica e técnica das contribuições particulares e coletivas à organização, ou um julgamento da beleza, validade ética e estética da ação. Os dois tipos de reconhecimento social são conferidos pela hierarquia, pelos pares ou pelo grupo social de referência do indivíduo e influenciam na percepção que os indivíduos desenvolvem sobre o valor social de seu trabalho e no conceito que desenvolvem de si próprios.

Outros autores desenvolveram recentemente pesquisas reforçando esses argumentos (Stuart, Ashforth e Dutton, 2000; Vasconcelos e Vasconcelos, 2002; Rodrigues e Child, 2002).

Erikson (1972) mostra que a identidade da criança é ligada à história de suas identificações sucessivas, porém a identidade do adulto depende também dos meios sociais que ele dispõe para sustentar sua diferença nos conflitos e, dessa forma, sair da cadeia de identificações (Sainsaulieu, 1977).

Em resumo, com base nos trabalhos de Sainsaulieu e Dejours, de uma perspectiva hegeliana, o reconhecimento social a partir da diferenciação e atribuição de valor pelo grupo de referência são fundamentais para a constituição da identidade do sujeito. Luc Boltanski e Laurent Thévenot (1979) mostram em seus trabalhos que o reconhecimento e o valor social são atribuídos a partir de um universo simbólico ou universo de significação específico, com "ordens de grandeza" diferenciadas, como mostraremos a seguir.

17.11 Os diversos mundos sociais e as formas de legitimação dos atores sociais em busca de reconhecimento social

Luc Boltanski e Laurent Thévenot (1979), professores da Ecole des Hauts Etudes en Sciences Sociales da França, descrevem na obra *De la justification – Les economies de la grandeur* diversos "mundos sociais", ou seja, universos de significação, compostos de símbolos, valores, normas de comportamento, linguagem, regras e aspectos sociais considerados válidos em um dado contexto social e que fornecem determinado valor social ao indivíduo ou grupo de indivíduos que se portam de uma certa maneira ou desempenham determinados tipos de papel social nesse universo de significação e legitimação social, por meio dos quais os indivíduos possuem uma racionalidade que os "justifica" para si mesmos em termos de sentido de vida, valorização social e validade de suas ações. Com base em um diferente conjunto de valores, relacionados a cada "mundo social", encontram-se diversas formas de vida e valorização dos indivíduos na realidade de suas vidas.

Levando-se em conta esse conjunto de valores, dentro desse universo de significação específico, os indivíduos, ao desempenhar um dado conjunto de papéis sociais, ao concretizarem certos tipos de trabalho, legitimam-se perante certo grupo sendo considerados atores sociais válidos, recebendo reconhecimento dos seus pares e ocupando um certo espaço na sociedade em que são considerados importantes e "grandes" socialmente em uma determinada perspectiva.

Dessa forma, a partir dos diversos tipos de inserção social, os indivíduos constroem sua identidade e justificam suas ações para si e para um certo grupo social. Esses universos de significação ou "mundos sociais" lhes oferecem um determinado sentido para suas ações e para sua vida.

Cada universo de significação possui normas de comportamento por meio das quais são definidos os papéis sociais próprios a esse universo e os tipos de conduta considerados "positivos" ou "negativos" nesse contexto social específico.

O grupo social sanciona assim certos tipos de atitude e valoriza outros tipos de realização, dependendo do caso, e o indivíduo encontra assim a medida social de seu valor nesse universo específico. Caso tenha o hábito de justificar suas ações e definir o seu valor social com base em certo tipo de ato social, e esse reconhecimento, fundamental para ele, seja subitamente retirado, o indivíduo pode perder suas referências, ter a identidade abalada e entrar na situação de anomia. O valor moral desses universos de significação para a definição da identidade e o valor social do indivíduo, base de sua existência, são assim fundamentais. Apresentaremos a seguir os seis universos de significação, ou "mundos sociais", descritos por Boltanski e Thévenot (1979):

1. O mundo da inspiração, ou da legitimação e conquista de grandeza social a partir da realização de obras artísticas reconhecidas, teses, obras intelectuais, música, invenções, arte, dança etc. A valorização está ligada à capacidade artística, científica e técnica do indivíduo, envolvendo seu desempenho profissional e sua competência. Mozart, Einstein, Kunt, Galileu Galilei, Shakespeare, Baudelaire, Van Gogh, Picasso, Jungen Habermas, Sócrates etc. Trata-se da ideia de "talento" e valorização das obras construídas com base na inspiração sobretudo onde o autor, como em pesquisa científica, sabe que sempre pode "melhorar" a sua arte ou pesquisa ou obra, aperfeiçoando-a, a fim de cumprir suas crenças inspiração e talento em um mundo real, possuindo a humildade de quem sabe que será avaliado por pares e que pode sempre se aperfeiçoar. Cumprir essa "vocação" é como uma "viagem interior idealista" que faz com que a arte ou obra ou pesquisa se expressem no exterior. Este "altruísmo" ou necessidade de expressão dessas forças criativas interiores muitas vezes são muito idealistas, desvinculadas de considerações como poder e prestígio ou posições sociais ou enriquecimento, o que pode custar em sacrifício e dificuldades na vida real dos artistas/autores/músicos etc. que buscam em primeiro lugar realizar sua "visão" e "inspiração" na realidade, sendo isto que os torna "grandes".
2. O mundo doméstico está ligado ao exercício dos papéis sociais ligados à família e da inserção dela na sociedade e ao caráter afetivo – desenvolvi-

mento de relações de amizade, contato social etc. A valorização neste universo está ligada ao desempenho das funções de mãe, pai, esposa, marido, amigo(a) anfitrião(ã), vizinha(o), filho(a), de cidadão(ã) consciente inserido na comunidade, ao desempenho de funções ligadas à igreja, obras de caridade, ONGs, enfim, ações de caráter social. Em certo grau, trata-se do mundo da confiança, da tradição, da amizade, da intimidade, da vida pessoal, bem como desse tipo de capital social e relacional.
3. O mundo da opinião trata do valor atribuído pela mídia às celebridades sociais, como artistas famosos, esportistas, modelos etc. A valorização, nesse caso, vem da simples celebridade pública estimulada pela mídia. Os autores retratam a manipulação da comunicação nesse tipo de mundo e de troca onde a imagem apenas é importante e também o esquecimento do público e a formação da chamada "opinião pública" que em grande medida é um mito. Atualmente, o debate das chamadas *fake news*, para influenciar a formação da reputação ou opinião do público, é um tema a ser tratado.
4. O mundo cívico está ligado ao imaginário da pátria e da ação política. Grandes políticos, heróis de guerra, como os heróis da resistência francesa, Churchill, De Gaulle, ou os heróis da Segunda Guerra Mundial, representam esse imaginário. Também associações coletivas, como as que garantem a democracia (Senado, Câmara dos Deputados, Sindicatos etc.) são aqui representadas. A valorização está ligada ao desempenho da função pública (cargos como prefeito, governador, senador etc.) e atos de bravura ligados à história do país. O indivíduo supera a sua fraqueza individual se unindo ao grupo e a outros indivíduos que, como ele, têm anseios a serem defendidos e posições a serem tomadas diante da sociedade. Ressalta-se o valor do voto, da democracia e dos debates, e da ação coletiva que reúne os indivíduos isolados e os levam a agir com confiança para defender posições políticas que podem influenciar na democracia e na história do país ou ainda nos rumos das leis trabalhistas e direitos.
5. No mundo mercantil, a valorização está ligada a simples posse de dinheiro ou exercício de atividade de vendas e ao exercício de poder. Basta ser rico e controlar recursos para ser valorizado nesse universo da troca e da venda de produtos e serviços (dentro da lei obviamente).
6. O mundo industrial valoriza indivíduos que obtêm sucesso por meio da administração ou criação de empresas consideradas de sucesso. Trata-se do mito do empreendedor ou do *self made man* (estatisticamente poucos indivíduos, em um mundo determinista), o homem "com visão", que abre uma empresa e obtém sucesso econômico com seus produtos, ou ainda do administrador competente, diretor-presidente de empresas que consegue

recuperá-las das dificuldades e fazê-las obter sucesso econômico por causa de seu talento. Mitos como Henry Ford, Bill Gates, empreendedores de sucesso, ou ainda Jack Welch, diretor-presidente da General Electric ou Michel Eisner, diretor-presidente da Disney, considerados administradores competentes, que se tornaram famosos pelo desempenho profissional, recebendo salários extraordinários, na ordem de milhões de dólares por ano, são considerados "vencedores" nesse mundo, por causa da sua competência como administradores e empreendedores. Os autores fazem, no entanto, a crítica desses mundos, mostrando como o ser humano considerado "grande" em razão do trabalho produtivo excessivo, pode chegar a se assemelhar a uma "máquina", fragmentado, e como a orientação temporal está sempre voltada para o futuro, como se a produtividade futura ou o futuro sempre fosse melhor que o presente ou o passado, "salvando" e redimindo a situação passada e presente.

A diferença entre o mundo mercantil e o mundo industrial está no fato de que no segundo os indivíduos devem concretizar ações específicas, obtendo bons resultados graças a sua competência e inteligência, que geram seu sucesso e produtividade, porém é feita a crítica de que a "grandeza" nesse mundo pode assemelhar o ser humano a uma mera engrenagem produtiva, a uma "máquina" que sempre busca redenção em um futuro melhor.

O mérito dele está, pois, ligado à eficiência da empresa ou produto, não se dissociando deste fato. No caso do mundo mercantil, o simples poder de compra ou posse de dinheiro, seja pelo exercício de atividades ligadas à venda ou trocas no mercado ou qualquer outra razão, torna o indivíduo válido socialmente, independente da razão de sua fortuna, desde que seja dentro da lei.

Os valores que são considerados "grandes" em cada um dos mundos são diferentes.

Esses diversos mundos sociais se comunicam. Boltanski, ao desenvolver essa teoria, foi fortemente influenciado por Pierre Bourdieu, que foi seu orientador. Boltanski e Thévenot (1979) adotam, pois, o conceito de Pierre Bourdieu (1980), ligado à existência de diversos tipos de "capital", ou seja, modos sociais de legitimação (Misoczky, 2001).

O capital social de um indivíduo é assim relacionado à inserção social dele nos grupos aos quais ele pertence. Um indivíduo tem alto capital social quando, independentemente de seu poder financeiro, possui amigos e contatos inseridos em altos círculos sociais e é recebido nesses círculos valorizados socialmente, detendo poder de influência sobre eles. O capital social é assim composto da rede de contatos sociais de um indivíduo e da sua importância.

Essa rede de contatos pode estar ligada ao desempenho de sua profissão, à inserção social de sua família etc.

O capital financeiro está ligado à posse de fortuna e ao dinheiro que um indivíduo possui. Já o capital intelectual está ligado à capacidade técnica e ao desempenho profissional de um indivíduo.

Essas diferentes formas de reconhecimento se comunicam socialmente. Um indivíduo que é reconhecido por sua alta capacidade técnica ou científica ou ainda artística tende a ganhar salários maiores ou a obter compensações financeiras, aumentando seu capital financeiro, bem como a se inserir em círculos profissionais e sociais importantes, aumentando seu capital social.

Indivíduos que são recebidos em altos círculos sociais e possuem amigos importantes podem obter prestígio social e conseguir transformar isso em capital financeiro. Indivíduos que detêm alto poder econômico podem pagar uma formação escolar e treinamentos técnicos de alto nível e adquirir capital intelectual ou cercar-se de indivíduos bem inseridos socialmente, aumentando seu capital social.

No entanto, alguém que possua um alto poder financeiro não necessariamente consegue obter o reconhecimento de sua competência técnica ou artística.

Muitos técnicos e artistas considerados excelentes não ficam ricos por causa de reconhecimento. Logo, os diversos mundos podem se comunicar ou não.

Um indivíduo pode desempenhar com sucesso papéis sociais ligados à família, à profissão e obter sucesso econômico e reconhecimento social em diversos "mundos sociais". Outros se dedicam exclusivamente ao mundo doméstico ou ao mundo profissional, não obtendo reconhecimento em outros universos de significação. Essa é a gênese da formação dos diversos tipos de identidade social, que se relaciona ao desempenho de papéis específicos e ao reconhecimento dos grupos de referência.

De acordo com a abordagem cognitiva, como vimos, os indivíduos apreendem os significados e se relacionam com os outros por meio de esquemas tipificados ou papéis sociais, verdadeiros *scripts* e códigos de conduta.

Os papéis regulam a interação entre os indivíduos e lhes fornecem expectativas recíprocas, tendo em vista os diversos contextos sociais que experimentam em sua vida cotidiana. Os atores sociais tendem a agir de acordo com certos padrões preestabelecidos socialmente e por eles incorporados em sua socialização primária.

Os atores sociais identificam o tipo de contexto social vivido em sua experiência atual, interpretam a situação e procuram em seu repertório qual o tipo de papel, o código de conduta e a linguagem são adequados ao cenário em questão, agindo em função desse referencial (Goffman, 1959). Goffman ressalta ainda os diferentes tipos de repertório e conjunto de papéis incorporados por grupos sociais distintos.

Como mostram Boltanski e Thévenot (1979), dependendo dos papéis que representa, o indivíduo é levado a interiorizar certos modos específicos de conhecimento e acumular certas informações, não somente do ponto de vista cognitivo, mas também emocional. Ele incorpora certos tipos de emoção, ética, valores e normas característicos dos papéis que desempenha e que interiorizou, de acordo com os universos de significação predominantes nos diversos "mundos sociais" descritos anteriormente, e consolidando assim uma identidade própria. É importante frisar um ponto fundamental da teoria de Boltanski e Thévenot: os indivíduos possuem lógicas de legitimação social e fontes identitárias primárias e secundárias. Um indivíduo busca seu valor social e legitima sua ação a partir de um conjunto de valores específicos – o mundo mercantil, por exemplo – pode, em segundo plano, buscar sua legitimação social a partir de outros mundos sociais – o mundo doméstico, buscando desempenhar a contento os papéis familiares. Existem, assim, várias lógicas de legitimação que coexistem no mesmo indivíduo e são fonte de legitimação. Algumas com maior intensidade e prioridade, outras em segundo plano.

17.12 Aprofundando a teoria de Pierre Bourdieu: textos e leituras

O artigo "Campo de poder e ação em Bourdieu: implicações de seu uso em estudos organizacionais", de Maria Ceci A. Misoczky (2001), analisa alguns conceitos fundamentais da obra do sociólogo francês Pierre Bourdieu e fornece importantes conceitos teóricos sobre a teoria sociológica dele, classificado como um sociólogo estruturalista construtivista.

Luc Boltanski, coautor de Laurant Thevenot, foi orientando de Bourdieu. Pierre Bourdieu estudou na École des Hautes Études en Sciences Sociales, França, e foi também sociólogo, filósofo e professor da École de Sociologie du Collège de France, uma das mais prestigiosas instituições nessa área na Europa. Mundialmente conhecido, Bourdieu também orientou Loïc Wacquant, com quem escreveu e lecionou também na École des Hautes Études Commerciales (HEC), como professor convidado a cada semestre. Loïc Wacquant é atualmente professor e pesquisador associado ao Institute for Legal Research na Boalt Law School da Universidade da Califórnia.

Em se tratando de Pierre Bourdieu e algumas definições importantes, Maria Ceci Misoczky (2001) mostra em seu texto que:

> Os diversos campos, mundos sociais relativamente autônomos, exigem daqueles que nele estão envolvidos um saber prático das leis de funcionamento desses universos, isto é, um *habitus* adquirido pela socialização prévia e/ou por aquela que é praticada no próprio campo. Os campos mais altamente especializados supõem e exigem um saber prático das leis tácitas do seu funcionamento. Ou seja, o *habitus* é um corpo socializado, um corpo estruturante, um corpo que incorporou as estruturas (oriundas do trabalho histórico de gerações sucessivas) imanentes de um mundo, de um campo, e que estrutura tanto a percepção como a ação nesse mundo (Bourdieu, 1996b, apud Misoczky, 2001, p. 3).
>
> É importante destacar que os conceitos de *habitus* e de campo designam feixes de relações. "O que existe no mundo social são relações – não interações entre agentes ou laços subjetivos entre indivíduos, mas relações objetivas que existem 'independentemente da consciência e do desejo individual', como diz Marx" (Bourdieu e Wacquant, 1992, p. 97).
>
> Um campo é composto por um conjunto de relações históricas e objetivas ancoradas em certas formas de poder (tipos de capital), enquanto o *habitus* é composto por um conjunto de relações históricas depositadas dentro dos corpos individuais sob a forma de esquemas mentais e corporais de percepção, compreensão e ação (Wacquant, 1992, apud Misoczky, 2001, p. 3).
>
> Como os campos só existem na medida em que são institucionalizados, é preciso compreender o processo de institucionalização, que consiste de quatro partes: um aumento na interação entre organizações no campo; a emergência de estruturas interorganizacionais de dominação e de padrões de coalizão claramente definidos; um aumento na carga de informação; o desenvolvimento de mútua atenção entre os participantes. Uma vez que as organizações estão estruturadas em um campo real, emergem forças que as levam a tornarem-se similares uma às outras (Misoczky, 2001, p. 5).
>
> Finalmente, a análise em termos de campo envolve três momentos necessários e internamente conectados (Bourdieu e Wacquant, 1992): (a) analisar a posição do campo em relação ao campo de poder; (b) mapear as estruturas objetivas das relações entre as posições ocupadas pelos agentes ou instituições que competem pela forma de legitimidade da autoridade específica em cada campo; e (c) analisar o *habitus* dos agentes, os diferentes sistemas de disposições que foram adquiridos pela internalização de determinados tipos de condições sociais e econômicas e que encontram, dentro do campo em estudo, em uma trajetória definida, condições mais ou menos favoráveis para se concretizarem. (Misoczky 2001, p. 6)

Em 1993, Pierre Bourdieu publicou com outros autores a pesquisa *La misère du monde*, na qual apresenta um panorama sociológico da sociedade global.

17.13 Correntes de epistemologia nos estudos em administração no Brasil

O Colóquio Internacional de Epistemologia e Sociologia da Ciência da Administração, que visa ao avanço do campo científico da Administração no Brasil, organizado atualmente por Maurício Serva, Fernando Guilherme Tenório e

Francisco Gabriel Heidemann, pesquisadores que vêm trabalhando questões ligadas à Sociologia e Filosofia e suas interfaces com a Administração Pública e de Empresas, com base no trabalho dos últimos anos, apresentou cinco tendências de pesquisa em administração no Brasil, como mostra o Maurício Serva no artigo "Epistemologia e sociologia da administração", publicado no *Cadernos EBAPE.BR*, v. 14, n. 1, p. 1, 2016.

A primeira tendência é a confirmação da inclinação crítica da epistemologia da administração no interior desta ciência social aplicada, dando continuidade a uma opção já esboçada desde o início dessa epistemologia específica nos anos 1980.

A segunda é o enriquecimento dessas abordagens de cunho crítico via renovação de suas bases, reafirmando o que se passa também em outras ciências, isto é, nota-se o enfraquecimento da crítica que se fundamentava nas chamadas "grandes narrativas" históricas, tanto na administração quanto em outras ciências.

A terceira tendência se expressa pela troca intensa de saberes e conteúdos com outras ciências e disciplinas, propiciando avanços para a administração e também para essas disciplinas.

A quarta tendência observada é o interesse em aprofundar o debate sobre as raízes filosóficas, históricas e científicas do conhecimento produzido até então na administração. Tal tendência aporta à administração diversos estudos de natureza propositiva, nos quais seus autores não se limitam a criticar/denunciar a ciência já posta, mas vão além e se arriscam a propor novas formas de analisar, conceber e vivenciar os fenômenos ligados à gestão e às organizações.

O quinto tipo de contribuição é a apresentação de análises epistemológicas de conhecimentos produzidos em diversas áreas específicas da administração, tais como estratégia, finanças e marketing, diversificando o potencial da epistemologia da administração.

Aqui ressaltamos, em especial, a **quarta tendência**, linha epistemológica que mostra ser a predominante entre os trabalhos de natureza crítica publicados no Brasil, segundo dados do colóquio.

Novos paradigmas de pesquisa na área de estudos organizacionais vêm sendo debatidos no Brasil.

No texto "Para além dos paradigmas nos estudos organizacionais: o círculo das matrizes epistêmicas", publicado nos *Cadernos EBAPE.BR*, v. 14, n. 1, 2016, Ana Paula Paes de Paula propõe, como alternativa ao modelo de Gareth Morgan e Gibson Burrell, analisado anteriormente, que tratam de quatro paradigmas de administração, o círculo das matrizes epistêmicas. Como explica a autora,

> O Círculo das Matrizes Epistêmicas é constituído das seguintes matrizes que se guiam pelos três interesses cognitivos discutidos por Jurgen Haber-

mas (1968/1982) em Conhecimento e Interesse: a matriz empírico-analítica (interesse técnico), a matriz hermenêutica (interesse prático) e a matriz crítica (interesse emancipatório).

Ao invés do quadrado que abriga os paradigmas do funcionalismo, interpretativismo, estruturalismo radical e humanismo radical, proponho um círculo dividido em três partes iguais e, em cada uma delas, uma matriz epistêmica. Não se trata, no entanto, de escolher uma única matriz para guiar as pesquisas, mas de mudar a maneira de pensar sobre isso, pois a chave para o avanço das pesquisas, do ponto da mudança social, seria conciliar os interesses cognitivos. Isto porque, para Jurgen Habermas (1968/1982), os interesses cognitivos compõem a unidade do conhecimento e não podem ser tomados separadamente, uma vez que, quando interpretamos os fenômenos sociais, é possível constatar que eles são interdependentes. [...]
As matrizes epistêmicas são um referencial para os sistemas de produção de conhecimento, que denomino abordagens sociológicas. Em uma pesquisa realizada em 2012 sobre a produção da área de estudos organizacionais, identifiquei seis delas: funcionalista, interpretativista, humanista, estruturalista, pós-estruturalista e realista crítica. Cada uma das abordagens sociológicas produz suas próprias teorias e metodologias, e percorre o círculo em busca de suas identidades epistêmicas. (Paula, 2016, p. 25)

A proposta de Ana Paula Paes de Paula (2016), ao questionar a concepção de Gibson Burrell e Gareth Morgan (1994) dos quatro paradigmas, apresentados anteriormente, e publicados por eles no livro *Sociological paradigms and organizational analysis*, pretende inovar na área de epistemologia das organizações e inspira atualmente novos debates no Brasil. O texto citado leva a aprofundamento nos estudos de acordo com a proposta de Paula, que desafia paradigmas já estabelecidos.

Neste capítulo, mostramos que autores como Jungen Habermas inspiram muito, atualmente, por meio do modernismo crítico várias pesquisas brasileiras e internacionais que buscam uma direção futura a partir da esperança da reconstrução da validade da racionalidade humana, criticando a fraqueza das proposições modernas, mas apontando também novas potencialidades futuras que recuperam em parte a proposta do iluminismo valorizando a razão pela teoria da ação comunicativa e levam a novas propostas que consideram o indivíduo em seus aspectos humanos universais (cidadania, direitos humanos etc.) antes de tratar de suas diferenças sociológicas.

Na análise da segunda parte do Capítulo 17, buscou-se também indicar quem contesta este tipo de posição pela corrente pós-modernista e outras que se concentram na análise das minorias e de suas diferenças culturais e sociais que levam à fragmentação do ser humano em termos históricos, sociais e culturais.

Bibliografia

ACCIOLY E SILVA, D.; MARRACH, S. *Maurício Tragtenberg*. Uma vida para as ciências humanas. São Paulo: Editora Unesp, 2001.

ADMINISTRATIVE SCIENCE QUARTERLY. *Critical perspectives on organizational control*, v. 43, n. 2, jun. 1998.

ALCADIPANI, R. Réplica: a singularização do plural. *Revista de Administração Contemporânea*, v. 9, n. 1, p. 213-222, jan.-mar. 2005.

ALVES, M. A. Terceiro setor: as origens do conceito. In: ENCONTRO ANUAL DA ASSOCIAÇÃO NACIONAL DE PÓS-GRADUAÇÃO EM ADMINISTRAÇÃO - EnANPAD, 27., 2002, Salvador. *Anais...* Salvador: ANPAD, 2002.

ALVES, M. A. et al. Apresentação do Fórum Social Organizations. *RAE – Revista de Administração de Empresas*, v. 48, n. 3, jul.-set. 2008.

ALVESSON, M. *Organization theory and technocratic consciousness*: Rational ideology and quality of work. Nova York: Walter de Gruyter, 1987.

_____. *Postmodernism and social research*. Philadelphia: Open University Press, 2002.

ALVESSON, M.; DEETZ, S. Teoria crítica e abordagens pós-modernas para estudos organizacionais. In: CLEGG, S. et al. (Eds.) *Handbook de estudos organizacionais*. São Paulo: Atlas, 1999. p. 227-266.

_____. Critical theory and postmodernism approaches to organizational studies. In: CLEGG, S. et al. (Eds.) *Handbook of organization studies*. Londres: Sage, 1996.

ALVESSON, M.; WILLMOTT, H. *Critical management studies*. Londres: Sage, 1992a.

_____. On the idea of emancipation in management and organization studies. *Academy of Management Review*, v. 17, n. 3, p. 432-464, 1992b.

ALVESSON, M.; WILLMOTT, H. (Eds.) *Making sense of management*. A critical analysis. Londres: Sage, 1993.

BARROS, A.; ALCADIPANI, R.; BERTERO, C. O. A criação do curso superior em Administração na UFRGS em 1963: uma análise histórica [versão original]. *RAE – Revista de Administração de Empresas*, v. 58, n. 1, jan.-fev. 2018.

BERMAN, M. *Tudo que é sólido desmancha no ar*. A aventura da modernidade. São Paulo: Companhia das Letras, 1988.

BERTERO, C. O.; CALDAS, M. P.; WOOD JR., T. Produção científica em administração de empresas: Provocações, insinuações e contribuições para um debate local. *Revista de Administração Contemporânea*, v. 3, n. 1, p. 147-178, 1999.

BOLTANSKI, L.; THÉVENOT, L. *De la justification* – Les economies de la grandeur. Paris: Gallimard, 1979.

BOURDIEU, P. *Le sens pratique*. Paris: Editions de Minuit, 1980.

_____. *Coisas ditas*. São Paulo: Brasiliense, 1990.

_____. (Coord.) *La misère du monde*. Paris: Seuil, 1993.

_____. *Razões práticas*: Sobre a teoria da ação. Campinas: Papirus, 1996a.

_____. *The state nobility*: Elite schools in the field of power. Stanford: Stanford University Press, 1996b.

_____. *O poder simbólico*. Rio de Janeiro: Bertrand Brasil, 1998.

_____. The purpose of reflexive sociology. In: BOURDIEU, P.; WACQUANT, L. J. D. (Ed.) *An invitation to reflexive sociology*. Chicago: Chicago University Press, 1992. p. 61-215.

BOURDIEU, P.; WACQUANT, L. J. D. *An invitation to reflexive sociology*. Chicago: Chicago University Press, 1992.

BURRELL, G.; COOPER, R. Modernismo, pós-modernismo e análise organizacional: Uma introdução. *RAE – Revista de Administração de Empresas*, v. 46, n. 1, jan.-mar. 2006.

BURRELL, G.; MORGAN, G. *Sociological paradigms and organizational analysis*. Londres: Ashgate Publishing, 1994.

CALDAS, M. P.; WOOD JR., T. Modas e modismos em gestão: Pesquisa exploratória sobre adoção e implementação de ERP. In: ENCONTRO ANUAL DA ASSOCIAÇÃO NACIONAL DOS PROGRAMAS DE PÓS-GRADUAÇÃO EM ADMINISTRAÇÃO – EnANPAD, 23., 1999, Foz do Iguaçu. *Anais*... Rio de Janeiro: ANPAD, 1999.

CAPELLE, M. C.; BRITO, M. Relações de poder no espaço organizacional: O caráter disciplinar das práticas de gestão de pessoas em uma organização de desenvolvimento de software. In: ENCONTRO ANUAL DA ASSOCIAÇÃO NACIONAL DOS PROGRAMAS DE PÓS-GRADUAÇÃO EM ADMINISTRAÇÃO – EnANPAD, 26., 2002, Salvador. *Anais*... Rio de Janeiro: ANPAD, 2002.

CARRIERI, A. P.; BITTENCOURT, E. Responsabilidade social: Ideologia, poder e discurso na lógica empresarial. *RAE – Revista de Administração de Empresas*, v. 45, ed. esp., p. 10-22, 2005.

CARRIERI, A. P.; RODRIGUES, S. B. A tradição anglo-saxônica nos estudos organizacionais brasileiros. *Revista de Administração Contemporânea*, v. 5, ed. esp., p. 81-102, 2001a.

_____. As transformações nos significados culturais em uma empresa de telecomunicações: de empresa pública a filial privada. In: ENCONTRO ANUAL DA ASSOCIAÇÃO NACIONAL DOS PROGRAMAS DE PÓS-GRADUAÇÃO EM ADMINISTRAÇÃO – EnANPAD, 25., 2001, Campinas. *Anais*... São Paulo: ANPAD, 2001b.

CARRIERI, A. P.; SARAIVA, L. A. S. *Simbolismo organizacional no Brasil*. São Paulo: Atlas, 2007.

CLEGG, S. *Modern organizations*: Organization studies in the postmodern world. Londres: Sage, 1990.

DAVEL, E.; ALCADIPANI, R. Estudos críticos em administração: A produção científica brasileira nos anos 1990. *RAE – Revista de Administração de Empresas*, v. 43, n. 3, out.-dez. 2003.

DEETZ, S. *Democracy in an age of corporate colonization*. Developments in communication and the politics of everyday life. Albany: State University of Nova York, 1992.

DEJOURS, C. Intelligence pratique et sagesse pratique: deux dimensions méconnues du travail réel. *Education Permanente*, n. 116, p. 22-34, 1993.

_____. *Psicodinâmica do trabalho*: Contribuições da escola dejouriana à análise da relação prazer, sofrimento e trabalho. São Paulo: Atlas, 1994.

_____. *O fator humano*. Rio de Janeiro: Editora FGV, 1997.

_____. *A banalização da injustiça social*. Rio de Janeiro: Editora FGV, 1999.

DELLAGNELO, E.; MACHADO-DA-SILVA, C. Novas formas organizacionais: onde se encontram as evidências empíricas de ruptura com o modelo burocrático de organizações? *O e S*, Salvador, v. 7, n. 19, set.-dez. 2000.

DEWEY, J. *Human nature and conduct*. An introduction to social psychology. Nova York: Prometheus Books, 2002.

DIAS, C.; LOIOLA, E. Conflito, cooperação e aprendizado nos complexos agroindustriais: o caso do instituto biofábrica de cacau de Ilhéus. In: ENCONTRO ANUAL DA ASSOCIAÇÃO NACIONAL DOS PROGRAMAS DE PÓS-GRADUAÇÃO EM ADMINISTRAÇÃO – EnANPAD, 25., 2001, Campinas. *Anais*... São Paulo: ANPAD, 2001.

DUTTON, J. E. et al. (2001). Moves that matter: Issue selling and organizational change. *Academy of Management Review*, Aug. 2001.

EISENHARDT, K. M. Paradox, spirals, ambivalence: The new language of change and pluralism. *The Academy of Management Review*, v. 25, n. 4, p. 703-706, 2000.

ENRIQUEZ, E. *De la horde à l'État*. Paris: Gallimard, 1983.

_____. *L'organization en analyse*. Paris: PUF, 1992.

_____. *Les jeux du pouvoir et du desir dans l'entreprise*. Paris: Desclée de Brouwer, 1997.

ERIKSON, E. *Adolescence et crise*: La quête de l'identité. Paris: Flammarion, 1972.

FALCÃO, M. M.; CALDAS, M. teoria crítica e pós-modernismo: Principais alternativas à hegemonia funcionalista. *RAE – Revista de Administração de Empresas*, v. 46, n. 1, jan.-mar. 2006.

FARIA J. H.; MENEGUETTI, F. As novas formas de controle psicológico no trabalho. In: ENCONTRO ANUAL DA ASSOCIAÇÃO NACIONAL DOS PROGRAMAS DE PÓS-GRADUAÇÃO EM ADMINISTRAÇÃO – EnANPAD, 25., 2001, Campinas. *Anais...* São Paulo: ANPAD, 2001.

_____. Discursos organizacionais. In: ENCONTRO ANUAL DA ASSOCIAÇÃO NACIONAL DOS PROGRAMAS DE PÓS-GRADUAÇÃO EM ADMINISTRAÇÃO – EnANPAD, 26., 2002, Salvador. *Anais...* Rio de Janeiro: ANPAD, 2002.

FARIA, A. Teorias de estratégia, estratégias de pequenas empresas e estratégias teóricas: estudo de caso em rede assimétrica no setor de telecomunicações no Brasil. In: ENCONTRO ANUAL DA ASSOCIAÇÃO NACIONAL DE PÓS-GRADUAÇÃO EM ADMINISTRAÇÃO – EnANPAD, 25., 2001. Campinas. *Anais...* Campinas: ANPAD, 2001.

FARIA, J. H. *O autoritarismo nas organizações*. Curitiba: Criar, 1985a.

_____. *Relações de poder e formas de gestão*. 2. ed. Curitiba: Criar, 1985b.

_____. *Comissões de fábrica*: Poder e trabalho nas unidades produtivas. Curitiba: Criar, 1987.

_____. *Economia política do poder*: As práticas do controle nas organizações. Curitiba: Juruá, 2004. v. 3.

_____. (Org.) *Análise crítica das teorias e práticas organizacionais*. São Paulo: Atlas, 2007.

FEATHERSTONE, M. In pusuit of postmodernism: an introduction. *Theory, Culture & Society*, v. 5, p. 195-215, 1988.

FONSECA, V. E.; MACHADO-DA-SILVA, C. Indivíduo, organização e ambiente: bases para a conversação entre três perspectivas de estudo da estratégia em organizações. In: ENCONTRO ANUAL DA ASSOCIAÇÃO NACIONAL DE PÓS-GRADUAÇÃO EM ADMINISTRAÇÃO – EnANPAD, 25., 2001. Campinas. *Anais...* Campinas: ANPAD, 2001.

GIDDENS, A. *The consequences of modernity*. Standford: Standford University Press, 1990.

GOFFMAN, E. *The presentation of self in every day life*. Garden City, NY: Doubleday, 1959.

GUERREIRO RAMOS, A. *A nova ciência das organizações*: Uma reconceituação da riqueza das nações. 2. ed. Rio de Janeiro: Editora FGV, 1989.

GUTIERREZ, G. L.; FREITAS, M. E; CATANI, A. M. Em busca da organização democrática: a trajetória de Ramon Moreira Garcia. *RAE – Revista de Administração de Empresas*, v. 44, n. 2, abr.-jun. 2004.

HABERMAS, J. *Mudança estrutural da esfera pública*. Rio de Janeiro: Tempo Brasileiro, 1984.

_____ *Teoria de la acción comunicativa*: Racionalidad de la acción y racionalización social. Madri: Taurus, 1987a. Tomo 1.

_____ *Teoria de la acción comunicativa*: Crítica de la razón funcionalista. Madri: Taurus, 1987b. Tomo 2.

_____ *The theory of communicative action*: The critique of functionalist reason. Cambridge: Polity Press, 1987c. (1. ed., em alemão, 1981).

_____ *Between facts and norms*: Contributions to a discourse theory of law and democracy. Cambridge: Polity, 1996.

_____ Three normative models of democracy. In: HABERMAS, J. *The inclusion of the other*. Cambridge: MIT, 1998. p. 239-252.

_____ *The postnational constellation*. Cambridge: MIT, 2001.

HARVEY, D. *A condição pós-moderna*. São Paulo: Loyola, 1993.

LANE, C.; BACHMANN, R. The social constitution of trust: Supplier relations in Britain and Germany. *Organizations Studies*, v. 17, n. 3, p. 365-395, May 1996.

LENGLER, J.; CAVEDON, N. De templo de consumo a representação mitológica: um olhar etnográfico desconstrutivo sobre os ritos no shopping center. In: ENCONTRO ANUAL DA ASSOCIAÇÃO NACIONAL DE PÓS-GRADUAÇÃO EM ADMINISTRAÇÃO – EnANPAD, 25., 2001, Campinas. *Anais...* Campinas: ANPAD, 2001.

LINDBLOM, C. The science of muddling through. *Public Administration Review*, v. 19, p. 79-88, 1959.

MENEGHETTI, F. K.; FARIA, J. H. Burocracia como organização, poder e controle. *RAE – Revista de Administração de Empresas*, v. 51 n. 5, set.-out. 2011.

MERTON, R. K. The unanticipated consequences of purposive social action. *American Sociological Review*, v. 1, n. 6, p. 894-904, Dec. 1936.

MISOCZKY, M. C. Campo de poder e ação em Bourdieu: implicações de seu uso em estudos organizacionais. In: ENCONTRO ANUAL DA ASSOCIAÇÃO NACIONAL DE PÓS-GRADUAÇÃO EM ADMINISTRAÇÃO – EnANPAD, 25., 2001, Campinas. *Anais...* Campinas: ANPAD, 2001

_____ A construção simbólica da administração pública gerencial. In: COLÓQUIO INTERNACIONAL SOBRE PODER LOCAL, 9., 2003, Salvador. *Anais...* Salvador: EAUFBA, 2003.

PAULA, A. P. P. Para além dos paradigmas nos estudos organizacionais: o círculo das matrizes epistêmicas. *Cadernos EBAPE. BR*, v. 14, n. 1, 2016.

PAULA, A. P. P. et al. A tradição e a autonomia dos estudos organizacionais críticos no Brasil. *Revista de Administração de Empresas*, v. 50, n. 1, p. 10-23, 2010.

PECI, A.; CAVALCANTI, B. S. A outra face da regulação: o cidadão-usuário de serviços no novo modelo regulatório brasileiro In: ENCONTRO ANUAL DA ASSOCIAÇÃO NACIONAL DOS PROGRAMAS DE PÓS-GRADUAÇÃO EM ADMINISTRAÇÃO – EnANPAD, 25., 2001. Campinas. *Anais...* Campinas: ANPAD, 2001.

POLANYI, K. *A grande transformação*: As origens de nossa época. Rio de Janeiro: Campus, 2000. (1. ed., em inglês, 1944).

PRESTES MOTTA, F. C. *O que é burocracia*. 2. ed. São Paulo: Brasiliense, 1981a.

_____ *Burocracia e autogestão*: A proposta de Proudhon. São Paulo: Brasiliense, 1981b.

_____ As empresas e a transmissão da ideologia. *RAE – Revista de Administração de Empresas*. v. 24, n. 3, p. 19-24, 1984a.

_____ *Participação e cogestão*. Novas formas de administração. São Paulo: Brasiliense, 1984b.

_____ *Organização e poder*: Empresa, Estado e escola. São Paulo: Atlas, 1986.

PRESTES MOTTA, F. C.; ALCADIPANI, R. Jeitinho brasileiro, controle social e competição. *Revista de Administração de Empresas*, v. 39, n. 1, p. 4-20, 1999.

PRESTES MOTTA, F. C.; ALCADIPANI, R.; BRESLER, R. B. A valorização do estrangeiro como segregação nas organizações. *Revista de Administração Contemporânea*, ed. esp., p. 59-79, 2001.

RAMOS, A. G. *A redução sociológica*. Rio de Janeiro: Editora da UFRJ, 1965.

_____ *A redução sociológica*. Rio de Janeiro: Editora da UFRJ, 1996.

RICOEUR, P. *El discurso de la accion*. Madri: Cátedra, 1988.

RODRIGUES, S.; CHILD, J. The dynamics of organizational identity: construction and deconstruction. In: ENCONTRO ANUAL DA ASSOCIAÇÃO NACIONAL DOS PROGRAMAS DE PÓS-GRADUAÇÃO EM ADMINISTRAÇÃO – EnANPAD, 26., 2002, Salvador. *Anais...* Salvador: ANPAD, 2002.

ROSA FILHO, D. S.; MISOCZKY, M. C. A regulação no contexto brasileiro: reflexões inspiradas em Guerreiro Ramos, Maurício Tragtenberg e Fernando Prestes Motta. In: ENCONTRO NACIONAL DE ADMINISTRAÇÃO PÚBLICA E GOVERNANÇA, 1., 2004, Rio de Janeiro. *Anais...* Rio de Janeiro: ANPAD, 2004.

ROSA, A. R.; ALVES, M. A. Pode o conhecimento em gestão e organização falar português? *RAE – Revista de Administração de Empresas*, v. 51, n. 3, maio-jun. 2011.

SÁ, M. et al. De onde viemos, para onde vamos? Autocrítica coletiva e horizontes desejáveis aos estudos organizacionais no Brasil. *RAE – Revista de Administração de Empresas*, v. 60, n. 2, mar.-abr. 2020.

SAINSAULIEU, R. *L'identité au travail*. Paris: Presses de la Fondation Nationale de L'Institut d'Etudes Politiques, 1977.

SEGNINI, L. R. P. *A liturgia do poder*: Trabalho e disciplina. São Paulo: Educ, 1988.

SEGNINI, L.; ALCADIPANI, R. Poder e resistência nas organizações: a propósito das contribuições de Fernando C. Prestes Motta. *RAE – Revista de Administração de Empresas*, v. 54, n. 3, maio--jun. 2014.

SERVA, M. O fenômeno das organizações substantivas. *RAE – Revista de Administração de Empresas*, v. 33, n. 2, mar.-abr. 1993.

_____ A racionalidade substantiva demonstrada na prática administrativa. *RAE – Revista de Administração de Empresas*, v. 37, n. 2, abr.-jun. 1997.

_____ Epistemologia e sociologia da administração. *Cadernos EBAPE. BR*, v. 14, n. 1, p. 1, 2016.

SMIRCICH, L. Organizations as shared meanings. In: PONDY, L. (Eds.) *Organizational symbolism*. Greenwich, JAl., 1983a.

SPINK, P. On houses, villages and knowledges. *Organization*, Londres: Sage, v. 8, n. 2, 2001.

STUART, A.; ASHFORD, B.; DUTTON J. Organizational identity and identification. *The Academy of Management Review*, v. 25, n. 1, p. 13-17, 2000.

TENÓRIO, F. G. Superando a ingenuidade: Minha dívida a Guerreiro Ramos. *RAE – Revista de Administração Pública*, v. 31, n. 5, p. 29-44, set.-out. 1997.

_____. *Flexibilização organizacional*: Mito ou realidade? Rio de Janeiro: Editora FGV, 2000.

_____. *Gestão social*: Metodologia, casos e práticas. Rio de Janeiro: Editora FGV, 2011.

TRAGTENBERG, M. *Burocracia e ideologia*. São Paulo: Ática, 1974.

VASCONCELOS, I. F. F. G. de; VASCONCELOS, F. C. de. Gestão de recursos humanos e identidade social: Um estudo crítico. *RAE – Revista de Administração de Empresas*, v. 42, n. 1, jan.-mar. 2002.

_____. Identidade, legitimação social e teoria organizacional: Contribuições de uma análise sociológica da política de gestão de pessoas da Natura. *O & S*, v. 10, n. 27, maio-ago. 2003.

VASCONCELOS, I. F. F. G. de; ALVES, M. A.; PESQUEUX, Y. Responsabilidade social corporativa e desenvolvimento sustentável: Olhares habermasianos. *RAE – Revista de Administração de Empresas*, v. 52, n. 2, p. 148-152, mar.-abr. 2012.

VASCONCELOS, I. F. F. G. de; MOTTA, F. C., PINOCHET, L. H. Tecnologia, paradoxos organizacionais e gestão de pessoas. *RAE – Revista de Administração de Empresas*, v. 43, n. 2, abr.-jun. 2003.

VERGARA, S. C.; BRANCO, P. D. Empresa humanizada: A organização necessária e possível. *RAE – Revista de Administração de Empresas*, v. 41, n. 2, p. 20-30, 2001.

VERGARA, S. C.; PINTO, M. C. S. Referências teóricas em análise organizacional: Um estudo das nacionalidades dos autores referenciados na literatura brasileira. *Revista de Administração Contemporânea*, v. 5, ed. esp., p. 103-121, 2001.

VIEIRA, E. F.; VIEIRA, M. M. F. *Dialética da pós-modernidade*: A sociedade em transformação. Rio de Janeiro: Editora FGV, 2004.

WACQUANT, L. J. D. Toward a social praxeology: The structure and logic of Bourdieu's sociology. In: BOURDIEU, P.; WACQUANT, L. J. D. *An invitation to reflexive sociology*. Chicago: Chicago University Press, 1992. p. 1-60

WEBER, M. *Economia y sociedad*. México: Fondo de Cultura Económica, 1997. (1. ed. em alemão 1922).

WILLMOTT, H. Beyond paradigmatic closure in organizational inquiry. In: HASSARD, J.; PYM, D. (Orgs.) *The theory and philosophy of organizations*: Critical issues and new perspectives. Londres: Routledge, 1993. p. 44-60.

WOOD JR., T. Frutas maduras em supermercado de ideias mofadas. In: CLEGG, S. et al. *Handbook de estudos organizacionais*. São Paulo: Atlas, 1999. p. 267-272.

Capítulo 18

A transformação digital e as organizações resilientes

18.1 Introdução

O artigo "Resiliência organizacional e inovação sustentável: Um estudo sobre o modelo de gestão de pessoas de uma empresa brasileira de energia", de Isabella Freitas Gouveia de Vasconcelos, Alvaro Bruno Cyrino, Lucas Martins D'Oliveira e Eric Proença Prallon (2015), iniciou a discussão sobre o tema organizações inovadoras resilientes.

Em seguida, o artigo "Organizações pós-burocráticas e resiliência organizacional: A institucionalização de formas de comunicação mais substantivas nas relações de trabalho", de Isabella Vasconcelos, Alvaro Bruno Cyrino, Leonardo Araujo de Carvalho e Lucas Martins de Oliveira (2017), desenvolveu mais ainda esse paradigma do qual tratamos neste capítulo, o conceito de resiliência organizacional associado ao tema da tecnologia digital.

18.2 Histórico: as inovações radicais

- A primeira Revolução Industrial deslocou a manufatura das casas para as fábricas e consolidou a organização hierárquica e a divisão do trabalho: a burocracia. Ocorreu no século XIX e começou na Inglaterra.
- A segunda Revolução Industrial levou à implementação de eletricidade, produção em massa, redes de comunicação e de transporte – estradas e ferrovias. Consolidou a classe média. Estados Unidos. Primeira metade século XX. Um dos principais movimentos na indústria foi o fordismo, ou seja, a criação das primeiras fábricas de automóveis, pela Ford, para fabricar carros a preços acessíveis, utilizando técnicas tayloristas (Administração Científica).

➤ Na terceira Revolução Industrial, os modos de produção foram automatizados pela eletrônica e tecnologia da informação (TI) e houve a consolidação dos serviços e predomínio do mercado. Segunda metade século XX, surgem os microcomputadores, PCs e o conceito de Informática. As empresas criam os seus Centros de Processamento de Dados (CPDs) e já utilizam de forma sistemática grandes computadores (*mainframes*) para processar grandes quantidades de informação. Surge a internet que se populariza nos anos 1990, surgem as redes sociais (Facebook, Instagram, Twiter, Whatsapp, aplicativos para celulares e a telefonia celular se desenvolve rapidamente, tornando estes telefones em verdadeiros centros de trabalho, comunicação e entretenimento (Simon, 1981).

➤ A quarta Revolução Industrial é a indústria 4.0 e trata-se da fábrica inteligente.

Por exemplo, a IBM inaugurou em Munique, na Alemanha, um dos centros tecnológicos mais modernos, que custou 200 milhões de dólares. Emprega mil engenheiros, consultores e pesquisadores, e tem um sistema de inteligência artificial, o Watson, um supercomputador capaz de analisar grandes volumes de informação. Derrotou seres humanos em xadrez, no jogo de conhecimentos gerais Jeopardy, até mesmo entendendo humor e piadas (lógicas sutis), e jogos de estratégia. Visa assessorar executivos a tomar decisões pela análise de dados e facilitar a digitalização das fábricas, que terão sensores e dispositivos conectados. Trata-se da internet industrial, que interconecta diversos postos de trabalho, possibilita que o Big Data (grandes computadores inteligentes) analise rapidamente grande quantidade de dados, reconfigure as máquinas, e permite produzir grandes volumes de produção, customizando e, ao mesmo tempo, lidando com a complexidade.

➤ O sistema de inteligência artificial Watson, que utiliza o *machine learning*, desenvolve estratégias além de analisar grande quantidade de dados, veio não para ser mais inteligente que o humano, mas para tornar as decisões humanas mais inteligentes. Assim, Big Data, internet das coisas e computação em nuvem (*cloud computing*), robótica avançada, inteligência artificial, manufatura aditiva (impressão 3D), manufatura híbrida e realidade aumentada (utilização de assistente virtual que dialoga, tira dúvidas em tarefas de manutenção na indústria, por exemplo) são inovações radicais, produzidas a partir do *double looping learning* (como vimos no Capítulo 11 deste livro, conceitos de Chris Argyris), questionamento de paradigmas, reengenharia de modelo de negócios, e que mudam o comportamento das pessoas alterando as lógicas de remuneração, promoção, reconhecimento financeiro e simbólico e organização do trabalho. São exemplos da transformação digital da economia. Trata-se assim de mudança organizacional.

Uma mudança radical geralmente provoca rupturas nas organizações, o que remete ao conceito de resiliência organizacional.

Como mostram Vasconcelos et al. no artigo "Inovação tecnológica radical e mudança organizacional: A institucionalização de organizações resilientes e formas de trabalho mais substantivas", publicado em dezembro de 2019 em um número especial dos *Cadernos.EBAPE.BR* dedicado à inovação e à economia digital, o conceito de resiliência normalmente está ligado à resposta da organização a eventos disruptivos por meio da adaptação positiva em um novo patamar de complexidade, superando a situação de ruptura e implementando a mudança com sucesso.

O conceito de inovação radical em tecnologia, produtos, serviços e formas organizacionais pressupõe a ideia de ruptura e adaptação do grupo organizacional em um novo patamar de complexidade, após o redesenho das formas de trabalho, do modelo de negócios, dos produtos e/ou serviços e processos organizacionais e formas de remuneração, que normalmente acompanham as inovações radicais. Além disso, independentemente das inovações radicais criadas pela própria organização, as organizações necessitam se adaptar a situações de maior competitividade, em um meio ambiente de negócios que se torna cada vez mais competitivo por causa da ação dos concorrentes que inovam mais e mais. Crises políticas que impactam a economia, ou mudanças na economia provocadas por outros fatores de ordem econômica e/ou social, mudanças na legislação pelo governo ou por organismos de regulamentação internacional, podem provocar também rupturas na organização exigindo redesenho das formas de trabalho e/ou tecnologias. Nesse panorama de maior competitividade e maior turbulência, que tende a ser o cenário de negócios futuros, o conceito de resiliência passa também a ser relevante, tendo em vista a necessidade das organizações vencerem as situações de ruptura com êxito, atingindo novos níveis de *performance* e estabilidade por meio da implantação de tecnologias e também de interações mais complexas que advêm do redesenho das formas de trabalho e interação, além das estruturas organizacionais e formas de remuneração e carreiras.

O conceito de organizações em rede (organizações como *network* de indivíduos e meio ambiente de negócios como *network* de organizações de diferentes tipos) é importante no conceito de resiliência, tendo em vista que a resiliência é uma resposta **sistêmica** do grupo organizacional, envolvendo comunicação clara e eficiente e relações de confiança entre os indivíduos que compõem o grupo organizacional.

Se a organização é resiliente e sempre consegue enfrentar situações de ruptura com êxito, inovando e aprendendo com essa dinâmica, e atingindo novos níveis de complexidade e estabilidade, a resultante é que, mesmo enfrentando muitas rupturas, a organização resiliente aprende com elas, evolui e é estável (pois consegue implementar, na maioria das vezes, a mudança com êxito). É estável de forma dinâmica, pois consegue estabelecer sempre novos patamares mais complexos de estabilidade, em um movimento dinâmico e contínuo de evolução e aprendizado do ponto de vista temporal.

Trata-se assim de uma abordagem sistêmica do conceito de resiliência, que desenvolveremos a seguir.

Vasconcelos et al.(2019) mostram que para ser resiliente, o primeiro passo é a organização prever, se possível, as eventuais rupturas que serão causadas por uma situação específica, quais sejam:

a) Rupturas provocadas por crises econômicas (e/ou políticas).
b) Rupturas provocadas pela própria organização por meio da inovação e do redesenho radical dos seus produtos e serviços, que se tornaram obsoletos por causa de inovações tecnológicas radicais produzidas pela própria organização, que a obrigam a repensar o modelo de negócio, as formas de trabalho e interação (perspectiva sociotécnica).
c) Rupturas provocadas por situações de mercado (concorrência), como o aumento da competitividade no setor gerado por empresas concorrentes, que inovam radicalmente do ponto de vista tecnológico, modificando seus produtos e/ou serviços, e tornando os de outras organizações obsoletos.
d) Rupturas provocadas por novas regulamentações governamentais ou de organismos reguladores internacionais.

A organização, por meio do planejamento por cenários ou por prospectiva estratégica, pode tentar prever os diversos cenários futuros possíveis e fazer frente a eles, prevendo probabilidades para cada um deles e medindo seu impacto na organização antecipando soluções no caso de ocorrerem (Godet, 2011; Barros, 2005).

A habilidade, assim, é reconhecer a possível ruptura, de preferência antes que ocorra, prevendo diversos cenários, o impacto deles e as respostas possíveis para cada um, e redesenhar formas organizacionais e de interação, processos de trabalho, produtos, serviços ou ainda modelos de negócio como um todo; implementando com êxito essas modificações por meio da gestão da mudança organizacional, em um novo patamar de complexidade. O planejamento estratégico por cenários ou a prospectiva estratégica fazem parte do monitoramento em relação ao meio ambiente para desenvolver uma atitude resiliente assim que necessário ou já prever possíveis rupturas (Godet, 2011).

A organização resiliente, dessa maneira, teria uma célula de crise, que saberia lidar com a mudança, aprendendo com ela e evoluindo.

Para que uma organização seja resiliente, as novas formas de trabalho e o novo design organizacional devem ser implementados com êxito, em um novo patamar de complexidade. Essa mudança não é simples, mas é possível, e organizações inovadoras têm maior facilidade para implementar mudanças. A gestão da mudança prevê lidar com paradoxos organizacionais, processos de resistência à mudança, envolvendo negociação e também diálogo.

Na concepção burocrática, a organização é uma estruturação da ação coletiva (de um grupo social) que visa oferecer soluções para atingir os objetivos do grupo organizacional. Como mostram Crozier e Friedberg no livro *O ator e o sistema* (1987), nas burocracias (a maioria das empresas ainda hoje) as regras e as estruturas organizacionais operam de modo indireto e não determinam o comportamento dos atores sociais, mas induzem jogos de poder e comportamento. As organizações dependem de recursos materiais, tecnológicos e de certos tipos de competência técnica para atingir suas metas formais. Alguns desses recursos são fundamentais para o funcionamento do sistema. Os atores sociais que controlam os recursos fundamentais detêm maior poder. Esses recursos constituem "zonas de incerteza pertinentes" sob o domínio desses indivíduos, seja devido aos cargos que ocupam e/ou ao conhecimento técnico que possuem. A mudança organizacional redistribui as zonas de incerteza pertinentes e o controle de recursos, provocando logicamente resistências dos que se veem privados de recursos. Quando uma tecnologia é substituída radicalmente por outra ocorre uma mudança organizacional e um novo sistema social ou um novo sistema de regras, formas de remuneração etc. são criados, valorizando novas competências técnicas que estejam de acordo com a nova tecnologia que será fundamental para o sucesso da organização. Com o redesenho das formas de trabalho e a valorização de novas competências técnicas e criação de novas formas de interação, alguns indivíduos ganharão poder no sistema e outros perderão. Como um indivíduo "vencedor" em um sistema (detentor de reconhecimento, *status*, prestígio, cargo, poder e remuneração elevada), caso não veja possibilidades de ter sucesso no novo sistema social e técnico, mantendo sua posição de predominância no sistema, poderá resistir à mudança, não colaborando, ainda que de forma velada. Faz-se necessário, desse modo, para os gestores da mudança, negociar novos modelos de remuneração e trabalho com os membros do antigo grupo organizacional que irão permanecer no novo sistema e continuar a desempenhar um papel importante, ainda que se reciclando, aprendendo novas formas de trabalho, e a lidar com novas tecnologias (Motta e Vasconcelos, 2003).

Em termos de resiliência, pode-se afirmar que a mudança organizacional é a reinvenção de um novo sistema de regras e normas que estimule novos comportamentos e interações e formas de negociação necessárias para obter a colaboração dos indivíduos para se organizarem e implementarem novas soluções tecnológicas. Não se trata apenas de uma mudança técnica, mas da instauração de novas formas de negociação, novas formas de controle de recursos, novos valores, uma nova comunicação e práticas sociais e de trabalho que acompanhem e favoreçam a implementação efetiva de uma nova tecnologia, em um nível de complexidade maior.

Uma vez que se renegociem formas de remuneração e promoção no novo sistema, e que os indivíduos que ficam na organização percebam como podem se enquadrar no novo sistema de regras e obter sucesso nele, eles serão mais motivados para colaborar com a mudança.

Quando se resolve a questão da remuneração, dos reconhecimentos, das promoções, de novas formas de trabalho e carreiras, e os indivíduos "vislumbram" seu lugar no novo sistema e percebam como colaborar e contribuir para o sucesso do mesmo e buscar aí a continuidade do próprio sucesso (recebendo treinamentos e se reciclando quanto ao conhecimento), a mudança fica mais fácil de ser efetivada (Trepo, 2002).

Como afirma Georges Trepo (2002, p. 247): *"A basic assumption underlying this perspective is that people are reasonable and intelligent and cannot be convinced (only) by theoretical abstract models to behave differently"*. Ou seja, as pessoas são inteligentes e não são convencidas apenas por modelos abstratos e teóricos a se comportar de forma diferente. As questões de remuneração, carreira, promoção são importantes e acompanham a mudança.

Portanto, questões ligadas a poder devem ser resolvidas *a priori* para depois se implementar o novo sistema organizacional, as novas formas de trabalho e interações. Esta seria uma abordagem realista das organizações.

Muitas vezes, departamentos e equipes que há muitos anos não trabalhavam juntos, após essa fase de negociação concluída, mesmo querendo cooperar e recebendo treinamentos, precisam da ajuda de especialistas de comunicação e facilitadores da mudança para se integrar e participar de novos projetos em comum, obtendo bons resultados.

Argyris (2000) já falava dos bloqueios cognitivos que podem existir no aprendizado de novas técnicas e papéis sociais e formas de interação, que são redesenhadas, mesmo que os indivíduos queiram conscientemente mudar e cooperar com o novo sistema.

Um exemplo são os paradoxos organizacionais que podem dificultar a mudança. Paradoxo é a representação cognitiva, pelo indivíduo ou grupo, de sua experiência, sentimentos, crenças e interações por meio de dois estados aparentemente inconsistentes, de duas realidades opostas e aparentemente inconciliáveis. O indivíduo percebe a realidade por meio de uma proposição "A e não A". Para o indivíduo ou grupo, a fim de caracterizar-se como um paradoxo, deve haver o sentimento de que essas dimensões opostas são mutuamente excludentes e não podem existir ou serem conciliadas (Eisenhardt, 2000). Em organizações, são descritos e ressentidos como paradoxos dualidades como autonomia e conformidade, novo e velho, aprendizagem e mecanização do trabalho, liberdade e vigilância, centralização e descentralização etc.

Na gestão da mudança, facilitadores da mudança (muitas vezes consultores externos) podem ajudar em sua gestão procurando desfazer paradoxos e restabelecer o diálogo e a integração entre departamentos e grupos que não se comunicavam antes, por causa de bloqueios cognitivos, depois de resolvidas questões envolvendo poder e negociação de novas formas de trabalho. Quando se trata de implementar as novas formas de trabalho e tecnologias, a comunicação direta e franca entre esses grupos passa a ser fundamental para que se possa resolver os impasses e permitir a mudança. Abordamos aqui uma comunicação do tipo habermasiano. Um modelo psicodinâmico de consultoria pode promover o diálogo e facilitar a mudança, baseando-se em comunicação franca e honesta entre grupos.

Como sugerem Bronw e Starkey (2000, p. 108):

> *A Psychodynamic perspective suggests that once one embraces the identity of a learning organization, the organization actors must accept that identity formation is never closed and that the organization will develop a series of identities through time that reflect the organization's and its members evolving self-concepts.*
> *From a consulting perspective, It is important to blend psychoanalytic approaches with a careful diagnosis of the social tensions inside and outside the organization.*
> (apud Vasconcelos e Vasconcelos, 2002, p. 78)

Esse processo de facilitar o aprendizado e a mudança vai bem além dos processos de negociação em torno de questões de remuneração, carreiras ou poder. Quando essas questões já estão resolvidas, aqueles que vão ficar no sistema organizacional e pretendem desenvolver as novas formas de interação em torno da nova tecnologia e/ou modelo de negócio necessitam aprender a trabalhar juntos e desenvolver novas formas de interação, para tanto o diálogo franco (do tipo do diálogo proposto pelas definições habermasianas) deve ser estabelecido para permitir o aprendizado e a superação de bloqueios cognitivos e paradoxos organizacionais, ainda que com a ajuda de consultores e facilitadores da mudança em uma perspectiva psicodinâmica de intervenção.

Outro exemplo de comunicação e diálogo fundamental na organização, que vai muito além da negociação e ação estratégica, é a comunicação entre equipes inovadoras, principalmente as voltadas para pesquisa e desenvolvimento, em seu processo de inovação científica e/ou tecnológica de alto nível, cuja comunicação tem muitos elementos da chamada ação comunicativa habermasiana, como trataremos a seguir.

Como vimos, já estando resolvidas as questões de remunerações, formas de trabalho e interações, plano de carreira, promoções, no novo sistema, os indivíduos que irão permanecer se ocuparão de aprender e desempenhar as novas formas de trabalho, colaborando com a mudança.

Assim, os indivíduos precisam acreditar também na validade do seu trabalho e terem ideais para continuarem em uma organização. Eles são muitas vezes interessados em descobrir realmente uma nova solução ou tecnologia e inovar pelo prazer da descoberta e da inovação, porque isso agrega mais conhecimento para eles e para a sociedade. Uma vez resolvidas questões como permanência no trabalho, remuneração, promoções etc., os indivíduos, na execução do próprio trabalho, buscam realização, concretizar ideais, conhecimento, e muito de sua comunicação é sincera. Como explicita Habermas (Pesqueux e Vasconcelos, 2017), existem três grandes critérios de uma verdadeira comunicação que busca o entendimento e vai além da ação estratégica.

1. Ou o mundo em questão é objetivo, o do estado das coisas existentes, e pode conduzir a um saber partilhado no qual existe uma obrigação de justificação referindo-se à verdade dos fatos (por exemplo, equipes que trabalham juntas em um processo de inovação tecnológica e descoberta científica e partilham conhecimento com sinceridade e competência para realmente descobrir a verdade dos fatos e chegar à inovação real).
2. Ou o critério em questão é social (conjunto de relações interpessoais legitimamente estabelecidas com o grupo social), e o critério de validade é o da justiça; políticas de gestão de pessoas ligadas à busca de uma maior meritocracia na organização, por exemplo, favorecem o aprendizado e o desempenho de novos papéis sociais no novo sistema organizacional com comunicação franca, pois há o sentimento de justiça no sistema.
3. Ou o mundo da comunicação é subjetivo e pessoal e o critério de validade é o da sinceridade.

Logo que um debate se instaura, os interlocutores reconhecem implicitamente a existência desses valores como a verdade dos fatos, a justiça dos atos e a sinceridade dos julgamentos. Se esses valores são reconhecidos e realmente inspiram a comunicação, trata-se de um diálogo com inspiração em Habermas, no qual a preocupação vai muito além da estratégica e se refere a buscar o entendimento, a compreensão mútua em torno de certas questões fundamentais, como a produção de conhecimento científico e a inovação, e promover o estabelecimento da empresa em um novo patamar de complexidade e estabilidade com sucesso (organização resiliente).

Os processos de inovação tecnológica e o conhecimento são produzidos por meio de uma comunicação desse tipo que busca o entendimento na verdade científica e/ou social e vai muito além do mero interesse estratégico (Vasconcelos et al. 2019).

Charles Heckscher (Heckscher e Donnellon, 1994) propõe uma empresa colaborativa ou pós-burocrática na qual o diálogo entre equipes busca mais o entendimento de questões fundamentais, favorecendo a troca de conhecimento e a inovação (logo, um trabalho mais baseado em um tipo de comunicação habermasiana) e que busca superar os limites da organização burocrática.

> *The linchpin of the collaborative enterprise, the base of its increased power, is that it enables people to use their knowledge and capability to advance the common mission. Where subordinates know more than their bosses about certain problems, where they are working on multiple teams which give them different perspectives, where they understand in depth the changing needs of customers, it is essential for the success of the system that they feel able to challenge their bosses, to propose new ideas, to criticize and argue when necessary. It is a kind of open dialogue.* (Heckscher e Donnellon, 1994, p. 11)

Charles Heckscher (2007) também chama este tipo de organização pós-burocrática de *interactive organization*:

> *The master concept is an organization in which everyone takes responsibility for the success of the whole. If that happens, then the basic notion of regulating relations among people by separating them into specific, predefined functions must be abandoned. The problem is to create a system in which people can enter into relations that are determined by problems rather than predetermined by the structure. Thus, organization control must center not on the management of tasks but the management of relationships; in effect, "politics" must be brought into the open.*
> *This suggests a positive name to replace post-bureaucratic: Because of the crucial role of back-and-forth dialogue rather than one-way communication or command, I will call it the interactive type. They are essentially structures that develop informed consensus rather than relying on hierarchy and authority. Examples of such mechanisms in industry include all kinds of consensus-based committees: task forces, product development teams, and problem-solving groups. These involve all those concerned with a given issue in discussion, gathering of information, and development of agreement.*
> *In order to accomplish this basic shift, we can derive – both from theory and from the admittedly incomplete examples – the following conceptual description:*
> *In bureaucracies, consensus of a kind is created through acquiescence to authority, rules, or traditions. In the post-bureaucratic form it is created through institutionalized dialogue.*
> *Dialogue is defined by the use of influence rather than power: That is, people affect decisions based on their ability to persuade rather than their ability to command.*
> *The ability to persuade is based on a number of factors, including knowledge of the issue, commitment to shared goals, and proven past effectiveness.* (Heckscher, 2007)

Nesse tipo de organização, as pessoas devem ser capazes de se comunicar umas com as outras, dividindo informações válidas, intenções, compartilhando conhecimento em busca de um entendimento que ocasionará de fato a inovação e a produção de conhecimento científico e também de cunho social.

Uma organização pós-burocrática é muito mais baseada em comunicação do tipo habermasiano, que busca o entendimento real das questões e chega às melhores soluções para o grupo organizacional do que em ação estratégica que só visa relações de poder baseadas em regras burocráticas.

Outro exemplo de comunicação que visa mais ao entendimento da realidade e das possibilidades em torno de uma discussão mais direta e franca é a fase de planejamento por cenários. Na prospectiva estratégica – antecipação de cenários – as discussões devem ser em torno da compreensão dos cenários reais que possam ocorrer e do debate que busca o entendimento e a verdade dos fatos do que provavelmente vai ocorrer ao ser compartilhada com o grupo, bem como as melhores soluções. A comunicação deve buscar o real entendimento dos cenários prováveis (Vasconcelos et al., 2019).

Nas ações de pesquisa, desenvolvimento e inovação feitas por uma equipe de desenvolvimento de novos produtos e/ou tecnologias, as comunicações também são desse tipo para que alcance sucesso. Porém, como mostra Trepo (1993), as pessoas não são ingênuas na organização; portanto, cabe à liderança realmente dar, na prática, o exemplo para que uma comunicação direta e franca ocorra em torno dos fatos a serem considerados na análise para que realmente se possa concretizar a inovação, buscar novas oportunidades, e produzir o conhecimento com sucesso. Somente assim a equipe poderá colaborar dando sua opinião técnica franca e compartilhando resultados para chegar aos objetivos. No entanto, se a liderança apenas falar que uma comunicação direta e franca é necessária, mas não a praticar de fato, os subordinados não falarão o que pensam ou o que descobriram, mas apenas aquilo que a chefia quer ouvir, concordando para não se exporem a riscos, agindo estrategicamente. Por isso, é fundamental que os líderes da equipe e da organização realmente falem com a equipe em relação às soluções a serem buscadas, aos problemas que devem ser resolvidos, às oportunidades a serem descobertas e exploradas, com base em fatos reais, e compartilhe resultados, ideias e soluções, assim como fatos científicos para que os resultados em torno da inovação e da produção de conhecimento possam ser efetivados.

Um exemplo de prospectiva estratégica realizado há muitos anos foi apresentado por Alvin Tofler (1970), no livro *Le choc du futur*, no qual já previa muitas mudanças organizacionais desse tipo, e que realmente ocorrem atualmente.

> Atualmente, mesmo que os departamentos convencionais continuem a existir, as equipes de projeto, os grupos de consultoria e grupos temporários de solução de problemas aparecem na empresa e depois desaparecem. E as pessoas, ao invés de ocupar uma posição fixa na empresa, vão e vêm a um ritmo acelerado. Elas continuam na maior parte do tempo a pertencer à

sua sede empresarial, mas são enviadas toda hora para participar de equipes temporárias de solução de problemas e decisão [...] Tendo em vista que a *adhocracia* é uma consequência direta da aceleração da evolução da sociedade como um todo.[1]

Tofler prevê assim que *adhocracias*, como as descritas por Mintzberg, e empresas deste tipo, com características pós-burocráticas, descritas por Heckscher, ocuparão cada vez mais o cenário, tanto agora como no futuro. Em vários aspectos, esse futuro previsto por Tofler, em 1970, está acontecendo, como mostram pesquisas recentes. Ele terminou seu livro descrevendo a prospectiva estratégica e social, temas que tratamos atualmente quando abordamos a resiliência organizacional, desenvolvidos por centros de estudo nos Estados Unidos e na Europa, como no Conservatoire National d'Arts et Métiers (CNAM), no trabalho de Godet, François Bourse e sua equipe, em Paris (Futuribles, disponível em: https://www.futuribles.com).

Em se tratando de formas organizacionais, autores, como Mintzberg, já tratavam há bastante tempo da predominância no futuro de formas organizacionais organizadas como *adhocracias*.

Como afirma Mintzberg em *Criando organizações eficazes*,

> Na *adhocracia*, temos uma estrutura altamente orgânica, com pouca formalização do comportamento; sua especialização do trabalho é altamente horizontalizada, baseada em treinamento formal, tendência a agrupar especialistas das unidades funcionais para propósitos da organização divididos em pequenas equipes temporárias por projeto, baseadas no mercado, que visam à execução de um trabalho específico; confia nos instrumentos de interligação para encorajar o ajustamento mútuo, mecanismo-chave de coordenação interna e entre as equipes; e adota a descentralização seletiva das equipes localizadas em vários pontos da organização, envolvendo vários grupos formados por gerentes de linha, especialistas operacionais e assessores. Inovar, significa romper padrões estabelecidos. Portanto, a organização inovadora não pode confiar em padronização para a coordenação e deve evitar todas as armadilhas da estrutura burocrática. (Mintzberg, 1994, p. 283)

Mintzberg mostra que, na *adhocracia*, o impulso é exercido pela assessoria de apoio em direção à colaboração (e inovação) na tomada de decisão, à coordenação por ajustamento mútuo e, assim, estrutura-se a organização como uma *adhocracia*. Heckscher, no livro *The collaborative entreprise* (2007), também aborda esse tipo de mudanças.

---

[1] *Aujourd'hui, bien que les subdivisions conventionnelles continuent d'exister, des équipes de projet, des groupe d'intervention et des structures analogues surgissent en leur sein, puis disparaissent. Et les gens, au lieu d'occuper une case fixe dans un cadre d'ensemble, vont et viennent à une vitesse accélérée. Ils continuent la plupart du temps à appartenir à leur "division mère", mais ils sont détachés à tout bout de champ dans des équipes temporaires. [...] L'essor de l'adhocracia est une conséquence directe de l'accélération de l'évolution de la société dans son ensemble.*

Essas organizações seriam mais resilientes, saberiam inovar melhor e enfrentar situações de mudança e ruptura com maior êxito, estabelecendo-se em um novo patamar de estabilidade e complexidade (ao enfrentar a mudança com maior facilidade, seriam, na verdade, estáveis, porém de forma dinâmica, pois saberiam atingir rapidamente novos patamares de estabilidade, aprendendo com a mudança, em um contínuo temporal.

O questionamento, o raciocínio inquisidor e crítico e a comunicação realmente voltada para maior entendimento das questões e comunicação franca em torno dessas questões (tipo habermasiano) seria uma das características desses sistemas organizacionais resilientes. Ressalta-se que os indivíduos não são ingênuos, falarão francamente e oferecerão suas melhores ideias para realmente solucionar os problemas se perceberem que a liderança de fato conduz a equipe nesta direção e que este tipo de comunicação realmente está ocorrendo.

Retomaremos a seguir **a evolução histórica do conceito de resiliência** para maior esclarecimento dessas questões.

18.3 Retrospectiva histórica do conceito resiliência: definições e conceituação

Como mostram Vasconcelos et al. (2019) o conceito de resiliência pode ser observado na literatura de diversas áreas, da engenharia, das ciências ecológicas, da psicologia até em pesquisas organizacionais.

No campo da ecologia, resiliência é definida como "a capacidade de um ecossistema se recuperar de uma perturbação, mantendo a diversidade, integridade e os processos ecológicos" (Folke et al., 2004).

Já os estudos sobre esse tema na física e na engenharia voltam-se para a característica elástica peculiar que alguns materiais apresentam, de recuperar sua forma original, uma vez cessada uma pressão externa que lhes foi imposta, sem alteração de sua natureza (Brandão, Mahfoud e Gianordoli-Nascimento, 2011; Barlach, Limongi-França e Malvezzi et al., 2008, Yunes, 2003).

As ciências humanas pegaram emprestada essa imagem de elasticidade para tentar explicar o comportamento de alguns indivíduos diante de situações de estresse. A analogia se estabeleceu em razão de algumas pessoas, sistemas ou organizações mostrarem-se capazes de restabelecerem seu equilíbrio original após terem sido submetidos a situações de tensão ou de mudança externa.

Etimologicamente, a origem latina e o significado da palavra resiliência estão relacionados com a capacidade de voltar para trás e de encolhimento, próprio dos corpos elásticos. Já na língua inglesa, a acepção da palavra é similar, mas incorpora a dimensão tempo, visto que normalmente o retorno ao estágio inicial ocorre de forma célere, tendo como perspectiva não só objetos físicos sujeitos a pressões externas, mas também pessoas que se recuperam rapidamente de problemas de saúde e emocional (Vasconcelos et al. 2019).

Para Klein (1965), o medo da morte e a "ansiedade depressiva" é algo inerente a todo ser humano. Alguns indivíduos teriam maior capacidade e estrutura emocional para superar adversidades, característica obtida em sua socialização primária, mantendo-se estáveis mesmo quando submetidos a situações consideradas de estresse emocional. Isso despertou a curiosidade da psicologia, que conduziu inicialmente pesquisas em crianças que apresentavam condutas positivas, mesmo tendo vivenciado situações consideradas traumáticas, dando a impressão de serem indivíduos inabaláveis (Yunes, 2003). Essa visão inicial de imunidade emocional, sugerindo tratar-se de um processo dinâmico de aprendizagem, de crescimento e de adaptação, tira partido da própria experiência traumática para se desenvolver positivamente. Foi neste momento que se passou a utilizar o termo "resiliência" na psicologia. Como foi visto no Capítulo 14, Melanie Klein (1965) mostra que crianças que passaram um período de meses ou anos recebendo um bom tratamento, com alimentação e rotina estáveis, afeto e segurança, podendo desenvolver uma imagem positiva de si mesmas após enfrentem problemas e dificuldades, quando a situação volta a ser normal e elas voltam a serem bem tratadas, conseguem superar as dificuldades que tiveram e superar psicologicamente as lembranças do período difícil, conseguindo se apegar à boa imagem que tinham de si inicialmente e vencer as dificuldades, aprendendo com os problemas pelos quais passaram, se recuperando. Mostram-se, assim, resilientes. Mas para tanto, é necessário, segundo Klein (1965), que tenham sido bem tratadas inicialmente por tempo suficiente na primeira infância para desenvolverem uma imagem positiva de si, amor próprio e autoestima. Dessa maneira, esses indivíduos conseguiriam desenvolver uma atitude mais resiliente que os outros.

O processo de adaptação e superação das adversidades passou a ser interpretado como algo dinâmico e de evolução, diante de situações distintas, que vão se fortificando por meio de um esforço individual contínuo, na busca de soluções aos obstáculos que lhes são impostos.

Contrapondo um pouco a visão de adaptação ao conformismo, Barlach (2005) nos lembra que, também no processo de adaptação, existe uma gestão interna e externa de cada indivíduo, distinguindo os riscos das oportunidades, sendo capaz de elaborar um projeto pessoal de vida, interpretando e agindo na própria subjetividade, trata-se do conceito de identidade.

Destaca-se que as pessoas, em geral, desenvolvem fatores de proteção, importantes no processo de crescimento nos enfrentamentos das adversidades. Os mecanismos de proteção podem contribuir em vários aspectos, tais como na minimização dos impactos dos riscos, na manutenção ou elevação da autoestima e autoeficácia, na redução de eventuais reações negativas e na elaboração de novos fatores de proteção (Rutter, 1987). Este autor observa, ainda, que a deflagração ocorre normalmente nas situações de risco, deixando de se verificar nas situações corriqueiras.

Nesse processo, é necessário ressaltar que o indivíduo resiliente pode não somente se recuperar e voltar ao nível de equilíbrio anterior ao que estava, antes de ser submetido a algum tipo de adversidade, mas também ir além, reforçando e elevando sua estrutura emocional para um patamar superior, por meio de um processo de aprendizagem interna, capaz de fazer frente a desafios ainda maiores (Barlach, 2005)

A resiliência ganha uma dimensão de crescimento contínuo, fazendo com que o indivíduo se fortaleça com sua própria vivência e superação de situações adversas, tornando-se assim mais resiliente a cada nova experiência suplantada (Vasconcelos et al., 2019). Para Goldschmidt (2015, p. 116) "O processo de se adaptar, aprender e mudar, e se tornar mais resiliente pressupõe a recuperação do equilíbrio no enfrentamento da adversidade e do (eventual) stress causado por ela".

Nesse contexto, ainda se identifica outro conceito, que se relaciona com um lado mais estratégico e cognitivo dos indivíduos desafiados por acontecimentos capazes de lhes gerar danos: o *coping*. Trata-se de um processo consciente individual que se inicia com a identificação de um risco potencial, seguindo para uma análise e busca da melhor forma de lidar com a situação adversa, para, por fim, implementar aquela que foi considerada a melhor estratégia comportamental identificada.

Não existe, contudo, um consenso de como a resiliência se processa nos indivíduos, porque a exposição às situações que desencadeiam algum tipo estresse emocional, por conta de algum elemento novo, pode gerar reações distintas nos indivíduos, que percebem desde ameaças a estímulos à superação de desafios, dependendo da atribuição de significado de cada um (Waller, 2001). Discussões complementares buscaram analisar se a resiliência estaria atrelada a uma característica singular ou a um traço da personalidade, ou se teria um caráter mais amplo e multidimensional, sendo o resultado de vários fatores que agem simultaneamente, por meio de uma interação dinâmica entre o indivíduo e seu ambiente, podendo ocorrer em qualquer pessoa (Waller, 2001). Ainda se percebeu que indivíduos resilientes em determinados cenários podem não apresentar o mesmo comportamento em outras circunstâncias.

Aos poucos, percebe-se um distanciamento e uma evolução do conceito inicial de resiliência na metáfora emprestada dos corpos físicos dos estudos de resistência dos materiais, nos quais os corpos voltam ao seu estado original após a atuação de esforços externos, não sofrendo deformações plásticas e caracterizando-se por uma perfeita elasticidade. A resiliência nos indivíduos processa-se por meio de uma reconfiguração interna decorrente de um esforço pessoal, como expõe Barlach:

> Em outras palavras, a resiliência como referencial de estudos nas Ciências Humanas não aborda o fenômeno como volta ao ponto de partida, mas do crescimento ou transformação resultante do enfrentamento, pois o ser humano, diferentemente dos materiais, pode dispor de vontade própria para reagir, assumindo o protagonismo de sua própria história; pode revigorar ou criar novos recursos pessoais. (Barlach, 2005)

Nesse processo de aprendizagem dos indivíduos em lidar com as adversidades, percebe-se a ação simultânea de vários recursos internos humanos, em nível consciente e inconsciente, dificultando uma plena compreensão de como todos os fatores se combinam de maneira adequada. Essa constatação sugere que o conceito de resiliência ainda está em construção (Barlach, 2005).

18.4 A evolução do conceito de resiliência organizacional

O ambiente dos negócios tem estado em constante mudança, impulsionado por vários fatores, como as diminuições dos ciclos de vida dos produtos, o aparecimento de novas tecnologias que surgem a cada momento, a crescente influência dos consumidores e de seu poder no ambiente dos negócios, até interferências externas de âmbito regulatório, os conhecidos efeitos da globalização, dentre outros.

Inicialmente, quando a indústria ainda estava em formação e crescimento, num mercado demandante de produtos, percebia-se um movimento mais reativo das organizações, como forma de corrigir e se adaptar a uma determinada nova situação externa ou interna. Entretanto, o contexto mais dinâmico e competitivo exige das empresas um comportamento mais proativo, antevendo problemas e oportunidades, e agindo de maneira criativa e inovadora.

A resiliência organizacional pode ser entendida como uma habilidade da organização em desenvolver respostas situacionais a rupturas no ambiente, que representem ameaças potenciais à sobrevivência da organização. Após ter sido afetada por algum tipo de adversidade, as empresas, por meio de mecanismos estabelecidos e acionados estrategicamente, reerguem-se, reestabelecendo seu patamar anterior (Lengnick-Hall, Beck e Lengnick-Hall, 2011).

> *Enterprise resilience is the capacity to be ready and prepared to face up to disruptions. If a disruption impacts on an enterprise, it will have to adapt to the new situation and try to recover as soon as possible to the normal state of operations.*
> (Sanchis e Poler, 2013)

Pode ser proveniente tanto de respostas individuais dos líderes e liderados quanto do próprio sistema organizacional – estrutura, procedimentos e recursos (Denhardt e Denhardt, 2010). A reconstrução e adaptação positiva das empresas, na qual se inclui a flexibilidade, são percebidas então como uma habilidade necessária a ser aprendida e desenvolvida pelos líderes, para estruturar um comportamento organizacional resiliente (Beck e Lengnick-Hall, 2011).

As organizações podem se deparar com obstáculos ou reveses ao longo de sua trajetória, bem como com situações de sucesso, de evolução e crescimento, ampliando os seus desafios originais. Nesse sentido, Fiksel (2006) define resiliência como "a capacidade de uma empresa sobreviver, se adaptar e crescer em face de uma ruptura".

Além do reestabelecimento do nível anterior, as organizações podem, por meio do processo de aprendizagem vivenciados no decorrer das análises e da atuação positiva em resposta às situações adversas e de risco, absorver, criar e incorporar novas competências que formarão um novo manancial de conhecimento adquirido, tornando a organização mais flexível e apta para eventuais e futuros desafios que se interponham no seu percurso. O trabalho de Houaiss (2020), utiliza o conceito de resiliência e os estudos sobre teoria da decisão de Herbert Simon para analisar a criação de *start ups* e as decisões dos executivos de *venture capital* em quais *start ups* investir. Souza e Vasconcelos analisam o conceito de meritocracia e resiliência e oferece um panorama atual de como os executivos avaliam a questão da meritocracia de forma realista em suas empresas (Vasconcelos et. al, 2019; Houaiss, 2020; Souza e Vasconcelos, 2021).

A rápida resposta, por meio de iniciativas e adaptações flexíveis, às adversidades externas ou internas e às mudanças drásticas nos ambientes organizacionais e exteriores, é uma característica das organizações resilientes (Minolli, 2005). Segundo Gallopín (2006), a resiliência organizacional é a capacidade da empresa em se adaptar e se superar rapidamente, sem resultar em perda de resultado, saltando para um nível superior.

Nesse sentido, para que possa agir de maneira resiliente pressupõe-se que a empresa também deva ter igualmente a aptidão de estar constantemente alerta aos sinais de mudança, e identificar as possíveis ameaças e oportunidades ao negócio, em um contexto complexo e extremamente dinâmico de um mundo interconectado, como vimos na primeira parte do texto. O estado de alerta pode ser comparado com a gestão de risco, em que as empresas elaboram possíveis cenários, para posteriormente analisar e identificar os casos similares vivenciados e as respostas anteriores utilizadas de maneira eficaz. Trata-se da capacidade da organização em observar e entender o que está se passando em todo seu entorno, interno e externo, e como eventuais variações podem interferir positiva ou negativamente na organização (McManus et al., 2008; Sanchis e Poler, 2013). Nesse aspecto, a resiliência organizacional é entendida como a aptidão da empresa em minimizar os riscos e seus efeitos, em situações de ameaças previamente conhecidas ou não, transformando-se e respondendo rapidamente, na medida em que são percebidas as ameaças e oportunidades, ao que McManus et al. (2008) chamaram de gestão da resiliência. Em outro estudo, Burnard e Bhamra (2011) propõem um modelo conceitual voltado para a dinâmica da resiliência organizacional, capaz de gerar mecanismos de detecção de riscos e de sinais de ameaças, disparando respostas em nível organizacional para as adversidades identificadas, dando um caráter estratégico para a gestão da resiliência.

Outro aspecto que deve ser observado é que a colaboração e o comportamento cooperativo entre indivíduos e organizações (Heckscher, 2007) atuam positivamente na construção de respostas às adversidades, sobretudo quando a complexidade externa aumenta os desafios que se colocam diariamente às organizações (Allen, 2012).

Alguns autores apresentam alguns exemplos mapeados na administração pública nos Estados Unidos e práticas internas de organizações desse setor, em que a colaboração com outros *stakeholders* externos foi um fator importante na superação de adversidades, estimulando a resiliência organizacional (Quick e Feldman, 2014)

Nessa direção, em algumas situações nas quais os fornecedores da cadeia de suprimentos mostram-se mais reticentes em demonstrar flexibilidade e serem mais cooperativos as situações de crescimento de demanda, acabam por impactar negativamente na resiliência e na capacidade de resposta das organizações, como apontou Scavarda et al. (2015) em um estudo de caso da indústria automobilística brasileira. Ver também a este respeito o artigo Vasconcelos et al. (2019).

Alguns autores apontaram traços característicos das organizações que favoreceriam à resiliência, tais como a tolerância ao erro, a qualidade de vida dos funcionários, o incentivo à flexibilidade e o espírito de confiança (Denhardt e Denhardt, 2010).

Inseridos nesses ambientes, gestores e líderes, por estarem a frente das equipes, mobilizando pessoas, incentivando inovações, propondo mudanças, devem ter um comportamento resiliente, construindo uma atmosfera de superação na organização.

De acordo com os conceitos dos autores apresentados, o futuro levaria a formas organizacionais mais resilientes nas quais a comunicação mais substantiva entre os grupos organizacionais seria cada vez mais presente.

Cyrino (2004), em sua tese de doutorado, mostra, entre outras questões, como os principais bancos brasileiros desenvolveram competências durante um longo período de tempo para superar situações de crise econômica, demonstrando resiliência organizacional.

18.5 Organização inovadora resiliente

Uma organização pós-burocrática é muito mais baseada em comunicação do tipo habermasiano que busca o entendimento real das questões e chega às melhores soluções para o grupo organizacional do que em ação estratégica que só visa às relações de poder baseada em regras burocráticas.

Nesse tipo de organização, as pessoas devem ser capazes de se comunicar umas com as outras, dividindo informações válidas, intenções, compartilhando conhecimento em busca de um entendimento que ocasionará a inovação e a produção de conhecimento científico e também de cunho social, indo além da negociação estratégica. A ação estratégica é uma fase das ações envolvendo a mudança organizacional, mas a organização resiliente e inovadora é muito mais voltada em suas atividades cotidianas para a produção de conhecimento a partir de comunicação substantiva, sendo esta a forma de comunicação predominante no sistema. Esse tipo de organização, segundo pesquisas, deve ser o tipo predominante no futuro, ainda que distante (Vasconcelos et al., 2019).

A ruptura tecnológica não necessita levar a uma ruptura com a história da organização ou na comunidade humana e organizacional.

18.6 Como implementar a mudança? Agentes de mudança

Heckscher (2007) é um dos autores-chave a explorar o conceito de agentes de mudanças. Afirma que as organizações estão passando por transformações em razão das mudanças pelas quais o mundo e a sociedade passam. Numa sociedade da informação e do conhecimento em que a complexidade, a velocidade, a mudança estão presentes cada vez mais, as empresas precisam deixar de ser burocráticas para se tornarem colaborativas. Na burocracia, o sistema de regras e normas é rígido, existe hierarquia de comando, há padrões de desempenho definidos que contribuem para que a organização seja constituída por especialistas, o que dificulta a colaboração pelo fato de cada um exercer sua tarefa localmente e num contínuo. Defende as empresas colaborativas na qual as equipes se formam a partir das experiências e conhecimentos distintos e que são integrados nos projetos de equipes. Essas equipes podem ser temporárias, vindas de lugares distintos e seus membros muitas vezes não se conhecem, mas colaboram com suas habilidades para um fim comum. Para o autor, os desafios da organização para atingir seus indicadores de desempenho passam pela colaboração.

Um dos desafios colocado por Heckscher para as organizações é desenvolver a capacidade de mobilizar pessoas com ampla diversidade de habilidades e visões para trabalhos conjuntos. Para responder a esses desafios, faz algumas distinções entre termos-chave, aborda o sistema em mudança da burocracia para empresas colaborativas, dimensões importantes da empresa como estratégias, estrutura, cultura e infraestrutura. Propõe uma abordagem transformacional na qual a colaboração é a chave e a liderança interativa orientada para a mudança, o que permite resultados superiores e compatíveis com as características da era contemporânea na qual o conhecimento é o destaque.

Heckscher (2007) faz algumas distinções importantes de conceitos nessa proposição de empresa colaborativa na qual velocidade e sinergia entre os *stakeholders* (diversos agentes envolvidos num projeto, programa) são dimensões importantes para negócios com base em conhecimento e na ideia de cooperação.

- Cooperação ocorre entre membros localmente. Esses são estáveis, as fronteiras na organização são fechadas e as habilidades homogêneas.
- Colaboração estendida ocorre quando as relações entre os membros da organização fluem e estão num processo de mudança. As fronteiras são mais flexíveis e as habilidades e capacidades de seus membros são diversas. As equipes, nesse caso, muitas vezes são compostas por colaboradores externos à organização como parceiros de negócio. As colaborações estendidas parecem mais com uma rede, com um *cluster* que estão colaborando basicamente com suas experiências e conhecimentos e nessa sinergia conseguem contribuir para um resultado superior.
- Colaboração estendida pode também ser vista como a habilidade dos indivíduos de trabalhar juntos além do escopo de pequenos grupos. (Heckscher, 2007, p. 2-5)

Heckscher (2007) aborda na obra *The collaborative enterprise* as principais dimensões que as empresas colaborativas precisam considerar para se tornarem competentes no tempo presente e mais competitivas.

a) Estratégia que implica no estabelecimento de objetivos e metas deve ser considerada para um período de três a cinco anos.
b) Estrutura concebida como conjunto formalizado de responsabilidades, papéis e regras.
c) Cultura como padrão de expectativa que é compartilhado entre os membros do grupo no sentido de como agir e reagir a situações na ótica das respostas flexíveis para desafios adaptativos.
d) Infraestrutura como o meio que dá suporte à cultura e à estrutura, incluindo sistema de carreiras, treinamento, premiação e sistema de comunicação

que apoiem a capacitação das pessoas para compreender uns aos outros e à organização.

Vasconcelos et al., 2019, mostram que uma das distinções que o autor faz das firmas do século XX e as emergentes é que, na dimensão da estratégia, o primeiro bloco está voltado para produção de massa e o segundo orientado para soluções. O primeiro tipo de estrutura é a burocrática enquanto o segundo é a colaborativa. Na cultura do primeiro está presente o paternalismo nas relações, no segundo, a contribuição (entrega) é destaque.

Reforçando o conceito de colaboração, Heckscher afirma:

> Colaborar significa trabalhar em equipe. Isso implica muito mais do que trabalhar em conjunto. Implica em um objetivo comum que não pode ser atingido sem a contribuição de todos. Isso implica processos de diálogo e negociação, troca de pontos de vista e partilha de informação e construção de racionalidades individuais para a convergência em torno do consenso. (Heckscher, 2007, p. 2-3)

Uma relação entre o modelo transformacional, paradoxo, organização e agentes de mudanças se faz necessária em vista do propósito deste capítulo. No contexto organizacional quando a possibilidade de colaboração encontra-se bloqueada pode estar ocorrendo a existência de paradoxos cognitivos, ou seja, elementos contraditórios e opostos que não fazem sentido quando considerados em conjunto e simultaneamente por indivíduo ou grupos. Nesse caso, pode ser necessária a atuação de facilitadores de mudança, ou seja, indivíduos que atuem de forma a articular a comunicação entre diferentes grupos da organização quando os mesmos possuem entendimento diverso e contraditório da realidade organizacional, representando essa realidade de forma oposta, o que impede toda a ação comum.

Nesse momento, a atuação de agente de mudança torna-se chave visando realizar um diagnóstico de quais dificuldades impedem a comunicação efetiva entre os indivíduos no sistema. Na realidade, o agente realizará um diagnóstico organizacional mapeando, em primeiro lugar, as diferentes representações dos vários grupos. Em seguida, interpretará essas diferentes representações construindo uma rede de significados relativos à representação de cada grupo, para compreender como esses diferentes padrões estão inter-relacionados.

Após esse diagnóstico, o agente de mudança iniciará um processo de negociação de significados para permitir, pouco a pouco, a construção de uma visão conjunta e compartilhada da realidade.

A construção dessa visão compartilhada permitirá a ação comum dos membros da organização. Quando não for possível construir uma visão consensual da realidade, existirão outras soluções a serem adotadas, como o estabelecimento de formas de conviver com o paradoxo. Há várias situações possíveis: as duas dimensões paradoxais podem ser situadas em esferas diferentes da organização ou, então, elas podem ser situadas em tempos distintos em um processo de mudança organizacional (Lewis, 2000).

Desse modo, segundo Smith e Lewis (2011), existem duas possibilidades de se lidar com paradoxos cognitivos nas organizações: realiza-se a chamada gestão do paradoxo (se "resolve" o paradoxo, construindo a visão comum que permita o entendimento compartilhado da realidade) ou aprende-se a conviver com as dimensões paradoxais. A favor desta última corrente, há vários autores como Luscher, Lewis e Ingram (2006) que consideram a organização um sistema complexo, em uma sociedade em mutação, e, logo, sujeita a contradições lógicas durante todo o tempo, sendo assim a chamada "ordem" uma ilusão, uma vez que o "caos" e a tendência à entropia estarão sempre presentes. Dessa forma, considerando esta última visão de paradoxos organizacionais, não existiria a chamada "gestão" do paradoxo, o que não seria possível. Nessa perspectiva, os indivíduos, ao trabalharem na organização, deveriam aprender a lidar com dimensões opostas e paradoxais e com o desconforto cognitivo que isso pode gerar.

Cabe ao agente de mudanças ter formação profissional para facilitar os processos de comunicação, viabilizando, para os atores organizacionais, soluções possíveis e formas de conviver com essas dimensões.

Outra questão a destacar é que não se trata apenas de conviver com duas dimensões paradoxais, mas com múltiplas dimensões paradoxais que podem atuar ao mesmo tempo. Trata-se, na verdade, de uma visão multidimensional.

Além disso, Lewis (2000) analisa os estudos de Merton (1949) e afirma que, como decorrência de toda ação social e da criação de regras e formas de controle na organização, uma dimensão cognitiva será acentuada por um conjunto determinado dessas regras e padrões, gerando, com o tempo, uma reação oposta para a regulamentação da dimensão anterior que foi reforçada pela regra. Assim, como exemplo, regras que reforçam políticas de gestão para centralização dos procedimentos na organização gerarão pressões sociais para a descentralização; políticas de gestão voltadas para procedimentos de diferenciação gerarão pressões para a dimensão da integração. Logo, paradoxos são próprios à ação social em múltiplas dimensões e não podem ser ignorados na atividade do gestor. Representaremos as principais ideias e conceitos discutidos neste capítulo na Figura 18.1.

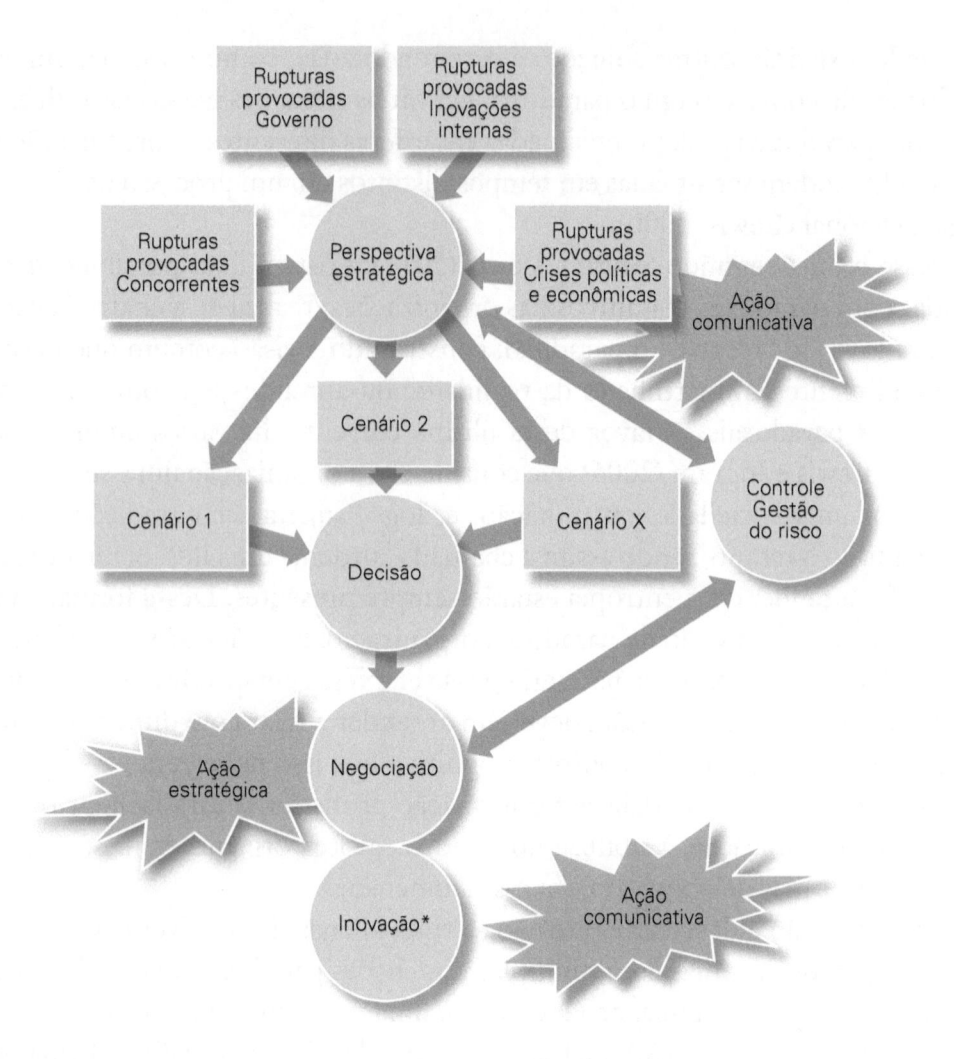

* Tipo de inovação radical.
Fonte: Elaborada por Vasconcelos e Carvalho (Vasconcelos et al., 2019).

Figura 18.1 Principais ideias e conceitos discutidos no Capítulo 18.

18.6.1 Exemplos de mudança com sucesso obtidas por meio da comunicação habermasiana: o Pacto de Montreal e o Pacto de Paris

18.6.1.1 O aquecimento global e a questão do meio ambiente: histórico

Como mostra Carl Sagan (2009), no livro *Bilhões e bilhões*, uma consequência perigosa da queima de combustíveis fósseis (carvão, petróleo ou o uso de gás natural) é a combinação do carbono dos combustíveis fósseis com o oxigênio do ar. Ao combinar um átomo de carbono C com uma molécula de oxigênio O_2 ocorre a sintetização de uma molécula de dióxido de carbono: Co_2 ($C + O = CO_2$) e CO_2 é um gás que provoca o efeito estufa na Terra.

Para Sagan (2009), o que contribui para aquecer a Terra depende do grau de brilho do Sol e do grau de reflexão da Terra. A Terra reflete parte da luz e do calor recebido do Sol para o espaço. Tudo o que não for refletido de volta para o espaço é absorvido pelo solo, pelas nuvens e pelo ar. A vida do ser humano depende de um equilíbrio de gases invisíveis ao olho humano que mantêm o efeito estufa – um pouco de efeito estufa é fundamental para conservar o calor da Terra e manter a temperatura média do planeta, consideradas as estações, ou seja, de 13 °C. Porém, a liberação em excesso de CO_2 pode aumentar em muito o efeito estufa, levando a Terra a aquecer exageradamente no decorrer dos séculos, ocorrendo o perigo de ela se tornar comparável ao planeta Vênus, cuja atmosfera repleta de CO_2 faz com que tenha uma temperatura média de 450 °C, que é imprópria para a vida humana.

Conforme Sagan (2009), à medida que aumenta a população da Terra e que os poderes tecnológicos se tornam ainda maiores, lançamos na atmosfera uma quantidade cada vez maior de gases absorventes no espectro infravermelho. Há mecanismos naturais que removem esses gases do ar, mas o ser humano está liberando esses gases na atmosfera em um ritmo superior aos mecanismos de remoção. Ao queimar combustíveis fósseis e destruir as florestas (as árvores eliminam o CO_2), os seres humanos são responsáveis pela introdução de 7 bilhões de toneladas de dióxido de carbono no ar a cada ano. O metano, outro gás de efeito estufa, tem aumentado na atmosfera, por causa da agricultura e da indústria. O aumento de clorofluorcarbonetos a um ritmo de 3,5% ao ano também contribui para o aquecimento do planeta ao diminuir a camada de ozônio da atmosfera.

Dessa forma, durante o século XX, a temperatura média da Terra deve ter aumentado alguns décimos de 1 °C.

Caso a humanidade continue a queimar combustíveis fósseis nessa quantidade até o fim do século XXI, a quantia de CO_2 deve dobrar na atmosfera. Esses dados foram confirmados pelo Laboratório Geofísico de Dinâmica Fluida da Administração Nacional Oceânica e Atmosférica (NOAA), em Princeton; pelo Instituto Goddard de Estudos Espaciais da Nasa, em Nova York; pelo Centro Nacional para Pesquisa Atmosférica em Boulder, Colorado; pelo Laboratório Nacional Lawrence Livermore, do Departamento de Energia, na Califórnia, nos Estados Unidos; pelo Centro Hadley para Predição e Pesquisa Climática no Reino Unido e também pelo Instituto Max Planck de Meteorologia, de Hamburgo. A predição em 2009 era que o aumento de temperatura ficaria entre 1 °C e 4 °C. Atualmente, em 2021, graças ao Pacto de Paris, propõe-se que o aumento de temperatura fique menor que 1,5 °C.

Como Sagan (2009) ainda aponta, trata-se de um aumento mais rápido do que qualquer mudança climática observada desde o nascimento da civilização. No caso de ocorrer a previsão mais baixa, as sociedades industriais desenvolvidas poderiam se ajustar com um pouco de esforço; já na previsão mais alta, o mapa climático da Terra seria dramaticamente alterado, e as consequências para as nações ricas e pobres seriam catastróficas. Muitas espécies ficariam ameaçadas, como previu Svante Arrhenius, o químico sueco ganhador do prêmio Nobel, na virada do século XX.

As consequências do aquecimento global (as temperaturas atuais já são as mais altas dos últimos 150 mil anos) podem ser secas rigorosas no interior, tempestades violentas e enchentes no litoral. Dessa forma, deve-se adotar medidas urgentes para diminuir a poluição e o aquecimento global, tendo em vista a preservação da humanidade e do planeta. A espécie humana já possui uma história de civilização de 10 mil anos e, como vimos, cientistas sérios, astrônomos, biólogos, químicos, físicos, geógrafos, entre outros, de laboratórios científicos reconhecidos, entre os melhores do mundo, apontam como certeza ser necessário o controle do efeito estufa e da poluição e do aquecimento global para a preservação da humanidade.

Nesse contexto, encontra-se a sinergia entre as disciplinas de ciências naturais e a administração de empresas, a administração pública e economia: para essas mudanças, é necessário inovações radicais que permitam a geração de energia por meio de fontes de energia limpa e renovável (energia eólica, solar, hidrelétrica, entre outras) e a adaptação das formas de trabalho e das indústrias (como agricultura e pecuária) a tecnologias que não poluam. As formas de consumo sustentável, a educação das populações, as cidades inteligentes e planejadas, os carros elétricos com baterias recicláveis, ou solares, o controle da natalidade e das doenças e o advento da inteligência artificial e das fábricas inteligentes 4.0 estão interligados. Tratam-se de medidas conjuntas da administração pública, terceiro setor (ONGs e associações) e da administração de empresas, para promover a inovação sustentável e a justiça social (educação e saúde) da população global para a sustentabilidade.

Essa problemática e essa necessidade são reconhecidas pelos cientistas, os quais pressionam os governos para a assinatura de acordos internacionais, como a ECO 92, no Rio de Janeiro, o Pacto de Kyoto ou ainda o Pacto de Paris, que contou com a assinatura de mais de 196 países. Na época, os Estados Unidos, com o governo Obama, assinaram o pacto, porém o governo de Donald Trump retirou os Estados Unidos do acordo. Apesar disso, grandes empresas, como Microsoft, Facebook, Apple, IBM, Alphabet (Google), Amazon, que possuem a maior lucratividade do país e o maior faturamento, bem como os governos de Nova York e da Califórnia, se comprometeram, a despeito da decisão do governo federal, a continuar apoiando o Pacto de Paris e a adotar medidas voltadas para a sustentabilidade, como comprar energia de fontes renováveis e apoiar fornecedores que tomem as mesmas atitudes, como os governos de Nova York e da Califórnia, até metade do século XXI, de adotar fontes de energia renováveis. Trata-se do movimento

We are still in, de empresas e dos principais estados norte-americanos, engajados com os compromissos do Pacto de Paris para preservação do planeta e controle do aquecimento global. Em janeiro de 2021, o presidente norte-americano Joe Biden, logo após tomar posse, assinou decreto voltando a colocar os Estados Unidos como signatário do Pacto de Paris para o meio ambiente e assumindo que o país cumprirá todos os compromissos assumidos neste acordo, retomando pois aqueles que já tinham sido aceitos por Obama em seu governo, fazendo com que os Estados Unidos retornassem a este acordo em 2021.

A questão que se coloca é **como** realizar essas metas para impedir o aquecimento global. Como afirma Sagan (2009), fundamentando-se em pesquisas científicas comprovadas, o maior emissor de CO_2 atualmente é os Estados Unidos, seguidos da China, da Rússia e dos antigos países da União Soviética, e, em terceiro lugar, se considerados em conjunto, os os países da Europa ocidental e, depois, o Japão. Neste caso, trata-se de uma das nações com o emprego mais eficiente de combustíveis fósseis do planeta.

Em outra perspectiva política, os governantes devem ter uma visão que vá além da duração do seu mandato e dos benefícios eleitorais que lhes trariam suas ações. Em uma perspectiva de esperança realista, muitos cientistas afirmam que são necessárias ações concretas durante os próximos 50 ou 60 anos para evitar os problemas do aquecimento global e agir na direção certa. Para tanto, é necessária uma concepção humanista e democrática (como propõe, por exemplo, a perspectiva habermasiana da ação comunicativa), que supere o mero interesse político imediato e eleitoral, que leve em conta a necessidade de se tomarem ações concretas em um plano de ação global (como a COP 21 ou Pacto de Paris), para evitar os problemas anunciados pelo efeito estufa.

Nesse sentido, deve-se ir além do interesse imediato e egoísta ligado ao poder e se considerar os interesses da população e do planeta. Para tanto, faz-se necessário uma estratégia de ação tanto da gestão pública como da iniciativa privada e do terceiro setor.

Os cientistas propõem, para acompanhamento da evolução do problema, além da eliminação de suas causas,[2] o monitoramento do planeta, para acompanhar a evolução dos resultados dessas medidas.

Assim, Segundo Sagan (2009), ações de monitoramento, como a verificação sistemática do Sol, da atmosfera, da Terra e dos oceanos, realizadas no espaço, pela Nasa e outras agências espaciais, e em oceanos, por navios, aviões e sensores, verificando problemas como poluição, a existência de florestas, de desertos,

---

[2] Para combater a poluição e o aquecimento global é necessário desenvolver as seguintes ações: o controle da emissão de CO_2 e de gases de efeito estufa; a mudança da indústria e formas de trabalho, tendo em vista tecnologias não poluentes; a preservação do meio ambiente; a educação das populações para o consumo sustentável; o desenvolvimento sustentável, entre outras ações também voltadas para a saúde e o controle de natalidade; as cidades inteligentes etc.

do nível dos oceanos, e verificação da química da camada de ozônio da Terra são cada vez mais necessárias para se saber exatamente as condições do planeta. Estas condições da Terra, que afetam o clima, podem ser observadas e monitoradas pelo sistema Robótico de Observação da Terra da Nasa e também pela European Space Agency e por agências espaciais de outras nações.

Segundo dados científicos, é necessário quase um século para que os efeitos de dois terços dos gases de efeito estufa lançados atualmente sejam sentidos no planeta.

Trata-se de ações a longo prazo que devem ser tomadas, começando agora, tendo em vista a perspectiva de desenvolvimento das gerações futuras. Por isso, reforça-se a necessidade de uma perspectiva humanista.

Uma das formas de popularizar as descobertas da ciência tem sido a abertura de cursos e faculdades como a Singularity University, localizada no Vale do Silício, que realiza cursos e palestras de curta duração para os tomadores de decisões nas empresas, executivos de alto nível, diretores e empresários, conscientizando esse público, que tem o poder de decidir na direção correta, a agir concretamente para embasar, financiar e apoiar desenvolvimentos tecnológicos voltados para a preservação do meio ambiente e para o desenvolvimento sustentável.

Dessa forma, procura-se difundir a visão científica e possibilitar o conhecimento das últimas descobertas da ciência para os tomadores de decisão.

O financiamento e o apoio às *startups* que desenvolvem soluções tecnológicas de inovação sustentável também se fazem necessários, bem como o consequente desenvolvimento de novas profissões e conhecimentos ligados a esses valores.

18.6.2 Energia e inovação

Várias medidas com relação a transporte poderiam ser tomadas para reduzir o consumo de combustíveis fósseis. Considerando-se a evolução desde os anos 1970, como mostra Sagan (2009), a criação de carros mais eficientes e que gastem menos combustíveis já seria uma primeira providência para eliminar menos CO_2 na atmosfera. Carros movidos com combustível menos poluente, como o etanol no caso do Brasil, com motores *flex*, menores e mais econômicos, também foram uma solução nesse sentido. No entanto, a preservação do planeta, tendo em vista uma economia global, exige mais do que essas providências.

O projeto de um novo tipo de carro seguro, rápido, com uso eficiente de combustível, limpo e consciente em relação ao efeito dos gases estufa, também tem sido uma pressão contínua sobre os principais fabricantes de automóveis norte-americanos em Detroit.

O desenvolvimento de um carro elétrico confiável, com bateria reciclável (que não utilize ácido de chumbo por ser venenoso) e que possa atingir algumas centenas de quilômetros com uma carga elétrica (desde que a energia elétrica seja gerada por fontes renováveis) já era um projeto da General Motors desde 1996, como falava seu presidente na época, Denis Milano (Sagan, 2009). Muitos desenvolvimentos tecnológicos foram feitos posteriormente com relação aos carros elétricos, como veremos adiante. O carro elétrico, autônomo, e conectado à internet das coisas é um projeto atual de várias montadoras que já desenvolveram modelos, mais caros e sofisticados como os da BMW, Porche etc., ou mais econômicos e populares como os da Renault-Nissan ou, ainda, a meio caminho dos dois, como os da Tesla, de Elon Musk. Há também aqueles movidos a energia solar e, atualmente, a ideia de serviços associados a eles, como trataremos ainda neste texto.

18.6.3 Outras fontes de energia

Uma das fontes de energia alternativas usadas foi a fissão nuclear, que libera a energia nuclear trancada no material, não liberando os gases de efeito estufa resultantes da queima de combustíveis fósseis. Existem navios nucleares e usinas nucleares. O custo dessas usinas é similar ao custo das usinas a carvão, porém não geram efeito estufa.

No entanto, relembra Sagan (2009), como foi o caso das usinas de Three Mile Island e de Chernobyl, infelizmente, as usinas nucleares podem desprender radioatividade perigosa ou até derreter, além de gerar muito lixo radioativo que deve ser descartado. As meia-vidas de muitos radioisótopos têm duração de séculos ou milênios, sendo um lixo radioativo perigoso. A alternativa adotada é enterrar o lixo radioativo com segurança para que não vaze. Além disso, o urânio e o plutônio podem ser empregados em armas nucleares, o que é perigoso, principalmente se parar em mãos desonestas. A França e o Japão têm a maioria de sua energia gerada por usinas nucleares.

Há outro tipo de usina, a de fusão nuclear, que é quando os núcleos dos átomos são unidos. Em princípio, essas usinas poderiam funcionar com água do mar, um estoque virtualmente inesgotável, sem a geração de gases de efeito estufa, sem criar perigos de lixo radioativo e sem que o processo usasse urânio e plutônio. Trata-se de uma tecnologia possível, que está sendo desenvolvida por meio de um projeto internacional na França, porém o problema do aquecimento global deve ser solucionado rapidamente. A fusão fria também é uma possibilidade.

18.6.3.1 A energia eólica e energia solar

Estima-se que toda a energia consumida nos Estados Unidos poderia ser gerada por torres eólicas instaladas em 10% do território norte-americano onde mais venta.

Já a energia solar está sempre disponível, não gera efeito estufa e precisa de um mínimo de manutenção. Ela pode ser usada também para gerar combustível de hidrogênio a partir da água, pois quando queimado, o hidrogênio simplesmente regenera a água. Assim, a energia elétrico-solar ou fotovoltaica tem sido há muito tempo utilizada para impulsionar as naves espaciais perto da Terra e por todo o sistema solar interno. Fótons de luz atingem a superfície da célula e ejetam elétrons, cujo fluxo cumulativo é uma corrente de eletricidade.

Sagan (2009) posiciona-se totalmente favorável ao uso da energia solar como a melhor fonte alternativa de energia renovável.

18.6.4 A questão política e econômica

No artigo "Está faltando um pedaço do céu", Sagan (2009) mostra que o ozônio é gerado pela eletricidade quando passa pelo ar. O ar que respiramos é composto de O_2 (oxigênio) e O_2 + energia = O + O.

No entanto, os átomos de oxigênio soltos (O) se combinam facilmente com outros átomos ao redor e, nesse caso, $O + O_2 + C$ (catalisador) = O_3 + catalisador. O_3 = camada de ozônio. O nitrogênio molecular, por exemplo, é um excelente catalisador.

A Terra tem uma camada de ozônio que a protege em sua atmosfera e deve ser protegida. Para proteger a camada de ozônio, a evolução da indústria de eletrodomésticos foi necessária. Por exemplo, a geladeira antigamente exigia um gás para funcionar que prejudicava a atmosfera e foi modificada para não mais usá-lo. A indústria de eletrodomésticos mudou e gerou uma inovação importante. Químicos norte-americanos e alemães inventaram um tipo de moléculas que não existia: os hidroclorofluorcabonetos (HFCs), que não poluem, e que passaram a ser usados nas geladeiras e em outros eletrodomésticos para não poluir e preservar a camada de ozônio. Esses elementos são os principais tipos de química usados atualmente na refrigeração (ar refrigerado), em latas de *spray*, espuma isolante, solventes industriais e materiais de limpeza na indústria microeletrônica, permitindo evitar a poluição que ocorria e prejudicava a camada de ozônio.

O ozônio é produzido a 25 quilômetros de altitude e é o escudo da Terra contra os raios ultravioleta do Sol.

Desde 1978, o cientista Sherwood Howland e o Conselho de Defesa dos Recursos Naturais, com base em Washington, proibiram o uso dos CFCs do tipo que poluem nos Estados Unidos e, a partir daí eles também foram proibidos no Canadá, na Noruega e na Suécia.

A retirada dos CFCs do mercado sofreu grande resistência da Dupont, que vendia 600 milhões de dólares de CFCs por ano. Por isso, a empresa cancelou financiamento de congressos e eventos científicos e até retirou seus anúncios de revistas científicas; mas os dados eram irrefutáveis e a lógica da proteção ao meio ambiente acabou ganhando.

18.6.5 O sucesso do Pacto de Montreal e uma comunicação do tipo habermasiana

Em setembro de 1987, muitas das nações que produziam os CFCs se reuniram em Montreal para firmar um acordo, que foi assinado pelos Estados Unidos e reforçado depois por acordos em Londres e Copenhague. Na época, 156 nações assinaram o tratado. Por meio de pesquisas, a Dupont desenvolveu um substituto para o CFCs, que são moléculas semelhantes, mas que envolvem átomos de hidrogênio. Provou-se, assim que as empresas, quando investem em ciência e tecnologia, podem desenvolver tecnologia e inovação sustentável que não prejudiquem o meio ambiente. Berkeley, na Califórnia, proibiu o isolante branco com CFCs e o McDonald's substituiu em suas embalagens os materiais que usavam os CFCs mais perigosos.

A questão é que seria necessário eliminar todos os CFCs da Terra e ainda esperar um século para a atmosfera ficar limpa. Trata-se porém de uma ação fundamental para a humanidade, que parece impossível mas que pode ser feita (seria como o teorema da existência da vida, algo que parece impossível mas que foi feito). As missões da Nasa (satélite *Nimbus* e outros posteriores) são fundamentais para monitorar o nível da camada de ozônio, que felizmente está se recuperando aos poucos (Sagan, 2009). O Pacto de Montreal foi um sucesso ao provar que uma comunicação coletiva baseada em fatos científicos e que leve em conta não apenas os interesses econômicos imediatos, mas também o bem-estar do planeta e da humanidade, pode, se feita de forma democrática e baseada na sinceridade de fatos, levar a um real progresso relacionados aos interesses do meio ambiente, inovando-se de forma sustentável nesse processo, que terá sido resultante de uma comunicação mais substantiva do tipo habermasiano.

18.6.6 O Pacto de Paris: outro sucesso de comunicação habermasiana

Jean Tirole (2017), prêmio Nobel de Economia, analisa os progressos alcançados e a imperiosa necessidade de manter o aquecimento global a não mais que 1,5 a 2,0 °C no máximo. Em 2017, o Pacto de Paris, assinado por mais de 196 países, foi um sucesso, fixando metas ambiciosas para que essa realidade realmente ocorresse. Os países emergentes, principalmente, precisam controlar as emissões de gases. Para cada país, é fixada certa quantidade desses gases de efeito estufa que é possível emitir para que as metas sejam atingidas.

Para o cumprimento dessas metas, Tirole propõe que, os diversos países devem ter metas claras para a emissão de carbono e passar por auditorias para comprovar se estão cumprindo os objetivos. Deve haver um imposto relativo à emissão de carbono (a Suécia foi um dos primeiros países a lançar um imposto deste tipo) e um preço universal do mesmo. Portanto, auditorias verdes são necessárias.

A proposta do Pacto de Paris é que após 2050 não haja mais emissão de gases de efeito estufa.

Em termos de comunicação, superando a lógica política imediatista e interesseira, o Pacto de Paris foi um exemplo de comunicação habermasiana, ao fixar metas baseadas na realidade científica dos fatos, como estabelecer o aquecimento no máximo em 1,5 °C. Essa conquista se deu sob o governo de Emanuel Macron.

No entanto, como bem lembra Jean Tirole (2017), no livro *Economics for the common good*, é necessário que não haja mais emissões de gases de efeito estufa, após 2050. Para atingir este objetivo, o Pacto de Paris prevê a distribuição de 100 bilhões de dólares por ano aos países em desenvolvimento a fim de cumprir metas pré-fixadas para redução da emissão desses gases, verificações de auditorias verdes e aplicação de impostos sobre essas emissões. Em 2021 estava previsto o encontro para o meio ambiente de Glasgow, Escócia, que visa reafirmar o Pacto de Paris, atualizando alguns compromissos. No entanto, devido à pandemia do coronavírus que atingiu o mundo em 2020 e 2021, o encontro foi adiado, ocorrendo assim que for possível, uma vez que foi dada prioridades à fabricação de vacinas para conter a pandemia. Em 2020 e em 2021 por causa da pandemia, vários países reiteraram a importância da cooperação mundial para o combate às doenças, e a importância da ajuda entre os diversos países para combater a pobreza e preservar o meio ambiente. A iniciativa Covax, pelos países ricos, foi importante e apoiada pela Organização Mundial da Saúde, em 2021, para permitir que milhões de vacinas contra o coronavírus fossem encaminhadas para os países mais pobres do planeta, consolidando a cooperação mundial.

Para que esse tipo de comunicação possa continuar e que as medidas de inovação possam ser desenvolvidas, a humanidade precisa continuar desenvolvendo um tipo de diálogo que coloque, acima de tudo, os interesses do planeta e do meio ambiente e seguir essas resoluções. Este tipo de diálogo é o que denominamos inspiração habermasiana, uma comunicação ética pragmática e democrática a fim de que o ser humano possa no futuro continuar a planejar as atividades econômicas do planeta e o desenvolvimento tecnológico, tendo em vista os interesses de preservação do meio ambiente e a busca de maior qualidade de vida e justiça social para a população.

Portanto, na 21ª Conferência das Partes (COP 21) da Convenção-Quadro das Nações Unidas sobre Mudança do Clima (United Nations Framework Convention on Climate Change – UNFCCC), em Paris, foi adotado um novo acordo com o objetivo central de fortalecer a resposta global à ameaça da mudança do clima e de reforçar a capacidade dos países para lidar com os impactos decorrentes dessas mudanças.

Para que comece a vigorar, o Pacto de Paris (COP 21) necessita da ratificação de pelo menos 55 países responsáveis por 55% das emissões de gases de efeito estufa. O secretário-geral da ONU, numa cerimônia em Nova York, no dia 22 de abril de 2016, abriu o período para assinatura oficial do acordo para países signatários. Esse período se encerrou em 21 de abril de 2017. Para alcançar o objetivo final do Acordo, os governos se envolveram na construção de seus próprios compromissos, a partir das chamadas Pretendidas Contribuições Nacionalmente Determinadas (Intended Nationally Determined Contributions – iNDC). Por meio delas, cada nação apresentou sua contribuição de redução de emissões dos gases de efeito estufa, seguindo o que cada governo considera viável a partir do cenário social e econômico local.

18.6.7 A iNDC do Brasil no contexto do Pacto de Paris

Após a aprovação pelo Congresso Nacional, o Brasil concluiu, em 12 de setembro de 2016, o processo de ratificação do Acordo de Paris. Em 21 de setembro, o instrumento foi entregue às Nações Unidas. Com isso, as metas brasileiras deixaram de ser pretendidas e tornaram-se compromissos oficiais. Agora, portanto, a sigla perdeu a letra "i" (do inglês, *intended*) e passou a ser chamada apenas de NDC. A NDC do Brasil comprometeu-se a reduzir as emissões de gases de efeito estufa em 37% abaixo dos níveis de 2005, em 2025, com uma contribuição indicativa subsequente de reduzir as emissões desses gases em 43% abaixo daqueles níveis em 2030. Para isso, o país se comprometeu a aumentar a participação de bioenergia sustentável na sua matriz energética para aproximadamente 18% até 2030, restaurar e reflorestar 12 milhões de hectares de florestas, bem como alcançar uma participação estimada de 45% de energias renováveis na composição da matriz energética em 2030.

A NDC do Brasil corresponde a uma redução estimada em 66% quanto as emissões de gases de efeito estufa por unidade do PIB (intensidade de emissões) em 2025, e em 75% em termos de intensidade de emissões em 2030, ambas em relação a 2005. O Brasil, portanto, reduzirá emissões de gases de efeito estufa no contexto de um aumento contínuo da população e do PIB, bem como da renda per capita, o que confere ambição a essas metas (dados da Secretaria do Meio Ambiente do Governo Federal Brasileiro. Disponível em: http://www.mma.gov.br. Acesso em: 12 nov. 2019).

O Pacto de Paris foi outra iniciativa que mostrou o sucesso do conceito de cidadania deliberativa de Habermas.

Lizuka et al. no artigo "Gestão social e cidadania deliberativa: A experiência de Ilha Comprida – São Paulo" (2011), mostram que a gestão social é um conceito em construção, mas que parece haver uma convergência entre alguns teóricos sobre a necessidade de um processo de gestão que seja dialógico e transparente, no qual as pessoas se comunicam livremente em busca de consensos. Na medida em que a gestão social se encontra em debate, os esforços no sentido de aperfeiçoamento da sua compreensão teórica e empírica são legítimos e relevantes. Em boa parte da literatura sobre essa temática, os autores têm feito o uso do referencial habermasiano, com destaque para a teoria da ação comunicativa de Habermas e para a análise das esferas da vida pública e privada e, nesse contexto, à cidadania deliberativa (Habermas, 2003).

> Cidadania deliberativa "significa que a legitimidade das decisões políticas deve ter origem em processos de discussão, orientados pelos princípios da inclusão, do pluralismo, da igualdade participativa, da autonomia e do bem comum". (Tenório, 2008, p. 105)

Um exemplo de cidadania deliberativa institucionalizada é a cidade de Bordeaux, na França, onde a prefeitura, em suas diversas regiões, oferece aos cidadãos espaços para debates por tema e grupos e elaboração de propostas que serão levadas à consideração dos tomadores de decisão e realmente implementadas quando possível, tendo sido elaboradas por meio de debate democrático, participativo e voltado para soluções que pretendam o bem comum. *Feedbacks* são dados para os cidadãos quanto à implementação de suas sugestões pela prefeitura da cidade. Historicamente, o conceito de cidadania deliberativa tem origem na Grécia antiga e em Roma por meio dos primeiros ordenamentos jurídicos de Direito (Coulanges, 2009; Ferraz Jr., 2009).

18.7 A tomada de decisões na era digital e a complexidade

Para ajudar nas análises, a atual Revolução Industrial 4.0 faz com que o Big Data (computadores como o Watson, da IBM) seja fundamental para a análise de grandes quantidades de dados que podem ajudar os tomadores de decisão a solucionar problemas de maneira mais bem fundamentada até mesmo para controle de dados sobre o clima e o meio ambiente. Como já foi salientado, a comunicação entre os países e partes interessadas deve ir além dos meros interesses econômicos e políticos imediatos, levando em consideração objetivos de longo prazo para a humanidade e o planeta, baseando-se no real compartilhamento de dados e fatos científicos para permitir a tomada de decisão. No entanto, os acordos devem prever impostos verdes, auditorias e sanções para os que não cumprirem as metas estabelecidas, e ainda devem ser dadas condições para que os países em desenvolvimento possam cumprir as metas, como a distribuição de dinheiro para que as medidas sejam tomadas.

Como afirma Jean Tirole (2017, p. 401):

> *Trust is important. There is the need for Internet users to have confidence in the digital ecosystem. This trust must apply at two levels: There is too much choice, too much information, to many people to interact with nowadays. Platforms are there to guide us and make up for our limited capacity to pay attention. This raises the question of the reliability of their recommendations. The second issue is the use made of personal data. This data is now a powerful economic and political asset for those who possess it. It will not always be used as we should wish, which raises the complex question of property rights over this data.*

Ou seja, existe muita informação disponível na internet e a confiança nos dados da que por ela circulam deve ser restaurada.

É necessário refletir também sobre a questão: Quais trabalhos estão desaparecendo, quais profissões irão desaparecer e quais permanecerão quando softwares inteligentes e robôs substituírem pessoas não qualificadas e qualificadas? A proposta é que muitos outros trabalhos também surgirão à medida que a tecnologia evoluir, gerando novos empregos.

> *The social acceptability of digitalization depends on us believing that our data will not be used against us, that the online platformes we will use will respect the terms of our contract with them, and that their recommendations will be reliable. In short, it is based on trust.* (Tirole, 2017, p. 402)

Dessa forma, na economia digital, computadores e inteligência artificial (IA) são inovações que visam ajudar o ser humano a lidar com a complexidade crescente e a tomar decisões estratégicas, e criam novos empregos, como os engenheiros de IA que desenvolvem esses sistemas, os técnicos que vão mantê-los, os consultores que os atualizam e implementam e treinam as pessoas nas organizações a lidar com tais sistemas, novos cursos em faculdades e universidades, com professores especializados em treinar as pessoas nesses novos sistemas etc.

18.8 A criação e evolução da internet até os computadores quânticos

Vasconcelos (2007) mostra que a internet foi criada a partir dos investimentos militares feitos pelo departamento de defesa dos Estados Unidos na década de 1960, em plena Guerra Fria. O objetivo central do projeto era criar um sistema de comunicação resiliente para sobreviver a ataques com mísseis nucleares.

Resiliência, em sentido estrito, é a propriedade física de materiais elásticos, pela qual a energia armazenada em um corpo deformado é restituída quando cessa a tensão causadora de uma deformação elástica – como uma mola que volta ao seu comprimento inicial quando cessa a pressão exercida sobre ela. Uma rede de comunicação resiliente seria aquela capaz de suportar um pesado ataque nuclear inimigo, sem, com isso, perder toda sua capacidade operacional.

A ideia utilizada para aumentar a resiliência do sistema de comunicação militar norte-americano (Vasconcelos, 2007) foi criar uma rede sem centro, o que foi feito com o financiamento da ligação eletrônica, permitindo o fluxo de dados entre laboratórios de pesquisas das principais universidades dos Estados Unidos. Essa rede de comunicação existiu durante décadas na comunidade científica, sem despertar grande interesse comercial. Somente no início da década de 1990 esse quadro começou a se alterar. Como mostra Vasconcelos (2007), no final da década de 1990, Tim Berners-Lee, um cientista do Centro Europeu de Pesquisas Nucleares (Centre Europeen de Recherches Nucleares – CERN), em Genebra, Suíça, desenvolveu o protocolo que constituía a base que hoje chamamos *world wide web*, ou simplesmente web. A web foi concebida e desenvolvida como um meio de colaboração e de partilha de informações entre cientistas que trabalhavam com física de alta energia em laboratórios espalhados pelo mundo. Esses laboratórios foram então conectados pela internet, permitindo a comunicação instantânea do resultado das experiências. Tim Berners-Lee e Robert Cailliau escreveram o primeiro programa de leitura WWW (Browser) e o primeiro servidor, definindo os conceitos de URL, http e HTML (Vasconcelos, 2007).

Dois anos após o início do desenvolvimento da estrutura pelos cientistas do CERN, outro grupo de programadores do Centro Nacional para Aplicações em Supercomputadores (National Center of Supercomputing of Applications – NCSA), sediado em Chicago, Estados Unidos, iniciou um projeto de desenvolvimento de uma interface gráfica para a utilização dos recursos da internet. O desenvolvimento dessa interface foi feito em grande parte por um jovem de 21 anos, Marc Andreessen. Antes do desenvolvimento da interface gráfica, chamada de Mosaic, toda comunicação na web era feita por *e-mail* ou por transferência de arquivos FTP (*file transfer protocol*) (Vasconcelos, 2007).

Com o Mosaic, foi possível a apresentação de textos, imagens e gráficos diretamente na tela do computador, como se fosse um documento escrito.

Dessa forma, o que era um meio de comunicação para físicos nucleares, transformou-se em um meio de comunicação acessível, utilizado no mundo todo. Um dos primeiros mitos da internet ganhava vida dessa maneira.

Outro fato importante foi a criação do megaportal Yahoo! por dois estudantes da Universidade Stanford, que, sem capital algum e somente com uma ideia original de fazer um guia indexado de páginas da internet, tornou-se em poucos anos uma multinacional com capitalização em bolsa da ordem de dezenas de bilhões de dólares, apesar de nunca ter apresentado qualquer lucro de suas operações.

18.8.1 Computadores quânticos para lidar com a complexidade

Pela lei de Moore, o tamanho dos transistores diminui e o poder de processamento dobra a cada um ou dois anos. Isso tem sido válido desde os anos 1960, mas atualmente se está atingindo o limite da miniaturização das estruturas de silício. A solução para esse impasse parece ser a computação quântica. Em vez de lidar com zero e 1, a linguagem binária dos computadores de hoje, as máquinas quânticas lidam com a nuvem de probabilidades da posição de uma partícula subatômica.

Como há infinitos valores entre zero e 1, um computador que utilize essa propriedade pode ser milhões de vezes mais potentes. Uma das pioneiras nesse campo é a empresa canadense D-Wave, que construiu uma máquina de 1.000 qubits (os bits quânticos). Entre seus clientes estão o Google, a Nasa e a empresa de aviação Lockheed Martin. Microsoft, IBM e Intel também estão trabalhando nesse tipo de projeto. Os computadores quânticos precisam ser envolvidos em cápsulas de proteção térmica e de choque, do tamanho de um tanque de aquecedor, para funcionar perto do zero absoluto (273 °C negativos).

> Atualmente, o sistema de inteligência artificial Watson, que utiliza o *machine learning*, desenvolvendo estratégias além de analisar grande quantidade de dados, veio não para ser mais inteligente que o humano, mas para tornar as decisões humanas mais inteligentes. Outras inovações radicais, como o Big Data, a internet das coisas e a computação em nuvem (*cloud computing*), a robótica avançada, a inteligência artificial, a manufatura aditiva (impressão 3D), a manufatura híbrida e a realidade aumentada (utilização de assistente virtual que dialoga, tira dúvidas em tarefas de manutenção na indústria, por exemplo) também são inovações radicais atuais da economia digital.

São inovações radicais; produzidas a partir do *double looping learning*, questionamento de paradigmas, reengenharia de modelo de negócios, e que mudam o comportamento das pessoas, como vimos na primeira parte deste trabalho.

Diante da robótica e da automação, os seres humanos deverão trabalhar em empregos que ainda serão criados, tendo em vista a tecnologia e tarefas que requeiram criatividade e inovação.

18.8.2 Energia solar

No início do século XXI, o mundo praticamente não usava energia elétrica convertida da luz solar. No fim de 2018, 300 gigawatts (GW) vinham desta fonte – o equivalente a 20 usinas de Itaipu. Esse número aumentou porque a tecnologia ficou mais acessível. Segundo a Agência Internacional de Energia Renovável, o custo da energia solar deverá cair 60% ou mais no futuro próximo, o que levará a mais 80 ou 90 GW de capacidade instalada no mundo por ano daqui a cinco ou seis anos.

Entre os grandes avanços recentes ou futuros estão tetos feitos de materiais que aproveitam a luz do Sol para gerar energia. Um dos projetos é o do teto curvo, desenvolvido pelo Instituto Federal de Tecnologia da Suíça, com várias camadas de concreto de menos de 12 centímetros de espessura, sobre a qual vai uma fina camada de polímeros que absorvem a luz solar e a transformam em energia.

Outro projeto é o teto solar da Tesla, no qual, em vez de colocar placas no telhado, as próprias telhas são as placas. Esse telhado é mais barato que um tradicional. Existem também painéis solares transparentes, que podem ser colocados em janelas, vidros de carro e até na tela de celulares.

Há também o projeto futurístico da universidade de Strathclyde, na Escócia, de colocar placas de captação de luz solar em satélites na órbita da Terra. Em órbita, as placas poderiam captar a luz solar continuamente (com apenas 44 horas de noite por ano), e a energia acumulada seria enviada à Terra por um intenso raio laser infravermelho ou por um cone de micro-ondas. Mas o custo da solução ainda deve permanecer proibitivo durante muitos anos ainda (Cohen e Berezovsky, 2017).

Quanto à energia, muitos países procuram fazer estudos com as usinas de fusão nuclear, que gerariam muito menos problemas que as usinas por fissão nuclear.

18.8.3 A energia das usinas de fusão nuclear

Após anunciar a criação de um plasma superquente no mês de junho de 2019, a empresa britânica Tokamak Energy acaba de afirmar que a oferta comercial de eletricidade por fusão nuclear deve ser uma realidade a partir de 2030.

A promessa é fruto do teste bem-sucedido da empresa, que registrou a temperatura mais alta atingida por plasma produzido pelo homem: 15 milhões de graus Celsius (tão quente quanto o centro do Sol). A reação foi gerada no reator ST40, no qual o material foi confinado em uma câmara a vácuo e mantido dentro de campos magnéticos poderosos.

Empolgados com o resultado, os cientistas da empresa estão se preparando para produzir um plasma ainda mais quente, com cerca de 100 milhões de graus Celsius. Este é o primeiro passo para começar a operar em temperaturas necessárias para a fusão nuclear.

A Tokamak Energy é uma das maiores empresas que apostam na produção de eletricidade por reatores de fusão. A meta é conseguir tirar a ideia do papel antes da metade da década de 2040, período em que o reator concorrente, da francesa ITER, está projetado para produzir seu primeiro plasma. Por isso, a empresa planeja lançar em 2025 um novo reator, que será construído especialmente para produzir uma grande quantidade de megawatts de energia por fusão.

A transformação do hidrogênio em hélio por meio da fusão nuclear é a principal reação que mantém as estrelas brilhando por bilhões de anos – por isso, a ideia de construir um reator de fusão lembra a de "estrelas em uma jarra".

Há também o International Thermonuclear Experimental Reactor (ITER) ou reator termonuclear experimental internacional, um projeto civil de reator nuclear situado em Cadarache, na França, para industrialização da fusão nuclear. Trata-se do maior projeto científico mundial atual, que associa 35 países – os da União Europeia, também Índia, Japão, China, Rússia, Coreia do Sul, Estados Unidos e Suíça – cujo orçamento passou de 5 a 19 bilhões de euros.

Figura 18.2 **Reator termonuclear experimental internacional.**
Fonte: Arquivos do projeto ITER, França.

A entrada em atividade do primeiro plasma está prevista para dezembro de 2025 e a emissão do primeiro plasma em deuterium-tritium está estimada para

2035. Antes de industrializar a usina a fusão, vai ser necessário construir um segundo reator para pesquisa, para demonstração do funcionamento (demo), mais próximo de um reator de produção (para mais informações, acesse o site www.iter.org.).

A fusão nuclear também acontece em bombas de hidrogênio, onde o elemento é derretido por dispositivos de fissão de plutônio em altíssimas temperaturas, o que resulta numa explosão centenas ou milhares de vezes mais potente do que uma bomba nuclear que funciona por fissão.

Projetos de fusão controlados como os da ITER e da Tokamak Energy fundirão combustível de hidrogênio em temperaturas muito mais altas e a pressões muito mais baixas do que as vistas no interior do Sol, transformando átomos de hidrogênio que se fundem em hélio, e liberando grandes quantidades de energia neste processo, tentando replicar o que ocorre no Sol e nas estrelas.

Defensores da fusão nuclear afirmam que esse tipo de geração de energia pode tornar outras fontes obsoletas, porque é possível produzir grandes quantidades de eletricidade por uma quantidade relativamente pequena de deutério e trítio, isótopos pesados de hidrogênio, que são relativamente abundantes na água do mar.

Na teoria, reatores de fusão nuclear podem produzir muito menos resíduos radioativos do que reatores de fissão. Além disso, de acordo com o projeto da ITER, é impossível que acidentes nucleares como os de Chernobyl ou de Fukushima aconteçam nessas condições.

O hélio, produzido na fusão, é um gás não radioativo. Todos os resíduos que sobram da fusão são tratados e possuem uma meia-vida de apenas algumas dezenas de anos, e, sendo tratados e estocados, depois de 100 anos podem ser reciclados. Trata-se de uma duração muito menor dos resíduos do que o das usinas de fissão nuclear. Também não há o risco de explosão nuclear, tendo em vista que a quantidade de combustível presente no reator só permite alimentar a combustão durante alguns segundos. Qualquer perturbação leva a uma parada imediata do reator, assim como não há risco de contaminação em larga escala (ver o site da ITER em: www.iter.org).

Conforme os cientistas, o problema das usinas de fissão nuclear é que, além do perigo de acidentes, que não existe na usina de fusão, é que os dejetos produzidos nelas duram centenas de milhares de anos com radioatividade, enquanto isso não ocorre, como vimos, nas usinas de fusão.

Na visão dos cientistas, se a eletricidade puder ser gerada dessa forma, através das usinas de fusão nuclear, daqui há 50 anos, sem dúvida será um avanço científico no sentido de substituir totalmente as usinas por fissão nuclear substituindo-as por usinas de fusão nuclear, que não oferecem perigo para a humanidade.

18.8.4 Inovações no setor automobilístico

Além dos carros elétricos, outra inovação são aqueles movidos pela produção de hidrogênio por meio de eletrólise. A energia para a eletrólise pode vir de fontes renováveis, como painéis solares, turbinas eólicas, usinas hidreléricas e geotérmicas. A Honda, a General Motors e a Toyota anunciaram a comercialização desses carros até 2020.

A Porsche, em Leipzig, cria versões híbridas combinando modelo à combustão e elétrico, que emite 75% menos CO_2 e mesmo assim atinge 275 km/h. A empresa também desenvolve o Mission E, 100% elétrico, em Stuttgart.

Já a BMW desenhou sua atuação futura em quatro pilares: carro autônomo, conectividade, eletrificação e serviços.

Exemplo do conceito: o Drivenow, sistema de compartilhamento de carros presente em 13 cidades da Europa com um milhão e meio de clientes (Modelo de Veículo Elétrico i3). O veículo que o usuário quer usar é localizado e alugado por meio de um aplicativo (app). O motorista valida a carteira de motorista em algum ponto de atendimento da BMW e a cobrança é feita por minutos de uso. O usuário depois deixa o carro num local permitido da cidade. Prioridades: eletrificação, e depois a conectividade e condução autônoma.

- Mudança de comportamento dos indivíduos: Uso de frotas compartilhadas; que aumenta a mobilidade urbana. Os governos promovem incentivos para carros elétricos. A Alemanha dá um subsídio de 4 mil euros para o comprador, e até 2030 a produção de carros com motores a combustão terá que acabar. Na França e no Reino Unido o prazo é 2040.

A Volkswagen quer até 2030 ter uma versão elétrica de todos os modelos da empresa com preços atraentes.

A Tesla, fundada em 2003, nos Estados Unidos pelo sul-africano Elon Musk, vendeu 50.931 unidades do seu carro elétrico em 2016.

- O que define uma montadora é a habilidade de lidar com a complexidade de integrar diferentes parceiros para construir um veículo seguro.
- A Sono Motors, *startup* alemã, lançou em 2019 um carro movido a energia solar. Fez dois protótipos e fechou acordo com uma fábrica terceirizada.
- A BMW, a Intel e a Mobileye, empresa israelense de inteligência artificial da Intel, estão desenvolvendo um carro autônomo.
- A Renault com o plano *Drive the Future* quer oferecer um carro elétrico e conectado a um bom preço. Pretende vender 5 milhões de veículos em rit-

mo anual a partir de 2022, com todas suas marcas: Renault, Dacia, Renault Samsung, Alpine e Lada, num faturamento de 70 bilhões de euros.

➤ A Renault Nissan quer produzir o carro elétrico, autônomo e conectado a um excelente preço, investindo 18 bilhões de euros em pesquisa e desenvolvimento.

18.8.5 Inovações na área de educação

➤ A Faculdade Minerva, no Vale do Silício, propõe formar excelentes "resolvedores de problemas" utilizando tecnologia. Esta iniciativa foi desenvolvida pela liderança de Stephen Kosslyn, diretor desta faculdade. A instituição busca inovar no ensino superior norte-americano focando na criação de quatro competências: 1. pensamento crítico; 2. pensamento criativo; 3. aprender a comunicar-se; e 4. interagir de maneira efetiva com pessoas e instituições. A prova para avaliar essas competências é a Collegiate Learning Assessment (CLA+), um exame relativamente novo nos Estados Unidos.

➤ O Cornell Tech, em Nova York, seleciona as melhores ideias de *startups* dos alunos e as financiam. As quatro melhores *startups* do ano recebem prêmios de 100 mil dólares e investimentos de *venture capital*.

Como vimos, a evolução da tecnologia é disruptiva. Hoje um *smartphone* é mil vezes mais veloz e 1 milhão de vezes mais barato do que um supercomputador dos anos 1970.

➤ A Singularity University, criada há menos de dez anos no Vale do Silício, atrai empresários e executivos interessados em entender as novas tecnologias e seu impacto e alavancar *startups*. Foi criada por Larry Page (da *holding* Alphabet, dona do Google) e pelo físico Peter Diamandis. A instalação é em um centro de pesquisas da Nasa em Mufett Field, Vale do Silício.

➤ São 80 alunos por turma; programas de aceleramento de *startups* com análise dos produtos e serviços com participação de executivos da Microsoft, Google, professores como Craig Venter, da Universidade San Diego, que sequenciou o genoma humano; *network* para obter financiamentos de *venture capital*. O foco é influenciar os tomadores de decisão com relação aos rumos das novas inovações disruptivas.

➤ As quatro empresas mais valiosas do mundo atualmente são impérios tecnológicos: Apple, Alphabet, Microsoft e Amazon.

➤ O Programa de Aceleração de Empresas do Google – Launchpad, criado em 2016 para países emergentes, tem normalmente seis meses de duração, dos quais duas semanas em São Francisco, com mentores e especialistas de áreas de marketing e desenvolvimento de produto. O Google oferece 50 mil dólares para a *startup* gastar como quiser e 100 mil dólares em créditos para compra de serviços do próprio Google. Além de melhorar os produtos, as *startups* podem receber investimentos de *venture capital*.

➤ Microsoft, IBM, Oracle e Cisco também têm esses tipos de programa; e até Coca-Cola, Airbus e Disney têm programas de aceleração de empresas digitais.

➤ As corporações se aproximam das *startups* porque temem o "efeito Kodak": serem surpreendidas por uma tecnologia disruptiva que acabe com seus negócios do dia para a noite.

➤ Ao investir em programas de aceleração, as empresas estabelecem parcerias com as *startups* e têm a chance de fechar acordos antes da concorrência.

➤ No mundo, há 579 aceleradoras ativas; 11.300 *startups* já passaram por programas de aceleração e foram investidos desde 2005 cerca de 207 bilhões de dólares.

➤ *Startups* são negócios muito inovadores e de alto risco. A falência delas é alta: 74% fecham depois de cinco anos no Brasil; as que sobrevivem (26%) demonstram viabilidade e inovação.

Dessa forma, os países que investiram em ecossistemas nacionais de inovação, conectando pessoas, recursos, políticas e organizações, ganham vantagem agora que a indústria migra para a produção (e o uso) de itens com maior valor, tendo em vista a inovação de alto nível.

➤ No Brasil, o setor industrial responde atualmente por 21% do PIB. Unicórnios nos Estados Unidos (*startups* que atingiram o valor de US$ 1 bilhão) têm 1% de chance de existir, considerando todas as *startups* abertas.

➤ No Brasil uma *startup* tem 0,02% de chance de virar unicórnio. No país há quatro *startups* unicórnio: 99 (aplicativo de mobilidade urbana, criado em 2012); PagSeguro (meio de pagamentos, criado em 2006); Nubank (crédito, criado em 2013); Brex (crédito, criado em 2017). Todos atingiram US$ 1 bilhão em 2018.

Na França, o atual governo de Emmanuel Macron criou a Station F, em Paris, uma grande incubadora de *startups* promissoras. Em Madri, o espaço La Nave, de 13 mil metros quadrados, dedicado a *startups* e cursos de aceleramento, já gerou casos de sucesso como o Cabify (versão espanhola do Uber), que já captou

100 milhões de dólares em investimentos e está presente em mais de 11 países. No Rio de Janeiro, um espaço para *startups* e cursos de aceleração de *startups* no Porto Maravilha (espaço remodelado no porto do Rio de Janeiro) visa também cumprir essa função.

> A Microsoft investe 15% de seu faturamento (US$ 15 bilhões) em pesquisa e desenvolvimento todos os anos.

Empresas que têm programa de aceleração de *startups* utilizando o *corporate venture capital* ou capital de risco corporativo, em português, investem em outras que estão inovando e desenvolvendo tecnologias com alto potencial de sucesso e, nesse sentido, o relacionamento entre a *startup* e a empresa investidora deve ser bem gerenciado para ter uma relação do tipo ganha-ganha, que seja boa para ambas. Para a corporação, a proximidade com *startups* permite (1) velocidade, pois as empresas jovens operam rápido por meio de cadeia de decisão condensada e metodologias ágeis, inspirando a corporação a executar mais rapidamente a inovação; (2) a conexão com *startups* permite reconhecer novas tecnologias e mercados para que a corporação possa inovar antes de seus concorrentes; (3) cultura: a proximidade com empresas de rápido crescimento estimula as corporações a serem menos avessas a risco e mais focadas em indicadores de desempenho; (4) imagem: grandes corporações são percebidas como menos atraentes pelas novas gerações, que se aproximam desse público (Avena, 2018).

Para a *startup*, a proximidade com as corporações permite (1) maior credibilidade, pois a grande corporação como cliente ou sócia valida o modelo de negócios, produto ou serviço da *startup*; (2) marca: as multinacionais podem alavancar o relacionamento das *startups* com os meios de comunicação; (3) fornecedores: o amparo das corporações ajudam na negociação com fornecedores; (4) financiamento: as corporações são uma opção de financiamento via transferência de ações (Avena, 2018).

Como vimos na primeira parte do capítulo, existem rupturas tecnológicas possíveis de serem previstas, pois tratam de inovações radicais realizadas pela própria empresa. Como é possível prever as rupturas provocadas pela própria empresa em razão da inovação tecnológica radical, também pode-se prever os diferentes impactos que a nova tecnologia produzirá na própria organização e na sociedade em geral, por meio do planejamento de cenários (*scenario planning*). A partir disso, se redesenham formas de trabalho e interação a fim de se implementar organizacionalmente a mudança que acompanhará a evolução tecnológica e que ocasionará modificações também na organização do trabalho humano na empresa.

18.9 Rupturas tecnológicas na sociedade digital

A economia digital está produzindo e ainda produzirá diversos impactos na vida quotidiana dos indivíduos e na sociedade em geral. Algumas destas inovações são:

18.9.1 Inteligência artificial

Como mostra Avena (2018), a expressão inteligência artificial foi usada pela primeira vez em 1956 por John McCarthy, professor de matemática, que organizou o Darthmouth Summer Research Project on Artificial Intelligence, cujo objetivo era investigar as maneiras pelas quais as máquinas poderiam ser feitas para simular aspectos da inteligência humana. Desde essa época, criou-se uma identidade própria para o campo de pesquisa em inteligência artificial e uma comunidade de pesquisa dedicada a esse tema. A inteligência artificial é definida por Bellman (1978) como "*The automation of activities that we associate with human thinking, activities such decision marking, problem solving, learning*".

A inteligência artificial pode ser definida como "forte" e "fraca". A forte (Nordlander, 2001) é o software capaz de resolver uma série de problemas complexos em diversos domínios diferentes, e que se controla autonomamente, com seus próprios pensamentos, preocupações, sentimentos, forças, fraquezas e predisposições (Avena, 2018). É um campo focado na construção de máquinas com inteligência comparável a de um ser humano. Para os adeptos da IA "forte", quando criado, o programa de software que funciona em uma máquina, realmente, é uma mente, com identidade, e não há diferença entre um software que imita exatamente as ações do cérebro e o próprio cérebro humano (Avena, 2018, p. 18).

A inteligência artificial fraca, ao contrário, centra a sua investigação na criação de inteligência artificial que não é capaz de verdadeiramente raciocinar e resolver problemas. Uma tal máquina com esta característica de inteligência agiria como se fosse inteligente, mas não tem autoconsciência ou noção de si. Estas máquinas automatizam funções rotineiras, economizando tempo e mostrando mais eficiência e rapidez, mas não resolvem problemas complexos ou desenvolvem autoconsciência, como no caso dos trabalhos que desenvolvem IA forte.

Há também autores que fazem pesquisa na direção da IA forte (Russell e Norvig, 2001).

Atualmente, empresas de Wall Street estão utilizando a ajuda da IA forte na tomada de decisões de investimento, e a Amazon a utiliza para aprimorar as recomendações de produtos para os clientes.

Computadores com grande poder de processamento de dados, em alta velocidade, e com auxílio de inteligência artificial podem analisar enormes quantidades de dados (Big Data) e fazer recomendações de decisões a serem tomadas por executivos.

O Big Data é um gigantesco conjunto de informações do que é a sociedade e de quem somos, de milhares de informações que somente um computador com grande capacidade de processamento de dados pode analisar rapidamente. O Big Data é a base das fábricas inteligentes e da Industria 4.0.

Outra inovação da era digital, as redes sociais, como Facebook, que sabe quem são os amigos de um indivíduo e suas preferências políticas e pessoais. O Google tem conhecimento dos assuntos pelos quais um indivíduo se interessou e pesquisou. O LinkedIn tem o histórico profissional dos indivíduos. Essas informações deveriam ser confidenciais, mas podem ocorrer erros e os dados de milhares de indivíduos podem ser conhecidos.

Um dos problemas da nova sociedade digital é a segurança das informações particulares dos indivíduos e a necessidade de se criar uma nova legislação para regular os direitos dos cidadãos diante desses novos desafios colocados pela tecnologia.

Com frequência, nesse sentido, surgem problemas com as empresas da era digital, os quais abalam o conceito de responsabilidade social de empresa.

Casos como os da empresa Cambridge Analytica, que utilizou ilegalmente as informações de 50 milhões de usuários do Facebook para influenciar a eleição à saída do Reino Unido da União Europeia, o Brexit, são exemplos desse tipo de problema. Em março de 2018, os jornais *The New York Times* e *The Guardian* publicaram as denúncias de um ex-funcionário da Cambridge Analytica. O aplicativo *thisisyourdigitallife*, desenvolvido por Aleksandr Kogan, pesquisador da Universidade de Cambridge, permitiu capturar ilegalmente as informações de centenas de milhares de pessoas usuárias do Facebook e de seus amigos, levando à criação de um banco de dados e informações sobre 50 milhões de usuários. O Facebook assumiu a falha na proteção dos dados dos usuários e perdeu quase US$ 60 bilhões em valor de mercado em apenas dois dias.

O conceito de cidadania digital surge e para ele deve ser feita uma legislação adequada, para regular os direitos e deveres dos cidadãos ao exporem seus dados e informações pessoais de forma digital nos diversos sites. Assim, a exposição de dados e informações que os indivíduos apresentam sobre quem são, seus valores, escolhas individuais, gostos, opiniões, amigos, vida pessoal e profissional, revela aspectos da identidade de cada um de nós. Ter acesso sem permissão a esses dados e informações afeta a privacidade de cada um e expõe as pessoas sem sua autorização, o que deve ser evitado a partir da criação de uma nova legislação. A questão da identidade virtual de cada indivíduo corresponder à sua identidade pessoal de fato é muito frequente e ao afetar o perfil digital do indivíduo se está também afetando a pessoa real que está por trás do perfil em questão. Muitos cidadãos são sinceros ao criar seu perfil digital e revelar seus gostos e opiniões na internet, portanto seus dados e perfil digital devem ser protegidos para que se proteja a pessoa real.

Katherine Hayles (1999), da Universidade da Califórnia em Los Angeles (UCLA), autora de *How we became posthuman*: Virtual bodies in cybernetics, literature and informatics, trata deste tema.

No artigo "Responsabilidade social de empresa (RSE)" (Jones, 2013), define-se RSE como: "*Corporate social responsability is an organization's moral responsability to stakeholder groups that are affected directly or indirectly by the organization's actions*" (Jones, 2013. p. 82).

Uma visão "ampla" de responsabilidade social corporativa

> *accepts the premise that organizations are moral agents, and, like individuals, have a duty to examine every situation from a moral perspective. According to this view, even when no laws or societal ethics are applicable to a given situation, the organization should act to produce the most good or the least harm for its stakeholders* (Jones, 2013, p. 83).

Uma organização pode adotar uma visão "estrita" ou ampla de responsabilidade social corporativa. Aquela com uma visão estrita acredita que, ao seguir as leis do país onde está e da sociedade, pode agir livremente, obedecendo à sua estratégia empresarial. Conforme este ponto de vista, ter responsabilidade social corporativa é simplesmente seguir as leis, podendo ainda interpretá-las.

> Uma visão "ampla" de responsabilidade social corporativa "*accepts the premise that organizations are moral agents, and, like individuals, have a duty to examine every situation from a moral perspective. According to this view, even when no laws or societal ethics are applicable to a given situation, the organization should act to produce the most good or the least harm for its stakeholders*" (Jones, 2013. p. 83).

Em geral, uma organização pode decidir quais são as ações e os comportamentos mais éticos, em particular, aplicando certos princípios morais. No caso, as novas tecnologias citadas criam o "cidadão digital", representado pelo seu perfil, por meio do conjunto de informações, imagens e dados pessoais de um indivíduo no mundo digital. Assim, conforme essa corrente, as organizações devem adotar um princípio amplo de responsabilidade social de empresas, e não apenas cumprir a lei, mas ir além, para proteger as partes interessadas (*stakeholders*): seus acionistas, clientes, funcionários, a sociedade em geral, neste caso, os "cidadãos digitais".

O direito dos cidadãos à privacidade e ao sigilo de suas informações ainda é desrespeitado, tendo em vista o escândalo da Cambridge Analytica e do Facebook, pois no momento não há uma legislação clara e precisa que regule os direitos da "cidadania digital".

O conceito de resiliência aplica-se neste caso às rupturas provocadas pela tecnologia na sociedade, exigindo o redesenho das relações sociais e uma legislação que acompanhe essas mudanças drásticas nas relações sociais.

Uma nova legislação está sendo criada na Europa, nos Estados Unidos e também no Brasil.

18.9.2 A nova legislação e a sociedade digital: Europa, Estados Unidos, e Brasil

Silvia Carvalho (2017) mostra que na Europa a proteção de dados dos usuários na internet, ou seja, a privacidade das pessoas e a confiabilidade dos dados, estão sujeitas ao Regulamento Geral sobre a Proteção de Dados (General Data Protection Regulation – GDPR), que determina que as empresas que não protegem os dados de seus usuários podem levar multa de até 20 milhões de euros (US$ 23 milhões).

Apenas 15% das pessoas sentem ter controle sobre as informações que eles fornecem *on-line*, e "A falta de confiança nas antigas regras de proteção de dados atrasou a economia" (GDPR, 2018).

A confiança desempenha um papel fundamental para ajudar os consumidores a superar as percepções de risco e insegurança. A confiança faz com que os consumidores se sintam confortáveis para compartilhar suas informações pessoais e fazer transações na internet.

18.9.2.1 O GDPR: General Data Protection Regulation

Silvia Carvalho (2017) demonstra ainda que a transformação digital vem mudando nossas vidas, e a cada dia há menos escolhas para não usar uma solução digital, mas a falta de confiança nas regras de proteção de dados tem sido um problema para as empresas e os indivíduos.

A preocupação com a proteção de dados não é nova. Vários países já dispõem de regulações próprias, e na Europa já existia um direcionamento em relação à proteção de dados em 1995, mas somente em maio de 2018, o GDPR tornou-se totalmente aplicável em toda a União Europeia.

O GDPR estabelece regras sobre a proteção das pessoas singulares no que se refere ao tratamento de dados pessoais e às regras relativas à livre circulação de dados pessoais (Carvalho, 2017). Seu objetivo é proteger os direitos e liberdades fundamentais das pessoas singulares e, em particular, o direito à proteção de dados pessoais. Apesar do GDPR se aplicar ao processamento de dados pessoais de indivíduos que estão na União Europeia, várias empresas de fora da UE são afetadas por essa regulação.

O GDPR é uma legislação complexa e de longo alcance e várias empresas de serviços de tecnologia estão oferecendo soluções, serviços e conhecimentos para apoiarem outras empresas na jornada rumo à conformidade com o *General Data*.

Vários países já possuem leis de proteção de dados, sendo os EUA referência nessa área; mas espera-se que o GDPR eleve o padrão para as transferências de dados pessoais, tanto na União Europeia, que é uma "legislação modelo" a ser seguida, quanto pelos países que não são da comunidade europeia.

Apesar de ainda existirem detalhes no GDPR que precisam ser elaborados, a maior parte dos pontos-chave do regulamento é clara, e vai elevar o padrão para a transferências de dados pessoais tanto na União Europeia, quanto fora dela, e alguns países já repensam sua legislação para protegerem seus cidadãos.

A nova legislação fará as empresas se adaptarem a um novo conceito de responsabilidade social corporativa na era digital e protegerem a cidadania digital de seus usuários ao protegerem suas informações e seu perfil digital.

As empresas e a sociedade diante dessas rupturas tecnológicas devem mostrar resiliência.

18.9.3 Internet das coisas

A internet das coisas (*Internet of Things* – IoT) são objetos físicos envelopados por uma camada digital, que vai de uma lâmpada ou fechadura até uma turbina e um veículo inteiro. São dispositivos que têm, simultaneamente, em alguma intensidade, capacidades de computação, comunicação e controle.

- Comunicação: as coisas inteligentes têm a capacidade de se comunicar sem fio entre si e formar redes de objetos interconectados.
- Identificação: coisas inteligentes são identificadas com um nome digital – relações entre coisas podem ser especificadas no domínio digital sempre que a interconexão física não puder ser estabelecida (Avena, 2018).
- Interação: coisas inteligentes podem interagir com o ambiente por meio de recursos de detecção, e atuação sempre que presentes.

A IoT permite ampla aplicabilidade em muitos setores produtivos, como monitoramento ambiental, cidades, negócios e casas inteligentes, atendimento médico, segurança e vigilância (Avena, 2018).

Em casas e edifícios inteligentes, a IoT pode ajudar tanto economicamente, na redução do consumo de recursos (eletricidade, água), quanto socialmente, como diminuição da emissão de carbono, incorrendo na melhoria do nível de satisfação dos moradores. Essas casas inteligentes funcionam por meio de sensores que raciocinam de forma distribuída e cooperativa, e são usados para monitorar tanto o consumo de recursos como para detectar proativamente as necessidades dos usuários em vários subsistemas, como acender/apagar a iluminação, ligar/desligar o aquecimento, o resfriamento etc. (Avena, 2018).

As cidades inteligentes referem-se à otimização do uso de infraestruturas das cidades e qualidade de vida dos cidadãos por meio de uma infraestrutura de comunicação avançada e novos serviços no cenário urbano. Assim, o monitoramento do trânsito em grandes cidades, o controle climático e o controle de energia elétrica são exemplos de ações que em uma cidade inteligente permite a economia de energia e a otimização de recursos, produzindo menos desperdício e menos poluição.

O monitoramento ambiental pode permitir que a tecnologia processe informações em tempo real para verificar fenômenos e processos naturais, como temperatura, vento, precipitação, nível de um rio, e integrar perfeitamente esses dados heterogêneos em aplicações globais. Nesse sentido, a tecnologia IoT pode permitir coletar dados e ter elementos para ajudar na tomada de decisão.

A respeito dos cuidados com a saúde, as tecnologias de IoT podem melhorar soluções de vida assistida, colhendo dados da saúde do paciente que são transmitidos a centros médicos remotos. Quanto à prevenção, sensores que são utilizados como vestimentas ou *smartphones* permitem saber o batimento cardíaco de um indivíduo, as calorias gastas com exercício, entre outros fatores ligados à saúde.

A tecnologia Radio Frequency Identification (RFID), desenvolvida no começo da internet das coisas, permite o uso na gestão de estoques e rastreamento de mercadorias e servem para identificação e rastreamento de produtos, além de biosensores que monitoram parâmetros como temperatura e composição bacteriana, a fim de garantir a qualidade do produto final.

Nosso estudo chegou às seguintes conclusões:

> ➤ O tipo de comunicação descrita para promover a mudança, como uma comunicação do tipo habermasiano, cidadania deliberativa democrática, com foco em fatos e partilhamento sincero de resultados, é utilizado nas tarefas de inovação em equipes de inovação que partilham conhecimento científico para inovar em pesquisa e desenvolvimento, e também nos departamentos das empresas que cuidam de ações sociais da empresa e medidas de proteção ao meio ambiente; e ainda da educação corporativa e de treinamentos na empresa. São interações mais prováveis nas quais esse tipo de comunicação ocorre, sobretudo em equipes de inovação, pois se a comunicação não acontecer assim a inovação não ocorre.

Como nos mostra Fernando Tenório em *Tem razão a administração?* (Tenório, 2008, p. 160):

> os expoentes da Escola de Frankfurt, Max Horkheimer, Theodor Adorno, Herbert Marcuse, críticos da racionalidade instrumental, e Jürgen Habermas, com a sua proposta centrada na racionalidade comunicativa, influenciam o autor na sua definição de gestão social. "O adjetivo social qualificando o substantivo gestão será entendido como o espaço privilegiado de relações sociais no qual todos têm direito à fala, sem nenhum tipo de coação".

Tenório define também o termo cidadania deliberativa, que acompanha o conceito de gestão social: "[...] a legitimidade das decisões deve ter origem em processos de discussão orientados pelos princípios da inclusão, do pluralismo, da igualdade participativa, da autonomia e do bem comum" (p. 162).

Pode existir na empresa em várias circunstâncias uma comunicação mais substantiva e democrática.

- Esse tipo de comunicação mais franca pode ser adotada também na gestão da mudança, com facilitadores de comunicação, para fazer grupos que antes não trabalhavam juntos aprenderem a trabalhar dessa maneira, resolvendo paradoxos, se possível, e desenvolvendo uma visão conjunta, convergente, sobre o futuro da empresa.
- Um exemplo onde esse tipo de comunicação habermasiana começou a ocorrer para interesses da humanidade e do planeta com relação à proteção do meio ambiente foi o Pacto de Montreal, para supressão do CFCs (aerosóis), onde com base nos fatos científicos colhidos pela Nasa sobre a camada de ozônio foi necessário raciocinar além do mero interesse econômico e político imediatos, e sob pressão dos principais governos. Estes, bem como as empresas, realizaram reuniões chegando a acordos para suprimir os CFCs e levar as empresas a investirem em pesquisa e desenvolvimento para gerar inovação sustentável não poluente, o que de fato ocorreu: as empresas conseguiram criar produtos que substituíram os antigos componentes químicos poluentes, mas tiveram que ser pressionadas pelos cientistas e por governos para investir em inovação sustentável. Um diálogo mais substantivo baseado em valores como a proteção do meio ambiente, a troca franca de fatos científicos comprovados entre todas as partes, foi fundamental para permitir que se chegasse ao acordo. Neste sentido, foi um exemplo de comunicação habermasiana.
- O Pacto de Paris, que levou a um acordo, também foi bem-sucedido com relação à comunicação habermasiana baseada em fatos científicos, que levou esses países a dialogarem, a chegarem a um entendimento sobre

questões ligadas ao meio ambiente e a aceitarem medidas concretas para agir no sentido de preservar a humanidade e o planeta de maneira não ingênua, propôs dar fundos e subsídios para concretização das medidas e também para a realização de auditorias verdes e criação de uma legislação (Tirole, 2017).

> Ações, como as reuniões de cidadãos por temas, sugerindo medidas concretas de ação após debate, com iniciativa da prefeitura da cidade de Bordeaux, França, concretizam a ideia de cidadania deliberativa baseada nos conceitos de Habermas.

> Nas empresas, esforços voltados para o meio ambiente e a justiça social, por meio de ações sociais, também são exemplos de cidadania deliberativa corporativa, na definição de ações voltadas para sociedade. Ações como as do Instituto Natura, voltadas para educação de crianças no Brasil, é um exemplo desse tipo de iniciativa. Como mostram suas análises, baseadas em Pesquisa Nacional por Amostra de Domicílio (Pnad), o Brasil possui 2,5 milhões de crianças e adolescentes entre 4 e 17 anos fora da escola, o que corresponde a 6% do universo total de alunos (mais de 50 milhões), ou seja, muitas crianças sem estudo. O Instituto Natura desenvolve cursos *on-line* para formação e apoio de professores do ensino fundamental e apoia uma rede de 770 escolas no país para o ensino integral, **para a inclusão dessas crianças e a diminuição desses problemas.**

Estudos de caso

Apresentaremos a seguir dois estudos de caso de transformação digital.

O primeiro estudo sobre economia digital trata da abertura de agências bancárias digitais, nas quais o tipo de comunicação entre banco e cliente muda, substituindo a comunicação pessoal – na qual o gerente era um conselheiro especializado em sua clientela, construindo uma relação pessoal e presencial de confiança e aconselhando-a em seus investimentos – pelo atual sistema baseado em rápidas interações com diferentes pessoas por meio de avançados sistemas de tecnologia da informação (TI).

A confiança assim desloca-se do relacionamento pessoal e presencial, estabelecido durante anos, para a confiança gerada por avançados sistemas de TI, que orientam breves interações com diversas pessoas do banco, não mais um gerente de conta exclusivo da pessoa ou família, mas ainda assim pretendendo manter a eficiência por esses sistemas, bem como por uma interação mais objetiva, breve e instrumental. Tratam-se de clientes da alta classe média, de segmentos como Prime (Bradesco), Personalité (Itaú), Van Gogh (Santander) etc.

O segundo estudo de caso sobre a General Electric mostra, ao contrário, como deve ocorrer uma comunicação mais substantiva do tipo habermasiano no planejamento estratégico e nas equipes de inovação para que as inovações possam acontecer.

> **Estudo de caso 1 – Transformações estratégicas e reconfiguração das competências organizacionais: Aplicação do conceito de resiliência em estudos organizacionais por meio do modelo das organizações pós--burocráticas**
>
> Alvaro Bruno Cyrino dedicou-se a esse tema em sua tese de doutorado, *Transformations stratégiques et reconfiguration des compétences organisationnelles:* Une analyse des banques privées de détail au Brésil pendant la période 1986-1997, defendida na École des Hautes Études Commerciales, França, em 2004. A tese baseia-se em estudos sobre as competências de bancos brasileiros, apoiadas na teoria das capacidades dinâmicas, em uma perspectiva histórica.
>
> Em 2017, realizamos um estudo baseado nessa tese para tratar da resiliência em bancos e economia digital, e completamos esse estudo neste capítulo, com novos dados e referências.
>
> Neste estudo, pretende-se, identificar as competências organizacionais que funcionaram como deflagradoras de um comportamento resiliente de três bancos privados brasileiros e a adequação desses bancos ao modelo pós-burocrático.
>
> Segundo definição de Charls Heckscher (2007), trabalha-se com o pressuposto de que as organizações mais resilientes se aproximam mais do modelo organizacional pós-burocrático ou interativo.
>
> Dessa forma, o estudo longitudinal de Cyrino (2004) mostra que, de 1965 a 1986, os bancos brasileiros realizaram ajustes simples na sua estratégia, tendo em vista que as mudanças no ambiente do mercado financeiro brasileiro foram graduais, o que permitiu apenas a realização de ajustes simples.
>
> No entanto, de 1986 a 1994, em uma situação de grandes oscilações econômicas, que chegou a uma inflação altíssima, à indexação da economia, e à realização de seis planos econômicos no país, os principais bancos brasileiros, em especial Itaú e Bradesco, tiveram que fazer grandes economias e "fazer mais com menos", utilizar seus recursos para atingir o máximo de resultado possível com poucos recursos.
>
> De 1994 em diante, mudanças radicais na economia do Brasil, como internacionalização da economia e o controle da inflação, levaram os bancos brasileiros a reconfigurarem suas estratégias, observando-se mais a ação das capacidades dinâmicas.
>
> *continua*

Neste estudo de caso, trataremos do Banco Itaú.
As competências distintivas do banco são:

- Uma gestão estratégica sofisticada (segmentação de mercado e soluções desenhadas para cada segmento).
- Maior investimento em capacitação da equipe.
- Internacionalização.
- TI avançada, para dar conta de contextos econômicos complexos, e preocupação na segmentação de mercado.
- Marca forte e imagem de empresa moderna.

As ações do Itaú ao longo do tempo:
De 1965 a 1986, em um período de inflação e de protecionismo, o banco:

- Buscou o crescimento por meio da compra de bancos.
- Internalizou a maior parte das atividades de suporte antes terceirizadas.
- Implementou uma estratégia de *marketing driven* com segmentação de mercado.
- Fez investimentos na ampliação de rede de agências.
- Estabeleceu o foco na *performance* e rentabilidade.
- Qualificou e treinou equipes.
- Buscou transmitir uma imagem de marca forte, sofisticada e moderna.
- Buscou a internacionalização.
- Implementou novas tecnologias.

De 1986 a 1994, em um período de alternância de seis planos econômicos, o banco desenvolveu as seguintes estratégias:

- Considerou o Plano Cruzado como um alerta para contenção de custos. Foram cortados sobretudo custos de pessoal, reduzindo o número de colaboradores de 80 mil para 37 mil entre 1986 a 1994, e de 37 mil para 28 mil entre 1994 a 1997.
- Focou em atividades financeiras.
- Racionalizou a rede de agências, diminuindo-as.
- Buscou aumento da produtividade do pessoal por meio de implementação de sistemas de TI mais avançados e de capacitação de pessoal.
- Aprimorou a segmentação dos clientes em nove perfis.
- Promoveu, em termos organizacionais, a separação da gestão comercial da gestão administrativa.

De 1994 a 1997, com o controle da inflação e a internacionalização do mercado, o banco:

continua

- Intensificou as contenções de custo.
- Focou em TI, investindo em máquinas de autoatendimento.
- Obteve aumento de receitas de crédito.
- Começou a tarifar seus serviços, oferecendo mais serviços não bancários (seguros, previdência privada, planos de saúde etc.)
- Comprou outros bancos
- Tendo em vista TI e autoatendimento, racionalização de agências
- Priorizou a internacionalização.

Os fatores que explicam a resiliência e a capacidade de mudar constantemente e às vezes radicalmente (como a enorme diminuição de pessoal e a automatização de muitos setores do atendimento ao cliente).

- Treinamento das equipes responsáveis em lidar com sistemas avançados de TI e manter o alto padrão de qualidade de atendimento ao cliente.
- Cultura organizacional *market driven quality*, voltada para o cliente e para segmentação cuidadosamente realizada, com atendimento voltado para cada segmento.
- Internacionalização focada na segmentação de mercado sofisticada, com menor número de agências, mais TI e qualificação das equipes.

Suas crenças e valores eram assim expressas:

> Ser um banco líder em desempenho, reconhecido como uma instituição sólida e confiável, graças a utilização intensiva de marketing e uma tecnologia avançada, e equipes qualificadas e engajadas dentro de um conceito de qualidade total e de satisfação do cliente. (Cyrino, 2004)

Comparando os dois maiores bancos brasileiros, observam-se similaridades e diferenças nas competências do Itaú e do Bradesco.

Similaridades (competências em comum):

- Inovação de suas estratégias e de suas respectivas operacionalizações no novo contexto, mantendo uma coerência entre o planejamento e a prática.
- Redução de níveis hierárquicos e cortes de custo (sobretudo pessoal), investindo no desenvolvimento de plataformas de TI avançadas.
- Estratégia na aquisição de bancos menores.
- Preocupação de manter a marca forte, desde cedo.

Diferenças (competências distintivas)
Itaú

- Preocupou-se em firmar desde cedo uma marca mais sofisticada.
- Internacionalizou-se com pioneirismo.

continua

> Segmentou o mercado, desenvolvendo soluções invadoras para cada segmento.
> Usou TI de maneira mais sofisticada, para atender cada perfil de clientes diferenciados.

Bradesco (competências distintivas)

> Preocupou-se em firmar desde cedo uma marca mais popular, presente em todo o país (Presença Bradesco).
> Firmou com pioneirismo grande rede de agências no Brasil todo, atuando com inclusão social.

Foi pioneiro em TI no atendimento de seu público-alvo (popular), espalhado em todo o país, de forma *user-friendly*.

No que se refere aos dois bancos, o Itaú evoluiu mais como uma organização inovadora resiliente, adotando medidas pós-burocráticas e sofisticadas, com a implementação de muitas agências digitais e mais investimento em TI.

O pressuposto teórico é que a organização mais resiliente, que enfrenta melhor as mudanças radicais, redesenhando suas estratégias, tem uma organização mais próxima do modelo das organizações pós-burocráticas, como foi o caso do Itaú e das agências digitais.

Retomando o conceito de organizações pós-burocráticas (Heckscher, 2007), neste tipo de organização, a regulação social é o consenso baseado na confiança que advém do reconhecimento da alta capacidade técnica dos coordenadores de equipe e dos colegas de trabalho. Quando há discordância, o coordenador da equipe arbitra a melhor solução, pois a responsabilidade final da decisão é dele, mas a equipe de alto nível debate soluções e todos são ouvidos. Às vezes, ocorrem conflitos de ideias, o que não significa conflito de pessoas.

O conhecimento, a informação e o reconhecimento da capacidade técnica do colaborador são os fatores-chave para obtenção do consenso em torno de uma solução. Por exemplo: forças-tarefa, times de desenvolvimento de produto, grupos de solução de problemas, times de inovação.

> O diálogo é definido mais pelo uso da influência em termos de conhecimento e de ideias do que de poder.
> As decisões das pessoas são baseadas na capacidade de persuasão, no conhecimento técnico de alto nível, e menos na capacidade de comando.
> Considera-se fundamental divulgar em todos os níveis da organização informações sobre a estratégia da empresa. Trata-se de transparência organizacional.
> Trata-se do conceito de organização em rede, com pessoas com alto conhecimento técnico, interconectadas, e com rápido acesso umas às outras.

continua

> A escolha do interlocutor é determinada pelo tipo de problema a ser resolvido, e não pela posição hierárquica.
> Valores como autonomia e empreendedorismo interno são fundamentais.

Trata-se de equipes voltadas para resultados e pessoas participando de várias equipes em diferentes períodos de tempo e diferentes situações (capacidade relacional e de comunicação dos colaboradores valorizada).

O perfil do executivo global, como os clientes do Itaú, exige indivíduos com alta capacidade de ação estratégica, com capacidade de auto-organização (autonomia), inteligente, que sabe trabalhar com equipes multiculturais, sabe se comunicar na nova linguagem digital e estar bem informado. Sabe também aprender novos conteúdos e inovar. Frequentemente este profissional tem alto poder aquisitivo.

A forma organizacional mais propícia à inovação, como vimos, é a *adhocracia*, conforme proposta de Mintzberg (2000).

A *adhocracia* é capaz de inovação sofisticada, que acontece em ambientes de difícil compreensão, o que requer uma configuração proficiente em misturar especialistas de várias áreas em equipes de projetos *ad hoc* que trabalhem regularmente.

Nenhuma das outras configurações estimula a inovação sofisticada.

A *adhocracia*

> Estrutura fortemente orgânica.
> Pouca formalização do comportamento.
> Especialização do trabalho baseada em treinamento formal e fortemente horizontalizada.
> Instrumentos de interligação, estimulando o ajustamento mútuo: mecanismo-chave de coordenação interna e entre as equipes (sistemas de TI do tipo ERP, plataformas de gestão de conhecimento, comitês estratégicos e memória organizacional); efeito holográfico (Morgan, 1996).
> Junção de especialistas das unidades funcionais em pequenas equipes de projeto, com a intenção de se organizar internamente.
> Descentralização seletiva das equipes situadas na organização em diversos pontos, envolvendo diversos grupos formados por gerentes de linha, assessores e especialistas operacionais.

É necessária uma estrutura orgânica que confie no uso de *expertise* sofisticada, contratando e dando poder aos especialistas com conhecimento e habilidades fortemente desenvolvidos em programas de treinamento.

Novos sistemas de TI induzem a novas formas de interação humana e de comunicação.

continua

Como mostra Domenico de Masi, no livro *A sociedade pós-industrial* (1999), esse tipo de sociedade apresenta as seguintes características:

- A organização do Estado é feita pelas democracias representativas; entre o neoliberalismo e o estado de bem-estar social europeu.
- Os recursos principais são a inteligência, o conhecimento, a criatividade, as informações, os laboratórios científicos e culturais.
- O setor econômico dominante é o setor terciário (serviços).
- Os recursos são a eletrônica, a informática, a biogenética, tecnologias intelectuais e adequadas.
- O fator de coesão é a solidariedade programada, redes múltiplas de comunicação, participação no grupo, visão sistêmica o mundo.
- A relação com o tempo e espaço – orientação para o futuro, ritmo de trabalho fruto de escolha individual.
- A sociedade é interconectada pelas redes formais e informais de comunicação
- Um tipo de organização em rede são as organizações virtuais.

Nessa sociedade, o fundamental são as novas tecnologia de informação e conhecimento, como celular, internet, *e-mail*, redes sociais, *chats*, videoconferência, entre outros, que induzem novas formas de interação humana, exigindo respostas mais rápidas, a todo momento, e misturando as esferas das vidas pública e privada do indivíduo.

A economia digital, como mostra Tirole (2017), tem características próprias que mudarão a sociedade como um todo.

A agência digital: Uma nova reconfiguração do serviço bancário

A agência digital do Itaú atende os clientes das 7 da manhã até a meia-noite todos os dias da semana, via *chat*, *e-mail*, telefone, videoconferência, mas não pessoalmente.

Focado inicialmente em clientes com faixa mínima de rendimento de R$ 10.000 por mês, hoje já atende clientes com rendimentos a partir de R$ 5.000,00 por mês.

Em 2012, o resultado gerado pelos gerentes do banco estavam em 80%, utilizando os canais digitais.

Em 2015, os clientes do Itaú, por meio de internet, aplicativos e agências digitais, realizaram cerca de 40% das movimentações totais. Até o final de 2016, o objetivo era atingir 1,7 milhões de clientes, e reduzir as agências físicas em até 50% nos próximos dez anos.

Esses dados mostram quanto a estratégia digital e a evolução tecnológica dos últimos anos têm influenciado a mudança na forma de acesso e interação dos clientes com o banco.

continua

Dessa forma o banco não tem custo com segurança (de valores e de pessoas), porém mesmo com esta economia, não há abatimento das tarifas relativas a estes serviços, que continuam a serem cobradas dos clientes. O cliente digital também pode ir a agências físicas.

No segmento com renda menor de R$ 2.000 ao mês, a rentabilidade da agência digital poderá ser até 12 vezes em comparação com a agência física.

Organização

Cada gerente de relacionamento de uma agência digital possui uma carteira fixa de 650 clientes.

Há também assistentes e gerentes que cobrem o trabalho de um gerente de relacionamento titular. O cliente pode ligar direto para a mesa de seu gerente, mesmo que o atendimento seja feito por alguém do grupo.

A agência digital atende remotamente o cliente, mas pretende dar um atendimento mais próximo que o relacionamento presencial.

Em média, a cada 43 dias, todos os clientes da carteira do gerente de relacionamento são contatados (média de 15 contatos por dia), garantindo pessoalidade no relacionamento.

O cliente digital também pode ir a agências físicas.

Problemas

> Alto volume de trabalho para os gerentes de conta, por ser difícil atender todos os dias todos os clientes com a qualidade esperada.
> Resistência organizacional: competição entre agências físicas e digitais; medo do desemprego.
> Alta rotatividade dos colaboradores nas agências digitais.
> Gerentes das agências físicas tentam manter reserva de mercado com alguns tipos de financiamento que obrigam o cliente a ir às agências
> Muitos clientes foram comunicados pelo banco que sua conta tinha migrado para uma agência digital, sem seu consentimento. Este fato trouxe algumas reações negativas.

A agência digital corresponde a uma nova forma de interação na qual o gerente de conta deve ser o consultor que vai coletar as informações especializadas em diversos setores do banco e oferecer soluções customizadas ao seu caso específico. Assim, mantém-se a proximidade com o cliente, mesmo pelo atendimento remoto.

continua

Dessa forma, o banco pretende atender muito mais pessoas de maneira customizada do que seria possível numa agência física, e com menor custo, atendendo às demandas de uma sociedade informacional.

Informações customizadas sobre o cliente, como dados pessoais, aparecem na tela do computador quando o gerente de conta da agência digital ou um dos colaboradores da equipe faz o atendimento, por meio de sistemas de TI avançados.

Assim, a confiança do cliente obtida pela interação presencial, estabelecida por anos, de modo mais tradicional (tomando-se o cafezinho e dialogando) é substituída por uma interação mais objetiva, ainda que customizada, via agência digital e sistemas de TI avançados, em que o gerente de conta pode ser um colaborador diferente da equipe.

Esse perfil de agência se adéqua bem ao executivo global, que viaja. O Itaú, que se internacionalizou cedo, pretende lidar digitalmente com vários clientes de diversas culturas e mercados internacionais.

De forma resiliente, o Itaú mostra-se à frente de outros bancos no estabelecimento das agências digitais. A base da confiança, no entanto, está nos sistemas avançados de TI e em uma comunicação de caráter objetivo e prático com os clientes.

Esse tipo de comunicação visa substituir o antigo relacionamento pessoa a pessoa, em anos de interação e confiança, estabelecido entre o cliente e o gerente de conta, presencialmente. O gerente de conta chegava a conhecer detalhes pessoais da vida do cliente e de sua família, para aconselhar-lhe quanto a investimentos, seguros, e outros serviços do banco. Da mesma forma como visava atuar o advogado de família, o gerente de conta tradicionalmente tinha uma relação pessoal com o cliente, funcionando como um conselheiro pessoal, um consultor pessoal que oferecia serviços customizados para o mesmo.

Na agência digital, os sistemas de TI possuem os dados do cliente e algumas vezes até observações pessoais sobre ele, mas o gerente de conta ou seus substitutos, que se revezam, não têm relacionamento pessoal ou presencial com o cliente, e o tipo de diálogo é muito mais objetivo e telegráfico, com menos entendimento e aconselhamento.

No futuro, provavelmente sistemas de TI Big Data poderão analisar o perfil do cliente e propor investimentos customizados visando à eficiência, mas sem o caráter pessoal do relacionamento.

Dessa forma, em se tratando de banco, a comunicação tende a ser cada vez mais instrumental, baseada na eficiência da aplicação do dinheiro e do investimento, e cada vez menos pessoal.

É um *locus* onde nos serviços um tipo de comunicação instrumental, voltada para a eficiência, predomina.

continua

Existe a questão das capacidades das diferentes gerações em lidar com a tecnologia. As gerações mais jovens confiam mais nos sistemas digitais e na tecnologia e possuem expectativas de interação com os indivíduos diferentes que as gerações passadas.

De acordo com Marc Prensky (2001), no artigo "Digital natives, digital immigrants", os nativos digitais são as crianças que nasceram falando a linguagem digital, cuja identidade é baseada em interações digitais, desde a infância. Como mostram John Palfrey e Urs Gasser (2008) no livro *Born digital*, as crianças nascidas em um meio ambiente com as últimas tecnologias da informação definem uma larga parte de sua identidade através da comunicação digital, e o cérebro delas tem mais facilidade para lidar com esse tipo de comunicação e tecnologia.

Tendo em vista um tipo de análise que leva em conta as diferenças entre as gerações, propõe-se que pessoas jovens não têm as mesmas características das mais velhas, pelo fato de terem sido criadas de forma diferente, existe a questão geracional, sendo geração definida como grupo de indivíduos nascidos na mesma época e contemporâneos.

Esse pensamento foi definido pelo sociólogo alemão Karl Mannheim nos anos 1930. Influenciado pelo marxismo, Mannheim (1971) argumentou em *The problem of generations* que a forma de as pessoas pensarem é influenciada pela sociedade e pelo seu meio ambiente social e histórico. Portanto, existem fatores que definem uma geração. A experiência vivenciada no tempo de sua juventude. Quanto maiores as rupturas, maiores os impactos psicológicos. Os valores transmitidos pelos mais velhos, valores que eles receberam em sua juventude, também influenciam a geração mais jovem.

As gerações podem ser divididas da seguinte maneira:

> *Baby Boomers*: nascidos depois da Segunda Guerra mundial, desfrutaram dos benefícios do crescimento econômico e da existência de muitos empregos. É uma geração confiante, que age politicamente para manter seu poder e seus meios de diferenciação. Valorizam a estabilidade de vida, de emprego, econômica, e aceitam mudanças apenas quando necessário. Apresentam maior dificuldade em se adaptar à economia digital.

> *Generation X*: nascidos no meio dos anos 1960, viveram uma grande época de liberação, marcada pelo questionamento e reconstrução de princípios e hábitos de vida, consumo e ensino. Trata-se de uma geração que busca valores mais "puros" e sinceros. Preservam muito ainda o valor estabilidade.

> *Generation Y*: nascidos nos anos 1980, continuam a tradição de questionar e repensar as estruturas sociais da geração X, sendo a Y uma referência para suas constantes perguntas ("*Why*" / "Por quê"), para entender o que se passa à sua volta. Aceitam melhor as mudanças que a geração X, inclusive as de emprego. Apresentam maior facilidade de se adaptar à economia digital.

continua

> ***Generation Z***: nascidos com a internet, antes do século XXI, em uma época de crise econômica e social, enfrentam a perspectiva de um futuro mais incerto com mais mudanças. Aceitam melhor as mudanças e a economia digital.

Crianças nascidas em um ambiente no qual já existe muita influência da tecnologia, computadores avançados, celulares, internet, internet das coisas, têm o desenvolvimento do cérebro diferente das gerações anteriores, escrevem de forma mais telegráfica e têm expectativas diferentes também quanto à interação ao relacionamento.

Gerações mais jovens ou nascidas a partir dos anos 1980 apresentam mais facilidade com as tecnologias digitais e as agências digitais. Tratam-se de indivíduos satisfeitos em utilizar a última tecnologia, que controlam seus investimentos por meio softwares e aplicativos em seus *smarthphones*, celulares e computadores, sem precisar de uma agência bancária fixa, mas assumindo custos que normalmente seriam do banco para manter uma agência fixa e dar atendimento presencial.

Portanto, indivíduos das gerações Y e Z têm muito mais facilidade em se adaptar às agências bancárias digitais e à transformação digital da economia.

As agências tendem a adotar estruturas menos burocratizadas, funcionando de forma mais ágil no sentido de caminhar para práticas pós-burocráticas de gestão.

Estudo de caso 2 – Exemplo de organização que visa implementar estruturas pós-burocráticas e uma comunicação mais franca e transparente

General Eletric

O artigo "Inovação e sustentabilidade: Uma análise da General Electric e da sua adoção do modelo das organizações inovadoras sustentáveis", de Carina dos Reis Saraiva Dória, Heloísa Maria Pereira da Silva, Ricardo Pires, orientado por Isabella Francisca Freitas Gouveia de Vasconcelos, no Centro Universitário da, Fundação Educacional Inaciana (FEI), é um dos estudos que dá suporte a este estudo de caso, bem como a visita realizada em 2006 à General Electric em seu centro de pesquisa e desenvolvimento no norte do Estado de Nova York.

História da General Electric

As origens da empresa remontam a Thomas Alva Edison que, com Grosvenor P. Lowery, consultor da Western Union, fundou a Edison Electric Light Company, em Menlo Park, no estado norte-americano de Nova Jersey, em outubro de 1878, cujo objetivo era desenvolver um sistema de iluminação comercialmente viável. A ideia surgiu depois de ter visto uma caríssima exibição de uma série de oito luzes 500 *candlepower* (luzes de arco). Depois de pouco mais de um ano de árduo trabalho,

continua

em 21 de outubro de 1879, Thomas Alva Edison cumpriu seu objetivo e entrou para a história: desenvolveu a primeira lâmpada de filamento de carbono, provida de corrente por dínamos de alta tensão especiais, que ficou acesa 40 horas. Até que ela apagasse, o inventor não saiu do laboratório. À medida que novos produtos foram surgindo, rebatizou a empresa como Edison General Electric Company.

Durante esse período, a empresa ingressou em diversos projetos, como a construção das maiores locomotivas e transformadores elétricos do mundo. O inventor também se envolveu em áreas muito diferentes, como mineração, baterias e até mesmo a produção de cimento. Em 1876, auxiliado por um grupo de empregados, Edison inventa um telégrafo capaz de enviar quatro mensagens de uma vez e melhora o telefone, permitindo falar e ouvir ao mesmo tempo.

O investimento no exterior ocorreu desde o início da indústria elétrica nos Estados Unidos, quando a empresa ingressou no mercado inglês com sua subsidiária, a Edison Swan, no final da década de 1880; na Alemanha, por meio da Algemeine Edison Gesellschaft, e na Itália por intermédio da Societá Edison per la Fabricazione delle Lampade. Seu laboratório, o Laboratório Edison, considerado na época um monumento nacional, foi transferido para West Orange, estado de Nova Jersey, em 1886, criando, na época, uma nova forma de realizar negócios, onde um grupo de pessoas, ao invés de apenas uma, poderia inventar, construir e comercializar produtos juntas, trabalhando em equipe.

Em 1892, a fusão da Edison General Electric Company e da Thomas Houston Electric Company (fundada em 1883), arquitetada pelo banqueiro J. P. Morgan, criou a General Electric Company. Com suporte financeiro do banqueiro, a GE praticamente garantiu o monopólio da tecnologia de fabricação de lâmpadas e de outros equipamentos elétricos, principalmente de corrente contínua, através de uma agressiva política de aquisição de patentes e da introdução de inovações próprias. O sucesso em diversas áreas levou a GE a ser listada no índice industrial Dow Jones em 1896. Atualmente, é a única empresa ainda no índice da lista original. Em 1900, a GE foi a primeira a inaugurar um laboratório para pesquisas científicas na cidade de Schenectady, Nova York, sendo o primeiro laboratório privado desse tipo. Já em 1908, pioneira na construção de locomotivas elétricas, fornecia esse meio de transporte para a estação central de Nova York.

Nos anos seguintes, a GE conquistou feitos memoráveis, como todo o sistema de controle e instalação elétrica do Canal do Panamá, feito pela empresa em 1914, e a inauguração de uma das primeiras estações de rádio dos Estados Unidos em 1922. Em 1927, instalou o departamento de produção de refrigeradores. A década de 1930 começou com a criação da divisão de desenvolvimento plástico e de ar-condicionado em 1932. Na década seguinte, inovou mais uma vez ao construir o primeiro avião a jato dos Estados Unidos, o modelo 1 A. Nos anos seguintes, a GE transformou-se

continua

em um enorme conglomerado atuando em diversos segmentos do mercado. Sua força foi demonstrada em 1969, quando o Projeto Apolo, que levou o homem à Lua, envolveu 37 operações da GE e mais de 6 mil empregados.

No final da década de 1970, a GE vivia um momento delicado: a concorrência já não permitia que as tecnologias da GE se distinguissem no mercado e a necessidade de rapidez e de melhoria contínua exigia a eliminação de barreiras internas de funcionamento, permitindo uma comunicação mais eficaz e um menor tempo de resposta. A mudança de atitude teria que ser radical. Foi então que, em abril de 1981, Jack Welch assumiu a presidência da empresa com a tarefa de recuperar os dias de glória da gigante.

Ele planejava fazer uma revolução na GE, que apesar de alguns problemas era uma empresa saudável. Welch rapidamente mostrou que também seria o primeiro grande executivo dos tempos modernos a exigir grandes mudanças: tirou a empresa do ramo de pequenos aparelhos domésticos, diminuiu a força de trabalho de 404 mil para 229 mil acabando com a antiga política de não demissão da empresa. Fechou 73 fábricas e eliminou 232 produtos; vendeu 12 bilhões de dólares em negócios da GE e comprou outros que estavam avaliados em 26 milhões de dólares. Entre eles estavam a RCA Corporation e a rede de televisão NBC, adquiridas em 1986.

Concordou em combinar os interesses europeus da GE em aparelhos, equipamentos médicos, distribuição elétrica e sistemas de energia com a não relacionada General Electric Company of Britain. Isso impulsionou o sucesso de mercado da empresa de US$ 12 bilhões para mais de US$ 100 bilhões, acumulando crescente admiração com a rápida diminuição das queixas. Welch investiu US$ 200 bilhões em valor de mercado. Nessa época, das 350 unidades de negócios, quando Jack Welch assumiu a presidência, em 1981, a GE tinha apenas 12 motores para aviões, eletrodomésticos e ar condicionado, serviços financeiros, distribuição elétrica, sistemas industriais, serviços de informação (internet e intranet), sistemas de transporte e a NBC.

Até 2001, quando deixou o cargo, ele construiu uma GE mais magra, mais forte, mais competitiva, com menos pessoas, menos unidades de negócio, menos níveis e menos gestores – e muito mais valiosa em sua gestão. Naquela época, o valor de mercado de sua gestão saltou de US$ 14 bilhões para US$ 410 bilhões. Em 2007, a empresa centenária, sob o comando de Jeff Immelt, ex-chefe da divisão médica da GE e ex-vice presidente da área plástica, vive um momento histórico: pela primeira vez, mais da metade das vendas globais de 2007 veio de fora dos Estados Unidos. Na última década, a GE abriu seus três primeiros centro de pesquisa na Índia (Bangalore), na China (Shangai) e na Alemanha (Munique).

A iniciativa já nasceu com objetivos claros relacionados à geração de receita e investimetnos, e os indicadores são acompanhados mensalmente.

continua

A GE tem 36 mil profissionais em seus centro de pesquisa e desenvolvimento. Mesmo assim, seus executivos não perdem oportunidades de encontrar novas frentes de inovação trabalhando diretamente com empresas-clientes. Desde a criação do programa, diversas empresas procuraram a GE em busca de orientações sobre como aprimorar seus produtos e suas práticas ambientais. Nessas ocasiões, quando há possibilidades de sinergia, a GE propõe que o trabalho seja compartilhado no gerenciamento do projeto ou no desenvolvimento de novas tecnologias, por exemplo. A empresa também traz especialistas de fora para orientar suas estratégias. No conselho consultivo da Ecomagination há profissionais renomados como Jonathan Lash, presidente do World Resources Institute (WRI), uma das organizações ambientalistas mais respeitadas do mundo; o físico Ernest Moniz, do Massachusetts Institute of Technology (MIT), e o arquiteto Willian McDonough, considerado um papa do ecodesign.

A GE é uma verdadeira gigante. É a maior fabricante mundial de motores de grande e pequeno porte para aeronaves comerciais e militares. Também é uma das maiores fabricantes do mundo dos principais equipamentos domésticos (refrigeradores e freezers, fornos de cozimento rápido e de micro-ondas, fogões elétricos e a gás, lavadoras e secadoras, lava louças, trituradores e compactadores de lixo, aparelhos de ar condicionado e sistemas de purificação de água), comercializados com as marcas Monogram, Profile Performance, Profile, GE e Hotpoint, assim como diversos produtos com marcas de terceiros. A empresa produz ainda mais da metade das locomotivas a diesel para trens de carga na América do Norte e suas locomotivas operam em 75 países. Em 2008, a GE anunciou a reorganização imediata de suas operações em quatro divisões, em face das seis atuais, com o objetivo de aumentar a eficácia e a rentabilidade de seus negócios. No mesmo ano, a divisão de tecnologia incluiu as operações relacionadas com aviação, transporte e assistência sanitária, entre outras. A de energia envolveu as operações vinculadas ao setor energético e à água, e a de capital todas as atividades relacionadas com os serviços financeiros que oferecem às empresas. A quarta divisão é a NBC Universal que não varia sua colocação no mercado norte-americano e reúne os negócios relacionados com a comunicação e o entretenimento.

A GE opera em mais de 100 países, distribui seus produtos em outros 180, empregando mais de 327 mil pessoas em todo o mundo. Sua linha de produtos ultrapassa os 800, desde uma simples lâmpada a potentes turbinas de avião e locomotivas.

Principais *slogans* da empresa

➤ *Imagination at work* (2003).
➤ *Proven products for the 80's from a proven team* (1980).
➤ *One of the biggest names in almost everything* (1979).

continua

- *Progress for people* (1974).
- *Progress is our most important product* (1965).
- *You can put your confidence in – General Electric* (1953).

Principais dados da empresa

a) Origem: Estados Unidos
b) Fundação: 1892
c) Fundador: Thomas Edison
d) Sede mundial: Fairfield, Connecticut
e) Proprietário da marca: General Electric Co.
f) Capital aberto: Sim
g) *Chairman* CEO: Jeffey Immelt
h) Faturamento: US$ 172,79 bilhões (2007)
i) Valor de mercado: US$ 288,5 bilhões (2008)
j) Valor da marca: US$ 53,08 bilhões (2008)
k) Presença global: mais de 180 países
l) Funcionários: 327 mil
m) Segmento: conglomerado
n) Principais produtos: eletrodomésticos, turbinas de avião, locomotivas, automação industrial, geração de energia
o) Ícones: o fundador Thomas Edison
p) *Slogan*: *Imagination at work*
q) Website: www.ge.com

General Eletric no Brasil

Com operações no Brasil desde 1919, a GE possui oito instalações industriais no país, distribuídas entre os estados de São Paulo, Minas Gerais e Rio de Janeiro, além de escritórios de vendas e marketing em outras localidades. A empresa emprega cerca de 8 mil pessoas e tem sua matriz na cidade de São Paulo. Todos os 11 negócios da GE, em maior ou menor proporção, mantêm atividades no Brasil. De manutenção de motores de avião à geração de energia, passando por serviços financeiros, eletrodomésticos, equipamentos de diagnóstico por imagem e plásticos de engenharia, oferecendo ao mercado brasileiro o que há de mais sofisticado em tecnologia de produtos e serviços.

Ecomagination

Esse programa teve início em dezembro de 2004 quando o presidente Jeffey Immelt determinou que todas as áreas de empresa deveriam engajar-se com produtos am-

continua

bientalmente corretos, desde a fabricação de turbinas a serviços financeiros. Lançado em maio de 2005, o objetivo do programa foi transformar desafios ambientais em estímulo à inovação e em fontes de receitas, além de reduzir os danos ecológicos da empresa.

A visão da GE é expressa pelo lema *Green is Green*, que pretende investir em inovação sustentável para a construção de um mundo melhor e também ter lucro.

Responsabilidade social

A responsabilidade social corporativa é o comprometimento permanente dos empresários de adotar um comportamento ético e contribuir para o desenvolvimento econômico, melhorando, simultaneamente, a qualidade de vida de seus empregados e de suas famílias, da comunidade local e da sociedade como um todo.

A GE Fundation, criada em 1953, é uma organização filantrópica da GE que investe em programas baseados em educação com qualidade.

A GE investe US$ 550 mil por ano nos seguintes projetos:

a) ***Junior Achievement***: ação da Fundação GE no Brasil voltada para o ensino do empreendedorismo a jovens ainda na escola, incentivando-os também a permanecerem na escola.

b) **Círculo de leitura**: apoio ao jovem no desenvolvimento de sua identidade, comunidade e cidadania por meio da leitura em grupo. A leitura e debate em grupo criam um espaço para adolescentes que querem dividir suas experiências e ampliar seu universo de conhecimento e ideias por meio das palavras e do vínculo com o outro. Voluntários trabalham de forma interativa com grupos de 10 a 15 jovens. Grupos pequenos oferecem melhores condições para o jovem dialogar e formar vínculos com outros jovens e voluntários. Os encontros acontecem na GE (sala de treinamento) uma vez por mês e com duração de duas horas cada.

c) **Projeto Fortalecer**: ajuda a fortalecer 40 organizações sociais (30 indicadas pela Abrinq e 10 indicadas por voluntários da GE) que promovem a defesa dos direitos e o exercício da cidadania da criança e do adolescente de modo mais efetivo.

d) **Rede Informação**: objetivo é melhorar a qualidade do ensino público, qualificando coordenadores de ensino e assistentes pedagógicos da rede municipal, para realizar a formação contínua do professores. Esse projeto já foi implementado em todas as escolas de São Paulo (capital).

GE Volunteers

A GE Volunteers é uma organização criada em 1928 com o intuito de dar uma só direção para as ações voluntárias da GE pelo mundo. O objetivo é incentivar a

continua

participação de voluntários (funcionários GE) nas diversas comunidades nas quais a empresa atua. No Brasil, a GE Volunteers foi inaugurada em 1997, sendo representada por cinco conselhos diretivos: São Paulo, Campinas, Rio de Janeiro, Petrópolis e Contagem. Segundo dados internos, desde sua implantação, foram executados mais de 250 projetos sociais e campanhas, cerca de 112 mil horas doadas, 93 mil pessoas beneficiadas e mais de US$ 710 mil investidos. No mundo, existem mais de 140 conselhos localizados em 37 países.

Cada conselho é responsável pela mobilização e planejamento de seu voluntariado em projetos a serviço da comunidade a qual está inserida. A Semana GE Volunteers é uma iniciativa do Conselho São Paulo, na qual, durante uma semana, cada dia é dedicado a atividades sociais em entidades previamente selecionadas.

- Campanha do Agasalho: todos os anos, durante um mês, são colocadas caixas de arrecadação de agasalho nas copas de todos os andares, nas quais os funcionários podem fazer suas doações. Todo o material doado é destinado a uma entidade diferente a cada ano.
- Campanha de Natal: acontece todos os anos ao longo do mês de novembro e dezembro. Cada ano, a campanha têm um público-alvo e entidade diferentes.
- *Paint Day*: a iniciativa global da GE que visa deixar mais alegre o ambiente de diversos hospitais pelo mundo; neste projeto, os funcionários dedicam uma manhã à alegria de crianças.
- *Be Yourself a Volunteacher*: parceria da GE Volunteers, Gerdau e EFALL, cujo objetivo é o ensino de inglês como instrumento de educação, auxiliando o pré-adolescente e o adolescente a conquistar, com autonomia, seus ideais e um futuro melhor.
- *Comunity Day*: uma iniciativa da GE Volunteers do Conselho de São Paulo, na qual um dia de cada mês é dedicado a atividades sociais em entidades previamente selecionadas.

Em 2003 a GE Elfun Volunteers deu início ao projeto que beneficiou crianças de 4 a 14 anos na comunidade do Jacarezinho, na cidade do Rio de Janeiro, vizinha à fábrica de lâmpadas da GE. O programa socioeducativo beneficiou cerca de 2 mil alunos da rede pública de ensino, integrando ao currículo escolar temas como cidadania, autoestima, cuidados com a higiene, nutrição e saúde preventiva.

Há vários outros programas assistenciais na Fundação GE.

O esforço da empresa para desburocratizar rumo a uma estrutura pós--burocrática favorável à inovação

Na gestão de pessoas da General Eletric destacam-se os seguintes pontos:

a) *Four Stages Model*: estrutura de carreira plana com níveis apenas.

continua

b) Avaliação 360 graus: as pessoas são avaliadas por todos com os quais trabalham.

c) Organização desburocratizada.

d) Avaliação de desempenho com franqueza e transparência.

e) Valorização de eficiência no trabalho e de pessoas com "energia positiva", que trabalham com entusiasmo e interesse no processo de inovação.

A fim de caminhar em direção a uma estrutura pós-burocrática, a empresa optou na gestão de Jacques Welch por caracterizar-se:

> Ser a primeira ou a segunda nos negócios nos quais atua nos diversos setores, reestruturando negócios, inovando ou fechando mercados.

> Implementar uma cultura de franqueza na organização e luta contra a burocracia, visando à pós-burocracia (cf. Heckscher e *adhocracia* de Mintzberg). Na visão de Jacques Welch, isso foi possível após dez anos de esforços para institucionalizar o valor franqueza e sinceridade nas reuniões e na organização, com exemplo de líderes, gerentes e alta diretoria. A empresa visava também a uma gestão honesta e transparente, exigindo o cumprimento de valores como franqueza com polidez e educação.

> A classificação do sistema de gestão de pessoas é feita da seguinte forma: em 20% melhores, os próximos 70% e finalmente os últimos 10%. Os 20% melhores recebiam atenção, treinamento, altos salários, promoções, pois eram os mais capazes, inovavam e eram considerados de alto potencial. Os 70% seguintes também eram tratados com respeito, tinham formação, informação, uma política de gestão de pessoas com incentivos, benefícios e plano de carreira e gestão baseada na meritocracia. Os melhores potenciais e talentos eram alavancados para ser os 20% melhores. Os 10% últimos, que não eram considerados promissores, eram incentivados a mudar de empresa, encontrar novos caminhos onde pudessem se desenvolver. Nesse sentido, existia a franqueza organizacional.

Dessa forma, para inovar, a GE pretende ter uma cultura e uma comunicação aberta, franca e institucionalizada, do tipo habermasiana. Cada colaborador sabe qual é a sua situação na empresa francamente, tomando ciência de suas possibilidades e de sua avaliação. O objetivo é inovar.

A organização implementa o conceito de organização em aprendizado (*learning organization*), por meio de uma cultura aberta, no sentido de que a inovação não ocorre para mero deleite intelectual dos pesquisadores, mas a inovação tem que ter uma função social de acordo com a visão da empresa, contribuindo com a visão do Ecomagination (inovação sustentável para um mundo melhor, mas também dando lucro).

Assim, para que a inovação ocorra, a organização precisa ser enxuta e ter uma estrutura informal que permita a comunicação com todos rapidamente na busca por

continua

soluções. Os projetos, além de serem direcionados a um fim específico, precisam ser "vendidos" dentro de um processo de busca de oportunidades no estilo do *garbage can model*, o que significa que as soluções são criadas antes do problema.

Em seu site oficial, na época de Jach Welch, nos anos 1990, a GE já afirmava que "*o processo de inovação ocorre assim nas duas direções. Na verdade, quando se transforma a invenção em algo concreto, encontramos a inovação*". Alguns fatores são importantes neste processo: é necessário "*repensar a organização*" propondo-se novas soluções e sempre questionando o "*atual estado das coisas*". A GE declara que possui estrutura organizacional de aprendizagem (*learning*), que é voltada para o mercado, mas que também pode colocar suas invenções no próprio mercado.

Esse tipo de cultura que visa institucionalizar uma prática de comunicação franca também foi adotado em setores da IBM, nos valores respeito ao indivíduo, busca da excelência e fale francamente, conforme artigo "IBM: o desafio da mudança" (Vasconcelos, 1993).

Crotonville: O centro de excelência em treinamento para os melhores executivos GE

Localizado na pequena cidade de Ossining, em uma área de 220 mil metros quadrados, Crotonville é o responsável pelo treinamento de todos os executivos considerados os principais talentos da companhia

Ao longo dos 130 anos de história, a GE nunca contratou nenhum presidente de fora da empresa, todos foram formados na própria companhia, e certamente passaram pelos ensinamentos de Crotonville.

Aliás, em se tratando do treinamento prestado, segundo entrevistas, Crotonville assemelha-se a um *campus* universitário, no entanto, as aulas são totalmente baseadas em problemas reais, e não em teorias muitas vezes não utilizadas na vida real. Isso porque o intuito de Crotonville é fazer com que os executivos aprendam e possam produzir bons resultados para a companhia, e muitos dos problemas apresentados são da própria GE, em um esforço de desenvolver o senso crítico e analítico dos gestores.

No centro de treinamento, o dia de estudo é bastante árduo, iniciando-se às 8 horas da manhã e terminando no final da tarde. A socialização entre os executivos, é muito importante, onde realizam também trabalhos em grupo. Os professores em sua maioria são ex-executivos da GE que conhecem os maiores desafios da empresa e refletem com os alunos buscando soluções para eles. Os alunos têm teoria, mas também buscam soluções práticas e aplicadas à GE, trocando experiências.

Jack Welch investiu muito na revitalização de Crotonville, que é uma universidade corporativa.

continua

ECOMAGINATION

A preocupação com a sustentabilidade é a inovação sustentável que visa atender às necessidades atuais da população da Terra sem comprometer seus recursos naturais, legando-os para gerações futuras.

A GE quer produzir produtos sustentáveis em todas as suas linhas, para a preservação do meio ambiente e criação de um mundo melhor, mas também quer ter lucro em dólares (*Green is Green*).

Assim, todos os programas devem engajar-se com produtos ambientalmente corretos, desde a fabricação de turbinas a serviços financeiros. Em maio de 2005, a empresa lançou este programa.

Com o tempo, a GE quer ser uma organização inovadora sustentável, que produz produtos todos ecologicamente corretos e atua no pilar do desenvolvimento social, econômico e da proteção do meio ambiente.

Por meio do progama Ecomagination, a General Electric pretende resolver hoje os problemas de amanhã, considerando a busca de um ambiente mais claro e límpido, sem poluição e irradiação, utilizando-se da imaginação para deixar fluir ideias e criar novas perspectivas nas principais áreas de inovação da empesa, com tecnologias que possam resolver esses problemas.

A ideia é *win win game*: todos ganham com a inovação sustentável.

A GE possui 36 mil profissionais em seus centros de pesquisa e desenvolvimento. Entre as novas ideias, estão turbinas que emitem menos gases de efeito estufa, equipamento de automação para casas que reduz o consumo de água e energia. Em 2007, as vendas desses produtos somaram quase 10% das vendas globais da empresa, crescendo três vezes mais rápido que a média de outros produtos da GE; há uma perspectiva de chegar ao investimento de US$ 1,5 bilhão em pesquisa, e US$ 25 bilhões em vendas que na época se planejava atingir até 2010.

Com relação à geração de energia limpa, responsável por metade das vendas da Ecomagination, provenientes de equipamentos de energia eólica, a GE pode ser considerada a maior empresa de energia renovável do mundo com faturamento de cerca de US$ 10 bilhões por ano.

O desenvolvimento com a Boing de turbinas que ajudam a reduzir as emissões das aeronaves de companhias aéreas, além de serem mais silenciosas; também a tecnologia de dessalinização, que recicla a água do mar, sendo considerada uma das tecnologias mais promissoras da GE; locomotivas da série Evolution com motor a diesel, projetadas para reduzir as emissões de gases poluentes em até 40%, tendo um menor consumo de combustível de 9% em relação a atual frota operacional com uma maior distância, isto graças ao novo motor desenvolvido pela GE.

continua

> A GE pretende ser um exemplo de organização inovadora resiliente, como mencionado na seção "Transformação digital".
>
> No entanto, o próprio Welch, ex-diretor presidente (CEO) da empresa, afirma que mesmo após dez anos de esforços para implementar continuamente uma comunicação mais livre e franca na organização, ainda há muitas resistências, apesar de a empresa ter feito grandes progressos nessa direção.

Conclusão

Se a organização é resiliente e consegue enfrentar situações de ruptura com êxito, inovando e aprendendo com essa dinâmica, e atingindo novos níveis de complexidade superiores, em um equilíbrio dinâmico, o resultado é que, mesmo enfrentando muitas rupturas (por causa de muitas inovações radicais), a organização resiliente aprende com elas, evolui e é estável, pois consegue implementar na maioria das vezes a mudança com êxito. É estável de uma maneira dinâmica, pois consegue estabelecer sempre novos patamares mais complexos de estabilidade, atingindo novamente o equilíbrio em um movimento dinâmico e contínuo de evolução e aprendizado. Quanto mais resiliente a organização, mais sua atividade é inovadora e baseada em trabalho substantivo de inovação com comunicação que visa ao real entendimento das questões, como uma comunicação de inspiração habermasiana, que visa produzir conhecimento de fato, uma comunicação mais franca e honesta nas organizações. O modelo das organizações pós-burocráticas, normalmente, tende a ser com o tempo o modelo adotado por elas, como mostra a GE, que pretende implementar este tipo de comunicação e adotar práticas pós-burocráticas de gestão.

Rosa Maria Fischer (2002), no artigo "A responsabilidade da cidadania organizacional", mostra que a partir dos conceitos citados (entre eles a ideia de democracia deliberativa de Tenório, inspirado em Habermas) fundamenta a ideia de cidadania organizacional. Maria Tereza Fleury (Fleury e Fischer, 2010) reforça esse ponto de vista desenvolvendo o conceito de competência, cultura organizacional e poder. Bertero (2010), em "Cultura organizacional e instrumentalização do poder", faz reflexões fundamentais para compreender o atual cenário econômico. Assim, o conceito de responsabilizar-se pelo social leva os indivíduos da empresa a considerar não apenas as responsabilidades econômico-financeiras, mas também aquelas de ordem política, cultural e social, que compõem a textura das organizações e as sociedades. Trata-se de uma visão mais abrangente de responsabilidade social porque incorpora os direitos que asseguram a vida em sociedade: o direito à vida, à liberdade, à segurança, à expressão, com os quais se estrutura a civilidade entre os seres humanos. Ao propor o conceito de cidadania social, Fischer (2002) mostra que procura integrar a visão de dentro para fora da empresa e de fora para dentro da organização, ou seja, quando se relaciona com os atores sociais externos (clientes, consumidores e usuários, ou simples cidadãos), deve pautar-se nos mesmos valores de civilidade que adota com aqueles que fazem parte do seu universo interno: funcionários e empregados de qualquer nível, acionistas e proprietários. Nesse modelo, a cultura organizacional não admite pesos e medidas diferentes quanto ao exercício da cidadania no âmbito das relações internas e externas da empresa. Desse modo, a empresa cidadã também desenvolve ações sociais no sentido de beneficiar a comunidade na qual está inserida, tendo em vista os padrões sociais predominantes.

O efeito da inteligência artificial e das novas tecnologias na criação de novos empregos

Atualmente, a inteligência artificial (IA) é denominada "eletricidade do futuro", ou seja, algo indispensável, tanto à vida privada dos indivíduos quanto às empresas e organizações. Os algoritmos a partir dos quais a IA funciona, e que permite à máquina imitar o comportamento humano, estão cada vez mais desenvolvidos. Os algoritmos são criados à base de estatísticas e probabilidades. Os dados disponíveis e a potência de cálculo necessária para fazer funcionar a IA cresceram de modo exponencial. Os *chats* no site de muitas empresas são realizados por *chatbots* (agentes de diálogo) artificiais, que substituem os seres humanos do *chat* com os clientes nos sites, orientando-os. O site da SKY, por exemplo, funciona com *chatbots* (agentes de diálogo) artificiais. Eles utilizam o *machine learning*, tecnologia a partir da qual as máquinas aprendem a partir de vários dados (textos, imagens) com a ajuda de métodos matemáticos e estatísticos. A máquina realiza correlações entre os dados fornecidos para estabelecer regras de classificação, de percepção e de previsão. Há também a diferenciação entre IA fraca (que se refere a uma máquina capaz de resolver problemas especializados em um dado campo, por exemplo, jogar xadrez ou praticar culinária) e IA forte, que pode se adaptar a todos os tipos de meio ambiente, permitindo o surgimento do conceito de uma consciência artificial ou identidade, e de uma intencionalidade na escolha de opções. Áreas novas são a chamada *deep learning* (aprendizagem profunda), que utiliza o cálculo de probabilidades para analisar e categorizar as importantes massas de dados. Esse modo de funcionamento é considerado conexionista, em oposição à abordagem simbólica dos sistemas inteligentes. Nesse tipo de abordagem está a origem de progressos enormes na IA no reconhecimento da palavra e de imagens.

Um algoritmo é composto de etapas e tarefas. Um algoritmo adaptativo pode modificar respostas ou dados em razão da evolução do seu meio ambiente.

Um Bot é um software que efetua uma tarefa específica automaticamente. Difere-se dos robôs, que implicam a existência de um "físico" artificial com movimento mecânico.

Como citamos antes, o *deep learning* ou aprendizagem profunda, que se apoia sobre redes de neurônios artificiais, é uma tecnologia de aprendizagem destinada às máquinas que revolucionaram a IA, permitindo aos softwares reconhecer as imagens, traduzir automaticamente documentos, ouvir e interpretar a voz humana, reconstituindo nossas percepções. Esses algoritmos surgidos da *deep learning* permitem, por exemplo, que os softwares pilotem carros automaticamente (carros autônomos). Nas fábricas, existem robôs e a visão artificial para permitir que as máquinas "enxerguem" artificialmente.

Diferente do ser humano, a máquina só aprende multiplicando as observações em larga escala. Por exemplo, um sistema artificial inteligente, para reconhecer um gato com uma precisão de 95%, precisa de 100 milhões de imagens para comparar, enquanto uma criança com apenas duas imagens já o reconhece. Por isso, ter disponíveis dados de imagens e de texto é fundamental para treinamento da IA. As máquinas comparam muito rapidamente os milhares dados para seu aprendizado, sendo essa a vantagem. Por exemplo, a base de dados Google Search tem milhares de centenas de milhões de imagens, que a máquina aprende e compara muito rápido. A empresa que utiliza IA também tem grandes quantidades de dados sobre os clientes, como é o caso das empresas de seguro, dos bancos, dos hosptais, dos especialistas em transporte ou distribuição.

Atualmente, o treinamento de um algoritmo (base da IA) requer uma contribuição humana forte. São internautas, que coletam gratuitamente dados para alimentar bases de dados, ou microtrabalhadores independentes, pagos por tarefa, que captam imagens e vídeos que comparam para alimentar uma dada base de dados. Esses microtrabalhadores humanos são recrutados a distância por empresas especializadas, como Amazon Mechanical Turk, Clickorker ou Figure Eight. Existem quase 40 milhões de trabalhadores – pessoas que se envolvem nessas tarefas, sendo a maioria localizada na Ásia e na África. No futuro, pretende-se que as máquinas aprendam por si próprias, com menos dados, de modo menos supervisionado.

O objetivo é delegar às máquinas as tarefas repetitivas e mecanizadas e valorizar o ser humano em seu trabalho, sobretudo de criatividade e inovação.

Muitos estudos mostram que novas profissões serão criadas para dar suporte à IA, mesmo se outras profissões acabarem.

No futuro, pretende-se integrar algoritmos éticos para impedir que os algoritmos caiam em vieses de decisão preconceituosos, que excluem dos processos de recrutamento e seleção e promoção pessoas a partir de sexo, raça, crença ou ainda características físicas. Essas tarefas – recrutamento, seleção e promoção – sofrem cada vez mais a influência da IA, na primeira seleção de currículos, nas recomendações etc., mas a decisão final ainda é humana.

Nesse contexto, surgem as profissões ligadas ao treinamento da IA (*deep learning*).

Profissões como engenheiro de IA, programadores, treinadores de pessoas para lidar com IA e consultoria, são atividades que devem surgir, assim como magistério relativo a Engenharia de IA e Desenvolvimento de Tecnologia em Inteligência Artificial, em cursos especializados (cursos técnicos e superiores como em pós-graduação). No futuro, pretende-se que os algoritmos possam ser decompostos e explicados, para se ter acesso aos critérios que motivaram decisões, como se a máquina fosse se "explicar". Trata-se de busca de transparência. Muitos pensam que os resultados de um algoritmo por meio da IA devem ser compreendidos e contestados, se for o caso. Quanto à proteção dos dados dos indivíduos, como discutimos, já existe e está em vigor o RGPD, legislação europeia que trata desse tema. Apesar desses cursos já existirem, o avanço da IA forte e a regulamentação no setor fará surgir ainda mais advogados especializados na legislação digital, outra profissão que vai ter uma demanda crescente no futuro próximo. A medicina assessorada por relatórios e diagnósticos baseados em IA é uma especialidade promissora.

Pesquisadores da Universidade de Massachusetts estimam que o treinamento de um modelo de IA com *deep learnign* leva quatro a sete dias para educar um robô a reconhecer a voz de uma pessoa e interpretar um comando vocal. Este treinamento consome em energia o equivalente a cinco carros durante toda a sua vida útil. O crescimento dos *data centers* (milhares no mundo e mais de 130 em um país como a França), faz com que o consumo de energia mundial aumente 4% por hora. A ideia é fazer estes centros de Big Data funcionar a partir de energia renovável. Existe também uma especialidade de estudo baseada em pesquisas em inovação de aprendizagem de IA relacionada à economia de energia, para que a IA possa aprender consumindo menos energia.

Almeja-se no futuro uma certificação de algoritmos de IA, como a ISO 9000, o que deve também fazer surgir novas profissões de auditoria e consultoria nessa área. A implementação dos sistemas de IA nas empresas, de forma customizada, a manutenção desses sistemas e treinamento dos funcionários (humanos) para lidar com eles, também são novas profissões.

Desde o início da era digital, houve muita evolução nessa área. Em 1973, foram criados os telefones celulares (um tipo diferente e muito mais simples que os atuais). Em 1981, a IBM lançou o primeiro computador pessoal; em 1984, a Apple produziu o McInstosh; e nos anos 1990, a internet começou a funcionar.

Estamos bem distantes desse tempo, considerando que hoje em dia há computadores quânticos e a internet quântica, o que permitirá a IA lidar muito melhor com a complexidade.

Em física, a mecânica quântica descreve o comportamento da luz e do material nas menores escalas. Átomos, elétrons, fótons e outras partículas subatômicas comportam-se diferentemente dos objetivos com os quais temos contato em nosso dia a dia. Essas partículas estão associadas ao estado de incerteza, não sendo possível prever seu comportamento. Os fundadores da física quântica nos anos 1920 foram Albert Einstein e Erwin Schrodinger. Daniel Bell, nos anos 1960, também foi um pesquisador fundamental nessa área do conhecimento. Assim, as técnicas desenvolvidas em experimentos de Bell podem permitir essencialmente novos tipos de redes de comunicações (Hanson e Shalm, 2019). Essas redes, chamadas de internet quântica, podem executar tarefas que estão fora do alcance das redes normais de comunicação. A internet quântica pode permitir comunicação segura, sincronização de relógios, redes de sensores quânticos, bem como acesso seguro a computadores quânticos remotos na nuvem. Também existe a "cristalografia independente de dispositivos", na qual, a estreita analogia com o sinal de aleatoriedade, os usuários podem validar a confidencialidade de uma chave compartilhada por meio de uma exceção das desigualdades de Bell.

A espinha dorsal de uma internet quântica é formada por *links* de emaranhamento (nos quais as partículas estão correlacionadas, ainda que estejam distante uma das outras, o estado de uma afeta a outra). Algumas versões ainda simples desse tipo de internet já foram implementadas em algumas cidades da Holanda em 2020. As pesquisas de Ronald Hanson, físico da Universidade de Delft (centro de pesquisa Qu Tech), na Holanda, e de Krister Shalm, físico da Universidade do Colorado, em Bouldner, Estados Unidos, são responsáveis por vários desses avanços.

Transformação digital e estratégia

Como mostra Lindolfo Galvão Albuquerque (2002), em seu artigo "A gestão estratégica de pessoas", a transformação é a característica mais marcante do ambiente empresarial do Brasil e do mundo, atualmente. As mudanças nas organizações, devido ao avanço da tecnologia, ocorrem de maneira cada vez mais rápida. A evolução em termos de estratégia se deu com o lançamento do livro *Do planejamento estratégico à administração estratégica*, organizado por Ansoff, Declerck e Hayes (1981), que foi uma evolução do trabalho original de Igor Ansoff lançado em 1965. (Albuquerque, 2002). Em 1980, a obra *Estratégia competitiva e vantagem competitiva das nações*, de Michel Porter, apresentou conceitos fundamentais que foram outro marco em Estratégia. Em 1990, o livro *The rise and fall of strategic planning*, de Henry Mintzberg (2013), como mostra Lindolfo Albuquerque (2002), questionou o planejamento estratégico e mostrou a importância das estratégias emergentes na organização. Ainda nos anos 1990, o livro *Competindo para o futuro*, de Prahalad e Hamel (1995) trouxe novos conceitos à estratégia empresarial, como arquitetura estratégica, competências essenciais, entre outros. Esses conceitos fazem parte da *resource based view* (teoria dos recursos da firma), de Jay Barney, assim como da teoria das competências essenciais, de Teece, Psano e Shue, já abordadas neste livro. Posteriormente, em 1998, Mintzberg, Ahlstrand e Lampel, em *Safari de estratégia* (2000), resumem e analisam as principais correntes teóricas da área de estratégia, clarificando o entendimento desta área e dividindo as diferentes escolas nas seguintes visões:

> Escola do design: a estratégia como um processo de concepção (Selznick e Andrews).
> Escola do planejamento: a estratégia como um processo formal e sistemático (Ansoff).
> Escola do posicionamento: a estratégia como um processo analítico.
> Empreendedora: a estratégia como um processo visionário (Schumpeter).
> Cognitiva: a estratégia como um processo mental (Simon, March e Simon).
> Aprendizado: a estratégia como um processo emergente (Lindblom, Cyert e March, Quinn, Prahalad e Hamel).
> Poder: a estratégia como um processo de negociação (Allison, Pfeffer, Solancick e Astley).
> Cultural: a estratégia como um processo coletivo (Rhenman e Norman) Ambiental: a estratégia como um processo reativo (Hannan e Freeman).
> Configuração: a estratégia como um processo de transformação (Chandler, Miles e Snow, Mintzberg).

Tratando-se da transformação digital e economia digital, ressaltamos o trabalho de Jean Tirole, prêmio Nobel de Economia, já citado e comentado neste capítulo.

A teoria das organizações, a estratégia empresarial e a gestão de pessoas evoluem assim na compreensão dos novos tempos nos quais a sociedade caminha.

A General Electric pretende ser um exemplo de Organização Inovadora Resiliente da qual falamos nesta seção do livro sobre Transformação Digital.

No entanto, o próprio Welch, ex-diretor presidente (CEO) da empresa, afirma que mesmo após 10 anos de esforços para continuamente implementar uma comunicação mais livre e franca na organização, ainda se enfrentavam muitas resistências, apesar de ser esta a direção a seguir e a empresa ter feito grandes progressos nesta direção.

Conclusão: Se a organização é resiliente e consegue enfrentar situações de ruptura com êxito, inovando e aprendendo com esta dinâmica, e atingindo novos níveis de complexidade superiores, em um equilíbrio dinâmico, a resultante é que, mesmo enfrentando muitas rupturas (devido a muitas inovações radicais) a organização resiliente aprende com elas, evolui e é estável (pois consegue implementar na maioria das vezes a mudança com êxito).É estável de uma forma dinâmica, pois consegue estabelecer sempre novos patamares mais complexos de estabilidade, atingindo novamente o equilíbrio em um movimento dinâmico e contínuo de evolução e aprendizado. Quanto mais resiliente a organização, mais sua atividade é inovadora e baseada em trabalho substantivo de inovação com comunicação que visa o real entendimento das questões, como uma comunicação de inspiração habermasiana que visa produzir conhecimento de fato, uma comunicação mais franca e honesta nas organizações. Este tipo de comunicação pode ocorrer se o coordenador da equipe e a liderança adotarem esta forma de comunicação franca na prática, dando o exemplo a ser seguido. O modelo das organizações pós-burocráticas normalmente tende a ser, com o tempo, o modelo adotado por estas empresas, como mostra a GE, que pretende implementar este tipo de comunicação e adotar práticas pós-burocráticas de gestão.

Rosa Maria Fischer (2002), em seu artigo A "responsabilidade da cidadania organizacional", mostra que a partir dos conceitos que citamos anteriormente (entre eles a ideia de democracia deliberativa de Tenório, inspirado em Habermas) se fundamenta a ideia de cidadania organizacional. Maria Tereza Fleury, desenvolvendo o conceito de competência, cultura organizacional e poder, reforça este ponto de vista (Fleury e Fischer, 2010). Bertero (2010), em seu artigo "Cultura organizacional e instrumentalização do poder", faz reflexões fundamentais para compreender o atual cenário econômico. Assim, o conceito de responsabilizar-se pelo social leva os indivíduos da empresa a considerar não apenas as responsabilidades econômico-financeiras, mas também aquelas de ordem política, cultural e social que compõem a textura das organizações e as sociedades. Trata-se de uma visão mais abrangente de responsabilidade social porque incorpora os direitos que asseguram a vida em sociedade: o direito à vida, à liberdade, à segurança, à expressão, com os quais se estrutura a civilidade entre os seres humanos. Ao propor o conceito de cidadania social, Fischer (2002) mostra que procura integrar a visão de dentro para fora da empresa e de fora para dentro da organização, ou seja, quando esta se relaciona com os atores sociais que não fazem parte de sua comunidade interna (clientes, consumidores e usuários, ou simples cidadãos). Neste caso, a organização deverá pautar-se pelos mesmos valores de civilidade que adota com aqueles que fazem parte do seu universo interno: funcionários e empregados de qualquer nível ou acionistas e proprietários. A cultura organizacional assim não admitirá pesos e medidas diferentes no que se refere ao exercício da cidadania no âmbito das relações internas e externas da empresa. Deste modo, a empresa cidadã também desenvolve ações nas quais suas metas são sociais no sentido de beneficiar a comunidade na qual está inserida tendo em vista os padrões sociais predominantes.

18.10 O efeito da inteligência artificial e das novas tecnologias na criação de novos empregos

Atualmente, muitos chamam a Inteligência Artificial de "eletricidade do futuro", ou seja, algo indispensável tanto na vida privada dos indivíduos quanto nas empresas e organizações. Os algoritmos a partir dos quais a inteligência artificial funciona, e que permite à máquina imitar o comportamento humano, estão cada vez mais desenvolvidos. Os algoritmos são criados à base de estatísticas e probabilidades. Os dados disponíveis e a potência de cálculo necessária para fazer funcionar a IA cresceu de modo exponencial. Os chats no site de muitas empresas são realizados por *chatbots* (agentes de diálogo) artificiais, que substituem os seres humanos do chat com os clientes nos sites, orientando-os. O site da SKY por exemplo funciona desta maneira. Eles utilizam o *machine learning*, tecnologia a partir da qual as máquinas aprendem a partir de vários dados, (textos, imagens) com a ajuda de métodos matemáticos e estatísticos. A máquina realiza correlações entre os dados fornecidos para estabelecer regras de classificação, de percepção e de previsão. Há também a diferenciação entre IA fraca (que se refere a uma máquina capaz de resolver problemas especializados em um dado campo, por exemplo jogar xadrez ou culinária) e ela apenas se especializa naquela área de conhecimento ou tarefa. A inteligência artificial forte, também geral, pode se adaptar a todos os tipos de meio ambiente, permitindo o surgimento do conceito de uma consciência artificial ou identidade, e de uma intencionalidade na escolha de opções. Áreas novas são a chamadas *deep learning* (aprendizagem profunda) que utiliza o cálculo de probabilidades para analisar e categorizar as importantes massas de dados. Este modo de funcionamento é considerado conexionista, em oposição à abordagem simbólica dos sistemas inteligentes. Este tipo de abordagem está à origem de progressos enormes na IA no reconhecimento da palavra e de imagens.

Um algoritmo é composto por etapas e tarefas. Um algoritmo adaptativo pode modificar suas respostas ou os dados que ele trata em função da evolução do seu meio ambiente.

Um Bot é um software que efetua uma tarefa específica automaticamente, diferentemente do *robot*, que supõe a existência de um "corpo físico" artificial com movimento mecânico.

Como citamos anteriormente, o *deep learning*, ou aprendizagem profunda que se apoia sobre redes de neurônios artificiais, é uma tecnologia de aprendizagem destinada à máquina que revolucionou a IA, permitindo aos softwares reconhecer imagens, traduzir automaticamente documentos, ouvir e interpretar a voz humana, reconstituindo nossas percepções. Estes algoritmos surgidos da *deep learning* permitem, por exemplo, que os softwares pilotem os carros automaticamente (carros autônomos). Nas fábricas, existem robôs e a visão artificial para permitir que as máquinas "enxerguem" artificialmente.

De forma diferente do ser humano, a máquina só aprende multiplicando as observações em larga escala. Por exemplo, um sistema artificial inteligente, para reconhecer um gato com uma precisão de 95%, precisa de 100 milhões de imagens para comparar, enquanto uma criança humana já reconhece com apenas com duas imagens. Por isso, ter dados disponíveis de imagens e dados escritos em texto é fundamental para treinamento da IA. As máquinas comparam muito rapidamente os dados para o seu aprendizado. É esta a vantagem, mesmo se precisam de milhares de dados. Por exemplo, a base de dados Google Search tem milhares de centenas de milhões de imagens. E a máquina aprende e compara muito rápido. Cada empresa que utiliza IA também tem grandes quantidades de dados sobre os clientes, por exemplo. É o caso das empresas de seguro, dos bancos, dos hospitais, dos especialistas em transporte ou distribuição.

Aqui surgem várias profissões ligadas ao treinamento da IA (*deep learning*).

Atualmente, o treinamento de um algoritmo (base da IA) requer uma contribuição humana forte. Internautas que gratuitamente coletam dados para alimentar bases de dados ou microtrabalhadores independentes, pagos por tarefa, captam imagens e vídeos que comparam para alimentar uma dada base de dados. Estes microtrabalhadores humanos são recrutados a distância por empresas especializadas, como Amazon Mechanical Turk, Clickorker ou Figure Eight. Existem quase 40 milhões de trabalhadores – pessoas que se envolvem nestas tarefas, a maioria localizada na Ásia e depois na África. No futuro, pretende-se que as máquinas aprendam por si próprias, com menos dados, de modo menos supervisionado.

O objetivo é delegar às máquinas as tarefas repetitivas e mecanizadas e valorizar o ser humano em seu trabalho, sobretudo de criatividade e inovação.

Muitos estudos mostram que novas profissões serão criadas para dar suporte à IA, mesmo se outras profissões acabem.

Pretende-se no futuro integrar algoritmos éticos para impedir que os algoritmos caiam em vieses de decisão preconceituosos que excluem pessoas de um sexo ou raça ou crença ou ainda características físicas dos processos de recrutamento e seleção e promoção, por exemplo. Estas tarefas – recrutamento e seleção e promoção – sofrem cada vez mais a influência da IA na primeira seleção de currículos, nas recomendações, mas a decisão final ainda é humana.

Profissões como as de engenheiro de IA, programadores de softwares de TI, profissões ligadas ao treinamento de pessoas para lidar com IA e consultoria nesta área, desenvolvendo soluções únicas para os clientes, são profissões que já existem e devem surgir mais vagas ainda nas mesmas, e também magistério em cursos especializados (cursos técnicos e superiores e de pós-graduação). No futuro, pretende-se que os algoritmos possam ser decompostos e explicados, para se ter acesso aos critérios que motivaram decisões, como se a máquina fosse se "explicar". Trata-se de busca de transparência. Muitos pensam que os resultados de um algoritmo através da IA deve poder ser compreendido e contestado, se for o caso. No que se refere à proteção dos dados dos indivíduos, como vimos anteriormente, o RGPD, legislação europeia que trata deste tema, já foi criada e está em vigor. Isso reforçará ainda mais a existência de advogados especializados nesta legislação digital (uma especialidade de direito recente). A medicina também assessorada por relatórios e diagnósticos à base de IA também é uma especialidade promissora e em muitos hospitais isto já é uma realidade. Os Estados Unidos há muito tempo possuem legislação na área de TI e Economia Digital. Tal legislação está sendo aperfeiçoada para proteger ainda mais os cidadãos digitais. O mesmo está acontecendo no Brasil, que está aperfeiçoando sua legislação nesta área.

Pesquisadores da Universidade de Massachusetts calcularam que o treinamento de um modelo de IA com *deep learning*, para educar, por exemplo, um robô assistente pessoal durante quatro a sete dias para reconhecer a voz de uma pessoa e interpretar um comando vocal consome em energia o equivalente do que consomem cinco carros durante toda a sua vida útil. O aumento da existência dos data centers (milhares no mundo e mais de 130 em um país como a França), faz com que o consumo de energia mundial aumente 4% por hora. A ideia é fazer funcionar estes centros de big data a partir de energia renovável. Existe também uma especialidade de trabalho e estudo baseado em pesquisas em inovação de aprendizagem de IA com economia de energia, para que elas possam aprender com menos energia.

Pretende-se propor no futuro uma certificação de algorítmicos de IA, uma certificação como a ISO 9000, o que deve também fazer surgir novas profissões de auditoria e consultoria nesta área. A implementação dos sistemas de IA nas empresas, de forma customizada, a manutenção destes sistemas, e o treinamento dos funcionários (humanos) para lidar com estes sistemas também geram novas profissões.

Houve muita evolução desde o início da era digital. Considera-se que a era digital começou em 1973 com o uso de telefones celulares (de um tipo completamente diferente dos de hoje, muito mais simples). Em 1981, a IBM lançou o primeiro computador pessoal. Em 1984, a Apple produziu o MacInstosh e nos anos 1990 a internet começou a funcionar. Estamos bem distantes deste tempo, pois hoje em dia já tratamos dos computadores quânticos e da internet quântica, o que permitirá à IA lidar muito melhor com a complexidade.

Em Física, a mecânica quântica descreve o comportamento da luz e do material nas menores escalas. Átomos, elétrons, fótons e outras partículas subatômicas se comportam diferentemente dos objetivos com os quais temos contato em nosso dia a dia. Estas partículas estão associadas a estado de incerteza, não se pode prever seu comportamento. Os fundadores da Física Quântica nos anos 1920 foram Albert Einstein e Erwin Schrodinger. Daniel Bell, nos anos 1960, também foi um pesquisador fundamental nesta área do conhecimento. Assim, as técnicas desenvolvidas em experimentos de Bell podem permitir essencialmente novos tipos de redes de comunicações (Hansam & Shalm, 2019). Estas redes, chamadas de internet quântica, podem executar tarefas que estão fora do alcance das redes normais de comunicação. A internet quântica poderia permitir comunicação segura, sincronização de relógios, redes de sensores quânticos, bem como acesso seguro a computadores quânticos remotos na nuvem. Também existe a "cristalografia independente de dispositivos", na qual em estreita analogia com o sinal de aleatoriedade, os usuários podem validar a confidencialidade de uma chave compartilhada por meio de uma exceção das desigualdades de Bell.

A espinha dorsal de uma internet quântica será formada por links de emaranhamento (onde partículas estão correlacionadas, ainda que se localizem uma distante das outras, o estado de uma afetando a outra). Algumas versões ainda simples deste tipo de internet já foram implementadas em algumas cidades da Holanda em 2020. As pesquisas de Ronald Hanson, físico da Universidade de Delft (centro de pesquisa Qu Tech), na Holanda, e Krister Shalm, físico da universidade do Colorado, em Bouldner, EUA são responsáveis por vários destes avanços.

18.10.1 Transformação digital e estratégia

Como mostra Lindolfo Galvão Albuquerque (2002), em seu artigo "A gestão estratégica de pessoas", a transformação é a característica mais marcante do ambiente empresarial do Brasil e do mundo, atualmente. As mudanças nas organizações, devido ao avanço da tecnologia, ocorrem de maneira cada vez mais rápida. A evolução em termos de estratégia se deu com o lançamento do livro *Do planejamento estratégico à administração estratégica*, organizado por Ansoff, Declerck e Hayes (1981), que foi uma evolução do trabalho original de Igor Ansoff lançado em 1965. (Albuquerque, 2002). Em 1980, a obra *Estratégia competitiva e vantagem competitiva das nações*, de Michel Porter, apresentou conceitos fundamentais que foram outro marco em Estratégia. Em 1990, o livro *The rise and fall of strategic planning*, de Henry Mintzberg (2013), como mostra Lindolfo Albuquerque (2002), questionou o planejamento estratégico e mostrou a importância das estratégias emergentes na organização. Ainda nos anos 1990, o livro *Competindo para o futuro*, de Prahalad e Hamel (1995) trouxe novos conceitos à estratégia empresarial, como arquitetura estratégica, competências essenciais, entre outros. Esses conceitos fazem parte da *resource based view* (teoria dos recursos da firma), de Jay Barney, assim como da teoria das competências essenciais, de Teece, Psano e Shue, já abordadas neste livro. Posteriormente, em 1998, Mintzberg, Ahlstrand e Lampel, em *Safari de estratégia* (2000), resumem e analisam as principais correntes teóricas da área de estratégia, clarificando o entendimento desta área e dividindo as diferentes escolas nas seguintes visões:

- Escola do design: estratégia como um processo de concepção (Selznick e Andrews).
- Escola do planejamento: a estratégia como um processo formal e sistemático (Ansoff).
- Escola do posicionamento: a estratégia como um processo analítico.
- Empreendedora: a estratégia como um processo visionário (Schumpeter).
- Cognitiva: a estratégia como um processo mental (Simon, March e Simon).
- Aprendizado: a estratégia como um processo emergente (Lindblom, Cyert e March, Quinn, Prahalad e Hamel).
- Poder: a estratégia como um processo de negociação (Allison, Pfeffer e Solancick, Astley).
- Cultural: a estratégia como um processo coletivo (Rhenman e Norman).
- Ambiental: a estratégia como um conjunto de processos reativos (Hannan e Freeman).
- Configuração: a estratégia como um processo de transformação (Chandler, Miles e Snow, Mintzberg).

Tratando-se da transformação digital e da economia digital, ressaltamos o trabalho do Prêmio Nobel de Economia Jean Tirole, citado e explicado neste capítulo.

A Teoria das Organizações, a estratégia empresarial e a gestão de pessoas evoluem, assim, na compreensão dos novos tempos para os quais a sociedade caminha.

Conclusão do capítulo

Como em outras ciências, a Administração evolui através um corpo de conhecimentos sólidos desenvolvidos com base em pesquisas sérias e consistentes tanto teóricas como empíricas. Para se ir além de um pensamento gerencialista baseado em modismos, o que é muito importante, a fim de considerar Administração como uma ciência social aplicada que possui uma base de conhecimentos sólidos desenvolvidos por meio de pesquisas com base em metodologia, de ordem teórica e empírica, devemos levar em consideração os trabalhos desenvolvidos por autores importantes das diversas escolas de Administração. Por isso, citamos aqui principalmente os textos originais de autores da escola dos sistemas abertos e da visão sociotécnica, bem como os de Herbert Simon e March, entre outros, cujo poder explicativo de suas teorias são muito atuais.

Em tempos recentes, muitos autores reformatam e dão outros nomes a descobertas que já foram feitas cientificamente no passado, apenas atualizando estas descobertas e verificando sua validade atual. Por isso o conhecimento sólido das pesquisas clássicas e posteriores em Administração do início do século XX e suas origens sociológicas anteriores, como Max Weber e outros autores, são fundamentais para a compreensão das descobertas atuais, especialmente as que inovam de fato.

A visão sociotécnica nos mostra que quando os sistemas tecnológicos evoluem, os sistemas sociais também evoluem, se transformando em novas formas de comportamento e de trabalho. Assim surgem as expectativas dos indivíduos em suas interações e em novos valores. O redesenho da tecnologia implica também o redesenho dos papéis sociais das formas de comportamento dos indivíduos, tanto no trabalho como na sociedade em geral.

Desta maneira, o surgimento da economia digital baseada nas tecnologias digitais traz mudança comportamental aos indivíduos, principalmente nos mais jovens, que já nasceram e cresceram em meio à tecnologia.

Atualmente, principalmente a física, em especial a física quântica, e a tecnologia da informação vêm, com suas descobertas, impactando a sociedade e transformando as organizações e o comportamento dos indivíduos. Como vimos neste capítulo, os experimentos de Jonh Bell, nos anos 1960, atualizados em 2015 possibilitando novas descobertas, na Universidade de Delft, em dezembro do mesmo ano, possibilitaram descobertas importantes em relação ao emaranhado quântico de partículas, comprovando, assim, experimentos feitos na Alemanha e nos Estados Unidos, que serão a base do surgimento de novas redes de comunicações. Estas, chamadas de internet quântica, podem executar tarefas que estão fora das redes convencionais de comunicações. A internet quântica poderá permitir comunicação segura, sincronização de relógios, redes de sensores quânticos, bem como acesso seguro a computadores quânticos na nuvem, além de permitir comunicações confidenciais.

A universidade de Delft pretende implementar experimentalmente em 2021 a internet quântica em cidades da holandesas.

Sendo assim, internet quântica, potentes computadores quânticos e inteligência artificial são conquistas atuais que terão maior desenvolvimento no futuro.

Em se tratando de ciência, há 8 décadas, quando a teoria quântica foi formulada, os céticos se irritaram com a sua aparente contradição física, tendo em vista o que foi desenvolvido nesta área. Atualmente, quatro experimentos deram o golpe final nessa intuição. Ao mesmo tempo, esses resultados abriram a porta para explorar a Natureza como Einstein e Bell jamais teriam previsto. A revolução silenciosa que John Bell iniciou esta, agora, em plena medida. (Hanson e Shalm, 2019, p. 43)

Neste sentido, as teorias das organizações e de estratégia, se também tratadas cientificamente a partir de experimentos que seguem metodologia séria e consistente, permitirão a evolução da administração paradigmaticamente, mesmo quando tratada no paradigma subjetivo e não apenas no objetivo, como normalmente ocorre em física e em outras ciências naturais.

Trabalhos como os do Prof. Dr. Miguel Alcubierre Moya,[3] em física, desenvolvidos na Universidade de Cardiff, no País de Gales, Inglaterra, especialmente seu modelo matemático teórico sobre a dobra especial, ou velocidade mais rápida que a luz, proposta considerada muito abstrata e fora de alcance, hoje já é considerada cientificamente como valendo a pena ser avaliada seriamente até mesmo pela Nasa, pois, mesmo que ainda longe da realidade tecnológica atual, está matematicamente provada, como confirmado pelo físico brasileiro Marcos Perez Dias.

Desse modo, em Administração, trabalhos em teoria das organizações e em Estratégia sobre pós-burocracia, *adhocracia*, entre outras, para alguns pesquisadores são considerados utópicos, no entanto, muitos outros consideram seriamente as pesquisas nesta direção, refletindo cada vez mais uma realidade futura nessa área e na sociedade como um todo.

Este livro procurou privilegiar o ponto de vista da pesquisa para transmitir ao leitor a importância de adquirir maior discernimento na escolha das correntes de pensamento em administração a serem por ele utilizadas e a compreensão da importância do pensamento analítico voltado para pesquisa séria e consistente nessa área para, assim, embasar o conhecimento tanto na teoria, quanto na prática desta Ciência Social Aplicada.

---

[3] Os trabalhos do Prof. Dr. Miguel Alcubierre Moya referentes à possibilidade da velocidade em dobra maior que a velocidade da luz, respeitando as equações de Einstein, estão matematicamente provados, mas a realização desta tecnologia na prática, mesmo que estudada pela NASA, certamente ainda não é possível com a tecnologia atual. As séries de ficção científica *Star Trek* (*Jornada nas Estrelas*); *Star Trek: The Next Generation* (*Jornada nas Estrelas: A nova geração*); *Star Trek: Voyager* (*Jornada nas Estrelas: Voyager*) e *Deep Space Nine* (*Jornada nas Estrelas: A nova missão*) tentam mostrar na ficção científica o que seria esta possibilidade tecnológica. Muitos argumentam que o que é ficção científica atualmente um dia pode se tornar realidade em relação a todos os campos do conhecimento.

Bibliografia

ALBUQUERQUE, L. G. A gestão estratégica de pessoas. In: FLEURY, M. T. L. (Org.) *As pessoas na organização*. São Paulo: Gente, 2002. p. 35-50.

ALCUBIERRE, M. The warp drive: *Hyper*-fast travel within general relativity. Classical and Quantum Gravity, v. 11, n. 5, p. L73-L77, 1994.

ALLEN, T. W. Confronting complexity and creating unity of effort: The leadership challenge for public administrators. *Public Administration Review*, v. 72, n. 3, p. 320-321, May 2012.

ALLISON, G. T. *Essence of decision*: Explaining the cuban missile crisis. Boston: Little, Brown and Company, 1971.

ANDREWS, K. R. *The concept of corporate strategy*. Homewood: Irwin Editions, 1971.

ANSOFF, I. *Estratégia empresarial*. São Paulo: Mcgraw-Hill, 1965.

ANSOFF, I.; DeCLERCK, R. P.; HAYES, R. L. (Org.) *Do planejamento estratégico à administração estratégica*. São Paulo: Atlas, 1981.

ARGYRIS, C. *On organizational learning*. Cambridge, MA: Blackwell, 1992.

_____. *On organizational learning*. Hoboken: Wiley-Blackwell, 2000.

ASTLEY, W. G. *The two ecologies*: Population and community perspectives on organization evolution. *Administrative Science Quaterly*, v. 30, n. 2, p. 224-241, 1985.

ASTRO-IAG. Físico Marcos Perez Dias. Disponível em: http://www.astro.iag.usp.br/~marcos/. Acesso em: 17 jun. 2021.

AVENA, B. O. Inovações radicais e organizações: Um estudo sobre o sistema de incentivos a *startups* através de *corporate venture capital*. 2018. Trabalho de conclusão de curso. Fundação Getulio Vargas, FGV/EBAPE. Rio de Janeiro, 2018.

BARLACH, L. *O que é resiliência humana?* Uma contribuição para a construção do conceito. 2005. Tese (Doutorado) – Universidade de São Paulo, São Paulo, 2005.

BARLACH, L.; LIMONGI-FRANÇA, A. C.; MALVEZZI, S. O conceito de resiliência aplicado ao trabalho nas organizações. *Interamerican Journal of Psychology*, v. 42, n.1, p. 101-112, 2008.

BARNEY, J. Firm resources and sustained competitive advantage. *Journal of Management*, v. 17, n. 1, p. 99-120, 1991.

BARROS, M. B. B. *Prospectiva como instrumento da gestão do conhecimento: uma abordagem por qualificação das competências*. 2005. Dissertação (Mestrado) – Programa de Pós-Graduação em Engenharia de Produção, Universidade Federal de Pernambuco, Recife, 2005.

BELLMAN, R. *An introduction to Artificial Intelligence*. Can computers think? São Francisco: Boyd & Fraser Publishing Company, 1978.

BERTERO, C. O. *Cultura organizacional e instrumentalização do poder*. São Paulo: Atlas, 2010.

BEUNZA, D.; STARK, D. La organización de la respuesta: Innovación y recuperación en las salas de operaciones financieras del Bajo Manhattan. *Revista Española de Investigaciones Sociológicas*, v. 107, p. 89-122, jul. 2004.

BION, W. R. *Experiences in groups*. Nova York: Basic Books, 1959.

BRABET, J. *Repenser la gestion des ressources humaines?* Paris: Economica, 1993.

BRANDÃO, J. M.; MAHFOUD, M.; GIANORDOLI-NASCIMENTO, I. F. A construção do conceito de resiliência em psicologia: Discutindo as origens. *Paidéia*, v. 21, n. 49, p. 263-271, 2011.

BREAKTHROUGH ENERGY. Disponível em: <http://www.b-t.energy/wp-content/ uploads/2019/02/Report_-Advancing-the-Landscape-of-Clean-Energy-Innovation_2019. Pdf>. Acesso em: 3 jun. 2021.

BROWN, A. D.; STARKEY, K. Organizational identity and learning: A psychodynamic perspective. *Academy of Management Review*, v. 25, n. 1, p. 102-120, 2000.

BURNARD, K; BHAMRA, R. *Organisational resilience*: Developing of a conceptual framework for organizational responses. *International Journal of Production Research*, v. 49, n. 18, p. 5581-5599, 2011.

CARVALHO, S. H. GDPR – Legislação Europeia. *Working paper*. Rio de Janeiro: FGV/EBAPE, 2017.

CHANDLER, A. D. The functions of the HQ unit in the multibusiness firm. *Strategic Management Journal*, v. 12, n. 8, p. 31-50, 1991.

COHEN, D.; BEREZOVSKY, S. 7 projetos de como será o futuro. Exame, n. 1149, 2 nov. 2017. Disponível em: https://exame.com/revista-exame/visitas-ao-futuro/. Acesso em: 3 jun. 2021.

CROZIER, M.; FRIEDBERG, E. *O ator e o sistema*. Paris: Seuil, 1987.

COULANGES, F. *A cidade antiga*. São Paulo: Martin Claret, 2009.

CYERT R. M.; MARCH, J. G. *A behavioral theory of the firm*. Englewoods Cliffs: Prentice- Hall, 1963.

CYRINO, A. B. *Transformations stratégiques et reconfiguration des compétences organisationnelles*: Une analyse des banques privées de détail au Brésil pendant la période 1986-1997. 2004. Thèse (Doctorat) – École des Hautes Études Commerciales, Paris, 2004.

DENHARDT, J.; DENHARDT, R. Building organizational resilience and adaptive management. In: REICH, J. W.; ZAUTRA, A. J.; HALL, J. S. *Handbook of adult resilience*. Nova York: Gilford Press, 2010. p. 333-349.

DE MASI, D. *A sociedade pós-industrial*. São Paulo: Editora Senac, 1999.

DIAS, M. P. Instituto de Astronomia, Geofísica e Ciências Atmosféricas. Departamento de Astronomia. Disponível em: http://www.astro.iag.usp.br/~marcos. Acesso em: 19 maio 2021.

DÓRIA, C. R. S.; SILVA, H. M. P.; PIRES, R. *Inovação e sustentabilidade*: Uma análise da General Electric e sua adoção do modelo das organizações inovadoras sustentáveis. (Trabalho de conclusão de curso, TCC) – Centro Universitário da Fundação Educacional Inaciana – FEI. 2012. São Paulo.

EISENHARDT, K. M. *Paradox, spirals, ambivalence*: The new language of change and pluralism. *Academy of Management Review*, v. 25, n. 4, p. 703-705, 2000.

FERRAZ JR., T. S. *Estudos de filosofia do direito*: Reflexões sobre o poder a liberdade, a justiça e o direito. São Paulo: Grupo GEN, 2009.

FIKSEL, J. Sustainability and resilience: Toward a systems approach. *Sustainability: Science, Practice, e Policy*, v. 2, n. 2, p. 14-21, 2006.

FISCHER, R. M. A responsabilidade da cidadania organizacional. In: FLEURY, M. T. L. (Org.) *As pessoas na organização*. São Paulo: Gente, 2002. p. 217-234.

FLEURY, M. T. L.; FISCHER, R. M. *Cultura e poder nas organizações*. São Paulo: Atlas, 2010.

FOLKE, J. et al. *Resilience in social-ecological systems*: The role of learning and education. Nova York: Rutledge, 2004.

FUTURIBLES. L'antecipation ou services de l'accion. Disponível em: <https://www.futuribles.com/en/qui-sommes-nous/about-us/team>. Acesso em: 3 jun. 2021.

GALLOPÍN, G. C. Linkages between vulnerability, resilience, and adaptive capacity. *Global Environmental Change*, v. 16, p. 293-303, 2006.

GDPR – GENERAL DATA PROTECTION REGULATION. Official Site. Complete Guide to GDPR Confiance. 2018. Disponível em: <https://ec.europa.eu/commission/priorities/justice--and-fundamental-rights/data-protection/2018-reform-eu-data-protection-rules_en>. Acesso em: 23 jun. 2018.

GIUSTINA, M. et al. Significant loophole free test of Bell's theorem with entangled photons. *Physical Review Letters*, v. 115, 205040-1-205040-7, 16 Dec. 2015.

GODET, M. La Prospective. Pour penser et agir autrement. (Site sobre prospectiva estratégica com livros, definições e conceitos.) Disponível em: <http://www.laprospective.fr/>. Acesso em: 3 jun. 2021.

_____. Prospective et technologies: Virages et mirages. In: ACADEMIE DES TECHNOLOGIES. *Liberé Prométhé des technologie pour Hommes*. Paris: Les Manuscrit, 2011.

GOLDSCHMIDT, C. C. *Resiliência*: um estudo exploratório da percepção de gestores sobre o constructo, nas dimensões humana e organizacional. 2015. Dissertação (Mestrado) – Fundação Getulio Vargas, EBAPE, Rio de Janeiro, 2015.

HABERMAS, J. *Ethique de la discussion*. Paris: Cerf, 2003.

HANNAN, M. T.; FREEMAN, J. The population ecology of organizations. *American Journal of Sociology*, v. 82, n. 5, p. 929-964, 1977.

HANSON, R.; SHALM, K. Estranha realidade. Física Quântica. *Scientific American*, ano 17, n. 192, p. 37-43, fev. 2019.

HAYLES, K. *How we became posthuman*: Virtual bodies in cybernetics, literature and informatics. Chicago: The Univeristy of Chicago Press, 1999.

HECKSCHER, C. *The collaborative enterprise*. New Haven: Yale University Press, 2007.

HECKSCHER C.; DONNELLON, A. *The post-bureaucratic organization*. Thousands Oaks, CA: Sage, 1994.

HENSEN, B. Loophole-free bell inequality violation using electron spins separeted by 1.3 kilometres. *Nature*, v. 526, p. 682-686, Oct. 2015.

JANSSEN, M. A.; OSTROM, E. (Eds.) Resilience, vulnerability, and adaptation: A cross-cutting theme of the International Human Dimensions Programme on Global Environmental Change. *Global Environmental Change*, v. 16, n. 3, p. 235-316, Aug. 2006.

JONES, G. *Organizational theory, design and change*. College Station: Texas A&M University, Pearson, 2013.

KLEIN, M. *Contributions to psycho-analysis*. Londres: Weidenfeld, 1965.

LENGNICK-HALL, C. A.; BECK, T. E.; LENGNICK-HALL, M. L. Developing a capacity for organizational resilience through strategic human resource management. *Human Resource Management Review*, v. 21, p. 243-255, Jan. 1, 2011.

LENGNICK-HALL, C. A.; LENGNICK-HALL, M. L. Strategic human resources management: A review of the literature and a proposed typology. *Academy of Management Review*, v. 13, n. 3, p. 454-470, July 1988.

LEWIS, M. W. *Exploring Paradox*: Toward more comprehensive guide. *The Academy of Management Review*, v. 25, n. 4, p. 760-776, 2000.

LINDBLOM C. E. The science of muddling through. *Public Administrative Review*, v. 19, n. 2, p. 79-88, 1959.

LIZUKA, E. et al. Gestão social e cidadania deliberativa: A experiência de Ilha Comprida – São Paulo (2011). *Cadernos EBAPE.BR*, v. 9, n. 3, set. 2011.

LUSCHER, L. S.; LEWIS, M.; INGRAM, A. The social construction of organization change paradoxes. *Journal of Organization Change Management*, v. 19, n. 2, p. 491-502, 2006.

LUTHAR, S.; CICCHETTI, D.; BECKER, B. The construct of resilience: A critical evaluation and guidelines for future work. *Child Development*, v. 71, n. 3, 2000.

MANNHEIM, K. The problem of generations. In: MANNHEIM, K. *From Karl Mannheim*. New Brunsnwick: Transaction Publisher, 1971.

MARCH, J. G.; SIMON, H. A. *Organizations*. Nova York: John Wiley, 1958.

McMANUS, S. et al. Facilitated process for improving organizational resilience. *Natural Ha – zards Review*, v. 9, n. 2, p. 81-90, 2008.

MERTON, R. K. Bureaucratic structure and personality. *Social Forces*, v. XVIII, p. 560-568, 1949.

MILES, R. E.; SNOW, C. C. *Organizing strategy structure, and process*. Nova York: Mcgraw-Hill, 1978.

MINELLO, I. F. *Resiliência e insucesso empresarial*: Um estudo exploratório sobre o comportamento resiliente e os estilos de enfrentamento do empreendedor em situações de insucesso empresarial, especificamente em casos de descontinuidade do negócio. 2010. Tese (Doutorado) – Universidade de São Paulo, São Paulo, 2010.

MINOLLI, C. B. Empresas resilientes. Algunas ideas para construirlas. *Temas de Management*, v. 3, p. 20-24, 2005.

MINTZBERG, H. Patterns in strategy formation. *Management Science*, v. 24, n. 9, p. 934-948, 1978.

_____. *The structuring of organizations*: A synthesis of the research. Englewoods Cliffs: Prentice Hall, 1979.

_____. *Criando organizações eficazes*: Estruturas em cinco configurações. São Paulo: Atlas, 1994.

_____. *Criando organizações eficazes*. São Paulo: Atlas, 2000.

_____. *The rise and fall of strategic planning*. Nova York: Free Press, 2013.

MINTZBERG, H.; McHUGH, A. Strategy formation in adhocracy. *Administrative Science Quaterly*, v. 30, p. 160- 197, 1985.

MINTZBERG, H; AHLSTRAND, B.; LAMPEL, J. *Safári de estratégia*: Um roteiro pela selva do planejamento estratégico. Porto Alegre: Bookman, 2000.

_____. *Safári de estratégia*: Um roteiro pela selva do planejamento estratégico Porto Alegre: Bookman, 2010.

MORGAN, G. *Imagens da organização*. São Paulo: Atlas, 1996.

MOTTA, F. C. P.; VASCONCELOS, I. F. G. *Teoria geral da administração*. São Paulo: Cengage Learning, 2003.

NORDLANDER, P. *Payroll fraud detection and prevention audit expert system*. São Francisco: Titus Oniyilo Editor, 2001.

NORMANN, R. *Management for growth*. Nova York: Wiley, 1977.

PENROSE, E. *The theory of the growth of the firm*. Nova York: John Wiley, 1959.

PESQUEUX, Y. Habermas et Apel: Une ethique fondée sur les impératifs de la communication et de l'argumentation. In: PESQUEUX, Y. et al. *Mercure et Minerve, perspectives philosophiques sur l'entreprise*. Paris: Ellipses, 1999.

PESQUEUX, Y.; VASCONCELOS, I. L'éthique de la discussion fondée sur les imperatifs de la communication et de l'argumentation et la responsabilité sociale d'entreprise. In: CONGRES DE L'ADERSE, 14., 2017, Bordeaux. *Communication...* Bordeaux: Aderse, 2017.

PFEFFER, J.; SALANCIK, G. R. *The external control of organizations*: A resource dependence perspective. Nova York: Harper and How, 1978.

PLAFREY, J; GASSER, U. *Born digital*: Understanding the first generation of digital natives. Nova York: Basic Books, 2008.

PORTER, M. E. *Vantagem competitiva*: Criando e sustentando um desempenho superior. Rio de Janeiro: Campus, 1986.

_____. *A vantagem competitiva das nações*. São Paulo: Campus, 1993

_____. *Estratégia competitiva*. Técnicas para análise de indústrias e da concorrência. São Paulo: GEN, Atlas, 2005.

PRAHALAD C. K.; HAMEL G. The core competences of the corporation. *Harvard Business Review*, v. 68, n. 3, p. 79-91, May-June 1990.

_____. *Competindo pelo futuro*. Rio de Janeiro: Campus, 1995.

PRENSKY, M. Digital natives, digital immigrants. *On the Horizon*, MCB University Press, v. 9, n. 5, p. 1-6, Oct. 2001.

QUICK, K. S.; FELDMAN, M. S. Boundaries as junctures: Collaborative boundary work for building efficient resilience. *Journal of Public Administration Research & Theory*, v. 24, n. 3, p. 673-695, July 2014.

QUINN, J. B. *Strategic for change*: logical incrementalism. *Sloan Management Review*, p. 3-20, Fall 1978.

QUINN, R.; CAMERON, K. Paradox and transformation: Torward a theory of change. *Organization and management*. Pensacola, FL: Ballinger Publishing, Co. 1988.

RHENMAN, E. *Organization theory for long-range planning*. Londres: John Wiley, 1973.

RUSSEL, S.; NORVIG, P. *Artificial inteligence*: A modern approach. Englewood Cliffs, NJ: Prentice-Hall, 2001.

RUTTER, M. Psychosocial resilience and protective mechanisms. *American Journal of Orthopsychiatry*, v. 57, n. 3, p. 316-331, 1987.

SAGAN, C. *Bilhões e bilhões*. Reflexões sobre vida e morte na virada do milênio. São Paulo: Cia. das Letras, 2009.

SANCHIS, R.; POLER, R. Definition of a framework to support strategic decisions to improve enterprise resilience. In: INTERNATIONAL FEDERATION OF AUTOMATIC CONTROL. CONFERENCE ON MANUFACTURING MODELLING, MANAGEMENT, AND CONTROL, 7., 2013, Saint Petersburg. *IFAC Proceeding*, v. 46, n. 9, p. 700-705, 2013.

SCAVARDA, L. F. et al. Supply chain resilience analysis: A brazilian automotive case. *RAE – Revista de Administração de Empresas*, v. 55, n. 3, p. 304-313, 2015.

SCHUMPETER, J. A. *A teoria do desenvolvimento econômico*. São Paulo: Abril Cultural, 1982.

SELZNICK, P. *Leadership in administration*: A sociological interpretation. Evanson: Row, Peterson, and Company, 1957.

SIMON, H. Making management decisions: The role of intuition and emotion. *Academy of Management Executives*, v. 1, p. 57-64, 1987.

SMITH, W. K.; LEWIS. M. W. Torwald a theory of paradox: A dynamics equilibrium model of organizing. *Academy of Management Review*, v. 36, n. 2, 2011.

SOUZA, A. R.; VASCONCELOS, I. F. F. G. de. Meritocracia e gestão de pessoas por competências: Tema utópico ou realidade organizacional? *Cadernos EBAPE.BR.*, Rio de Janeiro, jan.-mar. 2021

STARR, R.; NEWFROCK, J.; DELUREY, M. Enterprise resilience: managing risk in the net- worked economy. *Strategy+Business*, n. 30, 2003.

TEECE, D.; PISANO, G.; SHUE, A. *Dynamic capabilities and strategic management*. Oxford: Oxford University Press, 2000.

TENÓRIO, F. *Tem razão a administração?* Ijuí: Unijuí, 2008.

TIROLE, J. *Economics for the common good*. Nova Jersey: Princeton University Press, 2017.

TOFLER, A. *Le choc du future*. Paris: Folio, 1970.

TREPO, G. How to understand management and change. In: BUONO, A. *Developing knowledge and value in management consulting*. Greenwich: Information, AGE Publishing, 2002. p. 247-261.

VASCONCELOS, I. F. F. G. de. IBM: O desafio da mudança. *Revista de Administração de Empresas*, v. 33, n. 3, p. 84-97, maio-jun. 1993.

VASCONCELOS, I. *Assurance qualité et changement organisationnel:* Une comparaison de la mise en place de l'ISO 9001 chez deux constructeurs informatiques français. 2000. These (Doctorat en Gestion d'Entreprises) – École des Hautes Études Commerciales (HEC). Paris, 2000.

VASCONCELOS, I. F. F. G. de.; IRIGARAY, H. Gestão social e cidadania deliberativa: Convergência de temas de pesquisa. *Cadernos EBAPE.BR*, v. 1, p. 1-3, 2019.

VASCONCELOS, I. de; VASCONCELOS, F. de. The limits of ISO 9000 consulting methods: Toward a multidimensional framework. In: BUONO, A. *Developing knowledge and value in management consulting*. Greenwich: IAP Press, 2002. p. 33-61.

VASCONCELOS, I. F. F. G. de. et al. Resiliência organizacional e inovação sustentável: Um estudo sobre o modelo de gestão de pessoas de uma empresa brasileira de energia. *Cadernos EBAPE.BR*, Rio de Janeiro, v. 13, n. 4, p. 910-929, out.-dez. 2015.

VASCONCELOS, I. F. F. G. de. et al. Organizações pós-burocráticas e resiliência organizacional: A institucionalização de formas de comunicação mais substantivas nas relações de trabalho. *Cadernos EBAPE.BR*, Rio de Janeiro, v. 15, p. 377-389, 2017.

VASCONCELOS, I. F. F. G. de. et al. Inovação tecnológica radical e mudança organizacional: A institucionalização de organizações resilientes e formas de trabalho mais substantivas. *Cadernos EBAPE.BR*, Rio de Janeiro, v. 17, n. 4, out.-dez. 2019.

VASCONCELOS, F. C. de. *Dinâmica organizacional e estratégia*: Imagens e conceitos. São Paulo: Thomson Learning, 2007.

VASCONCELOS, F. C. de.; VASCONCELOS, I. F. G. de. Paradoxos organizacionais, uma visão transformacional. São Paulo: Pioneira Thomson Learning, 2004.

WALLER, M. A. *Resilience in ecosystemic context*: Evolution of the concept. *American Journal of Orthopsychiatry*, v. 71, p. 290-297, 2001.

WELCH, J.; WELCH, S. *Paixão por vencer*. Rio de Janeiro: Campus: 2005.

_____. *Paixão por vencer*: as respostas. Rio de Janeiro: Elsevier, 2006.

WERNER E.; SMITH, R. *Overcoming the odds*: High-risk children from birth to adulthood. Ithaca: Cornell University Press, 1992.

YUNES, M. A. M. Psicologia positiva e resiliência: O foco no indivíduo e na família. *Psicologia em Estudo*, v. 8, n. 1, p. 80-95, 2003.

YUNES, M. A. M.; SZYMANSKI, H. Entrevista reflexiva & *grounded-theory*: Estratégias metodológicas para compreensão da resiliência em famílias. *Revista Interamericana de Psicologia*, v. 39, n. 3, p. 431-438, 2005.